彼ら抜きでいられるか

二十世紀ドイツ・ユダヤ精神史の肖像

ハンス・ユルゲン・シュルツ 編
山下公子・中込啓子・河合節子・中島裕昭・松永美穂・三浦國泰・広沢絵里子・小川さくえ 訳

新曜社

Hans Jürgen Schultz (Hg.)

Es ist ein Weinen in der Welt

Hommage für deutsche Juden unseres Jahrhunderts
1. Auflage, Quell Verlag, Stuttgart, 1990

目次

装幀 谷崎スタジオ

ハンス・ユルゲン・シュルツ

まえがき

山下　公子　訳

宇宙、社会、あるいは人間精神のことを考える者は、アインシュタイン、マルクス、そしてフロイトを問題にせずにはいられない。学問、ジャーナリズム、音楽、文学、演劇、はては法学に至るまで、すべての重要な新しい思想の動き、ドイツ文化の全実験室において、ユダヤ人は主人公を務めていた。われわれの世紀にとって最も重要な学問的認識、発見、そして精神史上の発展は、多かれ少なかれ、ドイツとユダヤという二民族に属する人間たちの共生によってもたらされたのである。この二民族は大きく性質を異にしており、双方の緊張関係は時として豊かな実りを、時として恐るべき結果をもたらした。

共生という概念は単純ではない。これはつねに一方からのみ追求され、結局のところ最後まで憧憬に留まり、決して実現されなかった。ドイツとユダヤの共生の歴史の始まりとして、よく言われるのは、ともに人間を愛する人物であったゴットホルト・エフライム・レッシング（訳注 Lessing, Gotthold Ephraim. 一七二九―一七八一。ドイツ啓蒙期の代表的劇作家、文学理論家）とモーゼス・メンデルスゾーン（訳注 Mendelssohn, Moses. 一七二九―一七八六。哲学者、文学批評家、ユダヤ人解放に尽力した）の、高貴な思想的交流である。そしてそれに終止符を打ったのは、人類の敵ともいうべき連中の手による、全世界のユダヤ人人口の三分の一の虐殺であった。ユダヤ人解放令に始まり、破滅的崩壊に終わった一五〇年から二〇〇年に及ぶこの共生の歴史は、栄光と悲惨の堆積である。

このようにして試みられた両民族の共生の根源には、ユダヤ民族のドイツおよびドイツ人に対する愛情があった。不幸な、応えられることなき愛情である。ドイツ人に対する親愛の情と、ドイツそのものであろうとするユダヤ人の意志は大変固かった。その消滅には、計画的に実行され、悪意をもって組織的につくり上げられたユダヤ人憎悪が必要だったのである。あまりにも多数のユダヤ人が、まさに最後の最後まで、どうしようもなくドイツ人であり続けた。ユダヤ―ドイツの結びつきは、ちょうどその絶頂点に達しようとしていた時に、永遠に不可能なものとされたのである。ユダヤ人たちの定住地を求める旅は、集団埋葬地で終わった。

「私のドイツ性が私のユダヤ性から切り離されるとすれば、私はその手術に耐えて生きることはできまい」フランツ・ローゼンツヴァイク（訳注 Rosenzweig, Franz. 一八八六―一九二九。哲学者。フランクフルトに自由ユダヤ人学校を設立）はそう語ったが、これは多くの同胞の思いを代弁したのである。そしてわれわれ、ドイツ人は？ われわれはその手術に耐えたのだったろうか？ われわれはユダヤ人を殺すと同時に、われわれ自身の一部分をも殺してしまったのだ。われわれは自らを傷つけた。それは切除手術であって、回復は長期療養を要するか、あるいは全く不可能である。ドイツ文化が光り輝き、世界一流のものであった時代は、ユダヤ人排除とともに終わった。確かにまだドイツに住んでいるユダヤ人がいないわけではない。ありがたいことに。しかし、ドイツのユダヤ人文化の繁栄と深淵は過去のものであり、思い出、墓地にすぎない。せいぜいうまくいって、遺産、遺言というところである。

オイゲン・ローゼンシュトック＝ヒュッシー（訳注 Rosenstock-Huessy, Eugen. 一八八八―一九七三。ドイツ出身のユダヤ系プロテスタント神学者）は、ユダヤ人からの刺激がなくなってしまえば、将来ドイツには活力あるキリスト教も見られなくなるのではないかと危惧していた。「教会に行く人はたぶんあるだろうし、伝統的な領邦教会も宗務局会議もなくならないだろう。しかし、そういうご立派な方々だけでキリスト教を大きく育てていくことができるだろうか、ユダヤ人という救済の希望に生きる存在が消えてなくなったあとで？」。あらゆる文化の方面に、同じ危惧があてはまる。われわれは実際、あらゆる方面で目にしているではないか、ユダヤ人抜きのドイツ文化がおためごかしのいい加減な一人よがりに成り下がっているのを。かつてわれわれの社会内部で対抗勢力を構成していた人々は、殺されたか、そうでなければ亡命してしまったのだ。

本書に取り上げられている人たちのたどった人生は、極端なほどそれぞれ異なっている。ユダヤ人の生き方にこれといった範例はないし、ありうべきドイツ―ユダヤ相互影響関係などというものはもちろん存在しない。多くのユダヤ人の伝記とは異なり、本書では、ドイツにおけるユダヤ人の歴史が順を追って語られることはない。ここで取り上げる人たちは、まず何よりもドイツへの同化が生んだ娘たち、息子たちなのであって、シナゴーグへ通うユダヤ教信者ではない。この人たちの多くは、自分たちにぶつけられた敵意によって初めて、その出自を意識するようになったのである。この人たちは時として、ドイツ人であらんがために、自らのユダヤ人性を捨てたり、否認しようとしたりしたが、しかし、それでも、その存在のありようが変わったわけではない。いうまでもなく、本書に収める人物を選択することは困難であった。こんな少数でよいわけはないのだ。しかし、この少数の人たちが、残りの多数を代表していると考えていただきたい。

本書に収めたこれらの人々の肖像は、追悼である。これは墓碑銘ではなく賛歌であり、つまり、感謝の表明なのだ。「あの人たち抜きでいられるというのか？」リルケ（訳注 Rilke, Rainer Maria. 一八七五－一九二六。オーストリアの詩人）は問うた。リルケの言うあの人たちは、われわれの前にいた人たち、つまり死者のことである。ドイツのユダヤ人についてこの同じ問いを立ててみれば、「いられない」と答えざるを得ない。われわれは、あの人たちと対話し、それによって、せめて、あの人たちが残してくれた萌芽のいくつかを救おうとすべきなのである。

本書のタイトルは、しばしば引用されるエルゼ・ラスカー＝シューラー（訳注 本書「ラスカー＝シューラー」参照）の『世の終り』と題する詩の一行である。この詩は次のように始まる。

世には涙しかない、
優しい神様が死んでしまわれたかのように、
そして鉛のような影が落ちかかり、
墓のように重く垂れ込める。

ジークムント・フロイト（Sigmund Freud, 1856–1939）

主著

『夢判断』（*Die Traumdeutung,* 1900）
『性に関する三論文』（*Drei Abhandlungen zur Sexualtheorie,* 1905）
『快感原則の彼岸』（*Jenseits des Lustprinzips,* 1920）
『自我とエス』（*Das ich und das Es,* 1923）
『幻想の未来』（*Die Zukunft einer Illusion,* 1927）

全集

Gesammelte Werke Band 1–18, Herausgegeben von Anna Freud u.a., Frankfurt am Main: S. Fischer, 1968ff.）

邦訳

井村恒朗ほか訳『フロイド選集』1–17（教文社，1969–74）
懸田克躬ほか訳『フロイト著作集』1–11（人文書院，1969–84）　ほか

ヨハンネス・クレメーリウス

ジークムント・フロイト

山下　公子　訳

私のこの文章はフロイトの伝記ではない。フロイト伝ならばすでにいくつも出ている。またこれは、フロイトの著作の評論でもない。フロイトの著作の膨大な量を考えれば、そんなことは無理な話である。私はここでフロイトの現代における働きについて語ろうと思う。私は我とわが身でその働きを知ったし、精神生活のさまざまな分野においてそれが働くのを見てきた。その働きのすべてに、フロイトという人物とその著作のさまざまな側面が反映している。私の抱くフロイト像も、フロイトの著作に関して私が考えていることも、全く主観的なものである。四十年に及ぶ医師としての活動の結果、私はこのような見方をするようになったのだ。その四十年間私は、フロイトの手法を用いて患者と接してきた。しかし私のフロイト像は、たんに患者との接触からのみ生じたわけではない。そこには私自身の経験も働いている。フロイトの手法を患者に用い始める前に、私は数年間それを私自身に対して用い、療法を試みた。つまり私はまず患者としてフロイトの手法を知り、その治癒効果のある、解放的な力を体験したのである。この経験が私を感謝の念で満たし、この手法とその発揮する効果に対して、生涯失われることのない信頼を与えてくれた。それ以来私は医師として精神分析を支持するようになり、同時にフロイトの人間科学の支持者となった。患者としての経験から私には、フロイトの手法による療法がたんに精神障害の治療に役立つだけではなく、それ以上に、全人格的に有益な効果をもたらすことがわかった。この療法は私に新たな、より広い自己理解を与えてくれ、私を生家との絆から解き放ち、生まれや育ちによって身につけてしまった偏見を洗い流し、それまでは隠され、塞き止められていた生の可能性を開いてくれた。自分自身の無意識というものが明らかになった。それだけでなく私は、社会的無意識にも目を開かされた。それまでは自分の出自や躾、受けてきた教育の影響のために、私自身無反省にその社会的無意識に荷担していたのだが。

もうすでに私は、自分とフロイトの関係について語り始めてしまっている。しかしここで元に戻って、私が無意識の世界に踏み込むに際してフロイトを指導者として選び、他の誰か、たとえばC・G・ユング（訳注 Jung, Carl Gustav. 一八七五―一九六一。スイスの精神科医、心理学者、ユング派の祖）を選ばなかった理由をお話ししておかなければなるまい。それは一種の美的魅惑であった。フロイトの言語である。初めてフロイトの文章を読んだとき、私は作家フロイトに魅了された。フロイトの文章の明澄性、透明度、そしてその論理は、偉大なドイツ文学の伝統の流れを汲むものと思われた。フロイトの記した患者の病歴記述には、明らかにドイツ文学が影響を与えており、そのおかげでフロイトの病歴記述は、当時の医学に特有の、極端な客観性を求める記述様式とははっきり一線を画している。フロイトはもはや病理を分類したり、単なる症例報告をしたのではなかった。フロイトの病歴記述は生の歴史の物語となった。患者は葛藤に巻き込まれ、そこからの出口と解決を求める生きた存在として理解された。フロイトの記したものは生のドラマであって、偉大な文学者たちが描いた人間像にも引けをとらない。だからこそフロイトは――自身驚きをもって――自分の書いた病歴記述は小説のようだと言うことができたのである。患者の横たわる寝椅子はフロイトに人間の心の秘密を明かしてくれた。そこで明らかになったのは、人間存在の深淵と恐ろしさ、つまり文学者たちが直感によって昔から承知していたもののすべてである。それゆえに「鼠男」の告白は、たとえばドストエフスキィ（訳注 Dostoevskii, Fyodor Mikhailovich. 一八二一―一八八一。ロシアの作家）の『悪霊』に登場するスタヴローギンの告白と同じく文学として読むことができる。また逆に、フロイト以来われわれは、『悪霊』を一つの症例として読むこともできるようになった。文学と病歴記述という、通例は全く共通点のないものと理解されているこの二つを等置できるようにしたのは、何だったのか。それはフロイトの行ったあることによって可能になったのだが、その行いには画期的な意味があったと私は考えている。つまりフロイトは正常と病気の間の区別を取り払ったのだ。ブリット（訳注 Bullit, William Christian. 一八九一―一九五七。アメリカの外交官、フロイトの友人）の著したアメリカ大統領ウイルソン（訳注 Willson, Thomas Woodrow. 一八五六―一九二四。アメリカ合衆国第二八代大統領）の評伝にまえがきを寄せたフロイトは、一九三一年次のように書いている。神経症はどこにでも見られる現象であって、神経症的症状や性格の歪みはある程度まで、文化社会の成員ならばみなもっている。したがって健康であるか病んでいるかの区別は、たんに量的なものでしかあり得ないと。われわれの社会における社会化のありようを研究することによって、フロイトはこの見解に至った。フロイトは、子供が自然と文化の間の葛藤に陥ることを発見していたが、この葛藤を子供は抑圧によって乗り切る。われわれは誰一人この抑圧から逃れることはできないが、この抑圧こそ神経症の原因なのだ。したがって、神経症はわれわれ全員の運命である。

このような、病院用症例記録から一人の病んだ人間の生の歴史の物語への移行、健康と病気という対立の破棄は、当時の私、まともな人間と狂った人間の二つの世界があると無反省に考えられていた精神病院に勤める若い医師であった私にとって、病者に分類されている他者と自分との間の、新しい関係世界への第一歩を意味した。病んでいるとされる他者の生に興味をもち、不治の病という偏見を捨てて見ると、文学作品に登場する偉大な人物たちによるのと同じ経験を得た。つまり、病んでおり、狂っていると宣言された私の患者たちの世界は、私自身の内部にもあるとわかったのだ。それはちょうど、ラスコルニコフ、カラマーゾフ、テルレス、ハンス・カストルプその他の多くの文学上の人物たちが自分のなかにいると思ったのと同じことであった。そうなると私と患者の間には対話が成立し始め、お互いを理解することもできるようになった。そのおかげで病院における私の日常業務には生気と新鮮さが与えられ、単なる職業の枠を越えるものとなった。仕事がまさに天職として生（私の生まれつきの好奇心、人間的なるものへの興味、無秩序なものを整理する満足感）と重なり合う、幸せな瞬間を幾度か味わった。

フロイト理論を選んだもう一つ別の強力な理由は、私がフロイト理論と出会った時代の状況にあった。一九四五年から四六年にかけての冬、われわれは「生き残り組」の仲間同士で、戦争の謎とそこであらわになったすさまじい攻撃性について論じ合った。われわれは何らかの回答を求めて、フロイトの二つの論文、一九一五年の「時節柄、戦争と死について」と一九三三年の「何ゆえの戦争」を読んだ。この二つの論文に書かれていたことは私を納得させ、私はフロイトのものの見方に賛成するようになった。フロイトによれば、戦争が不気味なのは、平時ならば文化が一人ひとりの人間に欲動の抑制を要求するのに、戦争がそれを解除してしまうからであり、また通常は国家が暴力を独占し、それによって個々の人間の暴力行使を禁じているのに、戦争という特殊な状況に限ってそれをまさしく称揚するからである。国家は簡単に殺人の抑制を解除できる。人間の内なる攻撃と破壊への欲望が、国家の誘いに見事に応えるのだから。「そのような欲望が存在することは歴史上、そして日常の無数の残虐行為で保証ずみであり、それがどれほど強力なものかも明らかである。この種の破壊的傾向が他の、性愛に関わるものや思想上の傾向と混淆されれば、当然その充足はより容易になる。ときには、思想上の動機はたんに破壊的欲望の口実でしかなかったのではないかと思わせられることもある」。フロイトははっきりこのように述べ、さらにこう続ける。「死の欲動は特定の器官によって外部に、対象に向けられることによって、破壊の欲動となる。生けるものは言うならば他を破壊することによって自らの生を保存するのである」。これがフロイトの考えていたことなのだ。ここでフロイトは、問題の理想主義的な解決法を全く提供せず、使い古されたユートピアの鎖の先に、もう一つ次のユートピアを並べたりしない。それが非常に印象的であった。フロイトは断言する。「人間の悪への傾向が根絶やしにされ、教育と文化的環境の影響によって、善への傾向がそれに取って代わる」などと考えるのは幻想にすぎない。悪は人間の本性の基本的な一部分であるから、それを世からなくしてしまうことはできない。「モーセの十戒が汝殺すなかれと強調していることがまさに、われわれははてしなく続く殺人者の血筋から生まれたのだと明らかにしてくれる。われわれの先祖の殺人者たち、そしておそらくまだわれわれ自身の血のなかにも、殺人の欲望が流れている」。社会が人間に強制する欲動の抑圧や断念によって可能なのは、せいぜい攻撃性の否認にすぎない。それはつまり「文化的詐欺」である。飼い慣らされていない破壊衝動は、どの人間からも消えてはいない。衝動は存在し続ける。見えなくなったとすればそれは無意識へと抑圧されたにすぎない。戦争はこの事実を白日の下にさらす。「戦争はわれわれが身につけた文化の見せかけを剝ぎ落とし、われわれの内なる〈原人間〉をあらわにする」。このように述べて、フロイトは戦争と逆の方向に働きうるものは何かについての考察を行う。それによれば、一つには、抑圧をやめて無意識の攻撃的傾向を意識化する必要がある。そうすればその結果、理性が力を得るだろう。また、人間同士の感情の結びつきを創り上げるものは、何によらず支え、応援しなければならない。感情の結びつきとは、たとえば愛の対象に対するような感情上の結びつきのことである。性的な目的は抜きにしても。あるいは自己同一化を促すような感情の結びつきもあるだろう。フロイトの信じるところによれば、この種の自己同一化を生む感情上の結びつきが「部分的には、人間社会を創り上げる基盤となっている」。フロイトは「文化の発展を振興させるものはすべて、戦争に対抗する作用がある」という文でその論文を終えている。

われわれの仲間は、攻撃性を意識化せねばならぬというフロイトの主張には同感した。しかし、感情の結びつきによって文化を振興しうるという考え方は正しいとは思えなかった。そもそもフロイトがそのようなことを書いた一九三三年という年には、すでにフロイトの主張は事実によって反証されていたではないか。まさにその年、すさまじい感情の結びつきと同一化が煽り立てられた。しかし、その目的は理性の拡大と文化の振興などではなかった。それが目的としていたのは、まさにその反対、すなわち、人間の表層を作っている文化を擦り落とし、破壊的な欲動に息を吹き込むことであった。それゆえわれわれはフロイトの考え方をあまりにもナイーヴであると思ったし、意外にも感じた。なぜならば、その論文の三年前に、フロイトはまさに一九三三年にドイツで起こったことを描き出して見せていたからである。つまり『集団心理学と自我分析』においてフロイトは、集団運動内部で個人に何が起きるかを考察し、一人ひとりの人間が自分の個人としての人間存在を放棄し、知性と良心の能力を失い、最後には欲動に支配される存在と化して、指導者（総統）に無条件に服従するありさまを、見事に描いていたのだ。

ところで、われわれの仲間は二つに分裂することになってしまったが、それは、世にある攻撃性を減少させるには、一人ひとりの人間が抱えている攻撃の抑圧を意識化するだけで充分か否かという問題のためであった。つまり、社会の攻撃性に取り組む必要があるか否かということである。この論争はほど経ずして、精神分析の使命は、一人ひとりの人間の神経症を治療すればそれで達成されるのか、それとも、社会の神経症をも扱わねばならないのか、という問題に発展した。つまりわれわれは、すでに二〇年代に精神分析の専門家集団を二つの陣営に分裂させた論争を、自分たちで再現したわけである。当時、社会主義政党に属していた精神分析家たち、たとえばそれは、ヴィルヘルム・ライヒ（訳注　Reich, Wilhelm. 一八九七—一九五七。オーストリア出身の精神分析家）、エーディト・ヤコブソン（訳注　Jacobson, Edith. 一八九七—一九七八。ドイツ出身の精神分析家）、ヘレーネ・ドイチュ（訳注　Deutsch, Helene. 一八八四—一九八二。オーストリア出身の精神分析家）、ジークフリート・ベルンフェルト（訳注　Bernfeld, Siegfried. 一八九二—一九五三。ドイツ出身の精神分析家、教育家）、オットー・フェーニヒェル（訳注　Fenichel, Otto. 一八九八—一九四六。オーストリア出身の精神分析家）などであるが、この人たちは保守的な分析家仲間に対して、精神分析は社会における神経症の形成に注目すべきだと主張した。失業、劣悪な居住条件、政治の腐敗、社会的弱者の搾取、少数派の差別、経済あるいは国粋主義的覇権追求によって脅かされる国際関係、これらはみな社会の病の症状であって、精神分析はその病を癒さなければならないというのだ。

　このような形で分析家が二つの陣営に分かれてしまい、現在までその状態が続いている一つの理由は、重要な問題になるとつねに、フロイトはどう言っていたかを精神分析家がもち出してくることにある。つまりそこでは、キリスト教神学で起こったと同じことが起こる。キリスト教の神学では、あらゆる人が聖書から自分の見解の根拠となる部分を読みとる。フロイトの著作は四五年にわたって書かれた、膨大なものであるから、あちこち探せば当然、ほとんどあらゆる見方に対してそれを反証する見方が見つかる。一つにはそのためもあって、精神分析研究はしばしば、はてしもない文献解釈に終始してしまうのだ。つまり、一方の側は、個人心理学を初めから社会心理学でもあるとしていたフロイトを引き合いに出してくる。それはつまり、戦争、宗教、共産主義、同性愛の差別などに反対の立場を明らかにしていたフロイトであり、堕胎罪を定めたドイツの刑法二一八条廃止を求める立場を明らかにしていたフロイトである。しかし、他方の側も次のように主張することができる。確かにフロイトは社会批判的な発言をしてはいた。しかし、彼自身は、個人の精神分析療法においてそうだったように、決して現象の分析を越えて何かをしたことはない。分析家の政治活動や、精神分析を政党と結びつけ、行動によって社会状況を変革しようとする試みを、フロイトは絶対認めなかった、と。この両陣営の対立は今日では、一方の側が精神分析家は世界中で発生する戦争、核の脅威、人権の侵害等々に対して明確かつ積極的に反対を表明すべきだと主張し、他方がそのような活動には手を触れないという形になっている。このような対立のために、いくつかの国では、政治に積極的な精神分析家のグループが精神分析学会から脱退するような事態にもなっている。私は後段で、フロイト自身は社会問題に対する純粋に分析的な姿勢を貫徹していなかったことを明らかにするつもりである。フロイトは精神分析運動のために、たとえばそれが社会から認められ、力ある存在となるために、政治活動にも手を染めた――残念ながらそれは、人間により大幅な自由を可能にしようとする、人間科学としての精神分析には害毒をもたらした。しかしこの二つの陣営間には、もう一つ別の論争もある。一つの陣営は個人の分析は「充分に革命的要素を有しており、分析によって教育されたものはそれよりのち、決して退歩や弾圧の側に立つことはない」と主張する。他方はそれに対して、そのような主張は、たとえば第三帝国における経験によって反証されていると指摘する。あの当時、教育分析と呼ばれる精神分析の教育を受けた人たちが、一人ならず退歩と弾圧の側に立ったではないか、と言うのだ。

ほぼ一九六八年まで、私は、研究および治療という形で、一人ひとりの患者さんの神経症と取り組む分析家の一人であった。ところが一九六八年になって、私は私の学生たちから、精神分析的疾病論や治療技術を教えるだけでは困ると言われるようになった。学生たちは当時の社会状況に苦しみ、何とかしたいと願っていて、社会を変える役に立ちそうな論文を探し求めた。その結果フロイトの文化批判的な著作を見つけてきて、私にも議論に加わるよう要求したのである。こうしてわれわれはフロイトの『幻想の未来』をともに学ぶことになったが、このゼミは忘れがたい。一九二七年に書かれたこの論文は、四十年の後もまだ、その本来の爆発的な力をそのまま発揮したのである。学生たちは、診療行為という私的次元に引き籠る精神分析に対して懐疑的だったわけだが、この論文を読み、現実の精神分析のありようがフロイトの考えていた精神分析とは違うことを知った。一九二八年フロイトは、この論文をめぐって論争を交わすようになっていたツューリヒの牧師プフィスター（訳注 Pfister, Oskar. 一八七三―一九五六。スイスのプロテスタント神学者、心理学者、フロイトの友人）に宛てて、次のように書いている。「それに、しばしば申しました通り、私は分析のもつ科学的な意味の方が、医学的な意味よりも重要だと思っておりますし、治療面でも、啓蒙活動を行い、誤りをはっきりそれと明らかにすることで獲得できる集団的な効果の方が、一人ひとりの人間を直すやり方よりも力があると考えています」。フロイトはこの論文のなかで、宗教的イメージにはどのような心理学的意味があるのか、人間理性がそれを認めるか否かとは無関係に、それらのイメージが力を発揮するのはどのような理由によるのか、という問題を追求した。この問題は、私の学生たちにとっても重要であった。フロイトの答えは、学生たちになじみの、古典的宗教批判、たとえばフォイアーバッハ（訳注 Feuerbach, Ludwig. 一八〇四―一八七二。ドイツの哲学者）やマルクス（訳注 Marx, Karl Heinrich. 一八一八―一八八三。ドイツ出身の哲学者、経済学者、マルクス主義の祖）のそれの枠を越えていた。フロイトは子供に特有の無力さと、愛情による保護を求める欲求とを結びつけ、子供時代には父親存在がその欲求を満たしてくれると述べるのだが、それによって宗教的欲求に個人の私的起源があることを明らかにする。フロイトによれば「この無力さが一生の間続くとわかったために、人間は一つの――ただし今度はもっと強力な――父親存在にしがみつくことになった」。つまり、神とは子供の欲求の投影である。子供は不安を解消してくれる愛と保護を求めるものであるから。そして、これが宗教の核心であるがゆえに、フロイトは宗教を幻想と呼ぶ。「われわれがある信仰を幻想と呼ぶのは、その信仰の動機に願望充足が目立つときであり、そういう場合にはその信仰が現実とどのような関係にあるかは考慮しない。それは、ちょうど幻想そのものが幻想として公認されることを求めないのと同様である」。しかし、もしも神が投影でしかなく、宗教が幻想でしかないということになれば、間違いなく文化的規範や倫理基準の根拠づけを次のように変えた方がよい。つまり「神を完全に勘定に入れず、率直にすべての文化装置や規範が純粋に人間に由来することを認めるべきである。そうすれば、文化の創り出した掟や法の硬直性も無変革性もお終いになってくれるだろう。人間は、そのような掟や法も作られたもので……自分たちの役に立ってくれるべきものであり、自分たちを支配するためのものではないと理解できるようになるかもしれない」。

この論文は激しい啓蒙的な作用を読み手に及ぼした。われわれは、これまで自分は宗教をどのように考えてきたのかと反省を迫られ、生まれ育った宗教的環境や、自分自身の保護と愛情を求める欲求にしがみついていることに気づき、取り組むよう促された。フロイトは、宗教という幻想を放棄して、それに替えるに「現実に目を向かせる教育」をもってすることが、人間にとって厳しい試練であるだろうことを見通していた。それがどれほど厳しい試練であったかは、次の事実からもわかる。私と一緒にこの論文を読んだ学生の多くは、フロイトが宗教の与える終末論的な希望はいかなる種類のものも否定したことには賛同し、フロイトに倣って、ハイネ（訳注 Heine, Heinrich. 一七九七—一八五六。ドイツのユダヤ系詩人）の「天のことは天使と雀に任せる」という大胆な詩の一節を引用したりした。しかし、それらの学生の少なからぬ部分は、ほど経ずして再び新たな投影を行い、新たな幻想を求めるようになったのである。そのような幻想の一つが、階級なき社会であった。その社会では私有財産は廃止され、すべての人間は平等で同胞、つまり、互いに攻撃性を発揮することなくともに生きるというのだ。フロイトは確かに、当時ロシアで始まったばかりの「偉大な文化実験」が、人間社会内に存在する潜在的攻撃性を、多少弱める役に立つだろうと認めてはいた。しかし「幻想の未来」には次のようにも書かれている。「共産主義が前提にしている心理学的条件は根拠のない幻想であると言わざるを得ない。私有財産の放棄によって、人間の攻撃欲の用いる道具の一つを取り除くことはできる。取り除かれる道具は間違いなく強力なものだが、しかし最も強力でないことも確かだ」。フロイトによれば、どのような社会改革も、個人が「潜在的に文化の敵」であり続けることをやめさせられはしない。社会主義的文化実験に対するフロイトのこのような懐疑的見解は、それを新たな幻想としていた者たちを失望させた。このような学生たちは、フロイトの判断に対抗して、学生運動内部の反分析的左派を形成した。

もしかすると、容赦なくすべての幻想を破壊するフロイトその人が、自身新たな幻想を生み出したのだったかもしれない。それは恐れを知らぬ自律的人間という幻想である。このような人間は――一九三二年にフロイトがアルノルト・ツヴァイク（訳注 Zweig, Arnold. 一八八七―一九六八。ドイツの作家）に宛てた手紙によれば――「外的仮象世界を内的願望世界によって克服しよう」という思い上がった試みを、間違いなく断念できる。また、フロイト自らが追い求めた理想に従えば、自律的人間は、生の意味を問う、哲学の装いを凝らした問いに答えようとすべきでもない。そのような質問をする人たちに対してフロイトは、次のように答えた。「人生の意味や価値を問う、その瞬間、その人は病んでいる。どちらも、客観的には存在しないのだからら」。これは、マリー・ボナパルト（訳注 Bonaparte, Marie. 一八八二―一九六二。フランスの精神分析学者。ナポレオン・ボナパルトの弟の曾孫、ギリシア王弟妃）に宛てた一九三三年の手紙に書かれているのだが、それによれば、意味とはわれわれ自身が人生に与えることしかできないものなのだ。この考えはフロイトのモットーであり、フロイトはそれを、一六年にわたる長い、緩慢な死に向かう期間中、しっかりと守り通した。最後まで、つまり一九三九年九月二二日の夕方、主治医に向かって終りにしてくれと頼む時まで、である。その時フロイトは「これはもういたずらな苦しみでしかなく、何の意味もない」と述べたという。しかし、そこに至るまでフロイトは、課せられた役割を日々果たし、「生の手仕事」に意味と価値を与え得ていたのだ。

フロイトはどこから、これほどまでに恐れを知らぬ考え方ができる力、大胆さを手に入れたのか。子供として教育を受けた時期のユダヤ教やユダヤ文化からだろうか。フロイト自身の語ることを聞こう。「私をユダヤ的なるものと結びつけていたのは、――これは白状せざるを得ないのだが――信仰ではなく、また民族の誇りでもなかった。私はつねに不信心者で、宗教抜きの教育を受けた。もっとも、人間文化の要求している、〈倫理〉と呼ばれるものへの敬意が欠けていたわけではないが。民族的な高揚感についていえば、私は自分がそのような方向に流れそうになると、禍々しく、不公平なものとして押さえつけるようにしていた。われわれユダヤ人が住んでいた国々の、さまざまな民族の示す不気味な民族的高揚感にはぞっとさせられていたからである。にもかかわらず、それ以外にも充分ユダヤ的なるものやユダヤ人の魅力を抗しがたくする要素が残っていた。それは、ぼんやりと曰く言いがたい、数多くの感情の力であったが、はっきり言葉で表せなければ表せないだけ、強力な力を発揮した。自分がユダヤとしての内的同一性《アイデンティティ》を有していることは明確に意識していた。それは同一の精神的構造のゆえに感じられるひそかな懐かしさである。それにほどなく、私の容易ならざる生の歩みにおいて、欠くべからざるものとなった自分の特性は、すべてユダヤの生まれが与えてくれたものであることに気づいた。ユダヤ人であるおかげで、私は多くの偏見をもたずにすんだ。それらの偏見は多くの人々の知性の働きを縛っている。またユダヤ人であるおかげで、私は非主流派となり、『間違いのない多数派』の内側に入れてもらうのをあきらめることができた」。

　こうして私は、美的および政治的経験を通してフロイトと出会った。その出会いののち、私の生活は、患者の治療のための、フロイトの新しい人間科学との取組みに明け暮れた。実のところ、制度の側に立つ医学は長い間、精神分析を拒絶していた。ヴィクトル・フォン・ヴァイツェッカー（訳注 Weizsäcker, Viktor von. 一八八六―一九五七。ドイツの神経学者）は心身医学の創始者であるが、一九三三年までのありようを次のように述べている。「精神分析的研究に没頭する男たちの誰一人として、大学の正教授の地位を得ることはなかった。それは、その人物が本来精神科医であれ、内科医であれ、同じであった」。フロイトはこんな風に拒絶されることを予期していた。「社会はあっさりわれわれに権威を認めたりはしないであろう。社会としては、われわれに抵抗せぬわけにはいかないのだ。われわれは社会に対して批判的な態度でいるのだから。われわれは社会そのものが神経症の大きな要因であることを明らかにして見せる。われわれはある個人が抑圧していることに光を当て、そのためにその個人をわれわれの敵に回してしまうことがある。それと同様に社会もまた、自らの流した害毒や至らなさを遠慮会釈なく暴かれれば、共感をもってそれに対処することはできないであろう。つまり、われわれが幻想を破壊するがゆえに、われわれは理想を危機に陥れると非難されるのだ」。フロイトは一九一〇年にこう述べている。

一九六〇年以降西ドイツにおいて、医学ならびに福祉の分野でどれほど精神分析が認められるようになったかを知れば、フロイトはひどく驚くに違いない。大学医学部のいずれを見ても、心理療法は必修科目であり、そのほとんどは精神分析による心理療法である。健康保険組合は、毎年数千人の組合員の、心理療法ないし精神分析治療に対する料金を支払う。地方自治体、教会、あるいは州立の相談所が何百とあり、そこでは心理的な問題や社会的問題についての相談を受けつけている。その種の施設では例外なく、フロイトの疾病ならびに治療に関する理論が用いられている。——その用いられ方はさまざまではあるが。有名な出版社が精神分析の文献を出版し、フロイトの著作は文庫本となって幾度も版を重ねている。あらゆる図書館にはフロイトの著作が置かれ、数千の専門家に対して、精神分析の分野で行われた研究の進展を、数種類の精神分析専門誌が報告しており、日刊紙、ラジオおよびテレビは精神分析の提出する疑問や問題を取り上げている。

フロイトは精神分析のこのようなもてはやされぶりをはたして喜んだであろうか。私には、フロイトに現在のありようがすべて気に入るとは思えない。間違いなく、精神分析が広く認められるようになったことはフロイトを喜ばせるであろう。それに、フロイトは一九一八年に、精神分析治療を必要としているが、自分でその費用を支払えない人々のために、無料で精神分析治療を行う施設を作らなければならないと述べていた。その希望が今日健康保険によって実現されていることも、おそらくフロイトを喜ばすに違いない。しかし、反対に、精神分析が勝手放題に商品化され、薄っぺらなものになってしまったことを、フロイトは嘆くだろう。それだけでなく、精神分析が商品化され、現実の社会状況に適応してしまい、本来の批判的立場を失ってしまったことをも嘆くだろう。さらに、間違いなくフロイトががっかりするであろうことは、フロイトの弟子を自称する連中が、師の遺産を管理するやり方である。フロイトの娘アンナ（訳注　本書「アンナ・フロイト」参照）は、精神分析家の養成機関について、今ではおそらく大半の、精神分析誕生を担った「英雄的」な時代の偉大な分析家たちは採用されないようにでき上がっていると批判したが、フロイト自身にも、そのようなあり方は気に入らないであろう。つまり、今日のそのような学校は、官僚的に組織され、採用基準も厳しいために――アンナに言わせると、その基準は養成希望者の人格を尊重しているとはとてもいえない代物である――入校が許可されるのは、どちらかというとうまく社会に適応し、勤勉で、現実との取組みに強い候補者であって、視野の広さや創造性は無視されがちなのだ。

　このような社会への適応の一つの現れが、精神分析学会の学会員は医師と心理学者に限るという、精神分析の側の自己規制である。フロイトは長年、医師でなくても精神分析家として開業できるようにすべきだと、熱心に戦い続けた。根本的な精神分析の養成を完了したものは、例外なしに、精神分析家として開業できるようにすべきだというのである。その種の養成を受けた者は、もはや単なる素人とはいえない、というのがフロイトの考えであった。しかし、すでに一九二六年にはフロイトは、ほとんどの学会員が自分の要求を拒否していることに気づいていた。フロイトはそれに対して「たとえ自分ひとりになろうとも」自分の立場を譲ったりはしない、と、臍を曲げたようなことを言っている。パウル・フェーデルン（訳注　Federn, Paul. 一八七一―一九五〇。オーストリア出身の精神分析家）に対してフロイトは次のように書き送った。「いつかは分析のために徹底的な戦いを遂行せねばならない。あとでやるよりも、今の方がよい。命ある限り私は、精神分析が医学に飲み込まれてしまうのに逆らうつもりだ」。しかしフロイトは、この戦いに敗れた。精神分析学会からの集団脱退をも辞さないと、アメリカの会員が強硬に自分たちの立場を主張したのに、抗しきれなかったのである。そして最後に、フロイトはおそらく、これら精神分析家養成機関の水準についても、嘆かずにはいないであろう。フロイト自身は、さまざまな分野における優れた専門家が、精神分析の養成を受け、それによってその後、各々の分野で、精神分析の学問的代表者となってくれることを願っていた。そのためには、養成機関において、文化史、宗教心理学、神話学あるいは文学などの講義を行い、専門家育成の前提条件を満たしておく必要がある。しかし、このようなフロイトの願いは、ほとんど実現されていない。現存する精神分析の養成機関は、むしろ精神分析家として開業する者を養成するための、職業学校の様相を呈している。

現在のドイツでは、ヨーロッパでは他に例を見ないほど精神分析が公的に評価され、支援を受けている。しかし、その前には何十年も、激しい中傷と迫害が続いた。精神科医たちは精神分析を評して「魔女の妄想」「精神的自慰行為」「偏執狂的たわごと」「ばあさん用心理学」と罵り、繰り返しユダヤ的堕落であり「タルムード（訳注　紀元五〇〇年頃成立したユダヤ教の口伝律法の集大成）式屁理屈」であると非難した。精神科医と同じくらい激しく精神分析を攻撃したのがカトリック教会である。オーストリアの聖職者シュミット（訳注　未詳、Schmidt, Wilhelm. 一八六八―一九五四か）という人物は、ヴァティカンを通じて、イタリアで発行されていた精神分析の雑誌を、イタリアのファシスト政権が発行禁止にするよう働きかけた。ヴィーンでは一九三四年、オーストリアの政治権力をカトリックが握ったその年以降、カトリシズムの代表者の一人アラース（訳注　Allers, Rudolph. 一八八三―一九六三。オーストリア出身の哲学者、精神医科）が精神分析に関わりのある施設をすべて禁止した。——それらは極端に非キリスト教的、それればかりか反キリスト教的だからというのである。カトリック教会による精神分析への脅迫は非常に強力で、フロイトは自分の論考「人間モーセと一神教」の発表を控えたほどである。そのうえ、一九三三年の国民社会主義者によるドイツの政権掌握が、啓蒙的要素としての精神分析の存在の終りを告げた。新たな権力者となった国民社会主義者たちは、すべての「非ドイツ的精神」の抹殺を急いでいた。一九三三年春には、すでにユダヤ人の著書が公衆の面前で焚書された。精神分析の書物を炎の中に投げ込んだとき、ナチ突撃隊員は次のように呼ばわった。「精神をばらばらにしてしまう、衝動生活の過大評価に抗し、人間精神の高貴さのために——私はこの炎に、ジークムント・フロイトなる人物の書物を引き渡す」。ミュンヒェン大学精神科の正教授であった、高名なドイツ人オズヴァルト・ブムケ（訳注　Bumke, Oswald. 一八七七―一九五〇。ドイツの精神科医）は、次のように勝ち誇った。「今こそ精神分析には片がついたといってよい」。フロイトは落ち着いていた。「人間は何と進歩したものではないかね！　中世だったら連中は私を焚刑に処しただろう。それが現代では、私の本を焼くだけで我慢しているとは」。しかし、フロイトが落ち着いていたのは、オーストリアが国民社会主義の手に落ちることはないと信じていたからである。まもなくその考えの誤っていたことが明らかになった。一九三八年ドイツ軍がオーストリアに進軍してきたとき、フロイトはヴィーンを出なければならなくなった。そしてその一年後、八十二歳で、亡命先のロンドンで亡くなったのである。

精神分析は医学と社会福祉の分野でのみ、人間との関わり方の根本的な変革をもたらしたわけではない。犯罪者の扱い方もまた、精神分析によって大きく変わった。従来、立法者は、受刑者を悪者であり、犯した行為の罰を受けるべき罪人と見なしていた。受刑者の心の奥底にある動機は、ほとんど無視されていたのである。懲役を受けても役に立たない、どころかむしろ、再犯を増やすような結果に終わってしまうことは、誰にでもわかっていたにもかかわらず、長い間、犯罪者に対する見方が根底から変わることはないままであった。フロイトが明らかにした人間に関する新たな認識を考慮に入れることによって、大きく、深い変革がもたらされた。年少の犯罪者の多くは、自分が性的あるいは攻撃的、場合によっては両方の衝動および空想を抱いていることに無意識の罪責感をもち、苦しんでいる。実際には、そのような衝動や空想は、若者の大半、のみならず大人の人間も抱いているものなのだ。しかし、これらの犯罪者は、厳格にすぎる超自我のために、罰されることを求める。この超自我というのも、社会の超自我の鏡像である。犯罪を犯し、その結果裁きを受け、刑務所に入ることで、これらの犯罪者たちは、求めていた罰を与えられることになる。無意識の罪責感を実際の現実、すなわち犯罪行為に結びつけることによって、罪責感から逃れることができるのだ。つまり、これこそフロイトの決定的な、新しい認識なのだが、この罪責感は行為の結果生じるのではなく、行為の動機なのである。そのため、これらの若い犯罪者に罰を与える裁判官たちは、被告たち自身の厳格すぎる超自我に奉仕しているのであって、それとは知らぬまま、いわばある欲求の充足者と化す。このようにフロイトの考え方が実際の司法の場に導入されたおかげで、犯罪者は精神に障害を受けた人間であり、助けを必要とする、ということになった。司法の目標は、罰するのではなく癒す、になったのだ。犯罪を犯す若者たちは法廷に、罰されたいという欲求を呈示する。この欲求は、しかし、法廷がそれを満たさないことによって実りあるものとなる。精神分析的治療によって、この無意識の罪責感を意識化し、超自我を、フロイトが言っていたように「軽減」できれば、慢性的に犯罪を繰り返す傾向を断ち切ることも可能であろう。

犯罪者の扱いに関する場合と同様、もう一つ別の社会的問題領域においても、精神分析は理性と理解が広がるのに貢献した。古くからの社会的偏見から始まり、カトリック教会の道徳論によって定着したのだが、かつて、同性愛は犯罪とされた。そのため、それらの人々は社会的に追放され、蔑まれた。しかし、フロイトはこの問題に関して、これらの人々は決して倒錯的な快楽追求者などではなく、たんに異性愛者とは異なった性的発達をたどった人間にすぎないことを明らかにした。自分の息子が同性愛者であることを心配して、相談してきたある女性に、一九三五年フロイトは次のような手紙を書いている。「同性愛は、恥ずかしく思わねばならないことではありません。悪徳でもなければ人間としての品位を貶めるものでもありません。また、病気と分類すべきでもないのです。私どもは同性愛を、性的機能の一変異であって、性的発達における何らかの固着に由来すると考えております。古から今に至る、多くの非常に尊敬を集めた人物が同性愛者でありましたし、そのなかにはまことの偉人も含まれております。プラトン（訳注 Platon. 紀元前四二八／四二七―三四八／三四七。古代ギリシアの哲学者）、ミケランジェロ（訳注 Michelangelo. 一四七五―一五六四。イタリア・ルネサンスを代表する彫刻家、画家）、レオナルド・ダ・ヴィンチ（訳注 Leonardo da Vinci. 一四五二―一五一九。イタリア・ルネサンスの代表的美術家にして科学者、技術家、思想家）等々。同性愛を犯罪として追及することは、恐ろしく不当なことであり、同時に非常に残酷でもあります」。

精神分析が私の医師としてのあり方に働きかけ、生み出した、決定的な変化は何であったかを振り返ってみると、それは、医師と患者の関係の変化であった。その変化には二つの方向がある。その一つは患者に向かう場合の変化であり、もう一つは医師としての自分に向かう場合の変化である。講壇医学が教えたのは、患者を治療前の症状診断から治療後の回復という図式に当てはめることであり、既存の疾病論に当てはまる道筋を探しつつ、患者からその病状を聞きただすことであった。その場合、尋ねる方は目的を明確に意識し、必要以外の話をしてはならない。患者には、正しい診断を下すための材料を提供する義務が与えられるべきだとされた。患者の側は、医師の要求に従って動く以外どうしようもなかった。もしも胃潰瘍の患者が、たとえば、兄弟姉妹への嫉妬や、結婚生活での問題について話し始めたとすると、おそらく私の医学部での先生たちは、せいぜいのところ、どうでもよいおしゃべりを我慢して聞いてやるという反応をしたであろう。フロイトはこのような医師・患者関係のあり方を、言葉の真の意味で転覆させた。フロイトは患者が自分自身を描き出し、自分には何が大切なのかを語ることのできる空間を創り出したのである。これはまさに革命的であった。従来の医師と患者のあり方とは全く逆の状況のなかで、医師は解釈する聞き手の位置に退却する。こうしてようやく、医師は、初めはどんな意味があるのかわからない話にも耳を傾けるようになる。フロイトは性的な問題について語る女性にも耳を傾けたために、不道徳であるという非難を浴びた。アンナ・O嬢の病歴報告はひどいスキャンダルを巻き起こした。――いま一つの変化は、私自身の、医師としての自分への態度に関わる。フロイトの求める通り、患者に向かって、あなたの病気は何かではなく、あなたは誰かと尋ねるようになったため、私は自分自身についても、この状況にある自分は誰なのかを尋ねずにいられなくなった。医学部では、患者に対して自然科学者としてふるまうよう教わった。客観的観察者であれという目標を達成するには、中立で、患者の情動に影響されたりせずに、自分の仕事ができなければならない。しかし、まもなくわかったのだが、このような態度は、客観的に病状を診断するという役割に徹していない限り、続けられない。私が病気になっている人間を理解したいと思い、患者さんにその生の問題の心理的な側面を好きなように表現できる空間を提供すると、講壇医学では研究用実験室だったはずのものが、親密な関係の場と化した。医師たちは以前からこのような現象に気づいてはいたのだが、しかし、それは診断の邪魔になるとして拒絶されていた。フロイトはこの現象に、新たな意義を与えたのである。フロイトはそこにあるものを発見し、それを転移と名づけた。フロイトによれば、患者は、そのふるまいによって、自分の乳幼児期における葛藤の本質的な部分を繰返して見せている。患者はつまり、無意識のうちに、医師に、自分が愛し、恐れている親の役割を演じさせ、患者がそれまでに創り上げてきた心理的序列のなかに、医師を取り込むのである。患者は医師に、無意識の行動範型、対象関係、肯定的な陽性感情および否定的な陰性感情、願望そして空想を転移する。こうしてでき上がる親密な関係の場で、客観的観察者の役割を維持することはできない。患者の無意識の感情に影響されないようにすることは不可能である。それは、フロイトによれば、医師の無意識が患者の無意識に応えるからである。盲人が盲人の手を引くような事態に陥らないために、私は自分の内部に生ずる感情的苛立ちを分析することを学ばねばならなかったし、この新たな医師・患者関係においては、患者と自分の間の境界線が消滅してしまうことを認めざるを得なかった。そのおかげで、それまでは全く自分とは別の、病的と定義されていた患者という存在に、それまでになく近づけるようになった。しかし、その代わり、はてしない自分自身への作業が求められた。これは、患者の側がやっている作業と同じようなもので、自分自身の無意識の葛藤を認識して解決するという繰り返しである。

このような、医師および教師としての自分の役割を求めて、フロイトを手本とする、幸せな関係が長く続いた。その後――はるかのちになって初めて――フロイトに疑問と異議を申し立てる、つらい数年がきた。それがなかなか始まらなかったのは、従来の理想化されたフロイト像と、私自身の理想化に傾いた姿勢のために、自分のフロイト像にうまく当てはまらないようなことは、受けつけなかったからである。ようやく思い込み抜きに、事実だけを見るようになったとき、私の目に映ったのは、自分自身の原則に一致しないふるまいをするフロイトだった。私は矛盾の内にある人間フロイトを発見したのだ。私がここでいうフロイトは、一九一〇年以降精神分析の組織化のために、権力政治的な画策を始めたフロイトのことである。フロイトは当時「精神分析運動」なるものを創り上げようと考えていた。この運動の目標は、社会主義運動に倣った一種の精神分析インターナショナルを作ることであった。このインターナショナルは「地域グループ」をもち、それぞれの「地域グループリーダー」はすべてフロイトに忠実な心服者でなければならず、全員フロイト自身によって精神分析を受けた者とすることが考えられていた。こうして本来乳児が縛られている紐帯からの解放であったはずの教育分析が、教師―弟子の絆という形での新たな乳幼児的紐帯を拵えるものに歪められ、フロイトの教義を叩き込むための道具となった。この「インターナショナル」には一人の「首長」がいなければならない。この首長が、同時に理論の純粋性に目を光らせ、「教え、諭すことをためらわない権威」となる。「何を精神分析と呼ぶことが許されるべきであるか」について真正な情報を与えうるのも、この首長のみである。真正の理論の保護のために一つの委員会が創られたが、フロイトはこれを精神分析の防衛機関として歓迎した。最初は単なる組織形態のように見えたものが、ほどなくして一種の信仰運動の様相を呈した。そうであるからには当然教義が生まれる。学問上の仮定、前提が、何の間違いもない真実として固定化される。こうなってしまうと首長が運動の統括管理存在とならざるを得ず、誰はまだ精神分析の枠内に収まっており、誰が分派をなす者かを監察し、決定することになる。その結果、分離―および分裂の動き、排除、追跡、抑圧が起こった。

このやり方は科学者としてのフロイトの業績と全く矛盾する。科学者としてのフロイトは、精神分析を経験科学であると定義していた。「……精神分析は経験に基づいて手探りを続け、つねに未完成であり、必要があればつねにその理論を訂正ないし変更する。精神分析は……自らの前提が一時的なものでしかないことを拒まず、将来にわたる努力によって、それらの前提がより厳密に規定されることを期待している」。フロイトはしかし、精神分析運動を推進することで、自分自身の啓蒙者としての自己理解とも矛盾することになった。本来精神分析は単なる人間科学以上のもの、医学の一分野以上のもので、解放的科学として社会内の諸関係を変革すべきものであった。ところが、この精神分析運動は、そのすべてに逆行した。教義、信仰箇条、信者の監察などは、決して啓蒙と両立しない。しかもこの運動は、それ自体として強力で一致したものであるべきだというだけでなく、社会、とりわけ社会内で権威を認められている医学の側から認知されることを求めた。そのためには譲歩やあやしげな妥協が必要になる。フロイトはそのためにユングと手を結び、たとえばユングの犠牲者であるザビーナ・

シュピールライン（訳注 Spielrein, Sabina. 一八八五―一九三七？ ロシア出身の精神分析家。ユングの愛人ともいわれる。ユング、フロイト双方に大きな影響を与えた）に対してユングを弁護するようなことまでしなければならなかった。ユングのような「公に認められた精神科の医師で非ユダヤ人がこの運動の指導者であらねばならぬ」（クラーク、一九七九年）という配慮からである。また学問上の発見、たとえば逆転移の理論について、大学の医学者からの攻撃を避けるために、沈黙を守らねばならなかった。そればかりかとうとう一九一八年には、軍における精神医学と、とんでもない同盟を結ぶことまでした。目的は、戦争神経症の治療に精神分析が有効であることを実証してみせることにあった。これはしかし、兵士を戦闘部隊に復帰させることにつながる行動であって、これによって私は、フロイトに対する信頼のかなりを失った。フロイト自身その数年前には、戦争を断罪し、平和時には殺人に対するためらいを奨励、要求しておきながら、戦時にはそれを放棄して、殺人を要求すると、国家を告発していたのではなかったか。フロイトは、社会が神経症の原因に大きく関わっているがゆえに、精神分析は社会に対して批判的であらねばならぬと言っていたのではないか。そして戦争は、他の何にもまして神経症症状を生むものではないのか。

分析家として私は、フロイトの陥った自分自身に対する矛盾、いわばフロイトの二重帳簿を理解しようと試みた。私の思うに、精神分析運動と権力への順応を推進するフロイトは、そのユダヤ人性に囚われていたのではなかろうか。そのユダヤ人性とは、むなしさへの恐れである。一九一二年フロイトはジョーンズ（訳注 Jones, Ernest. 一八七九―一九五八。イギリスの医師、精神分析家。フロイトの評伝は有名）に次のように書き送っている。「このような共同体（「精神分析運動」のこと）が、私の創り出したものの守護のために存在していると考えることがもしできるのであれば、私は生きることも死ぬこともずっと楽になるだろうと思います」。ユダヤ人性とはつまり、確実な定着地をもつことなく、繰り返し迫害され、追放され続け、自らの創り上げたものを捨て、どこかで再び最初からやり直さなければならない、そういう民族の一員であるということである。ユダヤ人性とは、むなしさに脅かされているということであり、しかもそのむなしさは、たんに個人の一生がむなしいということに留まらない。このようなむなしさに対する恐怖に対処すべく、ユダヤ人たちは、厳しく組織された共同体、東欧における、シナゴーグを中心としたユダヤ人街、独自の言語、独特の服装、そして宗教上の正統主義を創り上げた。フロイトはこの恐怖に、私生活においては厳格な規則正しさと、極端な定住性によって対抗していた。家族が増えて、手狭になってしまっても、はるかのちになるまで、四七年間、フロイトはヴィーンの同じ住居に住み続けた。精神分析運動も、この存続性への憧れの現れだったのだ。もしかすると同じことが、フロイトとは別のもう一人の十九世紀の偉大な改革者にも当てはまるかもしれない。つまり、共産党インターナショナルの創設者、カール・マルクスである。前世紀三人目の偉大な革命者、ダーウィン（訳注 Darwin, Charles Robert. 一八〇九―一八八二。イギリスの博物学者、進化論の提唱者）は、キリスト教徒であり、イギリスの名のある家の出身者であったために、他の二人のようなむなしさに対する恐怖をもついわれがなかった。ダーウィンには、「自分の創り出したものの守護」のために運動を組織する必要がなかった。自分の考え方には説得力があり、存続するであろうことを信じていられたのだ。

三十年間その人の跡を慕って歩いてきたあとに、崇拝する師についてこのようなことを知らねばならなかったのは、つらい経験であり、何とか整理をつけねばならなかった。確かにつらかったが、しかし得たものも少なくなかった――それも二つの観点から見て。その一つは、今では私はフロイトを人間らしい弱さをもった存在として見るようになったということである。現在私に見えるフロイトは、日々の生活の問題と困難のなかにある、古くさい家長で、つねに、研究者としての情熱と大家族を養うためのお金を稼がなければならないという必要性の葛藤に苦しんでいる。その人は自分を受け入れようとしない世間、そして自分を愛したり憎んだりしている弟子たちとの緊張関係のなかにある。フロイトは、エディプス・コンプレックスがわれわれの文化に普遍的に当てはまることを発見したのだが、自身そのコンプレックスのなかに深くはまり込んでいた。自分の子供たちとの間でも、弟子たちとの間でも。無意識の意味を発見し、人間関係において無意識がどれほどの力をもっているかを知っており、それを示すために転移、反復強迫、逆転移などの概念を発見した、そのフロイトが、日常の生活で無意識にどのように対処していたかを見ると、昔も今もわけがわからなくなる。人間をエスに支配されていると見なし、十九世紀という時代に向かって「われわれは自分自身の住処の主ではない」と言いきった、その同じ人が、自分の言ったことは自分には当てはまらないといわんばかりのふるまいをしている。しかしもしかしたらフロイトは、このようなすさまじい分裂という条件のもとでのみ、自分の研究を続けることができたのかもしれない。この分裂と少なからぬ内的葛藤のために払った犠牲は大きかった。私は先に、フロイトが精神分析運動のためにしたいくつもの妥協を、とんでもないことだと述べたが、これら悪魔どもとの契約も、もしかしたら見かけほど簡単に結ばれたわけではなかったのかもしれない。生涯のかなりの間をフロイトは、心理的緊張の一部を身体に肩代わりさせ、症状として排出することによって生きのびた。偏頭痛、機能性腸障害、鼻腔カタル、旅行恐怖および心気症的自己観察などがその一例である。ところで、そのような人間くさい形でフロイトを見るようになって、何が起こっただろうか。私は改めてフロイトに感嘆するようになった！　あれだけ多くの問題と、不安と負担と争いのなかで、どうやってあれだけの壮大な仕事をやり遂げられたのか。初めて私には、天才という言葉が本当は何を意味するかがわかった。

この経験はもう一つ別の観点からも実りあるものになったのだが、それは、私がフロイトの理論に以前よりも自由に、批判的なアプローチができるようになり、師と仰いでいた人の、崇拝すべき理論体系に対しても、その裏をかくような問題提起ができるようになったということである。投影によって理想化することがなくなるまで、こんなことは考えられなかった。投影から抜け出してようやく、フロイトに対しても血と肉でできた一人の先達として接することができるようになり、やっと、どうしてあなたはこれをこういう風に解釈して、それ以外の解釈はしなかったのかと尋ねられるようになった。今の私はフロイトに疑問を呈し、ここでのあなたの概念定義ははっきりしていない、とか、他の定義と矛盾している、などということも言うし、そういう私をフロイトは受け入れてくれるだろうと考えている。

こうして私は、七十歳を過ぎた今も、ほとんど毎日、長椅子の後ろの肘掛け椅子に何時間も座り続け——もう四十年もそれをやっていることになるが――患者の語ることに耳を傾けている。これはもはや、以前のようなフロイトへの自己同一化ではなく、効果があるとわかっている診療行為である。それに、現在私が診療に使うのは、フロイト流の精神分析だけではない。精神分析では分析家と患者は一対一だが、私はカップル、家族、グループなど、生きるための葛藤に苦しみ、そこからの出口を見つけることができずに、私のところにやってくる、さまざまな人たちを診る。つまり要求が変わり、今の私はフロイトの規則を墨守してはいない。ではあるが、しかし、私のやっていることは本質的には、今もなお、人間理性では把握しきれない問題を解決する唯一のやり方とフロイトが信じていたこと、つまり、無意識を意識化することなのである。

　精神分析理論との関わりについていえば、私は研究者フロイトの態度に倣いたい。それはつまり、死を目前にしてマルティン・ペクに、こう語ったフロイトである。すなわち、精神分析上の発見や理論の正当性などというものが、誤りなく証明されたと思い込むのは間違いだ。実際のところ精神分析はまだ始まったばかりであり、まだまだ発展の余地が大きいし、精神分析の立てた仮説は繰り返し検討され、確認される必要がある、と。この研究者フロイトを祖と仰ぎ、精神分析運動の組織人フロイトをその出発としたりしなければ、おそらく精神分析は今後も存続するであろうし、これまで同様人間の思考と、人間の本質について人間が考えることに影響を与え続け、一九二四年ブルクハルト（訳注 Burckhardt, Carl Jacob. 一八九一―一九七四。スイスの政治家、歴史家、著述家）がヒューゴー・フォン・ホーフマンスタール（訳注 Hofmannsthal, Hugo von. 一八七四―一九二九。オーストリアの作家、詩人）に書き送った言葉の正しさが証明されることになるだろう。「このフロイトという奴は、今世紀の経過とともに、はてもなく強力になり、子供の頃私たちを取り囲んでいた、一見しっかりと根を張っているようだったもののすべてを凌ぐに違いありません。この男は、自身実証主義世界の出身者ですが、本当ならば実証主義世界としては存在を否定するはずであったものと取り組んでいます。――つまりその男は、自分で精神と名づけたものと取り組んでいるのです」。

グスタフ・マーラー（Gustav Mahler, 1860-1911）

主要作品

歌曲集『さすらう若者の歌』（Lieder eines fahrenden Gesellen, 1883-85）

歌曲集『子供の不思議な角笛』（Des Knaben Wunderhorn, 1892-96）

歌曲集『亡き子をしのぶ歌』（Kindertotenlieder, 1901-1904）

テノール，アルト（またはバリトン）およびオーケストラのための交響曲

『大地の歌』（Das Lied von der Erde, 1908）

交響曲第１番ニ長調（1. Symphonie D-Dur, 1884-88）

第２番ハ短調（2. Symphonie c-Moll, 1887-94）

第３番ニ短調（3. Symphonie d-Moll, 1895-96）

第４番ト長調（4. Symphonie G-Dur, 1899-1901）

第５番嬰ハ短調（5. Symphonie cis-Moll, 1901-02）

第６番イ短調（6. Symphonie a-Moll, 1903-04）

第７番ホ短調（7. Symphonie e-Moll, 1904-05）

第８番変ホ長調（8. Symphonie Es-Dur, 1906-07）

第９番ニ長調（9. Symphonie D-Dur, 1908-09）

第10番嬰へ短調（10. Symphonie Fis-Dur, Adagio 1910）　未完

ハンス・マイヤー

グスタフ・マーラー

山下公子 訳

一八九九年／一九〇〇年という世紀の変わり目、すでにヴィーンの帝室歌劇場監督であったマーラーは、その交響曲第四番に取り組んでいたが、この第四交響曲は、構成および着想上、マーラー作品としてきわめて例外的な終結部をもつことになった。十九世紀全体を通して、ほとんど疑問の余地なく正しいとされてきたベートーヴェン（訳注　Beethoven, Ludwig van. 一七七〇―一八二七。ドイツの作曲家。古典音楽をロマン主義へ導いた）の交響曲における作曲法、「闘いを通して勝利へ」という大原則が放棄されたのだ。

ごく最近に至るまで、マーラーの交響曲の最終楽章の喧しさに対し、厳しい批評が繰り返されてきた。この傾向はすでに第一交響曲に見られる。ロマンティックな夜の情景が突然、戦闘の喧しい響きにとって代わられるのだ。ところがこの交響曲第四番ト長調においては、すべての生の苦しみと、身を切り裂く絶望が終結部で突然切り捨てられてしまうように聞こえる。壮大にして急激、全く劇場的に拵えられた昇天のうちに、地上の騒音から身を引き離していくかのようである。音楽上もやはりバロック期の昇天の音楽が示唆され、最後に軽やかで明るいソプラノ独唱が終結部のテーマを歌い始める。『子供の不思議な角笛』からの一曲。「私たちは天上の喜びを享受する／それゆえこの世のものは避ける」と。作曲者は意図的にこの韻律詩を交響的に処理せず、十八世紀の音楽上の範型に従い、繰り返しを伴う韻律歌謡のままに残している。この歌はいわば聖チェツィーリアへの静かな祈りとなって終わるが、この聖女こそ音楽家と音楽の守護聖人である。いかなる地上的音楽と比べることもできない、天使の奏楽。そこでマーラーの交響曲第四番は終わる。そっと静かに、超越のうちに。

マーラーの作品のなかでも、この曲のこの部分ほど、作曲者の芸術のみならず、その生の実質の基本要素のすべてが隣り合って並んでいる箇所は他にない。ズタズタに引き裂かれた内面、存在とこの世の生における苦しみゆえの絶望、新たなる純潔と素朴への憧憬、そして代替宗教としての音楽の美化。これで、人間、そして音楽家としてのマーラー解釈にとって決定的な基本的事実は述べられたことになる。つまりマーラーは、必ずしもつねに自覚していたわけではないが、宗教なき市民社会にあって、宗教の代替物を探し求めていたのだ。その生きた年代（一八六〇―一九一一）のために、グスタフ・マーラーが否応なく身を置かざるを得なかったのは、唯物論哲学の試みと自由主義的懐疑に彩られ、かつての典礼と宗教を芸術と芸術家によって置き換えようと、ほとんど何にも動じることなく努力を続ける市民の世界であった。プラハ出身のフランツ・カフカ（訳注 本書「カフカ」参照）はマーラー同様ユダヤ人だが、マーラーの二三年後に生まれ、マーラーという現象を完全に意識的に知ることができた。そのカフカは自分のおかれた歴史上の位置について、カトリックの秘跡を知ることはなく、しかもユダヤ教の祈禱用ショールが翻って消えていくのを見送らねばならなかった者という言い方をしている。

しかし、フランツ・カフカ、ジークムント・フロイトあるいはアルノルト・ツヴァイクの場合とも異なり、グスタフ・マーラーの家庭には、ユダヤ正統派の父親と、時とともに自身のユダヤ性の否定を厳しくしていく啓蒙的な息子との間の葛藤は存在しなかった。カフカはその父への手紙で、自分がなぜシナゴーグに行かないかを語らねばならなかったが、そのような手紙は息子グスタフと父ベルンハルト・マーラー（訳注 Mahler, Bernhard. 一八二七―一八八九）の間では考えられなかった。ジークムント・フロイトの場合には、父ヤーコプとジークムントとの間の葛藤は明らかに、この偉大な心理学者の学問上の発見すべてにとって決定的な意味がある。ところが、ベルンハルト・マーラーは、十九世紀半ばにはかなり多かった、市民化の度を加えつつあるユダヤ人の一人であった。つまりベルンハルト自身、シナゴーグ、礼拝、そしてユダヤ教の食事に関する定めに背いていたのである。これらの人々は、広大なオーストリア＝ハンガリー帝国東部、具体的にはガリツィア地方（訳注 現在のポーランドからウクライナにかけての地域。一七七二―一九一八年オーストリア領。ユダヤ啓蒙運動家を輩出した）や、ブコヴィーナ地方（訳注 ルーマニア北方に広がる地域。一七七五―一九一八年オーストリア領。イディッシュ語文学の中心）で、未だにゲットーと呼ばれるユダヤ人定住区域に住むユダヤ人たちの対極にあった。

グスタフ・マーラーは一八六〇年七月七日、ベーメン地方（訳注　現在のチェコ共和国西部に広がる地方。ボヘミア。中心はプラハ。十世紀から神聖ローマ帝国の一部）とメーレン地方（訳注　現在のチェコ共和国の一部。モラビア。中心はブルノ。ベーメンと同じく第一次大戦時までハプスブルク家の支配下にあった）の境に位置するカリシュト村に生まれた。父親はこの村で、運送業と酒場を営んでいた。この村はしかし、ユダヤ人が住民の大半を占める「シュテートル」の社会構造に比べるべくもない。「シュテートル」についてはたとえばマネス・シュペルバー（訳注　本書「シュペルバー」参照）がその若き日の回想中に記述している。マーラーの父親ベルンハルト・マーラーは、市民として尊敬を受ける商人の地位にのし上がるため、大変なエネルギーを発揮したに違いない。戦闘的な上昇志向は父親から息子に受け継がれたようである。グスタフ・マーラーには姉が一人あり、このユスティーネ（訳注　Mahler, Justine. 一八六八―一九三八）は長く、ヴィーン時代も含め、マーラーがアルマ・シンドラー（訳注　Mahler-Schindler〔のちにGropius-Werfel〕, Alma Maria Margarethe. 一八七九―一九六四）と結婚する一九〇二年まで、マーラーの家政を見ていた。グスタフ・マーラーの次女は彫刻家で、今も存命であるが、この伯母の名を貰ってアンナ・ユスティーネ（訳注　Mahler, Anna Justine. 一九〇四―一九八八。本書出版前に亡くなった）という。

マーラーの誕生した一八六〇年のうちに、一家はカリシュトを去り、工業都市イグラウ（訳注　現在のチェコ共和国イーラヴァ）に移った。ベルンハルト・マーラーの一家は相当の資産を蓄え、息子をこの町で中等高等学校《ギムナージウム》ナージウムにやれるまでになっていた。六歳でグスタフ・マーラーの音楽の才能はすでに明らかであった。ピアノのレッスンが始められ、二年後八歳の時には音楽一般のレッスンが始まった。市の音楽監督ハインリヒ・フィッシャーに和声を学んだのである。一八七〇年一〇月には十歳でピアニストとして舞台に立った。

この十代ごく最初の時期から、のちのマーラーの生涯に繰り返し現れる、典型的な二重の活動生活が始まっていた。つまり、グスタフ・マーラーはギムナージウムの生徒であると同時に将来の職業音楽家でもあったのだ。これは十歳の少年にとって、十分問題であったに違いない。のちにこの二重活動は、世界的に有名な指揮者グスタフ・マーラーと、攻撃され、誤解され、時として軽蔑される同名の作曲家という二重性となり、マーラーをたびたび苦しめた。

父親が息子の履歴にうるさく口を出し、邪魔をしたということはなかったようである。ただし先に述べた二重軌道だけは、父親から息子にはっきり求められていた。マーラーは一八七五年までイグラウのギムナージウムに通った。その後同年のうちに、マーラーはヴィーンの有名な帝室音楽院に入学を許された。当時帝国の首都で最も令名高いユダヤ人ピアニスト、かつヨハネス・ブラームス（訳注 Brahms, Johannes. 一八三三―一八九七。ドイツの作曲家）の信頼篤い友でもあったユーリウス・エプシュタイン（訳注 Epstein, Julius. 一八三二―一九二六。ザグレブ生まれのオーストリアのピアニスト）がマーラーのピアノの師となった。作曲法はフランツ・クレン（訳注 Krenn, Franz. 一八一六―一八九七。オーストリアの作曲家）に学んだ。ヴィーンではヒューゴー・ヴォルフ（訳注 Wolf, Hugo Philipp Jakob. 一八六〇―一九〇三。オーストリアの作曲家）や、のちに音楽学者となるグィド・アードラー（訳注 Adler, Guido. 一八五五―一九四一。オーストリアの音楽学者）と親しくつき合うようになった。十八歳のマーラーは（一八七八年）優秀な成績でヴィーン音楽院を卒業する。しかし、その後イグラウに戻り、そこで大学入学資格試験を受け直さねばならなかった。

　家族との関係についてマーラーは、わかっている限り、ほとんど何も語っていない。若い時代に書かれた書簡には全く若者らしい情動だとか、信条の吐露が見られない。後に書かれた書簡も、これはマーラー自身が手紙の相手にはっきり書いていることだが、多くの場合、秘密を打ち明けたり、個人的な内容だったりはしない。マーラーの書簡は情報伝達の手段以外のものではないのだ。もちろんこれには大いなる例外がある。若く美しい妻アルマに宛てた、情熱に囚われた恋文がそれである。アルマはマーラーに二人の娘を生んだ。

　グスタフ・マーラーの修業時代、これは音楽院での教育期間に続いた、どれも同じような「臨時の」指揮者としての遍歴の数年であるが、この時期は厳しいものだったに違いない。ジークムント・フロイトの青年期の発達ぶりとマーラーのそれとの類縁性には、何度も驚かされる。若き音楽家マーラーは、メーレン地方の同郷者カール・クラウス（訳注 Kraus, Karl. 一八七四―一九三六。オーストリアの作家、風刺家、雑誌『炬火』主宰者）のような裕福な家の出ではなかった。またマーラーは、裕福な父親に経済的援助を受けることもできなかった。カフカや、それより後の、実質的には二十世紀の人である、一八九二年生まれのヴァルター・ベンヤミン（訳註 本書「ベンヤミン」参照）などは、ほとんど一生の間父親に依存していたのであるが。

マーラーはどうも、荒っぽい、ボヘミアン的青春時代をヴィーンで送ったようである。それには手当たり次第の恋愛沙汰も含まれていた。現実は間違いなく、後のマーラー伝説が望むようなものとは全く異なる。マーラーは決してアルマ・シンドラーと結婚するまで禁欲を守ってなどいなかった。アルマはヴィーン分離派の著名な画家、カール・モル（訳注 Moll, Carl. 一八六一―一九四五）の継娘である。ハンブルク市立劇場主任指揮者時代には、マーラー作品の素晴らしい歌い手であり、のちマーラーの指揮でレオノーレやイゾルデを演じた、アンナ・フォン・ミルデンブルク（訳注 Bahr-Mildenburg, Anna von. 一八七二―一九四七）との恋愛関係があった。アンナはその後作家にして劇作家、ヘルマン・バール（訳注 Bahr, Hermann. 一八六三―一九三四）と結婚し、アンナ・バール＝ミルデンブルクという名で、二十世紀のオペラ史に残る名歌手となる。

十八歳のグスタフ・マーラーで一つ非常にはっきりしていることは、作曲こそ天命だという迷うことなき信念である。当時ヴィーンで、マーラーは、ヒューゴー・ヴォルフだけでなくアントン・ブルックナー（訳注 Bruckner, Josef Anton. 一八二四―一八九六。オーストリアの作曲家）とも気のおけないつき合いをしていた。十八歳のマーラーは、ブルックナーの交響曲第三番ニ短調のピアノ抜粋版を作曲している。この交響曲はブルックナーがバイロイトに出かけた後、楽匠リヒャルト・ヴァーグナー（訳注 Wagner, Wilhelm Richard. 一八一三―一八八三。ドイツの作曲家。音楽と演劇を一体化した「楽劇」の創始者。のちにヒトラーがヴァーグナーの音楽を好んだことなどから、現在までイスラエルでその作品を演奏することは問題になる）に捧げたものである。マーラーのピアノ版の方は一八八〇年に出版された。

とはいえ、マーラーはヴィーン大学の哲学の講義を聴講したりしてもいたのだが、同時期、長大な歌曲カンタータの計画も生まれている。このカンタータについては、当時の多くの若い作曲家同様、リヒャルト・ヴァーグナーの例に勇気を得て、マーラーも自分で歌詞を書いた。これが『嘆きの歌』である。

すでにこの作品で、マーラー芸術に特徴的な要素が明らかになる。すなわち、非常に恣意的な、音楽の優位を強調する、歌詞や詩との関わり方である。マーラーの内なる音楽家は、自らの内に詩人をも呼び出していたに違いない。これは言っておいてよいと思うのだが、マーラーのこのやり方は、後進の作曲家たちの踏襲するところとなった。たとえば、後年若きリヒャルト・シュトラウス（訳注 Strauss, Richard Georg. 一八六四―一九四九。ドイツの作曲家）は、それと全く同じことを『グントラム』という作品でやっている。ハンス・プフィッツナー（訳注 Pfitzner, Hans Erich. 一八六九―一九四九。ドイツの作曲家）は『愛の庭の薔薇』で同じことをした。この作品はグスタフ・マーラーの手でヴィーンで初演された。それから音楽劇作家フランツ・シュレーカー（訳注 Schreker, Franz. 一八七八―一九三四。オーストリアの作曲家）やパウル・ヒンデミット（訳注 Hindemith, Paul. 一八九五―一九六三。ドイツの作曲家）がその『画家マティス』で行ったのも、マーラーと同じことである。もちろんアルノルト・シェーンベルク（訳註 本書「シェーンベルク」参照）も例外ではない。マーラーは同時代のすべての音楽家のなかで、この人物に最も才能を認め、応援していた。

キャリアを湯治場の楽隊指揮者から始めるのはグロテスクといっても過言ではなく、四歳年下のリヒャルト・シュトラウスの輝かしい指揮者歴とは比べようもない。もっとも、シュトラウスはユダヤ人ではなく、バイエルン国王宮廷音楽家の父と、ミュンヒェンの豊かな貴族的市民層出身の母の間に生まれた人であった。二十一歳でマーラーはスロヴェニアのライバッハにある地方劇場の指揮者になった。マーラーは幾度もあっさりそれまでの地位を捨て、別のものを捜した。オルミュッツの指揮者だったのは、一八八三年の三ヵ月のみである。同年四月、ヴァーグナーの死後間もなく、マーラーは初めてヴィーンのカール劇場で指揮をした。同じ年の夏には、ヴァーグナーの死後未亡人コジマ（訳注 Wagner, Francesca Gaetana Cosima. 一八三七―一九三〇。フランツ・リストの娘）が運営に当たっていたバイロイト祝祭音楽祭を訪れている。そこでの『パルツィファル』はマーラーにとって、消しがたい体験となった。マーラーは、自分の内に感じる音楽のすべてをベートーヴェンおよびリヒャルト・ヴァーグナーの作品と比べねばならないと確信しており、それが揺らぐことはなかったが、この確信はこの時の体験から来ている。

無論マーラーはブラームスとも知り合っており、ブラームスがマーラーに好意をもっていたことは、その手紙からも明らかである。ただし、いうまでもなく、それは指揮者マーラーに対する好意であった。作曲者マーラーには、ブラームスは何の内的なつながりももたなかった。マーラーはカンタータ『嘆きの歌』の総譜をあるヴィーンの審査委員会に提出したのだが、その委員会はこの曲を採用しなかった。委員会を構成する委員は、ヴァイオリニストで作曲家のヨーゼフ・ヘルメスベルガー（訳注 Hellmesberger, Joseph. 一八二八―一八九三）、当時作曲家として名高かったカール・ゴルトマルク（訳注 Goldmark, Karl. 一八三〇―一九一五）、この人はユダヤ人であり、そしてヨハネス・ブラームスの三人であった。後年にもブラームスは繰り返し遺憾の念をにじませつつ、以下の事実を認めざるを得なかった。ブラームス本人はユダヤ人排斥を心から嫌悪していたのだが、マーラーにヴィーン・フィルハーモニー・オーケストラのコンサートにも常任指揮者として登場してもらおうという計画は、決してうまくいかなかったのである。マーラーがオペラ監督としてヴィーンにいた一八九七年から一九〇七年の間は、結局のところ、ドイツ主義および民族主義の運動がはっきり反ユダヤ的傾向を帯びつつ成長した時期であった。この運動の代弁人であったカール・ルエーガー（訳注 Lueger, Karl. 一八四四―一九一〇）はヴィーンの市長になる。ルエーガーに代表されるこの運動は、よく知られている通り、今日にまでその影響を残すことになった。おそらくこの運動のために、グスタフ・マーラーの寿命もいくらか縮まったのではないかと思われる。マーラーが五十歳で心臓病によって死ぬことは――歴史的にも社会学的にも――このように、いわばプログラムされていたのである。

　ユダヤ人グスタフ・マーラーはかなり小柄で、当時の通念としての美的イメージから見ればみっともなく、燃えるような眼をして、指揮者らしい、うっとりとあおり立てるような身ぶりの人であった。この身ぶりは戯画家たちの恰好の材料となる。グスタフ・マーラーは、かつて父ベルンハルトがメーレン地方の村で、酒場の主人および運送店主として、猛烈な勢いでなりふりかまわずのし上がっていったと同じように、すさまじい仕事ぶりだったに違いない。しかしとにかく、二十六歳でこの若いオーストリア人はすでに、中央ヨーロッパ有数の音楽の中心地、ライプツィヒ市立劇場の第二正指揮者となっていた。マーラーの上にいたのは、ゲヴァントハウス・オーケストラの指揮者で同時にオペラの正指揮者でもあったアルトゥール・ニキシュ（訳注 Nikisch, Arthur. 一八五五―一九二二。ハンガリー生まれのドイツの指揮者）である。マーラーは、音楽再生には偉大な才能を有するが、創造の才はもたない音楽家の下に置かれてしまったという、傷つけられた天才の感情のためか、しばしばニキシュについて冷たい言い方をしている。しかし、ニキシュは何度もマーラーの作品の初演を手がけ、ゲヴァントハウスの演奏曲目としても取り上げた。忘れてならぬことであるが、そもそもアントン・ブルックナーの音楽を世に認めさせたのはアルトゥール・ニキシュなのである。それも、ありとあらゆる抵抗に抗して。ブルックナーの交響曲第七番ホ長調がニキシュ指揮のゲヴァントハウス・オーケストラによってライプツィヒで初演されたとき、まさに初めて、広範囲の人々に、ブルックナーの音楽の偉大さが伝えられた。

ライプツィヒのみすぼらしからぬ脇道の一つ、第二次世界大戦で破壊された古いオペラ劇場、リヒャルト・ヴァーグナーが生を享けた家からも遠からぬ、その劇場にほど近いある民家に、グスタフ・マーラーがこの家で一八八五年から六年にかけて交響曲第一番を作曲した旨を記した標示板がある。この曲は、今日ではこのように言ってかまわないであろうが、マーラーの最初の傑作であり、その作品中でも最も構成のしっかりした、注目すべきものの一つである。

このライプツィヒ時代以降、マーラーの指揮者としてのキャリアを邪魔するものはなくなった。ライプツィヒでの地位を投げ出し、辞任したマーラーは、その二年後には、ブダペストの王立ハンガリー歌劇場監督に任命される。この地位に、マーラーは三年の間留まった。ともかくにも。ただし、ここでも問題が起こることは決まっていた。ハンガリーの人々がグスタフ・マーラーに熱烈な感謝を捧げるその同じ事柄が、マーラー放逐のきっかけにもなったのである。ブダペストでは、マーラーの赴任する少し前に、一八六七年の政治的妥協、「オーストリア＝ハンガリー帝国」を生んだかの妥協の結果として、ハンガリー国立歌劇場が作られたばかりであったが、ここで、歌劇場監督マーラー、オーストリア人であり、ユダヤ人であるマーラーは、すべてのオペラをハンガリー語で上演すると決めたのである。ただし、マーラー自身はハンガリー語ができなかったし、それを学ぶつもりも全くなかった。ハンガリー人の民族意識は最初この決定を大いに歓迎した。ところが、ブダペストにおいても、新たな民族主義の動きによって、たんに反ドイツ的潮流が生まれただけでなく、反ユダヤ的潮流も生じた。宮廷歌劇場監督グスタフ・マーラーは、ところで、その両方、つまり、ドイツ人であり、ユダヤ人であった。加えて、マーラーは歌劇場の歌手たち、そしておしまいには聴衆をも怒らせてしまった。歌手たちは役をハンガリー語で覚えるのをいやがった。外国で客演する機会が全く奪われてしまうからである。この国立の音楽劇場における実践も、立派な素晴らしい理論と一致するものではなかったのだ。が、とにかく、当時マーラーはブダペストで、ハンガリー語で書かれた国民オペラの誕生、とりわけフェレンツ・エルケル（訳注　Erkel, Ferenz. 一八一〇—一八九三。ハンガリーの作曲家）の作品の誕生に立ち会い、その成立を助けた。それだけではない。マーラーの打ち立てた原則は、結局今日まで保持されている。つまり、ブダペストでは、たとえば『マイスタージンガー』が今でもハンガリー語で歌われるのだ。

次の任地はハンブルクであった。この都市ではマーラーもとにかく、一八九一年から一八九七年の長期をやり通している。このハンブルク時代は、令名高い、世界中から求められる指揮者として、そしてそれ以上に、音楽劇全体の急進的改革者としてのマーラーの突破口となった。リヒャルト・ヴァーグナーがかつて幻として思い描いていたもの、つまり、「オペラ」と「ドラマ」の二元論という言葉に集約される、慣習的なオペラ上演方法の放棄、ヴァーグナーにおいてはこれが結局、バイロイト祝祭音楽祭の実現につながったのだが、それをマーラーは、既存のオペラ劇場の枠内で、しかも従来からある手段を用いて実現しようとした。無論ここでもすさまじい抵抗があった。ハンブルクの歌劇場の歴史は、そもそも相当悲劇的なものである。ハンブルクはヘンデル（訳注　Händel, Georg Friedrich. 一六八五—一七五九。ドイツの作曲家。イギリスで活躍した。一七〇三—六年、ハンブルク歌劇場に所属）を引き留めることも、ヨーハン・ゼバスティアン・バッハ（訳注　Bach, Johann Sebastian. 一六八五—一七五〇。ドイツ・バロック期最大の作曲家）を採用することもできなかったし、この都市出身のフェーリクス・メンデルスゾーン＝バルトルディ（訳注　Mendelssohn-Bartholdy, Jakob Ludwig Felix. 一八〇九—一八四七。ドイツの作曲家、ユダヤ人啓蒙思想家として著名なモーゼス・メンデルスゾーンの孫）を呼び戻すこともできず、これもハンブルク生まれであった、ヨハネス・ブラームスを音楽監督にしようとも思わなかった。このハンザ同盟の商人の町では、音楽演劇の急進的改革は必ずしも経済的に安くはつかないということがどうも受け入れられなかったようである。その改革の頂点がマーラー指揮による『トリスタン』や『指輪』四部作、モーツァルト（訳注 Mozart, Wolfgang Amadeus. 一七五六―一七九一。オーストリアの作曲家）の大作オペラや『フィデリオ』の上演だったのであるが。しかし、ハンブルク赴任後二年目にして、すでにマーラーはロンドンのコヴェント・ガーデン歌劇場でハンブルク歌劇場公演を実現させている。上演作品は『トリスタン』、『フィデリオ』そして『指輪』四部作のすべてであった。ハンブルク歌劇場のメンバー、なかでもとりわけ歌劇場監督グスタフ・マーラーに盛大な拍手が送られた。

ピョートル・チャイコフスキィ（訳注 Chaikovskii, Pyotr Ilich. 一八四〇―一八九三。ロシアの作曲家）の書簡および日記にも、この類い稀なオペラ改革の反響が見られる。チャイコフスキィは自作の『エウゲニ・オネーギン』初演に立ち会うため、ハンブルクにやってきた。ハンブルクで何が期待できただろうか？ ただの市立劇場で、王立歌劇場というわけではない。ところが、しかし、これほどの指揮者がいたのだ。交響曲作曲家チャイコフスキィが同じ交響曲作曲家としてのマーラーを多少とも知ることがあったのかどうかは、わかっていない。当時ちょうどマーラーは、交響曲第二番、いわゆる『復活』を作曲中だったのであるが。おそらく、ハンス・フォン・ビューロー（訳注 Bülow, Hans Guido Freiherr von. 一八三〇―一八九四。ドイツのピアニスト、作曲家。フランツ・リストの娘コジマの最初の夫）も、マーラーの作品に対する最初の、恐ろしく否定的な判断を撤回することはなかったと思われる。伝えられているところによれば、とんでもなく見苦しい場面が展開されたという。所は、マーラーが指揮者として仕事をした町の一つ、カッセル。ビューローはこの町に、自らの率いるマイニングのオーケストラとともにやってきた。マーラーはそのビューローに、自作の交響曲第一番の一部を弾いて聞かせた。ハンス・フォン・ビューロー、プロイセンの土地貴族は、左派自由主義者であり社会主義に同情的な人だったが、それでもやはり少々ユダヤ嫌いであった。リヒャルト・ヴァーグナーとの交際が、その後のあらゆる事情にもかかわらず、未だに尾を引いていた。ただし、他方ビューローが当時有数の音楽上の発見家であったことも間違いない。ヴァーグナー、ブラームス、そして西欧では全く無名であったチャイコフスキィを発見したのであるから。チャイコフスキィは第三番変ロ短調のピアノ協奏曲を、ピアニストとしてのハンス・フォン・ビューローに献呈した。またさらに後年、ビューローはまさに庇護者として若きリヒャルト・シュトラウスを手厚く保護した。しかし、カッセルでピアノに向かっていたこの背の低いユダヤ人と、その明らかに好事家的でセンチメンタルな音楽を、ハンス・フォン・ビューローは認めることができなかった。ビューローはうんざりした様子で窓から外を眺め、とうとう最後には手を振って演奏をやめさせたと伝えられている。のちにハンブルクでその演奏に接したビューローは、指揮者マーラーには感嘆し、援助した。一八九四年二月一二日ビューローが亡くなると、グスタフ・マーラーがハンブルク・フィルハーモニーの定期演奏会の指揮を引き継いだ。この同じ年の夏、マーラーはバート・イシュルでヨハネス・ブラームスと出会う。

それ以降何が起こったかは、オペラの歴史として周知のことである。すなわち、一九〇七年まで続く、ヴィーンにおけるマーラーの歌劇場監督時代。しばしば誤解されているが、今日の音楽劇の基本的な考え方は、やはり、グスタフ・マーラーによって、ハンブルクおよびヴィーンで創り上げられたといってよいであろう。それとちょうど同じように、今日の国際的なオーケストラ・コンサートの基本原則は十九世紀の三〇年代、一人のユダヤ人によって明確な形を与えられた。ライプツィヒのゲヴァントハウスにいたフェーリクス・メンデルスゾーン＝バルトルディによって。

「伝統などろくでもない」。グスタフ・マーラーのこの発言は世界中で有名になったが、同時に繰り返し攻撃され、誤解もされた。マーラーはこの点でも、リヒャルト・ヴァーグナーの忠実な弟子であった。マーラーと、バイロイトにいたコジマ・ヴァーグナーの間で交わされた大量の書簡がその証拠である。コジマは難しい問題にぶつかると、何度でも、ユダヤ人グスタフ・マーラーに助言を求めた。ちょうどリヒャルト・ヴァーグナーが『パルツィファル』の初演に当たって、ユダヤ人ヘルマン・レヴィ（訳注 Levy, Hermann. 一八三九—一九〇〇。ドイツの指揮者）をバイロイトに呼ぶのを一瞬も躊躇しなかったのと同じである。ただコジマはマーラーを指揮者としてバイロイトに呼ぼうとは決してしなかった。『タンホイザー』を初めてバイロイトで上演するための準備にあたっては、若いリヒャルト・シュトラウスが起用された。グスタフ・マーラーの第一助手、マーラーの死後『大地の歌』初演を行い、マーラーの遺作、交響曲第九番の初演の任にも当たった偉大な指揮者ブルーノ・ヴァルター（訳注 Walter, Bruno. 一八七六—一九六二。ベルリン生まれの指揮者。一九三九年アメリカに亡命）も、一度もバイロイトに招聘されていない。オットー・クレンペラー（訳注 Klemperer, Otto. 一八八五—一九七三。ブレスラウ（現ポーランド、ヴロツワフ）出身の指揮者）も、エーリヒ・クライバー（訳注 Kleiber, Erich. 一八九〇—一九五六。ヴィーン生まれの指揮者）も、あるいはジョージ・セル（訳注 Szell, George. 一八九七—一九七〇。ブダペスト生まれの指揮者。一九三九年アメリカに移住）やその他多くの「非アーリア系」の指揮者たち、当時のアーリア系指揮者たち、カール・エルメンドルフ（訳注 Elmendorff, Karl Eduard Maria. 一八九一—一九六二。ドイツの指揮者）やフランツ・フォン・ヘスリン（訳注 Hösslin, Franz von. 一八八五—一九四六。ミュンヒェン生まれのドイツの指揮者）に十分肩を並べられたであろう人たちの誰一人、バイロイトの指揮台に立つことはなかった。

マーラーの芸術活動とその生涯には、この不愉快な人種騒動が幾度も繰り返し影を落とした。バイロイトの人気者であり、優れた指揮者でもあったフェーリクス・モトゥル（訳注 Mottl, Felix Josef. 一八五六—一九一一。オーストリアの指揮者、作曲家）は、マーラーの書簡によると、ミュンヒェン歌劇場総監督として、作曲家マーラーの邪魔をする機会があれば、決してそれを逃さなかった。ヴィーンでの辞任騒ぎの後に書かれた手紙に見られる苦い調子からも、どのようなことが起こったのか、見当はつく。ヴィーンの自分の劇場で、自分が育てた女性歌手アンナ・バール＝ミルデンブルクやマリー・グートハイル＝ショーダー（訳注 Gutheil·Schoder, Marie. 一八七四—一九三五）、テノールのレオ・スレザク（訳注 Slezak, Leo. 一八七三—一九四六。オーストリアのヘルデンテノール）、バスのリヒャルト・マイヤー（訳注 Mayr, Richard. 一八七七—一九三五）などと仕事をしている場合にも、少なからぬ敵対関係、企み、陰謀があった。指揮者フランツ・シャルク（訳注 Schalk, Franz. 一八六三—一九三一。オーストリアの指揮者）は二〇年代ヴィーン国立歌劇場の主任指揮者であったが、明らかに、気難しく、気が短く、いつでもものに取り憑かれていて、ほとんど心ここにあらずというありさまのマーラーと必ずしも最高の信頼関係にはなかった。逸話には事欠かない。レオ・スレザクは回想録に、初めてヴィーンに試演に来た時のことを記している。タミーノのアリアを歌い始めようとすると、暗い客席から鋭い声がした。「あなた、テンポが遅れたりしたら、すぐさま放り出しますよ！」

一九〇七年六月五日、『新ヴィーン日報』が行ったグスタフ・マーラーのインタヴューを見ると、どれだけひどいことがあったか見当がつく。ここでは次のように語られている。「まず最初にお断りしたいのですが、私が何らかの〈事件〉で失脚したというのは全く真実ではありません。失脚したとかさせられたということではないのです。私は自由意志で辞任するのです。完全に自由な立場で仕事をするために。それから、もう一つ、オペラの舞台というものは、そもそも、長い間やっていられるものではないとわかったからでもあります。……来年まででいれば、ヴィーン宮廷歌劇場からいただける年金の額が増えたはずで、今ここでやめるということで、その権利を自ら放棄した、というのは本当です。ご覧の通り、私は物質的に何が自分の得になるのか、あまりよく判断できないのですよ」。

グスタフ・マーラーは当時、比較的問題なく、この年金を放棄できた。妻のアルマ・マーラーはかなり贅沢な人で、広い家と、社交界で羽振りを利かせることに重きを置いていたのではあったが。アルマ・マーラーの回想録は不愉快な印象を与える。この女性は自分が妻として生活をともにできた、そしてせねばならなかったのがどういう人物なのか、本当にわかっていたのだろうか。トーマス・マン（訳注 Mann, Thomas. 一八七五—一九五五。ドイツの作家）は後年、アメリカに亡命していた時代、アルマ・マーラー（建築家ヴァルター・グローピウス（訳注 Gropius, Walter. 一八八三—一九六九。ベルリン生まれの建築家、「バウハウス」創設者の一人）との離婚後、作家フランツ・ヴェルフェル（訳注 Werfel, Franz. 一八九〇—一九四五。プラハ生まれのユダヤ系作家）と再婚していた）が、もう一人別の、離婚と再婚を繰り返している女性にした質問というのを書き留めている。「あなたもいつもユダヤ人と結婚なさるの?」アルマ・マーラーの回想録は奇妙な主導動機に貫かれている。アルマは間違いなく作曲の才能に恵まれていたものと思われるが、しかし、伴侶となった、年上の作曲する夫に対するひそかな対抗意識から解放されたことは一度もなかったようである。

グスタフ・マーラーはこのすべてを感じていただろうか。アルマに宛てたマーラーの手紙からは何もわからない。劇場関係者やオーケストラ・メンバーと実際につき合い、仕事をこなしていたにもかかわらず、そして、マーラーの手紙はほとんどの場合、そのような仕事の話で終始していたにもかかわらず、マーラーにとっての現実は、結局、つねに夢の国であった。写実主義や現実感覚はマーラーの得意とするところではなかった。マーラーの歌曲のなかでも有名な一曲、フリードリヒ・リュッケアト（訳注 Rückert, Johann Michael Friedrich. 一七八八—一八六六。ドイツの詩人）の詩による曲をみれば、それが感じられる。この曲が示すものを、音楽学者ハンス・ハインリヒ・エッゲブレヒト（訳注 Eggebrecht, Hans Heinrich. 一九一九年生）は、その著書『グスタフ・マーラーの音楽』の中で非＝歴史性の現象と呼んでいる。それが何を意味するのかは、このリュッケアトの詩による歌曲の最後の一曲を見れば、はっきりわかる。この歌曲『私は世に背いてきた』は一九〇一年八月に作曲されたもので、間違いなくマーラーの最も美しく、特徴的な作品の一つである。マーラーがどれほどこの作品に夢中になっていたかを、ナターリエ・バウアー＝レヒナーは次のように、マーラーの言葉として伝えている。「マーラー自身、この歌曲の大変に充実し、同時に抑制された性質について、唇まで上がってきた感覚、ただし、唇を越えることはない感覚！　と言っていました。それから、これはぼく自身なのだ！　とも」。

　しかしながらリュッケアトの元の詩とマーラーが曲を付けた詩を比較すると、この作曲家の抒情詩作品に対する態度が改めて明らかになる。エッゲブレヒトはこのテクストを詳しく分析しているが、マーラーのやり方は明らかに、「簒奪者的」とでもいうしかない。このマーラーの詩テクストに対する態度は、伝統的な芸術歌曲の、詩人になるべく近づき、成り代わろうとする意識とも、また逆に、歌曲の歌詞は曲とは何の関係もないという理由で、詩作品の語句には触れようとしないアルノルト・シェーンベルクの意識とも異なる。マーラーは詩のテクストを非常に重要なものと考えていた。あまりにも重要なため、自分が同一化できない可能性のあるものはすべて消去してしまおうとするほどに。もっとも、いうまでもなく音楽の優位性は揺るがない。リュッケアトの原詩の第三句、「世は長い間私のことを何も聞かなかった」が「長い間何も私のことを聞かなかった」に変えられたのは、音楽上のアクセントの置き方のためである。同じ理由からリュッケアトで「世の物音」（Weltgewimmel）であったものは「世の騒音」（Weltgetümmel）とされた。しかし、マーラーが詩の最終連に加えた変更は、テクストの内容にまで関わる。この部分の歌詞はしたがって、もはやリュッケアトではなく、グスタフ・マーラーその人の告白に他ならないといってよい。リュッケアトの原詩では、次のようにいわれていた。「私は私の内また私の天に住む／私の愛するもの、私の歌の内に」。グスタフ・マーラーでは、こうなっている。「私はひとりで私の天に住む／私の愛するもの、私の歌の内に」。リュッケァトのこの詩は、一八二一年に作られた連作詩『愛の春』の一部である。ここにはロマンティックなドイツ的内面世界が描かれている。曠野に住む人とその静かな庵居という憧れの対象は、ここでもまだ遠慮がちながら賛嘆の的になっている。しかし、すでにロマンティックな高調子は聞こえない。マーラーが変更なしに用いた詩の第二連は、すでに日常語によるむっつりした詩作の登場を知らせるものになっている。「私にはそれに全くどうでもよいのだ／世が私を死んでいると考えても。／私はそれに全く反対もできない／なぜなら本当に私は世にとっては死んでいるのだから」。

失意のロマン主義者リュッケァトは、世の物音を乗り越え、ひたすら「私の内また私の天」に住んでいる。しかし、ここで用いられている「また」というちっぽけな言葉は、あらゆる内面世界を超越するはずの何物かに対する信仰告白を意味する。その何物かは神、理想、あるいは芸術、そのいずれとも理解されうる。リュッケァトにおいてはこれらすべては融け込み合っているのだから。ただ重要なのは、それによって自己の狭い世界の外側との結びつき、外へ向かっての出発が示されている点である。それに対してグスタフ・マーラーは、詩句を書き直すことによって、その種の結びつきや境界の解消を拒否している。「私はひとりで私の天に住む／私の愛するもの、私の歌の内に」。ここでの「私」は自分自身を世界にしてしまっている。自分の愛するもの、自分の歌の内においても。

このような、既存のテクストに対する簒奪者的な態度は意図的なものであり、作品にも表れている。マーラーは自分が作曲したすべての作品に用いたテクストを——事実に反して——グスタフ・マーラーのテクストと理解し、そのように扱った。リュッケァトの詩による歌曲『私の歌を覗き込まないで』についてマーラーは、「まるで私自身が作ったかのように、私らしい」と語ったと伝えられている。

晩年、一九〇七年以降、グスタフ・マーラーは自身

「ひとりで自分の天に」いるように感じることが多くなった。その当時マーラーはニューヨークのメトロポリタン・オペラに迎えられ、高給を食み、熱狂的な支持を受けていた。アメリカでのシーズン後ヨーロッパに戻れば、パリやローマがマーラーを待っていたのである。にもかかわらず、マーラーは孤独を感じていた。ヴィーンのアルノルト・シェーンベルクに宛てた肺腑を抉るような書簡に、それがはっきり表れている。ニューヨークから出された、一九一〇年一月一〇日付の手紙には、こうある。

「親愛なる友シェーンベルクさん!
大変詳しいお手紙をありがとうございます。あなたがご自分の印象について——以前にも今回も——おっしゃることは、とてもよくわかりますし、根本のところではいつでも同じように考えておりました。——あなたはその点私とは全く違っておいでです。私は何の考えもなしに、自分を駆けずり回らせてしまいます——怖がりもせず、誰かのために自分を失ってしまう危険を冒して。(というのも、つまり私は、心の奥でははっきり、いったん失ったとしてもまた自分を見つけるだろうとわかっているからなのですが)——作品を誰が書くかなどということに、いったい何の意味があるでしょう。作品がそれにふさわしい時期にそこにありさえするなら。

……

私のここでの生活は恐ろしく忙しく、追い立てられるようです。私は手紙を書くようには全然できていない人間(ご覧の通り、自分用の便箋さえ持っておらず、家内のを使っているありさまです)ですし、おまけに一分たりと無駄にはできません。もっとも、忙しければ忙しいほど手紙を読みたくなり、友人の方々のことをしばしば考え、心のなかでその人たちと話をするのが嬉しいのではありますが。あなたの四重奏はこちらにもってきており、ときどき勉強しています。しかし、なかなかうまくいきません。こんな風に、あなたについていきかねるのは、私にとっても非常につらいし、申し訳なく思います。たぶん、いつか、私がもう少し「自分に」(ということはあなたにということでもありますが)帰ることができるようになりましたら、何とかなるかと思っております。私の第一交響曲はここではかなり不評でした。——おわかりいただけるかと思いますが、そういう事情で、私はここでは相当人目に立たずにあちこち出かけております。本当に、どれほど故郷に戻りたいと願っておりますことか（故郷という言葉で私が考えておりますのは、要するに、私を理解していただければと願い、私が好意を抱いている数少ない方たちのことです）。そしてあなたはそのなかでも最前列にいらっしゃいます。

あなたの友

グスタフ・マーラー。

ツェムリンスキー（訳注 Zemlinsky, Alexander von. 一八七一—一九四二。ヴィーン出身の指揮者、作曲家）氏にもどうぞよろしく！　またお二人でやっておいでなのですか？」

一九〇八年以来、マーラーは夏の休暇を南ティロルで過ごすようになった。南ティロルのトプラハである。この町、現在のイタリア領ドビアコでは、数年前から、夏にグスタフ・マーラーを記念する音楽祭が開かれている。この町に残る、マーラーが過ごした小さな作曲用の建物を見学することもできる。ここでマーラーは『大地の歌』を完成し、非常に恐れていた交響曲「第九番」と未完成に終わった交響曲第一〇番の断片を作曲した。

この時期すでにマーラーは作曲家としても認められていた。オランダの指揮者ウィレム・メンゲルベルク（訳注 Mengelberg, Josef Willem. 一八七一—一九五一）はマーラーの崇拝者となった。第一次世界大戦の後、メンゲルベルクは手兵のアムステルダム・コンセルトヘボウ・オーケストラで初めて、グスタフ・マーラーの交響曲作品の全曲演奏を行った。一九〇九年には、二つの独立の夜曲をもつ交響曲第七番（『夜の歌』）がハーグおよびアムステルダムで演奏された。一九一〇年四月一七日、マーラーは自作の交響曲第二番をパリで指揮した。同年八月、重い心臓病を患い、死の不安に苦しむ作曲家マーラーは、オランダのライデンでジークムント・フロイトと落ち合った。カウンセリングのためである。九月一二日、ミュンヒェンで、マーラーはおそらく生涯最大の勝利を経験した。交響曲第八番の初演である。興行主によって強力な宣伝が行われていた。マーラーは試演の指揮をすることになっていたブルーノ・ヴァルター宛の手紙で、宣伝業者のサーカスさながらのやり口に、腹立たしげに文句を言っている。

実際、この『千人の交響曲』をめぐる騒ぎはこの曲にはふさわしくない。この曲は確かに非常に大がかりなものではあるが、二重の方法で崇高な精神性に語りかけようとするものなのだから。第一部では「Veni, creator spiritus（来給え、創造主なる聖霊よ）」で始まるフラバヌス・マウルス（訳注 Hrabanus Maurus. 七八〇―八五六。ドイツ中世の作家、マインツ大司教）のラテン語賛歌が用いられ、第二部では、ゲーテ（訳注 Goethe, Johann Wolfgang von. 一七四九―一八三二。ドイツの詩人）の戯曲、ファウスト第二部の終幕場面が用いられる。この場面は聴く者の心を強烈に捉える天上の合唱、コールス・ミスティクスの「すべて過ぎ去るものは仮象にすぎない」の曲によって頂点に達する。

今日新たにこの曲が演奏されるたびに、その感を強くするのだが、マーラーの九曲の交響曲のうち、この第八番は最も問題の多い作品である。テオドール・ヴィーゼングルント・アドルノ（訳注 Adorno, Theodor Wiesengrund. 一九〇三―一九六九。ドイツの社会哲学者）も、そのマーラー論中、この曲の総譜に向かって非常に懐疑的な態度を崩さなかった。この曲は素晴らしく手のかかった、どこからどこまで見事に拵えられた音楽である。ただし、あれほど熱烈に追求された精神性はというと、あまりにも強烈にむき出しにされてしまうために、ほとんど長続きしない。これはつまり、いわゆる演奏会用の音楽というよりも、むしろ壮大なオペラの一場面なのである。

この作品は改めて、なぜグスタフ・マーラー、この根源的音楽劇の巨匠が自分ではオペラ作品を書かなかったのかという疑問を起こさせる。初期には習作がある。ライプツィヒ時代にはカール・マリア・フォン・ヴェーバー（訳注 Weber, Carl Maria Friedrich Ernst von. 一七八六―一八二六。ドイツの作曲家）の残した断片から『三人のピント』という作品を完成させ、成功を収めた。確かに批評家たちは、かなり無遠慮に、この作品のどこがヴェーバーで、どこがマーラーなのかという疑問を呈しはした。ハンス・フォン・ビューローは全く馬鹿にした調子で、この種の「ヴェーベライやマーレライ」についての見解を述べている（訳注 ヴェーベライはヴェーバーの、マーレライはマーラーの名前にかけた洒落である。ヴェーベライは織物、マーレライは塗装を意味する語に重なる。さらに「アイ」という語尾にはあまりよい語感がなく、かなり揶揄的に響く）。ある対談で、ピエール・ブーレーズ（訳注 Boulez, Pierre. 一九二五年生。フランスの作曲家、指揮者）は次のように述べているが、おそらくこれが正しい答えであろう。ブーレーズによれば、作曲家グスタフ・マーラーのあまりにも強烈な内面世界は、完璧に交響曲内部に放出されてしまい、本来の意味でのオペラを作るなどということは、登場人物の創造が不可欠だということもあって、もはや考えられなかったのではないか、という。

ところで、先に触れた交響曲第八番の初演では、派手な宣伝騒ぎによって刺激された聴衆に対して、指揮者ならびに作曲家としてのマーラーが勝利を収めたというだけではなかった。より深い影響関係も存在した。この公演の聴衆の一人であったある作家は、偉大な音楽家マーラーにある本を献呈し、非常に鄭重な手紙を添えた。その手紙には次のように書かれていた。「私があなたから頂いたものに対する返礼としては、まことにふさわしからぬもので、私の理解したと存じます限り、われわれの時代の最も真剣にして最も神聖な芸術家の意志を体現しておられる方の手にお渡しするには、あまりにも軽すぎるものでございます。これは単なる物語による冗談のようなものにすぎません。もしかしたら、この本があなたのお暇な幾時間かを、それほど不愉快ではなく、あなたにふさわしい形でお慰めできるかもしれないと存じまして。敬具　トーマス・マン」

この、「物語による冗談」は小説『大公殿下』の一冊であった。コンサートの後、トーマス・マンはマーラーおよびマックス・ラインハルト（訳註　本書「ラインハルト」参照）と落ち合った。トーマス・マンは試演にも姿を見せていたのである。グスタフ・マーラーはトーマス・マンの義父母、プリングスハイム（訳注　Pringsheim, Alfred. 一八五〇―一九四一、ならびにGertrude Hedwig Anna〔旧姓 Dohm〕. 一八五五―一九四二）夫妻と親しかった。トーマス・マンの妻カーティア・マン（訳注　Mann, Katia〔Katharina〕〔Hedwig〕. 一八八三―一九八〇）の双生の兄、クラウス・プリングスハイム（訳注　Pringsheim, Klaus. 一八八三―一九七二。ミュンヒエン生まれの指揮者、作曲家。東京音楽学校〔現東京芸術大学〕および武蔵野音楽大学で教鞭を執った）はヴィーンにおいて、オペラ座総監督グスタフ・マーラーのもとで働いたことがあった。筆者自身の体験を述べさせていただければ、およそ三十年前、ライプツィヒ・ゲヴァントハウスでマーラーの第九交響曲の素晴らしい演奏を体験した。クラウス・プリングスハイムの指揮であった。

カーティア・マンはコンサート後の夫の次のような発言を記憶しているそうである。「私の一生でおそらく初めて、本当に偉大な人物と出会ったような気がした」。

この発言の真実性は疑いを容れない。マーラーへのトーマス・マンの献呈の書簡とこの発言の調子は同じものである。

ヴァルター・ラーテナウ（Walther Rathenau, 1867-1922）

主著

『印象さまざま』（論文「イスラエルよ，聞け」所収）
（*Die Impressionen*, 1902, enthält auch *Höre, Israel,* 1897）
『時代を批判する』（*Zur Kritik der Zeit*, 1912）
『今後の事態について』（*Von kommenden Dingen*, 1917）
『新しい経済』（*Die neue Wirtschaft*, 1918）
『ドイツ国の青少年に』（*An Deutschlands Jugend*, 1918）
『ドイツ社会』（*Deutsche Gesellschaft*, 1918）

全集

Walther Rathenau-Gesamtausgabe Band 1-6, Herausgegeben von Ernst Schulin, Hans Dieter Heilige und Lambert Schneider（München: Gotthold Müller, 1983）

エルンスト・シューリン

ヴァルター・ラーテナウ

中込啓子 訳

イタリアの忘れがたき大統領サンドロ・ペルティーニ（訳注 Pertini, Sandro. 一九七八―一九八五在職。ロッキード汚職に関わって辞任したキリスト教民主党のジョヴァンニ・レオーネに代わり、八十二歳で社会党出身大統領となる。反ファシスト、民主主義者として信頼厚かった）が、ある時自分の在職時代を回顧して言った。「ヨーロッパ統一のために、私は十分なことはしなかったと思っています。でもヨーロッパ統一は未だにどうしてこんなにほど遠いものなんでしょうかね？　民族主義が全然克服されていないからなのですよ」。そしてさらに、「フランスを公式訪問していたある時のこと、一人の社会主義者が、よりにもよって社会主義者なんですが、フランスの民族主義はつねに政治における重要勢力であり続けるでしょう、と私に言いました。その人に直接返答はしませんでした。翌晩、公式晩餐会で答えたのです。その場で私はちょっとした短いスピーチをしたのですが、話しながら例の議員を見据えました。私は尋ねました。誰が、フランス社会主義の最も偉大な代表者、ジャン・ジョレス（訳注 Jaurès, Auguste Marie Joseph Jean. 一八五九―一九一四。フランスの社会主義者、著述家）を殺したのですかと。殺害したのはフランスの民族主義者たちでした。またヴァイマール共和国の最良の男、ラーテナウを殺したのは誰でしたか？　それはドイツの民族主義者たちでした。さらにマテオッティ（訳注 Matteotti, Giacomo. 一八八五―一九二四。イタリア統一社会党書記。一九二四年五月、議会でファシストのテロを攻撃する演説を行い、その後まもなく誘拐、暗殺された）を殺したのは誰でしたか？　ファシズムの衣服をまとったイタリアの民族主義者たちでした。誰が本当に自分の祖国を愛しているか、おわかりですか？　それができるのは、やはり他の人々の祖国も愛している者だけなのですよ」。

賢い、老ペルティーニのことはこれくらいにしよう。実際、外務大臣ラーテナウは、他の諸国家、以前の戦争相手国と意志疎通をはかろうとしたために、第一次世界大戦後四年目にして殺害された。そして民族主義者たちの見解によれば、まさに彼がユダヤ人であったがゆえに、ひいては、いわゆる真正なドイツ人ではなかったがゆえに、意志疎通の試みができた、というのである。同じことを今日のイスラエル人に尋ねると、調子は違ってくる。彼らはむしろ、ラーテナウは真正ユダヤ人として認めるには、あまりにもドイツ人でありすぎた、という意見なのだ。シオニスト（訳注 国家としてのユダヤ復興主義者）であるクルト・ブルーメンフェルト（訳注 Blumenfeld, Kurt. 一八八四—一九六三。シオニズム活動家）（彼はまたあとで取り上げることになろう）は次のように言っている。「人は誰でも、何のためになら死ぬつもりであるかを、自分で決めることが許される。したがってもしラーテナウを、本人の意志に反してユダヤ民族の殉教者にしたりなどすれば、それはなんら、彼を記念する役に立つことなどにはなるまい」。

いうまでもなく、ラーテナウが引き起こした矛盾する反応は、決してこれだけではなかったのだ。政治家になる前に——それに政治家になったのは生涯のうち最後の十三ヵ月にすぎなかった——大工業家と著述家という二重の生活を送っていて、その存在はセンセーショナルなものであり、また多くの人に反感をもたれもした。時代批評の論文や著書のなかで、産業組織人として、電気機器メーカーＡＥＧ《アーエーゲー》（訳注 die Allgemeine Elektrizitätsgesellshaft. ジーメンスと並ぶドイツの巨大電気産業コンツェルンの一つであった。ラーテナウはこの会社の創始者エーミール・ラーテナウの長男である）の経営者として、自分が積極的に実践している事柄を理論的に問題提起してみせた。『今後の事態について』（訳注 一九一七年三月出版の著書）語り、階級障壁の彼方にある新しい国家を予言し、また物質志向の彼方にある新しい社会を、そして無制約な資本主義の彼方にある新たな経済を予言した。そのためエーミール・ルートヴィヒ（訳注 Ludwig, Emil. 一八八一—一九四八。ユダヤ系伝記作家）などは、ラーテナウのことをとても理解しがたく、非常に複雑であると思った結果、ラーテナウはもともと歴史家の記述対象には向いておらず、むしろ小説の主人公にした方がよい、と考えたほどである。実際ラーテナウはそのような長編小説の主人公として今日に至るまで最も見紛うことのない形で世に知られている。つまり、ローベルト・ムシール（訳注 Musil, Robert. 一八八〇—一九四二。オーストリアの作家）作『特性のない男』のなかのパウル・アルンハイム博士として知られているのだ。魂をもったこの実業家（訳注 アルンハイム博士はオーストリアの平行運動の推進者ディオティーマのサロンに客として現れるが、ディオティーマはひそかにアルンハイム博士を愛していて、二人はたびたび魂について論じ合う）は、しかしながら、好意的とはいえないカリカチュアとなっている。カリカチュアとしての出来栄えは見事である。けれどもこれは、ラーテナウが自らのさまざまな矛盾そして自らの時代の矛盾に悩んでいた、その真摯な態度にふさわしいものとはなっていない。やはり、歴史家の記述対象としてふさわしい、と私には思われる。ラーテナウはドイツ史に占める自らの一時期を、その生涯に、そして自己の観照と幻想とに、他の大抵の、より視野の狭い同時代の人々にもまして、反映しているのであるから。

しかしながら問題は広範囲にわたる。私たちとしては生涯をドイツのユダヤ人として過ごそうとした彼の試みだけを扱うことに終始しよう。ヴァルター・ラーテナウは同化ユダヤ人の典型と見なされている。つまり——問題が起こった場合、ユダヤ人であることに自己同一化するよりは——自分が生きている国の理想と利害とに自己同一化する者の典型であると見なされているのである。このような解釈に則って、あるイスラエルの歴史家は数年前に、二人の人物を一組に扱った評伝を著し、そのなかで、シオニズム（訳注 ユダヤ人の民族自決による国民国家創設を目ざす運動。イスラエル建国後は、その軍事拡張主義に対する批判の語ともなった）の指導的代表者、テオドール・ヘルツル（訳注 Herzl, Theodor. 一八六〇—一九〇四。作家、政治家。シオニズムの創始者と呼ばれる）にラーテナウを対峙させた。しかしラーテナウは典型的な同化ユダヤ人であったのであろうか？　彼はこの問題に関して公けに意見を表明した人であり、それによって、この問題はユダヤ人問題であると明文化して認めたのである。その上さらにラーテナウは、何よりもユダヤ系ドイツ人として愛国的な活動を行った。典型的同化ユダヤ人たちは、自らの役割をラーテナウなどより自明のこととして演じており、また反ユダヤ主義と闘うシオニストやユダヤ人中央同盟の支持者たちとは反対に、この問題については沈黙しているのが普通であったのである。

しかもラーテナウは、無条件に同化主義者であるというのではなかった。カメレオンのように当時のドイツ社会に適応していたわけではない。ドイツ社会を明確に批判しながらそれに融合していたのである。その上何とかうまく折り合いをつけていくために、ドイツやユダヤ人に対する態度を幾度も変えている。初め青年時代にラーテナウが依拠したのは、ユダヤ人内部での辛辣な反ユダヤ主義であった。次には人種イデオロギーと、国家によるユダヤ人政策への批判を試みた。その後、第一次世界大戦の頃には、ドイツ的愛国主義やユダヤ的預言を掲げた。ようやく生涯最後の年になってラーテナウはこの問題を乗り越えた——彼が乗り越えたのであって、彼の周辺世界が、ではない。一人のドイツ系ユダヤ人のこのような位相を、こうした特別な道をわれわれは追っていくことにしよう。

一八六七年生まれのヴァルター・ラーテナウは、古くからドイツに住みついたユダヤ人の、いわゆる「ユダヤ人都市貴族」の出である。ラーテナウ家はブランデンブルクの出身で、リーバーマン家と親戚であった。リーバーマン家はベルリンでも最も古い家系の一つであり、十九世紀初頭には綿布捺染の機械化によって、プロイセンの工業化に重要な貢献をなした。ラーテナウの父エーミール（訳注 Rathenau, Emil. 一八三八—一九一五。AEGの創立者）は、もともと機械製造業者であったが、AEG《アーエーゲー》内における電気産業の企業化により、リーバーマン家を超える功績を上げた。母方にはもっと洗練された伝統があった。「太古の昔」からマインツとその周辺に定住していたナッハマン家の系譜は、十三世紀のセファルディ（訳注 スペイン、ポルトガル系のユダヤ人）のラビ、モーゼス・ベン・ナッハマンにまで遡る。系図が正しいかどうかが問題なのではない。それが誇り高い家系の伝統であった、ということのみが重要である。ラーテナウは自らを好んで父方の工業家の家系と母方の学者の家系の産物であると見なした。

ユダヤの誇り高い家系ではあるが、もろもろの宗教的伝統から解放された非常に現代的な生家でラーテナウは育ち、首都ベルリンの交際圏内で、厳格に信仰を守るユダヤ教徒のあり方を知るということもなかった。キリスト教の日曜・祝日が遵守されたのであり、これもまた父親の現実の仕事上の、そして技術上の問題によって決められていた。

このような現代的—工業的価値観念とは別な価値観というものを、ヴァルター・ラーテナウはギムナージウムを通じて知った。ギムナージウムでラーテナウは、ベルリンの公的活動で重きをなしているほぼすべての社会階層の子弟と知り合った。そのうちのおよそ半数は貴族や政府高官、将校の息子たち、あとの半数は大商人や工業家、そして銀行家の息子たちであり、このなかには多数のユダヤ人がいた。この学校で彼がプロイセン貴族やその支配者然とした「豪胆な人間」のもつ価値や、目標としている職業に、つまり軍人や外交官に魅了されるという事態が生じたとしても不思議ではない。ラーテナウは決して支配者にすり寄るような態度をとったりしなかったが、教師たちが媒介した学校の保守的姿勢はとにかく彼にはっきりとした影響を与えた。

それにもまして心に深く刻みつけられたのは一八九〇年から一八九一年にかけての兵役体験である。この時ラーテナウは、父には疎遠な、社会的により高く評価される、別のエリートへの鞍替えを真剣に試みた。現役将校任官を目ざそうとしたのである。しかも、おそらく将校が最終目標だったのではなく、外交官職へのスプリングボードにするつもりであったのだ。当時は貴族のみならず、むしろ貴族ではない者がこのやり方をよく試み、成功することも多かった。ただしラーテナウは、ユダヤ人には外交職務につくチャンスなどほとんどないことを知っていたはずである。おそらくは特別に貴族的な、首都に近い連隊に勤務すれば、自分の見通しもよくなると信じて、ベルリンの近衛甲騎兵連隊を選んだのだ。しかしこの連隊はもちろん非常に貴族的であり、市民階級出身というだけでは現役将校になる希望などとうていもち得ないほどであった。際立った業績を上げることでこの制約を克服できる、とラーテナウは信じたに違いない。最初の一歩すら踏み出せなかった、つまり予備役将校の試験の受験をも許されなかった事実は、彼にとってひとかたならぬ失望であった。一八九〇年三月、ヴィルヘルム二世（訳注　Friedrich Wilhelm Viktor Albert von Preußen. 一八五九—一九四一。ドイツ皇帝、プロイセン国王。在位一八八八—一九一八年）は将校団の補充に関する指令を公布した。指令には次のような文言があった。皇帝は、「余の軍の将来の担い手を以下の如き誉むべき市民の家庭に見る。すなわち国王と祖国への愛、軍人身分に対する暖かい心とキリスト教的礼節を、植えつけ、訓育する家庭である」。これによりユダヤ人は、理由不特定のまま、もはや実際上将校や予備役将校になることは許されなくなった。この事実はラーテナウにも影響をもたらした。「ドイツのユダヤ人なら誰であれ青年期の間に、一生涯忘れられない、手痛い打撃を受ける瞬間がある。それはつまり、自分は二級の市民としてこの世に足を踏み入れていて、どんな勤勉も、どんな功績も自らをこの状況から解放できないのだと、初めて痛切に意識する時である」。ラーテナウは一九一一年にこのように書いているが――この内容は彼の場合明白に先の苦い経験と関連がある。

この時点ではラーテナウもおそらく、キリスト教改宗によるこの問題の解決は考えてはいなかった。そもそもそんなことをしても、貴族でない彼にはほとんど昇進の助けにはならなかったであろう。しかしながら先頃、一八九五年一月に書かれた思いがけない記録が浮上したのである。その時期は兵役でのあれこれの出来事から四年後であり、つまり、彼が父親の跡を継いで工場長としてビッターフェルトで仕事をしていた時期である。ラーテナウはその当時、王立ベルリン区裁判所に自らの「ユダヤ人性脱退」を申請していたのだ。一八七六年以来プロイセンにはいわゆる脱退法が存在していた。つまりそれは、ユダヤ人であることを放棄せぬまま、ユダヤ教の教区共同体を離れることを意味していた。ラーテナウが申請したものは、したがって非常に重大な意味での脱退なのであった。

いかにしてラーテナウがこのような決意をするに至ったのか、説明することは難しい。もしかすると一八九四年一二月のドレフュス大尉（訳注 Dreyfus, Alfred. 一八五九―一九三五。アルザス生まれのユダヤ系フランス陸軍砲兵大尉。ドイツに機密を洩らした容疑で逮捕され、三年間流刑。一九〇六年に無罪判決を得た）の有罪判決との関係があるのかもしれない。つまりこの判決によってどうもユダヤ人少数派が、反ユダヤ主義者の見解をまたしても証明してみせたようにみえたのである。つまり、ドレフュスのようなユダヤ人を将校にすれば、いつ大逆罪を犯すかわからないということになる。もしかするとラーテナウは、判決後もなおこの大尉を見捨てようとしないユダヤ人共同社会などとは、なんら関係をもちたくなかったのかもしれない。だがこの推測にはなんら根拠がない。ひょっとすると彼の申請にはもっとずっと私的な理由があり、結婚の願望と関連していたのかもしれない。ある「由緒ある古い家柄の出の、美しく、ほっそりとした金髪の女性」が問題になっていたといわれる。その女性との結婚は洗礼という前提条件のもとでのみ可能であったらしい。彼の家族がおそらく、そうはさせないようにしたのだ。しかし事態の全貌はもはや判明し得ない。明らかにキリスト教には改宗しなかったし、たぶんすでにあの当時か、さもなくばそれよりもっと後に、自分の申請を取り下げた。いずれにしてもラーテナウはその後はいつも、あたかも自分がまだ「ユダヤ人の祭祀共同社会」に属しているかのように行動していた。

逆に、これだけははっきりしている。ラーテナウはこの経験のあと、ユダヤ系住民を二級市民にしていた社会や国家を憎むことはほとんどといってよいほどなかった。むしろ逆に、ラーテナウはユダヤ系住民の方にずっと腹を立てていた。彼の思うところ、ユダヤ人のふるまい方のゆえに、二級市民呼ばわりされても無理はないように思われてしまうからである。したがって変わるべきはユダヤ系住民の側なのである。――これが脱退申請から二年後、一八九七年にラーテナウが発表した、攻撃的論文の内容である。ラーテナウはこの論文を皮切りに、匿名で著述家としての仕事を始めたが、この論文には、信仰あるユダヤ人には耐えがたいユダヤ教の祈りの言葉を用いたタイトル「イスラエルよ、聞け」をつけた。「もとより私は、自分がユダヤ人であることを認めるつもりである」と書き始めながら、ラーテナウはその後そのように認める人間としては普通でないやり方で、ドイツのユダヤ人に罵詈雑言を浴びせる。「奇妙な幻だ！ドイツ人の生活の真っただなかに、周囲から引き離されて、なじむことのない人間種族、華やかかつ派手やかに飾り立て、情熱的に動く活発な身のこなし。マルク・ブランデンブルクの辺境の砂地にいるアジア人の群れは」。およそ二十年前からドイツとオーストリアで、それだけではなくロシアやフランスでも広がっていた反ユダヤ主義の動きがある状況において、ラーテナウはユダヤ人自身のユダヤ人憎悪を証言する最もあからさまな文書を書いたのである。この文書からは、のちにナチスも大喜びでいくつかの文章を引用した。今日に至るまでユダヤ人はその種のラーテナウの文章を赦そうとしない。しかしラーテナウはその類の攻撃を部分的には自分自身に対しても向けているのだ。たとえば彼は書いている、「いつか私は聞いたことがある。ある男が自分の経歴のために洗礼を受けたという話が出た時に、同じ種族の男がそれに対して、『神よ、なんとユダヤ的であるか！』と評したのを」。彼はすべてこの種の、人目を惹く、したがって主人国の国民の信用を失うような印象を与えるユダヤ的なものを自分のなかに抑圧しようとし、そして彼と同じ種族の人々に――これが彼の論文の本来の傾向なのであるが――意識的な自己修養によって、自分たちが住まわせてもらっている国の民族性を自ら身につけるようにと、呼びかけたのである。ラーテナウの反ユダヤ的情動は無選別にすべてのユダヤ人に向けられたわけではなく、その対象は明らかに次の三つである。つまり、東部からベルリンに流れ込んでくる、商業を営むユダヤ人諸階層、新興成金の「ティアガルテンのユダヤ人たち」の思い上がったふるまい、そしてシオニズムの国家設立の努力である。しかしながら、古くから定住しているユダヤ人都市貴族はその対象となっていない。ユダヤ人都市貴族はすでにかなりの程度、そしてまた他のユダヤの模範になるようなやり方で、住まわせてもらっている国の高級な諸価値に適応していた——実のところラーテナウ自身の家族もこの都市貴族に属していた。もともと彼には憎しみを説くつもりはない、それよりも方向転換を、理想に向けての変化を説くつもりであった。とりわけ彼の論文は同化を促す文書であり、この観点からみれば、同時代の多くのドイツ系ユダヤ人がどのみち、仰々しい大騒ぎなどせずに従った態度を表明している。

ラーテナウは後年この論文と距離をとった。しかしさしあたり一九〇二年には、自分の名を明らかにしてこの論文（訳注「イスラエルよ、聞け」）を著書『印象さまざま』に収録するというやり方で、挑発を繰り返したのである。彼は当時、AEG《アーエーゲー》の幹部理事会で三年間働いたのち、父親や他の役員と不和になっており、この著書の発刊はベルリンの実業界では非常な侮辱と受け取られたために、父親は出版されたその本をできる限り買い占めた。ヴァルター・ラーテナウは当時就いていたベルリンでの新しい仕事において、自分が賛美した古いプロイセンの文化と社会が、近代化により抑え込まれるのを目の当たりにして、またいかに強力にユダヤ人がこの近代化に関与しているかを見て、悩んでいた。だが彼はこのような近代化を必然的と考えており、引き続き近代化に協力する。ラーテナウが主張するのはあくまでも「ドイツ人の本性に倣うこと」つまり、不偏不党性、義務の遂行、わが身の利益より国家への奉仕を優先するというような、古きプロイセンの理想を身につけることだけなのであった。

とはいえラーテナウのものの見方は次第に変わっていった。それはつまり、ドイツの財界中枢や大工業のトップクラスの小グループでの仕事が増すにつれてのことであり、そこから、行政および政治のトップの人々とのつき合いが始まったのである。彼はドイツ全体を変えた工業の新たな力を大いに誇りとするようになった。またこの力が、自分が必要と判断するよりはるかにわずかにしか宮廷や政府から認められていない、と感じていた。市民、実業家、ユダヤ人は、プロイセン＝ドイツ従来の社会的価値体系内では、一定の限界内でのみ多少とも評価されているにすぎなかった。そのため当時も相変わらず社会的な距離ははっきりしており、ことにベルリンという首都の空間を共有して生活していると、この隔たりは非常に強く感じられるのであった。このような事情からラーテナウは、プロイセン社会への適応と自負心とに加えて、この社会への批判をも募らせていた。しかし、市民、実業家、ユダヤ人という、ラーテナウにおけるこの三者の混淆ぶりは独特であり、それは彼への接触や信頼をいたずらに難しくした。政界や、貴族、宮廷の圏内に入ることは、彼が望むよりはるかに稀であった。帝国宰相ビューロー（訳注 Bülow, Bernhard von. 一八四九—一九二九。在職一九〇〇—〇九年）や後任のベートマン・ホルヴェーク（訳注 Bethmann Hollweg, Theobald von. 一八五六—一九二一。在職一九〇九—一七年）との、入念に築き上げたコネクションからは、ときおり植民地あるいはモロッコ問題における政治的委託がもたらされるばかりであった。ラーテナウがプロイセンの城をまるごと一つ買ったことでも、宮廷や皇帝へ接近するようにはならなかった。

　ラーテナウの性急な仕事熱心ぶりには、したがって、たびたびの失望や孤立化も含まれていた。才能や心構えがあったにもかかわらず、国家に影響力を及ぼす可能性がほとんど与えられなかったのには、他の多くの理由と並んで次のような理由があった。つまり、ラーテナウが実業家であるだけではなく、むしろ、その仕事におけるよりはるかに強力に、一定のジャーナリストたち、たとえば、マクシミリアン・ハルデン（訳注 Harden, Maximilian. 一八六一—一九二七。ユダヤ系ジャーナリスト。一貫してヴィルヘルム二世の政策の批判者）および彼の政府に対する強烈な抵抗との結びつきがあったのであり、さらに後になると出版社S・フィッシャーのグループ、およびこのグループの、ヴィルヘルム二世時代（Wilhelminismus）というものに対する美学上の反対派との結びつきがあったことが問題だったのである。このような結びつきは不信感を呼び起こした。とりわけ、多くのユダヤ人とまたもやつき合いが生じたことが問題になったのである。実際ここでラーテナウは、およそ実業界で知り合ったのとは唯一別の層のドイツ系ユダヤ人たちと知り合いになった。具体的には、詩人、作家、ジャーナリストたちである。ラーテナウは自分が半ばその人たちの世界に属しているように感じることができた。というのもこの人々はたいてい実業家あるいは企業家の息子として生まれ、当時のドイツの価値体系の影響を受けて、実業から精神的な職業に逃れた人たちだったからである。たとえば、カール・シュテルンハイム（訳注 Sternheim, Carl. 一八七八―一九四二。ユダヤ系劇作家、小説家）、アルフレート・ケル（訳注 Kerr, Alfred. 一八六七―一九四八。ユダヤ系劇評家、作家）、フリッツ・マウトナー（訳注 Mauthner, Fritz. 一八四九―一九二三。哲学者）、シュテファン・ツヴァイク（訳注 Zweig, Stefan. 一八八一―一九四二。作家）、その他多数であった。

以上に述べたような立場の変化で私はすでに、ラーテナウの次の位相への道を示唆したのである。つまり人種イデオロギーの時期と、国家のユダヤ人政策に対する批判の時期に至る道である。

ラーテナウが、ドイツ＝プロイセン社会への自らの組み入れと受け入れの問題を文化哲学的に掘り下げるために、当時のさまざまないかがわしい人種観を用いたのは、何よりもラーテナウらしく、しかしまた同時に、何よりも受け入れがたい性向の一つである。これらの人種観はもちろん社会に流布していたものであり、多くの、いい加減とはいえない科学者たちからも、たとえ証明は困難であろうと、説得力はあると認められていた。しかしながらとにかく、とりわけ保守的、反自由主義的で、特に反ユダヤ主義的な側からは、現代の主知主義や工業市民階級に対する批判、大衆支配およびユダヤ人からの影響に対する批判として大いに支持されていたのである。ラーテナウはゴビノー（訳注 Gobineau, Joseph Arthur Comte de. 一八一六―一八八二。人種主義者。健康な人種と堕落した人種とを分けて考察した）やチェンバレン（訳注 Chamberlain, Houston Stewart. 一八五五―一九二七。英国生まれ、一九一六年ドイツに帰化。評論家。ゲルマン民族の優越性を説いた）、その他を読み、自分の金髪のゲルマン人種愛好が歴史哲学的に証明されているのを確認した。この傾向には彼の場合疑いもなく同性愛的特徴があったのである。しかしそれよりもっとラーテナウらしいのは、いろいろな理論を自分の必要に応じて組み立て直したことである。ラーテナウは、活力があって、支配者然とした豪胆な人間に、新時代の合目的人間を対峙させた。この合目的人間は理性と利益追求心によって今日の世の中で徐々に地歩を固めてきたというのである。ところで、ここで早くも目につくのは、ラーテナウが直接ユダヤ人を指摘せずに、より一般的に、より不明瞭に、市民、インテリ、比較的下方の階層、黒髪の人々について語っていることである。のちにラーテナウは諸民族間の階層組み替え理論として、自らの人種および階級観念を体系化した。この理論によれば、階層の組み替えは十九世紀に起こったものであり、知的な工業従事者からなる下層階層による、従来の上層階層への必然的抑圧と、それに伴う「脱ゲルマン化」をもたらしたのであるという。工業家、市民、そしてユダヤ人である自分自身の立場がつねに、控えめでありながらも同時に重要な機能を維持するものであるようにと、いかにラーテナウが気を配っていたかがはっきりと見てとれる。かくして新時代の技術と工業による機械化とは嘆かわしいものであるが、しかし機械化が支配権を握るのは現代において必然的である。市民階級は下層の出であり、目的思考に縛られているが、しかし市民階級はゲルマンの貴族――プロイセン将校の社会といってもよい――をいまや凌駕している。ユダヤ人は資本主義と新しい世界情勢を生み出したわけではないが、しかし大量需要を狙った経済の合理的再編において、ユダヤ人の実務的知性は欠くことのできない役割を演じているのである。

　だがこのような説明によってラーテナウは、誰の気に入るようにもほとんどなし得なかった。多くの読者がラーテナウを受け入れなかったが、そのなかには彼の交際範囲のほとんどすべての人が含まれていた。この人たちはラーテナウの用いた人種理論を愚かしいものだと思ったのである。しかしラーテナウはその逆に、人種イデオロギー主義者を喜ばせたわけでもない。人種主義者たちはラーテナウよりゲルマン人贔屓のチェンバレンに従った。そのために、その後ラーテナウは自分の理論をかなりの部分消滅させた。

　しかしラーテナウは同じ時期に再びユダヤ人問題にも取り組んでいた。劇評家アルフレート・ケルは彼との対話を書き残している。ラーテナウはケルと長い散歩をした際「政治以外のことは何ひとつ」話さなかった。「いつでも話の中心は次の二つだ。つまり、ドイツ社会の将来とユダヤ人の付随的な問題である。（……）『私には、ドイツのユダヤ人に対して私が責任があると感じるのは、守るべき義務のように思われます』。私（訳注 ケル）は言った、『どの程度？　いったいどうしてあなたはそのような区別をなさるんですか?!　そんなことをするのは反ユダヤ主義者だけではありませんか。ドイツのユダヤ人はまさにドイツ人なんです』。『その通り。でもとにかくいまある反ユダヤ主義がそのような区別を私に強いるのです――そして義務もね』。私は言った、『ああ、何ということをおっしゃるんですか！　いまある反ユダヤ主義が不偏不党の精神の持ち主に影響を与えるなんてことがあってはいけないのです。あなたがおっしゃるように、それは〈いまある〉んですか？　私たちにはそういうものはないかのようにふるまったり、感じるようにずっとしているのが課せられた仕事ですよ』」。

別の箇所でケルは、ラーテナウが、自分は何にも左右されないということ、さらには客観性を印象づけるために、右翼の人たちと話をする際には、自分の話を詳細に反ユダヤ主義的に着色してみせた、と報告している。つまり次のように。「ユダヤ人はみんな瀝青と硫黄のように切っても切れない仲であると、人々はつねに思っていますが――それは事実ではありません」。さらにラーテナウはときおり周囲の偏見に非常に悩んでおり、ある時などケルに次のように打ち明けたほどであった。「何世紀にもわたって苦しまねばならず、（……）いまもなお憎しみに取り囲まれている少数派住民の一員なのだと自分ではっきり意識したりしますと、――（……）生まれてこなかった方がよかったと、ときどき自分に言ってみたりするんですよ」。

一九一一年にラーテナウは「国家とユダヤ民族」に関する記事を書いた。彼の最初の論文「イスラエルよ、聞け」の明らかな修正である。修正はユダヤ人の洗礼に関する当時の議論とのつながりで行われた。ラーテナウは反ユダヤ主義を「昔からの深刻な種族嫌悪」と呼んだが、これがある以上は、「ユダヤ人の洗礼」も問題の解決にはならないと考えていた。だがいまではもう、このような嫌悪のさらなる存続の責任を、ユダヤ人の「自己教育」の欠如に負わせることはせず、国家に責任ありとしたのである。彼はプロイセンのユダヤ人政策および政策担当者を攻撃した。このユダヤ人政策を、「一国が国民の一集団に加えうる最も重大な侮辱」であるとし、この政策は「時代遅れで、誤っており、合目的的でなく、非倫理的である」と断言した。真の原因は「自由な競争に対する、プロイセンの支配階級の恐れ」にあるとラーテナウは見ていた。誇らかにラーテナウはドイツ系ユダヤ人の経済的、文化的、文化出資面での業績を指摘している。

二種の事柄が注意を引く。ラーテナウはもはやユダヤ人を頭ごなしに侮辱しはしなかったが、しかしそれだけいっそう明白にユダヤ人キリスト教徒を侮辱することになった。なぜなら、ユダヤ人は自分の職業上のキャリアのためにだけ洗礼を受けるのだと、主張していたからである。だがラーテナウの交際範囲には多数の洗礼を受けたユダヤ人がいた。そのため彼は相応の抗議を受けた。

次には、ラーテナウが国家とエリートの先入観のみを気にしていて、ケル同様自分でも軽蔑していた比較的下層の人々の反ユダヤ主義の方を向いていなかったことがわかる。それに並行する現象であるが、ラーテナウはエリートではないユダヤ人についても実際のところやはり語ってはいない。国家とエリートに関してはしかし、ユダヤ人に対する偏見を、全般的な立ち遅れと新時代の発展に対する嫌悪のなかに彼は再び組み入れた（今日でもわれわれが歴史家として行うのと同じようにである）。ドイツ系ユダヤ人への差別待遇は、彼からすれば、とりわけ同時代の一般的なドイツの欠陥を個別的に鋭く刻印していることなのだ。つまり市民階級や、その工業面での活動や自由主義的諸要求への政治的―社会的軽視の表れなのである。ラーテナウはのちに有名になった文章でこの記事を結ぶ。そのうち次に挙げる最初の二つの文章は明らかに、彼自身克服した、ないしは克服したと称する段階を示す。すなわち、「私はユダヤ人の予備役少尉のために闘うことはない。私はまた、国家的責任を担おうと自ら願望して、それを授けられないでいるユダヤ人を気の毒に思ったりはしない（……）。私は、ドイツで起こる不正に対して闘う。なぜならどちらへ向いてみても（……）、影が現れるのが見えるからである。ドイツは数十年来で、この十年間ほど深刻な時期を過ごしたことはない。このような時代に起こりうるもっと強力な事柄とはつまり、不正をやめることである」。

第一次世界大戦直前に次なる位相、つまり人種主義からの離反と熱狂的な愛国心への方向転換が明瞭になる。したがってこの方向転換は、その後の戦時に確実に高揚したとはいえ、戦争によって初めて誘発されたわけではない。これは同時に、魂と精神による変化の力への信仰に向かって決定的に方向転換することを意味していた。

一九一三年末に、権威あるゲルマン民族神話の本の著者、ヴィルヘルム・シュヴァーナー（訳注 Schwaner, Wilhelm.一八六三―一九四四。教師、出版者）との非常に情緒的で、親密な友人関係が始まった。この関係は間違いなく深層心理学の面白い症例なのだ。はっきりとわかることであるが、この関係成立の主導権を握っていたのはシュヴァーナーであった。シュヴァーナーはゲルマンの魂を理解し愛することができる一人のユダヤ人であるとラーテナウを賛美し、そのゆえに、自分の反ユダヤ主義を克服したのである。ラーテナウの側でもこのような評価に感激し、反ユダヤ主義から宗旨替えしたシュヴァーナーがドイツ民族主義的傾向の読者層にしかるべく影響を与えられるのではないかと、少しばかり期待をかけ、さらにシュヴァーナーが窮状にある時には資金援助さえした。しかしラーテナウはたびたび仲違いの危険を感じていた。シュヴァーナーはずっと人種主義者であり、自分および自分の属するドイツ民族と、ラーテナウや彼が属するユダヤ民族とを区別していたからである。ラーテナウは繰り返し、自分の民もやはりドイツの民なのだとシュヴァーナーを納得させようとしたが、無駄であった。たとえば一九一六年にはシュヴァーナーに次のような手紙を書いている。「きみは機会あるごとに『ぼくの民族』そして『きみの民族』と言う。それが一つの短縮された表現にすぎないのはわかっている。けれどもそれについて一言だけ言っておきたい、つまり、ぼくの民族というのはドイツ人のことであり、それ以外のいかなる人でもない。ユダヤ人はぼくにとっては、ザクセン人やバイエルン人、あるいはウェンド人（訳注　ソルブ人のこと。東ドイツ南東部に住む西スラブ系の種族。ソルブ語を話す）のように、ドイツの一部族なのだ。きみは微笑んでいる、なぜならきみはまさにあらゆる人種論を知っているからね。けれどこのような学問などぼくには全く意味がない。学問などというものは今日こう言ったかと思うと明日にはああだと言う。つまり、感情や想念、理想や超越に語りかけたりはしないのだから（……）。ぼくにとって民族や国民への帰属を決定するのは、心、精神、志操、そして魂だけなのだ」。彼にはもうわかっている。「民族を国民に、国民を国家に創り上げているものはただ一つ、すなわち、土地の、体験の、そして精神の共有であると」。このような理解からラーテナウは、自らをユダヤ出身のドイツ人と称したのである。

これはすでに戦争中の発言であり、戦争はこのようなラーテナウの考え方をひたすら強固にした。第一次世界大戦の勃発は彼の社会的環境や公人としての影響力に大きな変化をもたらした。彼は開戦に強い衝撃を受けた。ラーテナウは、オーストリア皇太子暗殺事件に始まる、いわゆる七月＝危機（訳注 一九一四年七月二八日に第一次世界大戦開戦に至る）が間違いなく重大な結果をもたらすであろう方向に進みつつあることを、かなり早くから知っており、この戦争に、ナポレオンに対する解放戦争（訳注 一八一三—一八一五）のような、高貴な民族的防衛戦なるものを認めることはできなかったのである。したがって、ドイツ言論界における、文学者、思想家を問わぬ熱狂ぶり、この熱狂には、従来帝国の政治に対して批判的であった者たちもほとんど例外なく加わっていたのだが、これにラーテナウが巻き込まれたりはしなかった。しかし予期せぬ非日常的状況がラーテナウを、以前には彼を拒否あるいは敬遠していた社会階層と非常に強力に結びつけることになった。すなわち軍および政界のエリートとの結びつきである。

　軍とのつながりは、戦争資材調達においてラーテナウが発揮した指導力によって生まれたが、その指導力は戦争の経過にとってほとんどはかり知れぬほど評価しうるものである。文民でありユダヤ人であったにもかかわらず、ラーテナウはプロイセン陸軍省の独立部門の長となった。これによってラーテナウは、将軍に相当する職務権限をもち、ベルギーやポーランドでの戦利品である、戦時重要資材配分の組織化と、ドイツ工業に対する、期間制限つきではあるが国家による監視の導入を実現した。ラーテナウは各々の資材ごとに調達配分戦時経済協会を創り、それらの協会に対して国家の取締権を与えることによってこの課題を果たした。陸軍省の庇護のもと、ラーテナウは自分が選んだ工業家および技術者のグループとこうした協会を設立し、あらゆる辛労にもかかわらず、他のいかなる共同作業より、はるかに快適に感じていた。これには疑いなく軍側の高い評価も影響していたことが決定的であった。

　八ヵ月後、一九一五年三月末、ラーテナウはこの職務を終えたが、留任を求める声を聞き入れることはなかった。噂によれば、二、三の軍人の反ユダヤ的偏見が何らかの役割を演じたということである。そのようなこともあろう。しかし何よりもラーテナウは自分の成し遂げた功績にふさわしい、より高い、責任ある政治上の地位を希望していたのであって、それだけに、自分が去るままにされて昇進が沙汰やみだったことを、不快に思った。

このためラーテナウは当時のドイツの政治的指導層に対する批判的態度を強めた。それだけに、一九一五年に形成されたいくつかの政治的サークルに加われたことは、彼には重要であった。ことに、いわゆる「ドイツ協会一九一四」は、アングロ―アメリカのモデルに従った全く新しい形の政治的クラブであり、そこには事実上政府、軍部、経済、報道機関、芸術、学問など、すべての分野から、指導的立場の人物が集まっていた。それはラーテナウが理想化していたドイツ民族ではなかったが、それでもそこでは、より質の高いベルリンの上流社会が多彩に混ざり合っていた。戦争が創り出した制約のために、いまや互いの関係はしっかりしたものとなり、かつてなかったほど相互に対話が行われた。従来の職業的―社会的障壁を越えたこのようなクラブの設立は、なんでもないことなどではなく、それゆえ、当時のドイツが生んだ、馬鹿になどできない成果であると考えられる。ラーテナウはこのクラブの設立直後に(一九一五年一二月)、ここでドイツの資材調達に関して講演を行った。祖国のための仕事が政治的にはなんら自分の役に立たなかったので、ラーテナウは、自分の行為が少なくとも広範囲の人々に知られるよう熱心に働きかけた。このような公けの影響力はなおも一九一七年三月の彼の著書『今後の事態について』の出版によって大いに強化された。ラーテナウは偉大な組織者として認められていたのだが、いまではさらに、経済的、倫理的、国家的に未来を見晴るかす偉大な予見者(Seher)としての姿を明らかにした。ラーテナウの発言は来たるべきものの預言(Prophetie)というよりむしろ、新たな国家的、経済的姿勢の要求であった。戦時経済の経験から彼は調和的で、よく機能し、生産力を発揮する民族国家に至る道を示すつもりであった。この本はベストセラーとなった。

ユダヤ人問題に関して、ラーテナウは同じ年の一九一七年にもう一度発言している。しかし宗教哲学的にしか発言していない。自分がユダヤ教に留まっている理由を次のように説明した。ユダヤ教というこの宗教は教会や教義なしに存続可能なのであり、そのようなものとして、その純粋性のゆえに今の時代の文明人にも納得できるような神への信仰の形式なのであると。このような解釈に問題があることにはここで立ち入ることはできない。ただ次のような事情には触れておこう。ラーテナウは、自分が立っているのはいうまでもなく「福音書の基盤」であると、誤解を招くような発言をし、自己弁護に努めなければならなかった。事実、愛と超越に関する彼の中心的な、神秘的な考え方は、旧約聖書よりも新約聖書に近い。しかしながら彼にとってイエス、パウロ、そしてヨハネはやはりまさにユダヤ人なのであり、キリスト教の使徒たちの信仰と理解とは対立する形で、ユダヤの宗教的な考え方から生まれた人たちなのである。

　こうした宗教哲学的論争は、それより数ヵ月前の一九一六年一一月にドイツ軍内で、あの悪名高いユダヤ人員数調査が遂行されていた事実を考えれば、浮き世離れした印象を与える。その調査はドイツ系ユダヤ人の愛国心に対する不信の表明であり、これ以上侮辱的なやり方は考えられないほどのものであった。ラーテナウはこれに対しては沈黙を守った。「(……)ユダヤ人にはその全体に対する敵があることを私は知っています。しかしこの状況を変えるのは私の仕事ではありません」とこの時期にある手紙のなかで語っている。中央同盟には一九一七年一月の強い勧誘にもかかわらず入会しなかった。しかし一九一七年七月にはある手紙のなかで、ユダヤ人問題の政治的側面に関して、もはや明白な同化の立場は決して支持しない旨の発言をしている。「私は貴兄と同じく、融合はあまり早急に進行してはいけない、という見解です。しかし、融合は究極的解決を意味する、という貴兄の意見にはあまり賛成できません。私見では、究極的解決とは、住民の混在の度が非常に高く、国のなかで宗教についても、出自についてもほとんど尋ねられることがなくなる状況のことでしょう。そして私はこの状態が今後数十年以内に来ると予測しています。英国で、しかしとりわけアメリカでは、もうそれが始まっています」。

　この時期、一九一七年中頃から年末にかけて、ラーテナウは政府および軍部、つまり、ルーデンドルフ（訳注 Ludendorff, Erich. 一八六五—一九三七。陸軍大将。第一次大戦末期には陸軍補供総長。その後ヒトラーのミュンヒェン一揆に加担）への政治的影響力を最終的に失った。そればかりでなく、政治、経済、そして精神世界における彼の高い名声の公然たる解体さえ始まったのである。ラーテナウという非常に繊細なこの男性は、いまになって初めて、おそらく他の私人の誰一人に対しても「こんなに多くの印刷書類が出回ることはないであろう」という現実を思い知らされた。一九一七年九月、五十回目の誕生日に、たとえばゲルハルト・ハウプトマン（訳注 Hauptmann, Gerhart. 一八六二―一九四六。ドイツの作家、劇作家）によってまさに挑発的な形で敬意を表されたあと、反ユダヤ主義の雑誌『前哨にて』に最初の大がかりな誹謗中傷を書き立てられた。すなわち、ラーテナウはユダヤ人から引き立てられて、このようにして政治的地位を獲得するよう計画されているというのである。とりわけ一九一八年一月の著書『新しい経済』は、公共経済計画を謳ったがために、中産階級の人々や大工業家を刺激し、組織立った抵抗を呼んだ。そのなかで再三再四悪意に満ちた反ユダヤ主義的な攻撃がなされた。民族主義的な雑誌『新生』では、彼がすべてのユダ（訳注 固有名詞ユダは裏切者をも意味する）の利益のために戦時協会を捏造したのだとされ、「ドイツ国のエジプトのヨセフ」と呼ばれた。ラーテナウの「偉大ではあるが、ずたずたに引き裂かれたユダヤ＝ゲルマン混合魂」などという言い方は、この方面から提供される肯定的評価の頂点ともいうべきものなのであった。

　このような公然たる敵意に対するラーテナウの反応は、冷静な論争でもなく、静かなる隠遁でもなかった――そういう機会は与えられなかった――。ラーテナウは声高に宣言した上で、自分がそれまで活動していた社会から身を引くという行動に出た。もはや自分を取り巻く社会には何一つ言うべきことを有していないとして、自分の先見の明を恃《たの》みとして、将来を担う人間たちに専念することにしたのである。一九一八年七月に発表した著書『ドイツ国の青少年に』では、昔の預言者たちの悲壮感あふれる、絶望的文体で、若い、未来のドイツ国民に語りかけている。

　けれどもその後ほどなくして終戦になった。彼にしてみれば、一九一八年一〇月四日休戦提案の形で行われた終戦は、戦争の勃発と同様非常な不意打ちであった。ラーテナウは国民に抵抗を呼びかけるという絶望的介入を試みた。従来この呼びかけは一貫して無意味な、浮き世離れした一匹狼の行動であると理解されてきている。実際には、この呼びかけはまず初めに『ドイツ社会』で論じられたのであったが、他ならぬ、ラーテナウと親しい穏健派、協調による平和の信奉者たちがもはや抵抗の呼びかけには何の期待も抱いておらず、彼を孤立させた。この穏健派にとっても、社会民主党や組合と同様に、抵抗の呼びかけは意味のない、無責任な戦争引き延ばしなのであった。ルーデンドルフの性急な決断に大方がショックを受けていた軍指導部にとって、また国粋的右派にとって、本来それは、自分たちの心情に添った呼びかけであったのだが、この人たちはもはや行動は不可能であると感じており、それだけにますます、自分たちより愛国的な身ぶりをして見せたからというので、このユダヤ人実業家に気を悪くした。

ラーテナウのこのような行動の動機を求めるに、度を越した、理想主義的な彼の愛国心を探るしかない。彼が何らかの戦争の理想像を有していたとすれば、それは一八一三年の解放戦争であり、そこにおける国民的連帯体験であった。それゆえ、一九一三年に行われた軍備拡張に際して、早くもラーテナウはこうした伝統の濫用であると批判していたのだし、同じ理由で、開戦時、一九一四年の戦争に対する熱狂に加わらなかったのである。「彼の」戦争は、いま初めて、一九一八年一〇月に始まった。というのも、いまや祖国は真に危機に瀕していたからである。だからこそラーテナウは、この時に当たってフランス革命やプロイセンの改革時代の偉大な先駆者に従おうとし、すべての人々に抵抗を呼びかけようとしたのである。

この呼びかけによってラーテナウの名声は以前にもまして傷ついた。とりわけそれまで比較的ラーテナウに同情的であった、自由主義派や社会民主主義派内でそうであった。ドイツでそれまでの政治体制が崩壊したあとにも、彼はさらにパンフレットで、真価を認められず、深く傷ついた預言者のように、非常な不幸に陥っている同胞、ドイツの民に語りかけ、辛辣な鋭い調子でその弱さを怒り、よりよい未来への内面的転換を促そうと試みている。その調子は時として旧約聖書風で、今日でもなお読む者の心を打つ。「人類の精神史の転回点」であったと、偉大なユダヤ人に関して何度も誇り高い言葉を繰返したのもやはりこの時期である。すでに一九一三年には次のような発言があった。「平均的なユダヤの民は歴史上のあらゆる時代において現実主義を旨としていた。にもかかわらず世界の思想に遺した遺産は、ユダヤに属する四人の孤高の精神の持ち主がもたらした最高度の超越性なのである」。秘密めかしたままで四人の名前は挙げなかったが、しかしながら一九二〇年に書かれた一通の手紙から、彼がモーセ、イエス、パウロ、そしてスピノザ（訳注 Spinoza, Benedictus de. 一六三二―一六七七。オランダの哲学者）のことを考えていたことが読みとれる。同じ手紙でさらに「ずっと距離を置いてマルクス」の名を挙げている。この発言によって一九一九年に書かれた別の書簡で言われていることとの結びつきが明らかになる。すなわち、「貴兄は旧約聖書を愛しそして憎む、というか――いや、拒否していらっしゃる。――つまりそれが貴兄のわれわれユダヤ人に対する姿勢です。貴兄のおっしゃることは正しい、なぜならわれわれはまだ使命を果たしていませんから。何のためにわれわれユダヤ人がこの世に生まれてきたのかご存じですか？ すべての人間の顔をシナイ（訳注 イスラエルの民を率いてエジプトから逃れたモーセが神からいわゆる十戒を授けられた地）に向かせるためです。貴兄はおいでになりたくないとおっしゃるのですか？ もし私の声が貴兄に届かなければ、マルクスの声が届くでしょう。もしマルクスが貴兄の心に届かなければ、スピノザの声が届くでしょう。もしスピノザが貴兄を呼ばなければ、キリストが貴兄を呼ぶでしょう」。大仰な、妙に度を越して高まっていく言い回し。ちなみにフォン・ビューローが回想録に記している次のようなジョークがある。ラーテナウがある時こんなことを言った。「世界の創造以来きわめて偉大な三人の男たちがいた。不思議なことに三人とも揃ってユダヤ人なんだ。つまり、モーセ、イエス――三人目の名前を言うのは私の慎みが禁じるなあ」。ラーテナウの自己評価は実際、このジョークの言わんとしているところに、当たらずといえども遠からずであったのではないかと考えざるを得ないように思われる。しかしそれはひたすら、いかんともしがたい時代におけるラーテナウの方途なさの思いの表現だったのである。当時一九一九年、彼の最も深い精神的な満足は、宗教哲学者のコンスタンティン・ブルンナー（訳注 Brunner, Constantin〔本名 Leopold Wertheimer〕. 一八六二―一九三七。哲学者、作家）との新たな友情であった。ブルンナーはラビの息子であるが、ユダヤ教とキリスト教とを超越した、教会に縛られない、キリストの継承を主張していた。

この時期の具体的で、そっけない政治的対話においても、彼がいまやユダヤ人として、いかに独特に、そればかりか、いかにある部分では距離を置いて、いわゆるドイツ問題を見ていたかが明らかになる。その最も明白な例は、一九一九年二月二〇日付でのケスラー（訳注 Kessler, Harry. 一八六八―一九三七。伯爵。ヨーロッパ中の有名人に多数の知己をもち、その『日記』は有名。『ラーテナウ伝』（一九二八）の著者）が書き留めているある対話である。「ラーテナウが私に言うには、ここのところ彼に会いたいという何十人ものアメリカ人やイギリス人の客を迎えているが、この人たちの態度は判で押したように彼への同情の態度、つまり、彼があのような一民族に、世界史上これまでには決してなかったほどの、嫌悪と軽蔑の混じった目で見られている一民族に属していることへの同情の態度であるという。この人たちの態度は、個々の傑出したユダヤ人に対してキリスト教徒が見せる態度と同じものであるという。傑出したユダヤ人本人は大目に見られるが、しかし忌まわしいユダヤの親戚関係のゆえに同情されるのだ。ラーテナウはユダヤ人としてこの種のまなざしも慇懃な態度も余すところなく正確に知っているという。もっとも、一生の間そういうまなざしや態度にユダヤ人として耐えてきたあとで、いまもう一度ドイツ人としてそういうものに悩まされるのはつらいのだそうだ。しかし、自らの民族をスプリングボードにして、自分だけ特別の立場を手に入れてはならないと思っているのだ。それよりも、たとえ自分にはよりよい状況が提供されるとしても、自国の民の側についていなければならない、と彼は言う」。しかしながら、これでわれわれはすでにラーテナウの最後の位相、ヴァイマール共和国の初めの数年間における活動の話に入っている。この時期のことはそれ以前に比べれば、よく知られている。専門家としていくつかの仕事を果たし、自分に対する多種多様な偏見が克服され、あるいは少なくとも無視されるようになったあと、ラーテナウは一九二一年五月から五ヵ月間復興大臣となり、したがって賠償行為の責任者となった。復興大臣としてラーテナウは何よりもドイツの対仏賠償の現物納付に関してフランスとヴィースバーデン協定を締結した。一九二二年一月末には外務大臣となり、ソヴィエト連邦共和国とラパロ条約（訳注 イタリア北西部の都市ラパロで結ばれた独ソ修好条約）の責任を負った。彼は外務大臣となって五ヵ月後、一九二二年六月二四日に暗殺された。

以上が事実である。ドイツのユダヤ人として長いこと待ち焦がれた政治的責任、つまり大臣の地位を得たこと、しかも対外的に自国を代表するようにさえなったことを、ラーテナウが誇りに思ったのは紛れもない。経済的考慮そして部分的には道徳的な考慮を強調することにより、ラーテナウは危険な政治的敵対関係を和らげたいと望んでいた。交渉スタイルや全体的に感銘を与える人柄のお陰で、多くの外国人にはラーテナウがドイツへの信頼を再び呼び起こしうる第一人者と映った。だがこのすべてはラーテナウがユダヤ人であることとは関係がない。彼がユダヤ人であるという事実は、いまこの最後の局面で彼自身よりはもっとずっと、彼の周辺世界の問題なのであった。ラーテナウが大臣として活動することは、多くの民族主義的な、右寄りのドイツ人にとってはあからさまな挑発であった。共和国という国家形式といい新たに政権を握る諸政党といい、それだけでもこれら右翼的ドイツ人にはやりきれない、ひどい話であった。その上今度は、一人のユダヤ人がドイツを国際的に代表するなどというのは、彼らに言わせればスキャンダルそのものなのであった。一九二一年六月以来特にオーバーシュレージエン地方の反革命義勇軍内ではラーテナウを中傷する歌が歌われた。「神に呪われたユダヤの雌豚《ユーデンザウ》、ヴァルター・ラーテナウを撃ち殺せ！」

同じ時期から彼はこれに相応する脅迫状をいくつも受け取った。のちに裁判中、ラーテナウの暗殺について、法廷で開陳された根拠は次のようなものであった。ラーテナウは世界支配を狙うユダヤの一人であり、「株式市場ならびにソ連の手先のユダヤ人」であって、ベルサイユ条約履行政策推進派としてまず初めにドイツを西側の資本主義に売り、しかしそのあとでソ連とひそかに示し合わせて、ドイツの緩慢なボルシェヴィズム化を図ったというのである。暗殺の首謀者エルヴィン・ケルン（訳注 Kern, Erwin. 一九二二没?）元海軍中尉は、ラーテナウが共和国の本来の首魁《しゅかい》であり心臓であると理解し、この男の血によって「永遠に分かたねばならぬものを断固として分かつ」ことを願ったのだという。

ユダヤ人としてドイツの政治を行ったことではなくて、それが明らかに上首尾の政治であったことがラーテナウの敵にとっては最悪だったのだ、とヘルムート・フォン・ゲルラッハ（訳注 Gerlach, Hellmut Georg von. 一八六六—一九三五。政治家、評論家）が強調したのは確かに正しい。ゲルラッハによれば、ラーテナウはまさに「ドイツにとってユダヤ民族が有害であるという反ユダヤ主義理論を、生きながらに反証するもの」であり、そのために彼は殺害されねばならなかったのであろうという。実際、品位あるきわめて真摯な思想家としてまた愛国的なドイツ人として、ラーテナウは反ユダヤ主義のドイツ人にとっては典型的なユダヤ人ではなく、したがって人を苛立たせるユダヤ人であった。もっとも、ラーテナウが人を苛立たせるのは、その生が矛盾に満ちたものだったからでもあり、以前帝国に奉仕したと全く同じように共和国に奉仕する姿勢によるものであった。

ユダヤ人であるラーテナウがドイツの国を代表することはできないし許されないという見解は、注目すべきことに、反ユダヤ主義の人々の意見であるばかりでなく、幾人かのシオニストの意見でもあった。冒頭ですでに名前を挙げたクルト・ブルーメンフェルトの書き残した報告がある。彼は一九二二年四月、ジェノヴァ会議直前に、物理学者アルベァト・アインシュタインとともにラーテナウを訪問して、外務大臣としての職務を放棄するように強く勧めることにした。初めにシオニズムやパレスティナ問題のことが話題になった。ラーテナウは一九一七年のバルフォア宣言*後にも、ユダヤ人問題のこの種の解決に対する拒否的態度を変えてはいなかったのである。そのあとブルーメンフェルトは説明した。「この問題はあなたに関係があると思われます。私どもは、あなたご自身の立場の難しさをご指摘申し上げに参りました。私が思いますに、あなたには外務大臣としてドイツ人民のための業務を統率する資格はおありにならない」。——「なぜないのですか」とラーテナウは自分の立場を弁護して言った。「あなたはパレスティナ経済に関する私の議論を反証することがおできにならなかった。そこでまた、再び心理学をもち出すのですね。私は自分の職務に適した男です。私は自分の能力と力とを提供することで、ドイツ人民に対して私の義務を果たしているのです。それにしても、あなた方は何をお望みなのですか、なぜ私はディズレーリ（訳注 Disraeli, Benjamin. 一八〇四―一八八一。ビーコンズフィールド伯爵。イギリスの政治家）がしたことを繰り返してはならないのですか？」これに対して、ブルーメンフェルトは次のように応答したという。「あなたはご自分がユダヤの民の一員だと認めることを拒んでいらっしゃるが、どんな議論によってもあなたが免れ得ない、客観的なユダヤ人問題というものが存在するのです。あなたはたんに一つの機能を果たしていらっしゃるだけで、本当のところ、あなたが代表しようとしておいでのドイツ人民と一体であるなどというわけではないのです」。ラーテナウの返答は、「だからこそ私のような人間が自分の業績によってそれを成し遂げなければならないのです。反ユダヤ主義の連中がわれわれを孤立させようとして拵える障壁を私は突破してみせますよ」。それからラーテナウは突然、古代の鳥占い師のような預言者然とした微笑みを浮かべてつけ加えた。「もちろんヴィルヘルム街よりダウニング街に座っていられればありがたいですが」。この瞬間にアインシュタインがアインシュタイン一流の、あけすけな明瞭さでこう言った。「でもいまあなたはひっかかりましたよ。ちょうどいまブルーメンフェルトが説明しようとしたのがまさにそのことなのですから！」

（＊訳注　バルフォア宣言は、パレスティナに関してイギリス政府が第一次世界大戦中に出した三つの文書のうちの一つ。一九一七年イギリス政府はバルフォア宣言の中で、パレスティナにおけるユダヤ人のための「民族の故国」設立という目標の達成のために最善の努力をする、と謳っている。外務大臣A・J・バルフォア卿の名前のついたこの文書は、一九一五年のマクマホン書簡、一九一六年のサイクス・ピコ英仏秘密協定と並んで、すべてのアラブ国家をパレスティナをめぐる争いに巻き込むことになった。マックス・ディモント『ユダヤ人の歴史』平野和子・河合一充訳、ミルトス、一九九四年、四〇〇頁参照）。

ブルーメンフェルトは、ラーテナウのこのような発言が本心を露呈したものだと感じ、それに触れて回想録で次のように書いている。「あのあまりにも賢い男がわずかに注意を怠ったのだ。たった一度緊張を緩めたあの瞬間にラーテナウは、自分が本当はある一つの機能だけ果たしていること、当時政治の面で自分が代表していたドイツの世界に、千本もの糸と至極もっともな理由とをもって所属してはいたが、その所属の仕方は非常に制限されたもので、無条件ではない、と白状したのである」。

このような解釈で充分だろうか？　ブルーメンフェルトはラーテナウのドイツ帰属感情と帰属意志の深さを過少評価していると、私は思う。ラーテナウのこの姿勢はもちろんつい過少評価されがちである。なぜならラーテナウは現実のドイツの状態に対する批判を常時もち続けていたからである。その上ラーテナウには、意志によって自分が到達した愛国的立場を認めてもらいたいという欲求があった。それゆえに、自分が不幸な、敗戦国におけるディズレーリである覚悟ができている、とはいったいどういう意味であるのか、ブルーメンフェルトとアインシュタインに気づいてもらおうとしたのである。

だがそれだけではない。ブルーメンフェルトの民族主義的見解がいかに時代遅れであるかが、今日では当時よりはっきりと感じられるのである――ブルーメンフェルトおよび同時代のほとんどの人々の見解も。そしてこのような時代遅れの見解によって、ラーテナウの立場がどれほど問題視されたかが、ずっと鮮明に見てとれる。いかに意味なく彼の立場が困難なものとされたことか。ブルーメンフェルトらとラーテナウとの対話から五十年後、ユダヤ人ヘンリー・キッシンジャー（訳注 Kissinger, Henry Alfred. 一九二三年生。ドイツ生まれ、ユダヤ系、アメリカの政治家）はアメリカ合衆国の外交の責任者となった。彼はドイツから来た移民である。したがって民族主義的に見るならば、アメリカ合衆国が、ラーテナウにとってのドイツよりも、キッシンジャーにとっては祖国である、とは言いがたい。けれども七〇年代には、ブルーメンフェルトと似たような仕方で、国務長官としてアメリカ国民の利益を代表するキッシンジャーの権限を、疑ってかかろうなどとは誰一人思いつかなかったことであろう。

ブルーメンフェルトは一九二二年ラーテナウの場合に、彼の職務権限を疑ってかかったのだった――反ユダヤ主義者たちと同じように、と人は言わざるを得ない。その後暗殺事件の後で、ブルーメンフェルトは、ラーテナウをその意志に反してユダヤ民族の殉教者にしてはならない、と述べた。その通りのことが当時起こっており、ラーテナウは殉教者にされた。一九二五年「ツューリヒ＝ユダヤ人プレスセンター」では次のように言われた。「ユダヤ人であることをラーテナウは体験し、それが運命となった。したがってわれわれはラーテナウを自分たちのために要求してかまわない。『彼はわれわれの一人であった』と正当な誇りをもって言うことが許されよう」。

どちらもユダヤ民族主義の立場である。どちらがより正しいなどと決めたがる人間がいるだろうか？　別の雑誌『ユーディッシェ・ルントシャウ』が一九二六年に書いたことが、私には最も決定的に思われる。すなわち、「ああ、所詮彼らは必ず帰って来る。十七世紀の野心的銀行家で宮廷ユダヤ人、ユート・ジュース（訳注 Jud Süß. ナチ時代に親ナチ派の監督Veit Harlanが制作した映画でこの名前が使われた。また一九二五年にLion FeuchtwangerはJud Süßというタイトルの長編小説を書いている。なおPaul KornfeldにもJud Süßの作品がある）と呼ばれたヨーゼフ・ジュース・オッペンハイマー（訳注 Oppenheimer, Josef Süß. 一六九八／九―一七三八。宮廷支配人、一七三八年二月四日に処刑）であろうと、高貴な思想家であり人類を思いやったヴァルター・ラーテナウであろうと、いつも彼らは戻って来る。自分は遠く離れたと、そして立場を表明する必要もないと、彼らは錯覚している――けれども世界は彼らをユダヤ人として殺す」。

これは私がラーテナウの最後の位相に関して言ったことと対応している。つまり、彼がユダヤ人であるという事実は、いまや彼自身よりもむしろ彼の周囲の世界の問題なのであった。これは単に反ユダヤ主義陣営に属するラーテナウの敵や、シオニスト陣営に属するラーテナウの批判者ばかりではなく、同化したり同化しようとするドイツのユダヤ人にもあてはまる。ラーテナウが初めにドイツ系ユダヤ人の批判者として、それから擁護者として、またその後にはドイツ経済の組織者、文化哲学者、さらには意識的といってよいほど自己を犠牲にした政治家として演じた非常に明白な役割は、彼をドイツ系同化ユダヤ人の模範に、またどこに出しても恥ずかしくない典型にした。この模範が挫折した事実は、悲劇的な美化に役立ったのである。ドイツのユダヤ人たちはラーテナウの死にショックを受けた。しかしながら、どれほど多くの他のドイツ人が同じようにショックを受けたかを目の当りにして、ドイツのユダヤ人は、このような非行によって、反ユダヤ主義自体が決定的に弱体化したのだと、希望をもったのである。われわれが知っている通り、それは誤った希望であった。

エルゼ・ラスカー＝シューラー（Else Lasker-Schüler, 1869–1945）

主著

『冥界の川』（*Styx*, 1902）
『ヴッパー』（*Die Wupper*, 1909）
『私の奇蹟』（*Meine Wunder*, 1911）
『ヘブライのバラード』（*Hebräische Balladen*, 1913）
『アルトゥール・アロニムス—私の父の物語』（*Arthur Aronymus. Die Geschichte meines Vaters*, 1932）
『私の青いピアノ』（*Mein blaues Klavier*, 1943）

全集／著作集

Gesammelte Werke Band 1-3, Herausgegeben von Friedhelm Kemp (München: Kösel, 1962)
Gesammelte Werke Band 1-8, Herausgegeben von Friedhelm Kemp, Margarete Kupper und Werner Kraft (München: Kösel, 1986)
Werke, Herausgegeben von Sigrid Bauschinger (München: Artemis & Winkler, 1991)
Gesammelte Werke in 3 Bänden, Herausgegeben von Friedhelm Kemp und Werner Kraft (Frankfurt am Main: Suhrkamp, 1996)
Werke und Briefe, Kritische Ausgabe, Band 1–7, Herausgegeben von Norbert Oellers, Heinz Rölleke und Itta Shedletzky (Frankfurt am Main: Jüdischer Verlag bei Suhrkamp, 1997ff.)

邦訳

川村二郎訳「白いダリア」荒俣宏編『新編 魔法のお店』（ちくま文庫, 1989）所収

ケーテ・ハンブルガー

エルゼ・ラスカー＝シューラー

山下 公子 訳

「エルゼ・ラスカー＝シューラーこそ、紛れもないユダヤ詩人である――エルゼの魂はエルサレムの黄昏の内にある」。ラスカー＝シューラーの親しい男友達、詩人でありボヘミアンであったペーター・ヒレ（訳注 Hille, Peter. 一八五四―一九〇四）はそう語った。「エルゼ・ラスカー＝シューラーはまず何よりもユダヤではなく、ドイツの詩人である」。現代の詩人エーリヒ・フリート（訳注 Fried, Erich. 一九二一―一九八八。オーストリア出身の作家）はこのように断言している。「彼女の文学はドイツ文学だろうか？　それともユダヤ文学なのだろうか？　ヘブライのバラードを書いた詩人は確かにユダヤの詩人であるだろうが、しかし、それがつまり、彼女はドイツの文学者ではないということになるだろうか？」一九四五年、詩人の死後、ハインリヒ・フィッシャー（訳注 Fischer, Heinrich. 一八九六―一九七四。ドイツの作家、演出家）はこのように問いかけた。

実際エルゼ・ラスカー＝シューラーについてこのように問うことは、もう一人の偉大な、ドイツ語を用いたユダヤ人の女性詩人、ネリー・ザックス（訳注 Sachs, Nelly. 一八九一―一九七〇。ベルリン生まれ。一九四〇年スウェーデンに亡命。一九六六年ノーベル文学賞受賞）の場合に比べ、間違いなく、歴史的により正当である。確かにネリー・ザックスにとってもエルゼ・ラスカー＝シューラーにとっても、それぞれの母語、つまりドイツ語が、文学創作のための言語である。また、エルゼ・ラスカー＝シューラーにも、その偉大な後継者ネリー・ザックスにとっても、ユダヤ人であるという出自は、たんに自己存在の根源であるのみならず、その文学のテーマでもある。しかし、ネリー・ザックスより一つ前の世代に属するラスカー＝シューラーは、ザックスとは異なる形で、ドイツ文学史から切り離せない。もっともここでは、ネリー・ザックスがユダヤ問題を語る場合、その根底にナチ時代の恐ろしい出来事があり、これがナチ時代の前と後をはっきり区切っているという事情は考慮しない。エルゼ・ラスカー＝シューラーはまさにこの前ナチ時代のドイツ文学に属している。ラスカー＝シューラーの抒情詩はドイツ表現主義の一部である。ドイツ表現主義は二十世紀初めの二十年間、とりわけ第一次世界大戦時代に花開き、当時のドイツ文学に新しい抒情詩の言葉を与えた。エルゼ・ラスカー＝シューラーのことを、「現代ドイツで最も強烈で、確固たるありようを示す」ドイツの女性抒情詩人であるとカール・クラウス（訳注 Kraus, Karl. 一八七四—一九三六。オーストリアの作家、雑誌『炬火』の主宰者）は評し、「ドイツにかつて存在したうちでも最大の女性詩人」であるとゴットフリート・ベン（訳注 Benn, Gottfried. 一八八六—一九五六。ドイツの詩人）は語った。

ところで、かなりはっきりした現象であるが、エルゼ・ラスカー＝シューラーを扱う多くの文献は、ラスカー＝シューラーの文学を論じ、解釈するだけに留まらず、通常の伝記的興味を越えた形でこの詩人の人格や生き方を記述し、解釈している。実際このドイツ＝ユダヤの女性詩人の存在は、文学史における一種の特異現象である。たとえばゲーテ（訳注 Goethe, Johann Wolfgang von. 一七四九—一八三二。ドイツの文学者）に見られるような客観的な人生と作品の統一とは、あり方こそ非常に異なっているが、ラスカー＝シューラーの場合もやはり、人間と文学との実存的一致といえるであろう。ラスカー＝シューラーの出自、その子供時代を論じようとするだけで、この一致が姿を現す。エルゼ・ラスカー＝シューラーの家庭的背景は、外的にも内的にも、他のどの詩人の場合にも増して、この詩人の文学に深く入り込んでいるのだ。

エルゼ・ラスカー＝シューラーの生家は恵まれた、というより富裕な市民階級の一員である。シューラー家は十九世紀に地歩を築くに足る自由と手段を得た、ドイツ系ユダヤ人の教養市民層に属していた。一八六九年エルバーフェルト＝ヴッパータールに、銀行家アーロン・シューラー（訳注 Schüler, Aron. 一八二五—一八九七）の六人の子供の末子として生まれたエルゼ・ラスカー＝シューラーは、愛情にあふれた雰囲気に包まれて育った。これはほとんどのユダヤ人家庭に共通する特徴である。エルゼ・ラスカー＝シューラーの精神的な基底感覚を愛情だといえるならば、ラスカー＝シューラーの作品中に頻出する証拠からして、この基底を築いたのはエルゼの生家であるといってよいだろう。おそらくエルゼ・ラスカー＝シューラーの作品ほど、しばしば母親の姿が登場する文学作品は例がないと思われる。そこに現れているのは、慕われ崇拝される美しい母親、想像力豊かな幼い娘を心から理解してくれる母親である。「ああ、母様、もし生きていてくださったら／あなたの懐に抱かれて遊びたい」と、一九一四年、三十五歳のエルゼは『母』と題した詩のなかで歌っている。そしてさらに二十年後、自分自身の産んだ子供を葬るという体験を経た後にも、エルゼ・ラスカー＝シューラーは同じように母親を慕う詩を歌っている。

私は優しい母様にもう一度会いたい
私は私の身体をひんやりした砂に埋めた
私の魂はけれどどこの世から去ろうとしない
私に優しい母様が下さったのだから、形代として

この「私の崇拝する母様」が、エルゼ・ラスカー＝シューラーの精神形成にどのような意味をもっていたか、たとえばエルゼはゲーテと自分の母親を切り離して考えることなどできないと言っているほどなのであるが、この母親のもっていた意味が最も凝縮された形で表現されているのは、薔薇の木の小箱の小さな物語であろう。これはエルゼ・ラスカー＝シューラーの最も重要な自伝的作品『コンサート』の一部であるが、この作品にエルゼは母親のゲーテ崇拝のありようを記している。エルゼ・ラスカー＝シューラーの想像力が現実を変形させてしまうことを考慮して、この作品でも、ラスカー＝シューラーは自分の子供時代と生家とを想像世界のなかに引き込んでしまっているのではないかと推測する向きもある。そのように考えている人には、エルゼ・ラスカー＝シューラーの言葉によく耳を傾けてほしいと申し上げたい。

現実、自分自身の人格も含めた現実が想像力によって変身させられている部分は、はっきり、明確な目的をもって書かれていることが明らかである。それに対して、生家、父親、母親、愛していた兄パウル、のちにはその兄の名を貰ったエルゼ・ラスカー＝シューラー自身の息子に至るまで、そのような人々にまつわる回想は、過ぎ去った現実、おそらく愛情で彩られた過去として、ラスカー＝シューラーの生活と作品中に生きている。そして、まさに詩人自身の幸福な子供時代を描写する部分には、写実的に、ユーモアたっぷり語る技術、この耽溺的抒情詩人が十分使いこなしていた語りの技術が用いられてい

るのだ。この特徴は父親の描写にもあてはまる。ラスカー＝シューラーの父親は、まじめで憂鬱症の傾きのあった母親とは非常に違うタイプだったようだが、母親と同じく、エルゼの文学および生の基本要素の一つを娘に遺した。それはいわゆる遊戯的想像力であるが、これには一種の子供らしさが含まれている。この父親は、パーダーボルン近郊のゲーゼケに住む商人モーゼス・シューラーの二三人中一七番目の子供として生まれた。子供の頃からすばしこかったこの少年は、娘の手で、家族物語『アルトゥール・アロニムス』の主人公に変身させられ、この物語はさらに後年大規模な戯曲『アルトゥール・アロニムスとその父親たち』に書き改められた。この変身は父親を美化したとはとてもいえない。この点については後述する。これは、いかにドイツの生活および教養世界に同化しても、そしてどれほど自由主義を謳歌していようと、シューラー家がしっかり根を下していたユダヤ性を示す証拠なのである。

エルバーフェルトの生家で過ごした少女時代とともに、エルゼ・ラスカー＝シューラーの最も幸福な時は終わった。一八九四年医師ベルトルト・ラスカーと結婚したエルゼは、生活の場をベルリンに移した。一八九九年、エルゼ・ラスカー＝シューラーはこの不幸な結婚を終わらせる。同じ年に生まれた息子は、長い間隠されていたギリシア人との間にできた子供であった。

エルゼ・ラスカー＝シューラーはたんに結婚生活を捨てただけではない。同時に自分が生まれ育った市民世界の庇護をも捨てたのである。ラスカー＝シューラーはベルリンに住む芸術家のボヘミアン世界に足を踏み入れたのだが、それは同時に貧困と住居定めぬ生活に足を踏み入れたということでもあった。この生活はほぼ十年に及ぶ表現主義の雑誌『嵐』の創刊者ヘルヴァルト・ヴァルデン（訳注 Walden, Herwarth. 一八七八―没年不明〔第二次大戦中ロシアで行方不明〕）との結婚によっても、なんら変わることはなかった。貧困と住居定めぬ生活とはいえ、それがエルゼ・ラスカー＝シューラーの望んだ道だったのか、そうではなかったのかはよくわからない。エルゼ・ラスカー＝シューラーも貧困を、リルケ（訳注 Rilke, Rainer Maria. 一八七五―一九二六。オーストリアの詩人）の言うように「内からの偉大な輝き」であると理解していたのだろうか。ある意味ではその通りであった。エルゼ・ラスカー＝シューラーが芸術家ないし文学者のボヘミアン暮らしに入ったのは、同時に詩人としての活動を始めたことからの帰結であり、すなわち純粋に文学者らしい、現実とはできる限り縁の遠い存在の確立だったからである。

私は無窮のなかに進んで行きたい
私自身に戻るのだ
もう秋の無限草（訳注 イヌサフラン）が咲いている
私の魂に……
糸をめぐらせたい、私の回りに
逃れるのだ／私に向かって！

　これは『世を逃れて』という詩の一部であるが、この詩はほとんど新生活の綱領を宣言するかのように、一九〇二年に出版されたエルゼ・ラスカー＝シューラーの処女詩集『冥界の川《ステュクス》』の巻頭におかれている。エルゼ・ラスカー＝シューラーの魂の無窮なるものは——もしもわれわれがそれをもう少し詳しく語ろうとするなら、二つの異なったもの、二つの力あるいは力の中心である。すなわち想像力と愛情の二つ。この二つはある共通の性質をもっている。変身させる力を。

　この力は、エルゼ・ラスカー＝シューラーの場合、たんに文学作品中でのみ働いているのではない。文学作品というものは、そもそも文学であるということ自体によって、現実の変身である。ラスカー＝シューラーの場合、この変身させる力は、作品をはるかに越えて、現実の世界のなかにまで広がっていた。エルゼ・ラスカー＝シューラーが世間に向かってやって見せた、突飛な、現実離れしたありよう、何よりも女性であったために、その服装によってやって見せた変わったありようについては、しばしば語られてきた。「当時（一九一二年）であれ後年であれ、エルゼ・ラスカー＝シューラーと道を歩いていて、世界中が立ち止まり、エルゼを視線で追いかけないということはなかった」。ゴットフリート・ベンはこう言っている。「とんでもなく広がったスカートだのズボンだの、首や腕には派手なイミテーションのアクセサリーをぶらさげて……狭い家具つきの部屋は、玩具、人形、ぬいぐるみの動物などのがらくたで足の踏み場もない」。遊び、仮装がエルゼ・ラスカー＝シューラーを貧しい現実から浮上させた。この遊びは、他愛ない派手ながらくたを宝物に変身させることから、有名な東洋の人物へと自らを作品内部で変身させることにまで広がっていく。その一例がバグダッドのプリンセス・ティノであり、ユスフである。ユスフとはヨセフ、つまり旧約聖書の登場人物、ヤコブとラケルの息子のアラビア語での呼び方なのだ。実際にカール・クラウス宛に出された手紙に、エルゼ・ラスカー＝シューラーはこんなことを書いている。「バグダッドで会った魔術使いの女が言うには、私は一千年の間ミイラになって穴に横たわっていたのだし、ヨセフ、アラビア語でいうユスフ以外の何者でもないんですって」。いったいどういうわけで、よりによってヨセフがエルゼ・ラスカー＝シューラーの自己投影像になったのかははっきりしない。しかも、エルゼがヨセフと自分とを同一視するのは、幼い子供の頃からのことである。エルゼ・ラスカー＝シューラーは、子供の頃の思い出として次のようなことを言っている。ヨセフの物語（訳注　旧約聖書創世記三七―五〇章参照）は非常に印象的で、あるときヨセフの彩り美しい絹の上着をヨセフの兄たちが血に浸したというところで激しく泣いてしまい、その後も折に触れてこの場面のことばかり思い出したと。だとすれば、ヨセフを穴の中にほおり込み、イスマエル人に売ってしまった兄たちの酷薄さが、エルゼを兄たちの犠牲となるヨセフと同一化させたのであろう。フランツ・マルク（訳注　Marc, Franz. 一八八〇―一九一六。ドイツ表現主義の代表的画家）に宛てた虚構の書簡で、エルゼ・ラスカー＝シューラーはマルクのことをルーベン、レアの息子、私の義兄と呼んでいる。ルーベンはヨセフの兄たちのなかでただ一人、ヨセフに対する悪企みに加わらなかった人物なのだ。ラスカー＝シューラーはさらに、聖書に描かれているヨセフ、エジプトのファラオに仕えて農業を司るヨセフの物語まで脚色し、ヨセフをテーベの町を治めるプリンスにしてしまい、このプリンスと自己同一化して、自分の手紙にテーベのプリンスと署名したりしている。ラスカー＝シューラーの残した、しばしば不可解な発言から察すると、この人は基本的に、言葉を治める詩人という存在を、人を治めるプリンスの姿に置き換えていたようである。「……至るところに私の言葉があり、至るところから私の言葉がやって来る。私は迎え入れ、振り返る。このようにして私はつねに変わらずテーベを治めるプリンスだったのだ」。しかし、ラスカー＝シューラーのオリエント趣味の仮面物語『テーベのプリンス』、『バグダッドのティノの夜々』、『マーリク』は、今日ではもはや読むに耐えない。

　ではあるが、エルゼ・ラスカー＝シューラーはこの仮面と変身のなかに生きていた。ラスカー＝シューラーの友人たち、——どれも新しい表現主義世代を代表する重要な人たちであるが、それらゴットフリート・ベン、カール・クラウス、フランツ・ヴェルフェル（訳注 Werfel, Franz. 一八九〇—一九四五。プラハ生まれのユダヤ系作家）、フランツ・マルク、ペーター・ヒレ（ヒレは表現主義の中心人物とはいえないが、その最初のきっかけとなった人物である）などは、エルゼ・ラスカー＝シューラーがその人たちに与えた名によって、とっくに現実を変身させる想像の世界のなかに引き込まれてしまっていた。カール・クラウス、雑誌『炬火』の発行人のことを、ラスカー＝シューラーは、ダライ・ラマ、枢機卿、時にはヴィーンの大公と呼んだ。「素敵な大公様、親愛なるダライ・ラマ、尊敬措く値わざる詩人殿、私はあなたを愛します。ティノ」これ以上カール・クラウスにどんな呼び名が考えられるだろう。またエルゼ・ラスカー＝シューラーが情熱を傾けて愛したゴットフリート・ベンを、ニーベルンゲンの歌に登場するブルグントの王たちのうち一番年若な王の名を取って、ギーゼルヘーアと呼び、福音派の異教徒、異神の頭をしたキリストと呼びかけるとき、ラスカー＝シューラーはすさまじい死体置場を歌う詩人ベンを、ゲルマンとキリスト教の対立そのものとして、自分、すなわち、オリエントのテーベのプリンスと並べる。「彼はニーベルンゲンの人間だ。私の町テーベは畏怖すべき大祭司である。私の町テーベは万軍の主の末裔である。私の町テーベは私の曾々祖父である。私の町テーベはつねに私とともに歩む」。

　これを読めばはっきりわかる。結局のところ、エジプトの町テーベ、ヨセフの町は、このドイツの詩人の根源がユダヤにあること、ユダヤに属していることの象徴であり、それを示す名なのである。そしてラスカー＝シューラーは自らのユダヤ性によって、愛し崇拝する詩人ベンに対置される。ベンはドイツ人で、いうまでもなくキリスト教徒であるが、対置といっても決して対立ではなく、ただ比較対照の意味である。なぜなら、他ならぬユダヤの宗教、旧約聖書に基づいた、ラスカー＝シューラーの神に対する信仰によれば、キリスト教はユダヤ教から生まれたものであり、ラスカー＝シューラーは、キリスト教とユダヤ教を敵対すると考えようとはしなかったのだから。「ユダヤ人であることは素晴らしい、ユダヤ人であることに忠実であり続け、寄り添い絡み合って育った」と述べるとき、エルゼ・ラスカー＝シューラーは自分で言っている通り、ユダヤ教と同時に、神と生まれたユダヤ人の教えた原始キリスト教をも愛し尊んでおり、ラスカー＝シューラーのイエスは、同時に最も高貴なユダヤ人でもある。ドイツ系ユダヤ人の現実世界、つまり自分の家族の領域では、エルゼ・ラスカー＝シューラーは『アルトゥール・アロニムス』の物語および戯曲において、まさに宗教対話的雰囲気を創り出して見せている。一度は高貴なカトリックの司祭ベルナルトが幼いアルトゥール・アロニムス、つまりエルゼの父親に好意を寄せるという形で描かれ、もう一度はミュンスターの司教がシューラー家の過越しの祭、つまり復活祭に相当するユダヤ教の祝祭に加わるという形で描かれている。エルゼ・ラスカー＝シューラーは『アルトゥール・アロニムス』で見事に描き出した母方の曾祖父の姿を、すでに触れたオリエントの空想物語『テーベのプリンス』にも移植した。この曾祖父はヴェストファーレンのラビ長であったが、ユダヤ人とキリスト教徒の双方からほとんど聖人のように敬われており、ヴェストファーレンの教会監督ラーヴァターとも親しかった。ラスカー＝シューラーはこの曾祖父を作品のなかにテーベのプリンスの曾祖父、族長にして全モスレムの大祭司として登場させ、ユダヤの大守ムシャトレ＝ツィムトと深い宗教的対話を交すのを好む人物として描いている。

このように諸宗教を結びつけようとする、ラスカー＝シューラーの望みや意志は、旧約聖書の根底、そしてそれ以上にユダヤの民に根ざしていた。『私の民』一九一三年の『ヘブライのバラード』冒頭の詩はこう名づけられている。この民をエルゼ・ラスカー＝シューラーはその当時の、追放と離散のなかにある、危険にさらされ、存在を脅かされた状態でしか知らなかった。――反ユダヤの悪意ある行動は、声望あるシューラー家にも仕掛けられ、エルゼ・ラスカー＝シューラーはその経験を『アルトゥール・アロニムス』のなかで、十九世紀中頃に起こった、歴史的裏づけのある騒擾に置き換えて描いている。

巌は脆くなっていく
そこから私が生まれ出で
私の神の歌を歌う……

そして「はるか下方に」巌の嘆きの反響を聞くのである。

物凄まじく東に向かい
脆い巌の石が
私の民が
神に叫びを上げるとき。

それでもやはりエルゼ・ラスカー＝シューラーはこの『ヘブライのバラード』で、旧約聖書の古い、昔ながらの人物世界に戻っていき、アベルとカイン、イスマエルとハガル、イサクとリベカ、ヤコブとエサウ、ダヴィデとサウルを甦らせる。甦った人物たちは、ラスカー＝シューラーならではのやり方で、夢幻的に独特の空想で創り上げられており、時にはそれとわかるが、あまりわからないこともある。――一つ極端な例を挙げることにしよう――次のように描かれた人物が聖書のヤコブだと、わかるものだろうか。

ヤコブはその群の頭の野牛
蹄を強く打ちつければ
その下で土が舞い上がる

吠え叫びつつ斑の兄弟たちを離れ
開けぬ森の流れに駆け寄り
猿の噛み傷の血を押える。

聖書のヤコブ物語に関係のありそうな言葉は、「群」と「斑」の二つだけである。この二つの語は、聖書の挿話、ラケルを得るためにラバンのもとで働いた七年間の報酬として、ヤコブが計略を用いて子羊を斑にし、それによって富裕になる話を示唆している（訳注　創世記三〇章二五節―四三節）。それ群を養う羊飼いは、兒を産む獣、野牛に神格化される。これ以外のバラードでは、これほど極端な変身は見られない。もっとも、ヨセフとファラオについては「かの王の首は我が肩に憩う、我が肩からは穀物の香が流れ出る」と歌われているが。聖書の登場人物そのままに近く描かれている人々もあり、ボアズとルツはその好例である。

ルツは一面探し回る
黄金の麦の華を求めて……
運び込むのだ、甘い嵐
そしてキラキラ光る戯れを
ボアズの心に。
（訳注　「麦の華」と訳したKornblumeは本来矢車草を意味する。ここでは、青い矢車草の花が黄金色でありうる「麦／Korn」の「花／Blume」と称されるドイツ語の固有名を掛詞として用いているのであろう）

自分が愛していたヨセフの物語である「ヨセフは売られる」は、元の物語を詩的に高め、美化するに留めている。

ひどく暗かった、真昼というのに、その荒野は、
そしてヨセフには見えなかった、天から挨拶する天使が、
そして泣いた、父の愛を償っていたので……

『ヘブライのバラード』の冒頭では、嘆きは「私の民」、脆くなっていく巌の上にあったが、それに対して末尾では、嘆きは一人の人物の上にある。この人は嘆き、探し求め、その自我は間違いなく詩人自身のものである。その名はスラミト、ソロモンの雅歌に登場する、愛しい恋人を憧れる花嫁である。「そして私は流れ去る／咲き誇る心の痛みとともに」。このスラミトをも、追い散らされたユダヤ民族とその故郷への憧れの象徴としたのが、次のこのバラードの最後の有名な詩節である。「そして私の魂は黄昏の色の内で燃え尽きる／エルサレムの」。この詩節が作られたのは第一次世界大戦以前であるが、エルゼ・ラスカー＝シューラーの生涯を考えると、すでにその最期を先取りしているともいえる。ラスカー＝シューラーの生は、まさにエルサレムの黄昏の色の内で燃え尽きた。

六十代半ばで、偉大なドイツの女性詩人として名声の

輝きに包まれていた一九三三年、エルゼ・ラスカー＝シューラーは突然大慌てでツューリヒに逃げ出さなければならなくなった。一九三四年、ラスカー＝シューラーは聖地への憧れを満たすことができたが、しかし、引き裂かれ、物資の欠乏に苦しむパレスティナの現実には深く失望した。この時も、次の一九三七年の場合も、エルゼ・ラスカー＝シューラーは再びツューリヒに戻った。一九三九年の旅からは、しかし、老いと衰弱そして戦争の勃発に妨げられ、再び戻ることができなかった。ラスカー＝シューラーは一九四五年一月エルサレムで亡くなった。貧困の内に、しかし、偉大なユダヤ人の女性詩人として、高い評価と栄誉を受けて。その葬儀の際には、墓の傍らでラビ、クルト・ヴィルヘルムが（エルサレムでの葬儀としては他に例を見ないことだとヴェルナー・クラフト（訳注 Kraft, Werner. 一八九六―一九九一。ドイツ出身のユダヤ系作家）は述べているが）あるドイツ語の詩を朗読した。エルゼ・ラスカー＝シューラーの詩『私はもうじき死なねばならないとわかっている』である。この詩は次のような節で終わる。

私の息吹は神の流れの上に漂う
私はそっと私の足を
永遠の家郷への小道に置く。

繰り返しツューリヒに戻ったことからもわかるように、エルゼ・ラスカー＝シューラーは当時のパレスティナの現実にはほとんど耐えられず、そこを自分の居場所であるとは全く感じていなかった。しかし、この国を『ヘブライ人の国』（一九三七年）として作品化し、描写の対象、作家としての興味の対象とした時には、この国の惨めな現実は、いわば詩人の魔法の杖のもとで、輝かしいものとなった。エルゼ・ラスカー＝シューラーの芸術は驚くほど目に見えるように、くっきりとした描きぶりで、その語り口にはユーモアも見られた。この作品が生まれたのは、一つにはラスカー＝シューラーのイスラエルについての知見、そこに住むユダヤ人およびアラブ人住民に関する知識が増大したからであるが、もう一つは、この民に対するもって生まれた愛情のおかげである。「私はヘブライ女だが、それは神のゆえにであって、ヘブライ人のゆえではない。けれども私は、神の最も小さな民、ヘブライ人を、ほとんど永遠なる方ご自身と同じほど愛している」。
つまり、エルゼ・ラスカー＝シューラーが現実のパレスティナを聖書の地、旧約の地として美化する深奥の理由は、他ならぬ神なのである。全くあっさり、何の衒いもなく、ラスカー＝シューラーは言うことができた。パレスティナは神の書の国であり、エルサレムはヴェールを被った神の花嫁であると。この詩人の子供らしい、と同時に神秘的でもある想像力は、神に対しても遠慮がない。空想によって、神は愛する花婿となり、エルサレムの町と婚礼を祝う。「神の空の天蓋の下では婚礼が続く」と。

それなしにはキリスト教も存在し得ない、神の概念の生まれた国で、エルゼ・ラスカー＝シューラーが特別はっきりした神体験を得たらしいのは、非常によく腑に落ちる話である。しかし、究極的には、ラスカー＝シューラーがパレスティナで出会ったという神は、創世記の創造神でも、父祖たちの神でもない。エルゼ・ラスカー＝シューラーが出会った神は、自分でも述べている通り、一生の間思い描き続けていた神、「世界というものによる証明」をもたない神、つまり天地創造抜きの神である。この神は、最初からエルゼ・ラスカー＝シューラーの抒情詩のなかに生きており、おそらくこのようにいうことが許されると思うのだが、ラスカー＝シューラーの一生を色濃く彩った魂の力、すなわち愛、の最高の目標であった。

『愛の飛行』と題された詩がある（『第七の日』所収）。その詩には、愛する人が自分とともに「神さして」飛ぶ、という、不思議なイメージが見られる。

そして私たちは手を握った。
指輪のようにしっかりと離れがたく
そしてあの人は私と二人、宙に飛んだ
神さして、息続く限り。

神の探求は神への近づきと距たりとの間を揺れ動くこともある。時には次のように語られる。

ああ、神よ、私の周りにあなたのマントをしっかりめぐらせてください。
わかっています。私は球形グラスのなかの残り、

そして、最後に残った人間が世を注ぎ果たそうとも、
あなたは私を、お力の外に追い出したりはなさらず、
私の周りに新しい地球がめぐらされると。

けれども、有名な、次のような言葉が聞かれることもある。

世には涙しかない
優しい神様が死んでしまわれたかのように、
そして鉛のような影が落ちかかり、
墓のように重く垂れ込める。

エルゼ・ラスカー＝シューラーの生涯とその人物を描き出すため、私はラスカー＝シューラーの作品をいくつか取り上げた。それによって、ここまでのところですでに、ラスカー＝シューラーの抒情詩における言葉の特徴のいくらかがおわかりいただけたのではないかと思う。ラスカー＝シューラーの文学は、最初に述べた通り、ゲオルク・トラークル（訳注 Trakl, Georg. 一八八七―一九一四。オーストリアの詩人）と並んでドイツ表現主義の最も主要な作品である。私はここで、エルゼ・ラスカー＝シューラーの本質には、表現主義の新たな抒情詩の言語がどれほど深くふさわしいものだったかを明らかにしたいと思う。しかし、その前にまず、ラスカー＝シューラーの抒情詩が取り上げる主題の扱いについて見ておくことにしよう。

表現主義者の取り上げる主題はそもそも多彩であった――ここでいうのはヤーコプ・フォン・ホディス（訳注 Hoddis, Jakob von. 一八八七―一九四二。ベルリン出身のユダヤ系文学者）、ゲオルク・ハイム（訳注 Heym, Georg. 一八八七―一九一二）、アウグスト・シュトラム（訳注 Stramm, August. 一八七四―一九一五）、ヴィルヘルム・クレム（訳注 Klemm, Wilhelm. 一八八一―一九六八）、若き日のゴットフリート・ベンなどの人々であるが、エルゼ・ラスカー＝シューラーのテーマは、それらの人々とははっきり異なる。ラスカー＝シューラーの詩は、簡単にいえば、どちらかというと主にこの世に向けて書かれていることの多い表現主義の文学とは結びつかない。これら表現主義者の作品は、革命を求め、人間性と新しい人間を求めて、社会に対立し、戦争を呪い、呼びかける。それに対して、エルゼ・ラスカー＝シューラーの抒情詩のテーマは、詩人自身、その魂、その感情なのだ。間違いなく、次のようにいえるだろう。ラスカー＝シュ

ーラーの抒情詩における、最も大きな、ほとんど唯一とさえいえる主題は、この詩人の最も強い魂の力、つまり愛なのである。一九〇二年から一九四三年にかけて発表された詩集の全体から――そのなかには『冥界の川《ステュクス》』、『第七の日』、『私の奇蹟』、『私の青いピアノ』が含まれる――ラスカー＝シューラーの愛の対象となった人間の群を見てとることができる。最初のグループは最も愛された人たち、家族である。最初の詩集から最後の詩集まで、ラスカー＝シューラーの子供としての愛と母親としての愛がその詩を支配している！　すでに指摘したが、ラスカー＝シューラーの場合ほど、母親の姿がたびたび登場する文学作品は他にほとんど見られない。その例として、すでに引用した『ああ母様、もし生きていてくださったら』（一九一四年）に加えて、次の非常に地味な、詩人の晩年の作品を引用したい。

私の卓子には蠟燭が燃えている
私の母のために一晩中――
私の母のために……
私の心は肩胛骨の下で燃えている
一晩中
私の母のために……

母への愛と、自分の子供に対する母親としての愛は、少なからず融合して複合体を作っている。その表れが『ああ母様、もし生きていてくださったら』のなかの「私の子供はどこへ行けばよいというのでしょう？」という、痛ましい問いとなる。エルゼ・ラスカー＝シューラーが熱愛していた息子、眉目秀麗で、素描家として大変な才能に恵まれていたパウルは、一九二七年、二十七歳で奔馬性結核で亡くなった。であるから、息子を歌った詩の主題が幸福と哀しみであるのは当然といえる。ここでは若い母親の初期の詩からごくわずかの例を引くに留める。

わたしのいい子、こっちを見て――
私の血がこれほど春の甘さに香ったことはない、
お前を私の息が潤した時ほど、
きっとエデンの園の泉も同じ香りがしたに違いない。
やがて陣痛がお前を

甘い暗闇から引き剝がし
私の胎から摘み取って、
私の腕のなかにお前を置いた、
口づけの湯浴みのなかに。

いま一つ、後期の、詩人の死の数年前の例を挙げておく。

繰り返し繰り返しお前は私を置いて
去りゆく年の季節に死んでゆく、我が子よ。
木の葉が落ちしきり、
枝々が痩せ細る頃。
赤い薔薇とともに
お前は死を苦く味わった。
だから私は泣き続ける、永遠に……
私の心の夜のなかで。

母を歌ったり、息子を歌ったりしているこれらの詩は、抒情詩の言葉がどれほど特殊であれ、やはり、親子の間の自然な愛情の自然な表現であるように思われる。

しかし、言葉の本来の意味での愛の詩である、別の大きな一群の詩は、これとは性質が異なる。これらは、ある場合には名を明かされることのない、別の場合には名を明かされた男たちへの詩であるが、これらの男たちはラスカー＝シューラーの愛人であったか、それとも、少なからぬ場合にこちらの方が本当らしく思われるのだが、ラスカー＝シューラーによって、愛人ということにされた人たちである。――現実にそうだったのか、それとも、詩を書く際に呼びかける相手として、愛する人ということにしたのかはよくわからないし、あまり大した問題でもない。これらの詩は、一つの詩の節を別の詩の節と取り替えても、別に何の問題も起きぬように作られているのだから――なぜなら、それらの詩には抒情的＝隠喩的な独自の生があり、愛の隠喩そのものによってでき上がっているからである。対象が誰であっても、それはどうでもよいのだ。

エーレンバウム＝デーゲルレ（訳注 Ehrenbaum-Degerle, Hans. 一八八九—一九五一。表現主義の詩人。ラスカー＝シューラーの友人。第一次大戦で戦死）に寄せる詩のうちの一つには、次のような件りがある。

あなたは黄金でできたもののすべて
この広い世界の。
私はあなたの星を探す
眠ろうともせずに。

ゴットフリート・ベンには、次のように書いている。

私はあなたの顔容のなかに
私の星空を夢見尽くした。

ハンス・アーダルベルト・フォン・マルツァーン（注訳Maltzahn, Hans Adalbert von. 一八九四—一九三四。ラスカー＝シューラーの友人）には

私は星
あなたの顔容の青い雲のなかの。
私の輝きがあなたの瞳の内で戯れれば
私たちは一つの世界。

ゴットフリート・ベンに宛てられた詩は、他のものよりも個人的な感じが強い。もしかすると、ベンに対するエルゼ・ラスカー＝シューラーの感情が、抵抗にぶつかっていたからであろう。『野蛮な人に』と題された詩では、寒さの比喩が明らかにより冷ややかなベンの感情を示すのに用いられている。

お願いあなたの雪の空をどけてちょうだい
私の魂から――
あなたのダイヤモンドの夢は
私の血管を切り裂く。

しかしベンはラスカー＝シューラー追悼文のなかで、「ギーゼルヘーアに寄せる最後の歌」として自分に向けられた詩『聞いて』を、エルゼ・ラスカー＝シューラーが書いたもののうちでも最も美しく、情熱的な作品であり、嫉妬に燃えた所有欲を表現していると述べた。

夜毎に私は奪い取る
あなたの唇の薔薇を
女は誰も飲めぬよう。

あなたを抱く女が、
盗むのは私の身震い
私があなたの肢体に描きめぐらせた身震い。

私はあなたの道の辺。
あなたに触れる女は、
転落する。

私のいのちを感じて
どこでもかしこでも
はるかな縁辺のように？

無論、よくいわれるように、ラスカー＝シューラーの抒情詩はひたすら自我の言表以外の何物でもないというのは正しい。ラスカー＝シューラーの自我は詩を越えてあふれ、ベンが言うように、その詩には露出狂的傾向があり、とめどもなく詩人の情熱家ぶりを展開して見せる。しかし、まさにこの自我の言表が最も拡大された意味ではやはり愛の言表であるため、この自我は自分自身とその感覚だけでなく、同じように強烈に「あなた」にも向けられている。恋愛詩のなかでは、この「あなた」は恋愛感情の対象にすぎず、独自性は見えてこない。しかし、ラスカー＝シューラーの詩のなかでも非常に多くのものは、完全に他者に向けられ、その他者のみを問題にしている。これら、つまり友人の詩においては、エルゼ・ラスカー＝シューラーの自我は完全に背景に退いている。この種の詩はラスカー＝シューラーの抒情詩のかなりの部分を占めているが、抒情詩においてこのような例は比較的稀である。これらの詩は匿名ではなく、詩のなかで名指されている人物の肖像画のようなものである。それらは、部分的には有名な詩人や芸術家、たとえばリヒャルト・デーメル（訳注 Dehmel, Richard. 一八六三—一九二〇。ドイツの詩人、表現主義の先駆者）、ゲオルク・トラークル、フランツ・マルク、エルンスト・トラー（訳注 Toller, Ernst. 一八九三—一九三九。ドイツ出身の劇作家）などであるが、それ以外の友人たちである場合もある。ただし、ここでいう肖像画というのが、近代以降の絵画における肖像画同様、描かれた対象にそっくりではなく、詩人の視点と空想力によって構成されたものであるのは、いうまでもない。第一次世界大戦中に自殺したゲオルク・トラークルに捧げた詩で、ラスカー＝シューラーはトラークルを次のように描写している。

彼の瞳ははるか遠くにあった。
彼は子供のうちに天にいたことがあった。
だから彼の言葉はやってきた
青いそして白い雲に乗って。

これは、青や白がしばしば登場するトラークルの詩作を、多少暗示するものになっている。それに対してリヒャルト・デーメルに対する詩には、明らかにこのような肖像画の性質は認められない。

瀉血と輸血を同時に
あなたの心に血の贈り物をした。
陰欝な開墾者なのだ、
あの人の種は暗く地に落ち叫び声を上げる。

一九三二年以後エルゼ・ラスカー＝シューラーの抒情詩の歌声は途絶えた。途絶えたのでないにせよ、社会まで響いてこなくなった。ようやく死の二年前、一九四三年になって、エルサレムで最後の詩集『私の青いピアノ』が出版された。標題詩を見れば、この詩集の旋律をなすのが終末、崩壊、死の予感と死の願望であり、詩人の詩作の青い輝きが色褪せ、消えてしまったことは明らかである。

うちには青いピアノがある、
けれど私は譜を知らない。
ピアノは地下室の扉の暗がりに立っている、
世が惨いものになって以来……
ピアノの扉は毀たれた……
私は青き死者を悼んで泣く。

ただし、奇妙なことに、この老婦人の詩のかなりの部分はまたもや恋愛詩なのである。最後の別れの影がまつわりついてはいるが。そのうえこの詩集では、詩人の本質およびその文学を支えてきた基盤に対する信念が明らかにされている。

愛について多く語るべきことを知る、その人に永遠の命を。
愛の人が甦らないはずはない！
憎しみは畳み込む。いかに高く炬火が炎を上げようとも。

私はここで、まず最初にエルゼ・ラスカー＝シューラーの抒情詩の基本主題および動機についての印象を伝えたいと考えた。愛や友情などという主題はつましいもので、ロマン派の抒情詩の言葉のなかで十分に表現されうる。しかし、私がそれらの主題を明らかにする際に引用した詩を見れば、主題のつましさは決してつましいとはいえない言語のなかでいわば姿を消し、その言語のなかにいわば融解されることがわかる。この言語こそ、言語革命の非常に明確な、ほとんど極端といえるほどの例であるが、ドイツ表現主義者たちは、この言語革命によって今世紀初頭二十年間の抒情詩の言語世界に押し入り、掻き回したのである。表現主義者が攻撃した言語世界の最高の詩的形式はゲオルゲ（訳注　George, Stefan. 一八六八－一九三三。ドイツの詩人）、ホーフマンスタール（訳注　Hofmannsthal, Hugo von: 一八七四－一九二九。オーストリアの作家、詩人）、そしてリルケに見られる。ただし、リルケのあの非常に独特な言語構成でさえ、まだ文法秩序を守り、はっきりした連想のつながりからはずれず、その言葉の結びつけ方は大胆ではあっても文法的に許容される範囲に留まっていた。表現主義の詩人たちはこの秩序を放棄しようとしたのであり、それは表現主義美術が具象絵画を放棄しようとしたのと等しい。ゴットフリート・ベンからヴィルヘルム・クレムおよびアウグスト・シュトラムに至る表現主義の詩人たちは、各々異なる激しさでその目的を追求した。しかし、表現主義が生み出したこの新たな抒情詩に共通し、かつその中心をなしていたのは、統辞に対する語の優位、単語の大胆な扱いと遊戯、もはや意味上適当とはいえない形での語複合であった。「われわれは言葉を造形する。われわれは言葉を踊る。われわれは言葉を鍛える」と表現主義の雑誌『嵐』には書かれていた。しかし、エルゼ・ラスカー＝シューラーが抒情詩の創作に際して表現主義的方法に従ったとしても、それはただ、詩人自らの精神的状況に拠るのであり、ラスカー＝シューラー独自の遊戯的想像力のなかにその根拠がある。この詩人の想像力は言葉をあたかも色とりどりの石やボタンのように扱ったが、詩人自身高齢に至るまで、石やボタンで遊ぶのを好んでいた。「緑、薄紫、青の石で遊ぶのも、詩を作るのも、それは全く同じこと」だと、ラスカー＝シューラーはカール・クラウスに書いている。この詩人の想像力のもつ特別の力こそ、その言語を生み出す決定的な刺激であり、要因であるといってよいだろう。ラスカー＝シューラーの言語空想力は、表現主義的傾向を満たすばかりでなく、しばしばそれを越えた。

次のような言葉の連なりを耳にする。たとえば「この青く明るく輝く青い愛」あるいは「つねに青くあなたの声は道の上に散りかかる」さらには「私は愛をこの世にもたらした――あらゆる心が青く花咲けるように」。その時私たちには、これらがホーフマンスタール、リルケ、あるいはゲオルゲの言葉ではあり得ないことがわかる。これら三人はいずれもエルゼ・ラスカー＝シューラーの偉大な同時代人ではあるが、彼らのいかなる言葉の魔術においても、青のような一つの色が愛、心、魂などの抽象名詞の修飾語として登場することはない。青く花咲く心の詩はフランツ・マルク、かの蒼き馬の画家に捧げられている。マルクの蒼き馬の絵は、ドイツ表現主義絵画のなかでも、際立って特徴的なものであり、よく知られてもいる。ドイツ表現主義はこの絵で明らかなように、色彩を自然の状態でそれが属する対象から分離し、任意の事物に結びつけた。フランツ・マルクやワシリィ・カンディンスキィ（訳注　Kandinskii, Vassilii. 一八六六―一九四四。ロシア出身の画家、抽象絵画創始者の一人）によって始められた芸術家のグループも、マルクのこの絵から「蒼き騎手」と名乗るようになった。ラスカー＝シューラーは手紙のなかでも、マルクに対してはつねに「蒼き騎手」と呼びかけていた。

けれども、この、事物との結合から解き放たれた青は、ラスカー＝シューラーの場合、表現主義絵画から生じたものではない。ラスカー＝シューラーの青は、自然から生まれたといえるだろう。ラスカー＝シューラーには「天から」と題された短い考察もある。しかしこの天は、人間の内側で花開くものであり、また心を向ける先に一度も青が立ち上ることのない者は、貧しい哀れな人たちだと言われもする。さらにナザレ人イエスについてラスカー＝シューラーは、つねに青々しくこの地上の広場を歩んだとも言っている。天の色である青の自然界における本来の由来が、ここではその由来の源からの分離と同時に語られているのである。ただし、その青が愛、魂、心などの形容詞として登場する場合、青という言葉は逆に、多少彼岸的かつ神聖な意味のいくらかを保ったまま用いられる。天の青はそのような意味と結びつきやすいものであるから。ところで、このようにこの「青」がエルゼ・ラスカー＝シューラーの文学で際立った言葉であるという事実は、やはり表現主義の領域以外では考えられない。詳しく論じることはできないが、ラスカー＝シューラーが驚嘆し、愛していたゲオルク・トラークルの詩においても同じことがいえる。トラークルも逆にラスカー＝シューラーの詩に驚嘆し、それらを愛していた。

エルゼ・ラスカー＝シューラーの抒情詩の言葉のなかに、自然界における結びつきから解き放たれた青が存在するのは、表現主義の抒情詩が言語を扱う際に、どれほど言葉のつながりや意味の連関を解きほぐしてしまうものかを示す、一つの例でしかない。それがこの種の詩の理解のためにどのような意味をもつかを、『満月』と題された詩を例として示したい。

静かに月は私の血のなかを泳いでいく……
うたたねの調べが日中の眼
ゆらゆら進み——ふらふら戻る——
あなたの唇が見つからない……
あなたはどこ、はるかな街
祝福の香りをまとって？
私の睫毛は沈みゆく
世界の上に——すべては眠る。

この詩の八行中でいわれている六つの事柄は、お互いに何の関係もない。はるかな街への問いはその前に置かれた「あなたの唇が見つからない」とは全く無関係である。最後の二行「私の睫毛は沈みゆく／世界の上に——すべては眠る」もまた、それらとは何の関わりもない。この五行が一塊で、また無関係な前の塊に続いており、この前の塊のなかの詩行同士も、互いに何の関係もない。それればかりか、これらの行を作っている一つ一つの語も、相互につながりはなく、何らかの想像可能な意味を生み出したりしない。私の血のなかを泳いでいく月であるとか、日中の眼としてのうたたねの調べ、などという表現においては、そもそも調べが眼であるという言い方からして、いかなるつながりも生みがたいことは明らかである。いったいこの詩は何なのか？ 表現主義詩学のいうところでは、詩の対象は言葉である。個々の言葉がいわば満月という表題を実現するのだ。つまり、月という単語、静か、うたたね、眠るなどの語が問題だということになる。満月はマティアス・クラウディウス（訳注 Claudius, Matthias. 一七四〇—一八一五。ドイツの詩人。『月は上りぬ』の詩は非常に有名）が描いた、上ったばかりの月として描かれるわけでもなければ、ゲーテがしたように、茂みと谷を満たすものとして描かれるわけでもない。月が生むのはただぼんやりした、今は夜だというイメージである。この夜という言葉も詩のなかには登場しない。ただ、夜には憧れが立ち上がってくる。「私はあなたの唇が見つけられない」「あなたはどこ、はるかな街」という風に。この詩はつまり、論理的には何のつながりもないことを言いながら、にもかかわらず、ある一種のつながりを生み出す。静かな夜に起こる事柄のぼんやりしたつながり。これは眠りのなかで落ち着く。それゆえに、まどろむ人の、明るい昼間から離れ去ろうとする意識を、他ならぬ、この詩のなかの互いに関係のない語や文が反映することになるのだ——ゆらゆら進み、ふらふら戻る。

ラスカー＝シューラーの最も有名な詩『古いティベットカーペット』では状況が異なる。この詩は世界文学のなかでも、最も風変わりな恋愛詩であろう。はっきり、何の誤解の余地もない形で、二人の愛し合う人間の魂の結合を象徴するものとして、一枚の古ティベットカーペットがもちこまれ、読者に見えるよう広げられる。そのカーペットのチラチラ輝くような色彩は、互いのなかに融け込み合い、恋に落ちている。愛する者たちの魂のように。ただし、この事情を強調するためか、比較を示す「のように」という言葉は用いられていない。

あなたの魂、それは私の魂を愛し、
私の魂と融け合うカーペットティベットの中
輝きのなかの輝き、恋に落ちた色彩、
星々は無窮の果てまで互いを求めた。

この先の部分では次のように言われている。

私たちの足は貴宝の上に憩い
足の下には千も幾千もの糸目が広がる

これはカーペットの柄のことを言っているのだが、同時にその糸目の果てしない数が、愛の果てしなさを示す象徴とされている。

甘やかな高僧《ラマ》の息子よ、麝香木の玉座に座し
あなたの唇はいつまで私の唇にくちづけ
頬は頬にくちづけて、色とりどりに結ばれた時を越えるのか?

もっとも、この詩がこれほど名高くなったのは、上で述べた明らかな象徴的意味のためではなく、むしろ、東洋的に色彩豊かな絵画性と、魅惑的な言葉のメロディーが素晴らしい出来ばえで組み合わされているからであろう。

「明日のお誕生日には、あたいは、新品のお人形さんを上げるよ、ピカピカの、爺さんで、鹿の頭の載っかったやつ!」——魅惑的な言葉のメロディーとはいえない。しかし、これもラスカー=シューラーが使いこなせた一つの言語である。これは戯曲『ヴッパー』(一九〇九年)から取ったものだが、『ティベットカーペット』や『テーベの王子』の詩人がこの台詞を書いたとは、あまり素直に認めたくない人も少なくあるまい。しかし、この詩人には本来、何一つ美化したり変えたりせず、まさに自然主義的手法で、現実の一端を表現化する能力があったことを明らかにしておかなければ、ラスカー=シューラー像は完全とはいえないだろう。『ヴッパー』は特別はっきりした例であるが、それはそこで扱われている題材そのものがいかなる文学化にも逆らう現実だからである。描かれているのは、エルゼ・ラスカー=シューラーのよく知っていた、ライン=ヴェストファーレン地方の工業地帯、工場経営者、そして労働者の世界なのだ。ここで腕を奮っているのは、写実的人物素描の技法であるが、それは、この戯曲の登場人物たちが社会的地

位の低い庶民であり、ラスカー＝シューラーは一種ゲルハルト・ハウプトマンの自然主義時代の戯曲のようなスタイルで、自分が上手く操れるヴェストファーレン地方の方言を用いて、この人たちを描き出せたからである。

　つながりがあまり密ではない各場の積み重ねでできているこの戯曲の筋は、工場主ゾンターク一家と労働者の家族ピウスおよびプーダーバッハ一家の間で進んでいく。この三家族間の大変親しい関係を、階級対立の埋め合わせの一種と考えたがる向きがあるかもしれないが、この作品では、つねに愛と宥和を揚言するラスカー＝シューラーの視線のもつ、写実的な鋭さが明らかになる。確かに、労働者の息子カール・ピウスは、自分の生まれを越えようと、聖職者を目ざしている。繊細な生まれつきで、宗教のこととなると我を忘れがちな工場主の息子エドゥアルトは、そのカール・ピウスに讃嘆と友情を傾ける。カールの祖母ピウス婆さんは独特の人柄で、ゾンターク家でも歓迎されている。工場主ハインリヒ・ゾンタークは小娘のリースヒェン・プーダーバッハの世話を焼き、歳の市のメリーゴーラウンドに二人で一緒に乗ったりする。しかし、近づいてみると、すべての様相は全く異なっている。カール・ピウスは工場主の娘マルタに思いを懸けたが、あっさりはねつけられる。ハインリヒはリースヒェンを誘惑し、少々理由不明のまま自殺する。ピウス家の母親は古狸の女衒で、カールとリースヒェンを利用して、工場主の家に出入りできるようになりたいと考えている。ゾンターク家はゾンターク家で崩壊しており、経済的にも斜陽である。こうして階級対立はいわば下の方から補償されつつあるようにみえる。この作品が一九二七年にベルリンで上演されたとき、ヘルベルト・イェーリング（訳注 Ihering, Herbert. 一八八八―一九七七。脚本家、評論家）はこう記している。「新ロマン派の男たちが芸術至上主義運動を創り出し、浮世離れした夢を見ていた、その時（一九〇九年）に、一人の女性の視線が時代とがっぷり組み合った」。ここではエルゼ・ラスカー＝シューラーは現実を見ており、お得意の現実を変身させる空想を締め出している。

　しかし、三十年後、これとは別の現実の一端を舞台作品として表現しようとした時には、この空想が呼び込まれた。奇妙な戯曲『我汝』はラスカー＝シューラー唯一のヒトラー（訳注 Hitler, Adolf. 一八八九―一九四五。オーストリア出身のドイツの独裁者、国民社会主義ドイツ労働者党―いわゆる「ナチ」―党首。一九三三年首相、一九三四―四五年「総統」）に対する反応である。この作品で、年老いたこの詩人は、グロテスクかつパロディー に傾く空想を用いて、恐ろしい現実を変身させるのでなく、非現実化している。実際、この作品の創り出す構図は、ほとんど理解しがたい。ラスカー＝シューラーはナチの大物、ゲーリング（訳注 Göring, Hermann. 一八九三―一九四六。「ナチ」幹部、帝国元帥）、ゲッベルス（訳注 Goebbels, Josepf. 一八九七―一九四五。「ナチ」幹部、国民啓蒙宣伝相）、シーラハ（訳注 Schirach, Baldur von. 一九〇七―一九七四。「ナチ」幹部、「ナチ」の青少年組織「ヒトラー・ユーゲント」指導者）、最後にはヒトラー本人をゲーテのファウストやメフィストと一緒に登場させる。舞台は地獄の底――エルサレムには同じ名前をもつ一郭があるが――にあるメフィストの地獄の宮殿である。そこでナチの御偉方に晩餐が供され、ゲッベルスはメフィストとガソリンの供給に関する一種の経済協定を結び、ユダヤ人絶滅についてシニカルな会話が行われるが、最後にはメフィストがナチの連中とその部隊を泥のなかに沈めてしまう。

このパロディーが『我汝』というタイトルで暗示されるラスカー＝シューラーの自我の二重性の問題とどのように関わっているのか、これまでさまざまな解釈の試みが行われているが、判然としない。

このグロテスクな作品に触れたのは、これがラスカー＝シューラーの多様な詩的イメージ世界の見せる、もう一つ別の風合いを示唆しているからである。エルゼ・ラスカー＝シューラーの名声はその抒情詩によって打ち立てられた。ユダヤ人であり、自らのユダヤ性に根を下したこの詩人は、偉大な女性抒情詩人の一人として、ドイツ文学の歴史に残る存在である。

ローザ・ルクセンブルク（Rosa Luxemburg, 1870-1919）

主著

『資本蓄積論』（*Die Akkumulation des Kapitals*, 1913）

『資本蓄積再論』（*Die Akkumulation des Kapitals oder Was die Epigonen aus der Marxschen Theorie gemacht haben. Eine Antikritik*, 1921）

『獄中からの手紙』（*Briefe aus dem Gefängnis*, 1919）

全集

Gesammelte Werke 5 Bände (Berlin: Dietz, 1975)

邦訳

長谷部文雄訳『資本蓄積論』上・中・下（青木文庫, 1952-55）

野村修ほか訳『ローザ・ルクセンブルク選集』1-4（現代思潮社, 1962-76）

カウツキー編, 川口浩・松井圭子訳『ローザ・ルクセンブルクの手紙』（岩波文庫, 1963）

岡崎次郎・時永淑訳『経済学入門』（岩波文庫, 1978）

秋元寿恵夫訳『獄中からの手紙』（岩波文庫, 1982）　ほか

ヴィリィ・ブラント

ローザ・ルクセンブルク

河合 節子 訳

ヴィルヘルム皇帝時代のドイツで名声を博することになったワルシャワ出身の急進的社会主義者ローザ・ルクセンブルクは、非業の死を遂げたあとの七十年の間も、さんざん論争のたねに利用されてきた。ローザ・ルクセンブルクの名前はたびたび悪用された。彼女の名前を出すことによって、警世的効果が生じたことも稀ではなかった。常識を超えた激しい意見の対立も何度か起こった。

私は、ローザ・ルクセンブルク博士がドイツ人とユダヤ人の共生の一つの例といえるのか、多くの読者が尋ねるだろうと予期している。確かに、彼女は――当時のいわゆる旧ロシア領ポーランド――当時、その地域はそう呼ばれていた――の出身だった。大学入学資格試験に合格したローザは、十九歳になるかならずで、大学に入るためにツューリヒに行き、ほぼ十年後ベルリンに移住した。そしてそのベルリンで一九一九年一月に、いつもは高級紙を自認しているある新聞が、「あのガリツィア女が殴り殺された！」（訳注 ガリツィアは現在のポーランド南東部からウクライナ北部にわたる地方）という大見出しを彼女の背後から浴びせかけるまでになったのである。

あたかもローザが大人としての人生をドイツ文化のなかで過ごしたことなどなかったかのように！ もちろんドイツ文化だけというわけではないが、とりわけこの文化のなかで暮らしていたのに！ ローザがドイツ語一つ書けなかったかのように！ そのドイツ語といえば、彼女の敵や迫害者たちのほとんどが、羨ましがって当然のものだったのだが。

それはそうと、ローザのポーランド語も、活力と美しさに輝いていたと言い伝えられている。ポーランド語は、両親の家で話されていた。彼女はロシア語とフランス語を確実に使いこなしたし、英語はなかなかのものだった。第一次世界大戦前のあの時代の知識人たちは――

下層階級出身の知識人といえども——語学の知識が文化的な豊かさを意味することを知っていた。そして時には人は、われわれの世紀においても、一つ以上の言語を操りながら完全に寛いでいられることが何を意味しうるのか、知っておいてもよかったのだ。

われわれは、前世紀の鷹揚さにもう一度到達することはなかった。また、俗物根性や悲惨な出来事に打ち勝つことのできるほどの寛容の度合いにも。どうか次のことを意識しようではないか。すなわち、ツューリヒに数年いたあと、一人のうら若いポーランド生まれのユダヤ人女性がベルリンにやってくる。そして数ヵ月後にはもう彼女は——代議員として——ドイツの党大会で発言している。確かに、彼女は党指導部には知られていなかったわけではないが、それにしても……

その後数年のうちに、ポーランドの聴衆の前ではドイツの関心事について、ドイツの委員会ではポーランド・ロシアの意図について、ローザ・ルクセンブルクが代弁しなければならない機会が何度もあった。彼女はある時法廷に召喚されて、ヴィルヘルム二世治下の法の代表者に向かって、自分の祖国は彼の祖国より大きい——それは大勢の労働する男たちや女たちから成り立っているのだから、と申し立てた。

ユダヤ的遺産とローザ・ルクセンブルクの関係は、単純には割り切れないものであり続けたことに、疑問の余地はない。彼女は自分を社会主義者のユダヤ人女性としてよりは、ユダヤ人の社会主義者として登録させただろう。ドイツにおいて、ローザはときおり自分のことを似非ポーランド女と呼んでいた。そして、私の心のなかには、ゲットーのための特別な場所などないのよ、とつけ加えた。ユダヤ労働党「ブント」に関しては、彼女はもてあましていた。

ローザ・ルクセンブルクの生家は、人が「同化」ユダヤ人と呼ぶものだった。彼女の母親は、古いラビの家系出身だった。祝日は当然のごとく祝われ、子供たちは宗教の授業に参加した。幼い女の子は、ポグロム（訳注 とりわけユダヤ人に対する集団的暴力、略奪等を意味するロシア語）が何を意味するのか、身近に経験したのだ。そして反ユダヤ主義による屈辱を現場で体験したことが、ギムナージウム時代にすでにローザ・ルクセンブルクを革命陣営に追いやることになったのだと考えてもよいだろう。

われわれは、彼女がときどきイディシュ語（訳注 ドイツおよび東ヨーロッパのユダヤ人によって用いられた中世ドイツ語とヘブライ語との混成語）の表現を用いたこと、またユダヤの小話を披露したことがあることを知っている。ヴィクトル・アードラー（訳注 Adler, Victor. 一八五二―一九一八。社会主義者、オーストリア社会民主党の創設者の一人）は、オーストリアの社会民主党員でアウグスト・ベーベル（訳注 Bebel, August. 一八四〇―一九一三。社会主義者、ドイツ社会民主党の創設者の一人）の友人だったが、アードラーとルクセンブルクはベルリン時代にポーランド問題が原因で、お互いに腹を立てたとき、ローザは無邪気にも彼を「高慢ちきなユダヤ人」と呼んだ。アードラーの方は、ローザのことを、彼女より友好的には考えていなかった。

ここで話題になっている、第一次世界大戦前の数年間に、ヨーロッパの左翼勢力の指導的人物の一人になったこの女性は、物質的には特に保証されていない家庭の生まれであった。父親は木材を商っていたが、大して繁盛もしていなかった。一家がワルシャワに移ったとき、ローザーリエは二歳か三歳だった。ある非合法グループに加わったあと、彼女は十八歳で国を出た。スイスでは、一心に努力をして、輝かしい成績で学問を修めただけではない。ポーランドとロシアの亡命社会主義者たちの真実の探究や論争のまっただなかにも巻き込まれた。ローザの言葉によれば、彼女の二重生活の「隠された部分」は、ポーランド社会主義運動に使われていた。一八九七年に偽装結婚によって、ローザはリューベック夫人という名でパスポート上はドイツ人になる。これは移住準備の一部であった。一八九八年の春から、彼女はドイツ帝国のなかで生活するようになった。

すでに示唆した通り、移住後五ヵ月たつかたたずで、ローザ・ルクセンブルクは――オーバーシュレージエンの代議士として――SPD（訳注 ドイツ社会民主党）の党大会に出席していた。それは一八九八年のシュトゥットガルト党大会だった。一八九九年のハノーファー大会と一九〇〇年のマインツ大会がこれに続いた。討論で発言の意志表示をすることでは、彼女はあまり逡巡しなかった。政治的な事柄には気後れを感じなかったし、活動意欲を沸き立たせることができた。労働運動は彼女に、才能を発揮する多様な可能性と実績を上げるチャンスを提供した。ドイツ社会民主党の指導者たちと、ローザは早い時期に出会っている――「あっちこっちで」党首とも会うのよ、と彼女はツューリヒの親しい友人に報告している。ローザは求愛されているように感じている、ベーベル以下の幹部たちすべてに。ベーベルは明らかに彼女に魅惑されているが、その合間にときおり幻滅をも感じている。ドレースデンの党機関紙の共同発行人として赴任した最初の年に、数週間たつやたたずで、ローザはもう我慢できなくなっていた。数年後にはライプツィヒでも同じような経過をたどったし、その後移ったベルリンの『前進《フォアヴェルツ》』の場合も同様だった。何か不安定なものが、彼女には生まれつきそなわっていた。

ローザはスイスの友人に、自分は――ドイツでの活動においても、ポーランドでの活動においても――理想主義者であり続けたい、と書いている、そして、「そのことはもちろん、私が他人のために働く高潔なロバの役割を演じるつもりだ、というわけではありません」とつけ加えている。いうまでもなく、ローザの自意識は、確かに未発達ではなかった。妥協を知らない、喧嘩好きの「女」だ――多くの人は、喧嘩中毒症だと言っている――という評判を招いたのは、大した問題ではない。彼女は、時には激しく怒らずにはいられなかったが、その怒りは、並はずれて敏感な魂と簡単に折り合いがつかなかったために、魂の方を守ろうとしたのだ。

ローザはたちまち、情熱的に言語を駆使する能力のある弁論家かつジャーナリストとして頭角を現した。同志たちは、彼女を小柄な、軽い障害のある、大きな輝く瞳をもつ人――「謙虚さと善良さ」をただよわせていた、と描写している。他人の証言に完全に頼らなければならない者も、この人物を特徴づけていたものが、一つの大きな弧を描く曲線だったことに共感することができる。すなわち、厳しさと優しさ、精神の狭隘に対する嫌悪と対になった、熱狂的で私情を交えない政治参加、多数の聴衆に深い感銘を与えるアピール、同時に群衆に対する個人としての恐れ、芸術的素質の混じり合った科学的思考。そう、人はローザが「美しいものに対する子供のような歓びよう」を示すことをあげつらい、そして文学や音楽だけでなく、動物学や植物学に対する、彼女の専門的知識を備えた興味に感銘を受けたり、驚いたりしてみせた。だからローザを政治的な存在としてだけ分類しようとした者は、彼女を正当に評価しなかったわけだし、いまもしていないのだ。

ツューリヒにいる友人に宛てた手紙のなかで話題にな

っていた「ポーランドでの運動」は、「ポーランド王国社会民主党」（一九〇〇年以後はリトアニアも）と名乗る、数百人の若い革命家たちの連合体であった。このグループにおける活動を通じて、ローザは全ロシア問題にもたびたび関わっていた。ドイツの社会民主主義陣営において、名声と影響力を獲得し――また確かに多くの批判も引き起こす一方で――社会主義インターナショナルの指導的人物としては、彼女はドイツよりはポーランド・ロシア路線の代表者として際立っていた。

まだスイスにいたとき、一八九三年の国際会議で、ローザは大変な努力を傾けて、自らのグループにインターナショナルの正規資格を得ようとしたが、成功しなかった。三年後のロンドンでは、ローザと友人たちは成功した。しかしローザは用心のために――当時行われていたように――ポーランドの全権と一緒に、ドイツの全権も得ていた。彼女は、社会主義インターナショナル事務局員になり、戦争が勃発するまでそのまま事務局員を続けた。インターナショナルの支部同士は互いに、後年可能であった場合よりずっと密接に結びついていた。彼女、ルクセンブルクは、一回以上の国際会議に一つ以上の代議権をもって出席した。重要な党書記、イグナツ・アウアー（訳注 Auer, Ignaz. 一八四六―一九〇七。ドイツの社会民主主義者）の葬儀で、彼女は全ロシア社会民主主義者を代表して弔辞を述べた。ロシア共産党のロンドン会議では、彼女はポーランドと並んでSPDも代表した。

時代はまだ寛容だった。ナショナリズムはそれほど有毒ではなかった。反ユダヤ主義はあまり戦闘的ではなかった。――いずれにせよ、そのように見えたことは間違いない。そして自由主義者たちも社会民主主義者たちも、その逆であるような素振りは見せなかった。にもかかわらず外国からやってきた博士の学位をもつ若い女性は、ベルリン生活を始めた時からすでに、さまざまの毒のあるあてこすりに耐えなければならなかった。マインツの党大会で、競争関係にあるポーランド社会党の側からはローザ・ルクセンブルクのもつ学位と資格には全くそぐわない「ルクセンブルク嬢」とか「ローザ嬢」という言い方が広められた。一九〇一年のリューベック党大会では、二、三の者が、ある種の「東方からの男性や女性の出入り」を論難し、客を歓待する習慣の濫用とまで言った者もいた。あるかなり名の知られた代議員は、その後まもなく、反ユダヤ主義が増大するのはローザの責任である、という言い方をした。そしてある組合新聞には、「ルクセンブルク夫人」は、どうかロシアに戻って、自分の革命に対する熱狂をそこで満足させてほしい、という要求が出された。

ローザの生涯の時間は限られていたが、しかしそれは長い道のりだった。ポーゼンとオーバーシュレージエンでの最初の任務は、ポーランドの労働者たちの票を社会民主党の帝国議会選挙の候補者のために獲得する手助けであった。一般にはもはや知られていないが、当時ドイツ帝国内には三五〇万人のポーランド人がいた。彼らは、東部だけでなくベルリンにもいた。そして低賃金で、従順な労働者を求めるルール地方や他の工業地帯にも。ベルリンの党指導部にとって、あるいは党員の大部分にとって、ルクセンブルクの活動は喜ばしいものだった。彼女はポーランド語を使いこなせたし、東部にいると寛いだ気がする、と言っていた。ローザは票を獲得しただけでなく、ポーランド人の労働者たちをドイツの「党」に組み入れる努力をした。

そのために彼女は、自分をねじ曲げる必要はなかった。「ローザの」ポーランド・リトアニア党は、ポーランド民族国家を必ず手に入れようと目ざしている者たちの側ではなかった。まず第一に、若い革命家たちは、階級闘争は解放への鍵であり、できる限りそれから注意を逸らしてはいけない、と主張していた。また、もしロシア帝国が根底から改革され、自由憲法を獲得するとしたら、ポーランドは必ずしもそれと自国の独立を結びつけなくてもかまわない——アウトノミー、要するに自治が目的に適っていると実証されるだろう、と彼らは信じていた。しかし、ルクセンブルクの名前に注意が向けられるとき、人が今日想起するのは、これらの論争ではない。

むしろ人は、レーニン（訳注 Lenin, Vladimir Il'ich. 一八七〇―一九二四。ロシア共産主義革命最大の推進者）との彼女の理論的な意見の相違——別の考え方をする者の意見に対する自由！——のことを考える。——そしてまた人は、一九一八年末のあのドイツの危機*における彼女の役割について考える。それは革命と名づけられたが、根本的な改革に至るというより——確かに共和国への移行は伴ったが——一つの崩壊に留まったものだ。その際とったルクセンブルクの行動は、現実政治上の判断が、彼女にとってどれほど困難であり、また理想主義と感情によっても、この欠点がどれほどわずかしか、取り除かれなかったかを示している。

（＊訳注　一九一八年一一月、キール軍港のいわゆる水兵反乱に始まり、共産党創立、ミュンヒェン革命、ベルリンでの共和国宣言、皇帝退位とオランダ亡命、連合国との休戦協定調印、と続いた政治的・軍事的危機）

ローザは——保護拘禁囚として——ブレスラウの監獄に入っていた。そして一一月八日の夕方釈放された。一〇日には彼女はベルリンにいた、そしてスパルタクス団＊の友人たちと会った。彼らは——彼女自身のように——フリードリヒ・エーベルト（訳注　Ebert, Friedrich. 一八七一—一九二五。ドイツの政治家、ヴァイマール共和国の初代大統領）とフィリップ・シャイデマン（訳注　Scheidemann, Philipp. 一八六五—一九三九。ドイツの政治家、ヴァイマール共和国初代首相）を中心とする、多数派社会民主党員たちと険しい対立関係にあった。そして戦争に対する考え方のゆえに、多数派から分離していた「独立派」＊＊ともますますうまくいかなくなっていた。特別グループ——外部の左派——が、別の新しい党になった。ヴァイマール共和国時代に、この新しい党から生まれたものは、ここでの問題と関係はない。ルクセンブルク女史が、ヴァイマール時代の共産党に、長い間我慢したかどうか、非常に疑わしい、と言ってもよいだろう。

（＊訳注　社会民主党多数派と最も厳しく対立した最左翼のグループ。中心はローザ・ルクセンブルクとカール・リープクネヒト。第一次大戦遂行政策に協力する同党多数派から一九一八年一二月分離し、ドイツ共産党を結成）

（＊＊訳注　社会民主党の少数派。中心はカウツキー、ハーゼ。大戦遂行政策への協力を拒否して一九一七年四月分離し、独立社会民主党を結成）

ローザはその他の点では、きわめて明快な表現に熟達していたのに、組織的・政治的分離の問題においては、慎重に考量しているように思われた。新党結成の決定も、彼女の意向に沿ったものではなかった。そして公式の場では、民衆の煽動者の役割を避けたりしなかったのだが、一方ではとてもひっそりと控えめに暮らしていた。

しかしそれは全く、禁欲生活とか政治のための尼僧のような生活ではなかった。一九八八年になって、芸術や文化などに対して要求の高いボストンの地で、素晴らしい調査に基づいた一冊のローザ・ルクセンブルクの伝記が出版された。この伝記では、私生活について言及しており、推量されていた通り、ローザの愛の能力は、社会の解放への要求に劣らず強烈なものだったことが明確に証明されている。政治的な幸福と個人の幸福は、彼女にとって当然両立すべきものであるだけでない。ローザは、もしそこに至る道が、人間的なものでないとしたら、多くの人々のためのよりよい生活が、どのように実現されるというのかと、自他に向かって問いかけた。一九一六年に刑務所から出したクリスマスの手紙には、「人間であることが何にもまして重要なことなのです」とある。そして数ヵ月後の手紙には、一つのことについてだけ考えるのは間違っています（党のみじめなありさまのことを言ったのだ）、人は「いつでも人間として生きなければ」なりません、と書かれている。はるかに多くの情熱――あるいは幻想を示す証言をしている手紙が、他にも存在している。ついでにいえば、彼女は際立って家庭的だった、そして、どんなに部屋が狭い場合でも、素晴らしいもてなし役として通っていた。

彼女の最も重要な政治的伝記作家は、ローザ・ルクセンブルクとレオ・ヨギヘス（訳注 Jogiches, Leo. 一八六七―一九一九。社会主義者、政治家）の間の、長年におよぶ、悲劇的な、ひどく苦しい関係を「社会主義の偉大な愛の物語の一つ」だと名づけた。ヨギヘスは、リトアニアの裕福な家庭の生まれだった。彼の母語はロシア語だった。彼が少し家から援助を受けていたことは、ローザにも助けになった。彼女がときどき家から送ってもらっていた一〇ルーブルの金では、あまり大したことはできなかったから。二人のうちではローザの方が、ジャーナリストとしてだけでなく、精神面でも優れていたが――ヨギヘスは、支配的人間であり続けたし、組織の天才として通っていた。私的なことでは、独裁的になる傾向があった。

ツューリヒでは二人は、たとえ住居は共にしていなくとも、結婚同然の暮らしをしていた。ローザのベルリン時代の初めの頃には、彼がときおり訪ねてくるか、あるいは彼女が南へ旅行に行った。それから彼が移住して、ロシアおよびポーランド革命が彼らを分かつまで一緒に暮らした。革命当時のワルシャワでも、彼らは地理的に互いに近いところで暮らしていた。二人の間に割り込んだのは、本当は革命ではなかった。長い間推測されていたように、彼が彼女一人のために、そこにいたわけではなかったから、というのでもない。ベルリンにまで遡る告白をしなければならなかったのは、むしろ彼女の方だった。

ルクセンブルクとヨギヘス、彼らは仕事において——また他の人々への配慮において——後々まで密接に結びついていた。彼女が第一次世界大戦中拘留され、彼がスパルタクス団の非合法の指揮を引き受けた時もそうだった。ベルリンでの最後の数週間に二人は、再び互いに助け合いながら働いた。そして彼女の運命は、彼の運命になった。ベルリンで、彼も死に追いやられるまでにほとんど二ヵ月もかからなかった。

この二人は——血気盛んな闘争仲間のカール・リープクネヒト（訳注 Liebknecht, Karl. 一八七一—一九一九。社会主義者、スパルタクス団を創設。ルクセンブルクと同時に虐殺された）と違って——自分たちがベルリンの革命騒動において、独自性ゆえに周囲から孤立させる道に押しやられたのがわかったとき、どのような戦略を取るべきかよくよく考えねばならなかった。古い党の指導者たちとの対立は、確かに憎悪に満ちた悪口雑言にまで増幅していた。しかしスパルタクス団には、現実に即したプログラムはなかった。全く大まじめに、そして力を込めて、ローザ・ルクセンブルクは、最低限の要求は——たとえば民主化の領域におけるものは——今は放棄してもよいこと、社会主義が——文字通り——「われわれが今日貫徹しなければならないミニマムなのだ」という説を唱えた。歴史において最初でもなく最後でもないことだが、ここで、現実意識の欠如と攻撃的な言葉が、どのように素早く互いを補い合うか明らかになった。

しかしローザは——これは同じ一枚のメダルの裏側なのだが——ロシア固有の革命モデルに従おうとしなかった。「ボルシェヴィキたちには、彼らの戦術を抱えて、家にいてもらいましょう、われわれは人民委員なんか必要としていません」と彼女特有の率直さで、あのカール・ラディク（訳注 Radek, Karl Berngardvich. 一八八五—一九三九？ ソ連の革命家、政治家、ジャーナリスト）に回答した。彼は、戦争前には——彼女と同じく——ドイツで活動していた。そしていまやレーニンが、自分の特使としてベルリンに派遣してきたのである。ラディクは——彼女と同じく——ポーランド出身だった。彼はルクセンブルク同様——最初は彼女の近くで、次に彼女と争いながら——SPDで活動していた。それから彼はモスクワで、とりわけドイツ問題においてある役割を演じた。のちに彼は、スターリン（訳注 Stalin, Iosif Vissarionovich〔本名 I. V. Dzhugashvili〕. 一八七九―一九五三。ソ連の政治家、独裁者。一九四一―五三年人民委員会議長）のテロの犠牲者に数えられることになる（一九八八年にモスクワで、私は彼の後ればせの名誉回復を耳にした）。

ルクセンブルクとレーニン――それこそ緊張に満ちた物語だった。何年もの間、広く張りめぐらされていたが、所どころ穴のあいた、全ロシア社会民主主義の傘下で、ときおりの同盟によって中断がありはしたが。ローザ・ルクセンブルクは、一九〇五年の革命（訳注　第一次ロシア革命）以前にすでに、レーニンの権力集中型組織理論に反対していた。彼女にとって人類の進歩は、民主主義の発展を通してだけ考えることができた。子供のように歩行バンドにつないでおくことによってではなく、大衆の協力によって。彼女は、大衆の自然発生的な力や創造的精神の存在を信じていた。社会民主主義は、労働者階級と「手を組む」だけでなく、労働者階級自身の運動でなければならない、と考えていた。労働者階級は、自由に発展しなければならないし、「職業革命家」によって、指導されるべきではないと。ルクセンブルクは、どれほど完璧な党の組織であろうと、それよりも階級意識の自由な発展に賭けていた。自発性というのが、ルクセンブルクにとって呪文のようなものだった。彼女の考えていた社会主義には、倫理的次元があり、それはおきまりのマルクス主義の図式と――とりわけレーニンの考え方――とは一つの分母で括りにくいものだった。しかし、それはあまりにもしばしば、そしてあまりにも長いこと、見過ごされてしまったのだ。彼女には、他人の真似をする追従者であるよりは、アウトサイダーである方が百倍も好ましかった。

一九一七―一八年（訳注　第二次ロシア革命。一九一七年ソヴィエト政権樹立）が初めてではない。すでに一九〇五年から六年の革命の最中に、彼女は放棄することのできない活発な精神生活の要素として、ロシア革命に公然たる批判を行うよう主張した――これは近代の労働運動が生きのびるための空気だ、どのような専制支配も、風紀の頽廃という結果に終わるだろうと。もっとも批判のこの部分はしかし、そもそも争いの焦点であった対象について、不完全な印象をもたらしている。「左」から、といってよいと思うが、彼女はボルシェヴィキたちを攻撃した。ボルシェヴィキが、農民たちにあまりにも譲歩しすぎて、労働者たちに負担をかける形で、新たな所有階級を成立させるかもしれない、と彼女は思ったからである。少数民族問題では、ローザは、ポーランド事件において推論されうるような態度をとった――レーニンの党が、民族の自決、また民族国家の自決をも要求することを、本気で意図している、という間違った仮定をして。

　ボルシェヴィキに対するローザの関係は、つねに緊張していたわけではなかった。一九〇四年に、ロシア社会民主党の二つの主要派閥、ボルシェヴィキとメンシェヴィキのために、彼女は中立の立場に立って仲介しようとしたことがあった。この二つの派閥のなかではメンシェヴィキの方が、SPDに対して良好な関係にあった。一九〇七年に、シュトゥットガルトの国際会議で、彼女はレーニンの提案に基づいて、二人の「ロシア」の会員のうちの一人として、編集委員会に入る。この編集委員会は、憂慮されていた大戦に対する態度について審議を行うものであった。数年後再び両者は決裂し、収拾は不可能であった。一九一四年秋に、ヴィーンでインターナショナルの国際会議が開催されるはずになっていた。ローザはそこで、ロシア社会民主党の統一に改めて助力するつもりだった。そして彼女には、「レーニンの依怙地さ」に対抗して、自分の意図を貫徹することができる、という自信があった。

　争っていたとはいえ、ローザはロシア革命という事件を、自分たちの問題として感じていた。そして彼女は、西側の労働運動、特にドイツの労働運動に対して、その無力さを非難した。ロシアで起こったことに対する批判は、次のような示唆によって和らげられていた。すなわち、ロシアでの抑圧は、本質的に孤立による現象と見なされうる、ロシアのテロにはヨーロッパの労働者階級の弱さが反映しているのだ。肯定的な言い方をすれば、ヨーロッパにおける革命が進めば、東方で新しい、より有利な条件が創り出されるのだ、と。

　このような考慮はしても、ロシアで起こっている事件の、テロ活動的な性格に原則として反対する考えは、全く変わらなかった。レーニンとトロツキィ（訳注 Trotskii, Lev Davidovich. 一八七九―一九四〇。ロシアの革命家）の方法を、ローザは「破滅的」と呼んでいた。批判の核心には、彼女にとって疑問の余地のない事実があった。すなわち、自由な報道と完全な結社・集会の自由がなければ、幅広い国民大衆による支配など全く考えられないと。これに続いて、あの有名な二つの文がある。「ある政党の党員のためだけにある自由は、たとえその党員がどれほど多くとも、自由ではない――自由とはつねに、別の考え方をする者の自由以外の何物でもないのだ」。そしてさらに、民主主義を締め出すことは、あらゆる精神的な豊かさと、進歩の生き生きした源泉を閉鎖することだ。官僚主義を唯一の活動要素にすることは、プロレタリアートの上に独裁政治を打ち立てることを意味する（私には、どうしてこのルクセンブルクの言葉が、ある時は一方の側から、そのあと他方の側から、「ルクセンブルクは非共産党員には自由など望まなかった」という証拠のように扱われるのか、全く理解しがたい）。

ルクセンブルクは、一九一七年の新春に――監獄から――スパルタクス書簡のために――ロシア革命についての記事を書き始めた。一九一八年の夏には、彼女はこの方法で、ボルシェヴィキを公然と、前よりも辛辣に批判しようとした。政治仲間たちは、これは出版しない方がよい、と懇願した。しかし彼女は書き続けた。そしてパウル・レヴィ（訳注 Levi, Paul. 生没年未詳。社会主義者、ルクセンブルクの友人）が、この未完成の原稿から小冊子を作り、多くの注目を集めた――彼がもはや、党の支配を脱した一九二二年に（訳注 『ロシア革命論』）。

政治上の根本的変革に必要な、ドイツにおける主体的条件がまるで成熟していなかったことを、ルクセンブルクはベルリンで、手痛い方法で聞くことになった。非常に強く期待をかけていた革命の同志たちは、まず第一に少数派だった。そして、彼女自身と同様に、何を起こすべきかについて、十分明白な観念をもっていなかった。一九一八年から一九年の年の変わり目に――プロイセン州議会の建物の中で――代議員たちはスパルタクス団を政党とする決議を行った。しかしそれは、労働者大衆の広範な、多数による支持が保証されている場合のみ、権力を掌握する意思がある、ということに賛成したにすぎなかった。だが、ベルリンの一月蜂起（訳注 一九一九年一月、共産主義者たちの反対運動は武装蜂起へ発展し、反革命義勇軍との間で激しい市街戦が行われ、軍によって鎮圧された）の時には、全くそうはならなかった。それに共産主義者が、この一月蜂起の宣言をしたわけではなかったのだが、彼らはそれから距離を置くことはできない、と思ったのである。

ルクセンブルクに従っていれば、新しい党は「共産主義」ではなく、「社会主義」という名称を担っていただろう。ロシア人によって招集された会議に行くドイツの代議員に、共産主義インターナショナルの設立には反対するように、という指示も彼女から出された。彼女は、モスクワの党中央機関への完全な依存が始まることを予見していた。ＫＰＤ（訳注 ドイツ共産党）代表は、ひどい目に遭わされたが、それでも棄権した。レーニンの協力者たちが、インターナショナルの活動を、モスクワで正当と見なされたやり方で始めるのを、やめさせることができなかったからである。

ＫＰＤの設立党大会での、ルクセンブルクの本当の敗北は、国民会議のための選挙には参加しないことが、六二対二三で決議されたことにあった。このことは、彼女には「何か子供っぽい、十分に練り上げられていない、視野の狭い過激主義の勝利」のように思われた。レオ・ヨギヘスは――ルクセンブルクよりはるかに大きな不安に駆られて――党設立の決定を今からでも取り消す考慮をするよう促した。しかし汽車は、出発してしまっていたのである。

二十世紀への転換期と一九〇五年以後の、彼女の急進的左翼社会主義的立場は、ローザがその生涯の終わりに巻き込まれていると考えたあの論争（訳注 修正主義論争）とは、ただ部分的に関係していたにすぎない。

一八九〇年代の終わり頃問題になったのは――政治だけでなく、人生においてしばしばそうであるように――論争の内容だけでなく、形式でもあった。この場合論争は、あのエドゥアルト・ベルンシュタイン（訳注 Bernstein, Eduard. 一八五〇―一九三二。ドイツの社会主義者、いわゆる修正主義を唱えた）のテーゼをめぐって行われた。彼は、反社会主義者法が進行している間に、こっそり運び込まれた党機関紙の編集をしていた。そして彼は、ツューリヒではうまくいかなくなったとき、底流にある――あまり危険ではない、と言われていた――歴史の浅い労働運動にもなじみがなくもない、反ユダヤ主義とともに、ロンドンに移住した。彼はプロイセンで、刑事訴追される恐れがなくなった時になって、やっとドイツに帰ってくることができた。イギリスでの経験に影響されて、彼は雑多な記事のなかで、マルクスの予測の誤りと不十分さを指摘した。二つ例を挙げるとすれば、ますます深刻になる貧困化と零細企業が全般的に廃業に追い込まれることである。それらの記事は一冊の著書にまとめられた。党は時代遅れの教条主義から自己を解放すべきである、改革はいわゆる最終目標より重要だ、というのが彼の見解であった。

党指導部は、すぐというわけではないが、しかし、かなり早い時期に、重大な危険が迫っている、と考えるようになった（あるいはそう主張する者に説得された）。原則がぐらついたら、建物全体が脅かされる、理想はダメージを受けるだろうと。改革主義――南ドイツでは厳格なプロイセンより盛んだった――と修正主義は一まとめにされ、次から次へと党大会で断罪されるか弾劾された（ロンドンでは、かの老フリードリヒ・エンゲルス（訳注 Engels, Friedrich. 一八二〇―一八九五。ドイツの社会哲学者。マルクス主義を体系化）が、あらかじめ火に油を注ぐことを怠らなかった。彼は数年前からすでに、修正主義者を分離して党を浄化せよ、と求めるに急であった）。

ローザ・ルクセンブルクは、一八九八年秋に――要するにベルリンに落ち着くやいなや――筆を執った。そして彼女の攻撃の激しさが不十分であるなどということはなかった。ライプツィヒ国民新聞の七つの記事も『社会改革か革命か』という一冊の小冊子になった。ルクセンブルクは党の指導部から多くの励ましを受けた。「党の法皇」と呼ばれていたカール・カウツキー（訳注 Kautsky, Karl. 一八五四―一九三八。ドイツの社会主義者、経済学者。のちに独立派として社会民主党から分離し、ルクセンブルクらと対立）とも、彼女は最初の数年間は友好的な関係を保っていた。ルクセンブルクがいなかったら、彼は親しかったベルンシュタインに、おそらくあれほど辛辣に応えなかっただろう。ルクセンブルクの論法の主旋律は、次のようなものであった。ベルンシュタインは、活動に「ブルジョア的ヴィールス」を紛れ込ませている。たとえマルクスが、個々の問題で判断を誤っていたとしても、マルクス主義の基盤から、時代に合った武器が作り上げられるはずだ。階級闘争を放棄すること、議会と組合の仕事に関して幻想を育むこと、それは自分を、まさしく生贄として、ブルジョアに提供することを意味するのだ、と。

ルクセンブルクにとって、事実だけが問題だったのか――それを尋ねて悪いことがどこにあろうか――という質問がときおり出された。もしかしたら彼女は、自分自身と自分の文に注意を引きつけたくなかったのではないか。先鋭化した「東方」固有の論争形式が、ドイツ社会民主主義の路線闘争に、再び彼女を通してどの程度入り込んできたのか、という他の問いも結構面白い。こういう論争には――それがボルシェヴィキ風だろうとイエズス会風だろうと――中傷という方法や、とりあえずあるいは徹底的に、悪辣な動機を相手になすりつける戦略がつきものである。それがどんなに恐ろしい間違いにつながったかは、よく知られている。レーニンの場合、この逸脱は特にはっきり現れている。しかしスターリンのもとで、それがどうなってしまったか、レーニンのせいにすることはできない――ましてルクセンブルクのせいには全くできない。

しかし修正主義論争に価値を認めていた者も、ルクセンブルクの論争形式は、独善的で三百代言的だと批判したし、反ユダヤ主義的偏見をもっている、という嫌疑をかけられる恐れのない、いくつかのグループでは、「ヘーゲル学派の衣をまとった、タルムード（訳注 紀元五〇〇年頃成立したユダヤ教の口伝律法の集大成）学者の屁理屈」という言い方もされていた（二十世紀への転換期の間、ルクセンブルクの味方をして論陣を張ったのは、ロシア生まれの、非常に才能に恵まれた党のジャーナリストで、パルヴスと自称していたアレクサンダー・ヘルファンド（訳注 Helphand, Alexander. 一八六七―一九二四）であった。この男は反革命の犠牲にはならず、世界大戦中物資補給業で大金を稼いだ）。

修正主義論争には、インターナショナルも関与した。一九〇四年アムステルダムで、アウグスト・ベーベルとジャン・ジョレス（訳注 Jaurès, Auguste Marie Joseph Jean. 一八五九―一九一四。フランスの社会主義者、著述家）の間で、記憶に値する論争が行われることになった。「女同志ルクセンブルク」は、内容の点では全くフランスの社会主義指導者の側ではなかったのだが、通訳がいなかったので代役を務め、ジョレスの演説を素晴らしいドイツ語に翻訳した――嵐のような拍手が贈られた。これは特殊なケースではなかった。一九〇七年シュトゥットガルトの大集会（訳注 第二インターナショナル第七回大会）で、彼女は、偉大なベルギー人エーミール・ファンデルヴェルデ（訳注 Vandervelde, Emile. 一八六六―一九三八。ベルギーの政治家）のスピーチの翻訳をした。彼の同国人のカミーユ・ホェィスマンスは、ローザ・ルクセンブルクを一つの星に喩えた。その星は、ドイツの空よりもフランスの空の方がよく似合っていただろうにと。十数年後もなお、「ローザ・ルクセンブルクがフランスに生まれなかったとは、なんと残念なことか。フランスなら、ローザは本当に、特にジョレスに、影響力をもつことができただろうに」と、カミーユはファンデルヴェルデから聞かされたのである。

　仲間の多くに抜きん出てもっていた世間知と機敏さをもってしても、あの中間局面においては、ルクセンブルクは、かなり大きな判断の誤りを犯すことを免れられなかった。たとえば一九一一年に、「ヨーロッパ合衆国」に向かおうとする方針を、「反動的なごみくず」だ、と宣告した時がそうだった。ヨーロッパの問題と利害関係は、世界の大洋の上で決定され、もはやヨーロッパの片隅で決定されたりはしないだろうというのである。

　一九〇五年末、ローザはベルリンで我慢することができなくなっており、ドイツ人の友人たちの忠告に背いて、ワルシャワに行ってしまった。そこからも彼女は記事を書いた。ドイツの右翼新聞は、いわゆる「祖国なき煽動者」に対する対抗措置を要求した。党首自身が、帝国議会で彼女を擁護した。しかしこれはすべて些細なことだった、彼女の身にこののち迫っていることを思えば……。

　一九〇六年のワルシャワ滞在は、ルクセンブルクの政治哲学にとって、一つの区切りを意味した。彼女はこの時が、彼女の人生で最も幸せな数ヵ月だった、と話していた。しかし、それより重要なのは、正しい判断とはいえないかもしれないが、彼女が一九〇五―六年を、新しい歴史の始まりと見なしたことである。このような状況下で、労働者階級は、他ならぬドイツの労働者階級もまさに、選挙戦だけで我慢することはできない、労働者階級はむしろ――東ヨーロッパの経験をそのまま吟味もせずに踏襲するのではなく――政治的大規模ストライキやゼネラルストライキという武器に慣れるべきだと。しかしそれは、当時のドイツの風潮に合わなかった。組合執行部は彼ら独自の観念をもっていた。政治的ストライキという道具は、彼らの観念には全くなかった。党幹部もまた、穏やかな発展のチャンスを危険にさらすつもりはなかった。前述のシュトゥットガルトの会議上、ルクセンブルクは、バイエルンの社会主義者で貴族のゲオルク・フォン・フォルマー（訳注 Vollmar, Georg von. 一八五〇―一九二二）だけでなく、ベーベルをも攻撃しなければならなかったのは遺憾だと述べた。この二人は、戦争を阻止するためのゼネラルストライキという手段に拘束されるつもりはなかったのだ。

　数年後彼女は、プロイセンで三級選挙法（訳注 一九一八年まで行われた。納税額によって有権者を三階級に分けた）の廃止を要求する、大規模なデモを過大に評価した。彼女はこれを誤って、前革命状態と見なしたが、自分が、いまやバーデンのルートヴィヒ・フランク（訳注 Frank, Ludwig. 一八七四―一九一四）のような戦闘的改革派社会主義者に、かなり近い立場にあるのを発見した。フランクは志願兵となり、戦死したが、多くの者は彼に将来の党の指導者を見ていた。結局この「バーデン・ルクセンブルク間」の知的結合ラインは、エピソードに終わった。党左派の間でさえ選挙法デモと社会革命への転換を結びつけるには、すこし想像力が足りなかったようだ。

　戦争勃発前のこの数年間に、ルクセンブルクは、年老いていくベーベルに、ますます距離を置くようになった。彼は、ルクセンブルクが考案した「消耗・制圧作戦」に恐れを抱いた。さらに一九一一年、ベーベルは、ルクセンブルクが無思慮であるのみならず、不誠実な行為を行った、と非難した。彼女は、第二次モロッコ危機の最中、社会主義インターナショナル事務局の一員として、彼女に用立てられていた必要書類を、党首脳部を意気地なしだとか、戦争の危険を過少評価したと非難するために利用したからである。ベーベルは、すこし的は外れているが、もし何か党に義務があるとすれば、ドイツ社会民主党はつねにインターナショナルに対してその義務を履行してきた、と述べた。しかし正確に観察すれば、この問題は、一度余計に特別会議を開催すべきか否か以上の意味をもっていない。

　党の長老ベーベルが、この目から鼻に抜けるような才智とアイディアに満ちあふれた、ユダヤ人女性党員に浅からぬ感銘を受けていた、ということは疑いない。そしてルクセンブルクの見解や激情が彼の神経に触った時も、ベーベルは彼女を完全には見殺しにしたくなかった、ということに疑問の余地はない。「あらゆる毒薬騒ぎにもかかわらず、この女を手放したくない」と彼はアードラーに宛てた手紙に書いている。

　ローザ・ルクセンブルクがポーランドで逮捕されたとき、また彼女が――いわば彼の指令をはぐらかして――フィンランド経由で戻ってきたとき、ベーベルは彼女を助けた。ローザは、アンナ・マシュケ名義のパスポートでポーランドへ行った。しかし秘密工作は、別に大したものではなかった。毎週彼女は自分の家族を訪ねていたのだから。警察が二ヵ月もあとになって、ようやくローザの下宿ホテル「ヴァレスフカ伯爵夫人」に現れたというのは、ほとんど信じられないような話である。彼女を釈放するためには、まず賄賂が、次には保釈金が必要になった。ＳＰＤが保釈金をもって救援に駆けつけ、親類や友人たちが、賄賂の金の心配をしたことにまず間違いはない。

ローザが戻ってきたとき、彼女の生活資金を援助しようというベーベルの提案を、ローザは拒絶した。物質的に直接党に依存することは、彼女には気に入らなかった。しかし一九〇七年から、その少し前に設立された党員学校で、講師として働くことになるという――カウツキーによって形式を整えられた――委員長の申し出には、彼女は喜んで応じた。それは六ヵ月毎の仕事だったし、報酬はよかった。まもなく彼女は、素晴らしい講師だという評判を手に入れた。ルクセンブルクは、全く無味乾燥な講義の素材をも、なじみ深い文学から適切な例を引用して、生き生きとしたものにすることができたのである。「最良の教師だ」と左派も右派も口を揃えて言った。ルクセンブルクの学問上の成果は、『資本蓄積論』という一冊の本となって現れた。それは重要な、因襲に囚われない作品と見なされた――それゆえレーニン主義者たちによって、禁書目録に載せられたのである。

最後の時期の話をしなければならない。ローザ・ルクセンブルクは、その大部分を監獄の中で過ごした。まず一年の禁固、すぐその後には保護拘禁、計三年四ヵ月。すでに以前、これより軽い刑に二回服したことがあった。一九一四年二月のフランクフルト裁判は、相当な注目を集めた。この時は、彼女がフランスの兵士たちに武器を向けないよう、ドイツの兵士たちに呼びかけたために禁固刑が下された。

フランクフルトの検事は、軽率にも、逃亡する危険ありとしてルクセンブルクの拘禁を求刑した。彼女の辛辣な答弁は、「検事殿、よくわかっております。あなたは逃亡するでしょう。社会民主主義者は逃亡したりしません。社会民主主義者は、自分の行為を後悔したりしません。そしてあなた方の下す刑罰のことなど笑い飛ばします。さあ私に判決を下してください」というものだった。ほぼ同じ頃フライブルクで、他の裁判が彼女を待っていた。兵士に対する虐待を非難したからだった。公の集会で彼女は叫んだ、「一人の重罪人が、あなたがたの前に立っています。法の保護を奪われた女が。フランクフルトの検事によって、故郷をもたないと呼ばれた女が……」故郷がないことに関しては、自分はしかし、プロイセンの検事と「それ」を交換するつもりはないだろうと。

選挙権キャンペーンに加えて、この戦争反対のアジテーションによって――戦争直前に、ローザ・ルクセンブルクの人気が頂点に達していたことは、多くのことから推測できる。一九一四年秋に、彼女は――フランツ・メーリンク（訳注 Mehring, Franz. 一八四六―一九一九。ドイツの社会主義者、評論家）、カール・リープクネヒト、クラーラ・ツェトキン（訳注 Zetkin, Clara. 一八五七―一九三三。ドイツの社会主義者）と共同で――「ベルンの軍隊起床時刻」を取り上げることで、自分の戦争への姿勢が、SPDの姿勢とは明らかに相違していることを、国際的に知らせることができた。このあと彼女は、関係者からドイツの左翼の精神的首領と見なされたが、大衆に直接影響を及ぼすことはあまりできなかった。もっとも保護拘禁の条件は、比較的耐えられるものだった。ポーゼン地方の要塞ヴロンカを、ルクセンブルクは「居心地がよい」とすら言っていた。

監獄や城砦で服役中の発言のなかで、ローザは生ぬるい連中を批判し、自分は「磨き上げられた鋼鉄のように硬くなった」、そして将来は、政治的にも個人的な交際においても、「最もわずかな譲歩すらしない」と言いきった。他方では、花や植物、鳥や動物についてのきわめて感動的な手紙もある。ブレスラウの監獄から発した次の詩、荷車を曳くためにルーマニアから連れてこられ、虐待されている、野牛への叫びは、いわば古典になった。「おお、私の哀れな野牛よ、私の哀れな、愛する兄弟よ、私たちは二人してこんなに無力に何もできずここに立っている……」

文学的なものは、ふだんの時期よりはるかに大事な、絶えることのない道づれになった。ローザは詩を引用し、英文学、フランス文学、ロシア文学などの純文学作品をたくさん注文している。ドイツ文学からは、ゲーテと並んで、コンラート・フェルディナント・マイヤー（訳注 Meyer, Conrad Ferdinand. 一八二五―一八九八。スイスの作家）、ヘッベル（訳注 Hebbel, Christian Friedrich. 一八一三―一八六三。ドイツの劇作家）、ケラーマン（訳注 Kellermann, Bernhard. 一八七九―一九五一。ドイツの作家）、ゲルハルト・ハウプトマン。バルニム街の女性監獄で彼女はホメロスが欲しいと頼んだ。ポーゼンの要塞ではフランス語の聖書、カンディード、キプリング（訳注 Kipling, Joseph Rudyard. 一八六五―一九三六。イギリスの作家）のジャングル・ブックを。彼女はあるロシア作家の自伝も翻訳した。そして翻訳が美しいドイツ語の文章になるよう多大な努力を傾けた。

リープクネヒトと並んで――四十八歳という年齢で、ルクセンブルクを突然襲った最期をわれわれは知っている。家畜同然に殺害され、死体は運河に投げ込まれた。最後までローザは執筆活動を続けていた。そして特に流血事件が起きることを心から憂慮していたが、それをやめさせることは彼女の能力を超えていた。ローザが憧れていた生活は、何年にもわたって、献身的に彼女の面倒をみてきた女友達への言葉のなかに残されている。「私は絵を描きたい。そして、動物に餌をやったり、可愛がったりできる、ささやかな土地で暮らしたいのよ。私は自然科学を研究したい。でも何にもまして、穏やかに自分ひとりだけのために生きたいのよ、こんな永遠のせわしなさではなくね」。そして似たような調子で、党大会よりは小さな庭か野原の方が落ち着ける、とカール・リープクネヒトのロシア系ユダヤ人の二度目の妻に書き送ってもいる。そして、それに加えてこう言ったからといって、それをすぐに社会主義への裏切りだとは取らないでほしい、とも。

もし非業の死を免れたとしたら、ローザ・ルクセンブルクは現役の政治から引退したかもしれない（そしてたとえば名声の高い大学教授になったかもしれない）、と想像するのは難しい。社会民主主義の本山へ戻る可能性も、本当に納得のいくものとはいえないと思う。ともかく、彼女の友人のパウル・レヴィはこの道をたどった。まず彼は、空席になっていた新しいＫＰＤ指導部の委員長になった。その後レヴィは引退しなければならなかった。というのは、一九二一年に、中部ドイツで実行された、クーデター運動に距離を置いたからである。レヴィは、戦争勃発前の二つの大きな裁判でルクセンブルクを弁護した。彼らは親しかった――どれほど親しかったかは、ほんの数年前に二、三ダースの手紙を通じて明らかになった。それらの手紙は、レヴィのアメリカ合衆国の親戚によって保管されていたものだった。ここでも親密な友情と、彼女の最後の日まで続いた政治上の協力が結びついていた。

しかしもともとローザ・ルクセンブルクは、おそらく監獄からの釈放以来、実際は、休暇中の死者だったのだろう。あの拘留の日々に、彼女の豊かな個性を構成する一つ一つの要素があまりにも強く現れてしまっており、いちかばちかのきわめて難しいあの運命の日々には、それは到達することも、ましてや凌駕することなど全くできなかったのである。つまりローザはすでに文学と自然科学に情熱的な関心を抱いていた、世捨て人にして思想家——そしてすべての場合、すべてにおいて、すべてを超えて、情熱的なヨーロッパの革命家の悲劇的な姿を身につけていたのだ。

グスタフ・ランダウアー（Gustav Landauer, 1870–1919）

主著

『権力と諸国家—短編小説集』（*Macht und Mächte. Novellen*, 1903）
『社会主義への呼びかけ』（*Aufruf zum Sozialismus*, 1911）
『シェイクスピア』（*Shakespeare*, 1920）
『成長する人間—生と書きものに関する論考集』
（*Der werdende Mensch. Aufsätze über Leben und Schrifttum*, 1921）

著作集

Gustav Landauer Werkausgabe Band 1-8（Berlin: Akademie-Verlag, 1997ff.）
Die Botschaft der Titanic. Ausgewählte Essays（Berlin: Berlin Kontext, 1994）
Zeit und Geist（München: K. Boer, 1997）

ハリー・プロス

グスタフ・ランダウアー

中島 裕昭 訳

白黒写真とはいえないほど赤茶けた一枚の古い写真が、ある男の柔和な顔立ちを左側から写している。髪は首筋までヴォリュームのあるウェーブを描き、額は高く皺は一つもない。大きな耳が印象的だ。盛り上がった眉の下には鼻メガネ、そのメガネの奥にまじめそうな大きな目が見える。うわ唇、口、顎全体を覆っている豊かな髭には白いものが混じる。プラストロン（訳註 一八六〇年頃から流行した幅の広いネクタイ）、白いシャツ、衿を折り返したダーク・スーツ、ベストを着て、やせた胸の前で腕を組んでいる。この写真を撮影したのはベルリン、ハルデンベルガー・シュトラーセ二四番地のヨエル・ハインツェルマン。写真の人物はグスタフ・ランダウアーである。おそらくベルリン時代の写真であろう。この頃彼はベルリン近郊のヘルムスドルフに住み、わずかばかりの原稿料と翻訳の仕事で妻子を養っていたはずだ。

ここに写っているのは、一九〇八年一二月一三日、社会主義者のアウグステ・ハウシュナー（訳注 Hauschner, Auguste. 一八五〇―一九二四）に宛てて手紙を書いた頃のランダウアーかもしれない。そのなかで彼は、「近い将来に〈目的〉を達成する必要はありません。ただ、この信念をもち続けること、それが重要なのです。十分すぎるほどの幻滅を経験し、この時代のさまざまな状況と人間を見抜いた者は、諦めて自らの道を放棄するようなことはないのです」と述べている。あるいはやはりアウグステ・ハウシュナーに、一九一〇年一月一〇日付の手紙で、彼女の悲しそうな様子を見ると自分も悲しくなる、しかし彼は本来、芯の強い、明るい人間であることを知ってほしい、と書いたところだったかもしれない。「仕事としてはやらなければならないことであっても、私は精神的には一瞬たりともそれに従属するつもりはありません。私の社会主義的試みのモットーは、〈希望をもたない〉ことです。私の仕事が何物かに従属したものであるとすれば、それは絶望的です。しかし私の仕事は必然なのです。たとえ結果が出なくとも、私が私であることには変わりないのです。自信過剰だなどと思われることを恐れずにあえて言わせていただければ、私の現在の活動も、いま、私に許された瞑想の一形態なのです。――私の幸福は私自身のなかにあります。妻、子供たち、そして数は多くありませんが友人たちのなかにあるのです」。

グスタフ・ランダウアーがこの手紙を書いたとき、彼は四十歳だった。このあとほぼ十年生きることになる。彼の生涯は、ビスマルク（訳注　Bismarck, Otto Eduard Leopold, Fürst von. 一八一五―一八九八。プロイセンの政治家、首相）が創り上げたドイツ第二帝政の五十年と重なっている。一八七〇年四月七日、カールスルーエで生まれ、一九一九年五月二日、ミュンヒエンで殺害された。一八七〇―八〇年代のバーデン大公国の首都カールスルーエは官吏の町で、目立った産業はなかったが、さまざまな類の人間が集まっていた。この小国の、大部分がプロテスタントのフランケン・プファルツ的な北部と、カトリックのアレマン的南部とがこの町でぶつかりあい、そのなかに、ずっと以前から住みついているユダヤ人、そして流れ込んできた移民がいた。

ランダウアーが生まれたとき、一八四八―四九年の革命からはまだ二十年しか経っておらず、民衆はこの敗北からまだ立ち直っていない。民衆の自由主義には反プロイセン的感情が混じっており、為政者はこのことに十分配慮する必要があった。一八四九年、一万八〇〇〇の革命軍は一時的にせよ「バーデン共和国」を樹立したが、当時「散弾王子」と呼ばれた、のちのヴィルヘルム一世が指揮する「秩序維持軍」によって鎮圧された結果、数百人が禁固刑、四〇人が死刑となる。それに伴い多くの家族が味わった辛酸は、人々の記憶のなかにまだ残っていた。ライン河の対岸数キロのところにあり、対仏戦争の結果ドイツに併合されたアルザスの状況も注意深く見守られていた。ドイツ哲学とは折り合いの悪いフランスの革命思想が、住民のあらゆる階層で受け継がれ、革命家ヘッカー（訳注　Hecker, Friedrich. 一八一一―一八八一。バーデン武装蜂起の指導者。スイスを経てアメリカに亡命、南北戦争に北軍側で参加）の名前も忘れられることはなく、当時、「ヘッカーのような」とは、口語で「反抗的」で「頑固な」人間のことを言った。「ヘッカー的」な人物は、七〇年代前半の泡沫会社乱立時代《グリュンダーヤーレ》（訳注　ドイツ帝国創建直後の好景気のもと、多くの会社が設立された）になっても相当数残っていたのである。劇場ではイプセン（訳注 Ibsen, Henrik. 一八二八—一九〇六。ノルウェイの劇作家）やヴァーグナーが上演されている。学校での教育よりも、こういった時代の雰囲気がギムナージウム時代のランダウアーに影響を与えた。学校は彼を成績優秀で表彰しているが、良質の学校として当然のことながら、やむを得ない範囲を越えて生徒たちに干渉することはなかった。生活のすべてを学校にしてしまおうとするのは、バーデンの自由主義的な教育制度とは無縁の野心である。そんなことをしても、大した成果は得られなかったであろう。

一八六一年には職業の自由が布告されており、すぐさま同業種の自主的な集まりがいくつもできた。しかしこの地方では小企業が主だったため、賃金労働者は都市には移り住まず、農村に留まったか、あるいは都市に仕事をもっても農村に住み続け、そこから通ってきていた。イギリスや、北部ドイツ、東部ドイツの工業都市に見られたような産業プロレタリアートは、この地方ではまだ目立たず、いたとしても分散しており、大衆としての力を行使する段階になかった。ランダウアーの両親にとってはユダヤ人市民の完全な同権獲得が最大の関心事であり、一八七六年に導入された宗派混合学校はランダウアー自身にとっても有益だった。宗派の区別をせず、カトリック、プロテスタント、アルト・カトリック（訳注 第一回ヴァティカン公会議〔一八六九—七〇〕で採択されたローマ教皇不可謬説に反対し、一八七一年カトリックから独立した一派）、ユダヤ教徒の子供たちが集まっていたこの宗派混合学校は、バーデン自由主義の一つの成果といえよう。ただしこのバーデンでも、選挙制度の普通・秘密・直接という条件が実現されたのは、ようやく一九〇四年のことである。

産業社会の大衆化という問題がもっている構造的な側面は、バーデンではかろうじてマンハイムで見られる程度であったため、カールスルーエにいたランダウアーのこの問題についての認識は未熟なままであった。したがって彼がすぐさま社会主義に興味をもつことはなかったが、しかし一方で、ドイツ自由思想家党（訳注 ビスマルク時代の第三党。国民自由党から分離した自由主義連合が進歩党と合体して一八八四年に結成された）の考え方にも満足してはいなかった。彼はより原理的に、「自由に」ではなく自由主義的に考える傾向があった。彼がやっていたことは一種の基礎研究であり、それはまだランダウアーが子供の頃、カールスルーエの工科大学で、ハインリヒ・ヘルツ（訳注 Hertz, Heinrich Rudolph. 一八五七—一八九四。物理学者）、フリッツ・ハーバー

（訳注　Haber, Fritz. 一八六八—一九三四。化学者、一九三三年までカイザー・ヴィルヘルム物理化学研究所長）という二人のユダヤ人科学者がそれぞれの実験室でやっていたことと同じなのである。

市民社会での諸権利が認められていくなかで、ユダヤ人たちは誰にとっても未知の分野を開拓していった。経済の分野であれ、学問であれ、芸術であれ、彼らは自らの力で活動領域を切り開いていったのである。そうでなければ既成の社会のなかで彼らが自己主張することはできなかっただろう。彼らの革新的な発想こそが、その社会的地位を認めさせたのである。その点では彼らは、当時モーターを開発し始めたり、新しい機械や自動車を組み立てた職人たちと同じことをしていたといえる。キリスト教徒があとになっても思いつかないような斬新なアイディアを先取りしない限り、ユダヤ人が社会のなかで指導的な立場に立つことはできなかった。認められないという苦境のなかでこそ、ほとんどあらゆる分野で新たな認識をもたらすという幸福な成果を出せたのである。彼らこそが、古い、未だ前近代的な夢にまどろんでいたドイツを、科学技術というジャンプ台を使って産業社会のトップに立たせたのだ。ハインリヒ・ヘルツがいなければ、エーミール・ラーテナウ（訳注　ヴァルター・ラーテナウの父。ドイツに白熱電灯と電話を導入した。本書「ラーテナウ」参照）の電気工業がなければ、「電化革命」はあり得ただろうか？　フリッツ・ハーバーのアンモニア合成がなければ化学産業や農業は発展していただろうか？　アインシュタインの相対性理論がなければ物理学は、またフロイトの精神分析がなければ心理カウンセリングは、成り立っていただろうか？　ここに挙げたのはごくわずかな例である。

若いランダウアーはニーチェ（訳注　Nietzsche, Friedrich. 一八四四—一九〇〇。ドイツの哲学者）とショーペンハウアー（訳注　Schopenhauer, Arthur. 一七八八—一八六〇。哲学者）を読んでいる。ひとりでスピノザ（訳注　Spinoza, Benedictus de. 一六三二—一六七七。オランダの哲学者）も読んでいたが、それはけっして自身のユダヤ性を否定しようとした（訳注　スピノザはユダヤ教の戒律に反した廉で一六五六年にアムステルダムのユダヤ教団から追放された）ということではない。彼が期待をかけたのはイプセンの社会批判である。個人が成長し、完成することによってのみ、よりよい社会が建設できる、と彼も信じていた。一八八八年から八九年にかけてハイデルベルク大学で、その後ベルリン大学で、ドイツ文学と哲学を専攻したが、大学の勉強は大した成果をもたらさなかった。二十三歳で最初の小説『死の説教者』を発表、この作品は十年後の一九〇三年に再版されている。しかしランダウアーは小説家としてではなく、政治的アジテーターとして名をなした。一八九二年から一八九四年にかけて、左翼のなかでもどちらかといえばあまり知られていないアナルコ・サンジカリスト（訳注　十九世紀後半フランスに起こった急進的な反権力的組合運動。非議会主義、反権力を主張したアナーキストの一派）の機関誌『社会主義者』の編集を初めて担当している。彼の論文「労働者階級の解放への道」の内容上の指針となったのは、マルクスやエンゲルスではなく、プルードン（訳注　Proudhon, Pierre Joseph. 一八〇九―一八六五。フランスの社会思想家。アナーキズムの命名者といわれる）であり、この時点ですでにドイツの社会民主主義の本流からは外れていることになる。ドイツ社会主義の正統派は、いわゆる「若手」たちを疑いの目で見ていた。したがって当局にとって、彼らはよりいっそう危険な存在だっただろう。この状況は今日でもあまり変わっていない。制度的に統合された左翼や右翼は、依然としていわゆる叛乱者たちを非難している。「右」とか「左」というのは、一つの枠組みのなかで、ある制度に属し、そのなかでどちらの方向を向いているかによって、初めて区別されることだ。原理的な考察に基づいて結論を引き出そうとする試みは、その限定的な枠組みを越え出ようとする。当然、他と衝突せざるを得ないが、それはこのような志向が、政治を成り立たせている妥協というものを容認しないからである。

　国家権力に対する不服従への勧誘および煽動の廉で、ランダウアーは一八九三年に続けて二度、有罪判決を受けている。前科があったために一八九五年のフライブルク大学医学部への入学申請は却下されたが、もし入学が認められていたなら、状況を観察する能力と臨床医療に不可欠な想像力によって、彼は優秀な医者になっていただろう。しかしその一方で彼自身も、著述家という職業を諦めて医者になるよりは、「自由でジャーナリスティックな生活」の方が性に合っていると思うようになったらしい。工房を持たない仕立職人のグレーテ・ロイシュナーと結婚し、続けざまに二人の子供を得、月一五〇ライヒスマルクで義理の母も含めた一家を養っていたことを考えると、これは相当に重大な決心であったろう。

　「君にも想像できるだろう。多くの人たちにとっては十分な収入のある生活が大事であって、その余力のなかでそれぞれ好きなことをして暮らしたいのである。しかし私のなかには、他の何よりも重要なことがあり、それは私の時間のかなりの部分を要求する。私のなかのこの重要な部分は、小説を書いていた時にはとても生き生きとしていた。また、編集の仕事をしている時も満足させられていた」と、彼は一八九五年の五月にベルリンからの手紙に書いている。この手紙はウルムにいる従兄のヒューゴー・ランダウアーに宛てたものだが、その内容は、親の生き方を範としない現代の若者が書いたものとしても、ぜんぜん不思議ではない。彼らは、急速に変化しつつある社会の新たな価値観を、身をもって証明しようとしているのだ。だからこそ、アジ演説のせいで一一ヵ月プレッツェンゼーの監獄に入れられた息子を、ランダウアーの父親が遠ざけようとしたことも驚くにはあたらない。カールスルーエのカイザーアレー二五番地bで靴販売業を経営していたランダウアーの父親は、けっして教養がないわけではなく、目前にあるものを見据えて生きていたのだ。

しかし、書くことそのものの欲求とは別の、「何よりも重要なこと」とは何だったのか。それは、「偉大であろうとする学生や文学者、さらには作家になりたがりの元労働者」たちが感じていた憤りと同じだったのだろうか？　サンジカリストで著述家であった「若手」の一人ハンス・ミュラーについて、エンゲルスはベーベルに、「われわれの党がこれら紳士諸君の手助けをなんら必要とせずに勝利の道を悠然と進んでいるので、怒り狂っている」と報告している。エンゲルスによれば、ミュラーのような「馬鹿者は、転覆すべき反動的な権力があって初めて、革命的な権力というものが問題になるのだということに全く気がついていない」。

もしランダウアーが、エンゲルスのように、「まず革命が実現されること、そうすればそれによってすべてが改善される」という前提を容認していたならば、彼はその権力奪取という戦術にも同意していたかもしれない。しかし彼はこの前提を信じていなかった。若い社会主義者であったランダウアーに最も大きな影響を与えたのは、アナーキストのベーネディクト・フリートレンダー（訳注　Friedländer, Benedikt. 一八六六―一九〇八。自然科学者。オイゲン・デューリングの影響下、多くの社会問題についての著述を発表した）と社会改革者のモーリッツ・フォン・エギディ（訳注　Egidy, Christoph Moritz von. 一八四七―一八九八。軍人、著述家）である。エギディは軍隊での昇進の道を放棄し、民衆の側に立ったことの理由を、その著書『まじめな考え』で開陳していた。これは当時、センセーショナルな話題となっている。戦術的な行動によって決定的な変化を招来させることができるという考えを、ランダウアーはすでにかなり早い時期に瞞着であると見なしていた。彼は二十五歳の時から『われわれの時代に対するアナーキズムの要請』などについて、警察の監視の入った集会で演説しているが（一八九六年三月のある集会では、集会所となった酒場の控えの間に、内偵警官を除き、制服を着た警察官だけで二二人いたという記録がある）、このような時は十分慎重な言い回しを選び、いわゆる戦術的にふるまっている。しかし彼が考えていた革命の根拠は、神話化された階級闘争にも、プロレタリアート独裁が不可避的に生ずるとされる素晴らしい自然過程にもなかった。彼にとって革命とは、合理的な秩序であろうと、人的支配であろうと、あらゆる秩序の諸原則を繰り返し問い直すことであり、それに始まり、それに終わるのである。

　すべての秩序は、個を抑圧し、「精神の力」を弱体化させる傾向がある。それに抵抗しなければならない。一八九六年八月のロンドンにおける社会主義者会議の報告のなかでランダウアーは次のように述べている。「全体的な印象を述べると、ドイツの革命運動とその前進ということについては、非常に満足すべきものと判断される。しかし、労働運動一般ということになると、かなり不満が残る。特にイギリス人は組織づくりという点で進んでいる分、啓蒙とか、革命的思考、あるいは感情という点ではるかに遅れている。われわれを満足させてくれたのはフランスからの代表団だ。フランスではアナーキズムが労働組合の組織と結びついて大きな前進を見せている。どの政党に属する者であれ、およそ政治家はみな嫌われている……」当時すでに、ドイツの労働運動は少数支配に陥っていた。

　フリードリヒ・エンゲルスは終生、偉大な戦略家クラウゼヴィッツ（訳注 Clausewitz, Carl Philipp Gottfried. 一七八〇—一八三一。プロイセンの軍人、軍事理論家。遺作『戦争論』はエンゲルス、レーニンなどにも影響を与えた）の崇拝者であった。「国民の学校」たる一般兵役義務は労働者をも対象としており、軍隊的な規律と秩序志向がドイツ帝国の労働者たちを規定していたのである。このような社会的ミリタリズムには、カント（訳注 Kant, Immanuel. 一七二四—一八〇四。ドイツ観念論哲学の確立者）が定義づけたような「権力を伴わない法と自由」というアナーキズムは対抗できない。対抗できるのはむしろ「自由を伴わない法と権力」の方である。これをカントは「専制政治」と呼んだ。しかしランダウアーはあらゆる権力に反対だった。

　アナルコ・サンジカリストたちの機関誌『社会主義者』の編集者として、ランダウアーは自身の論説を、ときおり植字工のミュラーに直接口述していたが、それは彼の原稿が印刷前に警察によって押収されないようにするためだった。しかしそのようなやり方で印刷された彼の主張が、あまりに高邁な意図のもとに、あまりに高い目標を掲げていたため、彼は同志によって一八九七年にこの機関誌から追い出される。ランダウアーは彼のささやかな家族を、翻訳や短い記事、文学的な講演からの収入で養っていかなければならなくなった。

　「まるでキリストとドン・キホーテを足して二で割ったような印象を受けた。苦しみ、内向的だったが、その一方で夢見心地の幸福感を漂わせてもいた。穏やかで、円熟味を感じさせた。極端に大きな歩幅、大きな身長、肩掛けのついたコートにやせた身体を包んでふらついている様子は、とても特徴的だった」。ランダウアーの同時代人であり、同時にわれわれの時代にも活躍したヨハネス・フィッシャルト（本名エーリヒ・ドンブロフスキ）（訳注　Dombrowski, Erich. 一八八二－一九七二。ジャーナリスト）は、ランダウアーのことをこのように描写している。これはフィッシャルトによる出版人の肖像の一篇である。

　ランダウアーは、単なる変わり者という以上に、特別な存在だった。確かにすこし人と違うところがあったが、しかしそれはけっして異常なことではない。「離脱することによって共同性を獲得する」というのは、彼だけでなく、世紀転換期の多くの知識人が考えたことである。彼らは至るところで結社的なサークルを形成し、社会の経済的・技術的な発展が直線的に進むなかで、自己主張を試みた。「精神が暖かい温もりを得ることのできたさまざまな統一体が、ドイツにおいて失われざるを得ないだろう」とヤーコプ・ブルクハルト（訳注　Burckhardt, Jakob. 一八一八－一八九七。スイスの文化史家）が予言して三十年後、ほぼ三十歳になろうとしていたランダウアーは、ハルト兄弟（訳注　Hart, Heinrich. 一八五五－一九〇六。Hart, Julius. 一八五九－一九三〇。ベルリンの自由舞台の創立メンバー）の『新たなる共同体』（訳注　ハルト兄弟を中心とする雑誌の名）に逃げ場を求めたが、そこに彼が求めていたものはなかった。しかしマルティン・ブーバー

（訳註　本書「ブーバー」参照）と知り合うことができた。また同じ頃、詩人のヘートヴィヒ・ラッハマン（訳註　Landauer-Lachmann, Hedwig. 一八六五―一九一八。ドイツ系ユダヤ人の詩人、翻訳家）とも知り合っている。ブーバーは二人の往復書簡のなかの初期の頃のものを『書簡による一つの人生の軌跡』（一九二九年）に収録している。ランダウアーのグレーテ・ロイシュナーとの結婚は解消され、その後の二十年間にわたる彼の人生と活動は、ヘートヴィヒ・ラッハマンと切り離して考えることはできない。彼らの最初の共同作業は、オスカー・ワイルド（訳註　Wilde, Oscar. 一八五四―一九〇〇。イギリスのアイルランド系詩人、作家）の『社会主義と人間の魂』の翻訳（一九〇三年）である。しかし何よりも重要なのはピョートル・クロポトキン（訳註　Kropotkin, Pyotor Alekseevich. 一八四二―一九二一。モスクワの侯爵家出身の地理学者、革命家、アナーキスト）との知遇であろう。

　プルードンの著作についてもそうであったが、ランダウアーはクロポトキンの反ダーヴィニズムの著書『発展における相互扶助』のなかに、まさに自身の考えを見いだし、これを翻訳した。ほとんど三十歳年上のクロポトキンの著作が、このののち、ランダウアーの出版物のなかの重要な部分を占めるようになる。アムール河流域のコサックを指揮する若い将校であったクロポトキンが、シベリアと満州の地理を調査し、この地域に住む諸民族が地に足をつけ、質素で、つつましく暮らしているのを確認していく様子に、そしてその豊富な民族学的な知見からアナーキズム的結論を引き出しているところに、ランダウアーは魅了されていた。

　「現実というものが問題になったとき」規律は無力であり、相互理解と自由が生活を成り立たせることを、クロポトキンは知っていた。彼は除隊し、侯爵家とも縁を切り、二十五歳で大学に通い始めた。パリ・コミューンが破綻したあと、ジュラ連合（訳註　バクーニン〔Bakunin, Mikhail Aleksandrovich. 一八一四―一八七六〕が第一インターナショナルにおいてマルクスと対立し、結成したアナーキストの秘密結社）の時計職人たちとつき合うなかで、「精神的人間にとって連帯以上に大きな喜びはなく、精神にとって支配という不均衡ほど大きな恥はない」ということを学び、実践していった。

　彼にとって革命とは、さまざまな建設的な力が光り輝きながら惰性を超越する瞬間のことであった。ランダウアーはのちにこれを「精神の光を浴びること」と表現している。ランダウアーによれば、クロポトキンの強みは、ちょうど彼がシベリア高原を発見したことに見られるように、混乱の背後に単純な真実を発見する能力にある。逆に、錯綜したものを見る目が彼にはない。クロポトキンはドストエフスキィを理解していない。彼はむしろトルストイ（訳注 Tolstoi, Lev Nikolaevich. 一八二八―一九一〇。ロシアの作家）を敬愛した。ただし、クロポトキンとトルストイとの間には相対主義者と絶対主義者という大きな違いがある。

ランダウアーにとって「より重要なもの」とは、革命的な思考、感情、そして啓蒙であり、いつか成就するはずの何らかの革命のための日常闘争のことではない。ハルデンの政治週刊紙『未来』一八九五年一月五日号で彼は、彼が考える「ドイツのアナーキズム」とは何かを説明している。彼が発言した集会の報告を読む限り、彼は自身の革命観をどんな場合でもけっして放棄していないことがわかる。

エギディのことがきっかけで、彼は「告発する詩人」という論説を書いている。不当と思われた裁判の再審を請求するために、あえて中傷的な記事を書いたのだが、ゾラ（訳注 Zola, Emile. 一八四〇―一九〇二。フランス自然主義文学の代表的作家の一人）がドレフュス事件＊に関連して「私は訴える」を発表した時のようにはうまくいかなかった。証言が必要になったとき、当の証人のエギディが死に、ランダウアーは一八九九年に六ヵ月間、テーゲルの刑務所に入ることになってしまう。

（＊訳注 一八九四年、フランスの参謀本部付大尉アルフレード・ドレフュスが軍の機密書類をドイツに売った廉で終身禁固刑に処せられた事件。ドレフュスがユダヤ系であったための偏見として一八九八年ゾラら知識人が当局を弾劾した。真犯人が現れて、九九年ドレフュスは釈放された）

「中世の人間にとっての修道院が、今の人間にとっては監獄なのであろう。私たちにこのような療養を処方した愚か者たちは、この療養がたいへんな恩恵も与えてくれることがある、ということを全くわかっていない。私はすでに以前、このような孤独な生活のなかで、他と比べものにならない至福の時間を経験し、受難の力が証明されたのを感じた……思い出すことの喜びとか魂の饗宴とかがどのようなものか、こういう経験をした者でなければけっして理解できないだろう」。

監獄と修道院の類比はけっして偶然ではない。社会の状況を不信の目で探るように観察し、社会民主主義の政治的な判断を信頼できなかった懐疑家は、刑務所の監房の閉ざされた空間のなかで、神秘主義者になった。イプセンの社会的なドラマ同様、社会的な懐疑にとっての最終的な支えは、魂の自己沈潜にある。しかしそれとともに、言葉の無力さについての絶望感もますます強くならざるを得なかった。

ランダウアーは刑期中にフリッツ・マウトナー（訳注 Mauthner, Fritz. 一八四九—一九二三。哲学者）の『言語批判論集』の原稿に、熱心に目を通した。その結果このマウトナーの著作の第一巻については、ランダウアーが共同執筆者とも呼べるほどになってしまった。また同時にマイスター・エックハルト（訳注 Eckhart, Johannes〔通称 Meister〕. 一二六〇?—一三二七。ドイツの神秘主義思想家）の中高ドイツ語の説教を現代語に訳し始めた。特に彼にとって重要であったのは第一六説教である。完全に表現不能なことに関するその教えのなかに、ランダウアーは懐疑の意識を嗅ぎとっていた。ランダウアーのことを論じていた若い評論家ルートヴィヒ・ベルンドル宛の手紙のなかで、一九一〇年、彼は次のように書いている。「最良の神秘主義者は、われわれの話していることがそのまま真実ではないということを、つねに意識している。われわれは表現不可能なことを話しているのだ。もしその言葉を字義どおりに理解しようとすれば、それはナンセンス以外の何物でもない」。ランダウアーとマウトナーはともに、人間の言葉を理解しようとするのであれば、その言葉の背後にいる人間を知らなければならない、つまり言葉は、互いが理解し合えて初めて理解される、という結論に達した。現代風にいえば、コミュニケーションはインフォメーションに先行する、「人は理解し合うために話をするが、しかしその話された言葉は、すでに理解し合えていた時にのみ理解されうる」。二〇年代にはコーエン（訳注 Cohen, Hermann. 一八四二—一九一八。新カント派の哲学者）、フサール（訳注 Husserl, Edmund. 一八五九—一九三八。ユダヤ系哲学者）、ヤスパース（訳注 Jaspers, Karl. 一八八三—一九六九。実存哲学者）、ハイデガー（訳注 Heidegger, Martin. 一八八九—一九七六。哲学者）、レーヴィット（訳注 Löwith, Karl. 一八九七—一九七三。ユダヤ系哲学者）らが、それぞれの哲学の主要テーマを、この発言から展開することになった。われわれが未だに論じ続けているこのテーゼは、ランダウアーには自明のことと思われた。ヘートヴィヒ・ラッハマンに宛てて彼は次のように書いている。「この十四世紀の初頭に活動したマイスター・エックハルトについての一般的な評価は、〈ドイツの神秘主義者〉の一人である、というものだが、しかしこの時われわれは、事の本質を考えることができる。というのも、マイスター・エックハルトはとても明晰で理性的な、ときには屁理屈のすぎるタイプであり、彼にとっては知的行為の方が感覚をはるかに凌駕していた。汎神論者であるが、おそろしく深い、われわれにはとても現代的に感じられる考え方をしていた。また、魅力的で美しい、それでいて明快な文章を書いた」。

この文章からはランダウアーの精神的動揺が感じとれる。この動揺は、ある思潮に自分が捉えられたということからくる不安である。遅くとも十七世紀以降、この思潮は近代社会の支配的な原理である合理主義によって駆逐されていたはずだ。つまり、文化への不満や抑圧する力に対する理性の側からの批判を、現実の世界に目をつぶる非合理的な情熱と、どのように結びつけることができたのか、という問題なのだ。

神秘主義の一般的理解に従えば、社会批判は個々人の救いようのない独り言にならざるを得ない。状況を改善することへの信念とはなんらの連絡もなく分断されている。本来、改革への信念がなければ批判そのものが不可能であるはずだ。監房における神秘主義的な心理の高揚は、ランダウアーが人道的な目的をもって生き続けていた反抗者としての生き方と、決定的に矛盾するということもあり得ないわけではなかった。彼自身、ヒューマニズムからエゴイズムに堕落しているのではないかと、自分を疑っていた。また、そのようなマックス・シュティルナー（訳注 Stirner, Max〔本名 Johann Kasper Schmidt〕。一八〇六—一八五六。ヘーゲル左派に属する哲学者）の変節を、彼は非難してもいた。ランダウアーもまたこれまでの自分自身の活動との決定的な矛盾に陥っていたのか？彼の神秘主義は、結局はイプセンの場合のように、一般には受け入れられないのだろうか？

一九〇三年、『懐疑と神秘——マウトナーの言語批判を承けての試み』がベルリンのエーゴン・フライシェル出版から刊行された。この出版社からはすでに『権力と諸国家』という短編小説集が刊行されていた。ランダウアーの『社会主義への呼びかけ』の新版の序言で、ハインツ・ヨアヒム・ハイドルンは、この『懐疑と神秘』を無視してランダウアーの後期の思想を理解することはできない、と述べているが、これは正しい見解だろう。しかしまたこの一五四頁の革命的な小冊子を通じて初めて、世紀転換期におけるドイツの進歩的陣営がどれほどの袋小路に陥っていたかを、正しく把握することができる。「革命」というものが伝統的な思考様式と取り組み続け、個人と社会という対立項をつねに新たに捉え直していかない限り、何物も生み出さないということを、ランダウアーほど確固たる意識をもって明らかにした者はいなかった。

「これまではすべてがばらばらで、哀れな、弱々しい認識主体としての能動的自我と、近づきがたいほど堅く何の生気も感じられない対象としての受動的世界とに分裂していた。いまわれわれは世界の媒体にならねばならない。能動的であると同時に受動的でなければならない。これまでわれわれは世界を人間精神に、つまり頭脳の精神構造に転換して満足していた。これからは、われわれが世界精神に変容するのである」。

ランダウアーに言わせれば、物質は堅い、だから唯物論者の頭が硬くても、なんら不思議ではない。しかしそう言ったあとで、彼は、「具体物は無である、個別化された個人は無である」ということを証明し、「存在するのは個人ではなく、集合体であり、共同体である」ということを示そうとする。この点においてランダウアーは、フォイアーバッハやマルクスと一致している。マルクスは、人間を「個別化された共同体」であると言っていた。

「言葉とはでき上がった形象ではなく、他のさまざまな過程や行為と結びついた過程であり行為である」というテーゼが、もともとランダウアーの発想によるのか、それともマウトナーの考えによってその著作に書き込まれたのか、それを明らかにする手だてはないが、しかしそれはあまり重要なことではない。このような考え方は、ベーコン（訳注 Bacon, Francis. 一五六一―一六二六。イギリスの哲学者、政治家）のイドラの分類（訳注 ベーコンはその主著『ノーヴム・オルガーヌム』（一六二〇年）で、人間の認識を歪めているイドラ〔偶像〕を四種類に分類した）以来、多くの偉大な思想家たちに刺激を与え続けてきた。たとえばヴィルヘルム・フォン・フンボルト（訳注 Humboldt, Wilhelm von. 一七六七―一八三五。プロイセンの政治家、言語学者）もこのような考え方をしている。

『社会主義への呼びかけ』のなかでマルクス主義者たちを批判する文章は、感動的ともいえるものだ。ここでランダウアーは、言葉をさまざまに変化させることによって得られる創造的な力を利用して語っている。彼が純粋に言語的な意思表明というものに価値を置いていないのも、この生きた言語表現の創造的な力に依拠してのことだ。

ヴィルヘルム帝政のフラストレーションはたまりにたまって、ドイツの精神世界を荒廃させていった。皇帝に自主的な退位を請願することを自由派の議員たちとともに謀議したという嫌疑がランダウアーにかけられて、公式とは言いきれない類の、現実的とは称していたが、われわれの目から見ればそれほど現実的とはいえない現実政治の圧力の下に、ランダウアーは自身の革命観を反政治的なものと考えるようになる。

しかしランダウアーのアナーキズムは、人間の人間に対する闘争をやめさせることだけが目的であったから、アナーキズム的な党派を形成するということはあり得なかった。それどころか、一般にアナーキズム的と呼べるような政治戦術さえ、彼にとっては存在しなかった。生産手段の私有を法的に禁止するなどとは一言も言わなかったし、集団所有を強制するとも全く言っていない。そのような集団所有において実質上背後で隠れた官僚支配が横行することを、ランダウアーは恐れていた。「もちろんこのような、国際政治の観点からすればすぐさま脅威となるほどの、絶望的なまでに悪化した状態」(一九〇六年)は、よりよい「全体」への希望によっては改善できない。そのような「全体」は、われわれのことなど気遣ってはくれない。

ではどこに新しい指針を見いだせばよいのか? ランダウアーの三十項目に及ぶ『社会主義テーゼ』は、一九〇六年には、長すぎるという理由でカール・クラウスの『炬火』には掲載されなかったが、しかしその後、一九〇七年一月にマクシミリアン・ハルデンの『未来』に発表された。そのなかではまず、社会主義のように普遍的であると同時に個々人の内面にまで浸透する思想傾向は、分化し、分裂し、差異化せざるを得ない、という認識が示されている。彼は、個人がそれぞれの労働を通じて、自身やその家族のためにまずまずの、つまり、楽なだけでなく「文化的でもあるような生活」を獲得できる社会的条件を求めた。「社会主義者は、有用な労働に従事するすべての人間が、ある共同体のなかで文化的生活を十全に享受できる可能性をもつことを求める」。

ランダウアーが言うところの有用な労働とは、生活の維持と文化に必要な財を獲得するか、加工して作るか、あるいは運搬し、分配する労働である。また、そのような労働のために必要な補助手段を作り、あるいは障害を取り除く労働である。そういった労働のための組織も有用とされている。しかし、研究者、芸術家、作家は有用性の限界のところにいる。

労働というものは人間の手によって組織された生活上の営みである。生活そのものがそのまま有用な労働であるとは、これまで誰も主張しなかったはずだ。学者、芸術家、詩人の生活上の営みは他の労働と比べたら三級のものであり、宗教と同じ分類になる。彼らが有用な労働に従事した方がよい、とランダウアーはあえて主張してはいない。ただ「結局のところ、彼らは苦しみ、悩めばよい。贅沢な生活をしている者には、苦しみもまた潤沢であるはずだ」と考えてはいる。

このようなさまざまな労働の組織・形態のネットワークのなかで、ランダウアーは作家としての自身の立場を過大評価しようとはしなかった。エーリヒ・ミューザーム（訳注 Mühsam, Erich. 一八七八―一九三四。ランダウアーの指導を受けたアナーキストで著述家。強制収容所で殺害された）に秘密結社結成の疑惑がかけられ、その嫌疑は晴れたものの、新聞、雑誌が彼の原稿を受けつけずに送り返していたとき、ランダウアーはこれに公けに抗議した。しかし、ハインリヒ・マン（訳注 Mann, Heinrich. 一八七一―一九五〇。作家、トーマス・マンの兄）、トーマス・マン、フランク・ヴェーデキント（訳注 Wedekind, Frank. 一八六四―一九一八。劇作家）、ユーリウス・バープ（訳注 Bab, Julius. 一八八〇―一九五五。著述家、劇作家）らがこういった事実上の検閲に抗議し、署名運動を開始したとき、ランダウアーは署名を拒否している。「作家は、このような同業者組合を結成し就業権利を主張したりするべきではない」というのがその理由だった。「確かに作家はその作品を金のために売りはする。しかしそのことに関して公的な問題を引き起こすことは極力避けねばならない。仕事と収入の保障を求めて完全に労賃の奴隷になり精神の淫売になってしまうのではなく、むしろ孤独に血を流すべきなのだ」。このような考え方のランダウアーはさまざまな作家、著述家と関わりをもった。彼らとの距離はそれぞれ異なっている。マウトナー、ミューザームとの関係はまさに連帯と呼ぶにふさわしい。デーメル、バクーニン研究家のマックス・ネットラウ（訳注 Nettlau, Max. 一八六五―一九四四。オーストリアの言語学者、歴史家。一九二一―二四年バクーニンの著作集を刊行）、ユーリウス・バープ、リヒャルト・ベーア＝ホーフマン（訳注 Beer-Hofmann, Richard. 一八六六―一九四五。作家、シオニスト運動の支持者）らとはそれほど親密ではなかった。ホーフマンスタール（訳注 Hofmannsthal, Hugo von. 一八七四―一九二九。オーストリアの作家、詩人）、その才能を高く評価していたアルフレート・モンベルト（訳注 Mombert, Alfred. 一八七二―一九四二。ユダヤ系作家、弁護士）、バールに対しては礼を尽くしている。カール・クラウスには距離をとり続けた。一九〇九年から一九一五年にかけて『社会主義者』の編集者を三度目に務めたとき、このような人間関係によって彼の周囲には、「さまざまな社会の代表者を集めたなかから、さらに選ばれたものが集まって」いた。これほどの関係者と、それぞれの関わりと隔たりとを、架橋できた雑誌は他にない。

感性と衝動や、肉体と精神の豊饒を支えるさまざまな手段は、ある国民の文化に帰属する。しかしたとえばドイツ文化については、「気候、歴史的に受け継がれてきた欲求、技術、贅沢の慣習、これらのものが互いの成立条件となり、また限定し合っている」ということ以上に正確なことは何もいえない。文化を担うはずの国民とは何なのか？

「国民とは、実在しない何物かである。この国民という言葉によって、多くの人間の集団的な帰属の感情が表現されており、その帰属感情は他の同様の帰属感情と対立している、ということしかいえない。ただし、このような集団的な帰属感情の本質と基礎は、どんな場合であれ歴史的に条件づけられており、そこにはなんら共通の根拠もなければ、同じ類的概念があるわけでもない。それどころかその帰属感情の基礎となる歴史的条件は、互いに似かよってさえいないのだ。つまり、今日一般に言われているところの国民とは、民族、国境、経済的あるいは文化的まとまりの混ぜ物である。国家とその境界とは、いわゆる歴史の諸現象形態のなかでも最も哀れなものが創り出した、貧相な、偶然の産物にすぎない……
……」。

このように、国民に関わる従来の語彙やそのなかにある集団主義の利害関心と決着をつけようとするとき、社会主義も埒外ではなかった。「民族は美しい、愛すべき真実であるが、経済生活と結びつけられるとき、それは嘘になる」。労働がより大きな市場を求めることと、言葉が国語として認知されようとすることが、互いに関連しているようにみえるのは、その二つの別々の現象がともに「国家というものと不可分に結びつき、そのなかに取り込まれているからだ」。

「ある地域の慣例、風習、言語的習慣が、偉大な芸術とか、一般的な語用というものに発展することを、国家は阻止できなかった。しかし、技術的生産のプロセスや交換に見合った大きな経済共同体あるいは文化共同体の発展は、国家によって偽造され、阻止され、場合によっては抑圧され、破壊されてきた」。

これを社会主義は乗り越えねばならない。民族についての誤った考えを乗り越えた文化共同体あるいは経済共同体としてのみ、国民という概念は可能になる。それはもはや、国境や民族とは関係のないものになるだろう。

社会主義はこのような作業のなかでのみ可能なのであり、国家によって実現されるわけではない。その外側で、つまり「このような時代遅れの蒙昧さ、統制的な干渉、巨大な愚かさが、依然として国家というものに付着している限り、当面は国家の外側で」実現されるのだ。生産と流通の過程においてはすでに、人々は無数の部分的な組織や機関のなかにともに存在し、より高次の秩序のもとで結合している。したがって、社会主義的な組織化とは、「現在、浅薄な考えによって理解されている」ものとは、全く別のものになるはずだ。

国家は特定の目的をもった構成物であり、それが一定の形や空間的な境界をもつのは全くナンセンスなのだから、ただ合目的にのみ考えられた空間構成物を対置させねばならない。それをランダウアーは自治共同体《ゲマインデ》と呼んでいる。「国家は国土を防衛するために存在するのではない。むしろ逆に現在でもしばしば、諸国家が存在するために国土や故郷の家族を防衛しなければならない事態が生じている」。

迫り来る戦争の脅威を警告した『国民の自己決定による戦争の放棄』(ベルリン、一九一一年)において、彼は労働者の国際的連帯を主張している。「これまでにさまざまな国際的な協定が結ばれ、そしてここが肝心なところだが、それらが守られているとすれば、それは結構なことだ。しかしより重要なことは範を示すことである。われわれが正しい行動を取ることによってそれが模倣されること、そしてそのことによってどの政府も大量虐殺を犯せなくなること、それは間違いない。

国際的な協定があるという。しかしそれを誰も信用していないようだ。なぜか? 答えは簡単だ。その傲慢さに耐えられないからだ。どこかのいくつかの党組織の何人かの事務屋たちが、無責任なおしゃべりをするのは、本人たちは気持ちがいいだろう。しかしそれは国際的な平和会議での無駄話や、ハーグで各国政府が締結した平和決議（訳注 一八九八年、ハーグで第一回平和会議が開催された）同様、何の意味もない。まずもってある国の、ある国民のなかの労働者たちが、明瞭な、そして確固たる相互理解のもとに約束をかわし、それを守らねばならないのだ……」

ランダウアーは国際的な決議という「死文と化した活字に血を通わせる」ことに賭けた。そしてその賭けは負けだったことをわれわれは知っている。しかし、一九一四年にロマン・ロラン（訳注 Rolland, Romain. 一八六六―一九四四。フランスの作家。第一次大戦中、中立国スイスで積極的な反戦活動を展開した）がゲルハルト・ハウプトマン宛の書簡（訳注 平和運動への支持を呼びかける公開書簡）を発表したとき、ランダウアーは、アーハウゼンとベーハイムというバーデンの架空のユダヤ人居住区を舞台とした寓話によって、自身の態度を次のように明らかにしている。「ある善良なキリスト教徒がアーハウゼンのユダヤ人と口論になり、怒り心頭に発し、『お前たちがわれわれのイエスを磔にしたんだ』と口走った。この告発の勢いに圧倒されたそのアーハウゼンのユダヤ人は、『いや、われわれではない。あれはベーハイムの連中のしわざだ』と答えた」。ランダウアーによれば、ロランがなすべきことは人間性の名において諸国民に訓示をたれることではなく、「諸国民のなかに同じ一つのものとしてあるはずの人間性に呼びかけることだ。その人間性は、どの国民であろうとその一人ひとりが体現し、その魂を受け継いでいるはずだ」。

ランダウアーの社会主義はすべての者を知性化する運動であって、神意によって選ばれた特定の階級のための運動ではない。国家という枠組みの外で、それに対抗する運動である。この点において彼は、当時の社会民主主義とも、また共産主義とも決定的に異なる原理に拠っていた。彼は、彼の仲間たちに犠牲の山羊としての「資本家ども」を提供できたわけでもないし、また、「ひとたび革命の陣営が国家権力を掌握すれば、もはやその国家権力は抑圧的に働くことはない」などと吹聴できたわけでもない。彼が求めた正義は、初期社会主義において政治革命というよりは文化革命として要請されたものであり、それは啓蒙の寛容の理念に近いものだった。今日、「政治文化」なるものが一般的に求められているが、そこにおいて明らかとなっている文化的な欠落というものを、倫理家ランダウアーは案じていたのだ。頭だけ、あるいは身体だけの改革で人を救うことはできない。「高潔な志操の面白みのない不格好さ」だけが人を救える。そのような志操をランダウアーはレフ・トルストイに見ていた。「トルストイにとっては、理性と生の一致こそが理想」であった。

第一次大戦中の検閲によって出版活動が制限されていたとき、ランダウアーは二つの文学的な仕事に取りかかっている。彼の考えでは、それは来るべき革命にとって重要な仕事になるはずだった。その対象はシェイクスピア（訳注 Shakespeare, William; 一五六四？—一六一六。イギリスの詩人、劇作家）とフランス革命である。フランス革命の同時代人の手紙をヘートヴィヒ・ラッハマンとともに訳出する一方、彼はシェイクスピアについての講演を行った。

今日ではラジオもテレビもあるので、講演会というものが当時のコミュニケーションにとってどのような意味をもっていたかということが忘れられている。アウグステ・ハウシュナーがランダウアーの死後、追悼文のなかで次のように述べている。「彼の講義が始まる前はいつも、彼と彼の聴衆とが奇妙な重苦しさのなかで対峙していた。彼はいつもシナイ山からわれわれのところに降りてきた預言者という面持ちで、われわれの方は日常という底辺でさまざまな事柄に苦しみ、彼のもとに参じたのである。何人もの女性が家事などの仕事や生活上の義務のために講演を途中で切り上げて席を立つようなことがあると、彼はけっしていい顔をしなかったと思う。講演のあとでは、この対立はいくぶん解消されるのがつねだったが、この精神性に満ちあふれた雰囲気が、話し手によるものなのか、それともホールに集まった人たちによるものなのか、はっきりとはいえなかった」。

シェイクスピア講演のなかで彼は、シェイクスピアのさまざまな登場人物を手がかりに、現在のわれわれ自身の経験がどのようなものによって条件づけられているかを聴衆に明らかにしようとした。一九一八年のドイツで彼が、メネーニアス・アグリッパの貴族主義的な警告に対する平民の次のような反論を『コリオレーナス』*から引用したとき、ホールには緊張感がみなぎったに違いない。「われわれのことを思ってくれる！——まったくだ！——連中はこれまで一度としてわれわれのことなど考えてくれなかった。連中は、われわれが飢えている時も自分たちの穀物倉がいっぱいであれば平気だし、高利貸しがいっそう儲けられるように高利貸しのための法律を作るし、金持ちにとっては都合の悪い民衆のための制度は毎日のように廃止し、貧乏人を軛につかせ苦しめるため、よりいっそうひどい法令を制定している。戦争がわれわれを食い尽くさなければ、連中がわれわれを食い尽くしてくれるさ。——これこそが、連中のわれわれに対する愛情というものだ」。

（＊訳注　『コリオレーナス』は古代ローマ史に題材をとったシェイクスピアの史劇。以上の引用は一幕一場における市民と、コリオレーナスの友人メネーニアスのやりとり。コリオレーナスは貴族出身の軍人で、その軍功にもかかわらず、衆愚を断ずる気位の高さから護民官・平民たちと対立、結局、執政官になれず、ローマを追放されて敵国であるヴォルサイの軍指揮官となり、ローマを攻める。ローマ陥落寸前に、ローマに残った母と妻の意見を入れ攻撃を中止したため、ヴォルサイの将軍に殺される）

底知れぬ深みをもったこのようなシェイクスピアの台詞は、いったいどこから来るのか、とランダウアーは問いかける。われわれが「フランス革命の結果を踏まえて初めて知ることができるようになった」社会的認識を、シェイクスピアはすでにその二〇〇年前に書き綴っている。しかし、ランダウアーに言わせれば、モムゼン（訳注 Mommsen, Theodor. 一八一七—一九〇三。十九世紀ドイツを代表する歴史学者、政治家）の古代ローマ史とは違い、シェイクスピアは貴族たるコリオレーナスの魂の高潔さをも知っており、革命との関係という点では、ミラボー伯爵（訳注 Mirabeau, Honoré Gabriel Riqueti comte de. 一七四九—一八九一。フランス革命当時の政治家）以外このコリオレーナスに匹敵する者はいない。この二人の自尊心と自由への意志とを、ランダウアーは自らも共有していると考えた。彼が殺害されたあと、国民社会主義的な動きが見え始めた毒々しい雰囲気のなかでこのシェイクスピア講演が出版されたとき、コリオレーナスとミラボーが経験したことをランダウアーも経験している。彼は、この二人の英雄同様に、「本来であれば彼こそが政治的指導者としてその先頭に立っているはずの陣営において、国と民に対する裏切り者、自身の志操を裏切った者として、コリオレーナスのように追放された」のである。

シュテファン・ツヴァイクは当時、ランダウアーを擁護し、「ドイツの知識人が臆病に首をすくめていること」を批判して次のように書いた。「この自由にして心の気高い人がつき合ってくれたおかげで、私はシェイクスピアを最も強烈に、最も集中的に、そして最もよく読むことができた」。

「つき合ってくれた」というのはランダウアーのスタイルにふさわしい表現である。彼はけっして独善的に論ずることはない、他の批評家が思想流行に囚われていることを批判する場合であってもそうだった。たとえば一九一八年のトルストイに関するエッセイにおいて、ホーフマンスタール、パウル・コルンフェルト（訳注 Kornfeld, Paul. 一八八九—一九四二。表現主義の劇作家、演劇評論家。強制収容所で殺害された）、ヴァルター・ハーゼンクレーヴァー（訳注 Hasenclever, Walter. 一八九〇—一九四〇。ユダヤ系表現主義劇作家）、ゲルハルト・ハウプトマンといった作家たちを論じた時もそうだった。ハウプトマンが、「今日はシュレージエンのキリストを、明日はテシンのアンチ・キリストを、一昨日は世界市民的な祝祭劇を、昨日は民族主義的で好戦的な即《シュナ》興《ーダヒュッペル》歌や半ば政府がお膳立てした集会を詩作できた」としても、ランダウアーはこのような柔軟さを、「作家がたった一つの信条ではなく、どんな信条ももてる時代の兆候」であると解説してみせた。その意味では、こういう作家たちは、志操堅固であるために他と対立するシェイクスピアの悲劇の主人公たちの対極にいることになるだろう。「倫理的要請によって浮世ばなれした形而上学に迷い込んではならない」と彼は一九一〇年に、若きベルンドルに注意している。そして、人間が互いに与え合っている「苦難と悲惨」の責任を、神とか世界に負わせることには、死ぬまで反対し続けた。

ランダウアーは、当時有効なものと見なされていた「言語—システム」の実体を明らかにし、個々人の特殊性と見えたものが多くの人に共通するものであることを教えてくれたが、彼のこのやり方は、社会に関与することと、社会から距離をとることとを統合したものであった。これは彼の功績として評価されるべきであると同時に、人間の権利をめぐるわれわれの時代の世界的な戦いのために、ランダウアーが与えてくれた手本でもある。

一九一八年にランダウアーの「ドイツの諸共和国の連合とその体制」という政治文書を読んだとき、ヒューゴー・フォン・ホーフマンスタールはエフライム・フリッシュ（訳注 Frisch, Efraim. 一八七三—一九四二。ユダヤ系の演劇人、出版人）に宛てて次のように書いている。「彼の文書を手にすることが、私を本当に生き生きとさせてくれた。彼の言っていることはひょっとしたら夢幻かもしれないし、たんに曖昧なだけの想念かもしれない。しかしこれは唯一無比の個性である。疲れた心を引き寄せてやまない唯一の個性である。――ひょっとしたら君は彼に会うかもしれない。もし会ったら僕より先に彼に敬意を表しておいてくれたまえ」。

一九一七年にヘートヴィヒ・ラッハマンに死なれたランダウアーは、以降シュヴァーベンのクルムバッハで暮らしていた。ミュンヒェンからの知らせを受けて、彼は革命の喧噪のなかに駆けつけたが、その途上ですでに、事態の進展が、「新しいもの」「生成しつつあるもの」にその形を明確にできるほどの十分な時間的余裕を与えないのではないかと危惧していた。彼の懸念は当たった。能力全く未知数の者たちのなかからただ一人、若いエルンスト・トラーのみを従えて、ランダウアーはレーテ共和国＊の教育人民委員の役職を引き受けた。しかし、共産主義者たちがその暴力主義によって反革命の暴力に口実を与えてしまい、レーテ共和国は崩壊した。この反革命暴力は、このあと、バイエルンの大都市を逆コースの「運動の首都」（訳注　ヴァイマール共和国時代、一九二〇年にカップ一揆が成功したミュンヒェンは、社会民主主義と労働運動の中心地「赤いベルリン」に対抗する、反動の牙城となった。二三年秋にはヒトラーらのクーデター未遂も起こった）としてしまう。「われわれドイツ人は革命を経験しなかった――しかし反革命は経験した」と、『ヴェルトビューネ』の一九一八年五月八日号に掲載された大学での状況についての記事のなかで、トゥホルスキー（訳注　Tucholsky, Kurt. 一八九〇―一九三五。ドイツのユダヤ系作家、ジャーナリスト）は書いている。この時すでにランダウアーは殺害されていた。

（＊訳注　第一次世界大戦末、ミュンヒェンでは革命が起き、王制が倒された。一九一八年一一月に独立社会民主党、社会民主党中心のバイエルン共和国成立。一九年二月に首相兼外相のクルト・アイスナー〔Eisner, Kurt. 一八六七―一九一九。バイエルン独立社会民主党の党首〕が暗殺される。四月七日にミュンヒェンで第一次レーテ共和国宣言、四月一三日以降は共産党主導の第二次レーテ共和国となり、武力決戦を主張。五月一、二日の市街戦で「義勇軍」と称する反革命軍によってほぼ制圧された）

第一次レーテ共和国が終焉したあと、彼は友人である故クルト・アイスナーの未亡人の家に身を寄せていたが、五月一日の午後には逮捕されている。彼の友人の何人かがすでに数日前から、安全な場所に身を隠すよう忠告していた。もしそうしていたら彼は助かっていただろう。にもかかわらず彼はあらゆる忠告に耳を貸さず、逃げずに留まった。彼自身には逃げ隠れする理由がなかったのだ。シェイクスピアのコリオレーナスも追放されるまで留まった。

アウクスブルクの革命家エルンスト・ニーキシュ（訳注 Niekisch, Ernst. 一八八九―一九六七。政治家。アイスナー殺害後、第一次レーテ共和国移行までの、中央評議会議長、実質的バイエルン共和国元首）は、捕えられたランダウアーがシュターデルハイムの刑務所に義勇軍兵たちによって搬送される様子を以下のように伝えている。「彼が運び込まれたとき、制服を着た学生たちが興奮して彼を取り囲み、乱暴を働いた。彼はいつもの通りけっして取り乱すことなく悠然と、しかも大胆なほど率直に、彼らが利用されているということ、間違った主義主張の道具にされているということを教えようとした。フォン・ガーゲルンと称する少佐が、話を聞いて怒り狂った。彼は、すでに収監され、身柄の安全を保障されていたはずのランダウアーを殺せと、その場にいた学生たちを煽ったのだ。連中は暴徒と化してランダウアーに襲いかかり、殴り倒した。一人の軍曹が床に倒れた彼の胸に銃を突きつけ、射殺した。義勇兵は死体を裸にし、洗濯物部屋に放り込んだ」。

「われわれは革命を望んでいるのではない、われわれが革命なのだ」とマルティン・ブーバーは、世紀転換期に〈新たなる共同体〉に集まった者たちを前にした講演で述べている。この言葉は彼より少し年上のランダウアーの発言を手直ししたものだ。ランダウアーはマイスター・エックハルトを、そしてブーバーはハシディズム（訳注 形式的な律法主義に反対し、その内容と宗教感情を重視するユダヤ教敬虔主義の一派。特に十八世紀中頃ポーランド、ウクライナに広まった）を復活させようとした。二人は若い頃に友人となり、「人間の共同生活に関するブーバーの考えはランダウアーに影響されている」（ハンス・コーン）（訳注 Kohn, Hans. 一八九一―一九七一。プラハ生まれのユダヤ系社会学者。アメリカ合衆国の大学で職を得た。シオニズム運動に従事）。

ランダウアーの著作は、もしブーバーの努力がなければ、忘れ去られただけでなく、散逸してしまったであろう。この二人はともに知的緊張を生活の原則としていたが、この緊張は、それぞれ社会主義とシオニズムという運動に転換された。シオニズムの方は、ちょうどテオドール・ヘルツルの『ユダヤ人国家』によってその政治的ユートピアの形式を獲得したところだった。暴力の支配する社会から脱出し、新たな出発を企図することが共通の目標となったが、二つの運動はその後も、その実現の試みにおいてよく似た軌跡をたどることになる。ユートピア実現の過程で国家というものがどのような役割を果たすのかについて、シオニズムも社会主義もそれぞれの決断を迫られることになった。

自らの反国家的プロパガンダが、まだ神権政治の影が色濃く残っているドイツという国で効を奏するとは、ランダウアーも期待していなかった。しかしユダヤ人の精神的連帯については問題がまた別だった。共同生活のための居住空間を確保しようとしたとき、ユダヤ人の連帯は国家というものを改めて廃棄する必要はなく、新たにつくることを諦めさえすればよかったのである。

「国家とは国ではない。国とは土地のことだ。それ以外の何物でもない。ねじまげられた欺瞞的な意味は、為政者がもはや為政者でなくなったにもかかわらず、なお依然として為政者であろうとしたところに発生し、信じ込まれた。土地と関わりをもつのは、土地を耕す者であり、その団体であり、家を建てる者である。そこに住む者であり、地主の団体であり（そのような団体があればの話だが。ただ、このような土地台帳を守るために、国境をもった国家などは本当に必要ない）、そして〈自治《ゲマ》共同体《インデ》〉である。そしてこれら個々の団体が、ドイツ語の本来の意味での役所というものにまとめられる。役所あるいはその役所の管轄区域は、自治共同体《ゲマインデ》の集まったものである。国家は国土を防衛するために存在するのではない……」。

このランダウアーのテーゼは、シオニストに対して語られたものでもあるが、いうまでもなく、〈ユダヤ人国家〉という理念とは完全に対立している。イスラエルが建国されるまでは、シオニズム運動は国家を要求する運動であるだけでなく、国家に対抗する運動でもあった。この反国家運動は今日ではもう時代遅れになってしまったが、それでもなお生きている。

文化的・民主的対抗勢力が望んでいたような、社会主義的な生産共同体を基礎としてその誇り高き伝統に生きるという範例を、ユダヤ人は世界に示すことができなかった。もしこのようなモデルがあれば、その後の世界の精神的風景はもっと別のものになっていただろう。しかし実際は、世界は転覆の連続であり、革命家たちは至るところで古いものを再び打ち立てた。彼らは国家に対抗して新たな国家を建設し、暴力に暴力で応え、結局、人類を一歩たりとも前進させることはできなかった。暴力の支配する社会から脱しようと思う者は、まず自らが暴力を放棄しなければならない。「苦境に陥って他者を苦しめ、抑圧されたために他者を抑圧し、暴力をふるわれたために他者に暴力をふるうような者は、社会主義者ではない」と、ランダウアーは一九一二年に書いている。シェイクスピアの『ジュリアス・シーザー』についての講演のなかで、彼はブルータスのことを、もともとはきわめて私的な生活に留まるタイプの人間であったにもかかわらず、その高潔な性格のために「他の人々が自由かつ幸福でなければ、私的な生活を楽しむことに耐えられなかった」のだと論じた。「ブルータスは哲学から政治に身を投じた。しかしその哲学はその生き方と不可分だった。ただ心で考えたというだけではない、むしろ彼の思考は、外的現実が彼の考えるところに合致しない限り満足しないのだ。静かな、穏やかな、しかし強靭な意志に基づいて、彼は行動した」。

「ランダウアーの性格もそういうものだったし、またそうでしかあり得なかった」というツヴァイクの意見に、私も同感である。

マックス・ラインハルト (Max Reinhardt, 1873-1943)

主著

『響きと煙』(*Schall und Rauch*, 1901/02)

『演劇に生きる』(*Leben für das Theater*, 1989)

『三つのドン・カルロス—パロディー』(*Drei Don Carlos. Parodien*, 1992)

選集

Ausgewählte Briefe, Reden und Schriften, Herausgegeben von Franz Hadamowski (Wien: Prachner, 1963)

Schrifte. Reden, Aufsätze (u.a.), Herausgegeben von Hugo Fetting (Berlin (DDR): Henschelverlag Kunst und Gesellschaft, 1974)

Ich bin nichts als ein Theatermann. Briefe, Reden, Aufsätze, Interviews, Gespräche, Auszüge aus Regiebüchern, Herausgegeben von Hugo Fetting (Berlin (DDR): Henschelverlag Kunst und Gesellschaft, 1989)

Manuskripte, Briefe, Dokumente. Katalog der Sammlung Dr. Jürgen Stein, Herausgegeben von Hugo Wetscherek (Wien: Inlibris, 1998)

マリアンネ・ケスティング

マックス・ラインハルト

山下 公子 訳

人は彼を「魔術師」と呼んだ。彼は現実を劇場に、夢を現実に変身させた。彼の生涯は人を陶酔させるお芝居のようにみえる。ただアメリカ合衆国に移住の後は魔術も陶酔も外的な状況のために力を失い、年老いた彼は現実に直面して恐ろしい落胆を余儀なくされ、貧しく孤独のうちに、ニューヨークのホテルの一室で亡くなった。アメリカ人たちはこの魔術師に使い途を見つけられなかった。世界的な名声を得た人物であり、多くの配下の俳優、演出家、それも多くはラインハルトに育てられたおかげで成功した人たちに囲まれていたにもかかわらず。

マックス・ラインハルトは、演劇の天才、ベルリンの偉大な演劇時代の寵児であり、その時代を創った人である。彼は成功に甘やかされていた。要するにラインハルトはベルリンの劇場王国を支配した人物で、私有劇場として十の劇場を持つようになったし、ヴィーンでも劇場を一つと、それ以外の舞台をいくつか手に入れた。ザルツブルクでは、ザルツブルク芸術祭の創始者であったこの人に、市全体が舞台として提供された。ラインハルトは宮殿や城館に住み、最も洗練を極めた贅沢のうちに暮らしていた。考えられる限りの栄誉が与えられた。圧倒的な成功、名誉学位、天使の祝歌のような劇評、そして相当の財産。ラインハルトの新しい演出の初日を観る観客のために、特別列車が仕立てられることも珍しくなかった。女たちはラインハルトに群がり、それはラインハルトが最後の息を引き取るまで変わらなかった。劇場支配人たちはラインハルトの後を追って、どんな辺僻なリゾート地であれやってきた。ラインハルトは三〇年代まで全く正真正銘、ベルリンの演劇王だったのである。

シラー（訳注　Schiller, Johann Christoph Friedrich von. 一七五九—一八〇五。ドイツの詩人、劇作家、歴史家）によれば、後世は役者のために花輪を編んだりはしないそうだが、ラインハルト没後の世界も、ラインハルトを忘れてはいない。マックス・ラインハルト資料館やセミナー、彼の名を冠した演劇学校、研究所が作られ、数えきれぬほどのラインハルトを記念する作品や、ラインハルトの影響色濃い作品が見られる。にもかかわらず、ラインハルトその人に関する情報は奇妙に影が薄い。ラインハルトという人、本人はどういう人だったのかという質問に戻ってくるのは、ぼんやりした説明ばかりである。彼はとても引っ込み思案で、恥ずかしがりで、礼儀正しい紳士だった。いつでもよい身なりをしていた。偉大な沈黙家だった。上等の葉巻を喫うのが好きでシャンパンとキャビアが好物だった。たゆみなく仕事をしていた。要するに、ラインハルトの人間存在はその仕事のなかに姿を消し、浮かび上がってくるのは輪郭、それも多くの場合本質的とはいえない輪郭だけなのである。ラインハルトと最も親しかった人の最も個人的な思い出にあってさえ。

　そういうわけで、ラインハルト本人もその仕事も、わが目で見たわけではない追体験者としては、ヘルマン・バール（訳注 Bahr, Hermann. 一八六三―一九三四。オーストリアの作家）が一九〇九年、ラインハルトの「ドイツ座」に関する書物のために書いた、ラインハルトの人物評中の次の一節を、考慮に価するものと考えたくなる。この文章は歓迎されなかった。そればかりか、結局この一節のために、バールのエッセイ全体が印刷されぬまま残され、のちに、ラインハルト崇拝者ジークフリート・ヤーコプゾーンの雑誌『劇場《シャウビューネ》』に掲載された。これは、それまでもラインハルトの仕事を非常に熱心に追っていた雑誌である。

「逆説的であるが、ラインハルトについては次のように言うことができよう。その人格本来の魅力は、自分では人格をもたず、当代のあらゆる人々の人格から吸い取って、ある人格を創り出す点にある（……）ラインハルト本人はドイツの芸術に何ひとつ自分らしい調子をもち込んだわけではない。しかしながら、自分の世代のいずこかで聞こえる、ありとあらゆる個人的な調子を聞き取り、引き寄せ、拾い上げる類い稀な力によって、ラインハルトはその世代のすべての音調の収集者となった。そして、そうでなければバラバラで互いに何の関係もない、それらの音調が集合した結果、全く新しい、独自の、ラインハルト独特のものが生まれたのである」。

　ラインハルトの息子ゴットフリートが父について記した回想によれば、この文章を語らせているのは隠れた反ユダヤ主義なのだそうだが、しかし、このバールの分析はやはり、ラインハルトが多彩な、一言では言い表せない活動によって生み出した謎を説明してくれるように思われる。すなわちさまざまな様式や時代の完璧な処理、そしてラインハルトが社会で演じた役割と、社会がラインハルトに下した評価とのつくり出す、一筋縄ではいかない複雑な遊戯。ゴットフリート・ラインハルトはそれを次のようにまとめている。

「幻想家、印象主義者、新ロマン派、バロック的人間、国際的演出家、照明芸術家にして廻り舞台操作の巨匠。ショーマン、サーカス芸人、ノラクラ者、万能の天才。アメリカでは、崇敬すべきヨーロッパの伝統の老いた（そして少々役に立たない）偉大な代表者、ヨーロッパでは、アメリカの商業主義の輸入業者、ヴィーンでは、ヴィルヘルム時代、そしてのちにはヴァイマール時代ベルリンの代表、ベルリンでは、それまでオーストリアの特徴とされてきたものすべての精髄、知識人にとっては感覚人間、教条主義者には折衷主義者、革命家にとっては保守主義者、保守派にとっては革命家、趣味人から見ればとんでもなく誇張された効果を狙う大衆迎合者、自称人民の味方にとっては、エリートぶって音を抑えた室内楽をやってみせるエセ貴族。言葉にこだわる人々にとっては視覚の饗宴の演出家、視覚人間にとってはダイナミックな音のチャンピオン、部下にとっては主人にして保護者（まさに衷心からの依存性が培う、複雑な問題はあるにせよ）、観客にとっては偉大な魔術師」。

ここに列挙された役割や判断のどれも、それ一つでマックス・ラインハルトを充分に説明することはできない。しかし、ラインハルトは間違いなく、多くの役割を実際に演じ、ラインハルトにとって都合のよいものであれ不都合なものであれ、ここに挙げられている判断が下されるようにしむけた。ラインハルトはつまり、自分の支持者と敵対者の双方を繰り返し驚かせ、呆れさせた。周囲がようやく一つのラインハルトに馴れたかと思うと、必ずラインハルトは新たな姿を提示して見せた。それらすべてをつなぎ合わせているのは、様式とか、画期的革新、あれこれの文学に対する傾倒などというものではなく、誤ることなき演出および演劇本能であった。ただし、この本能はすべてに及ぶものであり、「総合芸術」としての演劇を意識していた。ラインハルトの天才は、演劇文学の精華、つまり重要な作家たちをわがものとした。またラインハルトは最も有名な画家および舞台装置家を雇い、最高の才能ある俳優を発見して、それらの俳優を起用した。そのため、ラインハルトの俳優であるということが一種のブランドとして通用するほどであった。ラインハルトはまた、つねに新たな空間使用法を実験するため、次々に劇場を新築し、また改装した。当時最高の音楽家と指揮者を招請し、多くの重要な演出家を世に送り出した。この包括的な活動と、文字通り誤ることなき本能のお手本は、ディアギレフ（訳注 Diagilev, Sergei Pavlovich. 一八七二―一九二九）とそのロシア・バレエ団であった。ディアギレフもまた、その時代最高の舞台装置家、音楽家、踊り手を集める力を見せた。ただし、周知の通り、ディアギレフはあくまでもそれら芸術家の手配者であり、マネージャーであった。ラインハルトとは異なり、ディアギレフは自身で創造活動に携わることはなかった。もう一つ別の手本となったのはリヒャルト・ヴァーグナーであり、ヴァーグナーが提案した劇的総合芸術と、オーケストラ席の下降によって実現される舞台および観客席の一体化、さらにはその祝祭劇という考え方であった。

ラインハルトの功績を簡単に振り返ろうとすると、面白くもない列挙をせざるを得ない。ラインハルトは同時代の最も主要な作家たちと取り組み、ハウプトマン、ホーフマンスタール、トルストイ、ゴーリキィ（訳注 Gor'kii, Maksim〔本名 Aleksei Maksimovich Peshkov〕. 一八六八―一九三六。ロシアおよびソヴィエト・ロシアの作家）、ストリンドベリ（訳注 Strindberg, August. 一八四九―一九一二。スウェーデンの詩人、作家）、オスカー・ワイルド、イプセン、シュニッツラー（訳注 Schnitzler, Arthur. 一八六二―一九三一。オーストリアの作家）、ヴェーデキント、シュテルンハイム（訳注 Sternheim, Carl. 一八七八―一九四二。ドイツの劇作家、作家）、ショウ（訳注 Shaw, George Bernard. 一八五六―一九五〇。イギリスの劇作家）、ポール・クローデル（訳注 Claudel, Paul. 一八六八―一九五五。フランスの詩人）の作品を上演した。また、ドイツ表現主義の作家の作品上演にも努力した。ラインハルト・ゾルゲ（訳注 Sorge, Reinhard Johannes. 一八九二―一九一六）、エルンスト・トラー、フリッツ・フォン・ウンルー（訳注 Unruh, Friedrich Fritz von. 一八八五―一九七〇）、ラインハルト・ゲーリング（訳注 Goering, Reinhard. 一八八七―一九三六）、フランツ・ヴェルフェル、シュトラム（訳注 Stramm, August. 一八七四―一九一五）、クラブント（訳注 Klabund〔本名 Alfred Henschke〕. 一八九〇―一九二八）、ゲオルク・カイザー（訳注 Kaiser, Georg. 一八七八―一九四五）、エルゼ・ラスカー＝シューラー（訳注 本書「ラスカー＝シューラー」参照）たちである。またラインハルトは同時に、古典派の作品の演出家ともなり、それまで教養人士の退屈のなかで血の気を失っていたそれらの作品を救い出し、ついには定期的に上演するようになった。シェイクスピア、シラー、ゲーテ、クライスト（訳注 Kleist, Heinrich von. 一七七七—一八一一。ドイツの詩人、劇作家）、レッシング（訳注 Lessing, Gotthold Ephraim. 一七二九—一七八一。ドイツ啓蒙期の代表的劇作家、文学理論家）、ヘッベル、モリエール（訳注 Molière. 一六二二—一六七三。フランスの喜劇作家、俳優、演出家）である。また「疾風怒濤」時代のクリンガー（訳注 Klinger, Friedrich Maximilian. 一七五二—一八三一）やレンツ（訳注 Lenz, Jacob Michael Reinhold. 一七五一—一七九二）のような作家の作品を再び上演し、ビュヒナー（訳注 Büchner, Georg. 一八一三—一八三七。ドイツの詩人）を舞台に載せた。新しい社会劇を取り上げたかと思うと、『こうもり』やオッフェンバック（訳注 Offenbach, Jacques. 一八一九—一八八〇。ドイツ生まれのフランスの作曲家）の作品のような古典的な喜歌劇も上演し、イタリアのコメディア・デラルテとその完成者にして終結者であるゴルドーニ（訳注 Goldoni, Carlo. 一七〇七—一七九三。十八世紀イタリア演劇を代表する劇作家）を再発見し、さらには中世の聖史劇に手を染めたり、野外円形劇場で上演されるギリシア古典悲劇の復活まで試みた。それだけでなく、ラインハルトは舞踊劇やパントマイムにも興味をもっており、今日の舞踊演劇の先駆者でもあった。

ラインハルトに当時最高の音楽家との共同作業を可能にした本能的な勘は驚くべきものであった。それらの音楽家のうち作曲家は、リヒャルト・シュトラウス、プフィッツナー、ブゾーニ（訳注 Busoni, Ferruccio Benvenuto. 一八六六—一九二四）、ヴァインガルトナー（訳注 Weingartner, Felix Paul von. 一八六三—一九四二）、ダルバート（訳注 d'Albert, Eugen／あるいはAlbert, Eugène Francis Charles. 一八六四—一九三二）、フンパーディンク（訳注 Humperdinck, Engelbert. 一八五四—一九二一）、ヴァイル（訳注 Weill, Kurt. 一九〇〇—一九五〇）であり、指揮者はレオ・ブレヒ（訳注 Blech, Leo. 一八七一—一九五八）、アルトゥーロ・トスカニーニ（訳注 Toscanini, Arturo. 一八六七—一九五七）、オットー・クレンペラーであった。画家や舞台装置家として起用したのは、老メンツェル（訳注 Menzel, Adolf von. 一八一五—一九〇五）、ロヴィス・コリント（訳注 Corinth, Lovis. 一八五八—一九二五）、マックス・スレフォークト（訳注 Slevogt, Max. 一八六八—一九三二）、エドヴァルト・ムンク（訳注 Munch, Edvard. 一八六三—一九四四。ノルウェイの画家、グラフィック芸術家）、エーミール・オルリク（訳注 Orlik, Emil. 一八七〇—一九三二）、マックス・ペヒシュタイン（訳注 Pechstein, Max. 一八八一—一九五五）、そしてゲオルゲ・グロス（訳注 Grosz, George. 本名 Georg Ehrenfried. 一八九三—一九五九）、アルフレート・ロラー（訳注 Roller, Alfred. 一八六四—一九三五。舞台装置家、マーラーの協力者としてオペラの舞台を多く手がけた）、オスカー・ストゥルナド（訳注 Strnad, Oskar. 一八七九—一九三五）、エルンスト・シュテルン（訳注 Stern, Ernst. 一八七六—一九五四）、カスパー・ネーヤー（訳注 Neher, Casper. 一八九七—一九六二。舞台装置家、ブレヒトの舞台を多く手がけた）であった。

ラインハルトの舞台には、有名な俳優のほとんどが上った。その大半はラインハルトが発見したのである。アレクサンダー・モュシ（訳注 Moissi, Alexander. 一八八〇―一九三五）、マックス・パレンベルク（訳注 Pallenberg, Max. 一八七七―一九三四）、ティミヒ一家（訳注 Thimig. 有名な俳優一家。父 Hugo. 一八五四―一九四四。娘 Helene. 一八八九―一九七四。息子 Hermann と Hans. ヘレーネはラインハルトの妻）、フリッツ・コルトナー（訳注 Kortner, Fritz. 一八九二―一九七〇）、フリードリヒ・カイスラー（訳注 Kayssler, Friedrich. 一八七四―一九四五）、エドゥアルト・フォン・ヴィンターシュタイン（訳注 Winterstein, Eduard von〔本名 von Wangenheim〕. 一八七一―一九六一。演出家でもあった）、ルーシー・ヘーフリヒ（訳注 Höflich, Lucie. 一八八三―一九五六）、エリーザベト・ベルクナー（訳注 Bergner, Elisabeth. 一八九七―一九八六）、ティラ・ドュリュー（訳注 Durieux, Tilla〔本名 Ottilie Godefroy〕. 一八八〇―一九七一）、ヘレーネ・フェートマー（訳注 Fehdmer, Helene. 一八七二―一九三九）、アルベァト・シュタインリュック（訳注 Steinrück, Albert. 一八七二―一九二九）、グスタフ・ヴァルダウ（訳注 Waldau, Gustav. 一八七一―一九五八）、ルードルフ・シルトクラウト（訳注 Schildkraut, Rudolf. 一八六二―一九三〇）、アデーレ・ザントロック（訳注 Sandrock, Adele. 一八六四―一九三七）、アルベァト・バッサーマン（訳注 Bassermann, Albert. 一八六七―一九五二）、ヘルミーネ・ケルナー（訳注 Körner, Hermine. 一八七八―一九六〇）、マルレーネ・ディートリヒ（訳注 Dietrich, Marlene. 一九〇一―一九九二）、エルンスト・ドイチュ（訳注 Deutsch, Ernst. 一八九〇―一九六九）、パウル・ヴェーゲナー（訳注 Wegener, Paul. 一八七四―一九四八）、アグネス・ゾルマ（訳注 Sorma, Agnes. 一八六五―一九二七）、グレーテ・モースハイム（訳注 Mosheim, Grete. 一九〇五―一九八六）、ロータ―・ミューテル（訳注 Müthel, Lothar. 一八九六―一九六四）、オットー・ヴァレンブルク（訳注 未詳、あるいは Wallburg か）、パウル・ハルトマン（訳注 Hartmann, Paul. 一八八九―一九七七）、エーミール・ヤニングス（訳注 Jannings, Emil. 一八八四―一九五〇）。

ラインハルトが育てた演出家は、ルードルフ・ベルナウアー（訳注 Bernauer, Rudolf. 一八八〇―一九五三）、エドゥアルト・フォン・ヴィンターシュタイン、エーリヒ・パープスト（訳注 Pabst, Erich. 一八九〇―一九五五）、カールハインツ・マルティン（訳注 Martin, Karlheinz. 一八八八―一九四八）、エーリヒ・エンゲル（訳注 Engel, Erich. 一八九一―一九六六）、ベルンハルト・ライヒ、ベルトルト・フィアテル（訳注 Viertel, Berthold. 一八八五―一九五三）、ハインツ・ヒルパート（訳注 Hilpert, Heinz. 一八九〇―一九六七）。ここに挙げた名前はもちろん、すべてではない。

これらの名前以外に、次のことも考える必要がある。まず、ラインハルトがどれほど多くの劇場、それも違う土地の劇場で上演を行ったかである。一九〇五年から一九三〇年の間だけを取っても、この間彼は四五二作品を二万三三七四回上演していることがわかる。しかもこれには、国際的な演劇祭や国外への客演が入っていない。また、この時期ラインハルトは一七年間続いた複雑な離婚訴訟を抱えており、複数の家族を養い、その上、城館や劇場を改装したり、あるいは全く新しく建てたりしていた。そのように考えると、ラインハルトのこの活動ぶりは、その量だけで人を仰天させる。これは、信頼できる部下の一団なしには不可能であり、ことに、ラインハルトの複合的な活動のすべてをしっかり握り、あらゆる財政問題を引き受けていた弟エトムントの、派手さのない堅実な財政手腕なしには考えられなかった。しかもその上、ラインハルトは並みはずれて綿密な演出家で、百以上の、自分の演出プランを細かく記した演出用台本を残している。マックス・ラインハルトは全く休みなき創造者であった。個人秘書グスティ・アードラーが記した通り、ラインハルトは「高圧」のもとで生きていた。その秘訣は、つねに、精神的にも実際上も舞台に立ち、演出し続けるところにあったように思われる。さまざまな劇場だけでなく、自分の住居や城館、とうとう最後には一つの都市全体でラインハルトはそれをやってのけた。ザルツブルクで。

マックス・ラインハルトはそれほど裕福ではないユダヤ系商人の息子として、一八七三年ヴィーン近郊のバーデンで生まれた。しかし、育ったのはヴィーンである。家庭は音楽には無縁で、全く演劇好きでもなかった。しかし、若い頃のラインハルトは、劇場都市といってよいヴィーンと、その宮廷、行進、行列、たいまつ行列、街頭歌手などのすべてを演劇として吸収したように思われる。子供の頃から人形で芝居をやり始め、科白を朗唱し、役を演じた。いったんは銀行に見習いとして入行させられたが、その後ようやく、演劇に理解のある伯母のおかげで、俳優術のレッスンを受けられるようになった。けれども、ラインハルトの真の修業場はブルク劇場である。

「私は四階の立見席で生まれた」。断片的に残された自伝でラインハルトはこのように述べている。ラインハルトはそこで、偉大な俳優たちの科白廻しに聴き耳を立てた。これらの俳優たちはヴィーンの社交界においても中心的な役割を果たしていた。客演者としてドゥーゼ（訳注 Duse, Eleonora. 一八五八―一九二四。イタリアの名女優。デュマ、イプセン、メーテルリンクなどの新作を得意とした）、サラ・ベルナール（訳注 Bernard, Sarah. 一八四四―一九二三。フランスの伝説的名女優。古典から新作まで幅広く演じ、男役もこなした）などもやってきた。ラインハルトは、名優たちの声の「繊細に調律された交響楽」を耳にしたのであったが、その舞台は非常に単純で旧式だった。演出はスター中心で、アンサンブルは無視されていた。

一八九〇年若いマックスは初舞台を踏んだが、おそらくヴィーンにおける潜在的および顕在的反ユダヤ主義への恐れから、最初の舞台以来、本名ゴルトマンを捨て、ラインハルトを名乗った（彼以外の家族も全員、こちらを正式の名字とした）。初めて正式劇団員として仕事をしたのはザルツブルクであったが、この時の経験でラインハルトはこの街に夢中になり、それが結局後年ザルツブルクに戻ってザルツブルク芸術祭を創始するきっかけになった。ラインハルトは俳優としての経歴の初期に、老人を演じることが多かった。それはラインハルトが非常に照れ屋で、仮面と化粧の後ろに隠れることを望んだからである。しかし、ラインハルトの老け役ぶりは素晴らしいもので、ザルツブルクでそれを見たオットー・ブラーム（訳注 Brahm, Otto. 一八五六—一九一二。文芸評論家、劇場指導者、舞台における写実主義の創始者）は即刻ラインハルトをドイツ第一の劇場、ベルリンの「ドイツ座」に呼びよせ、専属契約を結んだ。ラインハルトは八年以上ここにいた。オットー・ブラームのこの「ドイツ座」は典型的な文学劇場であったが、ラインハルトが後に洩らしたことによれば「本当の意味での演出家」はいなかった。けれども、この劇場はいわば自然主義および写実主義の舞台作品を発見した劇場であり、古典的な戯曲と並行して、とりわけイプセン、ビョルンソン（訳注 Björnson, Björnstjerne. 一八三二—一九一〇。ノルウェイの詩人、政治家）、ハウプトマン、ゾラ、ホルツ（訳注 Holz, Arno. 一八六三—一九二九。ドイツ自然主義文学の代表的作家）の作品初演を行った。それを可能にしたのは、ヨーゼフ・カインツ（訳注 Kainz, Josef. 一八五八—一九一〇）、アグネス・ゾルマ、エルゼ・レーマン（訳注 Lehmann, Else. 一八六六—一九四〇）その他の偉大な俳優たちのアンサンブルである。オットー・ブラームは「自然主義の教皇」と仇名され、全く宮廷劇場をありがたがらず、同時代の作品に熱中した。ただしこの人物は舞台装置で極端に自然主義を強調する傾向もあり、舞台上のプロレタリアート家庭の台所から、桟敷席にザウアークラウトの匂いを流すことさえあった。また、書割を止め、舞台の上に本物の建造物を置いたりもした。

若いラインハルトは成功を続け、俳優として舞台に立つと同時に、ベルリンで手に入るあらゆる演劇および文学上の刺激をほとんど丸呑みに吸収し、ほどなく俳優のための実験劇場の実現を考えるようになった。最初に生れたのは、パリの手本に倣った文学カバレットである。これはその当時、ヴォルツォーゲン（訳注 Wolzogen, Ernst von. 一八五五―一九三四。作家、劇作家、一九〇一年ベルリンにカバレット「超寄席」を開設）の「超寄席《ユーバーブレットル》」やヴェーデキントの「一一人の死刑執行人」などという形で、次々に登場しつつあった。ラインハルトは自分のカバレットを「響きと煙」と名づけ、その舞台でブラームの劇場での新演目のパロディーを演じた。そこに歌や詩、詩のなかにはクリスティアン・モルゲンシュテルン（訳注 Morgenstern, Christian. 一八七一―一九一四。ドイツの詩人。グロテスクな滑稽詩で有名）のものも含まれていたが、を挿入し、いわゆる「大公殿下」の掛け合いをちりばめ、その掛け合いのなかで宮廷にたむろする佞人に演しものについてのバカバカしいコメントをさせ、宮廷の検閲係の注意を引いた。このカバレットですでに、ラインハルトは舞台空間を演し物の内容中に組み込んでいるが、これは、のちのラインハルトの特徴となった。つまり、当時から卓越した舞台装置家との協同作業が行われていたのだ。ここから、ベルリン演劇界において他に例を見ないラインハルトの勝利の連続が始まった。このカバレット「響きと煙」の舞台から始まったものは、まず「小劇場」、次に「室内劇場」に形を変えたが、この小劇場はストリンドベリに刺激を与え、その「親密性重視の演劇」を生むきっかけとなった。つまりこの室内劇場こそ、高度に文学的で繊細な室内劇《カンマーシュピール》のための劇場だったのである。――そもそも室内劇という概念を創り出したのがラインハルトなのだ――室内劇とは、一貫した演出意図に従って、微妙な色合いの変化を見せるアンサンブル演劇であり、ここにドイツで初めて、芸術そのものとしての演出が生まれた。

ゴーリキィの『どん底』の圧倒的な成功ののち、一九〇三年ラインハルトはシフバウアーダムの「新劇場」の指揮を委ねられた。この劇場は今日では、ブレヒト（訳注 Brecht, Bertolt. 一八九八―一九五六。ドイツの作家、演出家）の「ベルリーナ・アンサンブル」の劇場になっている。その後一九〇五年『真夏の夜の夢』のセンセーショナルな成功ののち、ラインハルトはブラームの「ドイツ座」の指揮を引き受け、このドイツ第一の劇場を最高の劇場とした。ドイツ国内至る所への客演、さらにヨーロッパ各地での公演、ミュンヒェンの芸術祭における円形劇場演出を含む仕事、そしてホーフマンスタールとシュトラウスの『ばらの騎士』初演によって、ラインハルトの名声は頂点に達した。

観客の熱狂的な反応を引き起こした群衆劇をもって、ラインハルトはニューヨークとロンドンに客演した。続けざまに「ベルリン民衆劇場」を買収し、ペルツィヒ（訳注 Pölzig, Hans. 一八六九—一九三六。表現主義の代表的建築家）に「大劇場」を建てさせたが、これは以前シューマン・サーカスが用いていた場所*である。ラインハルトはすでにシューマン・サーカス時代にここで『オイディプス王』を上演し、円形劇場舞台の実験を重ねていた。一九一八年ラインハルトはザルツブルク近郊レオポルツクローンの城館を買収し、一九二〇年ホーフマンスタールの『イェーダーマン』によって「ザルツブルク芸術祭」の口火を切った。ラインハルトはこの芸術祭の総指揮者、推進者、主任演出家となり、次々に新たな劇場空間の可能性を発見し、コレーギエン教会で『大世界劇場』を、フェルゼン乗馬学校で『ファウスト』を上演し、芸術祭の副次的な舞台として、自分の城館の庭にあった庭園劇場《ガーデンシアター》や館の部屋を用いた。

（*訳注 サーカス経営者エルンスト・レンツ（Ernst Renz. 一八一五—一八九二）は一八七九年ベルリン、フリードリヒ街のサーカス場を買収、一八八八年、座席数五六〇〇の大劇場に改築した。一八九七年レンツ・サーカス破産後、一八九九年劇場はアルベァト・シューマン（Albert Schumann. 一八五八—一九三九）のサーカスに引き継がれ、一九一八年までサーカス場として用いられた）

ラインハルトはヴィーンに戻ることを切望していたが、ブルク劇場にラインハルトを招請する話は、陰謀のために実現しなかった。ラインハルトはヴィーンの「ヨーセフスシュタット劇場」を買収、改修し、そのままベルリンにある自分の多くの劇場、当時は七つになっていたが、その指揮も続け、最終的にはベルリンにあるラインハルトの劇場の数は十になった。さらにまた国外公演にも出かけたが、そのなかには再度のニューヨーク公演も含まれる。一九三二年ラインハルトはベルリンの劇場における芸術上の指導的地位から退いた。

一九三三年、ラインハルトがベルリンで所有していた財産は、国民社会主義者に奪われた。この年ラインハルトは、フィレンツェのボボリ庭園において複数の公演を行って絶賛され、パリで『こうもり』を、ヴェネツィアのカンポ・サントで『ヴェニスの商人』を上演した。これらの公演の合間を縫って、ラインハルトは幾度もザルツブルクに戻った。この都市での活動は、一九三八年ナチスがオーストリアを「帝国に復帰させ」、ラインハルトをザルツブルクから締め出すまで続けられた。ラインハルトはその後合衆国に移ったが、この、全く異質の劇場システムの地では、結局、地歩を固めることなく終わった。ラインハルトはここでも、いくつかの演出の試みを行い、それは時に成功し、時に赤字に終わった。また演劇学校を設立し、その学校の生徒たちと素晴らしい上演を行ったり、アメリカの舞台における大胆な計画を立てたりもしたのだが。

ラインハルトの息子ゴットフリートは、ラインハルトの急激な抬頭、演劇帝国の大胆な征服、亡命先における没落を、ナポレオン（訳注 Napoléon Bonaparte. 一七六九―一八二一。コルシカ生まれのフランスの軍人、政治家、皇帝）の生涯になぞらえている。この比較はしかし、かなりのこじつけである。ラインハルトが最も重要なテーマとしていたのは、自分の磨き上げた演出芸術によってアンサンブルを生み出すことの他には、本来新ロマン主義的な、祝祭としての演劇演出という考え方であった。すなわち、演劇の演出はヨーロッパ伝統を祝う祭りなのであり、ラインハルトはその伝統の上に夕暮れが迫りつつあることに気づいていた。この考え方を、ホーフマンスタールもその「保守革命」という概念で捉えようとしていたのだが、ラインハルトはこれを「ザルツブルク芸術祭」において実現しようとした。さらに、ラインハルトはさまざまな空間をつねに新しい、別種の、非常に異なった演出可能性を実現する場として征服することを望んでいた。演出によって「総合芸術」を完成しようとすれば、当然そこでは劇場空間も一つの役割を演ずるはずである。まさしくラインハルトは、一つ一つの戯曲それぞれに、ふさわしい特別の空間を望んだ。すでに「小劇場」や「室内劇場」を創り出した時点で、この方向ははっきりしていた。一九〇五年『真夏の夜の夢』上演における「ドイツ座」の廻り舞台の新たな使用法の試みも、「ドイツ座」舞台の改修時に、幅二〇メートル、奥行二〇メートルの大舞台を創り、舞台ホリゾントを円形化し、仕掛床と単調な舞台前面への照明をやめて、全く新しい舞台照明を可能にしたのも、同じこの願望の表れであった。さらにラインハルトはその後、円形劇場での上演と、群衆の演出を実験した。これは一九一九年「五千人の劇場」となる。そして、とうとう最後にはラインハルトはザルツブルクにおいて、一つの都市全体を演劇舞台として自らの演出に参加させ、その広場や教会、また特定の建物を、それぞれ特別の演出のために利用した。ヴィーンにおける「ヨーセフスシュタット劇場」の改修は、ロココの再活性化、コメディア・デラルテの再生につながった。フィレンツェではボボリ庭園とその彫刻を『真夏の夜の夢』の演出に大いに役立て、ヴェネツィアではシェイクスピアをその本来の舞台に連れ戻し、バロック様式のフェニーチェ劇場を利用した。また、ヴィーンのホーフブルク宮の大広間を用いた時には、広間を改装し、舞台と観客席の混交を強調するため、幕を落とし、黒い礼服姿の従僕をドア係として用い、役者を案内係として使った。つまりこの時ラインハルトは、観客を最初から上演に組み込もう、あるいは現実に演劇的な様式を与えようとしていたのである。バロックの舞台のような街並と家々を持つザルツブルクを征服し、芸術祭を街全体に拡大したのも、同じ考え方による。すなわち、演劇的祝祭における日常の克服。祝われるのは結局、その祝祭そのものであった。

　ラインハルトはさらに、自分自身の生活、複数あった住居もまた演出の対象とした。彼は城館を愛した。それだけでなく、すでにベルリンでも、まずヴェーゼンドンク・パレス、次にクノーベルスドルフ（訳注 Knobelsdorff, Georg Wenzeslaus von. 一六九九—一七五三）の建築した宮殿に住んでいた。クノーベルスドルフはフリードリヒ大王（訳注 Friedrich der Große. 一七一二—一七八六。プロイセン国王、典型的な啓蒙絶対君主）のサン・スーシ宮を建てた建築家である。ラインハルトはこの宮殿を増築し、ロココの作品に創り上げた。その後レオポルツクローンの城館を手に入れると、これにも改修を施し、本来の様式に見合った形で装飾を加えて、それにふさわしく演出するためにすさまじい金額を投じた。たとえば館の庭に置かせた異国風の動物、小人、その他の彫像は、本来の建物と見事に調和していたため、誰一人、これらがラインハルトによって初めて置かれたとは気づかなかった。その後もラインハルトは城館を求め続けていたが、ただし、もはや新たな買物はできなかった。いうまでもなくレオポルツクローンの館のさまざまの部屋では、戯曲が上演され、音楽が演奏された。大理石広間の舞台や館の庭園にあった庭園劇場《ガーデンシアター》では芝居が上演され、その他の広間やテラスではセレナードが演奏された。ラインハルトはこのレオポルツクローンで、ザルツブルク芸術祭に並行する一種の祝祭を行っていたわけである。ザルツブルク芸術祭にはさまざまな国から少なからぬ人々が客としてやってきた。芸術愛好家、芸術家、そしてそれに加えてスノッブたち。ラインハルトはそれらすべての人々を歓迎した。誰かを締め出すということはなかった。ラインハルトにとっては、これもまた一つの演劇であり、自分自身はそのうちにあって静かにそして控え目にあちらこちらを回り——観察していた。

トーマス・マンは、ラインハルトが最も傾倒していたのは、機知充溢の眼福であり、祝祭行事であったと言っている。「ラインハルトはおそらく、世が世であれば、偉大な国王の祝典掛というような存在であったであろうし、実際にも間違いなく君主主義者であった。しかし、もはや王の時代ではないので、自分自身が王となり、自らの生を祝祭としたのである。その生は装飾的で豊麗、歓びに満ち、趣味のよい華やかさにあふれ、王侯の輝きを留める術を知っており、揺るぎもない厳かさで、断固としてかつてあったものであり続けようとした。亡命の地にあっても、ザルツブルクの自分の城、芸術家の王のあの素晴らしい円居が失われてしまっていた時も」。

レオポルツクローンの城館でも、礼服姿の従僕たちが演劇と現実の間の境界を消し去っていた。ハリウッドにおいてもラインハルトは、すさまじい負債を負いながら、大邸宅に住んでいた。それは、ラインハルトの息子ゴットフリートの記すところによれば、「古くさい劇場の装飾のように」みえ、「数限りないさまざまな登場と退場とを可能にした」。トーマス・マンはラインハルトのこのハリウッドの屋敷のことも「真の舞台芸術で整えられた家」と呼んでいる。ただしここでは、その家のなかの何ひとつとしてラインハルトのものはなかった。ありとあらゆるものが抵当に入っていた。「残りは借金だ」とラインハルト自身が諦めた調子で述べている。

ではあるが、ラインハルトの演出が見せた空間芸術は一時代を画するものであった。ヒューゴー・フォン・ホーフマンスタールはラインハルトのこの空間を、夢の世界の実現と見なしていた。「……ラインハルトは、上演される作品、その作品が上演される空間、そして観客全体を、一つの統一体の三つの部分と考えていた。この三つの部分を間違いなく手のうちに握り、その三つの間の統一をつねに生きたものとしておくこと。これが、ラインハルトがその常ならぬ意志の力のすべてを注ぐ対象だった。ラインハルトにとって、戯曲の上演は舞台上で完成されるのではなく、観客の想像力のなかで完成される。ラインハルトが観客の想像力を意のままにするための最強の手段と見なすのが、戯曲を上演する空間である。だからこそラインハルトは、たびたび上演のための空間を取り替える。ある空間が観客をどのように包み、どのように統一体にまとめていくか、教会でのように厳かにその高さによってか、古代劇場のようにいかめしくその広さによってか、あるいは夜会の開かれる広間のように謎めいた形でか。これらすべてが何ヵ月も、そればかりか少なからぬ場合に何年もの間、ラインハルトの夢の対象となる。そして、ラインハルトの夢は、結局のところいつも現実となるのだ」。

　他ならぬこのホーフマンスタールの発言およびその論文「夢のヴィジョンとしての舞台」によって、次のことが明らかになる。つまりラインハルトの演出のもつ様式の多様性は否定し得ぬものではあるが、にもかかわらず、ラインハルトは全ヨーロッパ的なある運動と固く結びついており、まず「室内劇場」の創設によって、その運動に敬意を表した。これはつまり、ユーゲントシュティール（訳注　十九世紀末から第一次大戦前の時代に、全ヨーロッパ規模の広がりを見せた装飾的様式傾向。工芸、建築、絵画、彫刻から、文学、舞台芸術にまで及んだ。アール・ヌーボーともいう）と新ロマン主義との結びつきのことである。ラインハルトが結びついていたのは、最後の、全く人為的に芸術家自身によって創り出された様式で、この様式は装飾的な美しさを事とし、工業に支配された日常世界の醜さからは顔を背けた。ラインハルトは、この様式の虜であった偉大な舞台装置家にして演劇改革者ゴードン・クレイグ（訳注　Craig, Edward Gordon. 一八七二―一九六六。イギリスの俳優、演出家、舞台装置家）から深い印象を受け、演出家として五度も招いている。ラインハルトの舞台装置や装飾、劇場のプログラム、さらに「ドイツ座」や「大劇場」の建築も、この様式の変形であり、戯曲の演出を祝祭として把握するやり方、そればかりか、歴史劇においてラインハルトがさまざまな方面で各々の戯曲の時代のスタイルに拘泥したことや、群衆劇における振付の方法にまで、この様式からの影響が見受けられる。ユーゲントシュティールや新ロマン主義のロココ趣味さえラインハルトは模倣した。私生活においても、劇場の建築においても。自ら演出するより、演出させることの方が多かったとはいえ、ラインハルトは確かに、表現主義に属する一連の劇作家を認めてはいた。けれども、ラインハルトの芸術による祝祭という考え方や、醜い外の世界を芸術＝演劇によって克服するという姿勢は、一方でリヒャルト・ヴァーグナー、他方で象徴主義、新ロマン主義、ユーゲントシュティールに特有のものである。もっとも、ラインハルトの後期の演出には、間違いなく何ひとつ「ユーゲントシュティール的」なところは見られない。ラインハルトは初期に見せたユーゲントシュティール風舞台装飾からは卒業した。しかし、その美学上の基本的なものの考え方は残った。ラインハルト自身が、一九三〇年五月三〇日のドイツ座監督就任二五周年記念式典で次のように述べている。「私は現実と夢の間の、定かならぬ境界線上を行ったり来たりする老いぼれ越境者にすぎません。これまでの一生を私はこの細い狭間の道で過ごし、品物をあちらからこちらへ、こちらからあちらへと密輸してきたのです」。

夢と劇場の祝祭が互いに深く絡まり合った。しかし、ラインハルトにしても、弟のエトムントなしには、自分のこのアイディア追求に完全に没頭はできなかったに違いない。エトムントはラインハルトの創り上げた巨大な劇場機構の組織面を引き受け、自らの全精力を兄の夢と願望の実現のために捧げた。一九二九年このエトムントが亡くなったと同時に、ラインハルトの仕事は弟が拵えてくれていた基盤を失った。地平線のかなたから、闇が近づいてきた。国民社会主義者たちはラインハルトから劇場、城館、財産を奪った。ラインハルトは確かに、そのような目に遭わされた後も亡くなるまで、すべては元通りであるかのようにふるまった。ないし、ふるまおうとしていたのではあるが。

もちろんいうまでもなく、エトムントを失った後にも、圧倒的な演出は行われ、成功もあった。しかし、組織上ならびに財政上の基盤は、エトムント・ラインハルトの死によって揺るがされていた。ラインハルトの演出の土壌であった故郷の地は、次々に奪われた。そして最後にアメリカでラインハルトが見いだしたのは、互いに息を合わせた俳優たちのアンサンブルが醸し出す演劇という自分の理想とは相容れない、全く異質の劇場システムであった。

一九二九年、トーキー映画が劇場演劇の競争相手として登場し、俳優を引き抜き始めた運命の年以来、ラインハルトにとって仕事の条件は変わってきていた。確かにラインハルト自身も何回か映画製作の試みを行い、そのうちの一本、アメリカ合衆国で撮影された『真夏の夜の夢』は大成功を収めた。ただし、この映画でのラインハルトは、細切れのカット、つまり映画に典型的な演技方法をなるべく用いぬよう努力している。映画が登場してもしばらくの間はまだ、ラインハルトの創り上げた演劇という祝祭に定められた没落を、芸術祭や国外公演が食い止めていた。しかし、その帝国は綻びていた。イェスナー（訳注 Jessner, Leopold. 一八七八―一九四五。ユダヤ系演出家、俳優）、ピスカートア（訳注 Piscator, Erwin. 一八九三―一九六六。演出家、劇場主）、ブレヒトは、その政治演劇によってベルリンで大評判を取っていた。ラインハルトはヴィーンに逃れ、『三文オペラ』の初演に非常に感心したという例外はあったものの、ベルリンで起こっているのは新しい傾向なのだということを全く認めようともせず――ザルツブルクに専念した。

　このようなやり方を見れば、ラインハルトが自分の頭から締め出していたのは何か、そして、それがどれほど問題のあるやり方だったかがはっきりわかる。ラインハルトは政治に興味がなかった。確かにラインハルトはヴィルヘルム二世の宮廷劇場と対立関係にあり、ヴィルヘルム二世本人もラインハルトを嫌っていたが、しかしその子息たちはラインハルトの支持者であり、ラインハルトの家にも出入りしていた。この王子たちの存在と、そして自由な報道がラインハルトを守っていたのである。ラインハルトは「ベルリン民衆劇場」を買収する際に労働者や労働組合と接触し、「大劇場」実現に当たって、群衆劇と安い入場料によって大衆と結びつこうと試みた。つまりこの当時のラインハルトは「ドイツ座」や「室内劇場」での、より選別的な意図を離れていたのである。しかし、ラインハルトは一度も、直接に政治劇に手を染めることはなかった。もっとも大衆は、大衆のために語ると言いながら、ごく一部の精選された観客にしか理解されなかった演出家たちの作品よりも、ラインハルトの演出に惹きつけられた。

　ラインハルトの方でも、多くの観衆に古典作品をわかってもらうようにしたいと明言してはいたが、しかし、政治的影響力を振るうことは思ってもいなかった。インフレーションも大量失業も、ラインハルト個人の贅沢な暮らしに、なんら影響を与えなかった。むしろ、第一次世界大戦中およびその後の年月、ラインハルトの舞台は絢爛と花開いたのである。まずベルリンから、そしてとうとうオーストリアからも追放されると、ヴェネツィアがラインハルトの避難場所になった。合衆国に亡命の後もラインハルトは反ヒトラー演劇上演を肯ぜず、ブレヒトの『第三帝国の恐怖と悲惨』の演出を拒んだ。その代わりにラインハルトは、フランツ・ヴェルフェルの『永遠の道』を上演したが、これはユダヤ民族の苦難の道程を描く群衆祝祭劇である。

ラインハルトはヒトラーの抬頭を過少評価していた。オーストリアにいたラインハルトは身の危険に気づかず、それは妻が「ユダヤ売女」と嘲られ、ナチ支持者がラインハルトのレオポルツクローンの城館に爆弾を投げつけ、とうとうゲッベルスがラインハルトから城を取り上げて、一九三八年亡命を余儀なくさせるまで続いた。ヒトラーはラインハルトが築き上げたものを滅ぼした。一九四二年のある書簡には、次のように書かれている。「あのブラウナウ人（訳注 ヒトラー）がベルヒテスガーデンで飛行機から下り、ドイツ国境を越える強力な一歩を記すのが見える。ヒトラーは例の死人のような顔つきで、あの愛らしい古い街（ザルツブルク）をにらみつけ、何もかもが成長を止めてしまった。ただヒトラーの顎の上、昔の仮面の上にいまやグロテスクなチャップリンひげが生えるだけ」。

ラインハルトが政治的な演劇活動を受け入れなかったのは、おそらく、一九一七年次のように述べたカフカと似たような考え方からであった。「僕は僕なりに確信しているのだが、最近起こっている、息も止まりそうなすべての事件、すべての、共産党――ファシスト――ナチ的出来事およびそれを率いている連中は、例のすさまじい社会的変革の部分現象にすぎない。この変革はフランス革命で始まったのだが、今日に至るまで、地球上のあらゆる〈国民の味方〉諸君には、それをどうやって終わらせたらよいかわからないのだ。私は、回転する車輪にとまって、勝ち誇ったうなり声を上げる蠅を想像せずにいられないことがよくある。私が立てる埃を見てごらん、すごいでしょう！　蠅には、自分が引っぱっているのではなく、引っぱられていることが全然わからないのだ」。

このような、確かに堂々としているが、時代にふさわしいとはいえないものの見方は、ラインハルトのブレヒトに対する難しい関係の原因にもなっている。ラインハルトはブレヒトの若い時代、短からぬ間、自分の劇場の座付文芸員として給料を払い、その生活を支えた——その見返りを一切要求せずに——しかし、ブレヒトの作品がラインハルトの劇場で上演されたことはなかった。それに対して、ブレヒトはラインハルトを克明に観察し、ラインハルトから非常に多くを取り込んでいる。それはよく知られている通りであるが、たとえばラインハルトが求めた「考える俳優」、あるいは劇場に所属する劇作家の集団としての座付文芸部、また、俳優がすでに身につけている演技の解釈を繰り返させてはならないという要求などがその例である。この点について、ブレヒトがエリーザベト・ベルクナーにもそれを要求したことを、ベルクナーは回想録で述べている。俳優自身は舞台の上で動かず、周囲の風景が変わっていって、その役の人物がさまよい歩いていることを示すという演出上のアイディアは、ブレヒトが『コーカサスの白墨の輪』のグルシェの放浪の場で用いたものであるが、これも、ラインハルトのオッフェンバック作品の演出が元にある。後年、亡命から帰国したブレヒトが、かつてラインハルトの「ドイツ座」だった劇場で『肝っ玉おっかあ』を演出した時でも、ブレヒトはラインハルトの薫陶を受けた俳優の起用にこだわり、できる限り集めようとした。確かにブレヒトはラインハルトを単なる享楽家であり、その演劇は「娯楽的」だと考えていた。ブレヒトのこの見解は、ハリウッドにいたラインハルトに招待された時のことを、少々馬鹿にしたような調子で記した、ブレヒトの文章からも読みとれる。ブレヒトは一九四二年作業日誌に次のように書いている。「最近フォイヒトヴァンガー(訳注 Feuchtwanger, Lion. 一八八四—一九五八。ドイツの作家)とマックス・ラインハルトの所で昼食。ラインハルトは海のほとりの大きな邸宅に住み、家はベルリン時代の家具や美術品であふれている。年を取った魔術師、小柄で、しっかりと両脚で立っている。吸取紙で拭ったペン画のように影が薄い……今でもまだ舌を享楽家らしく頬に押しつけて。ティミヒの方は、くたびれた働きすぎの死の天使」。

ヘレーネ・ティミヒが親しく観察したところによれ

ば、ラインハルトはものを考える時舌を頬の内側に遊ばせたという。しかし、ブレヒトとラインハルトの間に親しい結びつきが生まれることはなかった。二人は相反する存在だったのだ。

ラインハルトはその生家の影響で、信仰篤いユダヤ教徒であった。礼拝に行く時間はめったになかったにせよ。ラインハルトの葬儀は一九四三年ニューヨークのシナゴーグで行われた。ヴィーンの少年時代からすでにラインハルトは反ユダヤ主義的嘲罵によって迫害されているように感じており、この迫害を逃れるため、初舞台以来ラインハルトと名乗るようになった。国民社会主義者たちはラインハルトの資金を断ち、ベルリンの劇場を奪ったが、その演出のもつ力を承知しており、ラインハルトが育てた俳優の一人、ヴェルナー・クラウス（訳注 Kraus, Werner. 生没年未詳）を通じてラインハルトに「名誉アーリア人」称号を与えようと申し出た。ちなみにこのクラウスは、ヒトラーの権力掌握の際、ラインハルトとその弟を攻撃する悪質な煽動演説を行った。ラインハルトはこれを拒否し、自分の劇場を「ドイツ人民に」委譲すると発表し、新しい政府に宛てた長い書簡のなかで自分の功績を列挙したが、それに対して何かを望んだり求めたりすることはなかった。ラインハルトは次のように書いた。「新しいドイツはしかし、ユダヤ民族に属する者、無論私は自分がその一員であることを何の留保もなく認めるのであるが、そのような者が公的に影響力を行使する活動に携わることを望まないのだという。ところで、私の方でも、たとえ活動を許容していただけたとしても、そんな許容していただいている状態では、決して自分の仕事に不可欠な雰囲気を見つけられないであろう」。

結局はラインハルトを亡命に、ヨーロッパからの別離に追いやった、他ならぬこのユダヤ人らしさのなかに、トーマス・マンはラインハルトの並はずれた収集者および仲介者としての才能を見、それに感嘆して次のように述べている。「オーストリアのバロックがユダヤの血によって知性化され、近代的芸術および精神生活の最も繊細な感興や体験と結びつけられた」。

疑う余地もなく、ラインハルトがヨーロッパの伝統をかくも大胆に把握し、他に例を見ない演出の高みにまでもたらし得たのは、ユダヤ的同化能力とあらゆる演劇部門にわたるその天才のゆえであった。その点でラインハルトは、これもまた自らのユダヤの血を否定することのなかったヒューゴー・フォン・ホーフマンスタールの同化能力およびそのオーストリア＝ヨーロッパ的伝統と血縁関係にあったといってよい。一九三三年、ある書簡でラインハルトは次のように述べている「……私は神を信じており、言葉の本来の意味で信仰篤い人間です。子供時代から私は自分の人生の上向きの時も下向きの時も、いつも祈りのなかで自分の内面の均衡を取り戻してきました」。

しかし、演劇的な意味でラインハルトにより近かったのは、むしろカトリック的バロックであった。ラインハルトの息子は次のように述べている。「父はユダヤ人キリスト教徒ではなかった（クレンペラー（訳注 Klemperer. どのクレンペラーを指すか未詳）のような）改宗者でも、（ヴェルフエルのような）秘かなキリスト教徒でもなく（ルイス・B・メイヤー（訳注 Mayer, Louis B. 一八八五―一九五七。ロシア生まれ、MGMの設立者の一人。大プロデューサーとして権力を振るった）のような）不気味なキリスト教徒でもなかった。しかし、演劇としては父は、シナゴーグよりもカトリック教会を高く買っていた。自分はつねに信仰深いユダヤ教徒であり続けたにもかかわらず」。

この点、つまり演劇的な理由から、ラインハルトの聖史劇に対する好みを説明できるだろう。そのきっかけを作ったのはホーフマンスタールであった。ともかくこの二人のユダヤ人は、古い英国の道徳劇であった『イェーダーマン』をザルツブルクのバロック様式の教会を舞台に上演し、『ザルツブルク大世界劇場』の初演を行おうという点では一致していた。これにラインハルトはロンドン、ベルリン、ニューヨークにおけるカール・フォルメラー（訳注 Vollmöller, Karl Gustav. 一八七八―一九四八。ドイツの作家。ここでいわれているのは、フォルメラーがラインハルトの委嘱を受けた無言劇『奇跡』のことかと思われる）の奇跡劇をも結びつけた。オーストリアのカトリック民衆のもつ、そのような宗教演劇の伝統、教会を含むザルツブルクのバロック的街並み、街そのものも演劇の一要素として取り込む総合演劇――このような考えから出発して、奇妙なことに二人のユダヤ人、すなわちどう考えてもカトリックとはいえないフーゴー・フォン・ホーフマンスタールと、信仰篤いユダヤ教徒マックス・ラインハルトの二人が、自分たちの演劇はカトリックの利益に適うと、ザルツブルクの領主であった司教に納得させ、ザルツブルク芸術祭への全面的支援を獲得し、それればかりか、ザルツブルクの大聖堂広場およびコレーギエン教会の使用も許可された。ラインハルトはこのコレーギエン教会の改修計画を立て、推進した。その結果が『イェーダーマン』のラインハルトによる古典的演出となった。この演出はつい何年か前までザルツブルク芸術祭を支配していた。もっともこの演出に見られる、必ずしも清廉潔白とはいえない宗教の扱いには反発も少なくなく、結局、余分な装飾として放棄された。しかし、当時、確かにザルツブルク大司教は市内の教会がラインハルトの演出に一役買うことを積極的に認め、市の教会の壁に『イェーダーマン』の叫びが反射して欲した。大司教はラインハルトが演出上必要とする場面で教会の鐘を鳴らすことさえ許した。ザルツブルクはそのバロック様式の装飾壁面、アーケードおよび宮殿正面の光景、背景にそびえる城砦によって「まことにたぐいなき舞台装置」を提供したのであり、ラインハルトが乱暴な言い方で述べた通り「マリーエンゾイレから大聖堂広場までの間で何かキリスト教っぽいもの」を演劇上効果的な形で生み出し、装飾性に富んだ信仰を作り上げて見せるのに役立った。これは、芸術祭の観客という雑多な人々が相手では、普通は期待できない効果である。多大の讃嘆と同時に、不満の声もあった。これはすでに当時でも表明されていたが、一九八三年当時ザルツブルク芸術祭の責任者であったヨーゼフ・カウトは、それについて次のように述べている。すなわち、自分には「ホーフマンスタール流の寓意的人物像は、人工的で血が通っていないように思えた」と。

双方に大いなる名声をもたらしたラインハルトとホーフマンスタールの共同作業は、あとから振り返ってみると問題のあるものだったようである。ゴットフリート・ラインハルトの意見によれば「ホーフマンスタール作品の水っぽい血は輸血を必要としており、それにには純血の舞台人であったラインハルトが応ずるしかなかった」。確かに、ホーフマンスタールはラインハルトの演出ばかりでなく、後期の作品、『気難しい男』および『塔』は別として、リヒャルト・シュトラウスの音楽の助けさえも必要としていた。ラインハルトはといえば、仕事を始めたばかりの頃からホーフマンスタールの抒情的戯曲を取り上げていたこともあって、自分の方がホーフマンスタールに作品を注文する立場にあると考えていた。ラインハルトは次のように書いている。「私のレパートリーの三分の一、そのなかには国際的な最大の成功作も含まれていますが、それらは委嘱して書いてもらったものです（それに含まれるのは『ザルツブルク大世界劇場』『ナクソス島のアリアドネ』『町人貴族』などのリヒャルト・シュトラウスの作品、『奇跡』『スムルン』および『緑の笛』などです）。例の『イェーダーマン』はありとあらゆる細部にわたるまで検討して、古いイギリスの道徳劇を書き直したものです（原作には全然なかった宴会シーンは、私の発案で書き足されました）」。

個々の細い点に至るまで誰が何を発案し、誰が書いたか、については、今後より詳しい研究が必要である。ヘレーネ・ティミヒが書き残しているように、ラインハルトは自分の演出を作者と「共作する」ことであると理解しており、戯曲の科白についても共作してしまうことがあった。これはピランデルロ（訳注　Pirandello, Luigi. 一八六七—一九三六。イタリアの詩人）の『作者を探す六人の登場人物』という作品ではあまり幸福な結果をもたらさなかった。ラインハルトの脚本への介入の結果、上演は成功したが、ラインハルトは著者の意図を完全に誤解していたからである。ピランデルロはこれに、ラインハルトのために書いたドラマ『本日は即興劇を』によって復讐した。この作品でピランデルロは舞台演出の魔術のすべてをパロディー化して見せたのである。ラインハルトは自分が舞台のために何を必要としているか、はっきりわかっていた。しかし、時にそれが文学的に見て疑わしい代物になることがあり、ホーフマンスタールと組んだ場合にも同様だったことに疑いの余地はないようだ。

この問題は次の問題につながる。つまり——ラインハルトの演出の天才はひとまず措いて——その文学的理解の深さはどの程度のものであったのか、時として演劇人としてのラインハルトが文学テクストを凌駕、ないし押しのけてしまうことがあったのではないかという疑問である。演劇的祝祭はかなりいい加減な台本でも可能なのであって、実際ラインハルトはそういうことを少なからずやっている。古い劇評を集めたものを読むと、ラインハルトの最も熱心な支持者においてさえ、この種のラインハルトのやり方に対する留保があったことがわかる。フォルメラー、ヴェルフェル、ピランデルロ、ゾーントトン・ワイルダー（訳注 Wilder, Thornton. 一八九七—一九七五。アメリカの作家、劇作家）そしてホーフマンスタールとの密度の高い仕事において、この現象が見られたことは否定できない。

　ホーフマンスタール本人は、ラインハルトと自分の共同作品、なかでもザルツブルク芸術祭を自分の理想とする「保守革命」あるいは「創造的反動」と結びつけようと試みていた。その試みのなかでホーフマンスタールは、伝統のもつ民族的潮流に、民衆向きの舞台劇——言うまでもなく過去の作品である——を用いてしっかりした根拠を与えようとし、ザルツブルクに備わる、いわばその「土地の精神」をそのために動員した。しかしそれだけでなく、たとえばカルデロン（訳注 Calderón de la Barca, Pedro. 一六〇〇—一六八一。スペインの詩人、劇作家。カトリシズムに基づく道徳的、普遍的作品が多い）に倣った『大世界劇場』中の革命的乞食に見られるように「時代精神」にも敬意を表そうとしていた。ホーフマンスタールはこの乞食が体現する「自己所有の享受」を時代に典型的であり、伝統を形成していくと考え、「精神と生」の一致を求めた。しかし、ラインハルトの演出が即効的に祝祭の成立を目ざしていたため、ホーフマンスタールの狙ったこの一致が中心的役割を演じることはなかった。現実に行われた祝祭としてのザルツブルク芸術祭は、一種の洞穴で、二人の共同作品は結局そこから出られなかった。シュテファン・ゲオルゲ（訳注 George, Stefan. 一八六八—一九三三。ドイツの詩人）はそれより前に、劇場の観客にアピールしようとするホーフマンスタールの欲求に警告を発していた。この演出家と組んだことで確かに華々しい成功を収めはしたが、ホーフマンスタールの最後の望みは満たされぬままに終わった。ラインハルトに自分の文学上の遺言『塔』を演出してもらいたいと願っていたのであるが。

　ラインハルトはどのように仕事をし、ラインハルトの演出はどのようにして、呆れるほどの成功に至ったのか。

　総合芸術作品としてのラインハルト演出は包括的想像力の産物である。それについてラインハルトは自ら次のように述べている。「最後には完全な視覚および聴覚的ヴィジョンをもつようになる。あらゆる身ぶり、あらゆる歩み、すべての家具、光が見え、あらゆる音の響き、あらゆる強調、科白の変調、休止、さまざまなテンポが聞こえる。内的な興奮もすべて感じられ、どのようにそれを隠しておき、いつそれを明らかにすればよいかがわかる。すべてのすすり泣き、あらゆる息づかいが聞こえる。相手役が耳を傾けるのも、舞台上そして舞台裏のあらゆる音が。光の効果が見える。そうなったらそれを書き留めるのだ。完全な視覚および音響的ヴィジョンを、ちょうどオーケストラの総譜のように。どうしてそれがこんな風だったり別な風に聞こえたり見えたりするのかは全然わからない。よく知っている立派な俳優が目の前に見える。その俳優を自分のそのヴィジョンのなかに組み込む。その俳優には何ができ、どんな風に何ができないかもわかる。自分ですべての役をやってみるのだ」。

この短い文章のなかに、ラインハルトの秘密の本質が露われている。完璧な想像上の音響を伴うヴィジョン、演出用総譜、そして最高の能力を引き出せるように起用される楽器としての俳優。ラインハルトと仕事をした俳優すべてが言うことであるが、ラインハルトの演出は強引の対極にあった。ラインハルトが一人ひとりの俳優をその最高の能力にまでもち上げるのは、集中的でほとんど憑かれたような稽古によるだけではなく、俳優の自発性が尊重されたこと、およびラインハルト自身が演技をして見せ、それが非常な説得力を発揮したためである。批判めいたことはめったに口にされなかった。

ラインハルトは紋切り型を嫌った。酔っ払いがくだを巻くことは許されず、悪者は最初から悪者らしく見えてはならなかった。役はそれ自身内発的に展開する必要があると考えられた。それは対照のなかから生まれてくることさえあった。しかし何よりもラインハルトは俳優たちに仕事の歓びを与える人であった。仕事のとき、ラインハルトは、すぐに動かせる小さな台に座って、最初は俳優たちと同じ舞台の上におり、あとでは観客席から俳優たちを見ていた。ヘルマン・バールは次のように回想している。「大概はゆったりと前の方の自分の机に向かって座っていた。少し前屈みになって、耳を傾けながら。誰かに何かを言わなければいけないということになると、ラインハルトは立ち上がり、静かに相手に近づいて、それを相手の耳に囁いた」。俳優たちが何かを提案すると、ラインハルトは例外なく耳を傾け、それを試してみた。ラインハルトの方からの提案は俳優たちへのヒントとして出された。

演出という総合芸術を完成させるため、俳優たちの演技のアンサンブルは声の面でも細心に神経が配られ、いわば一つのオーケストラといってよかった。エドゥアルト・フォン・ヴィンターシュタインによれば、ラインハルトはこの俳優たちのアンサンブルの醸し出すべき「トゥッティ」の部分、つまりガヤガヤした話し声の部分さえ、厳密に計画して割り当て、決して、全員がなんとなく小声でブツブツ言うという表面的なやり方はしなかった。単純に舞台前面を照らすだけのフットライトをやめたことで、照明と演技の綯い合わせが可能になった。そのやり方の創始者はラインハルトではなく、アドルフ・アッピア（訳注 Appia, Adolphe. 一八六二―一九二八。スイスの舞台装置家）であったが、ラインハルトはそれを再発見し、とりわけ効果的に用いた。今日残された報告や回想によって、実際の公演を再現することは不可能なので、有名になった公演に関する印象記のいくつかを引用しておきたい。

類い稀な演出の一つの例は、一九〇六年大画家エドヴァルト・ムンクを起用して「室内劇場」で行われたイプセンの『幽霊』公演である。ムンクはすでにこの室内劇場のために壁面装飾を描いていた。その後でラインハルトはムンクこそ「考えられるただ一人の舞台装置家」であるとして、ムンクが描いた舞台装置のスケッチから、引き出しうるあらゆる刺激をわがものとした。エルンスト・シュテルンはその回想録で次のように述べている。「ムンクは一つの部屋を描いていたが、その部屋の最大の特徴は大きな黒い肘かけ椅子だった。ラインハルトにとってこの椅子は〈すべて〉を語るものだった(……)その椅子の黒はこの戯曲全体の雰囲気を余すところなく再現していた――それにムンクの描いていた部屋の壁といったら――それは病んだ歯肉の色をしていた。われわれとしては、この色の壁紙を見つけるよう力を尽くさなければならない。そうすればそれが俳優たちをこの戯曲にふさわしい気分にしてくれる――役柄を正しく再現するための力が正しく発揮されるためには、形式、光、そして何よりも色彩によって調整された空間が不可欠なのだ――」。

ラインハルトはムンクに次のような書簡を送っている。「イプセンの作品上演において、その室内を構成する舞台装置はこれまで言いようもないほど軽視され、虐待されてきました。私の考えではしかしイプセンにおける装置は、科白の間とそしてその背後にあり、筋を取り囲むのみならず象徴している多くのものの本質部分を構成しているのです」。

ムンクは黒と明るい色調を基調に描いた舞台スケッチにおいて、舞台となる部屋を徐々に闇のなかに沈めている。顔を白く塗り、黒い衣裳を着けた登場人物たちは、みな自分自身の幽霊と化していくのである。

カルデロン原作ホーフマンスタール補作による『コーボルト令夫人』がヴィーンで一九二二年に初演された時のことについて、ローベルト・ムシール（訳注 Musil, Robert Edler von. 一八八〇―一九四二。オーストリアの作家）は次のように記している。「旧ホーフブルク宮の大広間。白地に金の装飾、荘重な直線、広間の向こうに見える二つの階段の勢い。壁にはゴブラン織の壁掛。そしてシャンデリアの華々しいガラス製のぶどうの房。見ている者はそれが芝居の舞台だとは思えず、あたかも椅子の置かれていない大広間そのものの一部を見ているようである。進行中の場に必要なものは、ベルの音で知らされ、召使いによって運び込まれる。それでは間に合わない大がかりな模様変えの際に幕が閉じられるが、それは部屋の壁の半分にしか届かない。この舞台で、このようにして、ラインハルトはヴィーンに凱旋を飾った」。

一九二四年ヴィーンの「ヨーセフスシュタット劇場」で行われた、ゴルドーニの『二人の主人を一度にもつと』の上演に関する次の劇評もやはりローベルト・ムシールの手になる。「この劇場の舞台、中央の平土間空間および傍らの空間は、全体として魅惑的なアンピール様式の統一体を構成している。その構造は十八世紀末期に遡る。ラインハルトはこの建物を世界でも最も美しい劇場の一つに拵えさせた。建物自体の美しさを充分に意識している演出家は、何ひとつ隠すことをせず、舞台を観客席の延長のままに置き、観客席と同じ華やかな壁、音楽家のための桟敷、そして舞台奥には高窓があるかのように設えさせた。舞台の上に別の世界が現出するのではない。幕が上がると同時に何もかもが演劇となるのだ。

この劇場の開場に居合わせた観客のためにラインハルトが上演した作品も、同じ感覚で作られている。つまりそれは喜劇なのだが、そこでは男は優雅に腰をかがめて会釈し、会釈とともに、男の帽子につけた羽根が振られて揺れる。ゴルドーニの『二人の主人を一度にもつと』は、歌と舞踏のシーン、素晴らしい科白の二重唱および三重唱、俳優たちの即興、冗談めかして行われる舞台の上での右往左往、そして大がかりな道化芝居のきっかけを与えるためだけに選ばれたのだ。この舞台では何も勿体をつけるようなところはなく、ただ喜劇が演じられる。その演じられる様式は独特で、ラインハルトはその選択によって、ある部分で偉大なヴィーンのバロック演劇の時代に頭を下げ、別の部分でその時代を優雅にパロディー化する。ホーフマンスタールの加えた、非常に魅力的な多声のプロローグは、序奏としてこれから上演される作品をまとめるのみならず、観客に心地よい身体の軽い震えをもたらす。オーケストラが神秘的な方法で演奏の準備にかかる際につきものの震えを」。

一九三三年から一九三七年の間ザルツブルクのフェルゼン乗馬学校で行った『ファウスト』上演に際して、ラインハルトは舞台に市街を作らせた。その市街中の個々の場面が演ぜられる場は、通路と段路の複雑な体系によってつなぎ合わされていた。このやり方についてラインハルトは次のように書いている。「あらゆることの起こる場を同時に見せ、観客の前に並べ、時間を置くことなく互いに溶け込ませることによって、ファウストとすべての出来事を現実と感ずるために必要な緊密な結びつきをつくり出す。観客の目の前で、時にこちら、時にあちらと、あらゆる場所で出来事が起こり、語りつつ、あちらかと思えばこちらに登場する人物たちと聴衆を隔てる幕はない」。

この三つの公演に関する印象から明らかになるのは、ラインハルトが個々の作品のために、各々の劇場空間をいかに異なった方法で用いたかということであり、しかし同時に、舞台と客席の懸隔の解消、舞台と観客席の結びつき、つまりは観客の演劇的現実への引き込みを狙っていたということである。劇場空間は少なくとも上演の間、全体が一つのまとまった空間となった。

ラインハルトは決して急進的な革新家ではなかったが、決して折衷家でもなかった。どのような刺激も喜んで受け入れたが——しかし、それを自ら変形させ、現実にふさわしく新たにし、改め、いつでも別の秀逸な着想と組み合わせた。ラインハルトは同じことの繰り返しはしなかった。古い作品の新演出も、つねに新たな解釈であり新たな作品だったのである。

アメリカに亡命したラインハルトを照らす光が薄れ、

悲しい最期に終わったことには、いろいろな理由、原因がある。この「魔術師」は魔法の杖を失くしていた。ラインハルトの俳優、ラインハルトのスタッフ、代理人がいなかった。多くの大がかりな計画が立てられ、そのうちのいくつかは実現されたが、ほとんどはアメリカのマネージャーのために失敗に終わった。アメリカの興行師は一つのショーのために新たなティームを組むものであって、ラインハルトの理想とするアンサンブルや演出概念とそのやり方は相容れなかった。映画界の大物たちはラインハルトとは何の関わりももたなかった。ヨーロッパの劇場の大立物は、その偉大な名声にもかかわらず、アメリカではもう一度最初からキャリアをやり直さねばならず、六十五歳という年齢から、それはもはや無理だった。ラインハルトはラインハルト・ワークショップという名の俳優学校を創り、そこで、生徒たちを使って素晴らしい演出を行ったが、しかし、多くの亡命者は、かつての偉大なラインハルト時代を懐しみはしても、新しい試みには興味を示さなかった。数は少ないが何度か公開の公演もあり、ソーントン・ワイルダーに働きかけて、ネストロイ（訳注　Nestroy, Johann Nepomuk. 一八〇一—一八六二。オーストリアの詩人、俳優）の原作から『ヨンカースの商人』を書いてもらい、それを上演したこともあった。この作品は文学的にも興行的にも成功せず、のちにミュージカル『ハロー・ドリー』となって初めて成功を収めることになる——ラインハルト抜きで。

ドイツから亡命してきた有名人に取り巻かれ、多くのかつての自分の俳優たちに囲まれていながら、ラインハルトは孤独だった。もっとも、かつてのドイツの有名人たちも、アメリカではかろうじて自分の生活を支えるのがやっとだったのだ。ラインハルトの仕事は、実際の公演と非常に深く結びついたものだったが、今でも忘れられてはいない。実のところ、ラインハルトの着想やラインハルトが創り出した伝統のうち一つとして、その後継が現れなかったものは存在しないのだ。ラインハルトとその完璧な演出、そのレパートリー劇場（訳注　座付劇団がレパートリー内の作品を日替わりで次々に上演していく劇場）は、神秘的理想であり続けている。

アルノルト・シェーンベルク（Arnold Schönberg, 1874-1951）

主著

『和声法』（*Harmonielehre*, 1911）

『音楽の様式と思想』（*Stil und Gedanke*, 1950）

全集

Gesammelte Schriften（Frankfurt am Main: S. Fischer, 1994）

Gesammelte Schriften（Laaber bei Regensburg: Laaber, 近刊予定）

主要作品

弦楽六重奏曲『浄められた夜』（Verklärte Nacht, 1899）

独唱，合唱，オーケストラのための『グレの歌』（Gurrelieder, 1900-11）

交響詩『ペリアスとメリザンド』（Pellias und Melisande, 1902-03）

メロドラマ『月に憑かれたピエロ』（Pierrot lunaire, 1912）

オペラ『モーセとアロン』（Moses und Aron, 1930-32, 未完）

語り手と混声合唱とオーケストラのための『コル・ニドレ』（Kol nidre für Sprecher (Rabbi), gemischten Chor und Orchester, 1938）

語り手と混声合唱とオーケストラのための『現代詩篇』（Moderne Psalm für Sprecher, gemischten Chor und Orchester, 1950, 未完）

邦訳

G. ストラング・L. スタイン編，山県茂太郎・鴫原真一訳『作曲の基礎技法』（音楽之友社，1971）

上田昭訳『音楽の様式と思想』（三一書房，1973）

L. スタイン編，山県茂太郎・鴫原真一訳『対位法入門』（音楽之友社，1978）

上田昭訳『和声法　新版』（音楽之友社，1982）

ルドルフ・シュテファン

アルノルト・シェーンベルク

松永 美穂 訳

ユダヤ系ドイツ人であり偉大な作曲家であるアルノルト・シェーンベルクは、一八七四年にヴィーンで生まれ、一九五一年にロスアンジェルスで亡くなった。「ヴィーン郊外で生まれたユダヤ人の男にとっては、アバディーン（訳注 スコットランドの港町）で死ぬということは、ものすごい出世でもあるし、彼がどんなに偉大なことを成し遂げたかということの証拠でもある」。これは、ジークムント・フロイト（訳注 本書「ジークムント・フロイト」参照）が一九三七年に、精神分析家アルフレート・アードラー（訳注 Adler, Alfred. 一八七〇―一九三七）――フロイトは彼のことを、変節漢ともライバルとも見なしていた――を念頭において語った言葉である。もしフロイトのこの言葉に真実が含まれているとするならば――不吉ではあるけれども疑いなく真実を含んでいると私には思われるのだが――終焉の地までさらに長い道のりを行かねばならなかったシェーンベルクの方は、アードラー以上に偉大な業績を上げたことになる。事実、彼は自分の使命を真剣に捉え、その崇高な意味を骨の随まで自覚する作曲家・芸術家として、最大限の業績を上げた。そうして偉大な作曲家となったのだった。

彼は、かつてゲットーがあり、十九世紀にはまだユダヤ人街であったヴィーン二区のレオポルトシュタットに生まれた。誕生日は九月一三日だったが、一三日に生まれたことを彼はいつも不幸に感じていた。というのも彼は人並みはずれて迷信深かったし、できる限り一三という数字を避けたがっていたからだ（そして一三という数を一二aに置き換えた）。彼は、自分の代表作であり、非常に水準の高い作品である偉大なオペラ『モーセとアロン』のタイトルが一三文字にならないように、聖書の登場人物であるアーロン（Aaron）という名前からaを一つ取ることまでやってのけた。彼の命日も一三日、すなわち一九五一年七月一三日である。もう少しで日付が変わる時刻で、縁起の悪い一三日を何とかやり過ごせた、とぬか喜びしたところで亡くなった（訳注　臨終の時刻は午後一一時四五分だった）。

しかしながら、シェーンベルクの迷信というのは非常にまじめな性質のものである。それは、どんなことも決して無意味ではあり得ない、と考える精神の産物でもある。彼はあらゆることに意味があると感じていた。どんなことでも軽く捉えたり、どうでもいいと見なすことはできなかった。彼は徹底的にまじめであり、要求の高い、道徳的で宗教的な人間だったのだ。芸術と宗教が彼の存在の基盤をなしており、道徳性は彼の目的とするところだった。また、彼はインスピレーション豊かな芸術家だった。もともと裕福な家庭の出身でなかった彼は、目ざす目標に到達するために、かなりの苦労をせねばならなかった。目標の達成をさらに困難にしたのが、ユダヤ人としての彼の出自である。

すでに述べたように、彼は小市民的な環境のなかで育った。プレスブルク（訳注　現在のスロヴァキアのブラティスラヴァ）からヴィーンに移り住んだ父親は、小さな商店を経営していた。母親の方は、プラハではよく知られたユダヤ人一家の出身であったが、家族に奉仕することで一生を送った。シェーンベルク家では、幼い頃から頭角を現していたアルノルトの音楽的才能を伸ばそうとする努力もみられなかったし、特に宗教的な生活が営まれていたわけでもなかった。知的・芸術的・宗教的な教育にふさわしいとはとてもいえない家庭環境だった。アルノルトも、十七歳のときには自分に「信仰がない」ことを告白している。アルノルトに際立った独学の才能と、教養に対する倦むことのない欲求が備わっていたことは幸いだった（さらに、そのための多大なエネルギーと、不断の勤勉さとが）。

したがって、彼が自分について語った次のような言葉は全く正しい。「わたしはいつも、自分の才能にかなったことしかできなかった。得意なことはいつも必ずできたし、ただちに、頭を切り替えたり準備したりする必要もなくやってのけることができた。それにひきかえ、他の人にできること、いわゆる『教養』に属することは、いつもわたしを手こずらせた。わたしはそれを習いもした。しかし後になると……たんに習い覚えただけではなく、苦労してそれを身につけたおかげで、他の人よりもずっとよくできるようになった。他の人のように習うということはできないし、させてもらえなかった。いくつかのことはひとりでにできるようになった、指導を受けることなしに。他のことは、自分で身につけなければ、どんな教師もわたしに教えてくれなかっただろう」。

しかしながら、ちゃんとした教師とはいえなくとも、自分でもそれと知らずにシェーンベルク少年（のちにはシェーンベルク青年）の努力に方向を与えてくれた友人たちは存在したのである。シェーンベルク自身が名前を挙げている。オスカー・アードラー（訳注 Adler, Oscar. 一八七五―一九五五。医師、ヴァイオリン奏者）とダーヴィト・ヨーゼフ・バッハ（訳注 Bach, David Josef. 一八七四―一九四七。ジャーナリスト）、それにアレクサンダー・フォン・ツェムリンスキー（訳注 Zemlinsky, Alexander von. 一八七一―一九四二。ヴィーン出身の指揮者、作曲家）。ちなみに三人ともユダヤ人である。シェーンベルクより一歳年下のアードラー――彼は高名な占星術師として、シェーンベルクの死後さらに四年生きることになる――は、音楽芸術（と音楽理論）への道を最初に彼に示した人間であった。アードラーよりもさらに一歳年下のダーヴィト・バッハは、若い時に音楽の教育を受け、のちにはヴィーン労働者新聞の音楽担当記者となるが、シェーンベルク自身が言っているように、彼の個性の開花に多大な影響を及ぼした。シェーンベルクはそれどころか、自分の音楽的特性に「凡庸さや八方美人的な態度に抵抗する倫理的・道徳的力を与えてくれたのは」バッハだったのではないか、と考えている。

シェーンベルクより三歳年長で、音楽院で素晴らしい教育を受け、いくつもの賞を受賞し、ヨハネス・ブラームスからさえ注目された音楽家アレクサンダー・フォン・ツェムリンスキーは、シェーンベルクにとって決定的だった二十歳前後の時期、音楽的な助言を与えてくれた人物だった。彼はシェーンベルクに実際的なヒントを与えただけでなく、その後何年にもわたってシェーンベルクが目標とする音楽の大家であり続けた。しまいには――これがさらに重要なことなのだろうが――ツェムリンスキーがシェーンベルクをヴィーンの音楽家サークルに導いたのであり、アクチュアルで刺激的な会話の交わされている芸術家・文学者・知識人たちの世界への扉を開いてくれたのだった。ツェムリンスキーが若きシェーンベルクに、当時盛んだった芸術のあり方、すなわちモダニズムの時代の芸術生活への道を示したのである（訳注 シェーンベルクの最初の妻は、このツェムリンスキーの妹でもある）。

十九世紀末のモダニズム運動とは、一種の抗議運動でもあって、そのなかではユダヤ人が――もちろん同化したユダヤ人たちだったが――傑出した役割を果たすようになっていた。モダニズム運動は反伝統的な性質をもち、ヴィーンの環状道路沿いに建てられた建築物などに明白に表されている歴史主義に対抗するものだった。モダニズム運動はさらに反物質主義・反資本主義の立場をとっていた。現代的なものに対して鋭い感覚を備えていた文学者ヘルマン・バール（訳注 Bahr, Hermann. 一八六三―一九三四。オーストリアの作家）は、一八九〇年代の初めにすでに次のように語っている。「芸術にとっても〈真実〉が〈美〉に優先する価値をもたねばならない」。単純な現実よりも、存在が仮定され、研究の対象となりうる形而上の現実を重視する考えが至るところで勢力を増しつつあった（とりわけ芸術作品において表現されるようになっていた）。当時すでに行くところまで行ってすっかり細分化されてしまった感覚主義は、広まりつつあった汎心理主義、すなわちあらゆるものに魂の存在を認めようとする考え方によって凌駕されてしまった。こうした考え方がしまいには有機物の世界と無機物の世界との差異までも取り払ってしまい、その結果すべてのものが生命をもつかのような様相を帯びてくるのだった。こうした類の試みが最終的には普遍的なエロチシズムに到達し、感受性の高まりを説明するとともに正当化することにもなった。若きシェーンベルクの偉大な作品、リヒャルト・デーメル（訳注 Dehmel, Richard. 一八六三―一九二〇。ドイツの詩人、表現主義の先駆者）の詩による六重奏『浄められた夜』からイェンス・ペーター・ヤーコプセン（訳注 Jacobsen, Jens Peter. 一八四七―一八八五。デンマークの詩人）の詩による『グレの歌』を経てメーテルリンク（訳注 Maeterlinck, Maurice. 一八六二―一九四九。ベルギーの詩人、劇作家）の戯曲による交響詩『ペリアスとメリザンド』（この戯曲を彼に教えてくれたのはリヒャルト・シュトラウスだった）に至るまでの作品群は、いま述べたような精神のあり方を示している。ここにおいては感覚主義と自然を対象とした神秘主義が、独特の方法で混ざり合い、繊細で豊かな効果をもつ象徴主義へと変化している。個人的なものを超えて拡がりを示す視点や宇宙的なものへの収斂――宇宙的なものが、個人的なものにより高い意義を与えてくれるのでもある――は、たんに主観的なものとして出現することなく、芸術家の造形意欲と自己顕示欲を満足させてくれる。

このことは音楽的にいえばシェーンベルクにとって、音響（音色）や和声、（観念的な意味の担い手、すなわち論理の担い手としての）主題の面におけるあらゆる差異を正当化できる可能性を意味していた。まさにこの観念的なものを濃縮していき、単なる装飾的な要素から解き放ち、音楽的な言語を純化することが、シェーンベルクの願望でもあったわけである。観念の明晰さを鈍らせるものは、たとえそれが音楽を美しくするものであっても、過剰であるばかりでなく欺瞞でもあるとして、除去されねばならなかった。濃縮、削除から沈黙にまで至るその試みは、芸術としてぎりぎりの限界を模索するものでもあった。そのことが音楽にもたらした帰結は、協和音と不協和音の対立の消滅だった。シェーンベルクの言葉を借りれば、あらゆる要素に自然が息づいていると考えた結果、自然の姿を音で表す際にまず新しい音楽が生まれてきた、というのである。生と愛と死、この三つが芸術の大きなテーマであったが、芸術の目的はシェーンベルクによれば「個別性」からの救済、すなわち個々にバラバラになった状態からの救済なのだった。

万有のなかへの霧消、地上の生活を繰り返したあとで達成される完成、死後の体験、夢とヴィジョン……。これがシェーンベルクの作曲の中身であって、彼はこれをただ概念のレベルで追究したのではなく、音楽的に、豊かなイメージとともに、ドラマティックに表現したのだった。総合芸術のあらゆる次元は一つの観念、一つのアイディア、あるいはシェーンベルクが言ったように、一つの思考から出発する。彼のプロジェクトは壮大で、ほとんど実現不可能だった。実際に完成されたのは、表現主義の傾向をもつと見なされる二つの短い舞台作品だけで、そのうち特に『幸福な手』の方は、わずか二〇分の小品ではあるが彼の理想を最もよく表すものであり、このような総合芸術が抱える深い問題を認識させてくれる作品でもある。この時期の初めに成立した『弦楽四重奏曲第二番』においても、世界観を呈示する新しいタイプの音楽が実現している。この作品のなかではシュテファン・ゲオルゲの二編の詩、『連禱』と『放心』とに曲がつけられているが、特に『放心』の方は、はっきりした特徴をもった、法悦詩である。「わたしは響きのなかに溶けていく、回りながら、動きながら／この世ならぬ感謝と名前のない讃美との／大いなる呼吸に満ち足りて自分を委ねながら」。

高度なスタイル、平凡さからの隔絶、より高い境地に至ろうとする願いなどが、彼の場合には曲を作る上で決定的な役割を果たしている。神知学の概念は、友人の画家ワシリィ・カンディンスキィ（訳注 Kandinskii, Vassilii. 一八六六―一九四四。ロシア出身の画家、抽象絵画創始者の一人）などを通して、シェーンベルクに影響を及ぼした。伝統的な信仰共同体によってはもはや満足させられることのない密度の濃い宗教的感情が、高揚した自意識と結びついている。シェーンベルクは当時画家としても活動し、画作をカンディンスキィから賞賛されて、ミュンヒェンにおけるかの有名な「青い騎士」グループの展覧会で作品を展示したこともあった。彼は、あるアフォリズムのなかではっきりと、芸術家の存在意義、すなわち自らの存在意義について、どう考えるかを述べている。「人間によって生み出された芸術作品こそ、神のなしたもうた最も偉大なる創造であり、徹頭徹尾意義をもつものである」。シェーンベルクにとって芸術家は神の道具、しかも任意の道具ではなく、創造の業を完成するための重要な道具なのだった。

シェーンベルクはこうした考え方を決して捨てなかった。しかし、こうした確信が宿っていた思考の建物そのものが崩壊してしまうことになる。彼の信念を育てた生活環境は根本的に変化し、人々に道を示すべく計画された遠大な作品は未完に終わってしまう。比較的まとまった断片としては唯一のものである一九一七年作曲のオラトリオ『ヤコブの梯子』――シェーンベルクは一九二二年までこの作品に手を入れ続けたが半分しか完成しなかった――が、彼の構想をうかがわせてくれる。

シェーンベルクは少なくとも生涯に三回、自らの世界観における重要な要素を包括的に表現する大作を構想した。作品の課題はあまりにも意義深いものだったので、彼は実際的なこと、たとえば上演の可能性などについての配慮は一切後回しにしてしまった。一九〇〇年に作曲された『グレの歌』では、汎神論的な生命感が非常に強く打ち出されている。『グレの歌』は、いまだに神と争っている人間が、自分自身その一部にすぎない生きた自然のなかに消滅していくという物語なのである。オラトリオ『ヤコブの梯子』（一九一五―二二年）では、人間、特に人間の不滅の魂が、自然の影響のなかにおかれたものとしてではなく、多くの生の輪廻において示される。一つの生ききった生命が新しい未来の生命に移行する時点、死から再生への過程がここでは描かれるのである。オペラ『モーセとアロン』(一九三〇―三二年)では、啓示と言葉(概念)との関係、純粋な啓示が言葉によって歪められてしまう、ということが問題になっている。さらに、年老いて、体も衰弱した巨匠が最後に取り組んだのが、『現代詩篇』の作曲、すなわち自ら作詞した祈りの言葉に曲をつけることだった。彼が曲をつけた最後の言葉は「それでもわたしは祈る」というものだった。

『諸原理の死の舞踏』というテクストを完成した三日後、一九一五年一月一八日に、アルノルト・シェーンベルクはオラトリオ『ヤコブの梯子』のテクストを執筆し始めた。この二つのテクストは、非常に規模の大きい音楽作品シリーズとして次々に作曲され、いくつかの楽章を加え、すべてを包括する「シンフォニー」を構成するはずだった。シェーンベルクは頭のなかではもう何年も前から、彼が追求する目的のため、自分をつき動かす観念にどのようにして適切な姿形を与えたものか、考え続けていた。すでに一九一二年一二月に彼は、以前自分に決定的な刺激を与えた詩人リヒャルト・デーメルに手紙を送り、この壮大なプロジェクトの共同作業者になってくれるよう交渉していた。「もう長いこと、わたしはオラトリオを創りたいと考えてきました。そのオラトリオの内容は、物質主義や社会主義、アナーキズムなどに翻弄され、無神論者となった現代の人間が、神と争うけれども(ストリンドベリの『ヤコブは格闘する』をご参照ください)、しまいには神を見いだして宗教的になるというものです。祈ることを学ぶこと!(中略)そしてとりわけ、わたしのオラトリオは、現代の人間の話し方、考え方、表現様式を表し、わたしたちを悩ませる問題を扱うべきなのです。なぜなら聖書において神と争う人々も、その時代の人間として自己表現しているのであり、自らの関心事について語り、自らの社会的・精神的水準を保っているからです。ですからこうした人物たちは芸術的な強さを備えているのですが、己の課題を果たそうとする今日の音楽家にとっては作曲することの難しい題材なのです」。

シェーンベルクは当初、手紙のなかで触れたストリンドベリの作品に手を加え、デーメルのテクストに曲をつけ、バルザック（訳注 Balzac, Honoré de. 一七九九―一八五〇。フランスの作家）の小説『セラフィータ』の最後の章「昇天」と、詩篇をそこに加えようと考えていた。しかし最終的には、尋常ならざる内面の体験や精神の動揺、霊的危機などから、先に挙げたような二つのテクストを自分で書かざるを得なくなったに違いない。その結果、それらのテクストは、もとの文学的なテクストとはほとんど類似性をもたなくなってしまったのである。

　作曲されないままに終わった『諸原理の死の舞踏』では、人間の内面への道、瞑想によって精神的なものを認識する道が描かれている。そこでは空間と時間が消滅してしまう。『ヤコブの梯子』のなかでは、死につつある人が、自分はすでに何度も死んでいることを認識する。彼の魂はあらゆる地上的なものから解き放たれ、拡がり、飛んでいるのだと信じ、完成されたものとして休息に入るべく変容を遂げるが、その一方でこうした目標にまだ到達できないでいる死者たちは、来るべき新しい人生のために備えている。空間と時間の彼方で起こるこの変容が、このテクストの中心主題になっている。それに先立つものはすべて、告白と裁きであって、告白された行いやもくろみや希望のなかには、すでに未来において来るべきもの、この次の人生における運命が萌芽のごとく含まれているが、それは単なる上昇とか下降とかいうことに留まらない。

　一九一七年の夏、シェーンベルクは自分のテクストの最初の部分、魂の変容のところ（大天使ガブリエルの、「そうしてお前の自我は消え去る」という台詞）までしか作曲しなかった。戦争による好ましからざる中断ののち、現存の作品では終結部になっている大がかりな交響的間奏曲が一九一八年から二二年の間に作曲されたが、そのあとで彼はオラトリオの仕事を最終的に断念してしまった。もっとも、いつか作品を完成できるのではないか、という希望は最後まで捨てていなかったようである。

　テクストの細部には紛れもなく、たくさんの個人的な要素が滲み出ている。登場する個々の人物たちはみな、「天職を授けられた者」であろうと、「煽動的な者」であろうと、「苦闘する者」も「選ばれた者」も「修道士」も、原作者の特徴をどこかに備えており、シェーンベルクのある種の特性や考え方を擬人化している。しかし、あらゆる登場人物のなかに、芸術家シェーンベルクの、より深い認識を求めて闘う、戦闘的でありかつ敬虔な姿の延長のみを見ようとするならば、それは行き過ぎであろう。あらゆる人物に対して、進むべき道が示される。「修道士」にはただちに示されるし、他の登場人物にも、もはや作曲されなかった第二部においてではあるが、道は示されている。それらの道はどれも異なっており、それぞれの魂の発展段階に応じている。ともあれ、神と人間の魂の間の仲介者である大天使ガブリエルは最後の偉大な台詞のなかで「人はどの段階にあっても罪に陥るが、祈りの一つ一つには罪を消す力がある」と言っており、アントン・ヴェーベルン（訳注 Webern, Anton von. 一八八三―一九四五。オーストリアの作曲家）はそれを「これまでになされた人間の洞察の頂点」と見なしている。ガブリエルのこの言葉こそ、祈ることを学ぶよう促すシェーンベルクがたどりついた点であるようにも思われるのである。そうしてこのオラトリオは当然の帰結として、（もはや作曲されなかったのではあるが）熱烈な、多声の重厚な合唱からなる祈りによって終わる。

このテクストに曲をつける際、シェーンベルクは想像できないほど人数の多いオーケストラを念頭においていた。木管楽器だけで二〇人、そして舞台から離れたところにまで合唱とオーケストラ……。後になって（一九二一年）彼はもう少し小さい、それにしても相変わらず大規模なオーケストラ編成を考え直し、木管は八人に減らしたのだったが、その時にも、総譜を書ききるまでには至らなかった。作品は小片の形で残され、最後の一五拍分はスケッチしか残らなかった。その音楽は、今日の用語を使っていえば、きわめて自由な無調音楽であるが、過去の音楽の響き、シェーンベルク自身の室内交響楽の音調の響きを全くもたないわけではない。人はこの音楽から二通りのことを認識できる。つまり、この音楽は、シェーンベルクが無調性を調性の拡大として、すなわち無限に豊かにされ、精確にされた調性として捉えていたことを紛れもなく示すのであり、さらに、拡大された可能性を確立するという考えが、当時彼を支配していた宇宙の観念と関わっていた、ということも明らかになる。宇宙の観念がなければ、新しい音楽語法（Tonsprache）の世界はそもそも全く発展し得なかっただろう。

一九一七年、非常に着想豊かな創作の最中にシェーンベルクが兵役に取られたというのは有名な事実である。『ヤコブの梯子』を完成させようという思いを全く捨ててしまうことはその後もなかったものの、一九二二年までかけて手を加えた後、彼は作品を脇へ押しのけてしまった。推測するに、最終的に除隊となってからの彼は、大きな断片《フラグメント》に手を加える仕事を、一九一七年当時のように力強い内面的な衝動の帰結と見なすことはもはやできず、むしろ自分に課した義務の遂行、と捉えていたのだろう。仕事はもはや極端にゆっくりとしか進まなかった。自分の代表作を創るはずの仕事が、作曲家自身さえ最初は気づかなかったのかもしれないが、いつのまにか、それほど重要な意味をもたない仕事になってしまった。というのも、その間に、非常に重要なことが起こっていたからである。第一次世界大戦後にカンディンスキィに宛てて出された最初の長い手紙、すなわち一九二二年七月二〇日付の手紙を注意深く読んでみれば、そこで語られているのがハプスブルク帝国の崩壊だけではなく、もっと多くの事柄であることに気づくだろう。

「ご存知の通り、わたしたちも何がしかのことを乗り越えたわけですね、たとえば飢えとか！　あれはひどいものでしたね！　でももしかしたら——というのもわたしたちヴィーン人は見たところずいぶん我慢強いのですから——一番ひどいのは、以前信じていたものがすべて引っくり返ってしまった、ということなのかもしれません。それが一番痛みを伴うことでした。仕事柄、ときには暴力的な思考によってあらゆる困難を取り除くことに慣れていた人間が、ここ何年かの間、絶えず新たな困難の前に立たされ、その困難に対しては、どんな思考も発明も、エネルギーも概念も歯が立たないわけですが、そういうとき、すべては概念だと考えていたその人は、別のより高い信念で自分を支えない限り、破綻してしまいます。わたしが言いたいと思っていることは、わたしの書いた『ヤコブの梯子』（オラトリオ）に最もよく表れているでしょう。すなわち、あらゆる組織的な束縛を取り去ったとしても、支えてくれるのは宗教なのです。この何年か、宗教がわたしの唯一の支えでした——こんなことを言うのは、きょう、この場が初めてなのですが」。

つまり、『ヤコブの梯子』の精神的基礎を成していたものも崩壊したのだった。それと同時に、音楽を通してこのオラトリオに結晶するはずの音楽的宇宙全体も崩壊してしまった。集大成の機会はもうなかった。むしろ新しく始めなくてはならなかった（集大成として意図されたものが、集大成として私たちの目に映るか、それともまとまりなく混ざり合った物が共存する状態として映るかは、この際どうでもいい）。とにかくシェーンベルクは新しく始めた。全く最初から始めたのだ。そしてこの再出発に際しては、彼は意識して音の芸術がもつ限界に注意を払い、意図的にその限界をはっきりと浮かび上がらせた。いまやすべてが再び「室内交響楽」の頃のように、はっきり跡をたどれるようなやり方で論理的発展を遂げなければならず、音楽の論理がそれと認識できなければいけなかった。音楽的思考、それはシェーンベルクにとって単なる主題ではないとしても、つねに何か主題的なものだった。この音楽的思考が、把握できるような形でそれを浮かび上がらせる方法を用いて、展開されていくべきなのであった。第一次世界大戦後に崩壊してしまったのは、国民としての一体感と今日呼ばれているものでもあった。

多くのユダヤ系知識人と同様、伝統的な束縛から自己を解放したいと願っていたシェーンベルクは、一八九八年にプロテスタントに改宗し、自分をドイツ人と感じ、ドイツ人であろうと決心していた（政治的にはもちろんドイツ系オーストリア人ということになる）。戦争中何度も召集された軍隊においては、彼はもちろん、よき兵士であろうとするプライドをもっていた。部隊の仲間たちと過ごす夜のために彼は『鉄の旅団』という曲も作曲している。この作品は、オトカー・ケルンシュトック（訳注　Kernstock, Ottokar〔本名 Otto〕. 一八四八―一九二八。アウグスティノ修道会士、オーストリアの詩人。第一次世界大戦中の一九一六年、熱狂的な愛国詩集を発表した）のいいようもない詩による『ドイツ野郎』という作品と並んで、愛国心を示そう、困難な時代に彼に与えられた義務を果たそう、いまいる場所から逃げ出すのではなく、自分のもてる最大の力で貢献しよう、というシェーンベルクの願望を示す記録ともなっている。自分を強いることなくこうしたことがやってのけられたのか、本当にそれほど自分を国家の一部と感じていたのだろうか？　答えるのは難しい。それとも彼は自分をコントロールしてこうした感情をもつに至り、国家と歩調を合わせることを自分に命じたのではなかったか？
彼が時に自分に何かを強いることができた（また実際にそのようにした）ということは、グスタフ・マーラー（訳注　本書「マーラー」参照）との関係からもうかがえる。マーラーは宮廷歌劇場音楽監督として、ヴィーンで十年間、権力を振るった人物であり、シェーンベルクにとってマーラーとの関係は非常に重要だった。ブラームスやヴァーグナーの崇拝者であったシェーンベルクはもともと、マーラーの初期の作品、たとえば第一交響曲などは好きではなかった。初期の作品は彼にはあまりにもプリミティヴに思われたのだ。しかし、（ツェムリンスキーを通して）マーラー本人と近づきになり、マーラーの燃えるような理想主義やエネルギー、完璧を目ざす彼の努力や妥協のなさを知ったとき、シェーンベルクの尊敬の気持ちは際限なく膨れ上がった。そうして、マーラーの作品も、いまや彼の人間性を完全に表現するものとして認識され、崇敬の対象に変わったのだった。シェーンベルクはマーラーのなかに、まさに彼が芸術家の理想とするものを見いだしたのだった。マーラーの死後、シェーンベルクは表現主義的な雰囲気をもつスピーチを行っているが、このスピーチにおける芸術への高揚した熱狂ぶりは、今でも読む人の心を動かす。マーラーの無条件な献身ぶりや神に対する深い信仰は、シェーンベルクにとって完全な模範であった。ついでながら、マーラーもシェーンベルク同様、特定の宗派に束縛されていなかった。そこまでマーラーを崇拝していたシェーンベルクではあったが、後年、彼自身の言葉によれば、マーラーの作品の上演を避けるようになった。彼がマーラーに対して変わることなく抱いていた尊敬の気持ち、どんなことがあっても減じさせたくないと思っていた尊敬の気持ちが、引き続き損なわれることなく保たれうるほど作品が気に入るかどうかわからない、というのがその理由だった。彼はマーラーをずっと愛し、尊敬し続けようと固く決意していた。それゆえ、その気持ちが揺るがされるようなことはしたくなかった、というのだ。

旧秩序の崩壊は、あまりにも過激で、シェーンベルクを深く傷つけるものだった。ある夏、ザルツブルク地方のマット湖畔に滞在していた際、ユダヤ人の客はお断りだというので、洗礼証明書を見せるよう要求されたことがあった。シェーンベルクは、四半世紀も前から所有していた洗礼証明書をあえて見せないまま、仕事の中断と自分に加えられた侮辱とのおかげでひどく感情を害しながら、ただちにそこを出立した。自分はユダヤ人であって決して正当なドイツ人ではあり得ない、望ましからざるよそ者にすぎないのだ、ということを、間接的にではあれ、はっきりと思い知らされたのだから。そのようにして彼は自分をユダヤ人と感じざるを得なくなり、中途半端が嫌いな性格ゆえ、ついにはユダヤ教に帰依し、あらゆる反ユダヤ的な兆候を、反感をもって見るようになった。そう考えれば友人カンディンスキィに宛てた、何頁にも及ぶ激しい手紙にも納得がいく。カンディンスキィはバウハウス（訳注　彼が教鞭をとっていた総合美術学校）で、反ユダヤ的な見解にも辛抱しており、自らもどちらかといえば反ユダヤの立場に立っているのだ、ということをシェーンベルクは耳にしたのであった。ユダヤ人は二級の人間と見なされ、ちゃんとした価値をもった人間とは見てもらえないのだ、という認識を、シェーンベルクは抵抗しつつもわがものとしていく。彼はユダヤ人特有の問題、たとえばユダヤ人国家の建設の可能性に関心をもつようになった。しかしパレスティナはよくない、あそこは他の宗教の人々にも聖地と崇められているし、すでに定住している人々もいるのだから、というのが彼の意見だった。彼にとっては、ユダヤ人だけが住む国家を創る、ということが重要だったのだ。彼の戯曲『聖書の道』はまだ一度も上演されておらず、ドイツ語では出版もされていないのだが、この戯曲のなかで彼は、ユダヤ民族が新しく一体となって発展していくために必要な、移住のための組織と、ユダヤ人特有の不統一性の克服、もっと正確にいえば極端な個人主義と知性偏重主義の克服、という問題をテーマにしている。新パレスティナ運動（とシェーンベルクは戯曲のなかで名づけている）の指導者マックス・アルンスが実現しようとするのは、個々人に対して国家への服従、言い換えればこれまでの自分のあり方の放棄、を要求する、独裁的な国家形態であった。

オペラ『モーセとアロン』の前史となっているこの戯曲には、確かにシオニズムの要素が認められはする。しかしシェーンベルクはシオニストではなかった。カール・クラウスが発行していた新聞『炬火』の読者でもあった彼が、テオドール・ヘルツル（訳注　Herzl, Theodor. 一八六〇—一九〇四。作家、政治家、シオニズム創始者）の支持者でもあるというのは考えにくいことだった。そのようなわけで、シオニズムには距離を置きつつも、世界におけるユダヤ人の運命は、彼の関心を惹き続けた。シオニズムやそれと類似した問題に関して、彼はたくさんのメモを残しているし、一九三三年以降は、政党を創設して、自分の力のすべてをユダヤ人問題に注ぎ込み、仕事を政治活動一本に絞ろうと考えたほどだった。しかしシェーンベルクの活動は、対象となるユダヤ人たちの間では期待していたような反響を見いだせないままに終わり、彼もしまいには活動をやめてしまった。しかし、音楽学校の建設に関するアドヴァイスや、移住の際の援助など、何か人から乞われるようなことがあると、彼は進んで力になっていた。一九三三年、彼はパリでユダヤ教会に帰依したが、家族と一緒ではなく、単独での行動だった。彼はこのことがあくまで私的な出来事として理解されるよう望んだのだが、うっかり口をすべらせたためにマスコミに知られる結果となり、彼の敵たちには、改宗は政治的なデモンストレーションと判断されてしまった。シェーンベルクが避けたいと思っていた事態が、まさに起こってしまったわけである。実際には、オラトリオ『ヤコブの梯子』を書き、何年も前から手がけていたオペラ『モーセとアロン』をほとんど完成していたシェーンベルクにとっては、旧い聖書の信仰への回帰は十分うなずけるものだった。そうした変化はずいぶん前から精神的に用意されていたのだった。

一九二一年のマット湖での体験は、シェーンベルクを大いに動揺させたものの、国民の窮乏化という流れのなかで蔓延しつつあった反ユダヤ主義に対する彼の政治的評価に影響を与えただけだった。思想的な面では、彼はすでに何十年も前から旧約聖書を読み続け、彼自身が「神の考え」と呼ぶところのものについて熟慮し続けてきた。神を崇拝する人間にとって、どうやったら神の姿を思い浮かべることなく神のことを考えられるのだろうか、神の像をイメージすることが許されないのなら、どうやって祈りにおいて神と一体化すればいいのか？

こうしたテーマが展開されているオペラ『モーセとアロン』は、彼の信仰告白の作品であり、『ヤコブの梯子』と同じく、未完成に留まっている。このオペラも実は最初から完成不可能だった。作品の問題性は、作品を通俗的にすることによってしか解決できない性質のものだったからである。神の言葉の純粋さ、純正さにこだわるがゆえに、結果として事実上人間が生きることを不可能にしてしまう人物と、人間を愛するがゆえに、彼らが神を崇めることができるよう偶像を創り、しかしながら同時に思考の純粋性を損ない、神についての考えを自ら偽造してしまう人物と、どちらが正しいのか？　これは解答不可能な問いであり、したがってこのオペラも、神の言葉の純粋さに固執することで問題を解決しようとする試みが失敗したことに絶望しつつ、終わるのであった。

しかし、この作品では「神の考え」だけが問題となっているのではなく、そもそも根本的に思考というもの、はっきりといわれていないが、音楽的な思考もおそらくは問題になっているのである。『モーセとアロン』は一二音階のオペラである。音楽的思考というものは――この思考を実現するためにシェーンベルクは同じく未完成に留まった理論的作品を作曲したのであるが――シェーンベルクの確信に従えば、神の言葉と同様、手を加えないまま伝えられるべきであった。すなわち、場合によっては音の響きを避け、少なくとも思考から気をそらさせる美しい音は避けるべし、というのであった。しかし人間はここでも、作品を理解するために、主題を仲介してくれるようなイメージや響き、つまり作曲家の思考を感覚的に体験させてくれるようなものを必要とする。精神と感覚との対立は、ここでは芸術家の問題として新しい姿をとって時代のなかに現れてきている。この時代においては感覚的な要素が救いがたく商業化されてしまい、自己目的、シェーンベルクの言葉によれば生活の楽しみになってしまっているのだ。感覚というのは本来情報を伝えるメディアにすぎず、それ自体に意味はない、ということはもはやはっきり認識されなくなっている。思考の方は闇に葬られてしまう。

こうした思いはシェーンベルクの思考において、オペラ『モーセとアロン』が構想されるずっと前からすでに、重要な役割を果たしていた。彼がまだ大きな交響曲を構想しており、そこからしだいに『ヤコブの梯子』のプランが独り立ちしてきた頃、すなわち第一次世界大戦前の時期、ライナー・マリア・リルケの『時禱詩集』からとった一つの宗教的な詩を、オーケストラ伴奏付の歌曲として作曲した作品が成立した。歌詞は次のようである。

あなたを求める人々はみな、
あなたを試みる。
そしてあなたを見いだす人々は、
あなたを結びつける、
偶像やしぐさに。
でもわたしはあなたを理解したい、
地があなたを理解しているごとく、
わたしが成熟することによって
あなたの王国は成熟する。
あなたがあなたであることを証明するような虚栄を
わたしは求めない、
わたしは知っている、時が
あなたとは異なる名をもっていることを。
わたしのために奇跡など起こさないで、
あなたの掟の通り行ってください、
部族から部族へと
その掟は目に見えています。

この詩のなかではまず初めに、神を見いだす人々は、見いだしたものを偶像やしぐさによって想像可能なものとし、思い出すことのできるものにしようとする、ということが確認される。こうした行為は、この詩の主体と思われる祈り手（あるいは信仰告白者）にとっては、神を偽るものではないにせよ、充分とは思われない。彼は神を、イメージとか偶像とかの媒介なしに、たんにあるがままの存在として認識したいと考える。彼は神が、奇跡によって自分の存在を証明することを望まない。そうではなくて、神は神の掟によって証明されるべきなのである。自然の法則そのものがすでに神の存在と全能を示すことができるではないか。掟をないがしろにし、掟から神を証明する力をまさに奪ってしまうような奇跡は必要ないのだ。

この詩の基底にある二つの考え、すなわち神に対する信仰の前提としての偶像の否定と、掟と例外（あるいは自由）との対比は、一九二〇年代にシェーンベルク自身によって、作曲のための格言テクストとして新しく書き直された。最初の考えは、たとえば次のように表現されている。

してはならないことがあり、しなくてはならないことがある。
偶像を作ってはならない！
偶像はイメージを限定し、
境界を設け、
限りなく想像を超えてあるべきものを、形にしてしまうからだ。
偶像は名前を欲しがる。
名前は小さいものからしか取ることができない、
小さいものを崇拝してはならない！
霊を信じなければならない！　なんの仲介も経ず、感情もなく、無私のままに。
そうしなければならない、選ばれたものよ、しなければならない、選ばれたものであり続けたいなら！

文面以外にもモーセの十戒を思わせるところの多いこの散文詩を、シェーンベルクは混声コーラスがア・カペラで歌うように作曲した。彼の偉大な格言曲の一つである。

　この作品においては、とりわけ偶像と霊との対置が、前提となる十戒のテクストに独特の展開を与えることになった。「しなければならないこと」の強調、選ばれた人間に課された強制、神からの召命に答えようとするならば、しなければならないことを果たすのだということと、これはオラトリオ『ヤコブの梯子』でもすでによく知られていることである。しかし、この格言詩における「選ばれた者」とは、いったい誰なのだろう？　それはシェーンベルクがかつて言ったように、「神のなしたもうた最も偉大なる創造」であるところの「人間によって生み出された芸術作品」を創る人々、芸術家とか、天才のことなのだろうか？　創造の完成を神から委ねられた芸術家なのか？　彼の格言のなかでは、自然の掟と道徳的な戒めとが、奇妙な形で溶け合っている。

　偶像に対する敵意は、よく知られているように、ユダヤ教やキリスト教（部分的には偶像も取り入れてしまったが）、イスラム教の宗教的伝統に深く根ざしている。掟の強調は疑いなく、特にユダヤの伝統にあてはまる。『モーセとアロン』においては、偶像を求める気持ちと思考の明晰さが、人物に体現された形で対峙させられた。シェーンベルクの確信によれば、偶像を必要とするのは、思考、それも純粋な思考へと自分を高めることのできない人間だということになる。思考の最高のものは神であり、神は思考の対象になることができるのみであって、イメージとして想像することはできない。前出の格言詩がすでにその根拠を伝えている。偶像はイメージを限定し、本来想像され得ないものを（矮小化によって）想像可能にしてしまう。

さらに数年を経たのちに作られた、自らの詩による格言曲では、シェーンベルクはリルケの詩におけるもう一つの考え、すなわち掟と例外の関係、をテーマとして取り上げ、それをさらに発展させた。シェーンベルクの散文詩は次のようになっている。

「掟」
慣れ親しんだ通りのことが起こるのなら、
それでいい、それなら理解できる。
しかしもし別のことが起こるのなら、それは奇跡だ。
でも考えてみよ、
いつも同じことが起こるということ、
それこそが奇跡なのだ、
それこそが理解しがたく思えてしかるべきなのだ。
一つの掟があり、
お前が主に従うように、
物事がその掟に従っているということ、
お前に主が命じるように
物事に掟が命を下していること
それこそ奇跡と捉えるべきなのだ！
人がもたれかかっているのは
自分が当然と見なす月並みなことでしかないのだ。

リルケの詩によるオーケストラ伴奏の歌曲と、二つの格言曲、これらの比較的規模の小さい三つの作品は、宗教の分野に根ざした内容によって、宗教的な作品となっている。コンサートで上演されるためだけに書かれたのだとしても、その宗教的内容は、オラトリオ『ヤコブの梯子』やオペラ『モーセとアロン』同様、明らかである。これらの小品は、『ヤコブの梯子』や『モーセとアロン』の序章あるいは終章のように、一つのグループを形成しているのだ。しかしそれらの作品は同時に、新しい音楽的なジャンル、歴史的には歌曲《リート》との関連において捉えられるべき、(無伴奏コーラスのための)格言曲というジャンルを創り上げている。しかし、これらの曲はほとんど歌曲的な要素、あるいは抒情詩的な要素をもたず、まして典礼曲らしいところは全然もち合わせていないのだ。

ユダヤ教の信仰に戻ってからのシェーンベルクは、政治的活動を計画する一方で、ユダヤ教への信仰告白を芸術的に構成しようと試みた。一九三七年に計画された交響曲では、個々の楽章がユダヤ人の生活に関連するように作られるはずであった。たとえば第一楽章では神に選ばれた存在と見放された存在との対立、第三楽章では特定の聖なるお祭りや習俗が描かれる、というように。草案メモには個々の点、特定の性格や感情についてのヒントが書かれている。たとえば「羨望が憎しみにまで膨れ上がる」というのは、反ユダヤ主義者を特徴づける言葉だと思われるし、「習俗から来る郷愁の気持ち」などというメモもある。しかしシェーンベルクは最初のメモ以上にこの草案を発展させることはできなかった。当時はこの種の標題音楽が芸術的に全く問題とされなかったからであろう。しかし、最近になって推測されているように、一九三七年の『弦楽四重奏曲第四番』にユダヤ教のシナゴーグで歌われていた古い典礼歌の和音が見いだされるというのが正しければ、特殊ユダヤ的な伝統との関わりが、純粋な器楽曲においてもいくぶんは定着し得たのだ、といえるのかもしれない。いずれにせよシェーンベルクは当時、まさに典礼的な作品、和解の祭りであるヨム・キプールの前夜の祈りを表す『コル・ニドレ』*という作品をも作曲している。これは一二音階ではなく、調性音楽だった。また、最晩年になって、彼はヘブライ語の詩篇一三〇番を混声合唱のために作曲した。こちらの方は一二音階である。シェーンベルクが完成した最後の作品であるこの詩篇にも、いくつかの新しい点があった。歌われる言葉と語られる言葉との、絶え間ない交替がそれである。

作品番号三九の『コル・ニドレ』は、シェーンベルクが礼拝用に特別に作曲した唯一の作品である。そのために彼は互いに関連し合う一二の音階のみを使った作曲方法をこの場合は放棄し、伝統的な和声法における音階言語を保持して、ト短調の曲を作ったのだった。こうした理由から、原作の原稿ではキャスティングも「語り手」ではなく、「ラビ、コーラス、オーケストラ」となっている。同時にシェーンベルクは、テクストに手を加えずに作曲したわけではなかった。和解の祭り――それは誓いの放棄であり、強制されて改宗した宗教の放棄でもあった――という考えを歪曲不可能なものにすることによって、彼はテクストの内容をはっきりさせた。彼には、祈りが詐欺師や投機師の役に立ちうるというような考えは耐えがたかったのだ。この曲からは、いくつかの伝統的な音楽のモチーフも聞こえてくるのだが、作曲に際してもともとの祈りには導入部がつけられた。この導入はラビであるヤーコプ・ゾンダーリング博士（訳注 Sonderling, Jakob. 生没年未詳）によるもので、この作品はそもそも彼の提案によって作曲されたものだったのだが、この導入部があるために曲全体が礼拝の枠組みからはみ出してしまうことにもなった。この導入部では、祈りの前提となる考えが述べられる。導入部全体がラビによって音楽に合わせて語られ、もともとの『コル・ニドレ』は、合唱によって歌われるのである。

（＊訳注　「コル・ニドレ」または「コル・ニドライ」という言葉はヘブライ語で「すべての誓い」を意味し、ユダヤ教の聖歌のなかにも『コル・ニドライ』という曲がある。また、マックス・ブルッフ〔Bruch, Max. 一八三八―一九二〇〕によって作曲されたチェロと管弦楽のための曲『コル・ニドライ』はよく知られているが、シェーンベルクはブルッフのこの曲を「感傷的」であるとして、あまり評価していなかった）

シェーンベルクの晩年の作品は、声楽曲に限っていうならば、すべて宗教的な特徴を帯びている。作品の主人公は、自分自身についてのことであっても、それ自体で意味があるものとして語るのではなく、将来にわたって存続することができるように、自分の行為についての弁明を行う。

すでに病気に苦しみ、体も弱くなっていた頃の二つの作品が、もう一度シェーンベルクの表現主義的な創作の勢いを復活させている。この二作品は、そろって、シェーンベルクが自分自身も無関係ではないとして感じた深い苦しみを証言する作品になっている。一つはカンタータ『ワルシャワの生き残り』で、一九四四年のワルシャワでのユダヤ人の蜂起と敗北、降伏した者たちの殺害という事件が、他に類を見ないこの作品の歴史的背景である。生き残った者が、収容所での光景を思い出している。夜明け前、囚人の一団が起こされ、追い立てられ、取るに足らないような理由をでっち上げられて銃床で殴られ、まるでみんな死んだようになってしまう。死んだようにみえる一人、それがこの作品の語り手なのだが、彼は他のグループが死を予感しつつ、点呼の際に突然一斉にイスラエルの神に歌で呼ばわり始め、讃美するのを聞く。

シェーンベルクは自らテクストをまとめたり並べ替えたりして、第一部、本来の物語が始まる以前の導入的な回想場面ですでに、なぜこの場面が個々のケースを超えて考慮に値する意味をもつのかを明らかにしている。身の毛がよだつような、それと同時に混乱した、くだらない出来事のなかから、忘れられていた古い信仰の復活の瞬間が「壮大に」浮かび上がってくるのである（英語の）ナレーションが惨事を描写する。恐ろしい出来事は、散漫な雑音や信号音、口笛、（ドイツ語の）命令などをくぐり抜け、痛みや不安、絶望などを訴える声とコントラストを成しながら、聴衆の耳に聞こえてくる。決定的瞬間の前提として、こうしたことすべては、一見、漠然としたつけ足しのように思われる（ヘブライ語の）歌、シュマ・イスラエルが、非常な苦境と死の不安のなかで再発見された信仰の徴として歌われ始めると、シェーンベルクによって作曲された、男声合唱によってユニゾンで歌われるメロディーが、音楽的な形をもって現れ出てくるのである。ワルシャワ蜂起のニュースを聞いて深く驚愕し、この曲の着想を得たシェーンベルクが、まず第一に、信仰が再発見される瞬間を人々の記憶に留めようとしたことは、事件の体験者の発言が含まれているテクストの形式からだけでなく、作曲の仕方からも（そして草案から推測される、作曲の経緯からも）間違いなく証明される。

シェーンベルクはもちろん不幸な犠牲者たちに対して連帯感を感じていただろうし、彼の興奮はあまりにも大きくて、作品を非常に短い期間、すなわち二週間もかからないうちに（一九四七年八月に）作曲することができたほどであった。しかし、作品のクライマックス、全体の中心となっているのはあくまで信仰が目覚める瞬間なのである。彼のかつての創作力が再び復活した。そのようなわけで、彼は数分の演奏時間のうちに私たちの時代の世界における特徴的な状況を映し出し、どうやってそれを克服すべきかを示す作品を生み出したのである。

シェーンベルクが手がけた最後の作品は、自らのテクストによる合唱曲で、彼が『現代詩篇』と名づけたものだった。それらのテクストは祈りであり、神との個人的な語らいであり、仲介者を交えずに神と結びつこうとする試みである。作者はユダヤ教徒であっても、これらのテクストは特定の宗派に属するものではなく、あくまで特定団体との結びつきをもたない宗教的な内容である。もっとも、私人としてのシェーンベルクは、宗教的な事柄において、宗教団体をないがしろにしていたわけではなかった。彼はユダヤ教に帰依する以前、第一次世界大戦後に移り住んだヴィーン郊外のメードリングでは、プロテスタント教会で結婚式を挙げたばかりではなく、信者として熱心に活動していた。

晩年の『現代詩篇』はしかしながら、ヘブライ語による詩篇一三〇番や、古い故郷パレスティナへの憧憬を表現した小さな合唱曲『千年の三倍』という、特別にユダヤ的な歌曲とともに成立したのでもある。二十年も前にドイツで出版したドイツ民謡にも彼は手を入れて編曲したのだが、これもやはり深い過去のなかから物を取り出すようにみえる作業だった。

歳をとってユダヤ教との結びつきが強まっても、シェーンベルクは自分はドイツの作曲家なのだ、と感じ続けていた。作曲家としてバッハやモーツァルト、ベートーヴェンやブラームスといった巨匠たちの遺産と結びついているのだ、と。こうした音楽的伝統が、「音楽的思考とその表現」という彼の概念を具体化することを可能にしてくれたのだ。こうした音楽的思考を歪めることなく、彼自身の言葉によれば「把握できるような形で」、あるイメージによって曇らされることなく、表現し、受け入れることができるような法則を、シェーンベルクは追い求めた。芸術作品の形態はどんな細部においても責任をとりうるもの、とられうるものでなくてはいけない。

彼の長い、闘いに満ちた生涯の終わりになって残ったのは、ただ神との対話だけだった。年老いたシェーンベルクはさまざまなやり方で、自らを突き動かす宗教上の問いについての考えをまとめようと試み、彼に影響を与えてきた伝承宗教の、さまざまなしきたりを一体化させようとした。自分で書いた詩篇の一つで、彼はどうやったらユダヤ的な表現を用いてイエスの生涯を報告できるだろうか、と考量している。そして最後には、一つの根から生まれたはずのユダヤ教とキリスト教の伝統とが互いに離れてしまい、よそよそしい関係になってしまった、と嘆いている。しかし忘れてはならない。彼が「わたしたち」と言うとき、彼は自分自身をユダヤ人、それも敬虔なユダヤ人と感じているのだ。アルノルト・シェーンベルク、ドイツの伝統に育まれ、ドイツ人として生まれた偉大なユダヤ系作曲家が、困難な、しかし充実した生涯の終わりに、最後の言葉として作曲した言葉が「それでもわたしは祈る」であったことについては、これからもずっと考えていく価値があるだろう。

マルティン・ブーバー（Martin Buber, 1878–1965）

主著

『我と汝』（*Ich und Du*, 1923）
『対話』（*Zwiesprache*, 1930）
『ハシディームの物語』（*Die Erzählungen der Chassidim*, 1949）
『旧約聖書』ドイツ語訳（*Die Schrift.* Verdeutscht von Martin Buber, 1953/1955/1957/1962）
『バァルシェムの伝説』（*Die Legende des Baalschem*, 1955）

全集

Werke Band 1–3（München-Heidelberg: Lambert Schneider, 1962–64）
Martin Buber Werkausgabe 22 Bände（Gütersloh: Gütersloher Verlagshaus, 2001ff.）

邦訳

児島洋訳『人間とは何か』（理想社，1961）
板倉敏之訳『祈りと教え』（理想社，1966）
平石善司ほか訳『ブーバー著作集』1-10（みすず書房，1967–70）
長谷川進訳『ユートピアの途』（理想社，1988）　ほか

アルブレヒト・ゲース

マルティン・ブーバー

山下 公子 訳

所はハイデルベルクの哲学者の小道にあったペンションで、その人は扉の向こうから、訪問客用の客間に入ってきた。——マルティン・ブーバーとの最初の出会いの思い出から話を始めることをお許しいただきたい——小柄で、すでに伝説的になっていた白髯を蓄え、黒い瞳の輝きの忘れがたい人物。時は一九五三年九月のある日。ブーバーは「ドイツ出版平和賞」を受賞すると決めたために、エルサレムでいくつかの攻撃を甘受せねばならなかった。私はこの賞の授賞式で、受賞者への祝辞を仰せつかっていた——いや、むしろ、祝辞を述べる栄に浴した。式は九月二七日フランクフルトのパウルス教会で行われることが決まっていた。授賞式での自分たちの仕事については、数分のうちに意見の一致を見た。われわれはどちらも、節度を守ることが重要だと考えていた。二〇分、あるいは二五分というのは、よく考えれば結構長い時間である。式に集まるであろうまじめな聴衆には、本題に入る前の余計な導入など必要ないだろう。その後われわれは——これも別に詳細に話し合ったというわけではないが——はるか以前の文通のことに話を移した。私は当時、一九三四年、ヘッペンハイムに住んでいたブーバー教授に手紙を出し、一人の衝撃を受けた人間は、この独裁体制の二年目、いったいどのようにして自分の生活を形成し、任務を果たせばよいのかと尋ねたのである。当時の私の手紙の写しは、奇妙な回り道をして、フロリダから私の手元に送られてきた。ブーバーはこの私の質問と憂慮の手紙に対して、普通の葉書に「汝、勿体をつけるべからず」とだけ書き、話をしに来るよう招いてくれたのだった。その当時、この話し合いは実現しなかった。しかし一九年後、ブーバーは私のこの手紙に二度目の返事をくれ、その書簡の最後には、次のように書かれていた。「今日の世界にあっては、真正の親近性の経験を黙殺することは許されません。そのために、私はこうしてあなたにお手紙を差し上げています。あなたが現在、当時のあなたのお手紙の書き手とどの程度同一人物でいらっしゃるか、私にはわかりません（私は現在、当時の私よりもはるかに、あなたのあのお手紙の受け取り手であると考えています）。けれども、あなたは間違いなく、かつてのあの手紙の書き手と親しい間柄でおられ、私からの挨拶を直接伝えて頂けるものと存じます」。

そのような事情から、私は祝辞を述べるというフランクフルトでのこの仕事をよい機会に、ブーバーの二度目の書簡への返事をすることにした。私の祝辞の主題は「マルティン・ブーバー、介添人」であった。ただし、この介添人とは、独裁者やお節介な教師とははっきり区別され、耕地の世話をする人として理解さるべきものである。イスラエルという耕地、人間世界という耕地の世話をする人として。この人は、われわれの愛と覚醒を求めて呼ばわり、否認の精神に対して闘い、われわれに付き添って、はてしない長さの瞬間をともに進み、その瞬間のもつはかりがたい恩寵に目を開かせてくれる。話の最後を私は次のように締めくくった。「古い言い伝えによると、三六人の義人がいれば、世は滅びないとのことです。マルティン・ブーバー、あなたがここに、私どもと一緒におられるので、私どもとしては、この三六人の義人の話の続きに書かれていることまで言いたくなってしまいます。けれども、それを申し上げてしまっては、あなたが生活の規矩とされている思慮深いためらい、神聖なものとして守っていらっしゃるリタルダンドを侵すことになりかねません」。

ブーバーの受賞記念のスピーチは、「真正の対話と平和の可能性」と題されていた。このスピーチで、のちに人口に膾炙するようになった、忘れがたい一つながりの文章が語られた。それは二つの文からなり、最初の一つは罪責を認める言葉であった。「ここで赦すことができるなどと思い込むとすれば、いったい私は何者なのか？」――そして、もう一つは憐れみの言葉である。「私の心は人の弱さを知るがゆえに、私の隣人が自らの分を越えて殉教者にならなかったと、その人を断罪はしない」。ブーバーはそのスピーチで、シエナのある壁画に言及しつつ、「悠揚迫らぬ壮麗さ」においてすべての美徳を圧倒する平和こそ、何よりも求めらるべきものだと述べ、またその平和実現のため、「これまで知られることのなかった、人類全体を横断する一大戦線」が必要であると述べた。そこで人間は「分かとうとするものを越えて、ではなく、それをともに担う決意をもって」語り合わねばならない。

式の後の宴席で、私たちはほんの短時間話ができた。ブーバーはまず私の「介添人」スピーチを大変誉めてくれ、しかし、すぐ続けてこう言った。「あの最後の部分はいけませんね。言い伝えによると、あの三六人の人たちは自分のことは何ひとつわからない、知ることを許されないことになっているのを、忘れていらしたようです」。

「でも私はその言い伝えを口に出しては申しませんでしたよ。私は思うのですが。新聞記者、あるいはそうでなくても、とにかく誰かが〈偉大なる三人〉とか言って、たとえばチャーチル、トルーマン、スターリンの三人のことを〈世界の歴史を作る〉人たちなどと言う場合には、反対するしかありません。世界の歴史を創るのは、その三人などではありませんから。しかし、私が最後に言おうとしたのは、個々の一人ひとりの人間こそ大切だということ、また、一個人の声がどれほどの拡がりをもちうるかは誰にもわからないだろうということなのです。とすれば、それは、あなたのご指摘とは少し違うと思うのですが？」

それを聞いたブーバーの答え。「あなたは口達者ですね」。私の返事。「そうおっしゃりながらニッコリしてくださって、とてもありがたいと思います。あなたが微笑んでくださるなら、私も喜んで〈口達者〉という称号を頂戴しましょう。山上の垂訓に出てくる、マタイ伝六章の登場人物（訳注　これはマタイによる福音書六章第一節から一八節で触れられている「偽善者」を指すと思われる）のようだと言われるのですと、ちょっと受け入れかねますが」。――「おやおや、もちろんそんなつもりで申し上げたのではありませんよ。何をおっしゃいますやら？」

これが最初の出会いであり、この後も最後までこれと同じ調子で進んだ。ずっとあとになって、ブーバーを長く知っていたある研究者が私に反論した。この人は私に激しく食ってかかった。「あなたが描いておられるのは、あなたの幻想でしかない。それはブーバーじゃありません」。私はこう答えた。私は自分が経験したこと以外、何ひとつ言ってはおりません。

フランクフルトでの授賞式の前にブーバーが滞在していたハイデルベルクは、ブーバーの生涯に深く関わる三つの地域それぞれに遠からぬところであった。七十五歳のブーバーが人生「最後の四分の一」に足を踏み入れるに当たり、かつて自分が留まった、ヘッペンハイム、フランクフルト、そしてヴォルムスを訪れたと考えても、おそらく不自然ではないだろう。

ヘッペンハイム一九一六年、この時ブーバーは、回顧の日の年齢の半分の若さであったが、すでに充分、人の一生分を生きていたといえる。多くのことは過ぎ去っていたが、しかし、完全に去ってしまっていたわけではない。「時を同じくするものの力よ、私は汝が去り行くべきだとは決して言うまい。汝は私のもとに留まり、誰も汝を消し去ってはならぬ」。――この時代にブーバーが書いた狂想詩風の文章の一つには、このように書かれている。この文章は、この時代のいつ書かれたとしても不思議ではない。何があったのか？　レムベルクの祖父ザロモン・ブーバーの家で過ごした子供時代。ザロモンは地主、と同時に聖典解釈《ミドラシュ》の研究家でもあった。また、地方の小都市サダゴラでの経験。この町には当時まだハシディズム（訳注　十八世紀、東欧のユダヤ人の間から生じた、ユダヤ教の改革運動の一つ。敬虔主義と呼ばれることもある。学識よりも心情を重んじ、神への愛と人間への愛の同質性を主張し、勢いがあった）の伝統が残っていた。ハシディズム第一世代そして第二世代の輝くような力は失われていたが、しかし、少年ブーバーは「真正の共同体と真正の指導者存在はともに、人間であることの核であり、最古の、最未来の、失われ、憧れられ、回帰するものであること」を見たのである。この早期の経験は、声高に語られはしなかったものの、間違いなく、ヴィーンでの学生時代、ブーバーに寄り添っていた。ヴィーンで得たものは哲学である。ディルタイ（訳注　Dilthey, Wilhelm. 一八三三―一九一一。ドイツの哲学者）、ニーチェ、ベーメ（訳注　Böhme, Jacob. 一五七五―一六二四。ドイツの神秘家、神知論者）そしてアンゲールス・シレージウス（訳注　Silesius, Angelus〔本名 Johannes Scheffler〕. 一六二四?―一六七七。ルター派からカトリックに改宗し、司祭となった。シュレージエン地方の宗教詩人）がブーバーに親しいものとなった。ブルク劇場と、そして――一学期を過ごしたライプツィヒにおいて――バッハの伝統を受け継ぐトーマス教会も。「バッハは私を助けてくれた」と、後に回想記の一章の最後に、あっさり述べられている。しかし、次のような言葉も見られる。「行為と遊戯の嵐をつき／目標から目を逸らさず／血の中には魅惑的な毒」。さらに――ヴィーン時代から、次のツューリヒ時代に――生涯を決定する二つの経験があった。シオニズム（訳注 ユダヤ人の民族自決による国民国家創設を目ざす運動。イスラエル建国後は、その軍事拡張主義に対する批判の語ともなった）との出会いと――一生涯の伴侶、パウラ・ヴィンクラー（訳注 Buber-Winkler, Paula. 一八七七―一九五八）との出会いである。

ユダヤ教の革新、ユダヤ統一を目ざす新たな考察、世の離散のなかでのユダヤ社会の将来。それらをめぐる懸念が、ブーバーをテオドール・ヘルツル（訳注 Herzl, Theodor. 一八六〇―一九〇四。作家、政治家、シオニズム創始者）のもとに導き、ありとあらゆる種類の会合や委員会において、カイム・ヴァイツマン（訳注 Weizmann, Chaim. 一八七四―一九五二。シオニズム活動家、イスラエル初代大統領）その他多くの「同憂の士」たちと出会わせた。ブーバーは明敏、明快、呼ばれた席では倦むことのない参加者であった。次のことははっきりしている。シオニズムという、内実は非常に不統一な運動の、沸き立つような落ち着きのなさのなかにあっても――ブーバーはつねにマルティン・ブーバー本人であり続け、ヴァイツマンの学問的熱狂にも、ヘルツルの政治的情熱にも、決して完全に縛られることはなかった。ブーバーの想いのなかでは全くの最初から、個々、一人ひとりの人間が問われていたのであり、その個たる人間について、次のような問いが出されていた。「われわれはどのようにしていま現在あるような存在になるのか。この地球上に存在するすべてのユダヤの民が自らを、他に類のない、永遠に続く神との契約の民として理解するためには、何が起こらねばならないのか」。

「ここはまさに牢獄のように狭い」と、当時のある手紙に書かれている。振り返って考えてみると、覚え書きを書こうと、この手紙を読み返したブーバーは、当時自分は、自己自身を誤解していたと感じはしなかったか、と思われる。無論大変創造的な誤解ではあるが。

決して誤解でも誤りでもないことが確かなのは――ブーバーの伴侶の選択であった。

「私は君のことをいつにも増して私の自由だと感じている」――レムベルク出身の彼は二十四歳のとき、二十五歳のバイエルン出身の学友パウラに宛てて、このように書き送った。パウラはもともとキリスト教徒であったが、伴侶となったブーバーとともにシオニズム運動に加わり、迷うことがなかった。――五十年を越える二人の生活および研究共同体ぶりを見れば、次のような表現も許されるであろう。他ならぬこのただ一人の「我」にとって、かけがえのない一人の「汝」であると。

　二人を訪問した時の次の光景は忘れられない。シュトゥットガルトのとあるホテルのロビー、五時のお茶の時間であった。招き手の二人は当時まさに伝説の老夫婦、フィレモンとバウツィスそのものに見えた。ブーバー教授は砂糖挾みを手に、自分のお茶に砂糖を入れようとしていた。私はその時すでに、ブーバーが非常に甘くしたお茶を好むことを知っていた。

「マルティン」――ブーバー夫人が言った。――「気をつけないと、あるだけのお砂糖をご自分のカップに入れておしまいになってよ」。

「いや、それは違うね。パウルヒェン、君に一個、それからゲースさんにも一個。あとの残りのお砂糖は全部私がもらうのさ」。

　私も口を挾んだ。「ではこういうことでしょうか。ほんのわずかな甘味によっても、偉大なる御方、その名は称えられてあれ、に心は届き得るが、甘くしすぎたお茶によっても、大いなる御方は誉め称えうると」。

　ブーバーはこう答えた。「ごらんパウルヒェン、私たちはもうすっかりゲースさんに私たちの性癖を伝染させてしまったよ。ゲースさんご本人がハシディズム風の答えを考え出してしまっているじゃないか」。

　私がこの微笑ましい挿話をここで紹介するのは、これがそもそもの出発点を示唆しているからである。ブーバー自身の言葉を用いれば、それは次のようなものであった。「すべての神秘を観察せよ、ただしただ一人の人間、汝のものなる人の内に。その時汝は世界の核心に拠っている。なぜならあらゆるものはすべて各々一人の人の内にあり――それをもち上げ、動かしうるのは愛のみであるから」。また、パウラに捧げたある本の献辞にはこう記されている。「深淵と世の光／暇《いとま》のなさと永遠への野心／幻想、出来事そして詩／それは、かつても今も、汝との語らい」。

　若き日の出立ちの最中に、かのバアル・シェム・トーヴ（訳注　Ba'al Schem Tow, Israel ben Elieser. 一七〇〇―一七六〇。東欧におけるハシディズムの創始者）の遺言〈Zewaat Ribe'sch〉と出会い、もはやサダゴラの少年ではなくなっていたブーバーは以下の言葉を読んだ。「彼が熱せられて眠りから立ち上がらんことを、なぜなら彼は聖別され――聖なるものの性に倣うものとなったからである。世を創りたもうた大いなる彼の御方に祝福あれ」。ブーバーはこの時のことを次のように記している。「そのとき、私は瞬時に圧倒され、ハシードの魂を識った」。これは古いイザヤの預言「すべて世は彼の誉れに満たされている」（訳注 イザヤ書五章三節「主の栄光は、地をすべて覆う」のことかと思われる）である。より詳しくいえば、そのイザヤの預言を、神はあらゆる物の内に見いだすことができ、あらゆる純粋な行いの内で到達できるという洞察中に固定し、「神は人が拒みさえせねばそこに居ます」というところまで拡大したものである。それは人間が神の似姿であることの痕跡を再発見し、深き淵にある者の内にも栄光の火花を見いだし、悪そのものでさえ神の火に捉えられて燃え上がる茨の繁みであると理解しようとする姿勢である。ブーバーは生涯の五年間を、この現実をわがものとするために費やした。次の五十年間はこの生命力の源泉を広げ、その核、ブーバーが本質愛と名づけたものを明確にするために費やされた。「ハシードは本質を愛し／愛しつつ摑み続ける／神の内に、人の内に、世の内にその本質を」。その時にはもはや何も「まさに牢獄のように狭い」ものはない。これらの「ハシディームの物語」、この問いと答えのすさまじい流れは、生のあらゆる光景を浸したが、その激流はつねに、最も真正の真剣さと同時に、何にも縛られることのない明朗さの内に流れていた。

二つの原則があり——互いに絡み合っている。一つは、すべては聖別され、すべては「神の内」にあるということである。パンを焼くことも、水に潜ることも、愛の時間も、ワインを味わうことも、祭りの喜びも、何もかも。——もう一つは、すべては世であるということである。したがってブーバーは必然的に、あらゆる二分法に抗った。ブーバーの見解によれば——「宗教」は「今日、それ自体としてはバラバラに切れ目の入った精神の問題であり、その精神の一部である。無論重要な一部ではある——しかし生を包括する全体ではない」。——同じことを肯定文で表現すれば、それは次の決定的洞察となる。このブーバーの言葉は、当然ながら大変有名になった。「上と下とは互いに結ばれている。神と語ることなく人と語ろうとする者、その者の言葉は成就することがない。しかし、人と語ることなく神と語ろうとする者、その者の言葉は過つ」。

この文は『対話』という書物の柱の一つである。この文がこれほどの簡明な光度で記される以前に、当然、いくつもの道が切り拓かれ、歩まれる必要があり、のみならず、一定の目的地に到達していなければならなかった。道はさまざまであった。初期シオニズムの懸念の道、偉大なハシディズムの伝承に至る幸福の道以外に、時代の出来事と関わる道も存在した。たとえばレオンハルト・ラガーツ（訳注 Ragaz, Leonhard. 一八六八―一九四五。プロテスタントの神学者、平和運動家）との友情のなかで「宗教的社会主義」とでも呼ぶべきものとの結びつきが生まれ、グスタフ・ランダウアー（訳注 本書「ランダウアー」参照）との友情においては、「闘争の真実」とブーバーが呼んだものが登場してきた。これは、ある一つの力を用いて将来を獲得しようとする者の「闘争の真実」であるが、ただしその力は自らを監視するものとされていた。しかし、その後ブーバーはいくつかの新たな洞察を得た。最初のうちはあまり具体性を帯びていなかったが、それらは書物『我と汝』を暗示するものとなり、集中的な研究と取組みが必要になった。そのためブーバーは対外的な仕事を諦め、社会に直接働きかける可能性を放棄した。その意図ははっきり語られている。「私には語るべき教えなどない。私が教えを語ることを期待しているのならば、失望するばかりであろう。しかし、私は思うのだが、われわれのこの世において大切なことは、しっかりした教えをもつことではなく、永遠の現実を認識し、その永遠の現実の力によって、現在の現実に立ち向かうことである。この荒れ野の夜に示しうる道など存在しない。備えある魂によって、夜明けが近づいて道が目に見えるようになるまで、目を逸らさずにいられるよう、手助けすることしかできない。……」

もしこのヘッペンハイム時代ブーバーが何らかの肩書を求めたとすれば――実際にはブーバーはブーバー以外の何者でもなく、他に肩書など必要とはしなかったが――それはおそらく「教育者」だったであろう。「対話的生」――ブーバーがこの言葉を有名にしたのであるが――をブーバーは、次の二通り双方の意味で考えていた。制限あるものとして、と同時になんら制限を受けないものとして。その制限はブーバーに、次のような言葉を記させた。「対話的生は人々と多くの関わりをもつ生なのではなく、関わりをもっている人々と、本当に関わる生である」。制限からの解放は次のように語られた。――ここではあからさまにユダヤ人問題が視野に入ってくる——「どの国のために教育するかを問うな。それが自分の国となるのを許されるのであれば、パレスティナのために。しかし、ある異国を自国とせざるを得ないのであれば、その国のために。ドイツのために。もしそれが自分の国となりうるのであれば」。「許される」「ざるを得ない」「うる」などの言い方は、危機を示唆する。その後ほどなく、これらの言葉にほとんど何の意味もなくなり、あらゆる可能性が滅亡の混乱に巻き込まれてしまうことは、まだ窺われない。

クルミの殻にくるまれているような、こぢんまりしたヘッペンハイムでの過去の一挿話。それは、のちに出版者ランベアト・シュナイダー（訳注 Schneider, Lambert. 生没年未詳。シュナイダーはユダヤ人ではないが、一九二五年に興した自分の出版社で、ユダヤ学事典を刊行している。一九三四—三八年には、一連の企業の「アーリア化」に対応する措置としてであろう、ユダヤ系の百貨店経営者ショッケンの所有していたベルリン出版の社主の地位に就いた）が書いた手紙のなかに記されている。シュナイダーはブーバー宛の書簡に次のように記した。「ほぼ四十年前、私がヘッペンハイムの駅で、乗車券を渡しながら駅員に、ブーバー先生のお住まいを教えてもらえないかと尋ねたところ、その駅員はこう答えたものです。ブーバー先生、ブーバー教授って、あの髯を生やして背の低い、歩きながら考える人のことですか？　そうねえ、と私は答えました。たぶんその人だろうと思うけれど——でもどうして歩きながら考えるなんて言うのかね？　駅員の返答。だって、その方はいつでもいらっしゃる時には何か読んでらっしゃるしね、プラットフォームで列車を待っておられる時でも、やっぱり何か読んでらっしゃるんで」。

ヘッペンハイムからの列車はフランクフルトに向かう。ブーバーが戦後、振り返って「フランクフルト」のことを思い出したとすれば、おそらく次のようなことが脳裏に浮かんだに違いない。自由ユダヤ人学校での仕事、それからフランクフルト大学、まず講師として、引き続き一九三〇年から三三年までは宗教学およびユダヤ教倫理学担当の教授として、ブーバーはここで仕事をした。しかし、フランクフルト時代のあらゆる思い出の中心にあったのは、フランツ・ローゼンツヴァイク（訳注 Rosenzweig, Franz. 一八八六—一九二九。哲学者、一九二〇年フランクフルトに自由ユダヤ人学校を設立、ユダヤ教の伝統に根ざしつつ、新たなユダヤ人としての自覚を可能にする教育を目ざした。一九二二年進行麻痺を発病）とともに過ごした時間であろう。何百日にわたって、午後のひとときを二人は一つの務めのために共に過ごした。聖書の翻訳のために。

現在、この二人の共同作業を思い出させるのは、一枚のブロンズメダルである。毎年、キリスト教＝ユダヤ教共同研究協会の理事会は一人ないし二人、キリスト教とユダヤ教の協力にとって有意義な仕事をしてくれた人を選び、ブーバーとローゼンツヴァイクの後継者として、このメダルを授与する。メダルには二人の姿が浮き彫りにされている。ブーバー、年上の父親的存在。詩人にして放浪者。ローゼンツヴァイク、年下の舌鋒鋭い学者。ブーバー、「極めつけのユダヤ人」――ブーバー自身しばらくの間、自分でそう名乗っていた。ローゼンツヴァイク、ブーバーに劣らず決定的にユダヤ人ながら、暫時、キリスト教の洗礼志願者として教会の前に立ったこともあった。しかし、結局最後の一歩は踏み出していない。ともに詩篇に記された一つの命令で結ばれていた二人。「誠のために駆けよ！」

ありとある知識から遡りつつ二人が自らに課した任務は、明確であると同時に困難なものでもあった。二人の翻訳する聖書は、現代に生きる若いユダヤ人が読むに耐えるものでなければならない。ローゼンツヴァイクは最初、ルター訳旧約聖書の改訂を考えていた。ブーバーは新たな創造を望んだ。ブーバーの意図が勝ち、二人の共同作業は深い感動を呼ぶ、幸福、と同時に苦難の道となった。

苦難の道についてまず語れば、二人がこの仕事に深く関わり、もはや引き返すことなど考えられなくなったそのとき、ローゼンツヴァイクは重い不治の病に襲われ、もはや書くことも、口をきくこともできなくなってしまう――それも完全に意識は明白なまま。二人はこの状態に耐えねばならなかった。そして、ローゼンツヴァイクの死後、ブーバーは二人のこの任務を、決して忍耐を失うことなく完成に至らしめた。――しかし、幸福な道について述べるべきことは、それよりもはるかに多い。二人は厳密さ、囚われのなさ、冷静な自信において違うことがなかった。また、どちらも事に当たって、ユーモアを忘れなかった。このユーモアをブーバーは「信仰の乳兄弟」と呼んだことがある。二人はある言葉がどこから来てどこに向かうのかを、ともに新たに理解しようとしていたのである。

二人が自分たちの尽力の対象として想定していたのは、具体的にはどのような人間なのか。「その人は新たにされた書に新たに向かうのでなければならない。その人は、どの言葉、どの図像が聖書から出て自分に襲いかかり、自分を融かすのか、彼の内に新たな生命を形づくるべく、霊がどこから吹き来たり、自分に吹き込むのかを知らない。しかし、その人は開かれている。その人は何事も最初から信じ込んだりしない。その人は何事も最初から信じ込んだりはしない。——最初からは」。そして次に問わねばならないのは、言葉そのものはいったい何なのかということである。その言葉はどこからくるのか？　かつての正統信仰の領域はもはや遠い。旧約聖書学の知見はまさに十九世紀、否定し得ぬ水準に達していた。ブーバーはこの事情を非常に大胆な言い方で表現している。「われわれが考えているのは一冊の書物だろうか？　われわれが考えているのは声である！」ここにおいて新たに一つの門が開かれた。この門は夢想的な恣意に通ずるものではなく、むしろかの従順なる自由に通じている。この自由は書かれた言葉に耳を傾け、そうすることによって生気と活力を与える霊に向かう。

テュービンゲンで体験したあの昼の時間を私は決して忘れまい。当時ブーバーは聖書翻訳を終えつつあった。私は手書きの下書きを机越しに手渡され——そこに訳されていたのは「士師記」の一節だったが——黙って注意深く読み始めた。ブーバーは朗らかに微笑みつつ私を見ていたが、こう言った。「そんなのじゃだめですよ。声を出して読まなくちゃ。ご自分だけで瞑想なさるおつもりだとしても。リズムを感じるためとか、いわゆる言葉の美しさを味わうためだけではありません。そういうことは二次的な問題です。そうではなくて、声に出して読むことで、聖書で語っているのは一個の汝であり、あなたが語りかけることのできる存在なのだとわかっていただけるはずだからなのです。だからこそ神の名を〈私はある〉と訳し、トーラー（訳注 ユダヤ教の「律法」。旧約聖書のいわゆるモーセ五書）は〈法〉ではなく〈指示〉と訳しました。法はもはや語ることのない書類ですが、指示の後ろには声が、指示する者の声がしますからね」。それは一九五八年のことであった。われわれの世代は言葉に鈍感で、何かがものの役に立つか否かばかりを気にする。そのようなわれわれにはほとんど想像することもできないが、しかし、ブーバーとローゼンツヴァイク、この二人の巨匠は、たとえば創世記冒頭の第一章第一節の新たな訳文を得て、それをある午後の日の幸福な作業の結果と見なした。聖書のこの部分、ルター訳では「そして神は見られた、光が善きものであるのを」がブーバーたちの訳では「神は光を見、善いとされた」になる。前者では判断が下されていたのが、後者では出来事の過程が目に見え、――すべては現在となる。

この偉大な翻訳のすべてがわれわれにとってわかりやすいわけではない。一度読んだり聴いたりしただけでわかるはずもないことは言わずもがなである。しかし、そのような最初の出会いにおいても、この翻訳作品から迫ってくるすさまじい力は感じられる。

初め神は天と地を創った。
地はしかし定めなく漂っていた。
闇が始原の渦を覆っていた。
神の息吹が風を巻き起こしつつ水面を渡る。
神は言われた。光なれ！　光が成った。
神は光を見、善いとされた。
神は光と闇を分けられた。
神は光に呼ばわられた。日！　そして闇に呼ばわられた。夜！
夕となり朝となった。一日である。

この聖書翻訳の苦心については、別に細かく語られて然るべきだろう。ブーバーの仕事の総体――神学および哲学の研究、ハシディズム解釈、ユダヤ教とその信者に対する心遣い、これは同時に、繰り返し改めて、アラブの隣人に対する心遣いとしてブーバーの意識に深く根を下ろしてもいた。――この総体は、人の一生を三つ合わせても間に合うものではなかった。これらの仕事を可能にした市民社会の側での背景は、たとえばユダヤ人成人教育のための仲介者としての地位であり、フランクフルト大学での教職であり、一九三八年以降はエルサレムのヘブライ大学における社会哲学講座担当者としての職であった。しかし、このすべては一人の人物に託されたのであり、その人物は早くから、そしてその後一生の間、次の原則を文字通りに生きた。「成功という名は神のものではない」。これは要するに、われわれがしばしば人の生涯を観察する際に圧倒されたり、興味を覚えたり――あるいは退屈したりする、肩書、栄誉、名声の列挙は、ブーバーの世界とは全く無関係といってかまわないということである。「問いのなかの最も重要な問い」は、ブーバーにとって「どうすれば自分は何者かになれるか?」ではなかった。全く違ったものだったのである。

　ブーバーは、最初考えられていたものにはならなかった。つまり、ヘブライ大学初代学長の地位を与えられることはなかったし、――フランクフルトでの担当講座に相当する――聖書学の講座を与えられなかった。ノーベル賞は二度ブーバーの傍らを掠めて通り過ぎてしまった。最初は文学賞、二度目は平和賞が。この二度目の受賞を逃したとき、ブーバーはつらい思いをしたに違いない。受賞を妨げたのはイスラエルからの抗議だったからである。そのようなことはあったにせよ、ともかくも――冒頭で述べたフランクフルトでの受賞以前に――ハンザ都市ハンブルクの主宰するゲーテ賞が与えられ、もっと後のことであるが、デン・ハーク市からエラスムス賞も与えられた。この受賞の際に、「信仰ある人文主義」を讃え得て、ブーバーは大変喜んだ。ブーバー自身の一生がまさに「信仰ある人文主義」の一典型だったのであるから。この、人生からのいわば別れの贈り物を受け取るはるか以前、すでに一九二八年に、ブーバー五十歳を記念する論集が編まれた。このような例は珍しいのだが、その二、三年後ロマーノ・グァルディーニ（訳注 Guardini, Romano. 一八八五―一九六八。カトリック神学者、哲学者）が五十歳になった時にも同じことがあった。この並行現象は、いかにもこの二人らしい。すなわち、世はほとんど――私はここでグァルディーニを引用するが、同じことをブーバーが言ったとしても何の不思議もない――「一の百倍は百の一倍の百倍も価値がある」と考える人に注目しない。ブーバーは小教室というよりはむしろ中教室で語る人、成人学校、夜間中等高等学校《ギムナージウム》の人であり、一人ひとりの個人、それもあらゆる立場、あらゆる教養水準の個人と向き合う人、人の話に耳を傾けることのできる人であった。ブーバーの著書の出版者、ランベァト・シュナイダーは「私はブーバーほど人の話を聴いてくれる人に会ったことがない」と語っている。また、年老いたのち、エルサレムでのブーバーについては、ヤエル・ダヤン、高名な将軍（訳注 これはおそらく、モシェ・ダヤン Moshe Dayan〔一九一五―一九八一〕のことであろう。ダヤンはイスラエル建国から周囲のアラブ諸国との軍事衝突を経て、一応の平和協定締結に至るまでの全過程に、軍人および政治家として積極的に関わった）の令嬢が素晴らしい記録を残している。十六歳のヤエル・ダヤンは次のように述べていた。「私たちは心から信じたい、存在するもの、宗教を愛したい。また預言者と神の力を信じ、完璧に近づきたい。そして、そのために、周囲はみな私たちを馬鹿にする」。その何年も後になって、ヤエル・ダヤンはブーバーとの出会いについて次のように語った。「ブーバーは私たち十六歳の人間を、同い年の友人のように迎え、二時間もの間私たちと書斎で、そして庭で、真剣に話をしてくれた。ブーバーは私たちの、間違いなく馬鹿げた子供っぽい質問に我慢強く親切に答えてくれた。まるで、そのような質問をされたのは初めてでもあるかのように……」

成人教室教師養成セミナー時代の記憶にも、似たところがある。このセミナーはイスラエル建国後まもなく必要となり、ブーバーはその卓越した言語能力のゆえに、そこでの欠くべからざる師となった。ある日——数えるほどしかなかったブーバーと私との出会いのうちの一日であったが——小さな写真を目にした。パウラ・ブーバーが見つけだしたものだった。写っていたのは幾人もの、膚の色の濃い人々を含み、多くは若いとはいえない人々と、その人たちに囲まれ、麻の上っ張りを着たブーバー教授であった。教授はつまり、教師たちの教師、エルサレムの長老なのであったが、しかし、同時に若者のように好奇心に目を輝かせており、大学の講壇にふんぞり反っているお歴々とは無縁の存在であった。私は言った。「これは素敵な写真ですね。本当に先生の存在そのものという感じで。言わせていただければ、ブーバーのブーバー乗というところでしょうか」。ブーバーの暗色の瞳は一瞬私に向かって明るく輝き、返事が戻ってきた。「立派な計算術ですな」。

これらの好ましい場面を否定する必要はない。しかし、暗鬱な真実もまた真実として伝えられねばならない。ブーバーの友人グスタフ・ランダウアーは一九一九年ミュンヒェンで暗殺された。民族主義は、要素としては、自民族にも他民族にも、善を成し得たはずであったが、自己目的化し、徐々に思わしくない形になっていった。ブーバーは民族主義の可能性と危険の双方に早くから気づき、ブーバーらしく、相当な熱意で客観的に種々の現象を研究した。若いポーランド人として、ハプスブルク朝多民族国家の成員として、シオニストとして。その後一九三三年、民族主義の悪魔的な形態と直接対峙せねばならなくなり、大学での教職剝奪、ヘッペンハイムの自宅略奪などの事態に至ったとき、ブーバーはそれを、青天の霹靂と見なしたりはしなかった。若き日のブーバーが仮想の対話のなかで、自らを他ならぬ「合理主義者」と名づけたのは、故ないことではなかったのである。ブーバーはヒトラーのいわゆる権力掌握後の数年間「特例マルティン・ブーバー」とでもいうべき存在であった。範囲は限られていたが、いくつかの仕事を許され、そのなかにはパレスティナでの仕事もあった。ただし、一年の三分の一、人質のような形でドイツに住み、ヘッペンハイムの住まいも居住可能な状態で維持するという条件つきである。当時の話になったとき、ブーバーがしてくれたある話は、今でも私の耳にはっきり残っている。

「よろしいですか、一九三三年からほどなく、ある友人のことが心配で、ヘッペンハイムからベルリンの大悪魔たちの一人に電話したことがあります。受付から次の受付と、三つばかり次々に電話を取り次いでもらわなければなりませんでした。下っ端から徐々に上に向かってね。最後にようやく話したいと思っていた相手、つまりゲッベルスが実際電話に出ました。そこまでの途中で電話に出てきた人には自分の名前と、宣伝相にお話ししたいということしか言わなかったのです。そうやって私は宣伝相と話ができ、十分後にはもらおうと思っていた許可ももらえました。そういうやり方がうまくいくこともあります。……しかし、自分の問題ではそれは通用しません」。

私は良心の大胆さの物語としてこの話が大変気に入り、もう一つの、次のような明朗な憐れみの力の物語とともに私の記憶にしっかり留めている。

あるとき、一九三八年一一月九日（訳注　この日の夜、パリのドイツ大使館員がユダヤ人少年に殺害された事件を機に、「ドイツ人民の自発的」な「ユダヤの脅威」に対する「抵抗」と称して、初めてドイツ全土で組織的なユダヤ教施設、ユダヤ系企業、ユダヤ人住居に対する破壊行動が行われた）あの最悪の日前後に行われた略奪行為の話になった。「あののろくでもないことをやりに来た連中の指揮官がなんとなく気になりました。ふしあわせそうな顔で、命令は圧し殺したような口調だったし、ときどき私の方をチラチラ見るのです。私は何も言いませんでした。連中は仕事をやり終えると、ほとんどお行儀がよいといえるような態度で部屋から出ていきました。ドイツ式挨拶とやらいうものも、あまり確信あり気には響きませんでした。二、三分後、指揮官がひとりで戻って来ました。私のあの小さな本『対話』を手に持って。私の前に立つと、その人物はこう言ったものです。『もしお差し支えありませんでしたら、先生にサインをしていただくわけにいきませんでしょうか？』私はそれを今でもはっきり覚えています。先生などという言い方は、制服にぴったりとはいえませんでしたからね。私はどうすればよかったでしょう。〈親愛なる略奪者君に〉とは書けませんでしたから。ですから私は自分の名前を書くだけにして――そしてその人物の顔を正面から見据えました」。

　ブーバーはこのいきさつを心に刻みつけていた。それはいい加減に扱うことの許されないものをいい加減にごまかすためではなく、自分の内にある力、すなわち善なるものを記憶する力を萎れさせないためであった。ブーバーにとってその力は――自分自身、そしてすべての人のために――重要なものだったのである。

　もっとも、破壊の規模が完全に明らかになったとき、ブーバーはエルサレムにいたが、その時にはさすがのブーバーも心を抑えきれなかった。ブーバーは「ナハマン（訳注　未詳。あるいは十八世紀後期から十九世紀初頭にかけてウクライナでハシディズムの指導者として活動した、ブラツラウのNachman ben Simchaか）、はるかなる精神」と呼ぶ存在に仮託して語らずにいられなかった。「揺れ動く世の騒乱に／色褪せた影がかかる」ナハマンに仮託された詩にはこうあり、そしてその最後には、最後にただ一つできることとして、次のように書かれている。「私は震える手に抱える／震えるイスラエルを」。

　ヘッペンハイムとフランクフルトの間で、第三の思い出の地としてヴォルムスにも立ち寄る必要があった。ヒトラーの首相就任に至る少し前のことであるが、シュトゥットガルトで行われたある重要な学問上の話し合いの席で、ブーバーはヴォルムスのことに触れた。戦後ある記念展示会場の壁に、その言葉が大きな文字で記された。私は今でも目の前に見るようにはっきり覚えているが、その会場で一人の若者が椅子に座り、その言葉を書き写そうとしていた。私は傍らを通りがかりに、こう言った。「それは良いことですよ、あなたの生き方にきっと役立つでしょう」。

その言葉は次のようなものである。「私はヴォルムスから遠からぬ所に住んでおりますが、そのヴォルムスと私とは、私の祖先の伝統によって結ばれており、ときおり私はこの都市に参ります。ヴォルムスでは必ず最初に大聖堂に行きます。大聖堂は目に見える形となった平和の諧調にして、欠けるところがなく、どの部分をとっても完璧です。私はこの大聖堂を完全な喜びをもって見つめつつ、一めぐりすることにしています。それから次にユダヤ人墓地に参ります。こちらは傾き、崩れ、形を失い、倒れかけた石だらけです。私はこの墓地の中に立ち、この墓場のごたごたから大聖堂の素晴らしい調和を見上げます。そうしますとちょうど、イスラエルからキリスト教会を見上げているような気がします。私の立っているここには、全く形らしいものはありません。あるのは石だけ、そして石の下の灰だけです。灰はあります。たとえどれほどわずかになってしまっていても。それはあるのです。私にはその灰がある。私がその灰を所有しているのは、この地球という空間における存在の証としてではなく、むしろ私自身の歴史の深みに至る記憶の存在の証として、シナイ山に至る記憶の証としてなのです。

私はそこに立ち、灰と結ばれ、その灰を介してはるかな父祖たちと結ばれていました。これがすべてのユダヤ人に与えられている、神との出来事の記憶なのです。キリスト教の神の住まいの完璧さも、私をその記憶から背かせることはできません。何者も私をイスラエルの神の時から背かせることはできないのです。私はそこに立ち、すべてを我が身に受けました。私にはあらゆる死が見え、すべての灰、すべての破壊、すべての声なき嘆きが私のものとなります。けれども神との絆は私から取り上げられてはいません」。

私の考えでは、ブーバーにおけるキリスト教＝ユダヤ教の連繫、あるいは非連繫について、憶測をめぐらせるのはやめておいた方がよい。それについてはブーバーの言葉に語らせるのみにしておくべきであろう。

ブーバーは典礼に縛られたユダヤ教徒ではなかった。子供時代以後は、もはやシナゴーグでの礼拝に参加することはなかったし、正統派から排斥され、時に宗教的アナーキストと攻撃されることも辞さなかった。そのような攻撃に真剣に応酬したこともある。「私は私の立つ所に立ち、その御手に毎夜私の魂を委ねるその御方を恐れている。……その方、その教えにできる限り私が耳を傾ける師なる御方は、最奥の信仰に矛盾することを信ぜよと、私に無理強いはされない」。

しかし私はこの「宗教的アナーキスト」という見方には与しない。私の知っているブーバーはそれとは異なる。――それはちょうどフランクフルトで行われたあの授賞式の前後のことであったが――ブーバーはパリに住むアラブ人の学者に大いなる宥和の日の日付を伝え、その日一緒に「イスラエルとその敵」のために断食をしようと提案した。「私は一方とまた他方を私の断食と私の祈りの内に統合し、その双方共通の父に、双方の過ちを大いなる慈悲をもって許してくださるよう乞い願う」と。

また――伝えられるところによれば――ブーバーは、（金曜日の夕方に行われた）講演の前、主催者の怒りを招かぬよう、灯火さえ灯さず異郷の町で暗闇の裡に佇んでいたという（訳注　金曜日はユダヤ教で「安息日」とされ、一切の労働が禁止される。したがって、厳密に戒律に従えば、電灯のスイッチを入れることも許されない）。

さらにブーバーは――楽しい話をも伝えておけば――八十七歳の時エルサレムの住まいで、曾孫とともに床にひざまずき、木の枝で小屋を作りながら、突然の客を迎えた（訳注　スーコット（仮庵節）と呼ばれる、出エジプトの時代を記念する七日間の祭りでは、小枝で作られた小屋を戸外に置き、そのなかで食事をし、就寝することになっている。ここでは、ブーバーが曾孫とこのイスラエル伝統の祭りのための小屋を作っていたことが強調されているのであろう）。そのような人物は、いかに「非典型的」ではあれ、やはりその父祖たち、またその祖先たち同様、神の民の一員ではないか。

そしてこのような「正しいイスラエル人」（聖書の表現に従って、このように言っておこう）としてブーバーは、前述のシュトゥットガルトにおける教会堂での話し合いにおいて、ユダヤ人にもキリスト教徒にも等しく「開かれた神の門」について語ったのである。――そこでは次のように言われている――「イスラエルの外にいる誰一人、イスラエルの謎を知りはしない。キリスト教の外にいる誰一人、キリスト教の謎を知ることはない。しかし、知らぬままに双方が互いを謎の裡に認めることはできる。謎が並び合って存在するなどということがどのようにして可能であるのか、それは神の謎である」。

これは――私の考えでは――決してユダヤ教のラビ独特の理屈でもなく、手品師のトリックでもなく、叡智と諦念の言葉である。

「私に与えられた時の暦の最後の四分の一です」。フランクフルトでの授賞式からイスラエルに戻ったブーバーはこのように語り、人生最後の四分の一を生きる人となった。そして実際には、その四分の一のちょうど半分の時間が与えられたのである。しかし、ブーバーが友人ナートルプ（訳注 Natorp, Paul. 一八五四―一九二四。ドイツの哲学者、教育学者）の思い出のために語ったあの勇気ある言葉、「年老いてあることは素晴らしい。始めるというのがどういうことだったかを忘れてしまっていなければ」は、ブーバー自身にあてはまった。同じく次の言葉も。「彼は実際そうだったと同じだけ年老いていたが、しかしその老い方は若々しく、始まったばかりのようだった」。

ブーバーがフランクフルトでの受賞記念講演で強調した「人類全体を横断する一大戦線」は改めて講演者自身を強烈な努力に駆り立てていた。この「（人類を）横断する戦線」は間違いなく「（複数の思想を）横断する思想家」という語彙に近いものであり、この「横断する思想家」というのは扱いにくい、まことに世に適応することを知らぬ人間でありうる。

ブーバーは一生を通じて、そしてその老年期においては明らかに、あらゆる類のイデオロギー思想家にとって、止まることなき癪の種であり続けた。ユダヤ教正統派の人々にとって、ブーバーは充分敬虔でなく、民族主義者にとってはアラブに友好的すぎた。若い進歩信奉者にとっては古くさい旧大陸の博物館であり、哲学思想家の一部、心理学者、精神分析の理論家や実践家にとっては聖書の伝統から生まれた遺物のような存在であった。敬うべきではあるが、過去の存在。しかし、当時故郷――もっともそれは「新たなる故郷」と言わねばならぬものであったわけだが――以外の地において、いくつもの扉がブーバーの前に開かれた。アメリカ合衆国、フランス、イギリス、イタリアで客員教授として講義が行われ、日本からも講演の依頼が来た。各国で著書の翻訳が行われたが――多くの名前のうち、一つだけを挙げれば――国連事務総長ダグ・ハマーショルド（訳注 Hammerskjöld, Dag. 一九〇五―一九六一。スウェーデンの政治家、一九五三―六一年国連事務総長）はブーバーの初期の著作『我と汝』を取り上げ、スウェーデン語に翻訳しようとしていた。――一九六一年のこと――ハマーショルドが飛行機事故で亡くなったとき、その荷物の中には、ブーバーのこの本と、訳稿の一部があった。この外交官、当時五十六歳だったこの人物が——間違いなく卓越した精神性の持ち主だったに違いない——飛行機の中で、危険や死を考えもせず、『我と汝』の一節と取り組んでいる様子を、それがいかにこの人物にふさわしいかを思わずにいられない。

「ゲーテの全き我はいかに美しく、そして正しく響くことか——それは自然との純粋の交わりの我である。自然はその我の前に現れ、終わることなく語らい、その秘密を明かす——けれども、やはり秘密のままに保つ。ゲーテの我は自然を信頼し、そして薔薇に向かってこう語りかける、『そうか、君なのか』——その時ゲーテと自然とはともに一つの現実の裡にある。それゆえに、我に返っても、この現実の精神はゲーテの傍らにあり、太陽を見つめたことはゲーテの幸せな眼から取り去られはせず、自分が太陽の如き性質をもつことを意識している。『かくして世界の諸元素の友情はその人を去ることなく、死と生成の静寂のなかまで共に進む』」。

こうして、抵抗を左に、世間からの賛同を右に負ったまま、ブーバーはわが道を行った。ブーバーと道を共にした人々のうち、エルンスト・ジーモン（訳注 Simon, Ernst. 一八九九—一九八八。ベルリン生まれの教育学者。一九二八年以降シオニズム運動に加わる）は最近になって亡くなった。モーリス・フリードマンは現在アメリカで大学の教授職に就いているが、ブーバーの遺言執行人役を果たし、熱心に手慣れたやり方で、世に占めるべきブーバーの位置を守っている。ブーバーの生前、すでにいくつかは目的を達したものもあった。マネッセ社から出版された緑色の『ハシディームの物語』は世に広く受け入れられ、多くの家庭の居間または寝室の机の上に必ず見られるまでになった。ブーバーの高弟ゲルショム・ショーレム（訳注 Scholem, Gershom. 一八九七—一九八二。ベルリン生まれの宗教歴史学者、哲学者。一九二三年にパレスティナに移住。ヴァルター・ベンヤミンとの文通は有名）は学識豊かにして厳格な人物であるが、必ずしもすべての点で師のやり方に賛成しているわけではなく、ブーバーの描くベルディチェフのレヴィ・イツァクやラビ・スシヤは、あまりにも「ブーバー流」の語り口を身につけてしまっており、あまりにも飼い慣らされ、裏漉しにかけられて滑らかにされてしまっていると評した。それに対してブーバーは、あえてこう応えたという。「私は裏漉しだよ」。

しかし、旧約聖書翻訳の仕事が完成した「思いを致すべき日」には、明るい光が注いでいる。このとき、同じショーレムは語り手の一人にして、喜びの支え手、感謝の伝え手であった。聖書の生ける息吹はいまや完全にブーバーその人の息吹となり、注意深く厳格な教師でもあったブーバーは、ただ一語をめぐって戦うことも辞さなかった。もっともその戦いは、対戦相手が自らに加えられた攻撃を一種の名誉の徴と受け取らざるを得ないようなものであったが。作家アルベール・カミュ（訳注 Camus, Albert. 一九一三―一九六〇。アルジェリア生まれ。フランスの作家）がある本のなかで旧約聖書の「無慈悲な天」と述べたのに対して、その同じ本を非常に高く評価していた（ブーバーが誉めることはめったにないのだ！）ブーバーは、次のように反論した。「これは全然当たっていない。神の言われた『高く神聖に私はおり、打ちのめされた者と心低められた者のもとにある』――というのは決して例外などではなく、この世の実質そのものなのだから」。

ただし、日々の闇と、過ぎし日の大いなる闇とがブーバーの毎日から去ることはなかった。日々の闇とは、アラブ人問題である。ブーバーは長い間アラブ人の家に暮らしたことがあり、「真の共同作業の平和」を乞い求めるという場合、それが何を意味しているか、十分理解していた。「これほど幾重にも複雑に、困難が重なった状況にあっても、まさに今日、そしてむしろ今日こそ、諸民族の共同作業を始めることを霊は求めておられる」。過ぎし日の大いなる闇とは、ある現実、イスラエルの国の人々の内に否定しがたく存在する現実のことである。そのあり方は一人ひとりの裡でそれぞれ独特であった。この国の人は一人残らず、いくつもの墓や、死者の灰と共に生き、呼吸し、目覚め、眠り、再び覚醒するしかなかった。アウシュヴィッツの存在する時代に、いかにして神との生が可能なのか？　そう問わずにいられる人はいなかったのだ。ブーバーはヨブ記を開く――そして見る。ヨブは神のかんばせを見たが、それ以外なんら答えを与えられなかったことを。さらに見る。神はその民に再びいつか姿を現されるであろうことを。そしてそれこそが待たねばならぬ答えなのである。「神がその民に現れる、その将来における形は、以前のいかなる場合とも異なっているかもしれない。しかし、われわれはわれらの残酷にして善良なる主を再び識るであろう」。

一九五八年八月、ブーバー夫妻はヨーロッパ旅行の最後にヴェネツィアに着き、そこからエルサレム行きの船に乗ろうとした。その時パウラ・ブーバーは重病にかかり、船医はパウラに乗船許可を出さなかった。パウラはリド島の病院に運ばれ、八月一一日、そこで（ブーバーいわく）「黄昏のような真の平安」の裡に亡くなった。パウラは完璧にブーバーの我に対応する汝であり、同時に自分自身別個の我であった。物語作家としてのパウラはゲオルク・ムンクという。この人はブーバーの生における――ドイツとは言わないにせよ、少なくとも間違いなく一かけらのミュンヒェン的要素を意味していた。つまりそれは、バロックであり、小鬼の活躍する芝居であり、テアティーナー教会に注ぐ光、ファレンティン（訳注 Valentin, Karl. 一八八二―一九四八。ミュンヒェンの大衆喜劇俳優。その舞台は人間の滑稽さを表現しつつ、人間存在の無力と不条理を覗かせたといわれる。ブレヒトなど、多くの同時代人に影響を与えた）の論理であり、その憂鬱である。パウラは夫よりもいっそうはっきり、健やかさを体現しており――なんと驚くべき同時性であろう！――怒りと冗談そして精神と善良さそのものであった。

マルティン・ブーバーは妻の死に深い衝撃を受け、外の仕事には全く興味を失い、一生の間終わることのない責務に改めて立ち向かえるようになるまで、相当の時間を要した。しかし、とにかく気を取り直し、ブーバー晩年の伴侶たち、孫や曾孫、友人そして若い女性たちもみなブーバーに好意を抱いた。

ブーバーは著作に用いたドイツ語と新ヘブライ語、および彼が理解し、話すこともできたすべての言語――子供時代に身につけたポーランド語や、ハプスブルク帝国の多くの言葉、さらにギムナージウムで習得したすべての言語――に対して、若き日の恋愛のような関係を保っていた。ブーバーのドイツ語は時としてほとんどホーフマンスタールのような優雅さと文体であった。イスラエルの偉大な抒情詩、詩篇を、ブーバーは『賛美の書』として素晴らしいドイツ語に翻訳した。自分自身は抒情詩人、竪琴弾きではなかったのだが。しかしブーバーが、ゲーテのあの偉大な竪琴弾きの詩をつねに「ああ、これが私の作品であったなら」という憧れの思いで読んでいたこと、これは間違いない。

ブーバーがそれでも、わずかではあるが詩そのものを出版もしている（『補遺』という書中に収められている）というのは微笑ましい。これらは何らかの機会をきっかけに創られたものではあるが、即席の作品ではなく、長い間思いを凝らしたもので、生の凝集であり、非常に多くのことを語っている。たとえば憂愁を描いたデューラー（訳注 Dürer, Albrecht. 一四七一―一五二八。ドイツの画家、版画家、彫刻家）の不気味な版画の記憶、若き日のライプツィヒの聖トーマス教会での日々の残響（「精神と魂とは困惑していた」）あるいはまたフォンターネ（訳注 Fontane, Theodor. 一八一九―一八九八。ドイツの作家）の次のような呼びかけ「おお、心で考えることを学べ、おお、精神で感ずることを学べ」など。ブーバーの詩行のなかでは互いにぶつかりあう力がせめぎ合い、痛みを伴う友情へと沈静していく。たとえば次のように。

私の傍らに憂愁は座り
（かつてかの画匠はそのように憂愁を目にした）、
私に語りかけることなく、囁きかけることも決してない、
ただその息の躊うような流れが
私に届ける、耳の最奥まで、
霊の嘆きを、――しかしいつ？　どのようにして？――
魂の生を失った霊の。

ブーバーの筆跡は最後まで驚くほど軽やかで力の籠ったものであったが、メモ・ノートの最後のページに次の詩を書き留めたのも、同じ筆跡であった。

私はもうしばらく走らねばならない、
どれほどかを知ることは、必要ではない、
今は定めが手を取って私を支える
次には運命の友、死が。

この詩を書いたとき、ブーバーは白内障の手術を終え、さらに大腿骨頭の手術を受けていた。この手術のため、一九六五年四月ブーバーは入院を余儀なくされたのである。術後の回復ははかばかしくなく、尿毒症、モーツァルトの病による症状の悪化が起こり、一九六五年六月一三日、死に至った。

しかし、その前に、エルサレム市において、ささやかな戦いが行われることになった。ブーバーにエルサレム市名誉市民の称号を与えようと考える人たちがあったの

だが、しかし当初、この提案には市議会の過半数の賛成が得られなかった。そこで入院先に報告が行われ、事情の説明とともに、ブーバーにその称号を受ける意志があるかどうかの問い合わせがあった。これにはひそかに、老人がそのような称号は必要ないと返事をして、提案者を困惑から解放してくれるのではないかという期待が隠されていた。しかし、最期まで明朗で堂々としていたブーバーは次のように返事をした。自分にはまだ、どう決めるかわからない。その前にまず、称号が授与されるよう戦うべきであろう。

　そこで戦いが遂行され、過半数が獲得された。イスラエル国家元首その人が――ブーバーの亡くなるほんの数週間前に――次のように書いてきた。「私は本日エルサレム市当局に対し、あなたに名誉市民の称号を授与できるという栄誉に浴せてめでたいと、祝意を表しました」。

　ブーバーの葬儀はその人にふさわしいものであった。出席していたのは、大統領、首相、大学学長、アラブ人、ユダヤ人、そしてドイツ人の学生たち。アラブ人の学生は――その本来の習慣に反して――花輪を携えていた。葬儀ののち、墓石には、マルティン・モルデカイ・ブーバーという名と、詩篇七三からの「にもかかわらず、私は変わることなく汝の御もとにある（訳注　詩篇七三の二三節と思われる。二三節は共同訳では「あなたがわたしの右の手を取ってくださるので／常にわたしは御もとにとどまることができる」となっている）という言葉が刻まれた。

　この一九六五年六月一三日は、キリスト教社会では三位一体の祝日であった。ブーバーの熱心な読者たちは、その訃報に接したとき、ブーバーが回想録に記した、レムベルクのギムナージウム時代の思い出を想起せずにいられなかった。ブーバーは当時このギムナージウムで毎朝「三位一体の決まり文句」（訳注　キリスト教――ことにカトリック――の祈りは「父と子と聖霊の御名によりて、アーメン」で終わる）を聞かされ、耐えがたい思いをした。「神聖な過程に物として加わわっておらねばならず、行われていることのかけらも、自分の人格とは関わり得ないし、関わりたいと思いもしなかった」からである。

　まさにこの「三位一体の決まり文句」でブーバーを悩ませた、レムベルクのギムナージウムにおける非ユダヤ系ポーランド人同窓生が、二世代も後になってから、ブーバーのこの防衛反応に対してこう反論した。「永遠の光は燃え続ける、たとえ他の祭壇の前でも」。そしてわれわれ、かなりの距離を置いて現在から観察する者としても、この決まり文句「神なる父と子と聖霊の御名によりて」の意味することとは、おそらく一生ブーバーの意識から消えることがなかったであろうと考えてしまう。

ブーバーはあらゆる宗教的＝哲学的独白に背を向け「汝の歌」を歌い続けた。『ハシディームの物語』でベルディチェフのハシッドに歌わせた通りである。「私が行くところ――汝！／私が立つところ――汝！／汝のみ、再び汝、繰り返し汝！」

それに確かにブーバーはいかなる発言においても、ユダヤ人として越えるべきでない閾を越えることはなかった。未だならずの民、期して待つ民に属する限り。しかし、すでに初期において、時として夢想的な部分のある書『我と汝』のなかで、ブーバーは「息子イエス」という言葉を使わずにいられなくなっている。「圧倒されるまでにイエスが我を語る言葉は強く、当然なまでに正統である！　それは無条件の関係における我であり、その関係内部にあって、人はその汝を父と呼び、自分自身はもはや子でしかなく、子以外の何者でもないからである」。

のちに立場を明確にすることを求められて、ブーバーは境界線をはっきりさせる以外なくなる。そこでは次のように言われている。「……神はあらゆる苦しみにおける助けであって、神以外に助けはない。しかしこれは、私は間違いないと考えているが、イエスの信仰でもあった。私はイエスを信じてはいないが、イエスとともに信じている」。またブーバーはかつてゲーテが毎日でも唱えたいと言った「来たれ、創造主なる聖霊よ」という祈りを、生命を創り出す現実そのものであると断言している。

私たちはテュービンゲンでテーブルに着いていた。――この話を再び個人的な思い出で閉じることを許されたい――ヨハネ福音書三章のニコデモとの対話が話題になっていて、聖霊についての「風は思いのままに吹く」という文を問題にしていた。ブーバーは聖書やその他の資料を取りに立ち上がろうとはせず、ソファに座っていた。問題の箇所は必要なすべての言葉、つまりギリシア語、ヘブライ語、アラム語、そしてアラビア語で、ブーバーの記憶にしまわれていたからである。ニコデモがイエスと語らった夜に考えたであろうと同じような、ささやかな私的な講話のことを思い出す。

　私たちが再度ラビ・スシヤのことを話題にし、ブーバーが「問いの問い」であるとしていた問題を話し合ったのは、この時のことであったろうか——それはおそらく、われわれが話し合った最後の機会であった——その問題とは次のようなものである。「最期に向かう前にラビ・スシヤはこう語った。『次の世で、私にこんなことを訊ねる人はあるまい。なぜお前はモーセではなかったのか？　などと。しかし、こうは訊ねられるであろう。お前はなぜスシヤではなかったのか？　と』」。

「マルティン・ブーバー、生涯と功績」を見る者は、この功績とこの生涯をこの「問いの問い」に対する一つの回答と理解すべきであろう。すなわち、この人はマルティン・ブーバーとなることを考え、マルティン・ブーバーとなった人であったと。

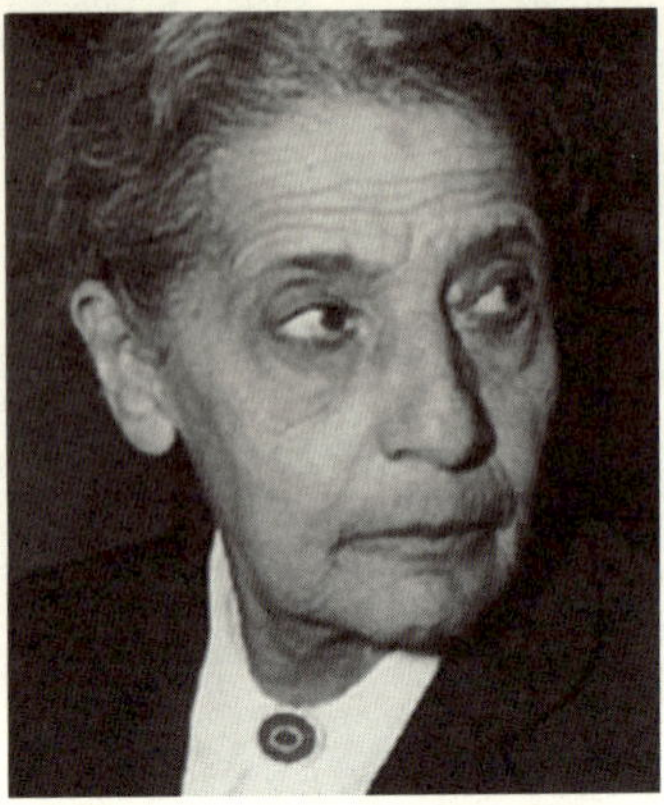

リーゼ・マイトナー（Lise Meitner, 1878-1968）

主著

『原子核の構成』（*Der Aufbau der Atomkerne*, 1935）

『ウランへの中性子照射における新たな変性過程』（“Neue Umwandlungsprozesse bei Neutronenbestrahlung des Urans”, *Berichte der Deutschen Chemischen Gesellschaft* 69, 1936, S. 905-919）

アルミン・ヘルマン

リーゼ・マイトナー

山下 公子 訳

迷信と偏見に対抗するにはたった一つの手段があるのみであると、かつてヴォルテール（訳注 Voltaire, François-Marie. 一六九四—一七七八。フランスの哲学者、作家）は言った。すなわち学問。学者たちは、自分たちの共同体においては、理論の依って立つ論拠と、実験の結果だけがものを言い、言った人は問題にならないと思い込みたがる。しかし、哲学者アルトゥール・ショーペンハウアー（訳注 Schopenhauer, Arthur. 一七八八—一八六〇。哲学者）は、すでに十九世紀初頭、学問の世界にも民族主義が巣くっているありさまを見て、次のように述べている。「これ以上恥知らずなことがあろうか、……真実、明瞭性そして美のみが力をもつべきところに、その人間がどの国に属しているかなどという、民族に対する好みを、判断の要素として組み入れようとするとは？」

残念ながら、民族主義、この「汚らしい仲間」は徐々に勢力を拡げ、科学の世界も例外ではなかった。その上にさらに二つの「汚らしい仲間」が加わる。すなわち反女性主義と反ユダヤ主義である。十九世紀末には、マックス・プランク（訳注 Planck, Max Karl Ernst Ludwig. 一八五八—一九四七。ドイツの理論物理学者、量子論の創始者）ほどの穏やかで控え目な科学者でさえ、女性を大学に入れるとは、「とんでもない誤り」であろうと考えていた。一八九七年、一連のドイツの大学教授たちは、女性の大学教育に関する見解を問われたのだが、プランクの回答は次の通りであった。「アマゾン族は、精神的分野においてもやはり自然に反する存在である。個々の実際的問題、たとえば産婦人科医学などの場合は、もしかしたら話が違うかもしれない。しかし、一般的には、自然そのものが、女性に母であり主婦であるという使命を与えているのであって、自然の法を無視したりすれば、どのような場合にも、必ず重大な障害……とりわけ次世代に障害を与えずにはすまないであろう」。

女性が学問をすることに対する反発はあまりにも大きく、それに比べれば反ユダヤ主義も色褪せて見えるほどである。大学世界に入ろうとする女性たちは、どのような場合にも、例外なしに、この反女性主義に抗して、自らの意図を貫徹せねばならなかった。

そのために、一八七八年にヴィーンで生まれ、物理学者として世界的名声を博すようになったリーゼ・マイトナーの生涯も、まず初めは「数学女たち」に対する偏見（すんでのところで「のみ」と言いそうになってしまうが）に苦しめられたのである。当時は一般に「学問をしたり芸術に携わったりする女は、種からの逸脱、堕落の産物である」といわれていたのだ。そして、ようやくマイトナーがこのような非難攻撃に耐えて、ベルリンのダーレムに作られたカイザー・ヴィルヘルム研究所化学部門の共同責任者の地位を獲得するに至ったとき、今度はもう一つ別の、より危険な偏見が彼女を襲った。『フェルキッシャー・ベオバハター』（訳註 ナチの機関紙）によれば、「ヘブライ人が学問をするのは、ひたすら堕落した学問を行うのであって、その目的は「意図的、計画的にわが民族精神の毒殺を図ることにある」ということになった。三十年以上にわたって、実り多い研究生活をドイツ帝国の首都で送った後に、マイトナーは結局すべての希望を失って、ドイツを去る以外なくなった。そしてその時でさえ、第三帝国当局は、できる限りのことをしてマイトナーを苦しめたのである。

リーゼ・マイトナーが戦わなければならなかった偏見は、中世を彷彿とさせる。しかし、実のところマイトナーこそ（他の、派手にもてはやされた物理学者たちに増して）、その発見によってわれわれ人類に原子力時代への道を切り拓いてくれた人物なのである。

リーゼ・マイトナーはいつでもなんとなく陰に隠れた存在だった。アインシュタインが一九三三年にベルリンの職を離れたとき、世界中がそれに注目し、古くから名声を享受してきたプロイセン科学アカデミーは非難を浴びた。けれどもリーゼ・マイトナーがドイツを離れたとき、それを知ったのは最も親しい仕事仲間と友人だけだった。戦争が終わったあと、アインシュタインもマイトナーも、ドイツ人が自己憐憫に耽って、死に追いやられたユダヤ系の人々に申しわけないという言葉を口にしようともしないことに対して、同様に憤慨していた。アインシュタインの憤りは世界中で反響を呼び、共産主義諸国（だけではないが）によって、ドイツ連邦共和国に対する攻撃の道具として用いられた。リーゼ・マイトナーの方は、しかし、その当然の憤りはやはりごくわずかの親しい仲間たちの耳にしか届かず、しかも、古い友人を失いたくないという思いから、マイトナーは簡単に、おそらくあまりにも簡単に、ドイツの友人たちの異議を受け入れてしまった。本当は、マイトナーの考えていたことは、その当時もそして現在も、真剣に耳を傾け、心すべきことであるのに。

アインシュタインとは異なり、マイトナーの言葉によって、われわれドイツ人はそれほど困難なく、自分たちが第三帝国の成立前と、その成立後、何を間違えたのかをはっきり理解できる。それだけでなく、あの恐ろしい殺戮の後にも、まだ取り返しのつくものがあり、そのわずかのものをどのように取り返せばよいのかも理解できるのだ。物理学者でなくても——今でもまだ——われわれはこの優れた、教養ある、と同時に控え目で謙虚な女性から、多くを学ぶことができる。

リーゼ・マイトナーは、弁護士の家庭の三番目の子供（そして三女）として、一八七八年一一月一七日にヴィーンで生まれた。両親はイスラエル信仰共同体（訳注 ユダヤ教会）に属してはいたが、とっくに宗教的伝統からは離れてしまっていた。子供たち——全部で八人（女五人、男三人）——の教育は、プロテスタントのキリスト教に則って行われた。古い帝国首都ヴィーンの多くの市民階級の家庭同様、マイトナー家でも音楽と文学が重要な役割を果たしていた。姉妹の一人はコンサート・ピアニストになった。

リーゼ・マイトナーは早くから、数学と物理学に魅かれていた。まさに当時、十九世紀末、自然科学はかつて類のない華々しい勝利の数々を上げており、各方面で、「来るべき自然科学の世紀」について語られていた。その新たな時代においては、科学と技術の発達によって、物質的、精神的生活状況が向上するだけでなく、人間そのものが、その生に満足し、よりよい性質をもつようになるであろうと考えられていた。

しかし、非常に優れた成績であったにもかかわらず、リーゼ・マイトナーは大学進学のためのステップとなるギムナージウムに入学できなかった。女子が入れるギムナージウムはなかったのである。「感情上最上のもの」

として、フランス語教師になることはできそうであった。そこでリーゼはこの回り道をあえてすることにした。その後結局両親は、多大な経済的犠牲を払って、この娘に個人教授を受けさせることに決めた。

　他の一三人の少女たちとともに、リーゼ・マイトナーは一九〇一年夏、「皇帝＝王立・アカデミー・ギムナージウム」の外部生として卒業資格試験に臨んだ。十人の受験生は試験に落ちた。四人しか合格しなかった。しかし、女子が平均的に本当にそれほど出来が悪かったとはほとんど信じられない。

「もう一度このような勝利を得れば、私は破滅だ」。ローマ人に対する厳しい戦いに勝利した後、ピュルス王はこのように嘆じた。リーゼ・マイトナーにとっても、大学での就学許可を得る戦いは高くついた。この時すでに彼女は二十三歳であって、最も貴重な年齢は過ぎ去ってしまっていた。リーゼ・マイトナーが大学入学資格を得た同じ年、のちの同僚オットー・ハーン（訳注　Hahn, Otto. 一八七九—一九六八。ドイツの化学者）は、マイトナーよりも二、三ヵ月若く、間違いなく別に彼女に比べて非常に才能に恵まれていたわけでも、取り立てて勤勉であったわけでもないのに、すでに化学の博士号取得試験を終えていた。当時は一般に現在よりも若いうちに学業を終えることが多く、なかでもマイトナーが選んだ分野、すなわち理論物理学では、創造性において際立った業績は、非常に若い時期に生み出されることが多かった。たとえばヴェルナー・ハイゼンベルク（訳注　Heisenberg, Werner Karl. 一九〇一—一九七六。ドイツの物理学者）は二十一歳で学位を取得、二十二歳で教授資格を獲得し、有名なゲッティンゲン派の量子理論を生み出したのは二十三歳の時であった。

　リーゼ・マイトナーが理論物理学に進む決心をしたのは、ルートヴィヒ・ボルツマン（訳注　Boltzmann, Ludwig. 一八四四—一九〇六。オーストリアの物理学者）の素晴らしい講義に魅かれたからである。この非凡な物理学者は一九〇二年、生地ヴィーンの大学に招聘され、戻ってきていた。理論物理学の世界においては、まさに当時、かつて哲学が望んだことが実現されようとしていた。つまり、時間と空間、質量とエネルギー、小宇宙と大宇宙のより深い理解に向かって突進しようとしていたのである。科学にとっての最大の未解決の問題の一つは、物質の構造であった。一八九六年アンリ・ベクレル（訳注　Becquerel, Antoine Henri. 一八五二—一九〇八。フランスの物理学者）は、ウランから新種の、それまで知られていなかった放射線が発しているという発見によって新たな時代を開いた。とりわけパリのピエールとマリーのキュリー夫妻(訳注 Curie, Pierre. 一八五九—一九〇六。Marie. 一八六七—一九三四)はこの新たな自然現象に熱心に取り組み、二人の提案に従ってこの現象は「放射能」と呼ばれるようになった。ヴィーンでも研究者たちは、このまだ非常に謎の多い放射能現象を取り上げるようになっていた。一九〇五年末、つまり二十八歳にしてようやく博士の学位試験を終えた後、リーゼ・マイトナーはこの新しい、やりがいのありそうなテーマに取り組み始めた。

若手の研究者は、修業時代を終えると、遍歴時代を送るのが普通である。リーゼ・マイトナーも例外ではなかった。ルートヴィヒ・ボルツマンの悲劇的な自殺後、ヴィーンを離れたいという願いはより強烈になった。パリのマリー・キュリーに受け入れを拒否されたマイトナーは、ベルリンに行くことに決める。ベルリン到着は一九〇七年秋であった。ほんの一、二年の予定でやってきたのだったが、三一年間留まることになった――国民社会主義者たちに追い出されてしまうまで。

当時ベルリンは、政治のみならず科学の分野でもドイツ帝国の中心であった。フリードリヒ=ヴィルヘルム大学、王立科学アカデミー、シャルロッテンブルク工科大学、そして物理工学帝国研究所等に、多くの優れた研究者が集まっていた。リーゼ・マイトナーはそのなかでも、大学で理論物理学を担当していたマックス・プランクに強く惹かれた。マイトナーが聴講申込みをしたとき、プランクは驚いて、もう博士号をおもちではありませんかと言った。「私がそれに対して、物理学を本当に理解したいのですと答えると、プランクは一言二言ていねいに何か言ってくれましたが、それ以上突っ込んだ話をしようとはしませんでした。もちろん私はその様子を見て、プランクは女子学生のことを高く評価できないでいるのだなとわかりました」。

幸いなことにリーゼ・マイトナーは、プランクの例の決定的な女子学生否定意見のことを何も知らなかった。プランクはかつて「アマゾン族は、精神的分野においてもやはり自然に反する存在である」と述べたのであったが、しかし徐々に――少なからぬ他の教授たち同様――女子学生に対する見解を変えた。のちにプランクはリーゼ・マイトナーをノーベル賞に推薦しさえした。

プランクのもとで学ぶことになってほどなく、リーゼ・マイトナーはダーレムのヴァンゲンハイム通りにあったプランクの自宅に招かれ、その家の上品な慎ましやかさとプランク家の家族全体に、非常に強い印象を受けた。「お高くとまっているところなんてちっともありませんでした！」

プランクはどの点からいっても保守的な考え方の人物であった。それが科学に関することであれ、国家や社会に関することであれ。しかし、稀にしかないことであるが、プランクには自分の考えを変える能力があった。そしてまもなくプランクは、リーゼ・マイトナーのために学問の道を歩みやすくしてやらねばならない、それが自分の義務であると意識するようになった。

こうしてリーゼ・マイトナーはマックス・プランクを味方にすることができたわけである。しかし、それだけでは十分ではなかった。放射能研究の分野で仕事を続けるためには、どこか大規模な大学の研究所に籍を置く必要があった。そこでハインリヒ・ルーベンス（訳注 Rubens, Heinrich. 一八六五―一九二二。ドイツの物理学者）の物理学研究所に赴くことになった。ルーベンスがこの若いお嬢さん博士を引き受けようと言ってくれたのである。ただし提供できるのは、ルーベンス個人の実験室所属という身分だけだというのだ。リーゼ・マイトナーは仰天する。「その時私は思ったものです。なんてこと。いくら私が弱虫だからって、あれだけお願いしてこんな仕事をもらおうとは思わないわ」。その時しかしルーベンス教授は、道の向かい側の化学研究所の枢密顧問官エーミール・フィッシャー（訳注 Fischer, Emil Herrmann. 一八五二―一九一九。ドイツの化学者）のところに、オットー・ハーンという若い化学者がいたことを思い出した。この若くて感じのよい紳士もやはり放射線の研究をしており、つい最近教授資格を取ったところだった。この人物となら、非常にうまく一緒に仕事ができるのではないかということになった。化学者ハーンと物理学者リーゼ・マイトナーという組合せで。

五十年後、リーゼ・マイトナーは帝政時代の「良家の子女」らしく、オットー・ハーンに自分たちの最初の出会いを記念して、ゲーテの詩を一つ献呈している。そのおかげでわれわれには、二人が最初に会った日が正確にわかるのである。一九〇七年九月二八日リーゼ・マイトナーとオットー・ハーンは初めて出会った。ハーンはリーゼ・マイトナーを自分の研究室に雇いたいと言った。ただしまだ「所長」にうんと言ってもらわなければならなかったが。

化学研究所所長、枢密顧問官エーミール・フィッシャーは女性が大学教育を受けるのは無意味だと考えており、科学における女性の研究などそれよりもっと意味がないと考える人物であった。しかし、意地悪な人間ではなかったので、例外としてリーゼ・マイトナーの採用を認めてくれた。博士マイトナー嬢はオットー・ハーンの研究室で仕事をすることになったが、上の階にある学生用の実験室に立ち入ることは禁じられた。おそらく枢密顧問官としては、リーゼ・マイトナーのおかげで学生たちがあまりにものぼせ上がってしまうことを恐れたのだろう。確かに不器量な女性ではなかった。今の学生なら「辛口の顔黒」とでも言ったかもしれない。ただし小柄でほっそりしていた。

当時は大学の教室にいる若い御婦人方は、男に媚びを売るだけが目的なのだと信じている者が多く、教授たちは「〔大学の〕授業の真剣さが恋愛遊戯で損なわれる」のではないかと恐れていた。実際には科学に携わるようになった最初の女性たちは、この男の世界のなかで、ひたすら専門に徹することによってのみ認められたのである。男女であっても思わせぶりなつき合いはせず、むしろ蛮カラであった。

ハーンの実験室はかなり広く、若いハーンとリーゼ・マイトナーの二人が並行して、あるいは協力して実験を行う余地は十分だった。この実験室は以前加工場として使われていたもので、放射線研究に用いられるようになった後も当時のまま「木材工場」と呼ばれていた。

後年二人——リーゼ・マイトナーもオットー・ハーンも——よく自分たちの昔の共同研究時代の話をした。「一緒にやっている自分たちの仕事がうまく行っていると、二人で二重唱をしたものです。大抵はブラームスの歌曲をね。私の方はただの鼻歌でしたけれど、ハーンはとてもいい声で歌っていました。近所にあった物理学研究所の若い仲間たちとは、人間としても学問上も大変親しくしていました。よく私たちのところに向こうから遊びにきましたけれど、普通に通路を通らないで、〈木材工場〉の窓からよじ登って入ってくるなんてこともありました。要するに私たちは若くて、幸せで無頓着だったのです。もしかすると政治的な意味ではあまりにも無頓着すぎたのかもしれません」。

とにかく二人は勤勉に仕事をした。オットー・ハーンはトリウムの崩壊系列の本質的な部分を解明し、リーゼ・マイトナーはベータ線の性質の研究に取り組んだ。「研究所以外の場で何か一緒にやるなどということは全くなかった」。オットー・ハーンはこのように述べている。「リーゼ・マイトナーは昔風の良家の子女の教育を受けた人で、非常に控え目な、ほとんど臆病なほどの人だった。同じ同僚のフランツ・フィッシャー（訳注 Fischer, Franz Josef Emil. 一八七七—一九四七。ドイツの化学者）とは毎日一緒に昼飯を食べに出かけたし、毎土曜、後年には水曜日にも一緒にカフェに行ったりしたものだが、リーゼ・マイトナーとは長年一緒に仕事をしながら、プライヴェートに食事をしたことなど一度もなかった。散歩さえしたことがない。物理学の学会で顔を合わすことはあったが、それ以外私たちが会うのは専ら〈木材工場〉だけだった」。

オットー・ハーンは晩年になってこのような話をしたのであるが、その時にはおそらく自分がマックス・プランクの自宅でリーゼ・マイトナーと一緒になったことがあるのを忘れてしまっていたのだろう。もっとも、プランクの家での音楽の夕べには、非常にたくさんの物理学者と、数多くの若い御婦人方が呼ばれてきていたので、ハーンはおそらくリーゼ・マイトナーとは、一言二言挨拶を交わす以上のことはできなかったに違いない。

リーゼ・マイトナーは一九一二年マックス・プランクの学術助手になり、一生の間非常な畏敬の念をもってプランクを語った。「先生は正しいことだと得心なさると、ご自分の身を顧みることなく、それを実現しようとなさいました」。であればこそプランクは、できる限りのことをしてアルベァト・アインシュタインを援助し、アインシュタインが他のすべての研究者、自分自身をさえ凌ぐ名声を得ることになるのを察していながら、ベルリンに招聘したのである。

リーゼ・マイトナーは、プランクとアインシュタインを取り巻く少数の理論物理学者の一員に加えられたことを非常に幸福に感じていた。マイトナーが何か特別素晴らしい発見をするたびに、アインシュタインは「僕たちのキュリー夫人」とリーゼ・マイトナーのことを呼んだ。

第一次世界大戦勃発寸前のある晩プランク邸で、プランクとアインシュタインが初めて合奏をした時のことを、リーゼ・マイトナーはとりわけはっきり覚えていた。「アインシュタインは見るからに音楽で心が一杯だという様子でしたが、いつものこだわりのない調子で、下手くそなのが恥ずかしいと言いました。プランクはその横に立って、落ち着いた、でも文字通り幸福で光輝くような顔をしていました。……その晩アインシュタインと私は連れ立ってプランク邸を出たのですが、アインシュタインは突然私にこんなことを言ったのです。『ねえ、私はあなたが羨ましくてたまらないことがあるんですよ。何だかわかりますか?』私がちょっとびっくりして見返しますと、アインシュタインは言葉を続けました『あなたのボスですよ』。私は当時まだプランクの助手でしたから」。

ところで、若き日の放射線に関する最初の研究から、のちの世界的発見に至る、リーゼ・マイトナーの生涯を飾る糸目をなす出来事を考えたとき、次の三つが重要である。まず第一にはカイザー・ヴィルヘルム協会の設立。そのおかげでベルリン＝ダーレム地区に大がかりな研究所がいくつも作られ、そのうちの一つ、カイザー・ヴィルヘルム化学研究所がリーゼ・マイトナーの学問上の基地となった。第二は第一次世界大戦とそれに続く革命である。この二つは(確かに恐ろしいものではあったが)女性解放をもたらした。その第三は元素プロトアクチニウムの発見である。この発見によって、リーゼ・マイトナーの研究者としての際立った資質の高さが全世界に明らかになった。

一九一〇年一〇月一一日盛大に行われたベルリン大学創立百周年記念祭において、皇帝ヴィルヘルム二世は自ら「科学の総体を統括すべきものとしての独立の研究所群」の創設計画を明らかにした。研究所において行われる研究はますます専門の度を加え続けざるを得ないが、これはある分野を総合的に提示するはずの、大学における学問のあるべき姿とはもはや相容れなくなっていたのである。

このカイザー・ヴィルヘルム協会の着想は、福音派の教会史家アドルフ・フォン・ハルナック(訳注 Harnack, Karl Gustav Adolf von. 一八五一—一九三〇)の書き上げた覚書にあった。ハルナックが典型的な例として取り上げたのが、まさに、オットー・ハーンとリーゼ・マイトナーの行っていた放射線物質研究だったのである。「今日では、大学の枠内にはもはや収まらない一連の専門領域が存在している。それらはあまりにも大がかりな機械および道具を研究装置として必要とし、そのため大学の研究室では扱いかねるものとなっている。またそれらが扱う問題はあまりにも高度であって、大学の学生がその研究を行うことはできず、若手の研究者に委ねるしかない」。

カイザー・ヴィルヘルム協会が一九一一年一月一一日公式に発足したのち、かなり早い時期に、第一の研究所としてカイザー・ヴィルヘルム化学研究所がベルリン＝ダーレムに建設されることが決まったが、その折エーミール・フィッシャーはオットー・ハーンに、この新しい研究所のポストを望むかどうかと尋ねた。ハーンに少し遅れてリーゼ・マイトナーもこの研究所に移った。

一九一二年一〇月一二日開所祝賀式典が挙行された。オットー・ハーンはこの時のことを次のように語っている。「皇帝に何かお見せしなければというので、私は頼まれていくつか素敵な放射線の実験をご覧に供した。リーゼ・マイトナーは最初のうち慎ましく後ろに引っ込んでいたが、しかし結局陛下にご紹介申し上げるということになって、それにはいやだと言えなかった。で彼女も皇帝に紹介され、陛下に親しくお言葉を賜ったというわけだ」。

この皇帝にとっては、科学も軍も艦隊もみな素敵なおもちゃでしかなかった。したがってそれらにはみな好戦的な演説や英雄ぶったポーズがついて回った。それら一つ一つにそれぞれのルールがあることなどにはおかまいなく。

戦争は非常に多くのものごとを変えたが、社会における女性の役割もその一つであった。一九一四年以前には、女性の大学教育に対する偏見が社会に蔓延しており、女性の医師など想像することもできないという人がたくさんいた。ギーセンの医学教授、フランツ・リーゲルは次のように断言していたほどである。「女にふさわしくない職業があるとすれば、間違いなくその第一は医師である。女性にとっての最高の目的はわが家の竃、家庭のまどいであるべきで、それ以外のことをして世界の秩序を狂わせていただいては困る」。第一次世界大戦が勃発すると、もはやこのような偏見がはびこる余地はなくなる。一人でも女医が、そして看護婦がいてくれることが感謝され、女性をもっと大勢養成してこなかったことをひたすら後悔したのだ。

一九一五年七月にはリーゼ・マイトナーも前線に出た。それまでの研究の結果、放射物理学の専門家になっていたマイトナーは、祖国オーストリアのために放射線治療担当の医師として奉仕したのである。

一九一七年にはベルリンに戻り、中断したカイザー・ヴィルヘルム化学研究所での研究を再開した。そのためにリーゼ・マイトナーはベルリンでの革命を体験することになり、プランクが驚き、アインシュタインが喜んだことには、「はっきりした民主主義的傾向」を明らかに示すようになった。

革命によって成立したプロイセン政府は、女性に選挙権を与え、大学関係で残っていた女性に対する制限をすべて撤廃した。こうしてようやく女性にも大学教授資格申請の道が開かれ、学問の世界で高い地位を目ざす可能性が見えることになった。マックス・フォン・ラウエ(訳注 Laue, Max von. 一八七九—一九六〇。ドイツの物理学者)が教授資格を得たのは一九〇六年、オットー・ハーンは一九〇七年、そしてアインシュタインは一九〇八年であった。彼らとほぼ同年代のリーゼ・マイトナーは、大学世界におけるこの最後の、そして最高のハードルを、ようやく一五年も後になって越えられるようになった。もちろん問題は業績の不足などということではなかった。マイトナーはすでに、オットー・ハーンとともに、新たな元素プロトアクチニウム、原子番号九一を発見していたが、このような業績はめったにあるものではない。これは一貫して放射性同位元素として現れ、放射性崩壊の過程で継続的に生成されて(ごく少量ではあるが)自然界に姿を現すが、それ以外の場合には存在しない元素である。

大学での慣習に従い、教授資格を得たリーゼ・マイトナーは、ベルリン大学で就任講義を行った。講義の題目として選んだのは「宇宙における(kosmisch)変遷に放射能のもつ意味」であった。ある日刊紙にこの講義の記事が載ったが、記者には明らかに女性が宇宙に興味をもつなどということが想像もつかなかったらしく、講義の題目は「美容における(kosmetisch)変遷」ということにされてしまっていた。

オットー・ハーンはこれを非常に面白がり、行く先々で同じような「リースヒェン」（訳注「リーゼちゃん」くらいの意味の愛称）にまつわる逸話を披露して歩いた。ハーンには、この種の話だとか、全く善意の愛称のつもりで自分が使っている「リースヒェン」などという呼び方が、リーゼ・マイトナーの必要としていた学者の世界での敬意を集める邪魔になることなど、おそらくわかっていなかったのであろう。オットー・ハーンにはたぶん、表向きどれほど男女同権が実現されたことになっていても、女性が学問の世界でどんなに苦労していたかがまるで意識されていなかった。たとえば一九二二年イギリスの物理学者で、のちのノーベル賞受賞者ジェイムズ・チャドウィック（訳注 Chadwick, James. 一八九一―一九七四）は、リーゼ・マイトナーの最新の論文の論評を拒否した。それを知ったリーゼ・マイトナーはやれやれと頭を振って、次のように言うしかなかったという。「それはつまり私が女だから、注目に値しないということで、そういう風にされるとやはりちょっとつらい」。

　このように二〇年代にもひそかな反女性主義と戦い続けなければならなかったかわりに、当時は少なくともまだ、マイトナーに対する反ユダヤ主義的風当たりはそれほどでもなかった。しかし、よく知られている通り、第一次世界大戦後、反ユダヤ主義の波はドイツを覆った。この煽動の中心になったのはベルリンである。ベルリンには民族主義的、反ユダヤ主義的組織「純粋学問維持のためのドイツ人自然研究者研究共同体」も生まれた。この組織の主張によれば、ユダヤ人は「不純」で「頽廃した」学問しか創り出せないというのである。

　この組織が攻撃の標的にしたのはアルベァト・アインシュタインで、アインシュタインは妨害行動を懸念して何回か講演を断らねばならなかった。この当時アインシュタインは真剣に移住を考えていた。控え目で、地味な存在だったリーゼ・マイトナーは、反ユダヤ主義者たちの注意を引かなかったのである。

　そのために、この時期はリーゼ・マイトナーにとって何よりも素晴らしい時代だったようだが、これはおそらく（移住を強いられたあと）思い出のなかで美化されてもいるのであろう。オットー・ハーンは一九二七年カイザー・ヴィルヘルム化学研究所の所長に任命され、リーゼ・マイトナーはそのもとで部長の地位を得た。当時この研究所では、ごく少数の例外を除き、研究所を挙げて放射線化学と核物理学の研究に取り組んでいた。

　リーゼ・マイトナーは研究所のすぐ隣に、しゃれた官舎をもらっていた。二十歳年上のプランクとも、同じ年齢の研究仲間アインシュタイン、ハーン、ラウエとも、同僚としてのみならず友人として親しくしていた。リーゼ・マイトナーは自分が生涯独身を通すであろうことを知っており、それに満足していた。姉の息子オットー・ローベルト・フリッシュ（訳注 Frisch, Otto Robert. 一九〇四―一九七九）も同じく物理学者になっており、何年かベルリンで仕事をしていたが、リーゼ・マイトナーはそれを大変喜んだ。若い甥はよくダーレムに叔母を訪ねてきて、二人はピアノの連弾を楽しんだ。演奏するのは、二人ともうまく弾ける、ゆっくりした曲が多かった。また二人は一緒に演奏会にも出かけ、ブラームスの交響曲や室内楽に耳を傾けた。

　国際的な物理学者の世界では、リーゼ・マイトナーは最も尊敬される人物の一人であった。一九三三年四月、コペンハーゲンの理論物理学研究所セミナー室で撮影された有名な写真には、伝統ある春季学会の参加者が写っている。最前列に陣取った大物たちは、ボーア（訳注 Bohr, Niels Hendrik David. 一八八五―一九六二。デンマークの物理学者）、ディラック（訳注 Dirac, Paul Adrian Maurice. 一九〇二―一九八四。イギリスの物理学者）、ハイゼンベルク、エーレンフェスト（訳注 Ehrenfest, Paul. 一八八〇―一九三三。オーストリアの物理学者）、デルブリュック（訳注 Delbrück, Max Ludwig Henning. 一九〇六―一九八一。ドイツ出身のアメリカの生理学者。物理学者として研究歴を始めた）そしてリーゼ・マイトナーである。テュービンゲンで開かれたドイツ物理学会地区会議の席上、リーゼ・マイトナーは、有名な一九三〇年一二月四日に書かれたヴォルフガング・パウリ（訳注 Pauli, Wolfgang. 一九〇〇―一九五八。スイス、アメリカの物理学者）の書簡を受け取った。この書簡でパウリは、ベータ崩壊の特性が新しい素粒子、ニュートリノの仮説によって説明できることを示した。リーゼ・マイトナーが長年続けてきた、ベータ放射能に関する優れた研究は、このパウリの仮説によって、劇的な発見に結びついたのである。

　国民社会主義者《ナチス》の権力掌握とともに、ドイツ科学の「黄金時代」は突然の終焉を迎えた。多くの人々と同様、リーゼ・マイトナーも、最初の幾週間かはヒトラーの真の目的が何であるか、見通せずにいた。しかし、一九三三年四月一日に行われたユダヤ人ボイコット運動と、悪名高い「公務員再建法」によって、手厳しく蒙を啓かれた。この法律によって政府は、ユダヤ人の公務員

（大学の教員もこれに含まれる）を解雇できることになった。ドイツを偉大にするという戯言を振りかざし、最も偉大な人々が国外に追い出された。

プランクは科学と学問、国民の有する最も価値ある財産が、このような無体な形で破壊されていくことに絶望していた。リーゼ・マイトナーに向かってプランクはこう言った。「私にはどうしたらいいのかわからない。だってあれは法律なんですからね」。リーゼ・マイトナーがそれに対して「でも、あんな無法な法律があり得ますか？」という疑問で応答したとき、プランクは「見るからにほっとした」様子だったという。一九三三年五月一六日、カイザー・ヴィルヘルム研究所総長としてプランクは「総統」を官邸に訪ね、申入れをした。それに対してヒトラーは激怒し、プランクは目的を達することができなかった。ではあるけれども、今日のわれわれから見れば、この時のプランクの行動は、ドイツの学者の名誉を証すものである。ドイツ人の学者みながみな、黙って言われた通りにしたわけではないのだ。

非アーリア人であるリーゼ・マイトナーも、ベルリン大学における教授職を剝奪された。しかし、この取決めはそれほど大きな打撃ではなかった。本業はもともとカイザー・ヴィルヘルム研究所の研究スタッフであり、化学研究所の部長であったわけだし、その身分に変わりはなかったからである。確かにカイザー・ヴィルヘルム研究所総長のプランクは、いくつか妥協をせねばならなかったが、しかしナチ政権の最初の数年間、研究所は何とかその独立性を保つことができた。

リーゼ・マイトナーの生活は、外面的にはほとんど以前と同様であった。ただ、十年前からベルリン大学で行っていた講義がなくなっただけである。しかし、心の内面はすっかり変わってしまった。それまでリーゼ・マイトナーは、自分がユダヤ人であるということを、単なる何かの偶然のようにしか捉えていなかった。しかし、何をしたわけでもないユダヤ人が迫害されるようになったこのとき、自分がどこに属するのか、はっきり意識するようになったのである。リーゼ・マイトナーはドイツのユダヤ人とともに苦しみ、ハーン、ハイゼンベルクその他多くの人々が、断固たる国民社会主義者のなかにも、立派な人間がたくさんいると信じていることに腹を立てた。オットー・ハーンに対してリーゼ・マイトナーは、

「アーリア人」に対するユダヤ人としてこう言った。「私たちだけが眠れぬ夜を送り、あなた方がそうじゃない限り、その状態が変わらない限り、ドイツはまともにはならないわ」。一九四五年には、それにつけ加えてこうも言っている。「でも、あなた方は結局、眠れぬ夜を送ることはなかった。あなた方には見るつもりがなかったのよ、どんないやなことが見えるかわかっていたものだから」。

リーゼ・マイトナー本人は、ヒトラー政権初期の数年間、オーストリア国籍であったために、直接的な迫害から保護されていた。もちろんそうはいっても、繰り返しいやな思いはさせられた。マックス・フォン・ラウエはドイツの物理学者のなかで、最も勇敢にヒトラー政権に逆らった人物であるが、平和運動家たちのやり方を注意深く観察していた。彼らはエスターヴェーゲンの強制収容所でほとんど死ぬほどの目に遭わされていたカール・フォン・オシエツキー（訳注 Ossietzky, Karl von. 一八八九―一九三八。ドイツの評論家、平和運動家）にノーベル平和賞を授与するよう働きかけ、それによってオシエツキー救出のために世界の世論を動員していた。ノーベル賞受賞者であったラウエは、毎年ノーベル財団にノーベル賞候補を推薦するよう依頼を受けていた。一九三六年ラウエはリーゼ・マイトナーを推薦することに決め、自分の教師であり友人でもあったマックス・プランクにも、マイトナーを推薦するようにもちかけた。それに対してマックス・プランクは、次のように答えた。「マイトナー嬢をノーベル賞に推薦するというのは、とても良い考えだと思います。実はすでに昨年、一九三六年のノーベル化学賞をハーンとマイトナーの共同受賞にすべきであると推薦したのでした。しかし私は、どのような形式であれマイトナー嬢を推薦することに大いに賛成ですし、その方向であなたがハイゼンベルク氏とご相談なさるのは結構なことだと思います」。

リーゼ・マイトナーとオットー・ハーンは、プランクと親しかった。しかし、もしも二人の核物理学における先駆的な学問上の功績にそれだけの価値があると確信していなければ、プランクは二人をノーベル賞候補として推薦したりはしなかったであろう。ある時プランクは冗談半分に、一八七九年という年は、物理学のための特別な年だったのだと言ったことがある。この年アインシュタインにラウエそしてハーンが生まれたのだし、リーゼ・マイトナーも本当はこの年に生まれるはずだったのだ。ただマイトナーはひどく好奇心の強い、おしゃまな女の子だったために、一八七九年まで待っていられずに一八七八年の一一月に生まれてしまったのだというのである。

つまり、すでに一九三六年と一九三七年の二回、リーゼ・マイトナーとオットー・ハーンはノーベル賞候補に挙がっていたわけである。しかし、二人の最大の発見は、まだこれから行われることになっていたのだ。ところが、まさにその発見が行われようとしていた、一九三八年から一九三九年にかけて、リーゼ・マイトナーはすでに「非アーリア人」として国外に出ており、二人の共同作業は手紙のやりとりによって維持されるしかなくなっていた。これ以上国民社会主義者たちの愚かぶりを示す事実はない。ある学問研究が、まさに世界史的発見に至ろうとしていたその瞬間に、政府がユダヤ人研究者を追放してその学問を破壊してしまったのだ。

一九三八年三月一三日、リーゼ・マイトナーの「猶予期間」は終わった。オーストリア「併合」の後旧オーストリア国民にも人種法が適用されるようになったからである。この時再び多くの優れた研究者が職を失った。迫りくる脅威を逃れるべく、故郷を捨てる人たちも少なくなかった。

リーゼ・マイトナーはどうすればよかっただろうか。スウェーデンの有力な物理学者マンネ・ジークバーン（訳注 Siegbahn, Karl Manne. 一八八六―一九七八）は、ストックホルムにポストを用意してもよいと申し出た。プランクの後を継いでカイザー・ヴィルヘルム研究所所長に就任した化学工業家カール・ボッシュ（訳注 Bosch, Carl. 一八七四―一九四〇。一九三一年ノーベル化学賞）は、リーゼ・マイトナーの友人でもあった。一九三八年五月二〇日、ボッシュはマイトナーを合法的に出国させるよう、帝国内務省に要請した。ひと月後に拒絶の回答があった。リーゼ・マイトナーはそれをカイザー・ヴィルヘルム研究所の所長室から、電話で伝えられた。当時「非アーリア人」には、いつ何時どのような「措置」が降りかかってくるかわからなかったので、マイトナーは不意を襲われることのないよう自宅を離れ、ホテル・アトロンにいた。このホテルの部屋で、ホテルの便箋に速記記号を使って書き取られた内務省の回答は以下の通りであった。

「帝国内務相フリック博士（訳注 Frick, Wilhelm. 一八七七—一九四六。国民社会主義者、一九三三—四三年帝国内務相、一九四三—四五年無任所相。ニュルンベルク裁判により死刑）の命令により、貴下のお申し出にお返事申し上げますが、マイトナー教授の出国旅券発行は、政治的に好ましくない影響を及ぼすと考えられます。著名なユダヤ人がドイツから国外に赴き、その地でドイツ科学の代表としてふるまう、あるいは本人の名と経験を用いて、その内的傾向のままに、ドイツに対して望ましくない影響を及ぼすようになることは、避けるべきであろうと判断されます」。

もはや「絶体絶命」であった。リーゼ・マイトナーは逃げなければならない。それもできるだけ早く。合法的に国境を越える道は閉ざされた。マイトナーはオーストリアのパスポートしか持っていなかったが、それは併合後無効になっていた。ドイツのパスポートを取れば、それにはユダヤ人マークがつけられることになる。

ベルリンの友人たちは、リーゼ・マイトナーが一人で非合法的に国境を越えるような真似はさせたがらなかった。そのような試みが恐ろしい結果に終わった例をあまりにもたくさん聞いていたからである。たとえば著名な化学者でノーベル賞受賞者のリヒャルト・ヴィルシュテッター（訳注 Willstätter, Richard. 一八七二—一九四二。ドイツの化学者）は、追い詰められたあまりに手漕ぎボートでボーデン湖を渡ってスイスへの逃亡を試み、警察に逮捕された。

どうしたらよいだろう。リーゼ・マイトナーの友人に外国の研究者が多かったことが幸運となった。そのなかの一人、オランダ人ディルク・コースターがドイツ国境にある小さな駅を見つけた。そこならば査証なしで国境を越えることができるのだ。コースター本人がリーゼ・マイトナーを迎えにベルリンにやってきた。オットー・ハーンは二人が無事に国境を越えられるか不安で震えんばかりだったという。「リーゼは、私の記憶が正しければ、その晩……アルテンシュタイン通りの私たちの家で寝た。コースターとは、電車の中で落ち合うことになっていた。……一日後、約束していた電報が届いた。さてしかし、研究所で彼女が姿を消したことが噂になっては困る。そこで私は、リーゼは急に、病気になったお姉さんの看病をしにヴィーンに行くことになった、ということにした」。

確かにこうして命は助かったが、それ以外のものは——二、三枚の洋服を除くと——文字通りすべてを失ったのである。ストックホルムの住まいは一部屋しかなく、マイトナーはそこでトランクから荷物を出して整理することもできぬまま暮らしていた。物を書こうとすると、紙をトランクや椅子、あるいはベッドに広げなければならなかった。言葉に尽くせないほどの苦労の末、ようやくベルリンの運送会社から自分の持っていた家具の一部を取り返すことができた。しかし、両親から譲られたもののうち、最も気に入っていた家具は、ひどく損なわれていた。蔵書の多くは「禁じられている、ないし望ましくない」ものとして、さもなければ「国家にとって重要」なものとしてベルリンで没収されていた。リーゼ・マイトナーはある女の友人に宛てた手紙で次のように述べている。「かつて自分の人生のなかで、感謝の思いをもって愛していたものは、なくなってしまうか、全然愛することのできないものに様変わりしてしまいました。まるで人生が、ありとあらゆる個人的な望みを取り上げてやろうと狙っていたかのようです」。

リーゼ・マイトナーはこの時六十歳であった。六十歳の女性科学者の方が六十歳のバレリーナよりも楽に異国で暮らせるだろうか。マイトナーはベルリンのマックス・フォン・ラウエ宛にこんなことを書き送っている。「いつでも、この世での生活がこれ以上悪くなることはないと思ってみるのですが、でもそれは間違いなのです」。オットー・ハーンに宛てた手紙の一通には、こんなことが書かれている。「私はまるでゼンマイ仕掛けの人形のような気がすることがよくあるの。決まったことは自動的にちゃんとやり、その上にニッコリ笑ってもみせるけれど、本当には全然生きていない」。

一番よくなかったのは、研究所でも難しい問題があったことである。マイトナーは、所長のマンネ・ジークバーンが自分の能力を高く買っていないと感じていた。オットー・ハーンにそのことを次のように説明している手紙がある。「私はここで確かにポストをもらったけれど、でもそれは、何かの権利が与えられるような地位では全くないのよ。想像してみてごらんなさい。あなたが自分の素敵な研究所の代わりによその研究所に一つだけ部屋をもらっていて、助手もなく、何の権利もなく、その上ジークバーンに上役風を吹かされるとしたら、どう。あの人は大きな機械しかお好みじゃなくて、その上大変な自信家で自意識も強いときているのだから。そこにもってきて私は臆病で引っ込み思案でしょう。おまけに、もう二十年もやったことのない細々した仕事も全部自分でやらなくちゃならないし。もちろん自分がいけないのよ。私はもっとずっと早く出ていく用意をしておかなくちゃいけなかったのだし、一番大切な器具だって、少なくともスケッチくらいは用意しておけばよかった。……だんだん何もかもいやになってきてしまいます」。

同じ頃ベルリンのカイザー・ヴィルヘルム化学研究所ではビックリするようなことが起こっていた。リーゼ・マイトナーが在任中に提案し、オットー・ハーンが若いフリッツ・シュトラスマン（訳注 Strassmann, Friedrich Wilhelm. 一九〇二―一九八〇。ドイツの化学者）と行った実験が、驚くべき、まさに不条理な結果を示したのである。この実験は、ウランに中性子を衝突させるものであった。ハーンとシュトラスマンはその衝突の結果バリウムが発生したことを確認した。しかし、そんなことが物理学的に可能だろうか。オットー・ハーンはリーゼ・マイトナーに長い手紙を書いた。一九三八年ハーンは決定的な問いを出す。「ウランが分裂するなんてことが可能だろうか」。

クリスマス休暇の間、リーゼ・マイトナーはスウェーデン人の友人に誘われてイエテボリ近郊のクンゲルフというところに滞在し、甥のオットー・ローベルト・フリッシュを呼び寄せていた。フリッシュはその時のことを次のように述べている。「私が最初の晩を過ごして自分のホテルの部屋から出てくると、リーゼ・マイトナーはハーンの手紙と取り組んでいた。私は新しい実験の話をしようと思ったのだが、叔母は耳を貸してくれなかった。逆に私にもハーンの手紙を読めというのだ。手紙に書かれていたことは実際あまりにも驚くべきことだったので、私は最初のうち信じられないような気がした」。

雪に覆われたスウェーデンの森を散歩しながら、リーゼ・マイトナーとオットー・ローベルト・フリッシュは、中性子が加わったことによって引き起こされたウラン原子核のふるまいについて議論した。二人は、分裂によって生ずる二つの核は、双方を合わせても元の原子核の重さよりも軽いことに気づいた。「しかし、もしも質量が消失すれば、アインシュタインの公式 $E=mc^2$ に従ってエネルギーが生じる」。つまりこれはエネルギー源ということになるではないか！ そう考えればすべての辻褄が合った。

二日後オットー・ローベルト・フリッシュはコペンハーゲンに戻った。ボーアはちょうどアメリカ合衆国に出かけようとしているところで、大そう忙しかった。しかし、フリッシュが叔母と話し合った結果を口にするやいなや、ボーアは額を叩いた。「あっ、そうか。いやあ、われわれはみんななんて阿呆だったんだ！　いやあ、そいつはじつにすごい。確かにそれに違いないよ！」

こうして、リーゼ・マイトナーとオットー・ローベルト・フリッシュがイギリスの科学雑誌『ネイチャー』に発表する論文の準備をしている間、ボーアはアメリカでその話をし、センセーションを起こした。即刻世界中の物理学者がベルリンのウラン実験を追試し、ほどなく次のことが明らかになった。この実験でこのような結果が出るためには、ウラン内部で連鎖反応が起こっているはずだ、ということである。これはすなわち、十分な量さえあれば、ウランは――原理的に――すさまじい威力の爆薬になるはずであり、またウラン内部で起こる連鎖反応を「統御」できれば、素晴らしい能力の発電所建設も可能だということである。

ちょうどその頃、ドイツ軍がプラハに侵攻した。事ここに至って、第三帝国との平和共存は無理だと、世界中の人が認めざるを得なくなった。一九三九年八月二日、アルベァト・アインシュタインはアメリカ合衆国大統領ルーズヴェルト（訳注 Roosevelt, Franklin Delano. 一八八二―一九四五。アメリカ合衆国第三二代大統領、在職一九三三―四五年）宛に、後に有名になった書簡を書いた。九月一日、戦争が始まった。

亡命先のスウェーデンにいたリーゼ・マイトナーは、成功裏に完了したアメリカのマンハッタン計画のことを知らなかった。もっとも、原子爆弾を「成功」と呼べるかどうかには、議論があるだろうが。またマイトナーは、ドイツの「ウラン協会」のことも知らなかった。一九四五年八月六日、日本の都市広島の上空で原子爆弾が炸裂したその日、一人のジャーナリストがリーゼ・マイトナーに電話してきた。ご意見を伺いたいというのだ。「私は尋ねました。いったい全体あなたは何の話をしていらっしゃるんですか、と。……でもその記者が〈原子爆弾〉と言ったとき、それまでずっと、半分無理やり忘れようとしてきていた恐れをはっきり思い出したのです。……本当はずっと前からわかっているはずのことでした」。

原子力時代が始まり、それまでスウェーデンで非常に孤独な生活を送っていたリーゼ・マイトナーは、突然新聞や放送の興味の的になった。一九四五年八月九日、長崎が破壊された日には、アメリカの放送局ＮＢＣが、アメリカ大統領の未亡人エリノア・ルーズヴェルト（注訳 Roosevelt, Eleanor. 一八八四―一九六二。女性および社会運動家としても活動。一九四七―五一年国連人権委員会委員長）とリーゼ・マイトナーの対談を放送した。エリノア・ルーズヴェルトはニューヨークで、リーゼ・マイトナーはスウェーデンで話をしたのである。原子爆弾の開発によって、連合軍を勝利に導いたのが物理学者だったおかげで、合衆国内でそれまでそれほど高く評価されていたわけでもない学者たち、世事知らずの「卵頭《エッグヘッド》」たちが、いまや最高の敬意を受ける存在になっていた。その状況のもとで、核物理学者、「輝かしい男たち」のなかに女性が一人いたということが、大変強い印象を与えたのである。エリノア・ルーズヴェルトは、この新しい時代に女性が負うべき新たな責任を語った。女性の力によって、この新たなエネルギー源が破壊のためではなく、戦争によって恐ろしく荒廃してしまった世界の平和的再建に用いられるようにしなければならないというのである。リーゼ・マイトナーはそれに賛成した。いまこそすべての国家間の関係を改善すべきである。それによって「この何年かの間に体験した」ような恐ろしいことが起きなくなるように。ルーズヴェルト夫人は海の向こうから呼びかけた。

「かつてキュリー夫人においでいただいたように、いつの日か合衆国においでいただき、お目にかかれれば嬉しく存じます。キュリー夫人は素晴らしいお人柄でいらっしゃいましたが、同じように、あなたのお人柄にも接することができればと願っております。あなたは偉大な勇気をお示しになりました。すべての女性があなたの成し遂げられたお仕事を誇りに思うことでしょう」。

その半年後、一九四六年一月には、早くもリーゼ・マイトナーはアメリカ合衆国を訪れた。一九二一年のキュリー夫人同様、リーゼ・マイトナーもこの国の公衆の好奇心の犠牲となった。ひっきりなしにあなたは原子爆弾にどれほど「関与」したのかという問いが出され、また（リーゼ・マイトナーにはこちらの方がいやだったようだが）私生活についての質問がやってきた。アメリカの女性ジャーナリストたちは、リーゼ・マイトナーを「今年を代表する女性」に選んだが、リーゼ・マイトナーは大変喜んだ。「女性ナショナル・プレス・クラブ」での授賞式では、スピーチもしなくてよいし、どんな質問に答える必要もなかったからである。

合衆国で一番リーゼ・マイトナーを喜ばせたのは、以前の友人や同僚の多くに再会できたことだった。その人たちとの話題は、当然ながら、ドイツのこと、そして第三帝国時代のドイツの同僚たちの行動であった。リーゼ・マイトナーはそこで、「ドイツ人科学者は道徳的理由から原子爆弾を作ろうとしなかったのだ」という「噂が広がっている」ことを知り、他の亡命科学者同様「かなり落ち着かない気持ちになった」。

「私から見て、これまで一番目につくのは、ドイツからの手紙ではいつも占領軍の犯す過ち（それはあるに違いないけれど）ばかりが強調され、断罪されていて、一言も過去の出来事には触れていないこと」だと、リーゼ・マイトナーの方ではアメリカにいる友人たちに話した。「そうなのよ、何度か私は、アメリカ人がドイツでやっていることは、ドイツ人がロシアやポーランドでやったことと同じだというようなことまで読まされたわ。それに反論しようとすると、次の手紙ではもうその話には全然触れてもいないの」。

一九四六年七月、リーゼ・マイトナーはヨーロッパに戻った。ロンドンでは――戦争のために三年間延期されていたのだが――ロイヤル・ソサエティーでアイザック・ニュートンの生誕三百年が祝われた。リーゼ・マイトナーはそこで八十八歳になったマックス・プランクと再会し、大いに喜んだ。マイトナーはまだプランクを大変尊敬していたのである。祝典に集まった人たちの間で話題になったのが、カイザー・ヴィルヘルム研究所を残すことができるか否かという問題で、これは結局、研究所を同じ名称のままで続けられるかどうかという問題に逢着していた。リーゼ・マイトナーの驚いたことには、オットー・ハーンもヴェルナー・ハイゼンベルクも、それればかりかマックス・フォン・ラウエでさえ、研究所の改名が必要だとわかっていなかった。連合国だけでなく亡命した科学者たちも、研究所が皇帝ヴィルヘルム二世にちなんだ名を持っていることに耐えられない思いをするようになっていた。ヴィルヘルム二世の名は世界中で憎悪の的になったドイツ帝国の侵略政策とあまりにも強く結びついてしまったのだ。一九一一年に設立された研究所が、最終的にマックス・プランクの名を与えられたことを、リーゼ・マイトナーは非常に喜んだ。この名前は、マイトナーが自信をもって良いものだといえる伝統に結びつくものであったから。

一九四六年オットー・ハーンはノーベル化学賞受賞のためストックホルムを訪れた。核分裂発見に対して複数のノーベル賞を与える、あるいは共同受賞とする可能性は、残念ながらスウェーデン学士院の取るところとはならなかった。

リーゼ・マイトナーは古くからの友人であり同僚であった人物がやってくることを心から喜びはしたが、同時に再会を恐れてもいた。オットー・ハーン本人は第三帝国時代完全に高潔な行動に終始し、できる限り迫害されていた人の助けになろうとしてもいた。しかし、戦後ハーンはそれまでのドイツ知識人たちの恥ずべき行動を美化しようとする人間の一人になっていた（マイトナーはそれを気にしていた）。早速最初の晩に二人は衝突した。オットー・ハーンは日記に次のように記している。

「リーゼとかなり激したやりとり。しかし、徐々に落ち着く。リーゼに悪気はないのだ」。

リーゼ・マイトナーがシカゴに移住したジェイムズ・フランク（訳注 Franck, James. 一八八二―一九六四。ドイツ出身のアメリカの物理学者。一九三三年アメリカに移住）に書き送ったところによれば、マイトナーはオットー・ハーンがドイツを助けるために「正しくないことを主張したりするのはなぜか」と責めたのだという。つまりハーンが「ドイツ人が全く高潔な理由からのみ、原子爆弾を作らなかったなどと言いふらしているのはなぜか」ということである。「ハーンのように立派な人間が、これほど不正な手段を用いては」ドイツに害をもたらすことにしかならないだろう。リーゼ・マイトナー本人の言葉によれば、話の具合は次のようであった。「その時にはハーンもわかってくれたように思えたのだけれど、でも長続きしなくて、ハーンのインタヴューはみな同じ調子でした。過去のことは忘れ、現在ドイツで行われている不正を強調するという。私もハーンの過去の一部ですから、インタヴューではハーンと私の長年の共同研究はおろか、私の名前さえ一度も口にされなかったのです」。

ドイツを去ったマックス・ボルン（訳注 Born, Max. 一八八二―一九七〇。ドイツの物理学者。一九三三年イギリスに移住、一九五四年ドイツに戻る）、ジェイムズ・フランク、オットー・シュテルン（訳注 Stern, Otto. 一八八八—一九六九。ドイツ出身のアメリカの物理学者。一九三三年アメリカに移住）といった人たちとは、この種の政治的な問題に関して、ドイツに残っていたオットー・ハーンやマックス・フォン・ラウエたちなどより理解し合えることが多かった。リーゼ・マイトナーとボルンやフランクを結びつけたのは、双方がユダヤ人だったという事情ではなく、そこから生じた、双方に共通する運命であった。マックス・ボルンがヘルマン・ハインペル（訳注 Heimpel, Hermann. 一九〇一—一九八八。ドイツの歴史家）、テオドール・ホイス（訳注 Heuss, Theodor. 一八八四—一九六三。ドイツの評論家、政治家。初代ドイツ連邦共和国大統領。在職一九四九—五九年）およびベンノー・ライフェンベルク（訳注 Reifenberg, Benno. 一八九二—一九七〇。ドイツのジャーナリスト、美術史家）の編集する『偉大なドイツ人』というシリーズに、マックス・プランクの項は執筆したものの、アルベァト・アインシュタインについて書くのを拒絶したとき、リーゼ・マイトナーはボルンの決定を支持して次のように述べた。「アインシュタインは間違いなく、もし自分の民族を明らかにせよということならば、自分はドイツ人ではないと言ったことだろう。……たぶんアインシュタインはどのような形の民族主義にも反対だったと思う。シオニズムに肩入れしたのも、援助のためで、決してユダヤ民族主義に心酔していたわけではない。アインシュタインは三〇年代に、私の質問に対して自分ではっきりそう答えた」。

一九四八年オットー・ハーンが新しいマックス・プランク研究所の所長となり、アインシュタインに、改めて研究所に籍を置いてほしいと依頼したとき、アインシュタインはそれを完全に拒絶した。アインシュタインのハーンに対する返事には、次のように書かれていた。「ドイツ人の犯罪は、実際のところ、文明国と呼ばれる国の人間が犯した、歴史始まって以来最もおぞましいものである。……このような事情のもとでは、一片たりと、ドイツの公式な組織に関わる問題に自分が加わるなどということは考えられない。単純に不潔なことはしたくないという気持ちから、そんなことは不可能なのです」。

リーゼ・マイトナーは、このアインシュタインの書簡を知って、大変深く考え込んだ。しかし、マイトナー自身は、アインシュタインと異なり、ドイツと和解したいと考えていた。そのためにマイトナーは一九四八年マックス・プランク研究所の「国外研究会員」となり、一九四九年にはオットー・ハーンとともにドイツ物理学会からマックス・プランク・メダルを受け、復活した勲功章「プール・ル・メリト」の受章者になることも拒まなかった。

しかし、完全にドイツに戻ろうとは、リーゼ・マイトナーも思わなかった。一九四八年こんなことを言っている。「ドイツ人は今でも、何が起こったのかわかっていない。そんな雰囲気のなかでは息もできない」。

そのためマイトナーは連邦共和国になったドイツにも、故郷のオーストリアにも、短期間の訪問しかしなかった。リーゼ・マイトナーはスウェーデンに残った。この国でも重要なポストに就くようになっていたのだ。大学を引退した後、リーゼ・マイトナーは、イギリスのケンブリッジにいた甥であり研究仲間でもあるオットー・ローベルト・フリッシュのもとに移った。英語は徐々に上達したのだが、頭が疲れると、英語よりドイツ語の方が楽に話せた。ドイツに対する感情を問われて、マイトナーは言ったことがある。自分の愛児がどうしようもなく堕落してしまったのを、はっきり見ている母親のような気持ちだと。休暇でティロルの山歩きに出かけ、そこで故郷の言葉を耳にすると、嬉しいと同時に悲しくもなった。

八十八歳になってから、リーゼ・マイトナーには特別嬉しいことが起こった。アメリカ原子力委員会から、オットー・ハーンおよびフリッツ・シュトラスマンと並んで、リーゼ・マイトナーに、核分裂発見の功績に対してエンリコ・フェルミ賞が与えられたのである。一九四六年のノーベル賞の場合とは異なり、それ以降の二十年間に、フリッツ・シュトラスマンとリーゼ・マイトナーにも、賞を受けるだけの功績があったことが認められるようになっていた。これはリーゼ・マイトナーにとって嬉しいことだった。しかし、この時期になってもまだ、女性だという事実のために、マイトナーは不利な扱いをされていた。オットー・ハーンとその偉大な発見を論じた多くの論文のなかで、「リーゼ・マイトナー嬢」は「長年の忠実な共同研究者」として肯定的に言及されていたが、それはちょうど、何かの記念日などに、ある立派な男性に長年忠実に仕えた女性秘書の名が挙げられるような扱いであった。エンリコ・フェルミ賞がリーゼ・マイトナーにも等しく与えられるということになって、ようやく、画期的な発見に対するリーゼ・マイトナーの貢献が、ハーンやシュトラスマンと同じ価値のあるものとして、目に見える形で表現されたのである。

ほとんど九十歳という高齢でリーゼ・マイトナーはイギリスで亡くなり、その地に葬られた。そこでマイトナーは人生の最後の十年間を過ごしたのである。まだ若い娘時代マイトナーは、「充実したものでさえあるのなら、人生は別に楽なものでなくてもかまわない」と考えた。そしてまさにマイトナーには、楽ではない、しかし充実した人生が与えられた。人間の偏見、反女性主義と反ユダヤ主義とがその人生に影を落としていたし、孤独がマイトナーの宿命となった。

しかし、この勇敢な女性は、自分の不幸を泣くのではなく、ドイツへの愛が裏切られたことを泣いた。「近頃、強制収容所内で行われていたひどいことを耳にしますが、それは、起こりはしないかと恐れていたことをはるかに越えてしまっています」。戦争後リーゼ・マイトナーが書いた最初の手紙にはこうある。「イギリスの放送で非常に客観的な……ベルゼンとブーヘンヴァルトの強制収容所についての報道を聞いたとき、私は声をあげて泣いてしまい、一晩中眠れませんでした」。

アルベァト・アインシュタイン（Albert Einstein, 1879-1955）

主著

『相対性原理』（*Das Relativitätsprinzip. Eine Sammlung von Abhandlungen*, 1920）
『私の見た世界』（*The World as I See It*, 1934）
『私の後半生』（*Out of My Later Years*, 1950）
『平和について』（*Einstein on Peace*, 1960）

邦訳

中村誠太郎ほか訳『アインシュタイン選集』1-3（共立出版，1971-72）
金子敏男訳『平和書簡』1-3（みすず書房，1974-77）
内山龍男訳『相対性理論』（岩波書店，1988）
大貫昌子訳『アインシュタイン愛の手紙』（岩波書店，1993）
林一訳『アインシュタインは語る』（大月書店，1997）
井上健訳『科学者と世界平和』（中央公論新社，2001）　ほか

ローベルト・ユンク

アルベァト・アインシュタイン

山下 公子 訳

アルベァト・アインシュタインの生前から、そしておそらくその死後以前に増して公開されることの多くなった無数の写真のうち、非常に目につく一枚がある。それは、アインシュタインがカメラとそのレンズを通して、全世界に向かって自分の舌を突き出して見せている例の写真である。通常これは行きすぎた、まさに許されざる高慢な身ぶりだとされている。してはならないことではあるが、アインシュタインは天才だからまあ許されるのだ、と思われているのだ。私はしかし、この写真は望ましからぬ例外状態を示しているのではなく、むしろ——実は、ほんのわずかの瞬間だけ姿を見せた——この常ならぬ人物の最奥の本質を明らかにしているのだと考える。つまりここに見えているのは、思い込みや偏見に対する、アインシュタインの終わることなき反逆であり、愚かしさと、生の現実と呼ばれるものに対する反抗なのだ。アインシュタインはそれらを変えようと幾度も試み、そのたびにそれらに対する蔑みを深くした。

このような態度が敵を作るに役立ったのは当然だろう。しかし、同じこの態度こそ、アインシュタインを世界的に有名にし、それだけでなく、一種の神話にまで仕立て上げるのに大いに、そして決定的に役に立ったというのは、少々人の意表を突くに違いない。これはつまり、最初は適応の方が快適かもしれないが、そこに何らかの意外性と同時に説得性が見えれば、結局最後には、逸脱の方が適応よりはるかに高く社会から評価されるということを意味するのだろうか？　見知らぬもの、異なるもの、見慣れぬがゆえに不安を起こさせるものに対する防衛反応は、とりわけ繰り返しユダヤ人に対して発動された。ユダヤ人がそれまで当然とされていた事柄に疑いを差し挟んだり、黙って言うことをきかないと、周囲の人間はそれを赦しがたいと見なした。のちになって、ユダヤ人の方が正しかったのがわかると、時に和解の試みが行われた。ほとんどの場合、手遅れになってしまった後で。

このような、憎悪とひどい迫害を逃れるために、ユダヤ人はつねに同化を試みた。アルベァト・アインシュタインの家系も、その典型例である。アインシュタインの先祖はボーデン湖とウルムの間にある小都市ブーフアウ出身であるが、この街には一五七七年すでにユダヤ教の住民共同体ができていた。しかし、この共同体の成員は、許される限り、ドイツ人たちのなかに混じり、ドイツ人らしく生活することを試みた。アルベァトの父親については次のように記されている。「この人物の生活様式や世界観は、南ドイツの中都市に住む平均的市民とどの点でも全く異ならなかった。仕事の後では好んで家族全員で景色のよい郊外に散策に出かけた。半世紀以上経った後でもアインシュタインは、この日曜日のハイキングのことをよく思い出していた」。

アルベァトの父親（訳注　Einstein, Hermann. 一八四七―一九〇二）は、小さな事業を興しては失敗を経験するという商人であったが、しかし、ドイツにいたユダヤ教徒の多くと同様、自分を何よりも熱心な教養市民と考えていた。たんにゲーテやシラーを本棚に並べるのみならず、何ページも暗唱できたのだから。母親のパウリーネ（訳注　Einstein, Pauline（旧姓 Koch）. 一八五八―一九二〇）は実家からドイツ音楽に対する愛情を受け継いでいた。母の実家は豊かなシュトゥットガルトの穀物商で、宮廷御用達でもあった。この母親こそ、息子が六歳になった時ヴァイオリンのレッスンを受けるようにしむけた本人である。

ウルム生まれ、しかし父親が弟と共同で電器店――のちには小さな工場も――を開いたミュンヒェン育ちのアルベァト・アインシュタインは、バイエルンの他の同年代の子供たち同様にカトリックの小学校に通い、十歳の年にルィトポルト・ギムナージウムに入学した。このギムナージウムは、アインシュタインにドイツ的徹底性をもって数学の初歩的知識を叩き込んだが、それだけでなく、この学校でアインシュタインは、ほとんど憎悪といってよいほどの、権威と躾に対する反感をも植えつけられた。アインシュタインの反逆精神は、この反感から生じた。後年アインシュタインは繰り返し当時の教師たちを槍玉に挙げている。アインシュタインは教師たちが学校で「恐怖、強制そして人工的な権威を用いて」教育を行い、「生徒の健康な生命感、率直さ、自信」を破壊し、そういうやり方で「従順なる臣下」を作り出そうとしていたと非難した。アインシュタインはこのような学校を兵舎にたとえているが、この兵舎のような学校に、ドイツの、それにロシアの不幸の原因の一つがあるというのがアインシュタインの見解であった。見るところ、この反感は相互的なものだったようである。というのも、伝えられているところによれば、アインシュタインの教師の一人は、アインシュタインが教室にいるだけで、自分の権威が傷つけられると感じ、自分の授業には出ないよう、強く求めたほどだったという。この提案を若いアルベァトは非常にまじめに受け取った。これ以後アインシュタインは、従順と紀律を求めてやまないこの国民から、なるべく早く離れようと努力を重ねるようになる。

実際、終わりつつあった十九世紀最後のこの数年、新たな帝国および成長する軍事力に対する誇り、精密科学と神経質なほど精確な技術に支えられた工業に対する誇りは危険なほどの状態に達し、すでに当時から、心ある人たちの憂慮の種となっていた。

若いユダヤ人アルベァト・アインシュタインもその一人であった。アインシュタインには、山のような出来事から、決定的で重要なものを見分ける能力があった。この時アインシュタインがわずか十五歳でヴィルヘルム二世治下のドイツを離れ、共和制の国で自分の学校教育を終わらせようと決めたことは、驚くべき、自分および他人に対する頑固さともなりかねない決断力の表れである。この決断力こそ、アインシュタインが生涯を通じて、あらゆる敵意と妨害にもかかわらず自己を貫徹する基盤となった。

卒業証書なしで学校を離れることには、一八九五年当時、非常な自信が必要であった。アルベァト・アインシュタインにはそれがあった。十二歳以降アインシュタインは自分で教科書を読み、そして何よりも自分自身が熟考することで、自らを教育していた。マックス・タルマイという名の若いユダヤ人医学生がミュンヒェンのアインシュタイン家をよく訪ねるようになっていたが、この人のおかげでアルベァトは幾何と哲学に興味をもつようになった。またこの人はアインシュタインを神と世界に関する熱心な議論に引き込んだが、本人後年の言によれば、その討論ではほどなく、はるかに若いアインシュタインに太刀打ちできなくなったそうである。

　アインシュタインの家族は当時ミュンヒェンを去ってミラノに移り住んでいたが、アルベァトが勝手にミュンヒェンの学校をやめてしまったことを聞かされ、心配するしかなかった。子供の頃のアルベァトはむしろ奥手だと考えられていたが、家族たちはこの少年の高い知性に疑いを抱いてはいなかった。アインシュタインはイタリアで数ヵ月を過ごし、後年これを生涯の至福の時と見なすようになった。その後アルベァトは、ツューリヒに送られ、その地の名高い州立工科大学の入学試験を受けた。この年の入学試験失敗は、もしかすると意図的なものだったのかもしれない。全く試験の準備をしていなかったのだ。これは、父親の望んでいたように早々と実際的な職業、たとえば電気技師などの職に就かされるのを、アインシュタインが望まなかったからであろう。

　ともかくこうして、アルベァト・アインシュタインは再度の受験まで一年の余裕を得、それを思い通りに利用した。ただし、そこには幸運な偶然も大いに働いていた。州立工科大学長アルビン・ヘルツォークは、あまりにも若すぎるこの志願者を最初の受験の折には受け入れなかったが、しかし、その数学の才能に深い印象を受け、アインシュタインが再受験の準備期間をアーラウの州立学校で過ごすよう取りはからった。その学校に、ある並はずれた教師がいたからである。それは、言語学者ヨースト・ヴィンテラー（訳注　Winteler, Jost. 一八四六―一九二九）であった。ヴィンテラーのグラールス州方言に関する論文は「関係の相対性」を論じたものであったが、その相対性とは、時間、場所ならびに人によって変化する言語表現のうちに姿を現し、かくして言語の不変的基本性格を越えるものである。当時の学問的権威からは認められなかったが、ヴィンテラーは何かを求める精神にとっては一種の特効薬と考えられていた。ヴィンテラーの、既成の基本原則と境界を噴き飛ばす思考法こそ、同じような傾きをもつアインシュタインに自らの正しさを証明し、実りをもたらしてくれるものであった。もう一つ都合のよかったことには、十七歳のアインシュタインはこの新しい指導者とともに住まい、食事をすることもできた。こうしてこの二人はほとんど休む間もなく対話を続けるようになった。二人の話が空想的、思弁的な性格を帯びるようになったのは、ヴィンテラーのためでもあったし、アインシュタインのせいでもあった。論理的で機械的なデカルト（訳注 Descartes, Réne. 一五九六—一六五〇。フランスの哲学者）ならびにニュートン式の考え方が自然科学だけでなくあらゆる学問の方法を支配していた当時、このようなスタイルは非常に奇妙なもので、二人の変わり者、公的な大学での研究生活に結ばれていないこの二人によってしか、あえて取り上げられようもないものであった。

十年後に突然驚くべき三本の論文を発表し、それまでの物理学を根底から揺るがすようになる以前、すでにこの当時、アインシュタインが相対性理論の最初のアイディアを得ていたかどうか、あとからではなかなかわからない。ただ間違いなく、アインシュタインはヴィンテラーの内に精神的な同盟者を見ていた。アインシュタインが「真実の最大の敵」と断じた憎き「ドイツ的権威ごっこ」に対抗する同盟者である。

しかし、言語もまた一つの権威であり、思想はそれに身を屈せねばならないのではなかったか。たとえその思考が歴史の創り上げた言語を越えるものであっても？ のちにアインシュタインは次のようなことを明らかにしている。「私は言葉で考えることはめったにない。ある考えが私を捉えるのだが、それを言葉で言い表せるようになるのは後になってからである。しゃべったり書かれたりした言葉は、私の思考過程にはどうも何の役割も果たしていないようだ」。

アルベァト・アインシュタインは、実り豊かなアーラウでの準備期間の後、再度の受験を求められることなく州立工科大学に入学を許可された。四年後、アインシュタインはヨーロッパでも有数の大学の卒業証書を手に入れたが、しかし、それより重要だったことは、ドイツ帝国の外側にあって得られた、独立の感情であった。アインシュタインは大学卒業の年にあえてドイツ国籍を放棄し、アインシュタインらしい一徹さでスイス国籍獲得に全力を挙げたが、この行動は、成員に大幅な自由を保証する共同体への、アインシュタインの共感の表明でもあった。

しかし、現実には、幾人かのツューリヒの教授たちは、このわがままな学生に対してそれほど寛容ではなかった。とりわけ物理学の二人の教授ペルネ（訳注 Pernet, Johann. 一八四五—一九〇二）とヴェーバー（訳注 Weber, Heinrich Friedrich. 一八四三—一九一二）は、アインシュタインの「際限なしの知ったかぶり」にあからさまな反感で応じた。二人のうちの一人はアインシュタインに、物理学より医学か法律か哲学を勉強した方がよくないかと言い、もう一人は頭ごなしにこう言ったという。「しかし君にはとにかく一つ重大な誤りがある。人の言うことを全く受けつけないじゃないか」。

この不和は、アインシュタインの運命を決定した。義務年限修了の後、大学での履歴を重ねるための助手のポストが、アインシュタインより才能の劣る同級生たちには与えられたにもかかわらず、アインシュタインには提供されなかったのだ。明らかに教授たちは、アインシュタインを放り出すことができてホッとしたのである。しかし、この時もまた、失敗は転じてアインシュタインの利益となった。もしも一九〇〇年、おそらくアインシュタイン本人も望んでいたであろうように、通常の大学における学問につながれてしまっていたら、もしかするとアインシュタインは、正統的で時としてドグマ的な同僚たちの研究スタイルに影響され苦しめられて、この後に発揮した素晴らしい発想の飛翔はできなくなっていたかもしれない。

このような事情で、公式には「失業中」であった卒業後の何ヵ月間かは、アインシュタインに最初の大いなるヴィジョンを与えてくれた時でもあった。この間アインシュタインはときおり、たとえば天文台だとか、あるいは寄宿学校などあちこちで短期間の仕事をし、最低限の収入を確保していた。アインシュタインのこのヴィジョンは、直感と空想から生じたのではあるが、同時に科学的判断に対する詳細な検討の結果でもあった。これらの判断を検討した結果、アインシュタインはそれらを偏見と見なすようになった。つまり、アインシュタインはそれまで何世紀もの間、自然と時間、空間、物質などの世界の動き方を理解するための根本と考えられていた、当然の常識に疑義ありとしたのである。それによって、物理学の理論と実験による観察との間に生じた多くの不一致を説明できるようになった。それだけではない。アインシュタインは「現象の複合体の統一性の認識、その複合体を形成する現象は、直接人間の感覚による限り、互いに全く無関係としか思えないのだが、そこに統一性があることの認識」に成功したのだ。

上に引用したのはアインシュタイン本人が自らの構想

を述べた文章であるが、これは早くも一九〇二年に書かれている。この時アインシュタインは初めて、のちに『物理学年報』に発表する論文の準備に取りかかったが、これらの論文が、三年後に四次元の「アインシュタイン的宇宙」を提示したのである。上の宣言は同い年の友人であるマルセル・グロスマン（訳注 Grossmann, Marcel Hans. 一八七八―一九三六。スイスの数学者）宛書簡のなかに書かれている。グロスマンはその少し前に、父親の縁故によってアインシュタインにベルンの国家特許局で仕事を世話してやっていた。この地位は公務員としての完全な給与を保証するものではなかったが、常勤職であり、これによって学者の卵アインシュタインは最悪の糊口の憂いからは解放された。

このポストはしばしば、アインシュタインという特別の精神が仕事の心配抜きで自己発展できるようにしてくれた、一種の特恵契約のように見なされる。現実にはアインシュタインは、まさにこの職場での日常業務によって、学問的営為に大いに役立つ能力を身につけた。それはつまり、細かい事柄が山のように並んでいるなかで、何が根本的で何が特別なのかを認識する力である。その他にも、新しい、主に機械についての発明を、書面で講評する仕事によって、高等数学を用いることなく、きわめて客観的に表現する能力も身につけた。

このようないきさつで、アインシュタインの最初の論文は、わかりにくい科学者の仲間内言語《ジャーゴン》を用いず、ていねいに読めばほとんどの場合、すぐ分かるように書いてあった。このような言語の形象性は、具体的な把握の難しいものを読み手に伝える力であるが、二十世紀の大物理学者はすべて、この力をもっていた。ハイゼンベルク、ボーア、パウリ、ヴァイスコップフ（訳注 Weisskopf, Victor Friedrich. 一九〇八―？ オーストリア出身、のちアメリカに移住した物理学者）、そしてフォン・ヴァイツェッカー（訳注 Weizsäcker, Carl Friedrich Freiherr von. 一九一二年生。ドイツの物理学者、哲学者。元ドイツ連邦共和国大統領リヒャルトは弟）も、「当たり前の人間の常識」では理解不能、もしくはなかなか理解困難な事柄を、印象的に、しかも秘密めかしたやり方なしで表現することができた。

アインシュタインの「奇跡の年」一九〇五年に発表された三つの論文の素晴らしさ、あるいは、それまで小揺もしないと考えられていた法則から見れば、まさにとんでもない攻撃であったわけだが、いずれにせよこれらの論文のもつ並はずれた力に気づいた人は、当初ごく少なかった。この論文で、学会のアウトサイダー、それも一九〇六年になるまで博士号さえもっていなかったような人間が、あつかましくも、原子理論、量子論、さらにそれを統合してアインシュタインのいわゆる「特殊相対性理論」などというものを論じ、かくも「道にはずれた」とんでもないことを書いた、という事実は、まず初めには黙殺された。これらの論文の形式、脚注も、引用も、先人の研究史への言及もほとんどないという書き方がすでに「素人くさく」、専門家には書き手の頭の単純さ、ないし素人の冒険家ぶりを暴露しているようにみえ、これらの論文に注目する必要はないと思わせたのである。

それまでほとんど無名であったアインシュタインの論文の基盤的重要性を初めて理解し、即刻、アインシュタインを「新たなコペルニクス」とまで賞讃したのは、クラクフ大学のポーランド人物理学者たちであった。ドイツの大学の物理学者たちは、この当時世界最高の令名を享受していたが、こちらの連中がアインシュタインを評価するようになるのはまだ先のことである。

アインシュタインが最終的に「物理学者の共同体」から まともに受け取ってもらえるようになったのは、数学者ヘルマン・ミンコフスキィ（訳注 Minkowski, Hermann. 一八六四—一九〇九。ドイツの数学者）の力である。この卓越した体系学者の講義には、アインシュタインもツューリヒで出席していたが、ミンコフスキィはアインシュタインの考えを理論家が使えるような数学的形式に「翻訳」した。ミンコフスキィがこの若いアウトサイダーの論文について『ゲッティンゲン新報』に書いた記事、そして何よりも一九〇八年九月「ドイツ自然研究者および医師協会」の年会において「空間と時間」と題して行った記念講演が、並はずれた驚嘆を伴う受容の始まりとなった。それまでほとんど無名であったアインシュタインは、一足跳びに、破天荒な天才の座に据えられることになった。いまや、ドイツの物理学の最高権威たちが、アインシュタインにニュートン級の格を認めるようになった。アインシュタインはまさにそれまで確固としていた、そのニュートンの体系に深刻な動揺を与えたのであるが。

この圧倒的な評価と受け入れぶりを今日回顧すれば、おそらく、物理学の革命の機が熟していたということで説明できるであろう。心理学においてはフロイトの衝撃的な無意識の発見、歴史および経済学ではカール・マルクスの史的唯物論によって動き始め、それだけでなく美術や音楽でも動き始めていた何物かが、物理学という精密科学においては、アインシュタインによって動きを引き起こされたのである。人間という要素および時間の次元を導入して、それまで観察者には依存しないと考えられていた絶対なるものからアインシュタインが支配権を奪ったため、不安と同時に解放感が広がった。

いまや研究者は、もはや単なるニュートンの模倣者や完成者ではなく、再び発見者であり、先駆者たりうることになった。あたかも精神的な獄の壁が崩れ落ちたかのようであり、それまで、たとえばプランクとその弟子たちが唱えていた量子論のように、どちらかというと、新しもの好きの若い者たちが創り出した、奇妙な周辺的現象と見なされていたものが、いまや、新たな、より厳密で深い宇宙理解のための中心的な課題ということになった。アインシュタインの物理学理論は、当初上っつらだけで受け取られるか、むしろ誤解されるばかりだった。ところが、これ以降、世界中の大学や研究所がそれまで気にもせず、無視していたこの理論の提唱者に、猛烈な興味を示すようになる。それはたんに、この新参者が事情通の間で「流行」したからではない。そうではなく、大学や研究所にいた人たちが、アインシュタインの決定的な証明のもつ力のゆえに、この人こそ、見通しがきかず、矛盾だらけになってしまった自分たちの研究分野に必要な、新たな権威だと考えるようになったからである。しかし、この役割は、あまりにも突然名声を与えられたアインシュタインにとって、とんでもなく居心地の悪いものであった。アインシュタインはこれに、自分を皮肉ることで対処した。自分たちの組織に加わってくれと、アカデミーの代表者二人が申し入れにきたあとで、アインシュタインは馬鹿にしたようにこう言った。「お二人さんは私がコレクションに不可欠の珍しい切手か何かのような御様子だった」。

プランクやネルンスト（訳注 Nernst, Walther Hermann. 一八六四―一九四一。ドイツの物理学および物理化学者）が勧めた通り、この時アインシュタインとしてはベルリンに移るのが当然だったであろう。その頃ベルリンには、最高に刺激的な自然科学の思想家が揃っていた。ところが、ヴィルヘルム二世治下のドイツ帝国に対する反発は当時まだあまりにも大きく、そして、ほとんど無条件のスイスに対する讃嘆ぶりも変わっていなかったため、アインシュタインはまず、ベルン大学の私講師となり、次に給料の安いツューリヒ大学員外教授の職に就いた。その後一九一一年、プラハのドイツ大学の教授たちが正教授のポストを提供して、アインシュタインをベーメン地方の首都に誘った。アインシュタインはこの条件のよいポストを受け入れた。ある書簡に記されているところから明らかなように、アインシュタインの正教授任命の提案を、最初当局が「私がユダヤ人だから」拒絶したという事情を耳にしていたにもかかわらず。

アインシュタインは初め、この事情を無視しようとした。同じく、オーストリア皇室からの、就任前に宗教を明らかにせよという要求も無視しようとした。質問に対する答えとして、はっきり「無」と書き込んだため、アインシュタインは当局と最初の紛争を経験することになり、結局、事務局が本人に尋ねもせず、宗教の項に「モーセの宗教」(訳注 ユダヤ教のこと)と書き込み、はるか何年も前に縁を切った宗教に自分を組み入れるのを我慢せねばならなかった。同僚たちも友人たちも、またのちの伝記作家たちも、アインシュタインのこのような当局への屈服、そして精神的に孤立するのが目に見えていながら、忠実な助手たちや刺激的な議論相手を残してツューリヒを去ったことの双方を理解しようとしなかった。これらの批判者たちは、いかに自由な独立精神の持ち主でも、時として、少なくとも一時的には、安定と安心が必要だということを想像できないのだ。「ここは素晴らしい研究所だし、大変居心地よく働いている」、プラハにやってきた直後アインシュタインは、かつての同僚マルセル・グロスマンにこう書き送った。しかし、二、三週間後には、最も親しい友人ベッソに、プラハの人たちには「なじめない」とこぼしている。

たとえば、大学の入口で守衛が体を屈めて挨拶し、「先生方の忠実なる僕《しもべ》」などという言い方をすると、アインシュタインはその無反省に口に出される儀礼的な決まり文句を、耐え難い屈従の証拠であり、腹立たしいと受け取った。「全く何の意味もないくだらないことに、いつまでもたくさんの書き物をさせられ」て貴重な時間が奪われた。アインシュタインがこうしてボヤいている「果てしないインクの染みづくり」と、とりわけ、ツューリヒ時代に結婚し、スイスを去ることには全く気が進まなかった妻ミレヴァとの、激しくなるばかりの諍いのために、アインシュタインはほどなくスイスに戻ることを考え始めていた。

その機会はすぐにやってきた。アインシュタインの「母校」ツューリヒの工科大学が十年契約で正教授のポストを提供してきたのだ。さすらいのユダヤ人アインシュタインは、これでようやく腰を落ち着けられるのではないかと考えた。しかし、そもそもこの地上のどこかが、アインシュタインにとって真の居場所でなどあり得ただろうか。アインシュタイン本来の居場所は、実は、自分の提唱したあの新たな四次元の世界ではなかったか。この世界像はアインシュタインがその精神の内部に築き上げ、つねに新たな考察によって、驚くべき多様な、と同時に素晴らしく単純な、神の創造により近づけようと努めていたものである。とりわけプラハ時代の学生が伝えているように、ゼミの最中に心ここにあらずの状態に陥っていたとき、アインシュタインは自分の確固たる想像で創り上げた強大な王国に遊び、そこに見える矛盾と格闘し、乗り越え、あるいは飛び越えて、自分が迷い道に入り込んでしまった地点まで戻り、改めて新しい径を捜そうとしていたのである。

創造力の最も充実していたこの時期、アインシュタインは、「授業をすることが妙に神経に触って」、無駄で余計な負担であると強く感じるようになり、「あらゆる義務から解放されて、考えることだけに没頭できる地位」に就きたいと憧れるようになった。しかし、新しいツューリヒのポストも、アインシュタインの願いをかなえてはくれず、ここでも学生の論文を読み、講義をし、大した意味もないとしか思えない、大学の講座について回る書類仕事をこなさねばならなかった。

そういう事情で、あれほど長い間望んでいたツューリヒでの仕事も、アインシュタインを満足させることはできず、ツューリヒに移って一年経つか経たないかのうちに、アインシュタインがプロイセン科学アカデミーの申し出に応えてベルリンに移ったのも、それほど不思議ではない。ベルリンでは講義の義務なしに、アカデミー会員として教授職が与えられ、同時に新設の物理学研究所長に就任することになっており、まさに頭脳労働に専念できるはずであった。

二十年後、ヒトラーの暴力政権に仇敵視されるようになったアルベァト・アインシュタインは、卑劣な憎悪の攻撃を一身に浴び、一九一三年にツューリヒを去ってしまったことを生涯最大の誤りとして悔やむことになる。

しかし、アインシュタインが新たに記述した物理世界において、描き手の立場が異なれば異なった時間および空間把握がもたらされるのと同様、歴史においても、一人の人間の運命は見る時点によって全く異なって見える。そのように考えれば、一九一三年およびその後の十年の時点でベルリンを選んだのは決して間違いではなく、むしろ幸運な選択であった。それによってアインシュタインの天才は周囲から充分の刺激を与えられ、最大の自由のなかでその壮大な作品を築き上げ、深化させ、見事に完成できたのである。

ベルリンは個人生活の上でもアインシュタインにとって新たな始まりであった。かなり前から幸福なものとはいえなくなっていた結婚生活は破綻し、以前から大変親しくしていた遠縁の女性との新しい関係が、それまでになかった内的な落ち着きをアインシュタインに与えてくれた。ある親しい同僚に、アインシュタインは自分の新たな状況を次のように説明している。「個人的な関係でいえば、私は今ほど落ち着き、幸福だったことはない。私は完全に引き籠って暮らしているのだが、しかし、従妹の優しい心遣いのおかげで孤独ではない。そもそも私をベルリンに惹きつけたのがこの従妹なのだ」。

当時は戦争中で、熱狂に囚われていた他のドイツ人同僚たちよりはるかに早く、アインシュタインはその戦争の悲惨さに気づいたのだが、難しい外的状況にもかかわらず、この時期は、アインシュタインの一生で最も創造的な時代となった。ここでアインシュタインは一般相対性理論を仕上げ、これによって特殊相対性理論の有効性が大幅に拡大された。また水星の光の偏向値を正確に計算し、それまで有効とされていた物理学の法則と矛盾するようにみえた謎の説明を可能にした。また新たに宇宙論および重力波の分野にも研究を進め、プランクの放射法則を全く新たに解釈し直した。この時期に生まれた豊かな研究の成果は、五十近い論文、自らの革新的な考察を一般に理解できる形で説明しようとした著書が一冊、その他に多数の記事および講演となった。

この時期の熱心な、しばしば極端なほどの仕事ぶりについてアインシュタインは、「われわれの気の狂った社会の皆さんが夢中になっている気の狂った物事から意識して距離を置く」ためとか「物理学への逃避」という風に表している。アインシュタインの当時の仕事を詳しく見た者は、この卓越した頭脳が自らの生み出した研究成果に対していかに批判的であるかに、強い印象を受けずにはいられない。多くの学者がなかなか自らの誤りを認めることができないのに対して、アインシュタインは自分が前に考えたことが間違っているように思われる場合、いつでもあっさりそれを認めた。こうしてアインシュタインは、一般相対性理論への途上にあった一九一五年一一月、高名な数学者ヒルベルト（訳注 Hilbert, David. 一八六二―一九四三。ドイツの数学者）に次のように書き送った。「四週間前、私自身自分のこれまでの証明のやり方がいい加減だったことに気づきましたので」。あるいは、これも有名なオランダの物理学者ローレンツ（訳注 Lorentz, Hendrik Antoon. 一八五三―一九二八）に対しては、ある論文で一九一四年に「軽はずみにもある前提を立ててしまい」そのため誤った道に入り込んだと打ち明け、水星の近日点移動の説明をめぐる闘いのなかで、この前提をいくつかのアカデミーの論文に用いてしまったことを後悔していると述べている。ある理論を新たな理論によって置き換えたあとで、次のような自嘲を洩らしたこともある。「アインシュタインて奴は気楽なものだ。毎年その前の年に自分が書いたことを取り消すんだから……」。

　しかし、まさにこの自分自身に対する絶え間なき反逆、自分の出した結論に異議を唱える余地が完全になくなるまで止むことのない反逆こそ、専門家の世界におけるアインシュタインの信頼性を高めた。アインシュタインは安んじて自分の考えに疑義を呈し得た。心の一番底のところで、まだ正確な証明はできていない場合でも、自分が直観的に発見した構想は基本的に正しいと確信できたからであり、「上の方にいるじいさま」は自分の設計図をアインシュタインが誤って解釈したりすることがあれば、指をトントンと叩いて知らせてくれるだろうと考えていられたからである。

　アインシュタインがどれほど深く自分の基底的認識の正しさを確信していたかを示す一つの例が、一九一四年に書かれたある書簡に見られる。これは信頼する友人ベッソに宛てて書かれたもので、日食の際に実験を行い、それによってアインシュタインの一般相対性理論の正しさを証明するはずの外地実験に関する発言である。「全体のシステムが正しいことにはもはや疑う余地はない。

日食の際に行われる観測がうまくいこうといくまいとね」。

これはどのような問題であったか？　一九一一年アインシュタインは、皆既日食の際に太陽の外縁をかすめてくる星の光を観察することによって、自分の提唱した重力による光の偏向の原理を実証できるのではないかと提案した。その際アインシュタインは、起こるであろう偏向の角度を具体的な数字を挙げて予測した。その後数年のうちに、空間の歪みとそれが偏向に及ぼす影響を発見したアインシュタインは、一九一五年、拡大一般相対性理論の枠内で、ニュートン理論で計算した場合の二倍に近い予測値を出した。実際の天体観測によってこのアインシュタイン理論が正しいとわかれば、それがアインシュタインの理論世界の信頼性に関する最初の実証となるはずであった。

この観測実験は世界大戦のために幾度も延期され、ようやく一九一九年、同時に二ヵ所で行われることになった。一つの観測隊はイギリスのグリニッジ天文台所長クロムリン（訳注 Crommelin, Andrew. 一八六五—一九三九）の指揮でブラジルに赴き、もう一つ別の、有名な物理学者エディントン（訳注 Eddington, Sir Authur. 一八八二—一九四四。イギリスの天文学者、物理学者）が率いる観測隊はスペイン領ギアナの対岸にあるプリンシペ島に出かけた。クロムリンはこの観測によって得られるであろう結果について、雑誌『オブザーヴァトリィ』に次のように書いている。「この日食観測はおそらく、初めて光の重さ、ニュートン値を証明するか、そうでなければアインシュタインの奇妙な非ユークリッド空間の理論の正しいことを証明することになる……」。

観測写真とそれによる計算結果がロンドンで公表されるまでには、およそ半年を要した。この発表は一九一九年一一月六日ロイヤル・ソサエティの満員のホールで行われた。そこに居合わせた哲学者アルフレッド・ホワイトヘッド（訳注 Whitehead, Alfred North. 一八六一—一九四七。イギリス生まれの哲学者、数学者）は、このおそらく近代科学史上最も劇的な瞬間のことを次のように語っている。「緊張みなぎる関心と興味の雰囲気全体は、まるでギリシア古典劇を見るようであった。……発表のやり方すべてが劇的効果を高めていた——伝統的な儀式の進行、背景にはニュートンの肖像。それはわれわれに、あらゆる科学上の全体理論中最大のものが、二世紀を越えていま、初めて揺るがされようとしているということを意識させた。……一つの偉大な思考の冒険がいまや終わったのだ」。

ロイヤル・ソサエティ会長がスピーチを行い、その情熱的な口調は、ここで発表される観測隊の実験結果がアインシュタインの勝利を意味することになるだろうと予感させた。スピーチではアインシュタインの研究が「人間の思考の歴史において最大の成果の一つ」とされた。ニュートンがその法則を発表して以来、重力に関する最大の発見だというのである。

このスピーチの終了後、観測によって得られた詳細なデータの報告と、引き続いて質疑応答が行われた。これはのちに「アインシュタインの列聖」と呼ばれるようになる。この結末は新理論の提唱者を喜ばせもしたが、不安にもした。これからどうなるか、充分予感できたからである。

実際一九一九年一一月七日以来、アインシュタインにとって全く新しい人生が始まった。研究者仲間での評判は、世界的名声となった。物理世界の人を欺く見せかけの現象の背後に、日常的な理性に反する法則を発見した素晴らしい頭脳の持ち主ならば、人間社会の恐ろしい矛盾や緊張関係も説明してくれるだろうし、もしかするとその解決法も見つけてくれるかもしれないと考えられたのである。それまでで最も悲惨な戦争によって震撼させられた現代を、よりよい未来に導いていくための方法を。まさにメシアを求めるような期待が、この「イエス以来最も偉大なユダヤ人」に寄せられた。戦争によるすさまじい流血に責任ありとされた君主たち、政治家、そして軍人たちは、人々の尊敬を失った。当時求められていたのは、並はずれて知的で、人間に優しく、権力や金に興味をもたない指導者の姿であった。アインシュタインという、善良で、ボンヤリして、虚栄心のかけらもなさそうにみえる学者、恐がる必要のないこの人物は、何百万という裏切られた人々、そして改めて希望を求める人々の期待にぴったりだったのである。

このように超人的な高みにもち上げられてしまったアインシュタインは、学者として、自分の周囲に生じたすさまじい騒ぎをひたすらうるさい邪魔と感じていた、というのは伝説である。実際にはアインシュタインは、自分の手に入った社会的、政治的に特別の地位を、一つの好機であり、平和と、迫害されているユダヤ人仲間のためにそれを役立てる必要があると考えていた。当時ユダヤ人たちは自分たちの国家を建設し、それによって反ユダヤ主義の攻撃から身を守り、安全を確保したいと願っていたのだ。またそれだけでなく、アインシュタインは自分が「ドイツの学者」として享受している国際的威信によって、内的にも外的にも苦しめられている新しいドイツの共和国を支援したいと望んでいた。

　アインシュタイン、この「ドイツ人嫌い」といわれる人物は繰り返し、民主的、人道的、そして寛容なドイツ国家実現を念じて公の場で発言していた。これは、後年、あまりにも多くのドイツ人がヒトラー政権を支持したことについての痛みを語る、当然の深い失望の発言によって見えなくなってしまったのである。ドイツ帝国崩壊後の最初の三年間、アルベァト・アインシュタイン、この「ゲーテ以来最も有名なドイツ人」は、書き物だけでなく、直接、大衆集会や大学集会に出席し、これまでとは全く別のドイツを実現させようと呼びかけた。それに対してアインシュタインは、手ひどい返礼を受けた。国外ではこの「世紀の天才」に対する崇拝が度を加えていたのに、自国では「コスモポリタンのユダヤ人」であるとか「学者山師」と攻撃されたのである。右翼が大臣ヴァルター・ラーテナウ（訳注　本書「ラーテナウ」参照）を暗殺し、作家マクシミリアン・ハルデン（訳注　Harden, Maximilian. 一八六一―一九二七。ユダヤ系ジャーナリスト）もあやうく殺されかけた一九二二年には、アインシュタインは自分も殺されるのではないかと恐れなければならなかった。実際あるアメリカ在住の若いドイツ人は、アインシュタインその他のドイツの共和主義者暗殺に賞金を出していた。「あの平和主義傾向の指導者連中を撃ち殺すのは、愛国者の義務だ」からと。

　当時アインシュタインが、時にそのような考えを玩ぶことはあったにせよ、プロイセン科学アカデミーの地位を捨てず、ベルリンに残ったのは、注目すべきことである。それもその頃、何人かの学者によって、正真正銘の「反相対性理論」キャンペーンが張られ、アインシュタインとその研究に激しい攻撃が加えられるようになっていたにもかかわらず。この反アインシュタイン派はまともな議論を求めず、もっぱら集会を開いては煽動的な言辞を弄していた。このグループの指導者のうち最も社会的に尊敬されていたのは、ドイツ人のノーベル賞受賞者レーナルト（訳注 Lenard, Philipp Eduard Anton. 一八六二―一九四七 ドイツの物理学者）である。この人物のエーテル理論をアインシュタインが反証したのであった。アインシュタインへのノーベル賞授与も、憤慨した敵対者が少々見苦しい抗議を行う原因になった。レーナルトはすなわち、スウェーデン・アカデミーに抗議文を送り、すでに化けの皮の剝がれたアインシュタインの威信を、ノーベル賞によって回復させてしまったと主張したのである。

このノーベル賞授与は改めて、アインシュタインの国籍問題をむし返した。アインシュタイン本人はこの問題に対して、自分は一九一四年ベルリンのアカデミーに移る際、スイス国籍に留まってよいという条件下でのみ職を引き受けた、と考えていた。それに対してドイツの当局は、アインシュタインはアカデミー就任によってドイツの官吏となったのであり、その時自動的にドイツ人になったのだと主張した。一九二四年二月、アインシュタインは後者を事実として認め、それに従った。ただし、その前に国際連盟によって組織された国際有識者協同作業委員会のドイツ代表のポストを返上している。アインシュタインは、自分の研究や自分の人格がこれほどの反発を受ける国の国民の名においてものを言うことは不可能だと考えたのである。

五〇年代半ば、私はアインシュタインの批判者のうちで最もまっとうで重要な人物であったニールス・ボーアの面識を得るという栄誉に浴した。その際話はアインシュタインにも及び、ボーアは独特の、どちらかというとためらいがちな口調ながら、決定的な見解を表明する言い方で、次のように述べた。アインシュタインは自分にかぶさってきた恐ろしいまでの人気を、振り払おうとしてはいたのだが、結局のところそれに呑み込まれてしまったのは残念だ、と。一九一九年以降のアインシュタインには、コペンハーゲン学派の新たな、並はずれた物理学上の認識を正しく理解し、価値を認めることができなかった。それはアインシュタインが政治活動に身を入れすぎて、研究能力と研究者としての信頼性を失くしていたからだ。

このような見解はかつて――そして現在でも、物理学者の間では広く信じられている。それが一般に知られていないのは、アインシュタインの偉大な功績に対する遠慮があって、このような意見はあまり印刷されることがないからであろう。他方、少なからぬ政治家や社会科学者が、アインシュタインの世界政治に関する数多くの発言を単純極まりなく、偉大な天才にふさわしくないと手厳しい評価を下している。

たとえばすでに二〇年代から、世間知らずな言い分と見なされていたのは、アインシュタインの無条件の平和主義である。これは非暴力の反戦的抵抗行為や、徹底的な兵役忌避、戦線離脱をさえ認めるものであった。政治の専門家たちはまた、第一次大戦のみならず第二次大戦後になってもアインシュタインが肩入れしていた、世界政府、ないしは少なくとも決定機関としての能力と権力を有する国際組織という考え方を、理想主義的な夢物語であると考えた。アインシュタインの構想では、あらゆる民族間の紛争は、その組織によって綿密に、ただし、あまりにも長期にわたらぬように扱われ、解決されるというのである。もっとも、国民社会主義の脅威が迫るのを見て、この平和主義的立場をアインシュタインは一時的に棚上げした。この特別の場合――そしてこの時だけ!――アインシュタインは独裁者の支配欲に対して軍事力による防衛を求めたのである。

アインシュタインのシオニズムおよびイスラエルに対する無条件の肩入れと呼ばれるものも、批判の対象になった。アインシュタインは何十年もの間、ユダヤ人問題には無関心だったのだが、友人たち、とりわけドイツのシオニズム指導者クルト・ブルーメンフェルト（訳注 Blumenfeld, Kurt. 一八八四―一九六三）の影響で、独立のユダヤ人国家の必要性を認めるようになった。しかし、その最初から、ディアスポラ（訳注 大きなまとまりを形成できない宗派・民族の者が、少数派として他の宗派や民族のなかに分散して居住していること。特にユダヤ人が世界各地に離散している状態をいう）の時代にユダヤ人が受けたような不当な扱いをアラブ人に対してしてはならないと警告もしていた。このアインシュタインの態度を、愛国的なイスラエル人たちは「非現実的」であると非難した。

しかし、今から振り返ってみれば、アインシュタインの未来志向的直観は、政治問題を判断する場合にもアインシュタインを裏切らなかったようである。アインシュタインが浮世離れしているようにみえるのは、その発言を直接その時点、あるいはごく近い未来だけを考えて判断するからである。もっと長期の単位で見れば、アインシュタインの発言は驚くほど適切であることがわかる。それは、同時代の他の人々が現在に囚われて見ていない現実を、アインシュタインは考慮に入れているからである。

アインシュタインは空間、時間、質量、および、それら物理世界の基本的条件を認識しようとする人間の試みと取り組む際、素晴らしい眼力をもつ人であったが、それは、人間であるわれわれが住み、住み続けるこの世界について考察する場合にも変わらなかった。とりわけ、自分がある特定の条件のもとで――そして、この場合も、ただその条件下においてのみ！――開発に賛成した原子爆弾が投下された後、アインシュタインがすでにすぐれなかった健康の許す範囲を越えかねないところまで、平和運動に力を尽くしたのは、人間文化が滅びてしまっては「いくら物理学が素晴らしいものでも」何もならないという思いからであった。

プリンストンにおけるアインシュタインの友人たち、たとえば晩年の何年かしばしばアインシュタインの訪問を受けた歴史家フォン・カーラー（訳注 Kahler, Erich Gabriel von. 一八八五―一九七〇。作家、歴史家、歴史哲学者）の夫人から、私は、アインシュタインがどれほど強くこのような思いに拘泥していたかを聞いた。アインシュタインの言葉として有名な「神は抜け目なくはあるが、邪悪ではない」に、ある時アインシュタインは物思いに沈んだ様子で次のようにつけ加えたという。「人間もそうであってはならない」。

アインシュタインは同じことをドイツ人にも言っただろうか。そんなことはないだろうと思わせられる発言がかなりの数存在する。アインシュタインの晩年、特に親しくしていたアブラハム・パイス（訳注 Pais, Abraham. 一九一八年生。オランダ生まれのアメリカの理論物理学者、科学史家。アインシュタインの評伝『神は老獪にして』で有名）によると、「アインシュタインは決してドイツ人を赦さなかった」という。かつての同僚アルノルト・ゾンマーフェルト（訳注 Sommerfeld, Arnold Alfred. 一八六八―一九五一。ドイツの物理学者）に宛てた一九四六年の書簡で、アインシュタインは厳しい調子で次のように述べている。「ドイツ人たちがヨーロッパの私のユダヤ人同胞を次々に殺害した後で、ドイツ人とは何一つ関わりたくありません」。ただし、次のようにつけ加えてもいる。「ごく少数の例外はあります。その人たちはできる限りの範囲で、しっかりした姿勢を崩さなかった」。その例外としてアインシュタインが考えていたのはだいたい、オットー・ハーン、マックス・プランク、アルノルト・ゾンマーフェルト、そして誰より、マックス・フォン・デァ・

ラウエ（訳注　これらの人物については、本書「マイトナー」参照）である。

生涯にわたる学問上の仲間であったマックス・ボルンは、亡命からドイツに戻り、夫人ヘーディーとともにバート・ピルモントに落ち着いた。アインシュタインはボルンのこの帰国を許さず、また、多くのドイツ人がヒトラーを拒んでいたのだし、今ではヒトラーの手下だった連中を排斥しているとボルンが言っても、それを信じようとはしなかった。ユダヤ系の化学者フリッツ・ハーバーの発見（訳注　Haber, Fritz. 一八六八―一九三四。化学者、一九三三年までカイザー・ヴィルヘルム物理化学研究所長。第一次大戦中は軍に全面的に協力して塩素ガスを初めとする化学兵器の開発に尽力した）はドイツが第一次大戦で降伏する時期を遅らせるのに貢献したが、このハーバーはドイツに執着しており、アインシュタインはしばしばそれを批判していた。のちにハーバーが「祖国のための業績」にもかかわらず、パレスティナへの移住をやむなくさせられた（訳注　これは誤りであろう。ハーバーは一九三三年カイザー・ヴィルヘルム研究所長を辞した後、すでに病に冒されていたが、イギリスのケンブリッジ大学に迎えられた）時には、アインシュタインはハーバーを苦い嘲りの対象にした。「金髪のケダモノに対するあなたの昔ながらの愛情が少々冷めたのは結構なことです」。アインシュタインがこのようにハーバーに書き送った手紙は、今でも全文公開されているわけではない。

しかし、この断固たる亡命者はずっと――おそらく自分で言っていたように、言葉の才能に恵まれていなかったからであろうか――自分の母語に忠実であり続けた。すでに意識が失くなり、臨終の床で最後に洩らした言葉もドイツ語であった。看護婦には患者が何と言ったかわからなかった。一九五五年四月一八日ユーイングの火葬場で亡骸が荼毘に附される前に行われた短い式で、アインシュタインの好んだ詩の一節が引用された――シラーの「鐘」につけたゲーテのエピローグである。

フランツ・カフカ（Franz Kafka, 1883-1924）

主著

『変身』（*Die Verwandlung. Erzählung*, 1915）
『判決』（*Das Urteil. Erzählung*, 1916）
『田舎医者』（*Ein Landarzt. Erzählung*, 1924）
『審判』（*Der Prozeß*, 1924）
『城』（*Das Schloß*, 1926）

全集

Gesammelte Werke Band 1-6, Herausgegeben von Max Brod（Frankfurt am Main: S. Fischer, 1965-70）

Gesammelte Werke in 12 Bänden, Herausgegeben von Hans-Gerd Koch（Frankfurt am Main：S. Fischer, 1989）

Historisch-Kritische Ausgabe sämtlicher Handschriften. Drucke und Typoskripte, Herausgegeben von Roland Reuß und Peter Staengle（Frankfurt am Main: Stromfeld/Roter Stern, 1997ff.）

邦訳

前田敬作ほか訳『カフカ全集　決定版』1-12（新潮社，1980-81）
池内紀訳『カフカ寓話集』（岩波書店，1998）
池内紀訳『カフカ小説全集』1-5（白水社，2000-01）　ほか

ヴァルター・イェンス

フランツ・カフカ

山下公子 訳

ヨーロッパのユダヤ人、二千年にわたってあらゆる国に散らばり、償いをためらわず、いつでも嘆きの言葉を用意して、故郷を追われた民は時代を越えて解放の実現を待ち続けた。ユダヤ人たちがそこで待ち続け、時を過ごしていた神殿もトーラー（訳注 ユダヤ教の律法）学校も、本来唯一たるべき神の幕屋のみじめなコピーであった（ヨーロッパのユダヤ人たちの祈りが、かつて先祖が捧げた犠牲を象徴するものでしかなかったのと事情は同じである）。ゲットーの中でもユダヤの民は待ち続け、絶望することはなかった。現世で問題を解決しようと思えば、何でもなかったはずなのだ。ただ洗礼を受けさえすればよかった。キリスト教徒になり、父祖の神に背を向けさえすれば……そうすればすべての悩みは終わったのだ。しかし、一四〇〇年のスペインにおけるマラーノの改宗（訳注 おそらく一四九二年「カトリック女王」イサベルが発したユダヤ教徒追放令によって引き起こされた、ユダヤ人の大量改宗を指すと思われる）を除いて、歴史のどこを探しても、ただの一つも大量のユダヤ人がキリスト教に降服した例は見当たらない――父祖の信仰を裏切るよりもむしろ投獄、拷問、死を選んだのだ！

ヨーロッパのユダヤ人、嘲笑され、蔑まれ、胸に黄色い汚点をつけさせられたこの人々、ユダヤ人の杖、長い髯と帽子を手放さず、除け者にされ、ユダヤ人用の誓約を強要され、人身税を課せられて馬鹿にされ、低く見られていたこの民は、幾世紀もの間自らの存在を主張し続け、ヨーロッパの国々に点在する島々に集まった。たとえばフランクフルトやヴォルムスのユダヤ人小路に、ヴィーンの第二区、レオポルトシュタットに、そしてプラハの古いシナゴーグ、アルトノイシュールや市役所と墓場の周囲に。

そのうちでもとりわけモルダウ河畔の街プラハは、中世初期から二十世紀に至るまで、ユダヤ人の精神世界の中心であり続けた。この街はおそらく――一七四五年の出来事（訳注 おそらく一七四四年のマリア・テレジアによるプラハからのユダヤ人追放を指すと思われる）を別にすれば――そこに住むイスラエルの民に、少なくとも、つつましい持続的発展を可能にするきっかけを提供していた唯一の例といってよいだろう。ヨーロッパの他の都市のどこに、ユダヤ人住民用の市役所、それもヘブライ数字で時が記された時計のある市役所があるだろう。

他ならぬここプラハの第五区、一八八〇年に同化されたユダヤ人ゲットー、ヨーセフシュタットの地こそ、フランツ・カフカの生地である（訳注 正確にはヨーセフシュタットのゲットーと他地域との同化再開発は一八九五年から一九〇五年にかけて行われたようである）。同じ地域にいたのは、ヴェルフエル（訳注 Werfel, Franz. 一八九〇―一九四五。プラハ生まれのユダヤ系作家）、ブロート（訳注 Brod, Max. 一八八四―一九六八。作家、カフカの親友。カフカの没後その作品評価に尽力、カフカ全集の編集に当たる）、マイリンク（訳注 Meyrink, Gustav. 一八六八―一九三二。作家）、そしてリルケ（訳注 Rilke, Rainer Maria. 一八七五―一九二六。詩人）。プラハはヴィーンと並ぶ、今世紀のドイツ文学の苗床であった。プラハのハルダシン宮殿のそびえる足元、クラインザイテの近くにも、ヴィーンのプラーター通りやタボール通りに広がる影のなかにも、現代文学の父祖たちが住まっていた。信心深い者、信仰から離れた者、シオニストにアウトサイダー……しかしいずれもユダヤの血筋を引く人々、シュニッツラー（訳注 Schnitzler, Arthur. 一八六二―一九三一。オーストリアの作家）、カール・クラウス、ベーア＝ホーフマン（訳注 Beer-Hofmann, Richard. 一八六六―一九四五。作家、シオニスト運動の支持者）、ブロッホ（訳注 Broch, Hermann. 一八八六―一九五一。作家）、フロイト、ホーフマンスタール、エーレンシュタイン（訳注 Ehrenstein, Albert. 一八八六―一九五〇。ハンガリー系作家）そしてペーター・アルテンベルク（訳注 Altenberg, Peter. 一八五九―一九一九。作家）の面々。

それは奇妙な出来事であった。ドイツ語による文学作品はその始まりから十八世紀初頭まで、文字通りほとんど「ユダヤ人抜き」で進んできたのであったが、モーゼス・メンデルスゾーン（訳注 Mendelssohn, Moses. 一七二九―一七八六。哲学者、文学批評家、ユダヤ人解放に尽力した）、レッシング（訳注 Lessing, Gotthold Ephraim. 一七二九―一七八一。ドイツ啓蒙期の代表的劇作家、文学理論家）描くところのナーターンの登場によって、その壁は破られた。革命の近づく気配とともに、ドイツに住まうユダヤ人の精神に再び尊厳と威信が与えられ、地は整えられ、次世代の豊かな実りを貯える穀倉が用意された。ユダヤ人解放令後の時代に至ってようやく、ゲットーの獄にどれほどの文学的潜在力が押し込められていたかが明らかになった。ほんのわずかの自由、行動の余地と自己発展の可能性が与えられるやいなや……たとえばマイモニデス（訳注 ben Maimon, Mose. 一一三五年コルドバ生―一二〇四年カイロ近郊フォスタト没。哲学者、法学者、医師）、たとえばモーゼ・イブン・エスラ（訳注 ibn Esra, Mose ben Jakob. 一〇七〇年グラナダ生—一一三九年同没。詩人、哲学者）、ユダ・ハレヴィ（訳注　Halewi, Jehuda ben Samuel. 一〇七五年頃北スペインのトゥデラ生—一一四一年エジプト没。詩人、医師、哲学者）、ラシ（訳注　RaSCHI/ Salomo ben Isaak. 一〇四〇年フランスのトゥルァ生—一一〇七年同没。聖書およびタルムード注釈者）、あるいはバアル・シェム（訳注　Ba'al Schem Tow, Israel ben Elieser. 一七〇〇—一七六〇。東欧におけるハシディズムの創始者）などの人々が現れた……もっともこの人たちは、文学者とはいえない。ハシディズムのラビを——根拠が全然ないとはいえないのだが——文学者と呼ぶのであれば別だが。ただこの人たちはすべて、偉大なユダヤ人ではあったが、フィロ（訳注　Philo〔n〕アレクサンドリアのフィロ〔ン〕。紀元前二〇年頃アレクサンドリア生—紀元五〇年頃同没。ユダヤ・ヘレニズムの宗教哲学者）からドウ・ベア（訳注　Bär〔Dow〕.メジリチュのベア。一七一〇年ヴォリニエン地方生—一七七二年アナポリ没。バアル・シェムの後継者、「大説教者」と通称される）に至るまで、残らず個別的存在、つまり例外的現象、時代の自由主義的な流れの生んだ特別例であった。十九世紀になってようやく、西欧諸国の主都を中心とするユダヤ文学が生まれた。まるで雪崩のように急激に。——パリ、プラハ、ヴィーン、そして最後にベルリンでも。ここで初めて、神話の遺産を近代の言葉で、進歩的＝ブルジョワ的観衆に語ることが可能になり、何千年もかかって学んだ同化のおかげで、その時代の問題を親身に（同化ユダヤ人の立場から）、そして距離を置いて（あまりにも長い間排除されていた者として）観察できるようになったのである。

親近性と距離、隔離と受容、異郷と故郷、離散と中心……これはすべてフランツ・カフカの問題であった。キリスト教徒ばかりのなかに混じったユダヤ人、チェコ人ばかりのなかに混じったドイツ人としてのカフカの問題。プラハの総人口の八％が（近年の研究によれば）十九世紀から二十世紀の変わり目にドイツ語を話していた——そしてこの八％のうち四分の三はユダヤ人、かつてのヨーセフシュタットの住民であった。この人たちはチェコ人からはその親ゲルマン民族的姿勢、オーストリア＝ハンガリー帝国のお偉方たちとの結託のゆえに憎まれ、しかし、ドイツ人、とりわけズデーテン地方の住民からは、まるで同等の立場の人間として認められていなかった（首都プラハのドイツ人には、この傾向はそれほど見られない）。以上の点からして、勢いを増すばかりの土着チェコ人の優勢の徴のもと、この民族主義の時代に力強く頭をもたげたさまざまの要素のなかで、ドイツ語はみるみるうちに全くのお役所用言語、十九世紀の皇帝ヨーゼフ二世風官房用語に落ちぶれかけた。さもなければ「クッヘルベーメン」とか「マウゼルユダヤ」とか呼ばれる俗語、チェコ＝ドイツ人、あるいはドイツ＝ユダヤ人の日常口語という形で、卑近な言葉に姿を変え、日常に沈むか。これらの俗語は、たとえばクラウス・ヴァーゲンバッハ（訳注 Wagenbach, Klaus. 一九三〇―。ベルリン在住の出版社主、文学評論家）の著書に引用されている。しかし、この言語学的事実、つまり、お役所言葉と多言語的ごった煮の支配は、プラハの現実の忠実な反映であったように思われる……角張った家々、内庭、抜け道、前庭と庭、まさに怪人ゴーレムの道具立てを音と文字に直したものに他ならない。

ここがフランツ・カフカの居所であった。カフカがなじんでいた地域は旧市街そして五区であり、そこにカフカの住まいも学校も、大学も劇場もあった。プラハは魔物で、病めるカフカはベルリンに移った後になっても、この街から逃れることができなかった（「プラハは放してくれない。……このおっかさんにはカギ爪がある」）。この街で決定が下され、この街でカフカの父は生き、この街でイディッシュ語劇の俳優たちが登場し、この街で世慣れた進歩的西欧ユダヤ人と東方の律法に忠実なユダヤ人が媾合した。この街が土壌となって、そのさまざまの元素から反逆的に寡黙な言葉、奇妙な冷徹さの言葉遣いが廊下と階段、亭《あずまや》と中庭の人工世界を創り出したのである。ヴェネツィアとヴィーンに並んでプラハは、ヨーロッパ第三の人間のるつぼ、東と西を結ぶ橋であった。フス派、ユダヤ教、カトリックが混在し、宮殿とゲットー、村と城の隣り合う地。ヤノウフ（訳注 Janouch, Gustav. 一九〇三―一九六八。チェコの作家、編集者。十七歳で出会ったカフカとの経験を記した『カフカとの対話』で知られる）との対話のなかでカフカが語っている言葉のなかに、次のような件りがある。「僕たちの裡には今でも暗い片隅、謎めいた通路、塗り込められた窓、汚ならしい裏庭、やかましい飲み屋、閉ざされた料理屋なんかが生きている。僕たちが歩くのは、新しく開発された街の広い道路なんだが、僕たちの足取りにもまなざしにも落ち着きがない。心の中で僕たちは、みじめな古い小路の間で震えているのだ。僕たちの心はまだ、実行された新たな衛生的な都市計画のことなどちっとも知っちゃいない。僕らの裡にある不健康なユダヤ人街の方が、僕らの周囲の衛生的な新街路より現実感があるのさ。醒めながら僕たちは夢の中を歩いている。僕ら自身にしても過ぎ去ってしまった時代の亡影にすぎない」。

カフカにとってプラハは、目に見えるものとして物質化されたユダヤの遺産、ゲットーと父の創り出す牢獄であった。カフカの生家は古いユダヤ人街の縁にあったが、この建物はペーター・デーメツが示した通り、かつてキリスト教の僧侶たちの住居であった。ここで僧侶たちはユダヤ人改宗の仕事に精を出していたのだ。カフカもまた多くのユダヤ人同様、地域の境目、宮殿とゲットーの狭間を観察できる場所から、一度も離れることはなかった。結局のところカフカも、秘密めいた、謎と数字で語る伝道者ではなかったか。キリスト教の伝道者ではない。それは確かに違うが……では、ユダヤ教の伝道者だったか？　『父への手紙』に見られるカフカは、間違いなく失望したイスラエル人としての姿勢を示し、父親に向かってその信仰のいい加減さ、子供たちの宗教教育の不足、そして神の掟に対するふまじめな服従を責め立てて満足することがない。「お父様から受け取ったのは、いったい何というユダヤ教だったでしょう！……お父様がユダヤ教寺院にいらっしゃるのは年に四回きり、宗教を真剣に受け取っていた人たちよりも、どうでもよいという態度でいた人たちに近かったことは間違いない。辛抱強く、お祈りをひたすら形式だけのものとして片づけていらした。僕は、ちょうどその時唱えられているお祈りが祈禱書のどのページにあるのかを、お父様が僕に教えてくだされるのに驚かずにいられないことがよくありました。それに、僕はただユダヤ寺院にいさえすれば（それが大切だったわけです）そこでどこに行こうと何をしようと、好き勝手にさせてもらえました」。

『父への手紙』は、これまで信じられていたように、カフカの宗教に対する無関心を示すのではない――話は逆で、これはあたかも、一生の間水を求め続け、その代わりに屎尿を与えられた渇ける者の叫びに等しい。父親の方ははるかかなたの固定点として、未だに子供時代の村のゲットー共同体の記憶を有しているのに対して、大都市のぬるま湯的な解放の空気のなかで成長した息子には、そのような慰めは与えられぬままである――息子には、シナゴーグで行われる儀式は、あらゆる物的、可視的な関係から切り離された、退屈の権化でしかない。可能性と現実、伝統の黄金の輝きと、父親の義務的な祈りとして現れるそのみすぼらしい実体の間の、何という分裂と距離の大きさ！　カフカ本人は、いかに恐ろしくかつ誘惑的なものとしてトーラーへの叫びを感じていたことか。それに比べて父親がそこから創り出した見世物のいかに単純で「社交的」であることか。日常的な儀式、「我慢」しなければならないもの、それは馬鹿げた家庭での祈りの夕べと同じ次元の、単なる笑劇でしかない。

父祖の神を肉身の父を越えて伸びる道に求めること――父親は始源に自分よりも一歩だけ近いのだから――は、ユダヤ的なやり方であり、この道が回り道になってしまったのはフランツ・カフカ個人の不幸であった。ヘルマン・カフカ（訳注 Kafka,Hermann. 一八五二―一九三一）は、支配的、現世的に残酷で、息子の模範となってやることができず、カフカの作品に登場する意地の悪い門番のように、息子が法を仰ぎ見る視界を妨げた。ユダヤ教はこの父にとって、いくつかのセンチメンタルな若き日の思い出に他ならず、息子が差し出すユダヤ教の聖典は吐気を催させ、宗教というものはこの装身具商にとって、どうでもよいものの寄せ集めでしかなかった。

カフカが自分の父親、南ベーメンの村からプラハにやってきて成功し、金持ちになったヘルマンの内に見たのは、習慣、行動、つき合いのすべてにおいて、同化することばかりを追い求める田舎出のユダヤ人、自分の人生を成功と、打算と、役に立つ関係のために用いる人間だった。それに対して母親、ユーリエ・カフカ（訳注 Kafka, Julie［旧姓 Löwy］. 一八五五―一九三四）、旧姓レヴィ、ポジェブラード出身、のことは、古い学者、物知りの伝統を伝える存在と見なしていた。この家系には多くの並はずれた人たち、分派活動家や異端的存在も出、その一人がカフカの愛した叔父、トリーシュの地方医ジークフリート・レヴィであった。もっとも、このレヴィ家の人たちも、決して律法に忠実で正統的であるとはいえない。カフカの家系の四分の一、ユーリエ・カフカの母系ポリアス家のみが、最も厳密な意味で「ユダヤ的」であるといえるにすぎなかった。したがって、カフカにとってユダヤ教の祈りのマントは、すでにはるかに遠くなってしまっていたことは間違いない。――このマントは、マントというより、むしろ薄いヴェールのようなもので、しかもそれをカフカは贈与されるどころか、父の影が薄らいだ折に、自分で改めて見つけねばならなかった。カフカのユダヤ教との関係を調べる場合、鍵となるのは当然の所有ではなく、新規獲得という言葉である。ユダヤ教はカフカにとって、はるかか遠くにある輝きであり、しかもそれは物語り続けられて、破壊され、青ざめている。フランス人の家庭教師とドイツ人教師に養育された孫にとって、父祖たちの信仰世界はもはや伝説的なものにみえたのだ。

「私のヘブライ語での名はアムシェルといい、母の母方の祖父と同じである。この人は非常に敬虔で学識があり、母の記憶しているところでは長い白い髯を生やしていた。母はこの人が亡くなった時六歳であった。母は今でも、亡骸の足の親指をしっかり持ち、もしかして祖父に対して犯してしまったかもしれない不都合を赦してくれるよう祈らされたことを記憶している。母はまた壁にあふれんばかりの多くの本のことを覚えている。……この祖父よりもっと学識があったのは母の曾祖父である。キリスト教徒にもユダヤ人にも等しく尊敬され、ある大火事の時にはこの人物の敬虔さのゆえに奇蹟が起こり、火が曾祖父のところを飛び越え、そこだけ燃えずに残った。周りじゅうの家は燃えてしまったのに」。

はるか背後に一つの光、はるか向こうに光が貌に当たる予感。原初の光と終末の光の間の最闇の場にいる。それがカフカの居場所、孤立者の状況であり、記憶と希望から期待できるのは、双方を求めて努力せねばならないということだけであった。

その際カフカの立場は特別だった。キリスト教徒のなかのユダヤ人、チェコ人のなかのドイツ人としてつねに一人で、大いなる孤立の裡に生きねばならなかったのだから。ところが孤立は罪を意味する。「共同体から離れるな」とタルムード（訳注　紀元五〇〇年頃成立したユダヤ教の口伝律法の集大成）は命ずる――マックス・ブロートがこの文を強調するのも当然である――。それゆえ、カフカの作品の中心に、つねに罪を負った孤独な人、責任を負うことなくひとりで生きている独身男性が登場するのは偶然ではない。ラバン、ザムザ、ヨーゼフ・Kなど。

そして、にもかかわらず、一生の間共同体への組み入れ、私的次元を越えた、信頼のおける社会的結びつきを求め、あこがれ続ける！　にもかかわらず、絶望的に、自民族と宥和できるのでは、ユダヤ人のなかのユダヤ人になれるのではという希望を抱き続ける――カフカがその「最もユダヤ的」な物語、『ヨゼフィーネ、女歌手』のなかで語っているように、民族の「より高度な解放」のなかに融け込むことを。

ほんの一瞬――灯りがまたたくが、しかしあっという間に再び消えてしまう——カフカの作品には繰り返し、偉大な共同体の幻が登場し、その幻の力の及ぶ範囲では、solitaire と solidaire, 孤独と連帯の対立は解消される……この共同体はたとえば「ユダヤの」（つまりはカフカ的）十字架のような少々不条理なものを体現している。この「ユダヤ的」十字架の徴の下、縦と横の意味のつながりが互いに補完し合う。どのようにすれば一人の人間は、法の前で、一時に、自分自身と同じく他の人たちにも公平でありうるだろう。どうすればある人間は、「城」のために「村」を、「村」のために「城」を忘れずにいられるのか？　どうすれば作家は、要求される禁欲を実行しつつ、同時にそれでも世界からこぼれ落ちずにいられるのか。どのようにすれば——これは『城』でのアマーリアの問題だ！——「真実と目と目を見合わせて立ち」（それがたとえ一瞬のかけらのことでしかないとしても）にもかかわらず永遠に徴づけられたものとならずに、つまり、社会的に烙印を押され、知りすぎた者として社会から追われずにいられるであろうか？

『城』でのアマーリアが非人間性との境目、狂気への境目でひたすら考え、ひたすら耐えていたこと、それをカフカは喩え話、寓話、矛盾した図像の内に描き出そうとした。どのようにすれば「ユダヤの十字架」、縦は城（法、破壊し得ぬもの）に至り、横は村（共同体、結婚、社会的行動、相互理解）を示す板の組み合わせに縛りつけられたまま、生きることができるだろうか？　つまり問題は、どうすればアマーリアは——カフカの創り出した最も偉大にして人間的存在！——神の御前で生きつつ、同時に人から尊重されていられるか、である。独白に沈んでしまったトーラー読みはどのようにして自分の信仰共同体を見いだすのか？　カフカはわれわれの世紀のすべての作家のなかで最も一貫してこの問題に取り組んだ人であるが、答えがわかっていなかったことには疑問の余地がない。結局のところ解決、結論はないのだ（カフカの小説は始まったと同じように終わる。測量師は小説の第一行目でも、最終行でも、城からは全く等距離にある）。

実際、孤立化と罪の解決および回帰への憧憬は分かちがたく結ばれている。締め出された者は新たな共同体に憧れ、ホーフマンスタールの言葉を借りれば「統合的合一を可能にしてくれる」（allomatisch）解決を追い求めて、追放を取り消してもらおうと努力する……それゆえにカフカの作品では結婚にあれだけの意味がもたされている。カフカの作品のなかで事情を知る者たちの同盟、わかっている者たちのかの共同体が果たし、実生活では、幸福な、民族的観点からして不可避な、チェコ人の同盟が果たす役割が重要なのも、同じ理由からである。そのチェコ人の壊たれることなき民族の力に――カフカのミレナ（訳注 Jesensk, Milena. 一八九五―一九四四。ジャーナリスト、翻訳家。一九二〇年カフカと知り合い、恋愛関係となる）への手紙はそのことを、初期のリルケの詩と同様はっきり示しているが――孤立させられた者は磁石のように引き寄せられる。

　チェコ民族とユダヤ教の信仰共同体、この二つはカフカの作品の固定点であり、現実であって、単なる想像上の理想ではなかった。――父親同様カフカも立派にチェコ語を話し、その生涯最後の時期、ベルリンでヘブライ語を学んだ。同じ都市出身ながら、はるかに世界のあちこちに旅したヴェルフェルとは異なり、『城』の著者はプラハの宮殿の魔力の圏外遠くに出ることはなかった。カフカの地域性はチェコそしてユダヤ的なものであり続けた――プラハ、クライスト的距離をもって描かれたプラハがカフカの地であった。それは一種シャガール（訳注 Chagall, Marc. 一八八七―一九八五。ロシア生まれのユダヤ系画家）の世界で、ユダヤの民俗世界、イザーク・バーベル（訳注 Babel, Isaak Emmanuilowitsch. 一八九四―一九四一？ ロシアのユダヤ系作家）のオデッサ物語で周知の光景が読者の目前で生まれる世界である。カフカの次の文章は、ヴィテブスク生まれのシャガールの描いた安息日の食卓、あの赤い憂愁と鈍色のメランコリーを思い出させる。その裏では時がいわば凝固するのだ。「こうして冬には食事のあとすぐランプを灯さねばならず、カーテンを引き、否応なくテーブルに着いた。不幸でどこからどこまで真黒で、それでも立ち上がり、叫ばずにいられず、飛び立つ合図に立ったまま腕まで振り上げる……最後の仕上げには、機嫌のよい知人までやってきた……」。

　プラハの他の作家たち、たとえばマイリンクなどが、プラハ旧市街の魔法のゲットーを黙示録の迷宮に変身させ、その小路の迷路に化物の栄光をぶら下げた――意味ありげに、恍惚として、超越的に――のに対して、カフカはあらゆる神秘化と無縁に、まさに普通でないものを日常的に、神秘を何でもないものとして記述しようと苦心した。ただしこの技法は出会うもののすべて――驚異そのものだけでなく——をまず見知らぬ、異様な驚くべきものと理解することを前提としている。そうであって初めて、卑近なものへの逆変身が可能になったのだ。とりわけユダヤ人、自分自身の兄弟たちに対して、カフカは驚嘆の異質化するまなざし、繰り返し新たに驚かされる者の視線を決して忘れなかった。彼ら信仰の仲間たち、見たところ非常に危なげなく、守られて生き続けていた人たちは、カフカにとって見物《みもの》であり、終わることのない驚きの契機であり続けた。この一見類縁の者に対してカフカはトーマス・マンの作品の主人公たちの態度をとり続ける——締め出され、遠ざけられ、どうしても固着的分析をやめることができず、生でなく認識から離れることのできない、呪われた存在。ユダヤ教はカフカを悲しくそして知恵ある者とする。それは時を経ての、自らの限界を知った、歴史的ユダヤ教であり、無あるいは青春のように絶望を与えてくれるものであるから。父祖の信仰はまだ何となく残っているが、もはや生きられていない。その信仰は呪うことはできても神秘的恍惚とは無縁で、カフカを老わせ、疲れさせる。ユダヤの年は二倍になるのだから——本来のユダヤ寺院に対しアルトノイシュールがわずかの意味しかもてないとすれば、時代の境目にいるユダヤ人にとって、ヘルマン・カフカの家にどれだけの意味があろう！　黄昏の年月は何十年にも等しい。ミレナ宛のある手紙には次のように書かれている。「考えてもみてください。どうやって私があなたのところにたどりつくか、三八年の何という旅を私がしてきたか（私はユダヤ人ですから、この旅はもっと長いのです）」。

カフカにはわかっていた。そしてわかっていたために歩みはためらいがちになり、考えは反対項のなかに分裂し、カフカの法学上の訓練だけでなく、タルムード解釈のラビ風屁理屈の調子さえ露呈する。確かに、一方ではこう、しかし他方ではこう——だがここではああであり——そちらではそれでもよい、という具合（あの箇条書きの対照表を思い出していただきたい。結婚すべきかすべきでないか、引越すべきか否かなどについての）。

フランツ・カフカはユダヤ人であることに苦しんだユダヤ人であった。——そのユダヤ性にこそ、カフカは何よりも、その不充分さのなかで「孤独であることの絶望」を負っていた。伴侶さえもここでは期待できない。カフカの父は、——子の作品のなかに反映されているように——解放ユダヤ人のまさにハプスブルク的信仰とでもいうべき妄想に取り憑かれ、人生はすべて「コネ」によると思い込んでいた人物であるが、ヴァーゲンバッハが記すところによれば、カフカの最後の結婚の計画を、その相手がユダヤ教会の雇われ人の娘だからというだけの理由で潰してしまった。「その娘はたぶんどこかで捜してきたブラウスでも着ておったのだろう、プラハのユダヤ娘はそういう手管はお手のものだからな。それでお前はもちろんさっそく、その娘と結婚しようと決めたというわけだ」。

こういう風に『判決』の父親も語っていたのではなかったか。何と奇妙なことだろう。文学上の想像で創り出された言葉が七年後実際に語られる言葉を呼び出してしまうとは……けれども、確かにユダヤ教に深く刻印されていながら、カフカはそのユダヤ教徒たちの中で——生涯最後の数年を除き——真の放浪者として受け入れられない存在であり続けた。「私はユダヤ人たちとどこが共通か？　私は私自身ともほとんど共通の部分がなく、したがって全く静かに、息ができるということに満足して、どこかの片隅にわが身を置くしかない」。ユダヤ人であることは、カフカにとって、孤独であり続けることである。しかし、孤独なユダヤ人とは——孤立そのもの、その体現であり、結婚できぬことであり（「妻のいない男は人間とはいえない」）、故郷を追われることであり、絶望に満ちた移住を意味する。孤独なユダヤ人——それは絵に描かれたディアスポラそのものである。ユダヤ人であること、非ユダヤ人であること……それらは孤独の度合の目盛であり、一度有効と認められると、観察者を強いて、世を無慈悲な分離の状態で見るしかなくしてしまう。日記や手紙を見ると、カフカがまさに自殺的熱意で自分の記述する人間たちに関して即刻目安を立て、自分が観察しているのはユダヤ人かユダヤ人でないかをはっきりさせようと努めたことがわかる。鉄道の中で、とりわけ旅行中、カフカは飽くことなく人種、信仰、出自の特徴を記し続ける。「車室にいたライヒェンベルクのユダヤ人はまず、急行列車が運賃に見合わないという小さな慨嘆によって正体を現す」。あるいは「若いイタリア娘はユダヤ人らしい顔なのだが、横顔が全くユダヤ的でない」。

一人ひとりのユダヤ人、たとえばトゥホルスキーだとか、トリーシュにいる叔父の地方医だとかは、人類学的な知識を有する分析家の厳密さをもって記述される。イスラエル人らしい習慣は——正しい時も正しくない時もあるが——それらの記述中特別の位置を占める。「ミュッセについてのCh.とかいう夫人の口上、ユダヤ婦人の音を立てて物を食う習慣」。——「今朝早く某社。社長は背中を椅子の横っちょで突っぱり、東方ユダヤ人風の手の動きのための支えと場所を作っていた。手と顔の動きが一緒になり、互いに強め合っている。時に双方を結びつけるために社長は自分の手を眺めるか、聴きやすいように手を顔の近くにもってくる。話している声の調子はユダヤ寺院のメロディーを思わせる。特にいくつかの点を数え上げる時には、指から指へとメロディーをつなげ、複数の調声を動いていくようだ」。

「寺院のメロディー」には意図せぬままに宗教的イメージが入り込んでいるが、すぐに明らかになるように、カフカは決して典礼そのものに含むところはなく、ただその商業化、空っぽの無意味なしぐさのもつ世俗的商業的な部分に反発しているだけなのだ。東方ユダヤ人にも不可知論者にも、無信仰者にも信仰者にも、カフカは反発したりしていない——ただ、はっきりしない者、つまり西方ユダヤ人で、何を考えるわけでもなく習慣に従っている、シナゴーグに行っておしゃべりをする連中、過越しの祭りをいい加減に祝う人たちに、カフカの攻撃は向けられる。日記にはこの点で典型的なある光景が記されている。甥の割礼。モウレーと呼ばれる割礼者は三千回も割礼の経験がある人物であるが、祈りを口の中でブツブツ唱えながら仕事にかかり、金属片で切開の場所を決め、皮膚を切り開き、血に汚れた指でわずかのワインを子供の唇に運ぶ。会衆たちは祈っている……これらすべての間、祖父たち以外は誰も全然わかっていない。歴史的行為それ以外の何物でもない、それが成し遂げられたというのに。移行過程にある西ヨーロッパのユダヤ教社会は、退屈した冷たい顔で、一つの歴史的見せ物を眺めていた。

ここでわれわれとしてはちょっと立ち止まり、振り返ってみよう。ごくわずかの例外を除き、ここまで引用してきたカフカの言葉はすべからく、西方ユダヤ教の組織、習慣、ものの見方、ヘルマン・カフカ流の西方ユダヤ人にあてはまるではないか。論争的な口ぶり、攻撃、厳正な分析に冷静な診断などがこれほど残酷に響くのは、カフカがかなり早い時期に肯定的な対照像を発見し、その原型に従ってユダヤ自由主義的デカダンスの拡がりと強さを測定できるようになっていたからである。カフェ・サヴォイにおける東方ユダヤの俳優たちとの出会いは、一九一〇年、カフカの思想に一つの転回点をもたらした（今日この、カフェ・サヴォイにおける「回心」の意味が一般に認められているとすれば、それはとりわけマックス・ブロートのおかげである）。これ以降一つの基準ができ、これ以降海には浮標があった。イツァーク・レヴィはイディッシュ語劇の俳優であったが、それまで感じたことのないユダヤ的連帯感をカフカに与えた。「歌のいくつかや、〈ユダヤの子供笑い〉という話を耳にしたり、あの舞台上の女性を目にした幾たびか、私の頬には震えが走った。この女性は、その人がユダヤ人であり、われわれ聴衆もユダヤ人であるために、われわれを惹きつける。キリスト教徒を求めたり知りたがったりはしないのだ。政府の代理人、おそらく一人のボーイと舞台左に立つ二人の小間使い以外唯一人のキリスト教徒——は情けない人間である」。

レヴィによってカフカは初めて東方ユダヤ人の生活、そこに住む人々の習慣、その地方の諸都市、たとえばオストロウのありさま、東方ユダヤ諸宗派、いわゆるイェシヴァの習慣を知った。これらの諸宗派において、革命的意識をもつ東方ユダヤの知性が研究を進めていたのである。カフカにとって——日記に繰り返し繰り返し登場する——このレムベルクの劇団は非常に大切で、この間違いなく——芸術上意味があるという意味で——意味があるとはいえないドサ回りの役者たちは、カフカの生にとって重要な意味があった。そのため、もともと恥ずかしがり屋で引っ込み思案のカフカが、この劇団がベーメン全域で公演できるように支援を提案する回状を、ベーメン地方のすべてのシオニスト団体に出そうと決心したほどである。それだけでなくカフカはレヴィ個人の講演会を企画し、実際それは一九一二年二月一八日プラハのユダヤ市役所で行われ、カフカ本人がその司会をした。

一九一〇年以降初めて『審判』の作者にとってユダヤ問題が問題となった。——個人的には部分的にきわめてあやしげな――レムベルクの俳優たちとの出会いが、つまり情ないほど安っぽいカフェ・サヴォイでの夜の体験が初めてカフカの目を開かせ、西方ユダヤ世界の同化意識と東方ユダヤ世界の神秘主義との間の、幾世界も距てるほどの対立に気づかせたのである。この神秘主義は当時まだ、イェシヴァの大物たちの帝国に対する反逆の熱情として表れていたにすぎなかった。友人ブロートとは異なりカフカは一度も――そして初期においてはいっそう――厳密な意味でのシオニストであったことはない。

しかし、政治＝宗教上のこの中立性は、カフカが西と東の争いに際して、決定的に東方ユダヤの味方をする妨げにはならなかった。東方にのみ詩と始源性、神話と計算があったからである。東方のみが知恵と力、伝承の確実性、ラビ的叡智、攻撃性と信頼性を保持していた。ここには混乱や不安、自身をミレナへの手紙で特別典型的な西方人と呼んでいたカフカが解放ユダヤ人の特徴であると見なしたものは存在しなかった。東方ユダヤ人はゲットー住民であり、事情の知れた共同体内部で守られ、当然のものとして与えられている水平的な関係のおかげで、垂直方向、つまり祈りと神をも、目から失うことがなかった。ヒェダー（訳注 ユダヤ人子弟のための初等学校）の学徒は二重の影、自分をかばってくれる民族の夜と、神、という二つの影のなかにおり、父祖たちとの結びつきを捨てずにいた。それに対して西方ユダヤ人は将来のみならず、そもそも自分の過去をさえ、まず自分で実りあるものとせねばならなかった。カフカに言わせると、その後でようやくその過去を「収穫」できるようになるために。西方ユダヤ人はつねに空気の稀薄な空間に浮かんでおり、歴史的意識もなければ、信仰に結ばれた共同体の与えてくれる創造力のための感覚もなくなっている。

しかし民族と信仰の二つは、切り離すことができないものである。イスラエルなければ神なく、エホヴァはその民なくして存在しない。ユダヤ人はプロテスタントとは異なる。ルターのいわゆる塔体験（訳注 「神の義」は恵みとして神から人間に与えられるのであって、人間の努力によって獲得するものではない、という、ルター派の信仰の核となる認識に至る体験の過程）はユダヤ人とは無縁である。個人ではなく選ばれし民、ひとつの共同体。これは追放はされたが、その土地、神聖な土地との結びつきを失ったことは一度もなく、神を捜している。しかし、とカフカは尋ねる。ユダヤの信仰がまだ可能なのだろうか。教育は西洋化され、学校教育はドイツ語で行われ、大学もまたドイツ化されてしまっている地で。ユダヤ学校が崩れるところではすべてが倒れてしまうのでは？　疑いもなく、東方ユダヤ人の方がさまよえるユダヤ人然とした解放ユダヤ人よりも優れているのは偶然ではない。ダヴィデのユダヤ教寺院が長く存在していた過去にも、キリスト教化された現代にも、解放ユダヤ人はその根をもてないのだから。東方ユダヤ人がかつてあったものであり続けるのに対して、西方ユダヤ人は爪より、縛めを焼き払い、タルムードの文字を消し、古典学校に入り、自らを啓蒙されたと称して、家居を失う。

このように見れば、カフカのこのユダヤ人俳優たちとの出会いは、自分自身の過去との出会い、プルースト（訳注 Proust, Marcel. 一八七一―一九二二。フランスの作家）の意味における再回想、最高度の「マドレーヌ」体験である。イディッシュ語で演じられるこの俳優たちの演技のなかで、初めてカフカは「自分自身と一人きり」なのではなく、深い意味において「仲間とともに」あると感じたのだ。そこではユダヤ人がユダヤ人のために演じていた。ヤノゥフとの対話では次のように言われている。「ここでは幾人かのみすぼらしい俳優たちが、その技によってユダヤ人の本質からそれ以外の者の生の残滓をふき飛ばし、隠されていた、忘却に沈んでいたユダヤの顔を、明るい、拡がりのある光の下に引き出して、時の蠢きのなかにある人間に定点を与えた」。

あまりにもしばしば、忘れてしまってはいなかったか。ユダヤ人にとって、神との出会いは自らの民を介する道によってのみ可能だということを。シナゴーグで、嘆きの壁で、祝いの卓で、七本枝の燭台の光のなかで、墓場で、ゲットーで。銀行員Kと測量師ヨーゼフ・Kとが、城に近づくのに村を通って行こうとし、当局に近づくのに前庭から行こうとするのは、したがって、ユダヤ的首尾一貫性をもった行動なのではあるまいか。カフカ自身も首尾一貫していたのでは？　カフカはつまりゲットー・ユダヤ人の上着の裾に口づけし、じっとして、自分の口の触れたものが、自分が近くにいることをも黙って我慢してくれと望むことが許されれば、と願ったのであったが。この汚ない上着の襞のなかに、結局失われた神が隠されていたのでは？　解放ユダヤ人の白い手で絞め殺された者は、悲惨のみじめさのなかに戻ったのか？

買収されやすさ、汚ならしい争い、無作法さなどは、神の面前で繰り広げられるのであれば、見たところキリスト教的な道徳性などよりはるかに明らかにエホヴァの力を反映しているのでは？　レヴィ氏、チシク嬢などを初めとする俳優たちのすべては、金に汚なく、見栄っぱりで、人格低劣で、取り憑かれた連中かもしれない……謀反の徒になっても、叫び立てる革命屋になっても、神の偉大な懐を決して離れることのないユダヤ人は、強く、大らかであり続ける——彼らはすべての西方ユダヤ人の不決断をはるかに卓越している。

「東方と西方ユダヤ人の夕べ。当地のユダヤ人に対する東方ユダヤ人の軽蔑。その軽蔑の正当性。東方ユダヤ人にはこの軽蔑の根拠がはっきりわかっており、西方ユダヤ人にはわからない。マックスでさえ。その話の不足、力のなさ。上着のボタンをはずし、上着のボタンをかける。それも善良にして最上の意図があるにもかかわらず。それに対してあのWときたら。情けない窮屈な上着をぴっちり上までボタンをかけ、カラーはもはや汚れることができないくらい汚なく、それを正装用のカラーにしていて、肯定と否定、そうだとちがうを投げつける。悪魔的に不愉快な微笑みを口のはしに浮かべ、若い顔に皺を寄せ、腕の動かし方は乱暴で自信がない。しかし一番はあのチビ、全体が訓練でき上がっていて、とがった、これ以上高くなりようのない声で、片手をズボンのポケットに突っ込み、もう片方の手で聴衆に向かって穴を掘るようにし、止まることなく問い、同時に証明をやってみせる。カナリアの声。苦痛なほどに焼きつけられた迷路のような溝を、演説の金網細工であふれさせる。頭を振り回す。僕は木の棒みたいだ。広間の真中に置かれた衣装掛け。しかし希望はある」。

これらすべては、事の一面である。神に恵された民の讃美。ゲットーの汚れには無限に偉大な不思議、伝説、神秘が隠されていて、ゲーテを読む西方ユダヤ人の衛生的な世界よりはるかに素晴らしいのではないかという認識。しかし、政治空間では物事は異なった様相を示す。若いカフカは決してシオニストでもなかったし、父祖たちの信仰に決然と急激に回帰もしなかった。強さと尊大さに対する感嘆がどれほどのものであっても……孤独なカフカの愛情は、弱い者、虐げられ、踏みつけられた者に向かう。カフカのユダヤ説話世界へのまなざしは、讃えられし土地に対すると同様にロマンチックなものである——死に定められた者の真剣な遊戯、パレスティナへの入植者が、アブラハムの地を耕すことのできる確かな保証を、どれほど素晴らしいものと考えたにせよ……カフカは「安息日に道路を作る」のを自分のやるべきことと考えたようにはみえない。

カフカがどれほど憂鬱な思いで憧れていたにせよ、古えの故郷への回帰は実現不可能であった。自分自身への回帰、思いの実体化としてのイスラエル……それはカフカのあこがれる夢であり続けた。キブツによる集団開拓の構想がカフカを夢中にし、時として、すでに病篤い状態で、自ら開墾者の列に加わろうとか、あるいはドーラ・ディアマントが語ったように、給仕になることを考えたりしたのであったが——結局のところ、カフカにとってイスラエルの幻想は一つの精神的図像、謎の数字であり、象徴であった。無論疑いもなく、このパレスティナの夢は、カフカの生涯の進行に従って現実味を増した。年を重ねるにつれ、カフカはより熱心に自分の民族の歴史と取り組むようになった。その証拠が、その種のものとしては非常に後期に書かれた女歌手ヨゼフィーネ物語である。これは、一度は歌うことができ、今も歌を保存しているが、誰もそれが何かわからないある民についての、深い意味をもった喩え話である。ここにはカフカが一生追求し続けた主題がある——フェーリクス・ヴエルチュ（訳注 Weltsch, Felix. 一八八四—一九六四。ユダヤ系哲学者）によって引用されてもいる、忘れられた伝承というユダヤのテーマ。

解放後の世界にあっては——先に挙げた割礼の場面を考えていただきたい——もはやかぼそいピーピー声のような声しか聞こえない。メロディーも言葉も、すでにわからなくなっている。意味はどこかに行ってしまった。ほんのわずかの年老いた者のみが、いくつかの身ぶりと音の意味をまだ知っている……しかし、その人たちが間違っていないと言いきれるだろうか？ すべては曖昧で、不確か、疑わしくなっていはしまいか？ 解釈は数えきれぬほど多く、しかしテクストはごくわずか。掟や定まった指示や、疑いの余地のない典礼はほとんど残っておらず、その代わり評釈は無数。注釈の洪水の背後で聖書原典はなくなっているのでは？ そもそも、王や律法者や裁き司たちが未だ生きているのかどうか、わかっているのか？ もしかしたら使者だけが、もはやとっくに役に立たなくなっている報せをモゴモゴつぶやき続けているのでは？

問いに次ぐ問い、道はあれども目標はなく、階段はあっても出口はない。このような状況はカフカの描く喩え話にもはっきり反映している。そのなかでカフカは、まず手始めに、遺された財産をきわめて学問的に点検し、ユダヤの伝統内にあるいくつもの方向や潮流を区別し、何よりも言葉、ヘブライ語を本当に正確に学ぼうとし始めていた。カフカは——すでに一九一一年に——大部の、一六巻に及ぶハインリヒ・グレーツ（訳注　Graetz, Heinrich. 一八一七—一八九一。ユダヤ系歴史家）著の『ユダヤの歴史』を読み、イディッシュ語劇団体験とのつながりで、ピネス（訳注　Pines, Yehiel Michael. 一八四三—一九一三）の『ユダヤ・ドイツ文学史』を読み、フローマーの『ユダヤ思想の構造』と取り組んだ。それより他にもマックス・ブロートはカフカをシオニズムの問題に導いたし、ゲオルク・ランガー（訳注　Langer, Jiri Mordechai. 一八九四—一九四三。チェコ出身のユダヤ系詩人、作家）はハシディズムの反タルムード運動の問題を示し、カフカはそれに大変刺激され、自分でもカバラ（訳注　ユダヤ教のなかで伝承されている神秘的・秘教的教義）を読むのみならず、ランガーと一緒に奇蹟行者ベルツァー・ラビを訪ねることまでしている。「本当のスルタン。そしてスルタンというだけでなく、父であり成人学校の教師でありギムナージウム教授などなどでもある。その背中、その手、腰にあてられた手、この広い背がクルリと翻るのを見る——すべては信頼を起こさせる……中背で非常に太っているが、身の動きは軽やかさを失っていない。長い白い髯、とんでもなく長いこめかみの巻毛……片眼は盲い、動かない。口は歪んでおり、皮肉っぽいと同時に親切そうにみえる。絹のカフタンをはおり、前を開けている。胴には太い帯、高い毛皮の帽子、それがこの人の外見で一番目立つ。白い靴下と、L．が言うように、白いズボン」。

カフカはユダヤ教を知っており、聖書、律法、説教者、行者、預言者を知っていた。イエスに対しては尊敬、忍耐（これは、心を痛めつつ傾聴し、同情と共感を生む瞑想を凝らした結果である）そればかりか一定の優しいと同時にいぶかしさを伴った感嘆の念をもって対する（「光あふれる深淵」だとカフカはキリストを呼んだという。ただし、このグスタフ・ヤノゥフの『カフカとの対話』に引かれているカフカの発言なるものが、真正のものであるかどうか、私は疑いを抱いているのだが）

……カフカは、イエスの示したこの世に対する肯定性のゆえもあって、イエスを賛める（全宇宙はこのナザレ人が生まれた時に「開かれて」いた、とカフカは言っている）のではあるが、いかにイエスを認めようと、カフカはイエスに対する観察者の立場を離れようとはしない。ところが旧約聖書に対する場合、カフカは自分が作家として挑戦を受けていると感じていた。その時にはカフカは、ゾッとするほど愚かなアブラハムを発明し、アブラハムを神の意とは全く無関係なもったいぶった男ということにして、キルケゴール（訳注 Kierkegaard, Sören Aabye. 一八一三―一八五五。デンマークの宗教思想家、現代の実存思想の創始者）顔負けの、信心深い殺人者の背理を純粋の不条理にまで格上げすることができる。その時にはモーセやサラを自分の時代の現実に移し替えるきっかけを摑める。カナーンをモルダウ河畔に、砂漠を自分、カフカがフェリーチェ（訳注 Bauer, Felice. 一八八七―一九六〇。一九一二―一七年、カフカと深い親交関係にあり、二度婚約を結んだ）やミレナとの対話を交わしていた精神世界に同定することができる。その時には旧約の神概念と律法の掟を、自分自身の自己ならびに世界理解のために利用もできる。父の権威のいかがわしさ、性的禁忌に対する反発、典礼にも似た禁欲規則遵守――これらカフカという存在にとっての最大の問題が、旧約の信仰という幕に映し出されるのだ！

　結局のところ、『城』の作者は、自分の喩え話を審判と救済、原罪、罪と罰などのユダヤ的理解の地平に提示しながら、決して信心深いユダヤ人（ましてやキリスト教徒）になることなどなかった作家なのである。「僕はしかし、そうは言っても、もはや重く沈みつつあるキリスト教の手によってキルケゴールのように生のなかに導かれたわけではないし、シオニストのように、飛び去りつつある祈りのマントの最後の裾にひっかかったわけでもない。僕はおしまいかはじまりなのだ」。

　おしまいかはじまり。しかし決して中間ではない！信仰によって定められ歴史によって証明された発展の中心にあることは決してない！　解放の象徴、預見とメシア的救済の間にあることも決してない！

　しかし、それにもかかわらず、カフカはこれほど正統ユダヤ教信心から遠かったのに――ラビたちや奇蹟行者から縁が切れることはなかった。……どれほど縁が切れていないかは、カフカがキリスト教徒であるミレナと出会い、縁のない、しかし重要な存在であると認めたその人の前で、自分のユダヤ教を説明し、自分の追放された存在を呪い、天国からの遠さを嘆き、自分の特殊な生をとりわけユダヤ的なものと説明しようとする瞬間、明らかになる。カフカはどれほど力を込めて、自分に最も近い存在である貧しいユダヤ人移民をミレナに理解させようと努めていることか！　しかも、そのただなかで、突然の自己嫌悪、ユダヤ人に対するユダヤ人のすさまじい憤激がとめどなく噴き出しかけているありさま！「ときどき僕は連中（ユダヤ人）を、僕も含めて、みんな、たとえば下着の棚の引き出しに詰め込み、閉めてしまって、じっと待ち、それから引き出しを少し引いて見て、みんな窒息したかどうか調べ、もしまだだったらもう一度閉めて、みんな死んでしまうまでそれを続けたいと思うのです」。

『城』の成立時に生まれたアウシュヴィッツ幻想図。同化ユダヤ人の進歩性には全く意味を認めず、正統派のシオニズムには少し（多少）、東方ユダヤ人の信心深さにはその幻想、法悦、野性的な世界の奔放さおよび神の恍惚たる占有のゆえに、非常に多くの意味を見た、あるユダヤ人の悪夢。カフカはトーラーやタルムードではなく、ハシディズムの物語のなかに、自分にふさわしい、背理に基づいた形で、神に向けての人間と人間の対話を理解する術を見いだした。不思議な、非常に静かで非常に謎めき、そのままではわけのわからない語らいを。

「これらの物語、よく自分でもわからないんだが、」一九一六年九月のマックス・ブロート宛書簡にはこうある「しかしこいつは唯一ユダヤ的で、僕が自分の状態とは無関係にいつでも即刻くつろぐことができるものだ。それ以外のもののなかには、僕は吹きつけられるだけで、別の風が吹くとまたそこから吹きとばされる」。

そうなのだ、シオニズムには「何かより大切なものへの入口」というレッテルしか与えられなかったのに対して、バアル・シェムの伝説や偉大なマギッド（訳注　主に十六世紀から十九世紀に東欧のユダヤ教社会で活動した、一種の托鉢説教師）の喩え話（どちらもマルティン・ブーバーによってドイツ語になっている）、つまりハシディズムのもてる財産こそ、カフカという喩え話の詩人の信仰の宝であり、本質において類縁にあったこの詩人をはてしなく魅了したのである。ハシディム（訳注「敬虔者」。ハシディズムの信奉者）の伝説の少なからぬ部分が、まるでカフカの習作のようにみえるのも、驚くべきことではない。逆にカフカのアフォリスムはカバラ語りの語った寓話に非常によく似ている。いずれにせよ問題は、カフカの日記の言葉を用いれば（一九二二年一月一六日付）こちらでもあちらでも「現世の境界の最後のものに対する攻撃」なのである（「下からの、人間からの攻撃」と「上からの、僕に襲いかかる攻撃」）。

ハシディズム的なものがカフカの作品にもつ意味を過少評価してはならない。菊判ノートに書かれた喩え話の何点かを、ブーバーの収集した説話と比べてみればよい――技法は同一である。日常的なものが驚くべき一突きによって世界を越えたものの性格を得る。それに対して奇蹟の価値は引き下ろされる。背理は起こったことを異化し、わかりきったことを驚くべきこととし、見たところ当たり前のものに秘密の意味を与える。いずれの場合も言葉は明瞭、厳密、ほとんど無味乾燥である――このようにして本来の主題と話法の間の対照が生まれる。一種クライスト的アンチ・テーゼ。

いくつかの決まり文句を除けば、カフカは最も精密で清潔なドイツ語を書き、それによってカール・クラウスの対極に立つ。クラウスはジャーゴンを完璧に支配しきり、カフカは様式の技法をきわめた。クラウスにあるのはニュアンス、裏に響く調子と俚言、カフカには、一度選ばれ、最後まで維持され続ける調子の厳しい冷たさ。クラウスにはユダヤ訛りで語られた冗談、ドイツとユダヤの混合があり、カフカにはパラドックス、概念上の硬質性、法律用語と法典礼がある。これはつまり、ドイツ語のマントを着たユダヤ的心情である。

「この話に出てくるタルムードのあるラビは、この場合、非常に神の意に染む原則を守っていた。何も、たとえコップ一杯の水でも他人からもらわないという。さてところで、当時最大のラビがこのラビと知り合いたいということになり、そのため食事にこのラビを招いた。このような偉大な人物の招待を断るなどということは不可能であった。初めのラビは悲しい思いで出かけた。しかしこのラビの原則があまりにも強いものだったので、二人のラビの間には山ができた」。

カフカの喩え話だろうか？　違う。これは俳優レヴィの語った物語の採話である。この物語は、ハシディズムの伝説物語がどのような形でカフカ本人の狙いにふさわしいものであったかを示してくれる。一九一〇年以降カフカは、伝統理解の努力をますます強めた。父との諍い、カフェ・サヴォイでの出来事、ブロートやランガーとの友情、ベルツァー・ラビとの出会いはすべて、一つの道のたどったいくつかの段階である。その道はベルリンで、ドーラ・ディアマントの傍らで終わった。

当時、命旦夕に迫る頃、カフカは聖書を大部のラシ注釈書を傍らにして読み、ユダヤ宗教学の講義に出、パレスティナ問題と取り組み、キブツやカルツ（訳注 開拓者集団）を夢見、一九一六年に考えたことが証明されたと信じていた。「旧約聖書だけが……それについて言うべきことがあると認めようとしない」。

カフカ生涯最後のイメージは人の心を慰めてくれる。はるかかなたから、忘れられた父の幻想が戻ってくる——この父はユダヤの民、ヨゼフィーネの部族、信仰に結ばれた者の共同体である。東方ユダヤも西方ユダヤも互いに宥和する。「木々の向こうに子供たちが遊んでいるのが見える。朗らかで、健康で、情熱あふれる子供たち。東方ユダヤ人は西方ユダヤ人によってベルリンの危険から救われる。一日の半分と夜には、家、森、水辺は歌であふれる。その人たちのなかにいる僕は幸福ではない。しかし、幸福の閾の前にいる」。

これらの言葉は、一九二三年七月カフカがヒューゴー・ベルクマン（訳注 Bergmann, Hugo. 一八八三―一九七五。哲学者、シオニスト）に宛てて書いた書簡にある——ヒトラーの十年前、カフカの民の絶滅の二十年前、マイダネクとアウシュヴィッツの、人間の共同体がかつて遭遇させられたことのなかった、最大の危機の二十年前。カフカの妹たちも、女友達のミレナも殺された。誰も逃れられなかった。大西洋からコーカサスまで、氷の海からアフリカの砂漠まで、狩人は獲物を追った。ユダヤ人解放の完了からドイツ出身の文学の大家たちの凱旋に至る百年の間続いた、東方と西方ユダヤ人の対立は、殺人の徴のなかで崩壊した。モーゼス・メンデルスゾーンの二百年後、ドイツ＝ユダヤ文学の歴史はビルケナウに終わった。

エルンスト・ブロッホ（Ernst Bloch, 1885-1977）

主著

『ユートピアの精神』（*Vom Geist der Utopie,* 1918, 1923）

『革命の神学者トーマス・ミュンツァー』（*Thomas Münzer als Theologe der Revolution,* 1921）

『希望の原理』（*Das Prinzip Hoffnung,* 1954-59）

『自然法と人間の尊厳』（*Naturrecht und menschliche Würde,* 1961）

『テュービンゲン哲学入門』（*Tübinger Einleitung in die Philosophie,* 1963/64, 1970）

『キリスト教の中の無神論』（*Atheismus im Christentum,* 1968）

全集

Gesamtausgabe Band 1-16, mit einem Ergänzungsband（Frankfurt am Main: Suhrkamp, 1959-78）

邦訳

竹内豊治訳『哲学の根本問題』（法政大学出版局，1972）

竹内豊治・高尾利数訳『キリスト教の中の無神論』上・下（法政大学出版局，1975/79）

山下肇ほか訳『希望の原理』1-3（白水社，1982）

花田圭介監訳『テュービンゲン哲学入門』（法政大学出版局，1994）

船戸満之ほか訳『異化』（白水社，1997）

好村富士彦訳『ユートピアの精神』（白水社，1997）　ほか

ユルゲン・モルトマン

エルンスト・ブロッホ

中島 裕昭 訳

「思考するとは越え行くことである」と、テュービンゲンにあるブロッホの墓には刻まれている。ここに眠る者の思考とその人生にふさわしい言葉である。もっとも、ここに「眠る」とされた彼の人生は、眠る暇など全くないほど激動に満ちたものだった。矛盾に突き動かされ、けっして消えることのない希望を原動力とし、次から次へと失望に見舞われながらも、不屈の精神で「故郷」を探し続けた。世界が安心して眠ることのできる「故郷」を探し続けた。「時よ止まれ、おまえはじつに美しい」（訳注 ゲーテ『ファウスト』第二部第五幕「宮殿の広い前庭」でのファウストの有名な台詞）と誰もがいえる瞬間を探し続けたのである。

エルンスト・ブロッホは、周囲に近づくわれわれすべてから休息を奪った。彼の教えのおかげでわれわれはもはや、この不正と暴力に満ちた世界とは折り合いをつけることができなくなり、この世界に反抗し始めた。エルンスト・ブロッホという思想家が六〇年代の抵抗運動と学生反乱に与えた影響力は、けっして一時的なものではない。老革命家ブロッホが、拳を突き上げ、ルディ・ドゥチュケ（訳注 Dutschke, Rudi〔Rudolph〕. 一九四〇―一九七九。一九六〇年代後半の西ドイツ学生運動の代表的な指導者）と腕を組んで学生たちのデモ行進のなかにいる姿は、多くの人に目撃されている。彼自身にとってそれはなんら特別なことではなかったし、そのことによって彼の哲学者としての信用が傷つくとも、彼は思っていなかった。

エルンスト・ブロッホは、その聴衆を希望という夢で満たしてくれた。その希望とは、世界を経済面で改善し（彼自身よく口にしていた聖書からの引用でいえば）、「疲れた者、重荷を負う者」（マタイによる福音書、一一章二八節）をなくすというだけではない。また、より民主的な社会を創り、「虐げられ、傷つけられた人々」に再び人間の尊厳を取り戻させることだけでもない。彼の「希望」とは、われわれ一人ひとりの魂の奥深いところで生ずる何かでもあったのだ。それは「自己自身との出会い」であり、われわれ自身にさえ見えていない、隠れた自己をついに発見しようとすることでもあった。それは外的なだけでなく、内的な意味においても自己に到達することであった。

エルンスト・ブロッホは、その矛盾において強大であり、その希望において偉大である。しかし彼個人は弱い人間であり、幾度もの失望、敗北、幻滅を乗り越えようとして精神的に苦しみ続けた。生きる者の希望さえ次々と破壊してしまう死というものに苦しみぬいた彼にとって、死は自身の人生体験のなかに深く刻み込まれており、そのためにかえって彼は死を口にすることを厭い、できれば排除しようとした。彼が好んだのは預言者の希望の詩であり、エレミアの嘆きの詩ではない。彼はヨブを神に対する反逆者と見なし、十字架に磔にされたイエスには距離を置き続けた。六〇年代の抵抗運動に失望と自己破壊の冷水が浴びせられ、ドイツ中に保守的な諦念が蔓延したときには、多くの者たちが、かつて自分たちが愛した希望の哲学者のもとを離れた。批判理論を経由して、現状に基づいたシステム理論に走った彼らは、革命から宗教その他に転向し、何らかの方法で自分たちよりも強大な権力と折り合おうとした。しかしにもかかわらず、人間の苦難の歴史には、苦しみによっては破壊されることのない何か、失望によって反故にされてしまうことのない何かがある。カントに言わせれば「人間の本性にあるより良きものへの資質とその能力を明らかにするものであり、だからこそけっして忘れられることがない」（訳注　カント著『学部の争い』（一七九八年）、第二部「哲学部と法学部の争い」の七「人間性の予言的歴史」の一節）、そういう何かが人間の歴史にはある。それこそが、途切れることのない希望の赤い糸なのだ。希望は抵抗の声を上げさせ、人間の無言の苦しみを意識的な痛みに換える。蜂起と革命の刺激を与え続ける。記憶を形成し、何事も忘却のなかに消失させることがない。ドイツ農民戦争のなかで一五二五年に鎮圧された農民たちの詩を、ブロッホは好んで引用した。「打ちひしがれて、われらはわが家に戻る――孫たちはもっとうまく戦いおおせるはずだ」。政治的敗北と個人的苦しみの記憶は、生き生きとした希望を再生させるための最も肥沃な大地なのかもしれない。少なくとも、ミュンヒハウゼン（訳注　『ほらふき男爵の冒険』と呼ばれる十八世紀ドイツの冒険奇譚の主人公）よろしく、自らの髷をつかんで泥沼から這い上がろうとした少なからぬ者たちの楽観主義や成功祈願の宗教よりは、肥沃なはずだ。

エルンスト・ブロッホの名前は、この希望の「憧憬」と結びついている。彼の思考はつねに新たに出発する。「この世界は真実ではない。しかし、それは人間と真理とをつうじて帰郷しようとしているのだ」。これは彼の最初の著書『ユートピアの精神』の一節であるが、それは同時に彼の晩年の言葉でもあった（訳注 一九六四年に刊行された『ユートピアの精神』第三版への後記で、ブロッホはこの言葉を、この著作全体の「原則」であると述べた）。エルンスト・ブロッホとは何者だったのか？

この問いに答えるためには、しばし個人的なエピソードを披瀝しなければならない。というのも、個人的な出会いの場での、また私的な談話の際のブロッホという人物は、講演者としての、あるいは哲学者としてのブロッホと、さらには文学者としてのブロッホとも全く別人であったからだ。私が彼に出会ったとき、彼はすでに七十五歳という高齢に達していた。私は神学の教師であったが、その時の彼も私にとっては、彼独自のあり方ででではあったが神学者であった。一九五九年の冬、ヴッパタールに講演にやってきた彼は、講演会の終了後われわれとともに煤けた学生酒場の一角を占めた。彼の講演によってすでに私自身の彼に対する偏見は揺らいでいたが、その動揺の治まらないまま、私は彼の横に座り、まずはきわめて懐疑的にこう尋ねた。「でも先生、先生はマルクス主義者じゃないんですか？」それに対する彼の答えは狡猾であった。「どうしてそんなことを聞くんだ？ 私はマルクス主義を自分の体系のなかに組み込んだんだ」。この答えは、彼の「体系」への好奇心をかき立てるに十分であった。その体系は確かに、マルクス主義を抱え込み、しかもそれでいてマルクス主義に呑み尽くされてしまわないほどの大きさをもっていたのだ。そこで私は愚かにもさらにこう尋ねた。「でも先生、先生は無神論者でしょう？」彼はこの挑発の罠を慎重に避け、逆に私が腰を抜かすような答えを返してきた。「そうさ、私は神かけて無神論者だよ」。この答えを私は決して忘れることができない。この逆説には皮肉以上のものが含まれている。そこには、神との長い闘争の歴史が、神に愛された者をめぐる、意義不明なままの嘆きの歴史がある。それはモーセを通じて与えられた掟に対する畏敬の歴史でもある。「いかなる像も造ってはならない、いかなるものの形も造ってはならない」（出エジプト記、二〇章四節）、したがって神の概念を形成することも許されない。つまりブロッホの答えには、魂と神との神秘的合一が隠れており、この合一のなかで、魂は結局のところやはりマイスター・エックハルト（訳注 Eckhart, Johannes〔通称 Meister〕. 一二六〇?―一三二七。ドイツの神秘主義思想家）が説くように、「神の名において」神を放棄するのだ。これはフォイアーバッハ、マルクスの宗教批判を「転倒させた」ものに他ならない。「無神論者の心にも神は住まうか」と、ゲルショム・ショーレム（訳注 Scholem, Gershom. 一八九七―一九八二。ベルリン生まれの宗教歴史学者、哲学者。パレスティナに移住）はブロッホの九十歳の誕生日に問いかけた。「住まう」とすれば、どうしてそのようなことが可能なのか？ マルクス主義者たちにとってブロッホは宗教的すぎた。彼の希望の哲学はすでに一九五五年当時、ドイツ民主共和国の公認思想家たちによって「宗教的救済の理論」として、あるいは「汎終末論的な夢」として批判されている。ブロッホの思想をマルクス主義的精神によって継承しようとする者たちにとって、彼の宗教はなんとも扱いにくいものであり、彼らはすすんでこれを無視した。神学者たちにとっても、「神かけて」の無神論者よりは単純な無神論者の方が好都合だった。しかしブロッホとの対話がもつ刺激は、まさにこのような逆説にある。彼と話した後は、誰もが必ずさらなる思考へと促された。だからこそ多くの神学者がブロッホを経由して神学に回帰したのだ。彼が混乱の六〇年代の「教父」であるとされたとき、一番驚いたのは彼自身であったが、しかし、ヨーロッパの政治神学（訳注 キリスト教の現代社会での役割や意義を問う過程で生じた、政治的意識の強い神学的論議。本章の著者モルトマンの『希望の神学』〔一九六四年〕はその代表的著作の一つ）も、ラテン・アメリカの解放の神学（訳注 第二回バチカン公会議〔一九六二―六五年〕後、ラテン・アメリカを中心に展開されたカトリック系神父たちの運動。八四年ローマ教皇庁から公式批判を受けた）も、さらにはキリスト教徒とマルクス主義者との対話も、ブロッホなしでは現在あるようなものにはなっていなかったに違いない。だから、彼の遺産には神学も含まれるといえる。しかも、それは彼の残したもののなかでも、最悪のものというわけではけっしてない。

エルンスト・ブロッホは幾世代もの人々と同時代を生きた。彼は過ぎ去ったいくつかの時代を渡り歩いている。伝記にあるように、彼は一八八五年、ルートヴィヒスハーフェンのユダヤ人の家庭に生まれたが、この一家はとうに宗教色を払拭していた。第一次大戦が勃発し、ヨーロッパから街の灯が消えたとき、彼は二十九歳だった。彼の精神にはヴィルヘルム二世の時代が生きていた。化学産業の町ルートヴィヒスハーフェンを生み出した一八七〇年代前半の泡沫会社乱立時代《グリュンダーヤーレ》〔訳注　一八七〇年代前半のドイツ帝国成立直後の時代〕の喧噪、ブルジョア的に反ブルジョア的な青年運動、表現主義、生の哲学、精神分析、そして（マックス・ヴェーバー〔訳注　Weber, Max. 一八六四―一九二〇。ドイツの社会学者、経済史学者、歴史学者〕の）宗教歴史学。われわれにとっては遠い過去の物語が、彼のなかには生きていた。一九一四年の夏、宗教的な愛国主義が戦争熱に浮かされ、ドイツの知識人や大学関係者たちを狂奔させていたとき、ブロッホは彼の師である哲学者ゲオルク・ジンメル〔訳注　Simmel, Georg. 一八五八―一九一八。ベルリンのユダヤ系哲学者。「生の哲学」者であり、社会学の基礎を築いた〕に宛てて次のように書いている。「彼らはまるで真理が見えていたかのように、一生ずっと真理を避け続けてきながら、ここに至って突然、塹壕のなかに絶対的なものを見つけたのです。だめです、これは認められません」。彼は国中が感染した死の陶酔を避け、妻とともにスイスに移った。この亡命から、一九一八年、彼は『ユートピアの精神』を携えて戻ってきた。その最終章は「カール・マルクス、死、そして黙示録」というタイトルであり、最後の文章は以下のようなものだった。「神を呼び降ろそうとするわれわれの哲学と祈りとしての真理の手中に、神を任命することそのものが与えられている」。彼の著述のなかから、このような神秘的・メシアニズム〔訳注　神の支配を実現する救世主の、歴史的世界における到来を期待する思想〕的テーマが姿を消すことは一度もなかった。続いて一九二一年には『革命の神学者』が発表される。あのトーマス・ミュンツァー〔訳注　Müntzer, Thomas. 一四九〇?―一五二五。急進的宗教改革者。ドイツ農民戦争で先頭に立ち、処刑された〕とドイツ農民戦争についての書である。

ここで、畏怖と敬愛の念をもってブロッホの最初の妻のことを語らねばならない。彼女は一九二一年一月二日に没するまで、ブロッホの生と思考とに同伴し、それを支え、刺激し続けた。彼女の名前はエルゼ・ブロッホ＝フォン・ストリッツキー〔訳注　Bloch-von Stritzky, Else. 一八八三―一九二一。ラトヴィア出身の彫刻家〕。ブロッホは彼女の「変わらぬ思い出」に『ユートピアの精神』を献げている。彼の死後初めて、ブロッホのエルゼへの「思い出の記録」が発見された。しかし発見されるや、すぐさま公刊されることになり、現在それは『傾向―潜伏―ユートピア』と題され、一九七八年に出版された彼の全著作集補巻に収められている。それによれば、われわれはエルンスト・ブロッホについて語るとき、エルゼ・ブロッホ＝フォン・ストリツキーについても語ることを義務づけられている。これは一九二一年の彼女の死の直後に書かれたもので、愛についての最も感動的な証言の一つである。この愛はその深さゆえに死よりも強く、ブロッホの魂の内奥には彼女がつねに現存していた。ブロッホ宅の訪問はいつも遅い時刻にまで及び、そして夜遅くなるときまって彼は、エルゼのことを、まるで聖母マリアのことを語るように話し始めた。「彼女の姿と存在が、ますます神々しく立ち現れる——その表情には一点の曇りもない……それは私の最愛の、最も大切な女性だ、私の恋人であり、私の晴れの日常だ」。エルゼ・フォン・ストリツキーはバルト地方の裕福な貴族の子として生まれている。「うちは、おそろしく金持ちなの」という告白は、若い社会主義者ブロッホに大変なショックを与えた。彼らは一九一一年にミュンヒェンで知り合い、一九一三年に結婚、第一次大戦中はともにスイスに亡命しており、そこでの共同作業が『ユートピアの精神』に結実している。彼女のおかげでブロッホは、敬虔なる愛と、現世の生の来世における栄光という、真実のキリスト教に触れることができた。彼の著作におけるキリスト教的部分は、すべて彼女をつうじて獲得されたものだ。エルゼは病気がちで、何度も手術を受けねばならず、最後の手術ののち、「あちら」に旅立った。ブロッホは次のように書いている。「彼女は私より先に逝った。彼女があちらに暮らすようになって、私はもはや死を恐れなくなった。本当ならいっしょに死ぬべきだった。そうすれば、〈最期のとき〉などというものはなかったはずだ。彼女は変わることなく私のなかに生き続けている。そしてすべての体験、行動、思考において私とともにある……病気と、そして最後には死とが絡み合って、勝利へと導かれていく」。彼女においてブロッホは、もう一つの世界の栄光を感じとっていたのだ。その墓石には黙示録の三章五節を刻ませている。「勝利を得る者は、このように白い衣を着せられる……私は彼の名を父の前と天使たちの前で公に言い表す」。ブロッホの仕事机の上には彼女の写真があり、それにはイザヤ書の一節が彼自身の手で記されていた。「とこしえの喜びを先頭に立てて」（訳注　イザヤ書、三五章一〇節。「主に贖われた人々」が「喜び歌いつつシオンに帰り着く」様子）。エルンスト・ブロッホを一人の人間として知ろうとするものは、この「思い出の記録」を読まねばならない。そこには彼の希望の哲学を読み解くための伝記上の鍵が隠されている。彼女の死の直後、彼は完全に沈黙し、生への気力が再度彼のものとなるであろうという希望さえ一切失っていた。そのことを考えると、彼の希望の哲学は、一九二一年にエルゼへの愛においてエルゼとともに体験した死を乗り越えた後の、希望の哲学であるということになる。

一九三三年、ナチズムがドイツを席巻し、ヒトラーが権力の座に就いたとき、ブロッホは四十八歳だった。「黄金の二〇年代」はすでにナチズムの褐色を帯びていたが、この時期のブロッホは著述家として、また、ジャーナリストとしてミュンヒエン、ベルリンで暮らしている。ジェルジ・ルカーチ（訳注 Lukács, György. 一八八五―一九七一。ハンガリー生まれの思想家。戦後はハンガリーで活動。マルクス主義哲学と文芸理論の分野で指導的役割を果たした）、ヴァルター・ベンヤミン（訳注 本書「ベンヤミン」参照）、ベルト・ブレヒト、その他多くの友人たちとの共同作業によって、彼はヒューマニスティックな社会主義を発展させた。このヒューマニスティックな社会主義のことを、後年彼は「暖かい赤」とか「マルクス主義のなかの暖流」と呼んでいる。褐色の「救済者」（訳注 ヒトラーのこと。褐色はナチスの色）とその背後にあって潤沢な資金を提供するスポンサーたち、さらにはその言葉に従順に身を挺する犠牲者たちへの、皮肉で辛辣な攻撃を展開したブロッホは、すでに一九三三年三月には逃げるようにして亡命せざるを得なくなる。当時の妻で、とても行動的であったカローラとともに彼はツューリヒへ、そしてヴィーンへと移った。オーストリアがナチの手に落ちるとプラハへ移ったが、ズデーテンが併合された一九三八年にはさらなる亡命先を捜さねばならなくなる。古くからの革命の同志が粛正されたモスクワでの裁判に関して、ブロッホがスターリンを支持した本当の理由はわからない。しかし彼が選んだ亡命先はモスクワではなく、アメリカ合衆国だった。奇妙なことに、この決定はブロッホ一家にとって自明のことであり、そこには何のためらいもなかった。マサチューセッツ州ケンブリッジでカローラ・ブロッホが建築の講義を受け持ち、一家を支えていたとき、逆にブロッホは孤独に陥った。彼は部屋に閉じ籠り、『希望の原理』を書いた。彼がこの書を書いていたのは、迫害、追放、強制収容所、大量虐殺の時代である。アウシュヴィッツと広島を目の当たりにしながら、憎しみの醜い顔、虐殺の恐るべき深淵に抗して、彼はこの作品を完成させたのである。彼も彼の同時代人も、恐怖をいまさら学ぶ必要などなかった。だが希望は、死から生へと向かうために、いま一度学ぶ必要があったのではないか？

ブロッホの『希望の原理』とは、けっして成功へのオプティミズムのことではなく、彼自身の言葉によれば「喪章をつけたオプティミズム」なのである。彼にとって、永遠の幸福への約束はどんなものであっても非現実的すぎるということはなく、より良い生活への願望はどんなものでも陳腐すぎることはなかった。すべてが、この人間の期待についてのエンサイクロペディアに取り込むに値するものだった。希望が人間世界とその存在の基盤である自然との、すべての基本であり、すべてを動かす原理となったのである。希望……しかし何を希望するのか？　著作の最後の部分での彼のその問いに対する答えは、きわめてメシアニズム的であり、ほとんど旧約聖書の預言者の言葉のようである。「このように世界にはあるものが生ずる。それは、すべての人が子供の頃には見ていたが、しかしまだ誰もそこに行ったことがない。それこそが〈故郷〉だ」。

戦後、ブロッホは再び「どこに行くべきか」という問いを突きつけられた。一九四七年になってようやくライプツィヒ大学の教授職への招聘を受けたとき、彼はすでに六十二歳だった。他の者なら引退の年齢である。なぜ彼は招聘に応じたのか？　彼の決心を支えたのは、ついに彼に故郷を与えるはずの、新しい社会主義ドイツへの希望だったのか？　ライプツィヒとケンブリッジの二つの選択があったとしたらどちらを選んでいたか、という質問に彼は「カプリ島に行くよ」と答えたという。ドイツ民主共和国はさしあたり、あらゆる自由、特権、名誉をブロッホに与えたが、しかしそれも彼の七十歳の誕生日までのことだった。一九五六年のポーランドとハンガリーでの動乱の後、彼は政治的な嫌疑をかけられ、どんどん孤立させられていく。一九五七年には彼自身の弟子たちが党の意向に応じて追放裁判劇を演出、『エルンスト・ブロッホによるマルクス主義修正』という批判書を出版し、彼の希望の哲学を「反マルクス主義的な世界救済の理論」であると攻撃した。以降、彼の著作は公刊されることはなくなり、地位と職を失い、かつての同僚からは無視され、監視もついた。一九六一年にベルリンの壁が建設されたとき、彼にはもう、彼自身が悲痛な面持ちで「必然の王国」と呼んだこの国から飛び出すしかほかなかったのである。西側への旅行の後、そのまま東には戻らず、彼はテュービンゲンに移った。ネッカーの河畔、かつてヘーゲル（訳注 Hegel, Georg Wilhelm Friedrich. 一七七〇—一八三一。哲学者）、ヘルダリン（訳注 Hölderlin, Friedrich. 一七七〇—一八四三。詩人）、シェリング（訳注 Schelling, Friedrich Wilhelm Joseph von. 一七七五—一八五四。哲学者。ヘーゲル、ヘルダリン、シェリングの三人がともにテュービンゲンで学び、友人であったことは有名）が偉大なるドイツの自由の哲学を創始したところである。

ブロッホはこのテュービンゲンで、齢七十六にして恐るべき活発さを示した。執筆し、出版し、旅行し、講演を行い、議論し、デモに参加した。以後十年、彼の影響力は公けに認められ、高い評価を得ていく。彼の希望の哲学という孤独な火花が、ついに火薬庫に飛び火したのである。どの時代にも適応しなかった者が、ついに自身の時代を見いだした。テュービンゲン大学への就任講演において、彼は正直に自分のことを語っている。「希望は幻滅させられることがあるか？」ありうる、と答え、彼は続けて次のように述べた。「希望の名誉にかけて公言するが、希望は幻滅させられうる、しかしそれは破壊されることはない」。彼が西側に移ってからの最初の公刊著書は一九六一年の『自然法と人間の尊厳』である。このなかでブロッホは、全人類の希望としての社会主義の精神に基づいて、人間の権利についての考察を展開してみせた。その結末の部分では、彼のほとんどすべての著作がそうであるように、マルクス主義的な宗教批判が反転され、宗教的な主張が述べられている。「もし社会主義が勝利し、真に〈人間的な社会〉がなんらの国家権力なしに、ただ共同の管理によってのみ実現するとしたら、それは間違いなく、最終的には宗教の疎外された形態によるものになるだろう。ただし、そのとき徹底して宗教的な時代が始まる。もっともその宗教性とは、支配とその神話に回帰することではなく、前進しようとするある一つの夢の全体がわれわれのささやかな働きと再び結びつくことなのだ」。そのとき、一つの教会が成立する。それは「どこへ、そして何のために、という問いに関わる良心の自由な教権としての監視役を引き受けている」。当時多くの人々にとって指針となった「直立歩行」という比喩はこの書から取られたものだ。ズーアカンプ社から出版されていた彼の全著作集は一七巻にまで膨らんだ。

この膨大な量の仕事のなかから、ここではマルクス主義者とともにキリスト教徒にも献げられた、一九六八年のある著作を取り上げたい。『キリスト教のなかの無神論』というタイトルのこの本は、そのタイトルが予想させるものとは違って、無神論的キリスト教とは何の関係もない。ここで論じられているのは「神は死んだ」ということではなく、それとは正反対に、ついに「神のようであろうと決心」し、実際に神との神秘的な合一によって神のようになりつつある人間のことである。本の題辞は私とブロッホとの会話から取られたものだった。かつてブロッホは「無神論者だけが良きキリスト教徒でありうる」というテーゼによって私を挑発したのだが、そのテーゼに対して私が試みた反撃は、「キリスト教徒だけが良き無神論者でありうる」というもので、このとき私の念頭にあったのは、古代ローマ帝国においてキリスト教徒が無神論者だと非難されたことである。驚いたことにブロッホは、この私の反論をそのまま題辞にしていた。ただ彼が本当に考えていたことは、第一次大戦後のミュンヒェンのレーテ革命（訳注　一九一八年、バイエルンにおける革命は王政を打倒したが、一九一九年四月には労農兵評議会〔レーテ〕による政権が成立した）のなかで彼がトーマス・ミュンツァーに関する書を著した時と同様、彼の長年の願いである革命的キリスト教徒と宗教的なマルクス主義者の合体を試みることだったのである。テクストをさまざまにコラージュした文章のある箇所で、彼は次のように書いている。「マルクスは言った。ラディカルであるということは、物事を根底において把握することだ（訳注　マルクス『ヘーゲル法哲学批判序説』（一八四四年）後半部分の有名な箇所。後続の文はブロッホによって部分的に変更されている。マルクスの原文では「人間にとっての根底は、しかし人間である」）。あらゆる（歴史上の）事柄の根源は、しかし人間である。『ヨハネの手紙一』もまた、根っことしての人間を何かの原因と見なすのではなく、何かに向かって伸びていくという使命を負っているものとして捉え、次のように言っている。『私たちは自分がどのようになるかは、まだ示されていません。しかし御子が現れるとき、御子に似たものとなるということを知っています。なぜなら、そのとき御子をありのままに見るからです』（ヨハネの手紙一、三章二節）」。この二つのテクストがお互いを読み合わせたならば、あるいはお互いに対応するものを見いだしたならば、すべての人間における疎外とその廃棄の可能性という現実の問題に、弁証法的であると同時にユートピア的な光が当てられることになるだろう」。このようなマルクス主義的な弁証法とユダヤ的・キリスト教的な希望の同盟は、年老いたブロッホの幻想にすぎないのか。老いたブロッホが自らの若き日の夢に回帰しただけなのか。そうではない。それは、ニカラグアにおけるソモサ独裁に対するサンディニスタによるキリスト教徒とマルクス主義者の連帯（訳注　一九七九年のニカラグア革命で、ソモサ一族の独裁体制を打倒したサンディニスタ民族解放戦線に「解放の神学」派の神父たちが参加していたこと。同戦線は九〇年の選挙で敗北した）として現実のものになっている。ブロッホの構想よりもずっとあとにそれは起こり、そして成功した。ニカラグアでブロッホは忘れられていなかった。

　一九七七年八月四日、九十二歳という高齢でブロッホは穏やかに、永遠の眠りについた。死について、彼が語ることは稀だったし、まして自身の死についてはほとんど何も語っていない。彼が折にふれて言っていたのは、「その時が来たら、それはそれで良い。そうなったら私は言うだろう、『ありがとう』と」ということだった。どうしても何か死についてのコメントを、と頼まれたとき、かろうじて彼の口から漏れたのは、「興味津々ではあるよ」というものだった。死の前日の晩、彼はお気に入りのベートーヴェンのフィデリオ序曲に耳を傾けている。囚われの者たちに自由を告げるトロンボーンのファンファーレが響くと、彼はきまって涙した。「偉大なる瞬間がやってきた。これは、いま、そしてここにおいて、希望が実現されたことの徴なのだ」。彼はこの響きのなかに、死者の再生を呼びかける最後のトロンボーンの序曲を聞きとっていたのだろうか？

　『希望の原理』にはイスラエルの預言者たちの精神が息づいている。『ユートピアの精神』にはカバラ（訳注　ユダヤ教のなかで伝承されている神秘的・秘教的教義）の知恵があふれている。ブロッホのマルクス主義は、どこをとっても、メシアニズムに彩られた社会主義がさまざまな期待と交錯している。にもかかわらず、彼は自分の思考がユダヤ性に結びつけられるのを好まなかった。そのような見方は、彼には人種差別的な偏見に思えたのであり、そもそもとうに彼が抜け出た狭い領域に、再び彼を閉じ込めようとしているとみえたのであろう。彼は自身のユダヤ性を聖書に出てくる塩になぞらえている。それ自体は何でもない、しかし、それなしではスープは美味しくならない。私が見る限り、彼がユダヤ教、シオニズム、メシアニズムに言及しているのは、『希望の原理』のなかでは六九八頁から七一三頁のわずか一五頁にすぎない。しかもその内容は、これが発表された後はあらゆるユダヤ系の哲学者と絶縁せねばならなくなるようなものだった。ここに彼の思考を解く鍵が隠されていると見なすことができるので、少し詳細に内容を検討することにしよう。

この章の冒頭は、深い連帯の表明である。「ユダヤ人の受難に比べられるような受難は存在しない」。最後は次のような主張で締め括られる。「シオニズムは社会主義に合流するか、さもなくば全くどこにもつながらない」。これは「預言者たちの普遍主義的な希望と共鳴する」主張である、とブロッホは考えている。ブロッホはなぜ、「イスラエルの受難」から出発しながら、最後には、ユダヤ人を社会主義者たちのなかに紛れ込ませてしまうのか？　それは、ユダヤ人を近代的な人間社会のなかに「解放」することとつながっている。この「解放」は、啓蒙主義によって導入されながら、資本主義によって窒息させられたものなのだ。啓蒙主義のヨーロッパにおいて初めてゲットーの壁が取り払われ、「ユダヤ人同胞市民」が初めて誕生した。このゲットーの壁の崩壊自体が聖書的な出来事である、とブロッホは言っている。それは「最初の曙光」であった、しかしもちろん残念ながら「同化」の曙光であった。民主主義的な幸福が期待されたのに、実現されたのは資本主義的な競争だった。その背後ではすでに、この「われわれの生命を危険にさらす同胞市民」の根絶が企てられていた。ブロッホは近代のユダヤ人問題について二通りの解決を視野に入れていた。一つはかつてモーゼス・ヘス（訳注　Hess, Moses. 一八一二—一八七五。ユダヤ人社会主義思想家。シオニズム運動の先駆者とされる）が主張した社会主義的な解決であり、もう一つはテオドール・ヘルツル（訳注　Herzl, Theodor. 一八六〇—一九〇四。作家、政治家、シオニズムの創始者）が主張する民族主義的な解決である。

マルクスとラサール（訳注　Lassalle, Ferdinand. 一八二五—一八六四。労働運動指導者）の友人であり、「赤いラビ」と呼ばれたモーゼス・ヘスは、一八六二年、「シオニズムの最も感動的な夢の書」と評された『ローマとエルサレム』を発表している。そのなかでヘスは、プロレタリアートと並んでユダヤ人を、人間の解放をもたらす革命の現実的な主体と見ている。「ユダヤ人だけが、今日、諸民族がつき従える旗を掲げた」。それは、人類の希望を担う、倫理と預言の旗なのである。そして、ただこの人類の普遍的な救済のためにのみ、イスラエルは民族的な活動拠点を再びパレスティナにもつ必要があるのだ。それがシオンである。「ユダヤ人の宗教的天才は、巨人が母なる大地に触れることによって力を得るごとく、ただ民族的な再生からのみ新しい力を引き出すことができ、預言者たちの聖なる精神によって魂が吹き込まれる」。革命的プロレタリアートの社会主義は、ヘスにとって「預言者たちの精神に則ったユダヤ人の使命の勝利」なのである。この勝利のために、ユダヤ人は、その人種の精神が復活できるような活動拠点を必要とする。

テオドール・ヘルツルは、これとは全く違った考えを、一八九六年、その『ユダヤ人国家』で展開している。ヘルツルは、東ヨーロッパで再び始まったポグロム（訳注　ユダヤ人への暴力、略奪を意味するロシア語）の経験を経て、ユダヤ人が生きのびるための「故郷」を捜していた。チェコ人、セルビア人、ルーマニア人、あるいはイタリア人など、他の民族と同様に、ユダヤ人もまた国民国家を創設すべきである。そうすることによってのみ人種および民族間の闘争を終結させることができる。ヘルツルには、シオンや聖地エルサレムへの特別の思い入れはなかった。彼はアルゼンチンにその場を求めることさえ考えていた。「ユダヤ人問題は国民国家の問題である。これを解決するためには、何よりも国際問題として扱う必要があり、文化的諸民族がそれについて討議しなければならない」と彼は書いている。ただ政治的には、トルコ帝国の崩壊と、中東におけるイギリスの利害打算とによって、パレスティナの地がユダヤ人移住者の入植先としての可能性を大きくしていた。「ヘルツルの教説によれば、ユダヤ民族の国民国家的再生は、イギリスと、そしてまたドイツの恩恵をもって、資本主義的・民主主義的小国として達成されることになる」とブロッホは断じている。彼はヘルツルの「ユダヤ人国家」になんらのユダヤ性も見いだせず、むしろ、全く逆に反ユダヤ性を感じとっていたのである。「神との約束の地イスラエルが、地中海の片隅にある」——こんなことはブロッホにとっては、預言者たちが語り伝えたイスラエルの全人類的使命に対する裏切りである。ヘルツルのシオニズム・ユートピアは完璧な同化主義以外の何物でもなく、それはつまり、民族としてのユダヤ人が諸民族の世界に自己を埋没させてしまうことであった。小アジアの国民国家としてのイスラエルは、その他の多くの民族のなかの一つにすぎなくなってしまう。このような異教化されたシオンからは、法と正義を全世界に向けて発信することはできない。

ブロッホは、したがって、このようなユダヤ人問題の分離独立主義的解決に反対し、普遍主義的な解決を主張した。「ユダヤの社会的使命や預言者の遺産として受け継がれているもの、そしてまさにそのことによってユダヤ人を重要な民族にしているものを、モーゼス・ヘスはパレスティナから遠く離れたところで公に主張したし、マルクスに至ってはパレスティナから疎外されたところでそれを現実のものにしてみせた。彼らにしてみれば、人間が人間に狼のように襲いかかる〈社会的動物界〉が破綻するところ、そして、すべての搾取された人々のディアスポラが終わるところ、それはどこであってもシオンなのである」。したがって、いわゆる「ユダヤ人問題」なるものが存在するとしても、それは他のものと切り離されて個別に解決されることはあり得ない。それは人類の経済的・社会的問題の総合的な解決と不可分なのである。シオンにとっての自由は、すべての人々にとっての自由の大国のなかにのみ存在する。預言者たちが語り伝えたイスラエルの使命は、したがって、すべての抑圧された人々を解放する「包括的な自由の運動」のなかでのみ実現される。ユダヤ的ユートピアの特殊なところは、ブロッホによれば、預言者たちの言葉に従って行動することである。このような義務を負っているとしても、資本主義社会においてプロレタリアートが革命的状況のなかに身を置いている限り、特に「パレスティナの活動拠点」を必要とするものではない。「この光への運動の隊列にその一員として加わっていれば、どこの国の人間であろうと、その国がその人にとってのユダヤ的故郷として光り輝くのだ」。このテーゼをブロッホは次のようにさらに先鋭化してみせた。「ソヴィエト連邦の時代に、そして多くの国がソヴィエトのような社会主義同盟を形成しようとしているこのとき、すでにトンネルの出口は見えている。その光はもちろんパレスティナからではなく、モスクワから発せられているのだ。ubi《ウビー》

Lenin《レーニン》, ibi《イビー》 Jerusalem《エルサレム》」。レーニンのいるところ、そこが「エルサレム」だ。

　このような途方もない主張について論ずる前に、われわれはまず、ブロッホにとっての「真のユダヤ性」とは何だったのかを考えてみなければならない。彼にとっての「真のユダヤ性」は、ユダヤ人という人種にではなく、その存在の情熱《パトス》にある。この情熱がなければ、ユダヤ人という存在は、世界のその他の部分にとっては問題にするに値しないのだ。それは、ユダヤ人であるということを預言的運動に転じたメシアニズム的情熱なのである。このユダヤ人の使命を、ブロッホはイスラエルの民を脱出させ解放する神がその僕たるイスラエルに与えた命令のなかに見いだしている。「彼の上にわたしの霊はおかれ、彼は国々の裁きを導き出す」（イザヤ書四二章一節）。さらに「見ることのできない目を開き、囚われ人をその枷から、闇に住む人をその牢獄から救い出すために」（イザヤ書四二章七節）。もしこのような全人類的使命が「真のユダヤ性」だとしたら、トーマス・ミュンツァーやイタリアの神学者フィオーレのヨアキム（訳注 Joachim de Floris. 一一三〇?—一二〇二。イタリアの神学者。世界史を三期に分け〔父の国、子の国、聖霊の国〕、一二六〇年にヨハネ黙示録に言われる「永遠の福音」が成ると預言した）がこういった使命を担っていたことは間違いない。そしてまた、ロスチャイルド銀行がこのようなユダヤ性と何の関係もないことも明らかである。「メシアニズム的情熱」はどのような人間をも捉えうるし、また逆に、ユダヤ人がそれを全くもち合わせていないということもありうる。軛から自由への脱出《エクソダス》はどの国でも起こりうる。「預言者たちの意図に従うならば、あらゆるところがシオンである」。したがってブロッホにしてみれば、「ユダヤの分離主義的運動を停止させても、そのことによって、民族としてであれ、あるいはもっとずっと真実に近い形でいえば、メシアニズムの証人ないし証言としてであれ、ユダヤ的要素が失われることはないのである」。ブロッホの、「シオニズムは社会主義に合流するか、さもなければ全くどこにもつながらない」というテーゼは、このような意味に理解すべきであろう。

　エルンスト・ブロッホはシオニズムに対するこのような態度から、独自の道を歩み、そのために戦った。預言者たちの向かうべきところは「諸民族のただなか」であって、「地中海の東の片隅」ではない。「エルサレム」を「レーニン」と、自分に与えられていたユダヤ人としての長子権を社会主義という「レンズ豆の煮物」（訳注　創世記二五章二七―三四節、エサウとヤコブ（双子）の長子権争いの物語。先に生まれたエサウは、あるとき空腹のあまり、ヤコブが作っていた「レンズ豆の煮物」と引き換えに長子の権利をヤコブに譲る）と取り替えたとき、ブロッホはユダヤの教えを否認したのか？　それともすべての新旧の預言者たちに向かって、諸民族のなかへのユダヤ人の離散や法と自由へのメシアニズム的希望に顕現している、イスラエルの神的使命に対する忠実さを示してみせたのか？　私のような非ユダヤ人がこのような問いに答えることはできないし、答える必要もない。しかし、『希望の原理』全巻を通して、預言者的精神がいかに強く私に訴えかけてきたかは、証言することができる。そして、モスクワにおける「現存する社会主義」の受難と失望の経験を経たあと、希望の地平線には再び「エルサレム」が現れねばならないのではないか、もう地上の一小都市である必要はない、新しき創造の天なる町としての「エルサレム」が再び発見されねばならないのではないか、と問うこともできる。メシアが現れ、そして貧しい人々に法を、諸民族に永遠の平和をもたらすとき、そのメシアは「レーニン」をも救済せねばならないのではないか。つまり、具体的・歴史的ユートピアとしての「社会主義」も、救済という超越的な希望に依拠しているのではないか、ということである。シオニズムにしても、自らの軍事的成功によってすべてを失わないようにするためには、彼岸の希望は放棄できない。ここでいう彼岸の希望、超越的な救済の希望とは、天国への憧れなどではなく、死者たちの復活のことである。死者が死んだままでいる限りは、死者たちに正義が行われない限りは、真の希望が実現されたことにはならない。シオニズムによるものであろうと、社会主義によるものであろうと、あるいはどんなものであれ、可能な限り最良の世界というものが構想されたとしても、それは同じである。どんな歴史的プログラムであれ、未来の幸福を志向しているからといって、死者たちが被った不正を正当化することはできない。自らのために正義が行われることを待っている死者たちがいる限り、生きている者も待たねばならない。そして、生きている者たちが未来への希望をもっているとすれば、それはまた死者たちの生への希望でもあるのだ。

エルンスト・ブロッホはマルクス主義を「自分の体系

に組み込む」ことに成功したのか、それとも、彼の希望の哲学の、あれほど錯綜したさまざまな道は、すべて結局のところ誰もが知っているマルクス主義的イデオロギーにつながっているだけのことなのか？　彼はマルクス主義的・弁証法的ユートピアの光と聖書的ユートピアの光を合一し、人間の疎外をそのあらゆる場面で照らし出すことに成功したのか？　もっと簡単な質問に言い換えよう。ブロッホはキリスト教徒をマルクスのもとへ連れて行っただけなのか、それともマルクス主義者を聖書に向かわせもしたのか？

私が一九六〇年に『希望の原理』を「メシアニズムとマルクス主義」というタイトルで紹介したとき、自身に問いかけたことは、「ブロッホの希望の原理において、メシアニズムはマルクス主義に勝利したのか、それとも敗北したのか？」というものだった。現在この問題について、私はこれほど二者択一的な、またこれほど軍事的な表現は用いない。ブロッホのマルクス主義にとってメシアニズムは、彼に包括的な視野を与えるものであったと同時に彼の内面の原動力にもなっていたと、今は考えている。その意味で、一九五七年当時、ドイツ民主共和国においてブロッホを批判したスターリン主義者たちは正しかったといえる。ブロッホは確かにマルクスのことを考えていた。しかしそれ以上のことも考えていた。ドイツ民主共和国の公式路線に忠実な御用哲学者たちは、そのことを正確に嗅ぎつけ、そこに疑いの種を植えつけていったのである。ただ、彼らはこの「それ以上のこと」が何であるかを理解していなかった。

資本主義社会が産み出した悲惨を目にしたとき、ブロッホにとって、マルクスとラサールが言った「民主的社会主義」がメシアニズムの歴史的形態となった。つまりメシアニズムが、メシア到来への期待を実践によって示し、その精神を先取りし、その自由の王国のために行動することだとすれば、それは抽象的なままではあり得ず、したがってもちろん、宗教的に祈られるだけのものであってはならないはずである。ブロッホの考えるメシアニズムは、実践的な宗教批判である。しかしこの宗教へのメシアニズム的批判は、若きマルクスが見定めたように、「人間を虐げられ、奴隷化され、見捨てられ、軽蔑されるべき存在に貶めているすべての関係を転覆させよという定言的命令」（訳注　マルクス『ヘーゲル法哲学批判序説』の先に引用された箇所に続く文）に行き着くのである。このようなメシアニズム的精神は、現状と真摯に関わり合おうとしているが、しかし現状に取り込まれることはない。むしろ現在の状況を未来に向けて動かすのである。だからこそ、ブロッホはこのメシアニズム的精神をマルクス主義のなかに持ち込み、そのことによってマルクス主義をより広い地平へと持ち出し、新しい領域にまで拡大したのである。『希望の原理』において、マルクス主義が閉じたイデオロギーに硬化することはあり得なかった。逆にマルクス主義が硬直化したところでは、ブロッホは、たいていは自ら意図せぬまま、必ずそれを開放し、精神的実験の「未決状態の揺らぎ」のなかに置き直している。この実験は、閉じられたイデオロギーではけっして把握することのできない、開かれた世界の動きに対応している。「恐るべきものに向かって、恐るべき揺らぎのなかにある世界の本質」を捉えた「希望の哲学の考え方によれば、この恐るべきものは、行動する希望によって良きものになる」。このような、歴史を生成しつつある「世界の揺らぎの状態」を表現するために、ブロッホは「開かれた世界の動き」とか、「過程質料」とか、「世界実験」などといった比喩を用いた。何事もまだ決まってはいない。「望みがなくなったわけではない」。しかしまだ獲得されてもいない。すべてを獲得するか、あるいはすべてを失うか、それは日々の行動にかかっている。このようなことが客観的世界についていえるとすれば、その世界に関する人間の知識についても、あるいはその「開かれた世界の動き」のなかでの人間の実践についても、いっそう未決の部分があるはずだ。じつは、これこそがマルクス主義以上のものなのである。これはいわば永久に修正されるマルクス主義であり、ペレストロイカ・マルクス主義である。このようなマルクス主義を、おそらくマルクスも歓迎したであろう。

「希望」という基本原理をもつ哲学の本質からして、世界の現実は歴史として把握され、現在はいわばその歴史の最前線であり、未来へのあらゆる新しい可能性に向けて開かれていると見なされることになる。「現実的なものとは過程である。この過程は、現在と、まだ完結していない過去と、そして何よりも可能な未来とが縦横に媒介しあうことによって成立している」。十九世紀には単純な進歩信仰から直線的な時間概念が形成された。過去、現在、未来は一本の直線の上にあり、その直線はある目標に向かって走っている。ブロッホはしかしこれらの時を歴史的に考察し、過去から未来への硬直的な連続というものを放棄している。「まだ成立していない未来は過去のなかに見える……実現された過去が未来のなかに見える」。歴史を振り返った時われわれが想起するのは、報われなかった未来が過去にあることであり、死者の希望が未だ実現されていないこと、過ぎ去ったものたちの生の夢が破壊されたままであることだ。われわれは過ぎ去ったもののなかに、過ぎ去ったものだけでなく、これから到来するものをも想起する。かつてあったものは、過ぎ去った未来なのだ。「エルサレムよ、もしも、わたしがあなたを忘れるなら、わたしの右手は萎えるがよい」(詩篇一三七章五節)という聖書の言葉を、ブロッホは好んで引用した。「憧憬」というカテゴリーは、ブロッホにおいては、「希望という原理」と比べても、少なくとも同等以上の重みをもっている。この「憧憬」においてブロッホは、精神的には徹底してユダヤ的である。われわれは現在の希望や計画が実現されることを望むだけでなく、確かに、過去の人々のための未来をも望むのである。想起と希望とは対立概念ではない。現実的な希望は想起のなかにその根拠をもっている。想起は希望において回帰する。救済をもたらす未来はすべてを回帰させる。時間的に過ぎ去ったからといって、何事も失われたわけではない。

しかしこの想起され、希望された人類史も、世界の客観的な現実のなかに相関物をもたない限り、砂上の楼閣にすぎず、幻想の夢の王国になってしまう。世界の現実が閉じられた世界であれば、「この世になんら新しいものはない」ことになってしまう。そしてこの世に何も新しいものがなければ、希望はその権利を失う。そうなれば、人生に対してのしかるべき現実的な態度とは、明るく諦めることだろう。しかし、もし世界の動きそのものが開かれていれば、それはまたあらゆる可能性をもつことになる。良い可能性も、悪い可能性も、希望を実現する可能性も、すべてを破壊する可能性もあることになる。恐怖と希望のなかでわれわれの精神は時代を先取りし、ありうる危険とありうる幸福とを探っているのである。

ブロッホ以前にも希望の哲学者は存在した。たとえばガブリエル・マルセル（訳注 Marcel, Gabriel. 一八八九―一九七三。フランスのカトリック思想家）。しかしブロッホが初めて、希望という人間の情動を世界の動きのなかでの客観的・現実的な可能性のカテゴリーと結びつけたのである。彼は、人間の希望および開かれた世界と、未来の可能性との相互作用を探究し、それを叙述した。その結果、人間の希望は現実的なものとなり、世界の現実は希望に満ちたものとなった。このような説明は、確かに『希望の原理』というタイトルに見合うものではあるが、しかしこの著作の内容を考えると百パーセント正確とはいえない。彼は、開かれた世界がありとあらゆる可能性に満ちていることを知っており、そのなかには破壊的な可能性もありうることをつねに意識していた。彼の希望についての新しい哲学は、至るところで危険をも意識していたのである。行間を読むことのできる者には、『希望の原理』が、世界の増大しつつある危険についての知識をも与えていることがわかるだろう。

「環境の危機」が一般に認識されるよりもずっと前に、ブロッホはヘーゲルとマルクスの歴史哲学に、独自の自然哲学を付与している。独自の権能を認められた「自然」それ自体は、マルクスの哲学でもヘーゲル哲学でも、何の役割も果たしていない。彼らにとって自然とは、加工されるべき材料であり、産業社会となった人間世界にとっての原料提供者以上のものではなかった。ブロッホにおいて、自然はこのような人間の破壊的な介入の手を逃れ、独自の主体にまで格上げされ、認知された。人間が自然と共同することによってのみ、そしてもはや自然を抑圧することをやめたときに初めて、世界の動きは成就し、すべてがそれぞれの平和を見いだす「同一性の故郷」が成立する。

このようにかなり早い時期から環境問題を意識した自然哲学に、ブロッホがいかにして到達したかは比較的簡単に跡づけられる。開かれた世界の動きにおいて現実的なものとは、「過程質料」であって、物でも事象でもない。われわれが事柄とか事実と呼んでいるものは、実はさまざまな関係や過程の織物であり、結節点である。それはけっして完結し、固定した現実ではない。可能性から現実への移行の過程なのだ。いま現実となっているものだけしか見ないものは視野が狭すぎる。事象の成り立った結果しか見ておらず、その成り立ちの過程、生成そのものを見ていない。その事象の可能性に注目するときに初めて、その生成の過程が見えてくる。したがってブロッホは、質料とは「可能性の状態にあること」だと考えていた。可能態にあるものがその現実態への生成の過程で、ある形を獲得するとすれば、その形が可能態そのもののなかに含まれているのではないか、と考えることができよう。もしそうだとすれば、質料そのものがその現実の形を生み出しているのであり、神秘的な「実り豊かな母胎」、すべての存在を生み出す神性、と見なすことができる。「母なる質料」である。しかしそうなると、自然をただ人間の認識と労働の対象とのみ見るのでは不十分だということになる。自然とは、それ自体が、人間を含め自然のなかにあるすべての生物の主体である。そのことは生の進化が実際に示していることでもある。その進化の比較的最後の方になってようやく人間が登場したのだ。

人間は進化の過程の最後の方に登場するのだから、自然の主体なのだろうか？　マルクスやマルクス主義者たちが言うように、人間においてのみ自然は最高度に開花したのだろうか。それとも、隠れた大きな「自然主体」と人間という小さな歴史主体との、二つの主体があるのか？　ブロッホが主張したこの二つの主体は、それぞれ別の、未完の世界連鎖の主体である。一つは人類史、もう一つは宇宙の自然。この二つを仲介することが、ブロッホにとっては歴史の最も重要な課題であった。

これまでこの仲介が成功しなかったのは、人間が自然をただ奴隷として支配し、その資源を搾取することしか考えなかったからである。支配者としての人間は、自ら「無垢の自然」と呼んだものを凌辱し、自然を臣下としてきた。「われわれの技術は自然のなかで、まるで敵国に駐留する占領軍のようにふるまっている。しかも、その国の内情については何も知らない」というブロッホの判断は正しいだろう。彼はこの敵国を占領する技術に反対し、「同盟の技術」を提案する。それは「自然の共同生産性」に媒介された技術である。「単なる策略家あるいは搾取者」としての技術者の代わりに、自然と同盟する人間が技術を統括しなければならない。攻撃的な技術の代わりに宥和的な技術が用いられねばならない。マルクスがかつて言ったように、「自然化された人間」だけが「人間化された自然」（訳注　マルクス『経済学・哲学草稿』〔一八四四年頃執筆、一九三二年公刊〕の第三章稿〔私有財産と共産主義〕の一節〕を獲得することを望める。一九五七年の時点では、依然として技術に魅了されたマルクス主義者たちが必死になってブロッホに反論していた。「われらが若者たちは科学と技術を学ぶべきである。はたしていつか人間はリンゴの言葉を理解できるか、そしてリンゴもわれわれ人間を理解できるか、などということについて観念的な思弁を弄している暇はない」というわけである。しかし資本主義社会であれ社会主義社会であれ、現代人が駆使しているその科学と技術に対する自然の応答が、「沈黙の春」〔訳注　レイチェル・カーソン〔Carson, Rachel L. 一九〇七―一九六四〕の『沈黙の春』は一九六二年刊行。農薬による環境汚染を訴え、全世界的に環境保護の意識を覚醒させた〕であり、東西にかかわらない森林枯死であり、オゾン層の破壊拡大であり、大地の砂漠化であることがわかると、すべての人々が考え直し始めた。そしてブロッホの自然哲学をもはやロマンティックなだけではないと見るようになった。ブロッホのエコロジー的唯物論は、いかに詩的に、そして宗教的に語られようと、時が経つにつれてますます、マルクスのただ弁証法的なだけの唯物論よりも、よりリアリスティックで、現実に見合ったものだと見られるようになった。

ブロッホの思考の強みは、新たに出発すること、途上にあること、先取りすることにある。この強みは、逆に弱みにもなる。つねに先に進むことを求め、けっして安穏を与えないメシアニズム的希望は、犠牲を伴う。「来年、エルサレムで」という挨拶を交わし続ける者は、現在という場に完全には腰を落ち着けていない。そのような者にとっては、いかなる現在も次が最後という余地を残しており、彼らは、ただとりあえずその場にいるにすぎない。心ここにあらずの状態なのである。自分の周りの世界を、自然の大きな実験場と見ている者にとって、したがってそこに、ただこれからありうる幸福の「実験室」を見ている者にとっては、自身の人生も一つの実験ということになる。そのような者は誰にも、何物にも心から身を預けることができない。全き生を生きることができない、したがってまた完全な死を死ぬこともできない。ブロッホとは違ってイスラエル国家のシオンへと帰っていったゲルショム・ショーレムは、メシアニズム的理念におけるこのような一時性、暫定性を以下のように批判しているが、このときショーレムは、私の見る限り、明らかにブロッホのことを念頭に置いている。「希望に生きるというのは偉大なことだ。しかしそれはそうとうに実現不可能なことなのである。メシアニズム的理念はユダヤ人たちに先延ばしの生を強要し、現在の生を執行猶予に処してしまった。この先延ばしの生においては、何事も最終的な決着をみることはない。すべては未決定である」(ショーレム『ユダヤ教におけるメシア的理念』所収)(訳注 一九七一年刊。邦訳は『ユダヤ主義の本質』高尾利数編訳、河出書房新社、一九七二年)。

すべては可能性の状態に留まる。これこそが『希望の原理』に内在する危険であろう。メシアニズム的精神による生をショーレムのように「先延ばしの生」と非難したりせず、エルンスト・ブロッホのようにもっと肯定的に「先取り(予見)の生」と見なすとしても、その限りでは、生は実現されない。いわば、いつまでも待降節であって、クリスマスはけっしてやってこないのだ。希望という事前の喜びは、すぐにメランコリーに転じてしまう成就の喜びよりも大きい。しかし当座の「実験」においては、すべての言葉は未決であり、すべての思考は流動的である。すべての行為は撤回可能なものと見なされる。人間の実存の核は、その力を出しきることなく、自然という主体も、その仮の姿の背後に隠れたままである。

こうしてみると、われわれにはブロッホの世界観、生への態度の弱点がはっきりしてくる。いつの時代のどんな瞬間も、その瞬間は本当のところ取り返しがつかない。誰にとっても生は一回限りのものであり、死は決定的である。罪の埋め合せはできない。もし人間の生について、「これはただの実験だったのだ」と主張しようとするならば、悪を認識することはできず、死については無知であらざるを得ない。実験とはすべて繰り返し可能であり、だからこそ検証の結果に基づいて何事かを主張することができる。しかし、ブロッホが世界「実験」と呼ぶ人間の生は、誰がどう人生を「設計」しようと、けっして繰り返せない。一回だけ可能なものなのである。したがって「実験」という比喩はふさわしくない。愛と希望は、「心の底から、全身全霊をかけて」のみありうる。これを弄ぶことはできない。愛と希望は何事も「未決定の揺らぎのなか」にはおかない。完全なイエスか完全なノーしかないのだ。その情熱はただメシアニズム的であるだけでなく、メシアニズム以上のものなのだ。この情熱は未来の情熱であるだけでなく、到達の情熱でもある。救済の情熱であり、「今日」を求める情熱である。「思考するとは越え行くことである」。それは正しい。われわれはそのことをブロッホから学んだ。しかし思考することは、いまここに存在し、完全に落ち着くことでもある。ブロッホはわれわれにきわめて魅力的な脱出《エクソダス》の哲学を残してくれた。これを理解した者は、今度は運動のただなかで目的地に到着し安寧を見いだすために、安息《サバト》の哲学を探求することになるであろう。

ヴァルター・ベンヤミン（Walter Benjamin, 1892-1940）

主著

『ドイツ・ロマン主義における芸術批評の概念』（*Der Begriff der Kunstkritik in der deutschen Romantik*, 1920）

『ゲーテの「親和力」について』（*Goethes Wahlverwandtschaften*, 1924）

『ドイツ悲劇（哀悼劇）の根源』（*Ursprung des deutschen Trauerspiels*, 1928）

『パサージュ論』（*Das Passagen-Werk*, 1935）

『複製技術の時代における芸術作品』（*Das Kunstwerk im Zeitalter seiner technischen Reproduzierbarkeit*, 1936）

全集

Gesammelte Schriften, Herausgegeben von Rolf Tiedemann und Hermann Schweppenhäuser（Frankfurt am Main: Suhrkamp stw 931, 1991）

邦訳

高村宏平ほか訳『ヴァルター・ベンヤミン著作集』1-15（晶文社，1969-79）

川村二郎・三城満禧訳『ドイツ悲劇の根源』（法政大学出版局，1975）

山本尤訳『ベンヤミン-ショーレム往復書簡　1933-1940』（法政大学出版局，1990）

今村仁司ほか訳『パサージュ論』I-V（岩波書店，1993-95）

浅井健二郎ほか訳『ベンヤミン・コレクション』I-Ⅲ（ちくま学芸文庫，1995-97）

野村修訳『ベンヤミン-アドルノ往復書簡　1928-1940』（晶文社，1996）　ほか

イーリング・フェッチャー

ヴァルター・ベンヤミン

三浦 國泰 訳

ヴァルター・ベンヤミンについて適切に記述するためには、彼の感性や感情移入の能力、そして社会、文化、政治の時代状況に対する彼の広範な知識を身につけていなければならないだろう。だが彼の人となりや、その——未完に終わった——活動に近づこうとすることには、一種のためらいを感じざるを得ない。同世代の多くのドイツ系ユダヤ人同様、ベンヤミンもまたナチによる迫害の犠牲となっている。一九三三年に国外へ脱出したものの、一九四〇年、フランスとスペイン国境においてフランコ政権下の国境警備兵に越境を拒まれたとき、彼はゲシュタポへの引渡しを恐れて、自ら四十八歳の命に終止符を打ったのである。そのため今世紀の最も特異で、最も予感に満ちあふれた活動の一つが突然中断されることになった。

ヴァルター・ベンヤミンとは何者だったのか。彼は一八九二年六月一五日、ベルリンの商人一家の息子として生まれた。父親は美術品のオークションで生計を立てており、当時かなり裕福だったはずである。ベンヤミンは文化的に解放的な雰囲気の家庭で育てられた。こうした上流ブルジョア的な環境のなかで、彼はデカダンスと、しだいに近づきつつある没落の兆候を敏感に感じとっていた。彼は著作のなかで十九世紀後期ブルジョア社会のデカダンスというテーマに魅せられ、何度も何度もそこに戻っていった。没落をマルクス主義的あるいは精神分析的カテゴリーの力を借りて省察し始めるずっと以前から、現象学的にそれを感じとっていたのである。四十歳のとき、自分の『一九〇〇年のベルリンの幼年時代』を回想し、それを印象深く述懐している。そこで語られている思い出は、実際には悲劇的ではないものの、幼年時代の体験の予感に満ちた夢想を再現している。ベンヤミンが回想した一九三二年には、それはもうすでに三十年どころか、百年以上も時間が過ぎ去ってしまったかのごとく、あまりにも遠い昔のことのように思われたのである。ブルーメスホーフ一二番地が当時の祖母の住所であった。その家の思い出をベンヤミンは次のように記している。「この住居から漂ってきた、はるか記憶のかなたのあのブルジョア的安定感を、どんな言葉で説明したらよいだろうか？　そのたくさんの部屋部屋にあった家財道具の一切は、今日ではどんな古具屋にも名誉となるものではないだろう。七〇年代の製品は、のちのユーゲントシュティールのものに比べて大いに頑丈ではあったが——そこにある見違えようのない本質は、すべてを時の成り行きにまかせ、未来については材料の持ちの良さだけを頼みにして、けっして理性的評価に委ねようとしなかったその惰性的保守主義にあったのだ。これらの部屋には悲惨が入り込む余地はなかったし、それればかりか、死でさえ訪れることはなかった。そこには死ぬ場所がなかったのだ。だから部屋の住人たちはサナトリウムで死んでいったし、家具類は、最初の遺産相続ですぐさま商人の手に渡ったのである。それらの部屋では、もとから死というものが予定されていなかった。そのために、昼ははなはだくつろげるたたずまいが、夜になると悪夢の舞台に変わったのだ。階段室は、足を踏み入れてみると、ある悪夢の住み処であることがはっきりわかった。その悪夢の仕業で、私の両手両足は力が抜けてぐったりとなってしまい、必死になって目ざすその戸口にあと二、三歩というところで、とうとう私は金縛りになってしまうのだった。こういう夢は、私がこの家で得られた安らぎの代償だったのである」。

度重なる病気とカイザー・フリードリヒ・ギムナージウムへの入学準備として受けた家庭教師の授業のために、ベンヤミンは無口なギムナージウム生徒に育っていき、粗野な同級生たちに悩まされた。ベンヤミンは権威主義的校則に耐えきれなくなり、両親は彼をハウビンダの田園学校に転校させた。そこがベンヤミンにある種の解放感を与えることになった。のちにフライブルクとベルリンで大学生活を送るようになっても、ベンヤミンは以前の師で教育改革者のグスタフ・ヴィネケン（訳注 Wyneken, Gustav. 一八七五―一九六四。ドイツの教育家）に対して恩義を感じている。ベンヤミンの最初期の評論は『出　発《デア・アンファング》』という雑誌に発表されたが、この雑誌は昔の寄宿学校の同級生たちによって出版されたものである。教育改革はベンヤミンによって

「文化改革」と理解され、また青年に課せられた使命と考えられた。一九一二年の初めての理論的著作は、彼の年齢とブルジョア階級という出身を考えると、驚くべき文章で始まっている。「われわれは社会主義、女性運動、交通、個人主義の時代に生きている。われわれは青年の時代に向かって進んでいるのではないだろうか」。ここでいう青年をベンヤミンはお伽話のいばら姫の姿を借りて描いている。彼の目には彼女を目覚めさせることが「自由学生連合」の使命と映り、それは自由学校共同体（訳注 ヴィネケンがテューリンゲンの寒村に創設した教育施設）の熱意をわが物とし、担い続けなければならない。もちろん、『出発』誌もまた、その使命に奉仕しなければならない。ベンヤミンの印象では、とかく青年は思索的である限り、ペシミズムの傾向にある。われわれの時代においては二重の意味でそうである。「少なくとも一度や二度、ペシミズムに打ちのめされることなくして、青年は、とりわけ都市に住む者たちは最も深刻な問題、つまり社会の生み出す困窮と、いったいどうやって向かい合うことができようか？ 反証など存在しない。頼みの綱は自己の意識のみである。たとえ世界がどんなにひどかろうとも、お前はそれを向上させるために来たのだ、という意識。これは高慢などではなく、責任感にすぎない」。ベンヤミンは同じような志をもつ小さな学生サークルに連帯を感じ、当時ブルジョア青年運動の一つであった自由学生連合の宣伝活動をベルリンやフライブルクでも行っている。道徳的自己修練、あらゆるブルジョア的欺瞞とこせこせした保護者面の拒絶、これらがベンヤミンの掲げた合言葉であった。彼がグスタフ・ヴィネケンを解釈しているように、近代教育学は「胎動する文化のための余地以外の何物をも生み出す意図をもたない。労働を学び、自己をまじめに受けとめ、自らを教育していくことを学ばなければならない青年たち、彼らを信頼することで人類は信頼するのである、自らの将来を、ただそれだけが崇拝の対象である非合理を、未来精神で満たされているだけではない青年たちを――いや、青年たちはむしろはるかに精神に満たされており、新たな文化を担う者としての歓喜と勇気を自分のなかに感じている」。大学に入学した頃のベンヤミンの手紙も、そのほとんどがこうした目標をめぐって書かれている。しかし、彼はすぐに仲間に対して深く失望し、自由学生連合における積極的な活動から身を引くことになる。

ヴィネケンやヴィッカースドルフにある彼の自由学校共同体、そして自由学生連合のために活動していた数年間に、ベンヤミンのユダヤ精神に対する関係も明らかになる。一九一二年一〇月一〇日付のルートヴィヒ・シュトラウス（訳注 Strauß, Ludwig. 一八九二―一九五三。ドイツのユダヤ系作家）宛の手紙のなかで、ヴィネケンの理想主義的思想に対して積極的な熱狂と誠意を示した人間のほとんどがユダヤ人であったことをベンヤミンは断言している。ベンヤミンが彼らに見てとったのは「厳格な二元論的人生観であり、それをぼくは（ちょっとした偶然なんですが）ぼく自身の内面とヴィッカースドルフでの人生観のなかに見ているのです。ブーバーもまた、この二元論について語っています」。さらにベンヤミンは、この数ヵ月の間にこうしたすべてのことが明らかになり、ヴィッカースドルフ以来、自分のユダヤ精神を発見した、と続けている。「理念や人間性において自分にとって最高であるものが、実はユダヤ的なものだったことに、ぼくは気づきました。そしてぼくが認識したものすべてを一つの文章にまとめれば『ぼくはユダヤ人であり、ぼくが自覚をもった人間として生きるなら、それはすなわち自覚をもったユダヤ人として生きることである』ということです」。この自覚の意識は、青年の解放という一般的な思想と独特な形で溶け合っている。ヴィネケンの理念に確固たる確信を抱いて、ベンヤミンは、同じ手紙のなかで次のように述べている。「この理念が本質においてユダヤ的なものなのか（たとえそれがある一人のドイツ人によって何度も表明されたものであれ）、あるいはぼくやその他のユダヤ人、すなわちぼくたちがもう真のユダヤ人ではないかのどちらかです。ぼくたちは最も人格的なものにおいて、何か非ユダヤ的なものに感動させられることがあるのですから。自分のなかの価値あるものをぼくは何よりも肯定するしかないのです、たとえ『お前や他の「ユダヤ人」のなかにある価値あるものは、ユダヤ的ではないのだ』と言われたとしても、ぼくは全く残念には思いません。ぼくにとって最高の価値あるものは、自分の判断に照らし合わせて疑問の余地なく価値が高いのであり、他の何物によるものでもありません」。シオニズムに対しても彼は共感を示しているが、距離も置いている。「パレスティナにおいて脅かされているユダヤ人の生存条件は確立されなければならず、またそうすべきです」。ベンヤミンはこの「パレスティナのシオニズム」を当然必要なことだと考えているが、それに対してドイツのシオニズムを別物と見なしている。後者はベンヤミンによると「パレスティナの宣伝をするが、ドイツ的に酔いしれ」、結局のところユダヤ的精神のかけらももちあわせていない。彼自身は自分を文化シオニズムの側に数え入れ、「それはユダヤ的な価値をあらゆるところに見いだし」、民族主義的偏狭さを免れている。彼は手紙の受取人に対して次のように批判的に書いている。「しかしながら、もしもあなたが『学校、女性の問題、社会主義、こうしたもの一切はユダヤ精神とは無関係であり、人類の関心事である』とおっしゃるならば、何物も、とりわけ最も人間的で、最も重要なものを解明しないナショナリズムなどというものは、無価値で、怠惰という危険な力以上の何物でもありません」。「ユダヤ人は精神的人間の一団のなかのエリートである」ことを信じていたベンヤミンは、全ユダヤ人が、あるいはドイツで生活するユダヤ人の多数がパレスティナに移住することを望まない。確かにベンヤミンは政治的シオニズム運動に対して——それがとりわけロシアに住むユダヤ人たちのためになるので——財政的な援助の覚悟はあるが、彼自身としては政治的にはむしろ別の形の参加を望んでいる。「ぼくが自分の政治的な落ち着き先を左翼的自由主義に見いだすか、あるいは社会民主主義に見いだすことになるか、ぼくにもまだはっきりとわかりません」。これが明らかに左翼の政治的立場にたつベンヤミンの最初の発言である。この立場はマルクス主義との出会いののち、よりいっそう明白にはなるだろうが、奇妙にも、つねにどっちつかずのままに終わることになるのである。

一九一七年と一八年の冬学期から、ベンヤミンはベルンで大学生活を送っている。そこで哲学研究を続け、さしあたり『カントと歴史』という論文を執筆しようと考えていた。しかし読書を通じて、彼の興味は次第に初期ロマン主義の芸術理論に移っていった。彼にはもちろんその芸術理論の成立はカントの超越論的哲学やフィヒテ(訳注 Fichte, Johann Gottlieb. 一七六二—一八一四。ドイツの哲学者)という前提があって初めて可能であるように思われたのである。一九一九年六月に博士請求論文「ドイツ・ロマン主義における芸術批評の概念」がベルン大学の哲学部に受理され、最優秀（summa cum laude）の評価を受ける。ベンヤミンはこの時期の手紙の中で、この論文についてこう書いている。「この論文は予定されたものが、しかるべき姿になったものです。つまりこれまで文学において知られていなかったロマン主義の真の本質を指摘するものです――間接的ではあるのですが。というのも、ぼくはロマン主義の核心であるメシアニズムにも、……またぼくの眼の前に立ちはだかっている別の問題にも迫ることができなかったからです。ただ、こういう実情を論文そのものの中から読みとれるようにすることはできたと思います」。ここに初めてベンヤミンのメシア思想への言及が現れており、それはのちのベンヤミンの歴史哲学的省察において中心的な意義を占めることになるのである。

ベンヤミンは次の文芸批評論文『ゲーテの親和力』を相当ひどい鬱状態で書き始めた。一九二一年一一月八日付の手紙で、彼は次のように書いている。「先週はずっと調子がよくありませんでした。鬱状態がだんだん周期的に現れてくるようで、何とかこれと闘わなくてはならないのですが、幸いなことに、先の見通しが全く立たないというわけでもありません。ついいましがたも、再び憂鬱な気分から抜け出すことができました、というのも目下取り組んでいる論文のために、他のことにかかずらわっていることなどできないからです。『親和力』に関する批評を書かねばならないのですが、この論文は、一種純粋な哲学論の準備作業になるという点でも、また範例的批評になるという点でも、ぼくにとっては重要なのです」。六〇年代にようやく熱心な読者層と出会うことになったこの小さな作品は、同時にベンヤミンが批評と呼ぶものの範例と理解されている。「批評とはある芸術作品の真理内容を、注釈とはその事実内容を探るものです」。ベンヤミン以前のおびただしい数の文芸史家は親和力をゲーテの生涯から解釈することを試み、グンドルフ（訳注 Gundolf, Friedrich〔本名 Gundelfinger〕. 一八八〇―一九三一。ドイツの文学史家）はゲーテの生涯それ自体を固有で最も偉大な〈芸術作品〉として呈示したのに対して、ベンヤミンは芸術作品そのものから、その背後に潜んでいる人間と世界のイメージの真理を認識しようとする。「親和力の対象は結婚ではない。結婚が道徳的に強制する力が、この小説のなかのどこかに見当たるとは思えない。そういう力は初めから満潮時に水没する岸辺のように消滅しつつある。結婚はここでは道徳問題でもないし、社会問題でもない。それは市民社会的な生活形式でもない。結婚の解消のなかに人間的なものすべてが姿を現し、神話的なものだけが本質として留まるのである」。この神話的なものこそ、ゲーテが――ひそかに――表現しているものである。その神話的なものは、迷信の儀式、象徴的表現、運命の神々に捧げられる犠牲などのなかに示されている。死んだ物体――家、水車、湖など――が中心的役割を果たしているこの小説は、ある深い不安に貫かれている。同時代人のなかでおそらくゾルガー（訳注 Solger, Karl Wilhelm Ferdinand. 一七八〇―一八一九。ドイツの哲学者）が、ゲーテの自然哲学と小説の関係を最も明確に認識していたとベンヤミンは断定する。ゾルガーは『色彩論』を「自然が生き生きと、人間的に、かつ親しみやすいものになっている」作品であると述べ、さらに「私にはその作品が『親和力』にも、何がしかの光を投げかけているように思われる」とつけ加えている。

この小説の本質である神話的なものの認識から、深い死の恐怖と生の不安に刻印づけられたゲーテ特有の自然理解までは、ほんの一歩である。「すべての批評に背を向けて自然を偶像崇拝することが、芸術家という存在における神話的な生活形式なのだ。そしてこのような形式がゲーテにおいて、最高の充実した意味を獲得し、これこそがオリンポスの神という呼び名で意味されていること、と考えてよいだろう。ゲーテはこの神話的本質のなかに、同時に明るく輝くものを指摘しているが、しかしこれには、人間の生存にきわめて重苦しい影を投げかけてきた、ある暗いものが対応している」。

私には鬱状態に悩まされていたベンヤミンが、ゲーテの不安に対して誰よりも敏感であったのは決して偶然ではないと思われる。彼はゲーテに三重の不安を見いだしている。すなわち死への不安、人生への不安、そして責任への不安である。「責任への不安は、ゲーテが彼の本質によって囚われていたもののなかでも最も精神的な不安である。それはゲーテの保守的な心情の基盤であり、彼はそうした心情を政治や社会の分野、そして晩年にはおそらく文学に対しても示したのである」。この不安のために、ゲーテは重要な決断に際しては、外的な徴候や預言に頼り、占星術さえも、彼が求めた責任逃れの条件としては欠くことのできないものであった。こうしてべンヤミンは――「通常の見解」と一線を画し――詩人の人生から作品の理解に達するのではなく、むしろ逆に作品の深い批判的理解から詩人の人格のなかに隠された性向を把握しようとする。つねに作品を厳密に検証できるものから始めなければならない。このような点から、ベンヤミンは同時代やそれ以前の『親和力』解釈のほとんどすべてを拒否することができるのである。

神話的なものに対して神的正義を措定することにより、ベンヤミンはゲーテの小説における神話的な自然崩壊の指摘を批判的に乗り越えている。『親和力』研究と同時期に生まれた論文『暴力批判論』のなかで、ベンヤミンは次のように書いている。「神話的暴力とは、生そのものに対する暴力それ自身のための、血の暴力であり、それに対して神的暴力とは、すべての生に対する現に生きているもののための、純粋な暴力である。前者は犠牲を要求し、後者は犠牲を受け入れる」。別の箇所では、「正義はすべての神的な目的措定の原理である。権力はすべての神話的な法措定の原理である」と述べている。

ベンヤミンは、ジョルジュ・ソレル（訳注 Sorel, Georges. 一八四七―一九二二。フランスの社会主義者）による単なる政治ゼネストとプロレタリア・ゼネストとの区別をいかにもベンヤミン流に神話的暴力と神的な――つまり純粋な――暴力との区別に結びつけている。政治的ストライキが根本において現行の権力関係の変革を目的とする恐喝的暴力であるのに対して、プロレタリア・ストライキは――「純粋な手段」として――すべての暴力の廃棄を目的とする。「神話を破壊するアナーキーな革命というユートピアは、ベンヤミンの作品のなかを一貫して流れる神学的基礎である」とベルント・ヴィッテはベンヤミンの伝記のなかで書いている。

ベンヤミンはベルン大学から哲学教授資格の取得が可能であるという申し出を受けるが、インフレとそれに端を発した経済的困難により、ドイツに戻ることを余儀なくされた。しばらく彼は若い妻ドーラ・ポラックとともに両親の元に居候した。しかし、特に父親との関係は耐えがたいほど緊張したものとなり、ベンヤミンは教授資格を取得してこの依存関係から逃れようとしたのである。わずかながら古本の商いによって副収入を得ようと努めもした。ついにフランクフルト大学での——ドイツ文学における——教授資格取得のチャンスが開かれたかに思われた。一九二三年から二五年にかけてベンヤミンは、彼の完成作品のうち最大の著書『ドイツ哀悼劇の根源』に取り組んでいるが、その最初の構想は一九一六年まで遡る。この独創的な論文は、一部はベルリンで、そして一部はドイツよりも生活費の安かったカプリおよびポジタノでの長期滞在中に書かれている。ベンヤミンの手紙によれば、いかに彼の態度がドイツの大学および大学の職に対して半信半疑であり、いかに職を得るチャンスに関して初めから懐疑的であったかということが明らかである。しかし彼は公的な承認という証しを示せば、両親からの寛大な援助をいくらかでも期待できるのではないかと考えていた。手紙や会話を通じて、ベンヤミンの仕事の進展に積極的に関与した友人フローレンス・クリスティアン・ラングとの交際から、あらゆる点において個性的で、稀有な作品が成立した。それはたんにドイツ・バロック劇を再発見しただけではなく、アレゴリーの新発見によって美学のカテゴリー論を充実させ、バロック期の文学とその時代の宗教的基調を結びつけたのである。

ベンヤミンはカプリでラトヴィア人の女性共産主義者アーシャ・ラツィスと知り合い、二年後、つまり一九二六年から二七年の冬に、二人はモスクワで再会する。この若い女性はベンヤミンを魅了し、彼を初めて政治的に積極的なマルクス主義に近づけた。ベンヤミンとの最初の出会いを回想して、彼女は『哀悼劇』の書物に触れてこう記している。「その本では十七世紀のドイツ・バロック悲劇が分析され、しかもそれらの作品がごく少数の専門家にしか知られていないし、一度も上演されたことがないということを彼から聞かされたとき、私はしかめ面をしました。『何のために死んだ文学なんか研究するの？』彼はしばらく沈黙してからこう言ったのです。『まずぼくは学問に、美学に新しい術語を導入するんだ。バロック以降の劇においては、悲劇(Tragödie)と哀悼劇(Trauerspiel)という概念が区別なしに、単なる言葉として用いられている。だから悲劇と哀悼劇の基本的な区別を示すんだ。バロック劇というのは、世界の絶望と侮蔑を表現している。——それは本当に悲劇なんだ。それに対して、ギリシアの真の悲劇作家たちの姿勢は、世界や運命に屈しない。それぞれの姿勢や世界感情に見られる、こうした違いは重要なものなのだ。この違いが重要視されねばならないし、とどのつまり、それはジャンルの違い、特に悲劇と哀悼劇の違いに行きつくんだ。バロック演劇は事実上、十八、十九世紀のドイツ文学において広まった悲劇の根源なのだから』。『第二に』と彼は言いました。『ぼくの試みは、ただの学術研究ではなく、同時代の文学が抱える非常に現実的な問題と関連しているんだ』。彼は論文のなかで、表現主義との類似的現象として、バロック演劇が形式言語を模索している点を特に強調していました。『だからこそぼくはあんなにも詳しくアレゴリーやエンブレム（訳注 言葉を伴って用いられ、象徴的ないし標識的意味を担わされた図像、形象。十六、七世紀に広く用いられた）や儀式の芸術上の問題性を取り扱ったんだ』と彼は言ったのです。『美学者たちは今までアレゴリーを二流の芸術手段として評価してきた。ぼくはアレゴリーが芸術上、価値の高い手段であることを実証するつもりだ。それだけではなく、この手段は芸術上の知覚の特別な形式なのさ』」。アーシャ・ラツィスはこの答えに不満で、そうした哀悼劇が「どんな階級的利害関係」を表現しているのかと尋ねたが、曖昧な返答しか得られず、つい最近ジェルジ・ルカーチ（訳注 Lukács, György. 一八八五―一九七一。ハンガリー生まれの思想家）の『歴史と階級意識』を読み始めたことに触れられただけだった。この年、すなわち一九二三年に、ベンヤミンはアドルノ（訳注 Adorno, Theodor Wiesengrund. 一九〇三―一九六九。ドイツの社会哲学者。ホルクハイマーらとともにフランクフルト学派を形成）やクラカウアー（訳注 Kracauer, Siegfried（本来は Krakauer）. 一八八九―一九六六。ドイツのユダヤ系評論家）とも知り合い、共通の関心を有し、また政治的方向性をも等しくすることが、ベンヤミンと彼らを結びつけることになったのである。

フランクフルトでの教授資格取得は、やぼな哲学部教授たちの無関心さのために座礁してしまった。ベンヤミンはあるドイツ文学者の忠告に従ってドイツ文学の教授資格を得るつもりだった。しかしその後、ベンヤミンの偉大な論文に対して少しのセンスも持ち合わせない教授たちの「管轄」する「美学」で教授資格を申請するように求められたのである。最終的に、彼は――そのドイツ文学者の勧め通り――論文を撤回した。しかしこうしたいきさつから、彼は一九二八年にローヴォルトから出版された出版稿に、皮肉をきかせた序文を掲げる機会を失ってしまった。ベンヤミン全集の注のなかに挿入されているこの序文は、忘却の中から救出される価値がある。

この序文には、著者の怒りとユーモア、ならびにグリム童話に対するセンスが映し出されている。

「さてもう一度、いばら姫のお話を皆様にお聞かせいたしましょう。いばら姫は茨のなかでぐっすりと眠っていました。来る日も来る日も眠り続け、ようやく姫は目を覚ましました。でも幸運の王子様が姫に口づけをしたからではありません。お城のコックが、何年も何年もたまっていた力で、おもいっきり見習いをビンタしたので、お城の中を〈ビシャ〉という音が響き渡って、姫を起こしてしまったからです。

さてきれいなお姫様が一人、これから語られるページの茨の茂みの奥に眠っています。

学問という見事なヨロイに身を固めた幸運の王子様すら、お姫様に近づこうとはしないのです。というのも、もしも口づけをして目を覚ましでもしたら、ガブリと噛まれてしまうからです。

そこで著者である私がコック長としてお姫様を自分で起こすという任に与りました。おもいっきりビンタをくれて、学問という大広間の中をビシャリと響かせなければならない時は、もうとっくに来ています。掟に逆らい教授様のガウンを織ろうと、納戸の中の古めかしい糸巻き棒の針に指をさしてしまった、このあわれな真理という名のお姫様も、その時には目を覚ますことでしょう。（フランクフルト、一九二五年六月）」

教授資格取得の拒絶は――あるいはむしろ、全く歓迎されなくもなかった資格取得の挫折は――ベンヤミンに文芸批評活動の自由を与えることになったが、いずれにしても自分自身と家族の生活費を捻出するためには、そうせざるを得なかった。一九一七年にベンヤミンは結婚し、一九一八年にはベルンで一人息子のシュテファンが生まれた。実家からの――おそらくかなり貧しくなっていたのだろう――ベンヤミンへの仕送りも控え目になっていた。いまやベンヤミンは、おもに――フランツ・ヘッセル（訳注 Hessel, Franz. 一八八〇―一九四一。ドイツ生まれの作家）と共同で着手していた――マルセル・プルーストの翻訳によって、また――一九二六年からは――『フランクフルター・ツァイトゥング』紙の文芸欄への寄稿によって生計を支えていた。一九二八年にはローヴォルト社より、『一方通行路』

というタイトルの「判じ絵と細密画」風のエッセイ集が出版され、それは「技師として、著者のなかに、この路を拓いた」アーシャ・ラツィスに捧げられた。実際に文中には——夢の記憶や大冊の書物への皮肉っぽいあてこすりと並んで——多数の同時代に対する批判的省察が表現されている。そうした傾向は間違いなく革命的なマルクス主義との最初の解逅に帰することができる。「皇帝パノラマ館」という表題のもとに、ドイツ市民の愚かさに対する痛烈な描写が、唯一救済をもたらすプロレタリア革命への示唆と混じり合っている。「昔からの、しかも遠い過去に失われた生活への依存（すなわちドイツ市民のそれ）があまりに頑なになると、それにより知性の真に人間的な応用、すなわち予見が、たとえ危険が目前に迫っても働かなくなること、これはすでに何度も起こったことである。言い換えるなら、不安、生存に不可欠な本能の倒錯と無気力、知性の没落。こうしたもの一切がドイツ市民全体の状態である」。わずか五年後に自由な民主制を終焉に導いたナチスの運動に対して、大多数のドイツ市民がとった態度を考えるならば、ベンヤミンのこのような診断は預言的であるといってもかまわないだろう。——数段落おいてベンヤミンは、「共同体のもつ諸力」によって個人が没落するのを、原始人が部族の掟に服従するのになぞらえて描き、そしてこう断言する。「あらゆる財産のなかで最もヨーロッパ的なもの、それによって個人の生活がいかなる共同体の存在とも乖離して営まれるようになる、あの多かれ少なかれ明白なイロニーが……ドイツ人から完全に消えてしまった」。

階級闘争に関連して、ベンヤミンは以下のような考えを述べている。「闘争においてブルジョアジーが勝とうと負けようと、発展の過程において致命的となる内的な矛盾により、彼らには没落の判決が言い渡されている。問題はただ、ブルジョアジーが自らの手で破滅するか、それともプロレタリアートの手によって破滅させられるかである。三千年にわたる文化の発展が存続するのか、あるいは終焉を迎えるのかは、この問題に対する答えにかかっている。……もしもブルジョアジーの消滅が経済および技術の発展から、ほぼ予測されうる瞬間までに果たされないなら（インフレと毒ガス戦はその瞬間が近いことを警告している）、すべてが失われてしまうことになる。ダイナマイトが爆発する前に、火のついた導火線を断ち切らねばならない」。つまりプロレタリア革命は、市民社会の没落に脅かされている文化を救うことができるとベンヤミンには思われたのである。

このエッセイ集の最後の部分では、人々にようやく最近意識されるようになった環境破壊への言及がすでになされている。生産技術は「利潤第一の支配階級」によって、ただの支配技術になってしまった。「自然支配はあらゆる技術の眼目であると帝国主義者たちは教える。だが教育の意味とは大人による子供の支配だと説きながら鞭を振りまわすスパルタ教育者の言うことなど、いったい誰が信用できようか。教育とは何よりも……世代関係の統御であり、子供の支配とは違うのではないか。そして技術もまた自然支配などではなく、むしろ人間と自然の関係の統御なのである」。ベンヤミンには――アーシャ・ラツィスの影響のもとに――この課題を解決できるのはただ「プロレタリアートの力」のみであると思われたのである。

おそらくベンヤミン自身の手によると思われる『一方通行路』オランダ語版の序文のなかで次のようなことが語られている。「しかし戦争は、……この（資本主義的）関係の狂気へ至るまで一貫した固定化であり、戦争の終焉がまさにこの関係の終焉であることを（市民たちは）理解していない。停滞する悪天候のように、彼らの癪に触るのは、実際には彼ら、の、世、界、の崩壊なのである。何年も気圧の谷に入っていたドイツの経済状況それ自身が、新たなノアの大洪水の前触れであり、初めてそのことを観察可能にする。それを促すのは歴史的状況ではなく、政治的状況であり、年代記作者の問題ではなく、預言者の問題である」。そうした預言者としてベンヤミンは――この書物以外の場でも――活動したのである。

それ以来、ベンヤミンは後期ブルジョア社会の芸術製作の微細にしてかつ共感的な解釈と急進的革命的変化の必要性を確信するという磁場に身を置いて省察し続けることになる。マルクス主義との精通によって、ベンヤミンは弁証法的発展の思想を身につけようと試みるが、同時に――大多数のマルクス主義者たちよりもはるかに明白に――一見、確実に進歩だと思われている発展が、多大の損害を引き起こすことも見抜いている。人類のはかり知れない苦悩に対する哀悼を、未来への希望と結びつける必要性に直面し、ベンヤミンはただ唯物論的に解釈され直したメシアニズムのなかにのみ救いを見いだす。メシアニズムは、彼にとっては結局のところ、社会民主主義の素朴な進歩思想を批判するための裏づけにもなっている。

重要な論文『複製技術時代の芸術作品』においても、技術的進歩に対するベンヤミンのアンビヴァレントな認識が見られる。新しい複製技術としての写真や映画が必然的に破壊するものはアウラ（訳注　オーラと同じ）である。「複製技術は、複製の対象を伝統の領域から引き離してしまう。複製技術は複製品を量産することによって、作品を一回限り出現させる代わりに、大量に生産する。そして複製技術により複製品が受容者の各々の状況に受け入れられ、それによって複製品は現実性を帯びてくる」。ベンヤミンはこの技術変革を知覚方法の変化と関連づけ、さらにそうした知覚の変化を予兆しつつある社会変革とも関連づけている。彼のマルクス主義テーゼによれば、複製技術の発展の弁証法は経済の弁証法とも関係している。芸術作品が伝統の連関のなかに埋め込まれることによって生ずるアウラは、根源的に典礼的な役割を果たしていた。芸術作品が仕えていたのは、古代においては魔術的儀式、のちには宗教的儀式であったが、ルネサンスにおいて初めて非宗教化された美の崇拝においても「典礼的なもの」は保たれていた。像の純真性、一回性、美しさは、いわば礼拝的価値をもっていた。たとえ理論家たちが認めようとしなくても、映画と写真によって芸術の機能はラディカルに覆されてしまうのである。映画に、それ以前のアウラ的な芸術の特徴をもたせようとしても、まやかしにしかならない。映画におけるアウラの放棄は俳優にも及ぶ。映画俳優は舞台俳優と違って――生身の人間として――自分を観客の前に見せるのではなく、装置の前で、しかも編集と操作によって生み出される部分的機能によって自分の姿を見せるのである。「スタジオの撮影の独自性は、観客の位置に装置が据えつけられている点にある。こうして俳優を覆うアウラは消滅せざるを得なくなり、同時に俳優に演じられている劇中人物を覆うアウラも消滅する」。映画の革新性を認めようとせず、映画のもつ社会関係を批判的に意識化させる可能性をもあえて無視する映画産業は、もはや不可能になった人間のもつアウラをスター崇拝に置き換える。商業資本が映画製作を握っている限り、映画には「伝統的な芸術観に対する革命的な批判を促す」以上の革命的功績は与えられない。

観衆は――ベンヤミンのテーゼによると――彼らがスポーツ観戦において物知り顔に判定できるのと全く同じように、映画に対しても知識豊かな試験官としてふるまう。「芸術作品が技術的に複製可能になるということは、芸術に対する大衆の関係を変化させる。大衆はたとえばピカソ（訳注 Picasso, Pablo Ruiz y. 一八八一―一九七三。スペイン生まれ、フランスで活躍した画家）に対して非常に保守的な態度を示す一方で、たとえばチャップリン（訳注 Chaplin, Charlie. 一八八九―一九七七。イギリス生まれの喜劇映画俳優、監督）に対してはきわめて進歩的になる」。映画館では、大衆は自然に判断能力のある観衆となる。絵画作品の場合には、大衆はそうした行動様式をとることは不可能であり、そのために「シュールレアリズムの前では保守的になら」ざるを得ない。

映画と写真は科学的利用と芸術的利用の可能性を結びつける。たとえばクローズアップ、スローモーションその他の技法は、新たな認識の次元と経験の次元を開拓する。スローモーションは「十分の一秒のダイナマイトでわれわれの飲み屋や大都市の街路、オフィスや家具つきの部屋、駅や工場などを破壊し、そしていま、われわれは広く散らばった瓦礫の山のなかをゆったりと冒険旅行するのである」。映画の芸術的価値を認めない教養市民からの反論、つまり「映画の観客は注意力や精神集中という点では落第である」という批判に対し、ベンヤミンは次のようなテーゼを掲げる。「建築物の場合と同様に、きわめて散漫な状態においても身につけうる習慣により、映画芸術の知覚が生じる」。孤独な観賞者は絵画のなかに沈潜していくが、知識豊かに映画を判定する大衆は、芸術作品を自分の体内に呑み込んでしまう。こうした芸術習得の形式は、ベンヤミンには全く同価値に思われた。同時にベンヤミンにとって、それはただ現代にのみふさわしいものである。

「あとがき」においてベンヤミンは、ファシズムが「大衆の形成」とアウラの喪失から引き出した帰結に対して革命的な映画芸術の課題を対比している。ファシズムは映画の技術的可能性を、それがもっている本来の内的傾向に反して、新たな崇拝形式を人工的に確立するために利用する。「大衆がファシズムの指導者崇拝によって服従させられる暴力と、ファシズムが礼拝価値を創り出すために利用する装置の暴力は同一である」。こうした政治を美化しようとする試みは、ベンヤミンがマリネッティ（訳注 Marinetti, Emilio Filippo Tommaso. 一八七六―一九四四。イタリアの作家）の宣言文にはっきりと見てとったように、最後的には戦争の神聖化に通じている。ベンヤミンはマルクス主義的観点から、戦争を「巨大な生産手段と、生産過程におけるその不十分な利用との矛盾」の帰結であると見なした。「帝国主義戦争とは技術の蜂起であり、技術は、社会が天然資源に対して諦めざるを得なくなった要求を〈人的資源〉に向けるのである。技術は運河建設の代わりに、人の流れを塹壕の底に向け、飛行機から種を撒く代わりに、都市に焼夷弾を撒き散らす。さらに技術は毒ガス戦において、アウラを新しい方法で消滅させる手段を見つけ出した」。ベンヤミンはファシズムによるこうした政治の美化を、革命のための、革命による「芸術の政治化」と対立させている。

　アウラの喪失、あるいは儀式からの芸術の解放についてのこうした記述は、一見冷静に見えるが、ベンヤミンの感覚の方はそれほど冷静ではない。もしそうでなければ、十九世紀の古い写真にあれほどの感情移入をして説明することは不可能だっただろう。「古い写真の、人間の顔のつかの間の表情に、アウラの最後の働きがある。これこそがこうした写真の憂鬱に満ち、何物にも代えがたい美を作り出しているものに他ならない」。技術的発展それ自体は、通常マルクス主義では望ましい発展の基礎と見なされており、それゆえ、ベンヤミンは近代の複製技術に無理やり肯定的意義を与えざるを得なかったのではないかという印象を受けざるを得ない。

　テオドール・アドルノの批評のなかで映画批評におけるほど、ベンヤミンの見解とかけ離れているものはない。「映画が芸術性を要求すればするほど、それはいっそうまがいものになっていく。映画の俳優たちを見ればそうした状況はわかるだろうし、彼らは自分たちを……前衛芸術家とでも思っているのだろう。いったんそうした立場に置かれると、技術的な経験を重ね、器材に慣れっこになることによって、その立場から離れるのが困難になる」。アドルノは映画製作者たちが経済システムの支配下に置かれているという状況を批判の出発点にしており、映画の技術的側面に対しては、ベンヤミンと異なり一切の自立した意義を認めようとしない。

ベンヤミンの終末論的―メシアニズム的歴史観は芸術作品論においてよりも、晩年の論文にいっそう明らかに見受けられる。一九三三年から三五年にかけて、彼はパリで『社会研究年報』のために『エドゥアルト・フックス（訳注 Fuchs, Eduard. 一八七〇―一九四〇。ドイツ生まれの評論家、歴史家）―収集家と歴史家』というかなり長い論文を寄稿する。ベンヤミンは共感をもって、しかしきわめて批判的にこの論文に取り組んでいる。そのなかでベンヤミンは、その収録した文書が「カリカチュアやポルノグラフィーや風俗画の歴史に評価しきれないほどの貢献をした」収集家フックスを歴史家フックスよりも上位に位置づけている。ベンヤミンがフックスを緻密な史的唯物論者と正当に評価するためには、フックスは戦前の社会民主主義の楽観的な進歩主義世界観にあまりにも刻印づけられていた。それでもベンヤミンはフックスのなかに、「受容の歴史の意義に対する洞察を、はるか彼方の地平まで推し進める」萌芽を見いだしている。ここでいう受容とは、それぞれの同時代人におけるものではなく、のちの時代、究極的にはわれわれの時代における受容を意味している。

フックスにも見られるように、通俗マルクス主義の欠陥はベンヤミンによれば、技術や自然科学の発展のなかに、「社会の退行を見ず、社会の進歩だけしか認識できない」ところにとりわけその本質がある。つまり「社会民主主義理論家のなかの実証主義者たちが見逃してしまったことは、プロレタリアートには技術の所有のために必要な行動がますます切迫しているにもかかわらず、技術や自然科学の発展がそうした行動をよりいっそう困難にしているということである。彼らは弁証法の破壊的な側面から疎遠になっていたため、このような技術的な発展の破壊的な側面を誤解したのである」。――あらゆる文化の記録は「同時に野蛮の記録」でもあり、この事実は「これまでの文化史において一度もしかるべく評価されたことがない」のである。

一九四二年、ホルクハイマー（訳注 本書「ホルクハイマー」参照）とアドルノによって初めてタイプライター原稿のまま公表された遺稿のなかで、ベンヤミンはついに自分流のメシアニズム的神学と史的唯物論との独自な結合を暴露している。『歴史哲学テーゼ』の最初のテーゼで、彼は「偽造の」自動チェスプレーヤーという、うさんくさいイメージを用いている。大きなチェス用テーブルには、チェスの名人の小鬼が一人隠れていて、細い紐で人形の手を操っていた。この装置に対応するのは「〈史的唯物論〉と呼ばれる人形であろう。もしもその人形が、今日では周知のように小さくて醜く、人前に姿を見せられなくなっている神学を自由に使いこなすならば、それは誰とでも難なく渡り合えるのである」。このイメージがうさんくさいのは、それが結局はまやかしにすぎないからである。人形が動くのは、実際には小鬼、あるいは中に隠れた神学のおかげである。メシアニズムなしに、物質的、社会的発展の弁証法だけでは――そうベンヤミンを解釈できよう――、歴史からの救済、その悲惨な、多大な苦悩からの救済は不可能なのである。しかし重要なことは過去の世代の救済と、彼らの裏切られた希望の救済である。運命からの唯一考えられる解放は、連続的な進化という形をとるものではなく、歴史的変革が起こる時間も時計で計られる直線的な時間ではない。むしろそのような瞬間には、時は止まり、そして同時にすべては比類ない速さで変遷する。一八三〇年パリで、塔の時計を止めようとしてほぼ同時に発砲した革命家たち（訳注 一八三〇年七月の七月革命）は、やはり革命的な時間《カイロス》のこうした意味について何かを感じとっていたのである。メシアニズム的救済は、来るべき世代の幸福ではなく、過去の世代の救済のために出現する。だからベンヤミンにとっては次のことが重大なのである。「史的唯物論において問題なのは、危機の瞬間に思いがけず歴史の主体の前に現れてくる過去のイメージを捉えることである。危機は伝統の総体や、その受け手たちも脅かしている。両者にとって危機は同一のものである。それは支配階級の道具になりかねないという危機である。どのような時代においても、伝統をわが物にしようとするコンフォーミズム（訳注 同調主義）から、新たにそうした伝統を奪い返そうとしなければならない。メシアはたんに救済者として来るのではなく、アンチ・キリストの征服者として来るのである。過ぎ去ったもののなかに希望の火を焚きつける能力は、敵が勝てば死者もまた安全ではなくなるということを知り抜いているこのような歴史記述者にのみ備わっている。そしてこの敵は未だに勝ち続けている」。歴史主義が、あらゆる時代の勝利者にのみ感情移入しようと努めているのに対して、史的唯物論は「歴史を逆撫でする」ことを課題とする。このように、ベンヤミンは幾度も、歴史とは決して進歩の平坦な道ではない、と繰り返す。こんな素朴な思い込みが背景にあったがゆえに、ナチズムの登場は驚嘆を呼び起こすことができたのである。

大学時代にすでに購入していたパウル・クレー（訳注 Klee, Paul. 一八七九―一九四〇。スイス生まれの画家、グラフィック・デザイナー）作の絵画「新しい天使」は、ベンヤミンにとって「歴史の天使」としての意味をもっている。「彼は顔を過去に向けていた。われわれには出来事の連鎖に見えるところに、彼はただ破局を見る。その破局は瓦礫の上に瓦礫を重ね、それを天使の足元に投げつけてくる。きっと彼はそこに留まり、死者を目覚めさせ、破壊されたものをつなぎ合わせたいのだろう。しかし楽園から吹きつける嵐が彼の翼にはらまれるばかりか、あまりにも激しいので、彼はもはや翼を折り畳むことができない。嵐は天使が背を向けている未来に向かって絶え間なく彼を押し流していく。その間、天使の目の前の瓦礫の山は天にも届く高さになる。この強風こそ、われわれが進歩と名づけるものなのだ」。このイメージほど、直線的な進歩信仰に対するベンヤミンの痛烈な批判を明らかにしているものはない。ベンヤミンは社会民主主義のなかに、この進歩信仰が労働と技術の賛美に刻み込まれているのを見る。こうした賛美は「結局自然の搾取に帰結し」、素朴に「プロレタリアートの搾取と対置させられている」。こうした見解に対しベンヤミンの確信によれば、「フーリエ（訳注 Fourier, Charles. 一七七二―一八三七。フランスの空想的社会主義者）の空想が驚くほど健康的な感覚を示している」。なぜならフーリエが思い描く「労働とは、自然の搾取からはほど遠いものであり、可能性の萌芽として自然の胎内にまどろんでいる創造物を分娩させることができるものである」。「幾世代の敗北者の名のもとに」行われる解放、つまりベンヤミンが来るべき革命の本来的な課題と認めている解放は――そう帰結せざるを得ないのだが――苦しめられ搾取されている自然の解放を同時に含むものであろう。そこで問題となるのは、革命の機会を「抑圧された過去のための闘争に」役立てることである。しかしこの機会は――最後のアフォリズムが暗示しているように――いつ何時でも到来する可能性がある。未来の探求を禁じられていた「ユダヤ人にとって、未来とは均一化した、空虚な時間にはならなかった。なぜなら、未来のどの瞬間もそこからメシアが出現しうる狭き門だったからである」。この「神の国」はもちろん、歴史的な努力の「目標」としても設定することはできない。「歴史的に見れば、神の国は目標ではなく、終焉である。それゆえ、世俗的なものの秩序は神の国という思想に基づいて築かれはしない。それゆえ、神権政治は政治的意味をもたず、ただ宗教的意味しかもたない」。「世俗的なものの秩序は、幸福の観念に基づいて建設されなければならない」。神学的に考える歴史哲学者にとって、解放された人類の幸福は、あらゆる過去の世代の救済を思い浮かべずしては考えられないものである。

したがってそうしたメシアニズム的救済を拒んだホルクハイマーとアドルノにとって、過去の世代の人々の決して宥和され得ない苦悩を自ら哀悼的に回想することなくしては、未来の解放された人類を想像することはできなかったのである。もっとも後年ホルクハイマーは六〇年代の著作で、ベンヤミンを想起させるある思想をほのめかしている。「私の理念は、今日の全体的な状況と学問を目の前にして、全能にして、万人への慈悲深き存在者の概念を、もはやドグマとしてではなく、人間を結びつける憧憬として表現することであり、それゆえ、悲惨に満ちた出来事、これまでの歴史の不正を犠牲者たちの終局的な、最後の運命にしてはならないということである……」。

ベンヤミンは大規模なユダヤ人虐殺《ホロコースト》をもはや体験する必要はなかった。しかし自らの身と強制収容所で命を落とした兄弟の身をもって十分にそれを体験し、ドイツおよびその占領下に吹き荒れた恐怖の前触れを予感したのである。亡命中の最後の数年間、社会研究所の援助によってベンヤミンにわずかな収入を保証していたホルクハイマーは、一九四〇年、アメリカ合衆国へのビザをベンヤミンのために調達した。一九四〇年九月二六日、ポル・ボウのスペイン国境で彼は自ら命を絶った。翌日、ベンヤミンの同行者たちは国境を越えることができたのである。

ベンヤミンから数多くの説得力ある解釈を捧げられ、また二度にわたりデンマークに彼の訪問を受けたブレヒトは、死去したこの友人に美しい弔辞を捧げている。

亡命者　W・B・の自殺に寄せて

ぼくは聞く、きみが自らに手を下したと
虐殺者の先手をとって。
八年の追放、敵の興隆を眼にしつつ
ついに越えがたき国境に追い詰められ
きみは、越えうる側の境界を越えたという。

国々は崩壊する。徒党の首領どもが
政治家よろしく闊歩する。民衆は
もはや鎧や甲に身をかくす。

かくて未来は闇と消え、正しきものに
力はない。すべてのことをきみは見た
きみが苦しみの身を破壊したときに……

「幸福であるということは、恐れなしに自分自身を見つめることができることである」とベンヤミンは『一方通行路』のなかに書いている。ベンヤミンにとっての「自分自身」には、歴史の天使が大きく眼を見開き、じっと見据えている現在と過去のあらゆる恐怖と無意味さの記憶も含まれる。もしもメシアニズム的救済が過去の苦悩も消滅させたなら、そのとき初めてベンヤミンは幸福でいられるのかもしれない。一九四〇年九月二六日、希望はほとんど信じられないものになった。スターリンとヒトラーが互いに手を結び、自由と社会主義のための、いわんやすべてを覆っていたあの呪縛を取り除くという見込みは、もうほとんどあり得なかった。ベンヤミンの絶望は十分に理解できるものだった。

彼が批評作品のなかでまとめ上げようとしたものは――おそらくもっと生きていたとしても――たぶん一つにまとめることはできなかっただろう。つまりそれは人文主義的市民性の生きた伝統とプロレタリアートの革命的な熱狂、ドイツ古典哲学の深淵性とフランス文化の美的感受性、ユダヤ的・メシア的な宗教性の厳粛さと唯物論的歴史理論、救済を切望する人類に奉仕するドイツ的、かつユダヤ的な精神性などである。もしもベンヤミンに預言者的才能があるなどといえば、きっと彼は驚いたことだろう。しかし進歩に対する彼の批判から見えてくるものは、ますます一面的に破壊に奉仕する技術発展への危機感である。革命は、歯止めのきかなくなった生産・破壊技術の進歩に対する危機意識にとっては、実証主義的な楽観的進歩主義者の観念とは別の意味を帯びてくる。結局は『歴史哲学テーゼ』に採用されなかった文章のなかで、ベンヤミンはこう書いている。「革命とは世界の歴史を動かす機関車であると、マルクスは言った。だが事実はおそらく全く違うのである。革命とは、この列車に乗って旅する人類が非常ブレーキに手をかけることなのである」。おそらくベンヤミンの念頭にあることを次のように補うことができよう。列車が墜落するかもしれない断崖があらかじめ発見され、首尾よくブレーキが引かれるという保証など、もちろんどこにもないのだと。

マックス・ホルクハイマー（Max Horkheimer, 1895-1973）

主著

『ブルジョア的歴史哲学の起源』（*Anfänge der bürgerlichen Geschichtsphilosophie*, 1930）

『社会哲学の現状と社会研究所の課題』（*Die gegenwärtige Lage der Sozialphilosophie und die Aufgaben eines Instituts für Sozialforschung*, 1931）

『黄昏』（*Dämmerung*, 1934）

『道具的理性批判』（*Zur Kritik der instrumentellen Vernunft*, 1947）

『権威主義的国家』（*Autoritärer Staat*, 1967）

『啓蒙の弁証法』（テオドール W. アドルノと共著）（*Dialektik der Aufklärung*, mit Theodor W. Adorno, 1969）

全集

Gesammelte Schriften, Herausgegeben von Alfred Schmidt und Gunzelin Schmidt Noerr（Frankfurt am Main: S. Fischer Taschenbuch, 1985）

邦訳

清水多吉編訳『道具的理性批判　第２』（イザラ書房，1970）
久野収訳『哲学の社会的機能』（晶文社，1974）
清水多吉訳『権威主義的国家』（紀伊國屋書店，1975）
山口祐弘訳『理性の腐蝕』（せりか書房，1987）
徳永恂訳『啓蒙の弁証法』（テオドール W. アドルノと共著，岩波書店，1990）
森田数実編訳『批判的社会理論』（恒星社厚生閣，1994）
角忍・森田数実訳『批判的理論の論理学』（恒星社厚生閣，1998）　ほか

アルフレート・シュミット

マックス・ホルクハイマー

三浦國泰 訳

二十世紀のドイツとユダヤの精神史において、社会哲学者マックス・ホルクハイマーの生涯の活動《ライフワーク》に対して重要な役割が与えられてしかるべきである。というのもホルクハイマーは、当然、フランクフルト学派とそこで展開された批判理論の創立者と見なされるからである。ただしこの批判理論のもつ意味を簡潔に、テーゼのような形で記述することは、もちろん不可能である。ホルクハイマーの思想の成果は、包括的な主著として書き留められていないし、それを解説してくれる他の書物がその周りに群れをなしているわけでもない。ホルクハイマーは――いくつかの学術論文は別として――エッセイやアフォリズムという形式を好んでいる。その他日記風の手記、インタヴュー、そして戯曲の断片や長編、短編小説のための草稿も残されている。批判理論はホルクハイマーによってつねに――しばしば激しい論戦として――他の哲学的、精神―政治的思潮、観念との論争のなかでのみ明らかにされ、しかもその場合、つねに現代史的―社会的状況との諸関係が示唆されている。それは歴史的対象を論ずるホルクハイマーの仕事に関しても同様である。それらもまたわれわれの時代を語っている。したがって批判理論を報告可能な、完成した学説として記述することは不可能である。それはむしろ――ヘーゲル的な意味において――われわれの世紀の変転の精神的な「経験」であり、決して完結したものとして「世界観的」に特徴づけられるものでもない。ヨーロッパの個人主義的文化を破壊した国民社会主義《ナチズム》の暴力支配によって決定的に刻印づけられたホルクハイマーは、その体験を哲学的に把握することを繰り返し試みたのである。

ところで批判理論のなかにマルクス理論の（端的に抜粋された）解釈を見いだすことは間違いではないだろう。それは――三〇年代の再現不可能な状況のもとで成立したのだが――ホルクハイマーや弟子たち、ならびに所員たちによる「学際的な」唯物論の形態をとっている。すなわちそれは紛れもなく、文化現象をイデオロギー批判的に研究するという方法である。こうした情報は形式的な宣伝広告以上のものになっていない。死の直前ホルクハイマーは、批判理論の出発点のみならず、その内実を決定的に刻印づけた哲学者としてマルクスと並んでショーペンハウアーの名前をはっきりと挙げている。さらにわれわれは西欧の、特にフランスの啓蒙思想の偉大な伝統、カントからヘーゲルへ至るドイツ観念論、ディルタイの精神史的、方法論的著作、ニーチェとフロイト、そして究極的にはユダヤ―キリスト教神学の諸要素も想起する必要があるだろう。批判理論の由来とその特徴への問いはどこで始まり、どこで終わるべきなのだろうか。ホルクハイマーの思想の――当然、粗雑にならざるを得ない体系化を回避しようとすれば、――少なくとも概略になりうる――知的な伝記という道をたどらざるを得ないのである。

マックス・ホルクハイマーは一八九五年二月一四日、今日のシュトゥットガルト近郊のツッフェンハウゼンに繊維工場主モーリッツ・ホルクハイマー（訳注 Horkheimer, Moritz. 生没年未詳）の一人息子として生まれる。ホルクハイマーは正統派ではないが、保守的なユダヤ人の両親の家庭で育っている。父親は戦時中には愛国的な熱意や慈善事業の施物によって後援者として社会的な名声を博している。一九一七年、「多彩な福祉事業」への功績が認められ、バイエルン国王から商業顧問官の称号を与えられ、一九一八年にはツッフェンハウゼンの名誉市民になっている。ホルクハイマーの父は自分自身をドイツ人と意識しており、一九三三年にはすでに自分の会社を売却せざるを得ない状況に追い込まれていたが、一九三九年の夏までドイツを去ることを拒んでいた。「われわれ一家は、ここにヒトラー氏よりも長く住んでいるのだよ」と、父はすでにアメリカ合衆国に移住した息子に手紙を書き送っている。

家長の計画に従って、若きマックス・ホルクハイマーは一九一〇年にギムナージウムを六年で中退し、父の企業の見習いを始める。父親は――これだけははっきりさせておきたいのだが――この未来の社会理論家にとって、すでに最初から反抗的対象として無味乾燥な世界を体現し、母親は憧れの対象としてもう一つ別の世界の象徴になっている。ホルクハイマーはつねに自分の精神的成長に対してブルジョア的生家が大きな影響を及ぼしていると考えている。一九七〇年になっても、そうした考えはホルクハイマーの社会批判に読みとることができる。『シュピーゲル』誌の編集者とのある対話のなかで、彼が次のように語っているのは、非常に注目すべきことである。「ブルジョアジーの隆盛期には、父親の権威はその社会的役割によって根拠づけられ、社会は家父長的教育の助けによってさらに権威づけられました。家族と社会の間にはそうした豊かな相互作用が存在していたのです。もちろん家族はなくてはならないものですが、今ではそれがたんに統制手腕の問題になっているのです」。そして昔の母親と今の母親の役割を比較して、ホルクハイマーは次のように語っている。「職業に従事している母親は、人生の課題が育児であった母親とは全く異なったものなのです。そうした母親の考え方は仕事によって具象化されています。さらにもっと別の要素がつけ加わります。それは男女同権者であるということです。彼女は、例外は別として、もはや昔のようには愛情を浴びせかけません。かつて母親は自己の本性を全体として保持し、自己の言葉と態度によって愛情を示していました。母親の意識的、無意識的な反応が育児においては決定的な役割を演じており、それらは教示することよりも子供に対しては決定的な影響力を与えたのです」。

一九一一年、ホルクハイマーはある夜会でフリードリヒ・ポロック（訳注 Pollock, Friedrich. 一八九四―一九七〇。経済学者、社会学者）と知り合う。皮革加工業者であったポロックの父はユダヤ教を棄て、息子にはそれにふさわしい教育を授けていた。ポロックとの親密な友情は、形式的な契約書によって「批判的―人間的高揚の表現」として定義され、「すべての人間の連帯の創造」を目標にして生涯続けられることになる。ホルクハイマーは保守的な両親の家から徐々に解放されることになったが、そこにはポロックとポロックから発せられる精神的な衝動《インパクト》が関係している。ブルジョア世界の自然主義的、表現主義的批評家を共同で読書するために、フランツ・プフェムフェアト（訳注 Pfemfert, Franz. 一八七九―一九五四。評論家、作家）の『行動』とカール・クラウスの『炬火』が取り上げられる。二人の友はともに哲学への最初の一歩を企てる。ショーペンハウアーの『生の知恵のためのアフォリズム』を皮切りに、ほどなくスピノザの『エチカ』、カントの『純粋理性批判』に取り組んでいる。

　ポロックと一緒に、ホルクハイマーは戦争勃発前のほぼ一年半の間、見習いとしてブリュッセルで過ごし——ときどきパリに滞在しているが——その後すべての義務から解放され、マンチェスターとロンドンで過ごした。一九一四年八月、ホルクハイマーは御曹司として父の企業の後継者となる。最初から彼は心の底から戦争を拒否している。ポロックへの手紙で、サラエボの暗殺事件とその結果について記述しているように、「救いがたい人間の狂気が二人の失われた生命の代償として何十万人もの他の人々の生命を犠牲にすることを良しとし、正しいと考えていること……」が彼を立腹させる。何十年ものちになって、彼は次のように説明している。「ぼくはパリとロンドンを見たことがあります……そこに住むひとたちが、ぼくたちの平和を愛する皇帝よりはるかに好戦的であり、ぼくよりはるかに劣った人間だとして、ぼくが彼らに銃を向けてもいいだなんて考えられませんでした。そこに住むひとたちは、ぼくたちほどではなかったかもしれませんが、ぼくたちと同じような考えと危惧の念を抱いていたのです。ドイツ帝国に関する生家の教えに対する信念は揺らいで、何か恐ろしいこと、ヨーロッパそして人類のために取り返しのつかないことが起こってしまったように思われたのです。ぼくには——当時、はっきりと表現することができなかったのですが——歴史的な課題、いわばヨーロッパ民族、特に私もその一人であるドイツ人の使命が絶望的に放棄されてしまったということが、最悪のことのように思われたのです」。

　父の企業の支配人としてホルクハイマーは、さしあたり兵役を免除された。しかしこの仕事は彼の性に合わなかった。一九一五年七月九日の日記には、次のような記述がある。「ぼくは父の会社の輝かしい地位に就いているし、将来はもっと輝かしい地位を約束されている。ぼくを魅了するどんな楽しみも許されているし、仕事に没頭することもできる。気晴らしや恋愛沙汰に耽ることもできる——だが身を焦がすような憧憬に恋焦がれている……ぼくは、この憧憬を抑えることができない、そしてぼくは生涯、それに導かれたいと思っている、たとえこの狂気の沙汰がどこに向かおうとも」。ホルクハイマーの日記の他の箇所には次のような記述がある。「昨日、ヒーアザウにある会社の支店に行った。森の中の楽しげな小川のほとりには、室内に複雑な設備が備えつけられている数件の建物があった。灼熱の太陽の下には数人の気の毒なひとたちが立っていて、汗だくの赤い顔で仕事をしていた。……このようなひとたちや、父と一緒に仕事をすべきなのだろうか。ぼくの生の欲求をお金を稼いだり、人造木綿を作ることで鎮めるべきなのだろうか。だめ、だめ、だめ、だめ、それは不可能なことだ。それはぼくの生きた、憧れに満ちた魂を殺すことになるだろうから。ぼくはぼくの内部にはっきりとあるぼくの意志が(そうすることを)嘆願しているままにやるつもりだ。……ぼくの真理への衝動に従って生き、知りたいと思うことを探求し、苦しんでいるひとを助け、不正義に対するぼくの憎しみを癒し、偽善者パリサイ人を打ち負かし、だがとりわけぼくの本質のあらゆる熱が恋焦がれている、愛や理解を求めたいのだ……」。

この引用した二つの箇所は、第一次世界大戦中に執筆された小説やホルクハイマーの日記からの記述であるが、それらは一九七四年に初めて『思春期から』というタイトルで出版された。文学的な未熟さにもかかわらず、この青年の手探りの習作は批判理論の初期の貴重な記録であり、同時に円熟期の理解のためにも本質的なものである。それらはのちに学者になった人物の、まだ学問や、まして大学での経歴など思いもつかなかった時期のものである。しかしこの初期の習作はホルクハイマーの作品の実存的ならびに即物的な統一を示している。ただしもちろんそれは変化を排除するものでなく、それを内包するものである。この統一の実存的要素は徹底した非妥協主義であり、即物的要素はペシミズム的な、ショーペンハウアーに学んだ形而上学である。つまりこの統一が批判理論と、しばしば誤解される晩年の仕事の隠れた背景となっている。

ホルクハイマーの青年期の著作を見れば明らかであるが、彼の思想は、のちになってから形而上学的ペシミズムへと「発展的に到達」したのではなく、むしろそれは最初から彼の本質的な特徴の一つを形成している。ここでわれわれの前に姿を現すのは、決して単なる理論家ではなく、生命にあふれた人間である。その人は時代の混乱のなかで彼の心を揺り動かすものを表現しようと情熱的に努力する。現状の批判、そしてその彼方にあるユートピア的希望と悲嘆、すなわち世界の否定性へのまさに虚無的な絶望、それらが和解しがたく並存している。成長期のホルクハイマーには、もう一つの、より良き生の理念を断念することができない。しかし同時に、抑圧された人々でさえ、いかに複雑に自然そのもののなかに組み込まれているかも知っている。ある小説には次のような記述がある。「彼は物の分配の不公平さを十分承知していた。多くの表面的なものは緩和され、改良されうることを理解していた。しかし意識の奥底では、どんな大胆なユートピアの成就も大いなる苦悩に触れることができないだろうことを予感していた。なぜなら、生の核心そのものが苦悩であり、死なのだから」。たとえいつかより人間的な存在が実現したところで、この終末に向かう暗闇の道には良き終末からのどんな宥和の光も差し込んでこないだろう。ホルクハイマーによれば、いったん「世界と地獄の機構」が見透されたならば、「博愛的、共感的行為」そのものの「超感覚的な意義」は疑わしいものになるだろう。にもかかわらず、こうした暗澹たる思想は最終的なものではない。ホルクハイマーの小説において、すべての人間は「幸福への意志」であり、同時に「幸福を他人のために実現する能力」なのだから、それだけの理由からでも、世界は決して精神の病院ではない。したがって能動的な愛情、共感、慈悲は道徳的態度の唯一の基礎である。「すべての生命の内奥の本質は同一である……異なっているのは、つねに表層的なものにしかすぎない」。この被造物に共通の同一性を把握すれば、われわれは人間の権利を剝奪せんとする、人間のあらゆる試みの形而上学的な無意味さというショーペンハウアーの洞察に到達する。「苦悩を与えるものと苦悩を受けるものは同一である」――特に晩年のホルクハイマーが忠誠を尽くした有限的存在者の連帯観念はここに由来する。

ここから再び伝記の小道をたどることにしよう。一九一六年には両親の意志に反して、父の個人秘書と結ばれる。そうした意味においてこの年はホルクハイマーの人生に決定的な転機をもたらした。ホルクハイマーより八歳年上のローゼ・リーカーはキリスト教徒で、傾いたホテル経営者の娘であった。両親がこの関係を知ったとき、ローゼは職を失い、ほぼ十年間にわたって父親と息子の間に葛藤が生じるが、息子は自分の意志を貫く。一九一七年にホルクハイマーは兵役に就くが、病気のため前線に赴くことはなく、ヴィルヘルム二世の帝国崩壊をミュンヒェンの病院で体験する。一九一八年の一一月革命や、さらにその五ヵ月後に布告されたミュンヒェンのレーテ共和国成立は、現実の力となりうる理念が実際に存在することを彼に確信させる。ホルクハイマーはマルクス主義のなかに、より良き世界への憧憬を現実的に基礎づけるにふさわしい力を見たのである。その後、ホルクハイマーは自己憐憫と道義上の抗議からそこから手を引こうとする。出来事の客観的原動力を探求することが重要なのである。ホルクハイマーは新たな、歴然たる現実、すなわち社会を発見することになる。

一九一九年、ホルクハイマーはポロックとともにミュンヒェンで外部受験生として大学入学資格試験を改めて受験する。彼はショーペンハウアー協会の会員となり、心理学、哲学、経済学を学び始める。「ミュンヒェンに関するデマを信じないように……ここでは、狂気や不正義などは支配していません」、とホルクハイマーは革命騒ぎの間に恋人に手紙を書いている。どんなに共感を抱いていても、控え目にそれらに対処していたのである。一学期終了後、二人の友はバイエルンを去り、マイン河畔のフランクフルトに移った。二人はクローンベルクに立派な邸宅を手に入れ、数年間別居していたローゼ・リーカーもそこに移り住んだ。彼女とホルクハイマーは一九二六年に結婚している。

フランクフルトにおけるホルクハイマーの重要な恩師は心理学者シューマンと哲学者ハンス・コルネーリウス（訳注 Cornelius, Hans. 一八六三—一九四七）である。フランクフルトは当時、実験的ゲシュタルト心理学の中心であった。ここではシューマンと並んで、ゲルプ（訳注 Gelb, Adhemar〔Maximilian Maurice〕. ドイツ系ユダヤ人の心理学者、哲学者）、ケーラー（訳注 Köhler, Wolfgang. ドイツ生まれの心理学者）そしてヴェアトハイマー（訳注 Wertheimer, Max. 一八八〇—一九四三。プラハ生まれの心理学者）が活躍していた。ホルクハイマーの指導教授コルネーリウスは約一五年にわたってフランクフルト大学の唯一の哲学正教授であったが、彼もゲシュタルト心理学の提唱者の一人である。もともとは化学者であり、芸術に精通し、才能豊かなコルネーリウスは教授というよりは文学者であり、ドイツの大学の哲学教授のイメージにはふさわしくなかった。彼はソヴィエトの人民教育委員ルナチャルスキィ（訳注

Lunatscharskij, Anatolij Wassiljewitsch. 一八七五―一九三三）への協力を惜しまなかった。また実際にホルクハイマーは、当時としては並はずれていたコルネーリウスの人間的特質をつねに強調していた。実証主義者マッハ（訳注 Mach, Ernst. 一八三八―一九一六。オーストリアの物理学者、哲学者）とアヴェナーリウス（訳注 Avenarius, Richard. 一八四三―一八九六。ドイツの哲学者）の弟子として、コルネーリウスは「世界像の認識論的明確化と形而上学的仮象問題の廃棄」を「哲学の明晰性要求の第一要請」と見なした。コルネーリウスは自己の「超認識論的体系学」を「われわれの意識の統一性に根拠づけられた経験可能性の諸条件の学」と理解している。それは心理学的―感覚的要素を非ドグマ化されたカント主義に結びつけるものである。ホルクハイマーの（部分的には新カント主義と区別しがたい）実証主義的認識論の正確な知識とカントの功績を支持しつつも、その批判的な基本的立場はこの当時に形成されている。

ただしこの若き研究者は、きわめて反慣習的な自分の恩師のテーマが、いかに戦後の重大問題と無関係であるかということに早い段階で気づいている。ホルクハイマーにとってより幸運だったことは、一九二〇年、コルネーリウスの推薦状を携えて二学期間、フライブルクのフサールのもとに派遣され、当時フサールの助手であったハイデガーと知り合ったことである。それに関してホルクハイマーは未来の妻に宛てた一九二一年一一月の手紙で次のように書いている。「今ではハイデガーが、ぼくに話しかけてきた人たちのなかで最も偉大な一人であることがわかった。ハイデガーの説が正しいと思うかだって？――どうしてそれがわかるだろう。だってぼくが彼について知っていることといえば、たった一つのこと。それはハイデガーにとって哲学することの動機が知的な名誉心とか既存の学説ではなく、自己自身の体験から日々新たにわき起こってくるものにあるということなのだから」。

フライブルク滞在は、ホルクハイマーに対してフランクフルトの新カント主義の欠点をまざまざと見せつけることになる。フランクフルトに戻ると、ホルクハイマーは先に引用したローゼ・リーカーに宛てた手紙のなかで次のように書いている。「昨日、ある若い哲学者に哲学の課題について演説をぶってやった。その青年はとても感激していた。残念なことに、ぼくはコルネーリウスが隣の部屋にいて、彼の見解とは完全に対立するぼくの話を聞いていたに違いないということに、今日になって初めて気づいたのです。これはほんの一例にすぎません。哲学がぼくの心を魅了すればするほど、この大学で哲学として理解されているものから、ぼくの心はどんどんかけ離れていきます。根本的には、きわめて無意味な形式的認識法則などではなく、ぼくたちの生とその意味に関する具体的な命題を探求しなければなりません」。

もちろん当分の間、ホルクハイマーはフランクフルトの現実から逃れるわけにはいかなかった。両親がローゼ・リーカーとの結婚をどうしても認めないだろうことがわかったとき、ホルクハイマーは博士号取得を決意し、父の会社に戻ろうという考えを棄てた。一九二一年から二二年の冬学期に、三つの演習レポートを書き、シューマンの指導のもとで『眼球における盲点の色盲帯のゲシュタルト変化』というテーマの心理学の博士論文にとりかかる。一九二二年の夏学期、コペンハーゲンにおいて同一の結論を導く研究が出版されたばかりであることを知ったとき、彼の失望は大きかった。その時コルネーリウスは以前ホルクハイマーが書いた「目的論的判断力の二律背反」に関する論文を拡大して博士号請求論文として申請することを彼に提案した。一九二三年、ホルクハイマーはフランクフルト大学の哲学主専攻者の第一号として最優秀（summa cum laude）で学位を取得する。ホルクハイマーはコルネーリウスの助手になり、一九二五年には『理論哲学と実践哲学の結節環としてのカントの〈判断力批判〉』の研究によって教授資格を取得している。この純粋にアカデミックな研究は、ドイツの大学における新カント主義の確固たる立場を考慮して書かれたものであり、それは同時にホルクハイマーが恩師コルネーリウスの歴然たる信奉者であることを示している。一九二五年五月二日、カントとヘーゲルの関係を論じた大学就任講演において、ホルクハイマーはゲシュタルト心理学と超越論的体系学によって隔絶されていた枠組みを乗り越える。一九二八年一月、近代哲学史の私講師になり、当時の講義題目には、拡大しつつある彼の関心の萌芽が映し出されている。それは第一次世界大戦後、ひそかに彼の心を捉えていた唯物論的問題を哲学的概念に導入しようというものである。こうしてホルクハイマーは一九二八年の夏学期には「歴史哲学の問題」、一九二八年から二九年の冬学期には「唯物論と観念論」、一九二九年から三〇年の冬学期には「ヘーゲルとマルクス」、そして一九三〇年から三一年の冬学期には「イギリスとフランスの啓蒙主義」を取り上げている。

二〇年代初期のホルクハイマーのマルクス主義への政治参加が、多かれ少なかれ、個人的な問題に留まっているにしても――社会研究所の同僚には友人のポロックがいた――、私講師時代のホルクハイマーの哲学史講義には、史的唯物論的な意味において、伝統的―理念史的な、純粋に内在論的に哲学史の流れを把握するやり方と手を切ろうとする傾向が明確に認められる（現在では資料的に証明可能である）。一九二七年夏学期のホルクハイマーの「近代哲学史」に関する講義要綱の序文には次のように記載されている。「人間は自分たちの諸関係、自分たちが生活している現実の状況を変えることによって自分たちの形而上的な表象、つまり自分たちの宗教的、哲学的理念をも変化させる。われわれは人類の現実的な生の過程、つまり人間が自己の生を獲得し、保持する方法、ならびにこうした現実的な生の過程のそのつどの方法によって直接的に条件づけられている交流形態を根源的なもの、すなわち本来的な歴史と見なさなければならない。人間がこうした自己の現実的存在からそのつど作り上げてきた観念が根源的なのではない。こうした観念が人間の社会史から分離されて、必然的に、内的な、首尾一貫した意味をもつに違いないとか、こうした意味を〈哲学の内部において〉、つまり現実的な歴史の知識なしに説明することが可能であるなどと考えることは間違っている。……われわれは歴史に登場するさまざまな哲学上の見解と体系が人類の現実の歴史から説明されうるということ、しかもそれらのうちのどれ一つにも永遠の持続性を、つまり歴史にも断じて支配されない絶対的な妥当性を要求する根拠が希薄であることも承知している」。

ホルクハイマーはここでマルクスとエンゲルスが『ドイツ・イデオロギー』において提示した唯物史観に関するテーゼの最も重要なものを言い換えている。そのテーゼは、人間の生活過程を厳密に経験的な態度で記述することにより、哲学もまたその自律的な〈存在の媒体〉を失う、という命題に典型的に示されている。この命題に対応してホルクハイマーは次のように記述している。「最後の偉大な哲学的体系、すなわちヘーゲルの体系の崩壊とともに哲学の自律性と絶対性への信仰が破壊され、その後のヘーゲル哲学の再構築の試みは無意味になっている。……ヘーゲルの主張によれば、哲学は絶対者の自己認識であり、哲学の歴史は完成された真理への途上にある精神の自律の過程である」。

まさにホルクハイマーの名前が、純粋に哲学的なテーマと観点を社会研究所の活動へ導入したことに結びついているという事実を考慮すれば、この断固たる観念論的思弁からの訣別の発言は、真剣に受けとめられねばならない。とはいえ一九三〇年頃には、ホルクハイマーの唯物論は創意的な哲学というよりは、むしろ無味乾燥な科学に近いものであった。一九三二年の『ヘーゲルと形而上学の問題』というホルクハイマーの論文は明確に次のように断言している。「歴史的事象の経験的な研究は、可能な限り的確な記述と究極的には諸法則と諸傾向の認識に向けられている。それはきわめて非人間的な自然の分野の研究と同様である。つまりそれは基底をなす精神的な原理に関する思索とは全く異質である」。さらにホルクハイマーは次のように論を展開している。考察対象が「すべての側面において表現される」ように、確かに経験的な研究の成果を哲学的に記述することは可能である。だがしかし——ヘーゲルの仮定とは逆に——主体と客体は同一ではないのだから、「弁証法の原則に従って記述された学問といえども……多くの点では、われわれの生に条件づけられた一つの事実でしかない」。

一九二六年から一九三〇年までの私講師時代、ホルクハイマーはアカデミックな殻を棄て、将来的に密接に関わることとなる批判的哲学という概念の展開に成功する。その間、ホルクハイマーが獲得した意識の過激性は、一九二六年から三一年の間に成立したアフォリズムのなかに反映されている。それは『黄昏』というタイトル、およびハインリヒ・レギウスというペンネームによって一九三四年にツューリヒで出版されている。ホルクハイマーはこれをごく控え目に「折々の覚書」と呼んでいたが、実際には、その範疇を越えて批判理論の域に達している。この重要な書物のいくつかの点に注目してみよう。ホルクハイマーの社会批判は、最初から二つの方向に向けられている。つまり一方は「意味付加的」な、肯定的に明言された形而上学に対してであり、そしてもう一方はここ（Hier）といま（Jetzt）を超越するすべての意味を抹消する実証主義の概念敵対性に対してである。思想が直接的な効率に帰するものではないのと同様、ホルクハイマーにとっては純粋な、物質的現実から解放された認識衝動は存在しない。ホルクハイマーが繰り返し言及する形而上学の不可能性は、絶対的なものに関して実証的な判断を下そうとする神学的かつ合理主義的な要請に関係している。それに対してホルクハイマーによれば、「可視的世界の偶然性、有限性、無意味性に関して発言することは可能である」。善と正義は物質的な宇宙には内在しない。宇宙は「陰鬱で、無慈悲」である。人類は孤独である。

　ここにはホルクハイマーの誠実な唯物論とショーペンハウアーの哲学を結ぶ思索がある。ショーペンハウアー哲学は——フランス啓蒙主義の偉大な唯物論者たちに呼応して——人間の生物としての弱さと不完全性を強調している。ショーペンハウアーによれば、人間は「さまざまな事故に、数限りなく、日々、刻々とさらされ、心もとない存在」であり、「したがって絶えざる不安と恐怖のなかで生きなければならない」。ショーペンハウアーによれば、形而上学への欲求は、やはり究極的にはこうした事実に起因している。人間が形而上的動物(animal metaphysicum) であるのは、その前に自然的動物 (animal physicum) だからである。ショーペンハウアーは次のことを強調する。つまり「世界の形而上学的解釈に最も強力な動機づけを与えるものは、疑いなく、死に関する知識、ならびに生の苦悩と困難性に関する考察である。もしもわれわれの生が無限で、苦悩から解放されているならば、おそらく世界はなにゆえに存在するのか、そしてなにゆえに世界はかくあるのかという問いを誰一人として思い浮かばないだろう」。

　さらにショーペンハウアーの視点を手がかりにして理解できることは、ホルクハイマーの「形而上学」の断固たる拒絶がどのようなものかということである。つまりそれ自体が形而上学的なのである。ここにはあらゆる人間的なるものの物質的、社会的条件づけの唯物論的洞察がある。それに対して公的に保証された形而上学のテーマは、すでにその問題提起のされ方と、それらが処理される誤った深刻さによって正体を暴露している。超時間的な即物性を求める形而上学者が存在者の本質と称するものは、人間を現実的に抑圧しているものからはるかにかけ離れている。ホルクハイマーは次のように語っている。「事物の核心をみる賢明なる人は、確かにこうした観察からあらゆる可能な哲学的、科学的、そして倫理的帰結を導き出すことができる。……しかし階級関係へのまなざしは研ぎ澄まされない。なぜなら現存の階級関係において、永遠への飛翔が可能であるという事実は、形而上学者がこうした飛翔に絶対的な価値を承認するだけに、いっそう現存の階級関係に対してある種の正当性を与えるからである」。ホルクハイマーは、――既存の秩序のなかで――あたかも人間が真の使命に到達する助けになりうるかのように講じられる、学者ぶった巧妙な言葉のイデオロギー的欺瞞性を見抜いている。しかし経験的、時間―空間的に定義された現実を――それが人間のものであれ、自然のものであれ――支え、創造し、あるいは意味付与的に覆う統一的―精神的な根拠は存在しない。ホルクハイマーの著書『黄昏』が、当時――存在論的に――対立的立場にあった形而上学に加えたマルクス主義的批判はこのように要約されよう。

　二〇年代の初め、フランクフルトには学問としての社会主義と実践的な政治を結びつけようとする若い知識人たちのグループが結成されていた。このグループの主導者は裕福なアルゼンチンの穀物商の息子、フェーリクス・ヴァイル（訳注 Weil, Lucio Felix Jos. 一八九八―一九七五。ブエノス・アイレス生まれの経済学者）である。彼は一九二一年に社会化に関する論文によってフランクフルト大学で博士号を取得したが、競合するさまざまなマルクス主義諸派を目の当たりにして、マルクス理論の本当の意味がどこにあるのかを見つけだそうとしていた。一九二三年夏の第一回マルクス主義研究週間は、ポロックの他にルカーチ、コルシュ（訳注 Korsch, Karl. 一八八六―一九六一。ドイツ生まれの政治家、哲学者）、ヴィットフォーゲル（訳注 Wittfogel, Karl August. 一八九六―一九八八。ドイツ生まれの社会学者、作家）などの有名な著述家たちが参加したが、あまり実り豊かなものではなく、その後、ヴァイルは研究所を設立しようという以前の構想に立ち帰った。その研究所は――綱領的な構想案に見られるように――「労働者運動の歴史と理論、社会の経済的、文化的生活領域の相互影響関係、ならびに近代社会そのものの発展傾向を探究しようとする」ものであった。

　ホルクハイマーとポロックとともに、特に政治経済学の代表的研究者であるアーヘンの教授ゲルラッハ（訳注

Gerlach, Kurt Albert. 一八八六—一九二二）が、財政的に独立し、しかし大学と直結した社会研究の研究所設立のために尽力した。一九二二年にまとめられた覚書のいくつかの要素は、のちのホルクハイマーの構想にも認められるが、その覚書には次のように記述されている。「経験科学の領域において、理論家が以前にも増して現実の躍動する生命との持続的な接触なしにはやってゆけないように、純粋な実践家にとっても思想の育成、学問的な成果、そして方法の応用なしには総体的な経済―社会関係の錯綜した網全体を展望することは不可能である。しかしそうした全体的広がりをもつ社会生活は、経済的基盤と政治的―法律的要因の間の相互作用の巨大な網を形成し、それは文化共同体、利益共同体における精神生活の最後の小枝に至るまで及んでいる。したがってその研究もまたあらゆる学問の精神的共同作業が必要となる」。

すでに同年、おもにヴァイルの父の財政的援助による私的な財団が設立された。その規則には、代々の研究所所長は同時にフランクフルト大学の正教授でなければならないことが定められている。研究所創設が開始される前年の一九二三年三月にゲルラッハが急死したため、ヴィーン大学の法学、国家学の正教授カール・グリューンベルク（訳注 Grünberg, Carl. 一八六一—一九四〇。法学者、経済学者）が任命された。グリューンベルクの『社会主義および労働運動史論集』を母体にして一九三二年——精神的指導者（spiritus rector）としてのホルクハイマーのもとで——『社会研究年報』が発刊されることになる。グリューンベルクは一九二四年七月二二日の研究所創設の記念講演においてマルクス主義への信条告白をためらうことはなかった。彼はマルクス主義を「自足した経済システム」、「特定の世界観」そして「明確に輪郭づけられた研究方法」と理解している。グリューンベルクが（第二インターナショナル風の穏やかな語り口で）「世界観」と語るとき、そこでは特に哲学的野心が語られているわけではない。むしろ、今日では素朴な印象を受ける未来の歴史過程に関する楽観主義、つまり社会は資本主義から社会主義への移行過程にあるといった確信が見受けられる。マルクス主義的な「研究方法」においてグリューンベルクは——実証主義的に解釈された——唯物史観を理解し、それを「科学的社会主義の中心的支柱」と見なしている。彼はマルクス主義と哲学（唯物論哲学も含む）との直接の関連を明確に否定している。こうしてグリューンベルクにおいては、マルクスの理論は事実信仰の「因果関係研究」に還元される。それは——彼自身の言葉によれば——「社会の総体的な生の表出」が、単なる「そのつどの形態における経済生活の反映」にすぎないことを証明することである。

こうした明らかに不十分なマルクス理解の検討は、ここでは行わないことにする。いずれにせよグリューンベルクが——歴史的、同時代的方向性をもって——ポロック、ヴィットフォーゲルそしてグロスマン（訳注 Grossmann, Henryk. 一八八一—一九五〇。クラクフ生まれの経済学者）の重要な実質的研究を刺激し、促進させたことは考慮に値する。外側から何らかの哲学を持ち込むのではなく、政治的経済批判を社会学の中心に導入することによって、彼はこれ以降の研究所の活動の重要な伝統の流れを定めたのである。

一九二七年、グリューンベルクが重病で活動を中止し、その三年後に職務から引退せざるをえなくなったとき、ホルクハイマーが研究所の研究活動を担う唯一しかるべき候補者であった。ティリヒ（訳注 Tillich, Paul. 一八八六—一九六五。ドイツ生まれのプロテスタント神学者、哲学者）の援助のもとに、フランクフルト大学に社会哲学の講座が新設され、一九三一年一月二四日、ホルクハイマーが研究所所長を兼ねてそのポストに就任した。「社会哲学の現状と社会研究所の課題」と題された彼の就任講義には、すでにのちの『年報』の決定的な方針が含まれている。前任者グリューンベルクが哲学に対して、せいぜい歴史研究への「有意義な刺激」を期待していたにすぎなかったとすれば、哲学はその専門家ホルクハイマーにとっては、初めから積極的な役割を演じている。ホルクハイマーは、史的—弁証法的唯物論の生産的、発展的な獲得を、ヘーゲルの思想がマルクスにとって実質的にいかなる意味をもっていたのかを新たに分析することと結びつけて考えている。マルクスは一八五八年にはまだ弁証法を「無条件にあらゆる哲学の最後の言葉」と呼び、しかし同時に「弁証法をヘーゲルにおける神秘的仮象から解放すること」が、いかに重要であるかも強調している。こうした肯定的、かつ否定的観点のもとにホルクハイマーもまた、ヘーゲルから唯物論への移行の問題を再定義することに努めたのである。その際、彼は「西欧的」マルクス主義の二人の代表者の注目すべき先行研究に依拠することができた。すなわちルカーチとコルシュである。両者は——ソヴィエトと社会民主主義の正統主義から敵視されつつ——意識的にヘーゲルに立ち帰って、唯物論的弁証法の哲学的意義を汲み取ろうとしたのである。ルカーチの一九二三年の有名な著書『歴史と階級意識』は、物神崇拝主義と物象化というマルクスの概念を初めて認識論的問題と文化現象の研究に応用した。コルシュはカウツキー（訳注 Kautsky, Karl. 一八五四―一九三八。ドイツの社会主義者、経済学者）の一九二七年に出版された『唯物論的歴史観』におけるマルクス理論の社会ダーウィン主義的歪曲を、一九二八年の同名の自著で論駁している。さらに忘れてならないのは一九二三年にグリューンベルクの『論集』に収録出版され、一九三〇年には増補版として書き改められたコルシュの重要な論考『マルクス主義と哲学』である。

ホルクハイマーの三〇年代初期の研究は、「西欧」マルクス主義という精神風土のなかに生じた新たな問題提起と見解を前提にしている。しかしそれらは（究極的には神学的な根拠づけしかできない）世界史的な知の総体を手に入れようという要求を断念する。そうした名のもとに、しばしば疑わしい手段さえ正当化されかねないと思われたからである。むしろ歴史哲学との関係を絶ったホルクハイマーの立場には、多少ともショーペンハウアーの懐疑的要素が含まれている。そのおかげでホルクハイマーは二〇年代にマルクス主義の立場から再発見されたヘーゲルの示唆の虜にはならなかった。ところでこの点において、ホルクハイマーはヘーゲル信奉者たちよりも円熟したマルクスの思想に近いことになる。マルクスにとって——彼自身強調しているように——「歴史的運動の批判的認識から」創造されるべき「学問（科学）」は、出来事の進行過程において高次の目的が段階的に実現することを論証しようとする「普遍的な歴史哲学理論という万能の鍵」とは明確に異なるものであった。

こうした留保条件を受け入れ、ホルクハイマーは一九三〇年にはマンハイム（訳注 Mannheim, Karl. 一八九三―一九四七。ブダペスト生まれの哲学者、社会学者）の『イデオロギーとユートピア』に対する鋭い批判のなかでその点を詳細に論じている。マンハイムのこの著作は、広範囲にわたって革命的政党の役割をまさに神学的に美化しようとするルカーチの『歴史と階級意識』におけるメシア的歴史観に依拠している。ホルクハイマーはマルクス理論を次のように特徴づけている。「マルクス理論の功績は、本質的には社会運動を経済的発展に条件づけられた階級関係から統一的に説明するところにあった。〈全体性〉の認識、あるいは全体的、絶対的真理ではなく、一定の社会的状態の変化が、彼の学問の意図であった。そうした連関において哲学もまた批判される。しかし新しい形而上学が古い形而上学にとって代わられるのではない」。

究極的には事物の確固たる過程を賛美するヘーゲル的思弁に対して、ホルクハイマーにとって重要なことは、将来的な統御可能性という観点から歴史を概念的に捉えることである。歴史に対して、最初から内在的目的を付与する形而上学は、ホルクハイマーにとっては、個的なものを越えた構造の存在、諸々の傾向、歴史的変遷の合法則性をあっさりと否定する実証主義と同様に疑わしいものである。もちろん社会的発展を唯物論的に説明した段階的過程も賛美されるべきではない。この点をホルクハイマーは、同様に一九三〇年に出版された『ブルジョア的歴史哲学の起源』において明確に指摘しており、そこでは次のように記述されている。「歴史が劣った社会からより良い社会を実現してきたということ、歴史がその過程においてさらに良い社会を実現しうるということ、それは一つの事実である。だが歴史の道のりは個々人の苦悩と悲惨の上に築かれていることもまた事実である。この二つの事実の間にはさまざまな説明が関連しているが、決定的な正当性をもつ意味などは存在しない」――ホルクハイマーは無邪気な態度を自らに許さない。無情な暴力支配の地下牢で命を落とした者、その人の屈辱的な最期にメシアの光は当たらない。たとえいつの日か人類が、そうした状況の解明に成功しようとも。

魔法を解かれたホルクハイマーのまなざしの前では、歴史の概念そのものもまた統一的な構造として持ちこたえることはできない。そこで彼は次のように記述している――再び『ブルジョア的歴史哲学の起源』からであるが――「歴史的出来事の必然性について完全に成功した説明、首尾一貫した認識は行動するわれわれにとって理性を歴史のなかへ導入するための手段となる。しかし歴史は〈それ自体において（an sich）〉見れば、理性を所有していないし、いつも同じ性質を示す〈本質〉でもない。われわれがそれに拝跪すべき〈精神〉でもなければ、〈力〉でもない。それは人間の社会的な生の過程から生ずる出来事の概念の総括である。……歴史を統一した実体的な本質へと汎神論的に自律化することは、ドグマ的形而上学以外の何物でもない」。ホルクハイマーの最初の身元保証人であるショーペンハウアーが、世界過程を神の顕現として歴史哲学的に美化することに「真に破廉恥な思考方法」、「人類の命名しがたい苦悩に対する嘲笑」という烙印を押したとき、ショーペンハウアーはそうしたドグマ的形而上学を警告していたのである。

批判理論の成立は、ホルクハイマーが一九三二年から一九四一年まで所長を務めた研究所の委託を受けて発刊された『社会研究年報』の運命と最も密接に関係している。この定期刊行物は、今世紀のヨーロッパ精神の重要な記録の一つとなっている。ここでは稀有な方法で包括的な博識、判断の独立性、社会批判的分析、人道的な抗議が結合している。当時の学術的常識だった組織とは意識的に対立して、ホルクハイマーのこの雑誌は一つの統一的なプログラムを体現していた。だからといって投稿者の個人的な関心や学問性への要求が軽んじられることはなかった。そのうちから名前を挙げるなら、アドルノ、ベンヤミン、フロム（訳注　本書「フロム」参照）、レーヴェンタール（訳注　Löwenthal, Leo. 一九〇〇―一九九三。ドイツのユダヤ系社会学者）そしてマルクーゼ（訳注　Marcuse, Herbert. 一八九八―一九七九。ドイツのユダヤ系哲学者）などはきわめて独自の個性的な学者であった。しかし彼らは雑誌の綱領に表明された理念を忠実に守っていた。九年の間、企画の構想を定めたホルクハイマーの周囲にできたサークルは、「フランクフルト学派」という名称で世界的名声を馳せることになった、あの社会理論の中心的カテゴリーを展開させたのである。

この知的に完全に自立したグループは、「社会研究」という概念に独自の響きを与えた。社会の洞察は、以前には「社会学」という専門領域に属さなかった分野においても成果を収めることになった。たとえばベンヤミンが『年報』にボードレール（訳注　Baudelaire, Charles. 一八二一―一八六七。フランスの詩人）の抒情詩研究を掲載したとき、ホルクハイマーとその同僚たちの了解するところでは、この研究は個別的社会学という規範に従った他の多くの研究よりも、十九世紀のブルジョア世界に関する緻密な認識となっていた。

ホルクハイマーの『年報』の学問論的構想に深く立ち入る前に、研究所のその後の歴史にとってきわめて重大ないくつかの出来事に簡潔に言及しておきたい。すでに一九三一年にホルクハイマーは、――ドイツで起こりつつあった災いを目の当たりにして――ロンドンとジュネーヴに研究所の支部を設立し、資産の大部分をオランダに転送することに成功した。それによって亡命時代における研究継続の基盤が創られた。ナチスの権力掌握によって、この国家の新しい指導者にすでに憎まれていた研究所の運命は決定された。研究所は一九三三年三月に国家敵対的傾向を理由に閉鎖された。ホルクハイマーは結局ジュネーヴに移住し、そこに「国際社会研究協会」(Société Internationale des Recherches Sociales) という名称で本部が設立される。一九三四年五月、ホルクハイマーはニューヨークへ赴く。そこでコロンビア大学総長がホルクハイマーに研究所の建物を提供し、それが「国際社会研究所」(Internatinal Institute of Social Research) として活動することになる。

研究所の波乱に富んだ運命を『社会研究年報』も同様にたどることになる。一九三三年三月、年報第二巻第一号はまだ何とか刊行されたが、ライプツィヒの出版社ヒルシュフェルトはその続刊の確約ができなくなった。その後、パリのフェリクス・アルカン出版社が『年報』と研究所の他の出版物を引き受け、それらは一九四〇年までドイツ語で出版されることになる。『年報』の最後の四号は『哲学と社会科学研究』(Studies in Philosophy and Social Science) というタイトルで英語によりニューヨークで出版されている。

一九三一年の就任講義において、ホルクハイマーは当時実証主義を攻撃していた社会哲学的諸傾向の根本的欠点を次の点に見ている。つまり彼らは一方においてはきわめて単純に、個別学問的に確定しうる「事実性」を無批判に受け入れ、他方においては、それら「事実性」に対して「多かれ少なかれ構成的に……観念、実体存在、客観的精神の自律的領域、意味統一性、民族精神などを同様に根源的な、いやむしろそれ以上に純粋な存在構成要素として」対置させようとしている。実証主義に論証不可能な形而上学的前提があるということが、そうした社会哲学者たちにとっては、その点で実証主義を凌駕することの十分な根拠になっている。これほど悪しき相対主義が流布することになり、ある一つの理論が他の理論に対して「事実的に根拠づけられた優位性」をもつことができなくなる。ホルクハイマーの強調によれば、道徳論を振りかざす社会哲学者たちは、その研究対象であるはずの人間の生の過程について、ただ「世界観的、命題的、信条告白的」にしか語らない。そして彼らはオーギュスト・コント（訳注 Comte, Isidore Auguste Marie François Xavier. 一七九八―一八五七。フランスの実証主義哲学者、社会学者）、カール・マルクス、マックス・ヴェーバーそしてマックス・シェーラー（訳注 Scheler, Max Ferdinand. 一八七四―一九二八。ドイツの哲学者）の社会理論に区別は設けるが、正しい理論、偽りの理論、あるいはさしあたり問題のある理論という区別ではなく、むしろ信条の区別をしているのである」。

こうした不満足な状態をホルクハイマーは「事実認識」と「原則的なものの究明」とが結びついた一種の弁証法的方法で乗り越える。実質社会学と社会哲学が互いに別々に取り扱われてはならない。人間の社会化の具体的な形式への問いが、つねに観察された構造の現実性の程度と価値への問いを含むとすれば、逆に哲学研究は個別研究においてすでに篩にかけられた資料を必要とする。社会全体の研究のためには、不毛で凝固した概念的構成と経験的研究の対立に代わって、ホルクハイマーによれば、「哲学的理論と個別的実践の継続的、弁証法的な貫徹と、発展の思想」と呼ばれるものが登場しなければならない。さらにホルクハイマーがこの思想を詳細に述べているように、「ただそのようにして哲学は、普遍的、本質的なものに向けられた意図として、個別的な学問研究に魂を吹き込む刺激を与える」ことができ、と「同時に、具体的な研究の進展に自らが影響を受け、そして変化を被るほど十分に世界に開かれる」。

ここで明らかなことは、ホルクハイマーには「文化生活を構成的に解釈」すること、あるいは社会、国家、法の「新しい意味」を確立しようとする論者たちとの論争の意志がないということである。ホルクハイマーによれば、「むしろ、今日、重要なことは、……現実に根ざした哲学的問題提起を土台にして研究を組織化し、そこに哲学者、社会学者、経済学者、歴史家、心理学者たちが持続的な共同研究のために結集し、ともに偉大なるものを目ざす哲学の問題をきわめて洗練された学問的方法に基づいて追求することである。……こうした方法においては、哲学的問題に対するイエスとかノーという独断的な答えは成立しない。それどころか、これら哲学的問題そのものが弁証法的に経験的な学問過程に組み込まれる。つまりそのような問題に対する答えは、その答えの形態それ自身が関与している専門的認識の進歩の内にある」。こうしたきわめて通常とは異なる方法で、哲学史的に受け継がれてきた問題提起を社会科学的認識過程のなかで厳密に規定し、新たに論述することがどのような意味をもつのか、こうした問題をホルクハイマーは個的実存と普遍的理性、感覚的実体と理念、生と精神がどのような相互関係にあるのかという問題において説明している。ホルクハイマーの言葉に置き換えれば、ここで重要なのは「社会の経済生活と、個々人の心的発展ならびに狭義の文化諸領域における変化との間にある相互連関性を問題にすること」である。ホルクハイマーの一九三一年のプログラムが目ざしたことは——ゲルラッハやグリューンベルクを手本にして強調しているように——「互いに無関係に併存する哲学的構想と経験のそれら双方にまたがる計画的な研究の独裁を社会理論のなかに築くことである（訳注「研究所」における多様な学際研究に統一的な目標が見失われないために、ホルクハイマーは「学寮方式」ではなく、グリューンベルクの「所長独裁」方式を維持している）」。ホルクハイマーにとって重要なことは、粘り強い事実研究と概念的思考が——弁証法的な、つまり単なる既存のものでなく、つねに新たに作り上げられるべき統一性において結合し——将来的に互いに等しく啓発し合うことである。

まさにホルクハイマーはこのような精神で『社会研究年報』に論文を執筆し、それらは今日の論議において、批判理論の根源的形態における最も的確な表現と見なされている。一九三二年の創刊号の序文に言及されている通り、社会研究は、決して特殊専門分野ではなく、「現実の社会全体の理論を促進する」にふさわしい「多様な領域と抽象レヴェル」における個別研究を包括するものである。この総合的原理、つまり「絶対的な経験的厳格さ」に基づいて、個々の研究を「理論上の中心問題を目ざして」実行することが、「社会研究を……単なる事実の記述や経験とは無縁の理論構築から区別する」とホルクハイマーはさらに続けている。重要なことは、現在という時代の歴史的経過の理論を展開することであって、その理論は「諸出来事の混沌たる表面」の下に、概念的に認識しうる「活動的諸力の構造」を前提にしている。確かに社会研究は、連帯した人類が初めてなしうるような一つの「意味」を歴史に付与することを避けねばならない。しかし社会研究はマルクスの経済学と調和して、自らの進展を「法則によって支配されたダイナミズム」

と見なすのである。ホルクハイマーの意味する社会研究が専門学問としての社会学に属さない領域においてもその対象を発見するに比例して、それは従来の社会学よりも広範な関心を追求する。ホルクハイマーによれば、社会研究が「論理的にみれば、未だ未解明の問題を包摂する」思考を受け入れる覚悟があるという点で、哲学からも区別される。つまり「社会研究は、原理的には認識の未解決性を確信している」。ホルクハイマーはさらに歴史研究を支える社会心理学の必然性を指摘し、当時の社会に現存する情勢を踏まえた「歴史的経過の未来の方向性」に関わる研究を推薦している。そうした情勢の認識は、ホルクハイマーにとっては「経済の計画的な制御を目ざそうとする諸傾向……の研究なしには不可能である」ように思われる。

研究所に課された時代の問題は、ホルクハイマーにとって「個別的文化領域とその相互依存関係、そしてその変化の合法則性の連関に関わる問題」である。その答えは――ホルクハイマーの『年報』への寄稿論文が裏づけているが――個々の歴史的資料に基づいて、史的唯物論を整然かつ柔軟に吟味するという試みによって得られることになる。ただその際、あらかじめ誤解は回避されねばならない。文化現象が「経済関係とそこから生ずる利害の諸対立に関わる」とする理論は、「物質的ならびに精神的財の現実性の程度やその序列関係に関しては何も語っていない」とホルクハイマーは説明している。ただし、この理論は「世界は絶対精神の表現……と見なされるべきであるとする観念論的見解」とは相容れない。「……なぜならこの理論は、そもそも精神を歴史的存在から引き離しうるもの、自律的なものとは見なさないからである。しかし観念論が、こうした疑わしい形而上学のなかにではなく、人間の精神的資質を実際に展開させようという努力のなかに見いだされるならば、観念的なものを非自律性と捉える唯物論的理論は、大部分の現代の形而上学よりもむしろ古典的ドイツ哲学の観念論概念に対応している。なぜなら、人間の生の枯渇と根絶の社会的原因を認識し、経済を実際に人間に従属させる試みは、精神的なるものの優位性という……ドグマ的な見解よりも、人間の精神的資質を展開しようとする努力に適しているからである」。

ニューヨーク時代に、フランクフルト学派の第一世代の古典的研究の基礎を築いたホルクハイマーの学際的構想が——それについては『年報』に扱われているテーマの百科全書的広がりが示している——最もうまく実現された。一九五一年一一月一四日、フランクフルトの社会研究所が再開されたとき、ホルクハイマーは講演において、確かに相変わらず「巨視的な視点と個別的な責任ある厳格な研究との結合」が重要であることを強調している。しかし明らかに急激に変化した世界情勢を目の当たりにして、研究所の理論的研究は控え目な課題に眼を向けねばならなくなっていた。さらに理論の歴史的磁場が変化していたのである。つまり直接的な効率が理論をうさんくさいものにする。「行為のための行為は思索のための思索より決して優れていない」と、ホルクハイマーは一九四六年に『理性の腐蝕』のなかで書いている。少なくとも民主主義的な国民は、野蛮に勝利したあとで、「その名において戦争という犠牲が払われたヒューマニズムの原理を磨き上げ、それを実践に移すであろう」というホルクハイマーの希望は実現されなかった。すでに当時、ホルクハイマーには、彼が第二次世界大戦後に大きな哲学的テーマとすることになる近代的進歩の問題性が意識されていた。「明白に」——とホルクハイマーはその著書において述べている——「技術的な知識による思考と行動の地平拡大はあっても、個人の自律性、増大する大衆操作の装置に抵抗する個々人の能力、空想力、自由な判断が後退していくように思われる。……進歩はそれが実現すべき目標——すなわち人間の理念——を破壊しようとしている」。

したがって戦後は——それ以前の思考傾向と比較すると——研究所は控え目な課題に取り組むことになる。いまや問題はその間に登場し、深刻なまでに蔓延した人間学的変化を科学的に捉え、狂気じみ、偏見に満ちた思考と態度に対抗して個々人を武装させることである。より公正で、理性的に構成された世界を求める、成熟し、啓蒙された人間の教育を奨励することが重要となる。これがまさにホルクハイマーの一九五一年の講演の主旨である。講演では次のように述べられている。「われわれは社会科学のなかに、その発展が今日の人類の未来への問いと結びついているあの現実的なヒューマニズムの要素を見ている。……現代の社会学の学生は、他者の見解の根拠、他の国家、宗教、政治が多様な様態を示す根拠に通じている。真の自由思想は洞察の産物である。社会学の教育を受けた者は、全体主義的なプロパガンダ装置によって外の世界に対して目を眩まされることはない。……しかし社会への洞察は相対主義と混同されてはならない。……昔から、真に全体が……問題であった精神は、有限的要素の流れ、その錯綜と制約を探究してきた。……私は個々の研究と結合しなければならない巨視的な視点について語ってきたが、そこで私が意図することは、……社会学的態度にはつねに現状の社会を超越する意図が潜んでいるということである。ある種の批判的な態度は、……いわば社会に関する理論家の使命である。そしてまさに存在するもののうち最も肯定的なもの、すなわち希望から、こうした批判的なるものがわき起こることが、社会学者の評判を悪くしている。こうした現状との緊張に耐えることを学生に教育し、真の意味で彼らを社会的に鍛えることが――それは孤立に耐えねばならないことをも意味している――おそらく、われわれが理解する教育の最終目標である」。

ホルクハイマーの学問的な、そしてその世界的な名声を確立した成果は五〇年代に示される。一九五一年、彼はマイン河畔のフランクフルト市からゲーテ賞を授与され、一九五一年から一九五三年までフランクフルト大学の学長、一九五四年から一九五九年までシカゴ大学の客員教授を務めている。一九五九年の退職後は、ルガーノ近郊のモンタニョーラに移住する。その一年後にはフランクフルト名誉市民となっている。

六〇年代の末に『理性の腐蝕』が、初めて広範囲な読者層に知れわたることになるが、それは一九六七年にそのドイツ語版が『道具的理性批判』というタイトルで五〇年代、六〇年代の代表的な哲学、社会学研究とともに出版されたからである。一九六八年には、長く待たれていた『社会研究年報』に掲載されたホルクハイマーの最も重要な諸論文が『批判理論』という二巻本として新たに出版された。その序文でホルクハイマーは、社会主義理論の予見と現実の社会の動きの間の矛盾をはっきりと指摘し、次のように述べている。「第二次世界大戦以来、労働者の増大する貧困という観念は、長い年月の間に抽象的、幻想的なものになった。マルクスによれば、そうした貧困から反抗と革命が生じ、自由の国への移行が実現するはずであった。……すでにプロレタリアの革命的意志は社会に包摂され、現実に根を張った肯定的活動に転化している。少なくとも主体意識としては、プロレタリアートは社会に組み込まれたのである」。

ホルクハイマーの晩年の書物には、もちろん革命的マルクス主義から明らかに距離を置いた関係ばかりでなく、彼の青年時代の哲学の師であるショーペンハウアーへの明白な信条告白がある。「形而上学的ペシミズムは」――同様にホルクハイマーが一九六八年の論集の序文に書いているように――「昔から私にはなじみがあった。私が哲学と最初に関わるようになったのは、ショーペンハウアーの書物のおかげである。マルクスならびにヘーゲル理論との関わり、社会の現実を理解し、そしてそれを変革したいという意志は政治的対立にもかかわらず、私のショーペンハウアー哲学の経験を拭い去ることはなかった」。マルクス、エンゲルスが社会―歴史的に特定化している世界経過の否定性は、ショーペンハウアーによって形而上学的に普遍化される。意志の思想は形而上的悪（malum metaphysicum）に、史的唯物論は自然的悪（malum physicum）に対応している。

ホルクハイマーのショーペンハウアー回帰との関連において、ホルクハイマーの思想の「宗教的晩年期」が繰り返し語られてきた。ホルクハイマーの保守的転換とさえ言う者も少なくはなかった。それに関してホルクハイマー自身は、死の数年前に、「今日、宗教は癒しがたい憧憬の表現としてのみ存続しうるであろう。しかしそれは決してドグマとしてではない。絶対的なるものは実証的規定性によって捉えられるものではない」と断定的に強調している。ホルクハイマーは一九七〇年にヘルムート・グムニオールとの対話で次のように語っている。「神学は世界が現象であること、世界が絶対的な真理、すなわち最終的なものではないということの意識を……意味しています。……神学は……世界を徴づけていることれほどの不正にもかかわらず、不正が最後の言葉ではあり得ないということの希望なのです」。

ほぼ同じ頃行われたゲアハルト・ラインとの議論において、ホルクハイマーはより詳細に、こうした自分の基本的な思想を語っている。「批判理論の対象となる現存の状況には、それを保持している諸々の力ばかりでなく、それを変革しようとするうさんくさい試みも含まれている。多くの一見古くさいもの、たとえば究極的には神学から導き出される倫理的なもの、いわゆる人間的なものは保持する必要がある。とはいえもちろん、そうした神学的根源がただちに真理と同一であるというわけではない。批判理論がカントから学んだことは、彼岸に関しては何一つ語り得ないということ、それればかりかこの否定的発言が……すでに越境行為であるということである。われわれの認識は、現象の世界、すなわち意識という事実が主体の知的機能によって秩序づけられた結果生み出された現実に関係している。経験的実在は絶対的なものではない。いわゆる精神の諸特性を技術的進歩のなかへ組み込むことによって救出したいという願望はあったにせよ、私は精神を決して実体化することはなかった。宗教に関して私にわかっていたことは、その信者たち、特にキリスト教徒たちが、彼らの行動においては大部分が明確な反キリスト者、精神の敵対者であったということである。たとえば、十字軍や魔女妄想、そしてキルケゴールによって明確にされた隣人愛とキリスト教の矛盾を思い浮かべてみればよい。これらすべてにもかかわらず、革命的傾向をもった社会分析の実践的な帰結には、やはり文化的、それどころか神学的要素を保持しているのである」。

ホルクハイマーの最晩年は、身近な人々を喪うことによって重い影に覆われている。一九六九年、彼の妻マイドンとテオドール・W・アドルノが亡くなった。一九七〇年にはホルクハイマーの最も古い友人フリードリヒ・ポロックがその後を追っている――同じ年に『社会研究年報』の完全な復刻版が出版される。一九七一年、ホルクハイマーはハンザ都市ハンブルクからレッシング賞を授与され、『社会哲学研究』と『過渡期の社会』というタイトルで一九三二年から一九七二年までの論文、スピーチ、講演が出版されている。

ヨーロッパ的スケールの啓蒙家マックス・ホルクハイマーは一九七三年七月六日、ニュルンベルクの病院で入院後まもなく死去した。

アンナ・フロイト（Anna Freud, 1895-1982）

主著

『児童分析技術入門』（*Einführung in die Technik der Kinderanalyse,* 1927）

『自我と防衛機制』（*Das Ich und die Abwehrmechanismen,* 1936）

『戦時期の幼児』（共著）（*Young Children in War-Time,* 1943）

『児童期の正常と異常―発達の評価』（*Normality and Pathology in Childhood. Assessments of Development,* 1965）

著作集

The Writings of Anna Freud Volume 1-8（New York: International Universities Press; London: Hogarth Press and The Institute of PsychoAnalysis, 1968-81）

Die Schriften der Anna Freud Band 1-10（München: Kindler, 1980）

邦訳

牧田清志・黒丸正四郎監修『アンナ・フロイト著作集』1-10（岩崎学術出版社，1981-84）　ほか

ウーヴェ・ヘンリク・ペータース

アンナ・フロイト

広沢絵里子　訳

二十世紀の、あるいは十九世紀の偉大な女性たちに似たような人物がいるだろうか、と考えたとき初めて、アンナ・フロイトがいかに特別で、比類なき存在であるかがわかる。アンナ・フロイトは、初のユダヤ人女性哲学者であるハナ・アーレント（訳注　本書「アーレント」参照）とは似ても似つかないし、また彼女とは何の関係ももっていない。ハナ・アーレントは、ドイツにおける最初の偉大なユダヤ人女性であるラーエル・ファルンハーゲン（訳注　Varnhagen von Ense, Rahel. 一七七一―一八三三。ベルリンのユダヤ系作家、サロン主宰者）を尊敬し、ナチ時代の始まる直前にこの女性について伝記を著した。しかし私は、アンナ・フロイトがそもそもラーエルを知っていたとは思わない。十九世紀末のすぐれて知的なファム・ファタール、ルー・アンドレーアス＝ザロメ（訳注　Andreas-Salomé, Lou. 一八六一―一九三七。ドイツ系ロシア人の作家、精神分析家）とは、確かに心からの友情で結ばれていた。ルーは、長年にわたってアンナ・フロイトに助言を与え、本を献呈したこともある。今日では、ルーが独立独歩の女性で、自分の望んだ男性を選び取った、という点が賛嘆の的なのであるが、アンナはもしかすると、そのようなことに全く気づいていなかったかもしれない。アンナは数多くの手紙をルーに宛てて書いているものの、そのことに触れた箇所は全くない。アンナ・フロイトは世紀の偉大な母親、あるいは偉大なレスビアンになれたかもしれない。しかし現実には偉大な母親とは見なされていない。自分で子供を産むことなしに、彼女は一生を賭けて、数えきれないほど多くの子供たちの「一番の幸せ」を願ってきたのだが。また、五十年以上にわたって女友達のドロシー・バーリンガム（訳注　Burlingham, Dorothy. 一八九一―一九七九）と一つ屋根の下で暮らし、これほど長続きした二人の女性の結びつき自体が際立った出来事であるにもかかわらず、彼女をレスビアンだと考える人もいない。アンナ・フロイトは同居を公然と続けていたが、二人がどういう結びつきであるかについては、つねに口を閉ざしたままだった。アンナの生前、周辺の人々にその質問を向けた者は、それに対する答えだけでなく、もはや他のどんな問いに対しても答えを得られなかった。アンナ・フロイトとその女友達が亡くなった後でさえ、二人のことをよく知っていたヴィルヘルム・ザルバー（訳注 Salber, Wilhelm. 一九二八―。アーヘン生まれの心理学者。一九六三―九三年ケルン大学心理学部教授、『アンナ・フロイト伝』〔一九八五〕の著者）は、両者の関係を「親和力」と表現し、「生涯の親密な関係」という言い回しで、そのパートナー選択の本質をほのめかすにとどめている。

アンナ・フロイトは、偉大な父ジークムント・フロイトに徹底して尽くし、彼の陰に身を潜めた。それは、あたかも十九世紀の理想的女性像を体現しているかのようだ。一人の男性に対して（この場合それは彼女の父であったが）無私の献身をし、彼からすべてを受け取り、彼のためにすべてを捧げる女性。「この世におけるフロイトの代理人」という役目を、アンナは数十年しっかりと果たしたが、その結果アンナは矛盾に陥ったり、攻撃的態度をとったりすることもしばしばだった。奇妙な事実ではあるが、アンナはまさにそのプロセスを経ることで、自分自身の輪郭と独特な自立性を獲得してゆき、その特徴は人生の深まりとともにいっそう鮮明になっていった。

アンナ・フロイトは、一八九五年一二月三日にヴィーンで生まれた。当時まだ無名だった父親の末っ子である。一八九五年という年は、ヴィーンにとって、勃興しつつある象徴主義とユーゲントシュティールの時代であり、芸術、文学、科学の世界に前代未聞の革新がもたらされた時である。しかし一八九五年はまた、反ユダヤ主義の栄えた年でもあり、これに対してヴィーンのユダヤ人たちは、たとえばフロイトも属していたブナイ・ブリース（訳注 B'nai B'rith. 一八四三年にユダヤ人の修養と人道的思想の促進を目的として、ニューヨークで設立されたユダヤ人結社）などの結社を創って自衛を試みていた。アンナ・フロイトの誕生から二年して、カール・ルエーガー博士（訳注 Lueger, Karl. 一八四四―一九一〇。オーストリアの政治家。先鋭的な反社会主義・反ユダヤ主義者）がヴィーンの市長になった。彼はフロイトの敵であり、ヒトラーの模範となった人物で、今日なおヴィーンではかなり尊敬されているのだが、市長の座に就く前には、フランツ・ヨーゼフ皇帝がルエーガー任命の承認を四回拒んだといういきさつがあった。ルエーガーは「キリスト教社会党」の指導者で、党機関紙『画報ヴィーン国民新聞』は、誇らしげに「反ユダヤ主義機関紙」という副題を掲げていた。全ドイツ連盟という、国民社会主義の先駆的団体の一つでは、会員が「吊し首にされたユダヤ人」を時計の鎖につけ、ユダヤ人を根絶やしにするよう、要求していた。さらにいえば、一八九五年はヴィーンで精神分析が誕生した年であり、この時から精神分析は精神世界における大成果を上げ始める。アンナ・フロイトの一生は、精神分析が発展し、全盛期を迎え、やがて停滞期に入るすべての時代とともにあり、精神分析が衰退期に入ったのを最初に感じたのは彼女でもあった。約九十年に及ぶ彼女の長い人生は、前半をヴィーン、後半をロンドンと、かなり正確に二分することができる。というのもアンナは一九三八年に亡命することを余儀なくされ、一九八二年に亡くなっているからだ。

　ジークムント・フロイトが目覚ましい勤勉さによってようやく地歩を固めた時でもあり、アンナ・フロイトは初め、市民的教養を備えたユダヤ人良家の娘として、恵まれた子供時代と青春時代を過ごした。生家の四人の使用人に面倒を見てもらいながら、アンナはまず二年間高級私立学校に通い、その後二年間公立小学校に通ったあと、私立の女子高等学校を卒業して女子教員養成の教育機関に入る資格を得たが、大学入学資格はなかった。教育が性に合っていた彼女は、当時の市民階級の習慣にもふさわしく教師になり、二十歳から二十五歳の間、この女性向け職業を立派に勤め上げた。アンナ・フロイトは教師としての特性すべてを後年も保ち続けたが、しかしこの教師時代アンナからは、のちにアンナが人間として大発展を遂げるとは予想もできなかった。

　当時の唯一の友人、トゥルーデ・バーデルレ（訳注 Baderle, Trude. 生没年未詳）は、アンナ・フロイトの学校時代について私にいろいろと語ってくれた。学校時代のアンナはまだ見栄っ張りなところがあった。彼女は同級生の女の子たちが羨む、青い絹の裏地がついたビロードのコートを着ていたという。晩年のアンナ・フロイトは、私に対して、そんなコートは持っていなかったと激しく否定した。しかしまもなく一枚の写真が見つかり、そこには、裏地の色はわからないものの、この立派な女子生徒用のコートを着た彼女が写っていた。アンナの人柄の永続的な変化が起こったのは、そうした時代が過ぎたあとまもなくだったに違いない。変化はとりわけ衣服に表れた。後年人々が出会ったアンナは、ほとんど改良服（訳注 一九〇〇年頃流行した胴をしめつけない婦人服）ばかりを着て、手編みのプルオーバー、乱れた髪、だらしないスカートに、ずれた靴下という姿であった。これは几帳面な母親のマルタ・フロイト（訳注 Freud, Martha. 一八六一―一九五一）に亡命先のロンドンでさえ腹立たしい思いをさせた。国際会議の場は別で、突如エレガントな服装をまとうことができたが、それはアンナの人柄と奇妙な対照をなしていた。

一歳半年上の姉ゾフィー（訳注 Halberstadt, Sophie（旧姓 Freud）. 一八九三―一九二〇）は、アンナの青春時代の最も身近な存在だった。アンナはいつか学校で自分の部屋について作文を書いたとき、こう記した。「私の部屋には壁が三つある。四つ目の壁はゾフィーだ」。アンナは姉と二人で部屋を使っていたのである。ゾフィーはフロイトのお気に入りだった。彼女はきゃしゃで、かわいらしく、ひよわだった。いずれにしても人はゾフィーのことをそう考えていた。しかし今日写真を見ると、彼女がアンナより勝っていたとは思えない。ただゾフィーには、人が放っておけないところがあった。アンナは自分が姉を守らなくてはならないと感じていた。アンナは友人のトゥルーデから、自分が死んだらトゥルーデがゾフィーの面倒を引き受ける、という約束を本気で取りつけていた。ひよわな印象が本当であることを証明するかのように、ゾフィーは一九一九年、インフルエンザの大流行の犠牲となって亡くなった。もっとも彼女は当時すでに結婚して、二人の子供があり、ハンブルクで生活していたのだが。アンナは二人の子供をヴィーンの自宅に引き取ったが、二人のうち一人、ハイネレ（訳注 Halberstadt, Heinz Rudolf. 一九一九―一九二三）はベルクガッセ一九番地で脳膜結核のため亡くなった。アンナはこの出来事について、心を揺さぶるような手紙を友人のルー・アンドレーアス＝ザロメに書いている。もう一人の子供、エルンストゥル（訳注 Halberstadt, Ernst Wolfgang. 一九一四―。一九五五年頃 Freud と改姓。ドイツの精神分析家）は、のちに亡命先のロンドンで、フロイト家の一員としてはただ一人精神分析医になった男性だった。いや、もっと正確にいえば、アンナ・フロイト門下の小児精神分析医である。姉ゾフィーとの関係はしかし、アンナ・フロイトが後年自著『自我と防衛機制』で描いた「利他主義的譲渡」という現象の典型でもあった。自分の欲動的願望の充足は抑圧し、その代わり、他人の願望が満たされることで満足するのである。ゾフィーがデートに出かけるとき、アンナは姉が身ぎれいにするのを手伝い、姉があとで素晴らしい体験を報告して聞かせると、それを妬むこともなく、素直に喜んだ。

アンナが空想の世界に浸るようになったのは、学校時代のことだった。彼女は終わることのない物語を入念にもわたって毎日書き続けた。アンナはその物語を何年に大きな黒いノートに書きつけ、毎日友人のトゥルーデに語って聞かせた。それは男のいない、たくさんの子供がいる大家族の物語だった。このような空想世界は一般に、周囲との交流が不足していることや、生活が極度に引き籠りがちであることを示唆する。しかしのちにアンナは、ヴィーンでも、ロンドンではさらに、自分の周りに、物語通りの女性と子供の多い大家族を作り上げ、そこでどこよりも幸福に感じていた。彼女は二十歳から二十五歳の間のどこかで、現実主義者へと大変身したに違いない。黒いノートも、もしかしたらその変化のために捨てられたのかもしれない。例の物語は友人トゥルーデ・バーデルレが記憶に留めているだけである。

ただし、この大変化以前に、アンナには書くことに対して、ひどく気後れを感じている時期があったに違いない。ルー・アンドレーアス＝ザロメに宛てた手紙でアンナは、ペンを握ったまま、何時間も座ったままで何もせず、考えることさえしない時がよくある、と書いている。この時期の彼女は「エーリヒ・ミューザーム」という題の小説を書いていたが、それがジークムント・フロイトが、そしておそらくはアンナ自身もよく知っていた作家エーリヒ・ミューザームその人を指しているのかは、はっきりとしない。いずれにしても、小説の題材はそういう名前の作家で、彼は苦心して原稿の二、三行を書くのだが、表現が気に入らないので消しゴムで単語を消しては、他の単語と入れ替えたりしている。彼が一日の終わりに自分の仕事を振り返ってみると、原稿の上にはいくつかの単語が残っているだけで、そこには関連性のある物語は生まれていない。作家のこんな悪夢がいつ終わりを告げたかはわからない。アンナ・フロイトは十巻本の『著作集』を残しているが、父親とは違って、彼女は本当の意味での作家にはならなかった。その作品はほとんど講演集であり、彼女はまず講演をしてから、それを原稿に起こして出版したのである。関連したテーマで行った講演は、一冊の本にまとめられた。

精神分析は長い間、人間の基本的傾向はすべて子供時代に原因がある、と教えてきた。アンナ・フロイトはさまざまな点で、その好例だと考えられるだろう。したがってわれわれも、彼女のヴィーンでの青春時代にもうしばらく留まってみたい。アンナとトゥルーデの二人は、ハインリヒ・ハイネ（訳注 Heine, Heinrich. 一七九七―一八五六。ドイツのユダヤ系詩人）の詩にローベルト・シューマン（訳注 Schumann, Robert Alexander. 一八一〇―一八五六。ドイツ・ロマン派の作曲家）が曲をつけた歌曲『二人の擲弾兵』を一緒に歌うのが好きだった。二人の擲弾兵は皇帝が囚われの身であることを心配している。一人の歩兵がもう一人の歩兵に頼む。もし私が死んだらフランスに埋めてほしい、そして皇帝が私の墓の上を馬で通りかかったなら、「そうしたら、私は武装して墓から起き上がる、皇帝を、皇帝をお守りするために」。二人のヴィーン娘にとって、擲弾兵の比喩はいささか軍隊調にすぎるけれども、皇帝がいったい誰を指すのかは、簡単に理解できる。アンナ・フロイトは、父親を守るためなら、喜んで墓からも立ち上がっただろう。この歌曲でアンナが特に気に入っていた別のフレーズも、実際に彼女の人生で実現した。近衛歩兵はもう一人に向かってこう言う。「女がなんだ、子供がなんだ、私にはもっと大きな望みがある」。この詩行をめぐって二人の娘たちは激しいけんかをすることもあった。人生は、二人それぞれに対して、詩に歌われている夢を実現してくれたといえるだろう。アンナは自分の「より高い望み」を実現し、夫や自分の子供をもつことはあきらめた。トゥルーデは夫と子供は得たが、その代わりソーシャルワーカーとして質素な生活を送り、目立たない人生を選んだ。

アンナ・フロイトが精神分析のことを初めて聞いたのは十四歳の時だ。ガルダ湖畔を散歩しながら、父親が彼女に話したのだった。しかし詳しいことを知るようになったのは、教師になってからである。精神分析はアンナが一番にやりたいことではなかったし、まして職業として営むことなど考えてもいなかった。精神分析のことはだんだんに意識するようになったといえる。最初アンナは教師の仕事に夢中だった。そしてその頃、二十三歳で父から分析を受け始めた。分析が本当に行われたのか、そしてそれはどのような形式だったのか、いろいろな憶測を呼んだ。しかし、アンナ・フロイトが自分でルー・

アンドレーアス＝ザロメに伝えたことによれば、分析は（中断した時期も含めて）三年間続き、一九二四年に再び始められ、明らかに通常の形式でなされたことは間違いない。今日の精神分析医にとって、このようなやり方は、考えるだけでぞっとするものだし、間違いなく、こんなやり方をした者は他にはなかった。たとえば、父親に対する非常に大切な関係を、父親その人が寝椅子の後ろに座っているというのに、どうやって説明したらよいのだろう。また、アンナ・フロイトは分析においてエディプス期の問題を克服できなかったので、父親からほんの少しも離れることができなかったのだ、などと想像をたくましくすることもできる。いずれにしても確かなのは、この分析が始まった当時は、分析医になろうとする人が自己分析を受けるのはまだ義務ではなかった、ということだ。たとえ自己分析が行われたとしても、それはたいてい二、三の夢を分析するだけで、それも、たとえばフロイトと散歩をしている間に済んでしまうくらいのものだった。しかし、こういうこともできる。アンナ・フロイトは父親との結びつきから優れた仕事を生涯にわたって生み出したのであり、ひょっとするとそれが、彼女の人生の際立って特殊な点かもしれない、と。

教師の頃からアンナ・フロイトはヴィーン大学神経科病院で毎週行われていた父の講義を聴講した。また、アンナはヴィーン精神分析学会（訳注　一九〇二年以来、アードラーたちと研究会を続けていたフロイトは、一九〇八年、ヴィーン精神分析学会を設立、同年、第一回国際精神分析学会をザルツブルクで開催した）で毎週開かれる会議にも参加していたが、そこでは口を閉ざしたまま、議論に加わることはなかった。二十七歳になってようやく、学会の正式メンバーとなるための規定に従い、アンナはこの学会で最初の講演を行った。つまり、アンナの分析医としての短い専門教育の中身は、父による講義と分析、そして、もしかするとそれまでに刊行されていたフロイトの著作を勉強することだけだった。これはしかし、一九二二年の段階ではまだ創始期にあった精神分析の場合、当たり前のことだった。

アンナ・フロイトの入会講演は「殴打幻想と白日夢」というタイトルだった。講演ではアンナが扱った最初の患者の一人が問題となっていたが、間接的にはアンナ自身の神経症的問題がテーマでもあった。彼女は当時、自分も白日夢に悩んでおり、ヴァーレンドンク（訳注　Varendonck, Julien. 心理学者。英文の著書 Day-Dreaming をアンナ・フロイトが一九二二年ドイツ語に翻訳した）の白日夢に関する本をドイツ語に翻訳していた。そして、自慰行為による満足と関連性のある殴打幻想も、彼女自身が抱えていた問題だった。これもしかし特に珍しいことではなかった。フロイト自身、『夢判断』において自分の夢をさらけだしているではないか。

アンナ・フロイトの人生に本当の変革が訪れたのは、一九二三年になってからのことだった。精神科医としてだけでなく、同時代を生きる者として、一人の人間の人生に重大な出来事がどれほど次から次へと押し寄せてくるものか、驚かされることがしばしばある。アンナ・フロイトにとって一九二三年はそのような年だった。アンナは結婚を考えることもできただろう。それも当然のことだった。なぜなら、彼女はいつのまにか美しい若い女性になっていて、決まった相手のいない精神分析医ならば誰でも、彼女との関係を噂されていたのだから。フロイト派の精神分析医たちは、当時仲間内で結婚することが多く、彼らは家族にも似た構造によって結びついていた。結婚によってフロイトと近づきになることができれば、たいていの者は喜んだであろう。しかし、アンナへの真剣な求婚者はおそらくハンス・ランプルだけだったようだ。彼はアンナ・フロイトに結婚を断られたあと、すぐに彼女の友人で精神分析医のジャンヌ・ド・フロートと結婚した。深い感情の絆は、アウグスト・アイヒホルン（訳注 Aichhorn, August. 一八七八—一九四九。オーストリアの教育学者）との間にも存在していた。アイヒホルンは、いわゆる「非行少年たち」を精神分析によって鎮めようと試みていた。彼はしかし既婚者で、しかもアンナ・フロイトの友人トゥルーデ・バーデルレとも関係があり、そもそもアンナとトゥルーデを最初に引き合わせたのは、彼だった。

アンナ・フロイトが結婚しようという考えを最終的に捨てたのは、すでに一九二三年のことだと思われる。しかし彼女は同時に、生活をずっと保障してくれたに違いない教員の仕事も、完全にやめてしまった。ベルクガッセ一九番地で、父親の診察室の向かい側に、アンナは精神分析診療所を開設した。アンナは医者でも、心理学者でも、大学卒でもなかったし、父親のもとで一通り勉強しただけだったので、診療所には裕福な個人客が来ることを望んでいた。この仕事に将来を託すのは、とても大胆なことだった。同年、父ジークムント・フロイトは癌を発病した。アンナはすでに両親の家に残っているただ一人の子供になっていたので、娘としての義務がアンナの肩にのしかかってきた。そしてこの義務を死ぬまで果たしたのである。フロイトは癌を病みながらも、さらに一六年生き続けたが、それはアンナの倦むことのない尽力があったからこそ可能だった。癌を患ったことは、確かにフロイト自身にも責任がないとはいえない。病気の原因は、フロイトが中毒のように葉巻を吸ったことにあり、そのあげく、口腔癌になったのだ。外科的処置は一応成功し、癌は完全に取り除かれた。フロイトはしかし、主治医らの警告にもかかわらず、再び喫煙を始めた。医者の言ったことは現実になり、癌は再発し、再び完治することはなかった。しかしながら、どういうわけかフロイトの創造力は喫煙と関係があった。今日あえて次のように主張する人はいないだろう。八十三歳で亡くなる代わりに、もしかしたら九十三歳まで長生きできたというなら、フロイトの最後の一六年間に生まれた作品は書かれずじまいでもよかったではないか!

いずれにせよアンナは、それが自分の意志であったか、必要に迫られてだったかは別として、介護者、秘書、精神分析の全権代表、代理人、そして議論相手というさまざまな役割を担った。さまざまな仕事をこなすことで、アンナは自分の本当の力を発揮していった。それは、少なからぬ人にとって、底力を振るうために、まず大事件が起こらなくてはならないのに似ている。絶え間ない緊張と、父の世話という一番の務めが続く何年もの間、アンナは自分の最も重要な作品を書き上げ、そこで初めて児童精神分析という領域を開拓した。主な著作は、『児童分析入門』、『教育者のための精神分析入門』、そして『自我と防衛機制』である。大論文を書くのはそもそも苦手だったので、これらは薄い本だが、しかし内容には凝縮された重みがあった。

アンナ・フロイトの生活はこういう調子で、ヒトラーが権力を握る一九三三年まで、いや、さらに一九三八年まで続いた。一九三三年以前、アンナ・フロイトは父親と一緒に何ヵ月か続けてベルリンに滞在することがしょっちゅうだった。彼らはベルリン・テーゲルの小さな城、ジンメル(訳注 Simmel, Ernst. 一八八二—一九四七。ドイツ生まれの精神分析家)の精神分析サナトリウムに泊まった。つまりアンナはヒトラーの躍進を間近に体験していた。フロイト一家の生活の中心は、ヴィーンから、息子の一人が家を持っているベルリンに移っていた。にもかかわらずアンナ・フロイトは、どのような破局が進行しているか、少しも理解していなかったようだ。いずれにせよ、これまで公開された手紙や発言からは、そう結論するしかない。アンナはそれどころか、亡命を選んだ精神分析医たちに憤慨していた。なぜなら、ヨーロッパの精神分析を弱体化させることは許されない、と思っていたからだ。

アンナは引き続きヴィーンに居を構えていた。ドロシー・バーリンガムは、一九二八年、ベルクガッセ一九番地の、フロイト家の上階にある住まいに越してきた。アンナとドロシーは、ヴィーン近郊のホーホロートヘルトに小さな家を買い求めた。アンナ・フロイトにとってこの家はとても大切だったのだろう、晩年にヴィーンを改めて訪問した際、この家を再び訪れている。

社会全体としても、フロイト家としても、非常に厳しい時代であったにもかかわらず、この時期、アンナ・フロイトも父フロイトもある程度富裕な生活を送っていた。ただし二人の収支はいつも厳格に区別されているとは限らなかった。精神分析はいつの間にか流行になっていた。十分な報酬を払ってくれるアメリカの精神科医らが数ヵ月の教育分析を受けるためヴィーンにやってきた。金持ちや大富豪たちは、なんとしてもフロイト自身、あるいはアンナに分析してもらいたいと思い、相応の謝礼を払う用意もあった。アンナ・フロイトは、父フロイトや、トーマス・マン、ゲーテといった精神的に秀でた人物同様、金銭に対してかなりオープンな、屈託のない態度をとっていた。こうした事実は、何かにつけてもみ消されてきた。それは人々が、他人の治癒に自分を捧げる人間は、その仕事の引き換えに財を成すようなことをあきらめ、聖人のように生きることを期待するからだ。アンナ・フロイトは、のちにドイツの出版者であるヘルムート・キントラー（訳注 Kindler, Helmut. 一九二一―。ドイツのキントラー出版社の創業者）と彼女の『著作集』の出版について交渉していたとき、あけっぴろげに「問題はお金だけなのです」とキントラーに言っている。友人ドロシーが亡くなったとき、アンナ・フロイトは埋葬の時にさえはっきりとこう述べた。ドロシーはルイス・コンフォート・ティファニー（訳注 Tiffany, Louis Comfort. 一八四八―一九三三。有名なニューヨークの宝飾店ティファニーの創業者）という富裕なアメリカ人デザイナー、工場主の娘であり、彼は庭師だけでも二三人も抱えていた、と。金銭所有、家族の絆、そして精神分析の三つは、しばしば深く絡み合っていた。アンナ・フロイトはドロシー・バーリンガムの四人の子供全員を分析した。アンナ・フロイトが発表した最も長い症例報告は、ドロシーの娘の一人の物語である。私はそれに「悪魔のような少女」という名前をつけたのだが。ドロシー・バーリンガムも精神分析医になり、アンナ・フロイトとともに一連の論文と本を発表していた。

　このような人間関係に加えて、さらに王女マリー・ボナパルト（訳注　Bonaparte, Marie. 一八八二―一九六二。ナポレオン・ボナパルトの弟の曾孫。ギリシャ王弟妃、フランスの精神分析学者となる）がもう一人の親密な友人になった。マリー・ボナパルトはいわば二重の相続人だった。つまり、父親からはナポレオンの名前を受け継いだ。彼女はナポレオンの弟ルシアンの系統で、一族最後の生き残りでもあった。ナポレオン家は最も落ちぶれていた。しかし母親はマリー・ブランといって、モナコの賭博場創立者の孫で、信じられないような財産の相続人だった。母の系譜においてもマリー・ボナパルトは唯一の相続人だった。金持ちの王女は、性的問題のためにフロイトの元にやってきたが、完治し、精神分析の支援者になった。しかものちに自分自身も重要な精神分析の論文を著した。フロイトによる治療を受けたのち、マリーは性的問題を解決し、その後は絶えず恋人をもつようになった。

　ヒトラーが自らの故郷オーストリアを占領することは、予期されていたといっても間違いではない。オーストリア人たちがドイツ軍の進駐を歓呼して迎えることも、前もってわかっていたはずである。フロイト家の人々はこの状況に対する十分な心の準備がなかった。フロイトは亡命のためのさまざまな申し出を断ってしまっていた。彼は、それまでつねに居心地の良かったヴィーンで死を迎えたいと思っていた。この期に及んで出国しようとすると、いまや非常に苦労しなくてはならない状況だった。アンナは一日ゲシュタポの尋問を受けた。オーストリア政府によれば、その報告書は今日もはや存在しないとのことである。故郷からの別離は彼女にとって、他の多くの亡命者が感じたように、迫り来る危険を承知していても、非常につらいものだったに違いない。アンナは英語を完璧に話すことができるようになり、英語の世界で生きる術を学んだにもかかわらず、やはりヴィーンっ子であり続けた。

フロイト一家とその使用人たちがついに列車でヴィーンを去るに至ったとき、一人だけ精神分析の関係者が居合わせた。それはのちに非常に有名になったハインツ・コフート（訳注 Kohut, Heinz. 一九一三―一九八一。ヴィーン生まれの心理学者。アメリカで自己心理学の先駆的理論家として活躍）である。彼は当時まだ若く、無名で、ちょうどアウグスト・アイヒホルンに教育分析を受けていた。彼は出立するフロイトの前で帽子を脱いだが、フロイトも見知らぬその青年に同じように挨拶を返した。アンナ・フロイトはのちにコフートと友情を結んだので、私はコフートの次のような言葉を引用しておきたい。それはコフートが、フロイトに続いてまもなくヴィーンを去らねばならなかったとき抱いた、彼自身の感情を言い表した言葉である。

「私は二つの異なった人生を生きた。両者の間は、ある意味では橋渡しのしようがない。一方はドイツ人、オーストリア人の人生で、この文化を自分のものと信じて疑わず、自分を完全にこの文化の一部として感じられる人生だ。私がどの程度自分の故郷になじんでいたかをはっきり言い表すための、適当な言葉が私には見つからない。私の両親、いやすでに祖父母がヴィーン方言をしゃべっていた。私は、いかなる意味においても、私を取り巻くものの一部となっていた。私は町の隅々まで知っていた。誰かが口を開けば、私はその人間がヴィーンのどの地区出身か、すぐにわかった。こういう風に故郷になじんでいる感覚は、けっしてうまく説明できないものだ。そしてあの理解を超えた断絶がやってきた。突然私はあの世界から追放されたのだ」。

アンナ・フロイトはそうした感情を表現したことはなかった。感情を表現するのも、本を書くのと同じように、性に合わないようだった。精神分析医というものは、まず最初に、自分自身の感情を伝える術を学ばなくてはならない、といわれているにもかかわらず。しかし晩年、彼女がとった態度を見れば、亡命による傷痕が、どれほど深いものであったかがわかる。

一九三八年から翌年にかけては、アンナ・フロイトにとって二回目の運命の年だった。彼女の後半生が始まった。イギリスへの亡命、第二次世界大戦の勃発、そして、父の死が次々にアンナを襲った。

フロイト家の人々は、出国税を支払ったあと、財産の大半をイギリスに持ってゆくことができた。何度か転々とした後に、彼らはメアーズフィールド・ガーデン二〇番地に一軒家を見つけ、購入した。その家はヴィーンのベルクガッセ一九番地の代わりとなって、今日ではジークムント・フロイト博物館になっている。広々とした上流中産階級向けの家で、戦争中も持ちこたえた。ジークムント・フロイトは確かにこの家で亡くなったのだが、生活したのは非常に短い間だった。これに対してアンナ・フロイトは、四三年間そこで過ごした。したがってこの家は、アンナ・フロイト・ハウス、アンナ・フロイト博物館と称した方がずっとふさわしい。

今日われわれがアンナ・フロイトのことを考える場合には、たいてい、メアーズフィールド・ガーデン二〇番地で精神分析の秘密の聖杯を人手に渡すものかと見張っている、年老いた娘のイメージを思い浮かべる。確かにアンナはそのような役を果したが、そんな役割に、少しずつなじんでいったのである。これが板についたのは、アンナが亡くなる二十年前から、つまり、六十歳をはるかに過ぎてからのことだ。アンナは、フロイトの遺稿を保管しており、生前に彼が書いた膨大な書簡・著作・その解説の版権を所有していた。遺稿や著作権を持っていることによって味わった経験は、必ずしも楽しいことばかりではなかった。生来アンナは、誰を信用し、誰を信用すべきでないか、判断がつかなかった。それゆえ身近な交際範囲に属している誰か、それとも特別信頼のおける人物に紹介されて来た人を除いて、慎重な態度をとり、ひどい時は猜疑心をあらわにした。一度安心すれば、相手を無条件に信頼することもできたのだが、そうすると今度はひどくがっかりさせられることもあった。フロイト伝を書いたアーネスト・ジョーンズ〔訳注 Jones, Ernest. 一八七九―一九五八。イギリスの医師、精神分析家〕に対して、アンナ・フロイトは矛盾した気持ちを抱いていたが、それはおそらく彼の側から見ても難しい関係だったろう。ジョーンズはアンナのことをあまり評価していなかった。彼が言うことには、アンナは独創的ではなく、狭量で、父親べったりの娘で、間違った児童精神分析の主唱者だ（つまり正しいのは、メラニー・クライン〔訳注 Klein, Melanie. 一八八二―一九六〇。ヴィーン出身の児童分析学者。児童分析の臨床を通して独自の理論を発展させ、クライン学派を生んだ〕の児童分析である）。アンナ・フロイトのジョーンズに対する評価は、まさにその裏返しだった。しかし、フロイト一家をロンドンに連れてきたのは、ほかでもないジョーンズだった。ジョーンズはフロイトの伝記を執筆したとき、メアーズフィールド・ガーデン二〇番地に来て、資料を自由に漁ることが許された。そして彼は一まとめの包みを、書き留めておくでもなし、まして正式の預り証を書くでもなく持ち帰って、それを返しにくるのは忘れてしまった。その資料はジョーンズの死後、彼の遺稿のなかから見つかり、今日ではジョーンズ資料館の所蔵である。アンナ・フロイトがそれを取り返すことはついにできなかった。

アンナ・フロイトはどのような文化的貢献を果たしたのか？　アンナは児童精神分析の創始者だ。しかしながら、大人への精神分析に対して、児童分析を創り上げるにはわずかな変更をすれば済んだので、これは確かに重要な業績ではあるが、それほど独創的ではない。重要な業績の一つは、おそらく一番有名な著書『自我と防衛機制』だろう。亡命直前、精神分析はいま一度変化を遂げ、自我《イッヒ》が重要な位置に躍り出た。それまで中心的だったのは、エス、あるいは、非常に荒っぽくいうならば、欲動の世界だった。フロイトはすでに後期の諸論文で、主体と外界とを媒介する自我の重要性を明確に示していた。ハインツ・ハルトマン（訳注 Hartmann, Heinz. 一八九四―一九七〇。オーストリア出身の精神分析医）はこの問題について一九三八年に著書を発表し、それがいわゆる自我心理学の基礎となって、アメリカ合衆国へ亡命した精神分析医たちの間で長く議論の対象になった。アンナ・フロイトはこの自我の問題を最初に明らかにし、記述した人物である。自我の防衛機制の一つである「利他的譲渡」は、アンナ・フロイトによって最初に記述されたものだが、アンナが姉のゾフィーに対してそのような関係をもっていたことはすでに触れた。アンナ・フロイトが記述した自我の防衛機制のもう一つは、「攻撃者との一体化」である。奇妙なことだが、ユダヤ人自身が反ユダヤ主義のイデオロギーに一体化することがあり、これに関して、いまや「攻撃者との一体化」という考え方によって、少なくとも心理学的説明が与えられるようになった。しかしながら『自我と防衛機制』は、とりわけアメリカ合衆国では、しかるべき評価を受けるには至らなかった。ひょっとするとそれは、あまりにドイツ的に書かれていたからかもしれない。

アンナ・フロイトによる精神分析のもう一つの刷新

は、もしかしたらこちらの方が重要かもしれないのに、あまり知られていない。それは、個人の性格的特徴の、人生における発展の問題で、おそらく亡命の経験が反映している。フロイトによれば、児童の性は、肛門期、口唇期、性器期などの段階的発展を示す。そして成人の性格は場合によって、これらの諸段階が示す性質に戻る、つまり退行することがありうる。どういうわけか、この理論はいつも次のようなイメージと結びつけられてきた。つまり人間はつねに全体として発展するもので、人格的にも生まれた時に与えられた種子から成長し、いつも一個の全体的存在として、成長し、花開き、枯れ、朽ち果てるというイメージだ。それはロマン派的な、結局はノヴァーリス〔訳注　Novalis〔本名 Friedrich Leopold Freiherr von Hardenberg〕. 一七七二―一八〇一。ドイツの詩人〕が思い描いた植物としての人間像に遡る。アンナ・フロイトはこれに対して、個人のさまざまな性格的特徴は、全く異なった成長を遂げうる、と考えた。たとえば、慎重さという性格は、特別な人生経験によって急速に発達することもあるし、他方、これとは別の諸性格は何十年も、あるいはずっと、未発達のままかもしれない。こうした考えは、むしろゲーテの見方に近い。アンナ・フロイトが晩年、父親の教えに反する形で描いたこのような構想は、これまでのところ精神分析において一般に認められるには至っていない。

イギリスに来てから、アンナ・フロイトは、突然さまざまな問題に直面させられ、そのおかげで、アンナは実際の生活に関する感覚を磨くことになった。彼女はアメリカからの資金援助を受けて、ロンドン郊外のハムステッドに戦時施設を作り、ドイツの空爆やV２ロケットによる攻撃で家を失った子供たちを引き取った。彼女が出資者宛てに書いた定例報告書は、今日では素晴らしい戦争記録の一つであり、さらには、子供たちが極限状況でどのように行動するかを描き出している。終戦によってこの仕事は完了した。しかしその後イギリスは、強制収容所で生きのびた多くの子供たちを保護した。アンナ・フロイトは、六人のそうした子供たちを他の子供たちと一緒に引き受け、恐ろしい思い出を克服するための手助けをした。

このような出来事に並行して、ある葛藤の物語も進行していた。人は一対一の決闘の観客になることを好むので、この話はもう語り種になってしまった。それは、アンナ・フロイトとメラニー・クラインの闘いである。メラニー・クラインが一九六〇年に亡くなってからかなり経過したのちも、この名前が出ると、アンナ・フロイトが感情的になるのがわかった。両者の葛藤は、イギリス派（メラニー・クライン）と大陸派（アンナ・フロイト）の争いとも呼ばれた。しかし二人とも実はヴィーン出身で、通りを二つか三つ隔てたところで育ったのである。問題は、誰が正統な児童分析を代表しているか、ということだった。メラニー・クラインは夫が勤務のため滞在していたブダペストで、サンドル・フェレンツィ（訳注 Ferenczi, Sandor. 一八七三―一九三三。ハンガリーの精神分析医）から精神分析を多少学んだ。しかし大学教育を受けたことはなかった。初期の精神分析医たちの多くがそうだったように、クラインも自分が抱えていた問題、それも明らかに性的な問題で精神分析にたどりついた。そして精神分析を、次第に自分の生きがいにしていったのである。クラインはしばらくの間、自分の子供たちで実験を行い（息子二人と娘が一人いた）、そしてフロイトとはかなり違った考え方を発展させるに至った。しかしクラインの考え方は、イギリス精神分析医の会長を長年務めたアーネスト・ジョーンズや、他の英米精神分析医たちの間で深い共感を得た。それはひょっとすると、まさにフロイトのような思考の明瞭性が、彼女の考え方にはないからかもしれない。ジョーンズは自分の妻と子供たちをメラニー・クラインに分析してもらってさえいる。学派争いの結果は、イギリスの学会が二つの敵対する学会に分裂する事態には確かに至らなかった。精神分析のそれまでの歴史を見れば、分裂も十分ありそうなことではあったが。しかしアンナ・フロイトは、やはり自分の組織を創ることになった。ハムステッド医院と、児童治療のための教育研究所がそれである。このように、一緒にやっていながら、実は別々という状態になった。結果としてはそれなりに都合のよい発展だったが、そこに関与した人たちは、しばしば極度の緊張状態を経験せざるを得なかった。

　こうした騒動の数年間に、アンナ・フロイトは徐々に今日のわれわれに知られているような人物へ変わっていった。精神分析は第二次世界大戦後、アメリカ合衆国を中心に大発展を遂げる。当時アメリカは西側の指導的地位を占めるようになり、アメリカの精神医学も世界をリードしていた。そしてそのアメリカの精神医学のなかでは、精神分析が精神的な推進力となっていた。当時は、アメリカにおける精神医学の教授全体のうち、九五%が精神分析医だった時代で、今日の精神分析医が当時を振り返ると、哀愁を感じないではいられない。フロイト自身、あるいはフロイトに直接師事した弟子の誰かと個人的に知り合いたいという要求は非常に大きかった。さらに、アメリカ人は英雄崇拝の傾向が強かった。ただし彼らは、あとで英雄を引きずり下ろすことも好きなのはもちろんだが。こうした背景があって、アンナ・フロイトのいわゆるアメリカ出世物語ができ上がった。彼女は講演旅行に招待され、名誉博士号やさまざまな賞を数多く受けた。精神分析の世界では、アンナ・フロイトのはっきりとした同意がなければ、もはや大きな催しはできなかった。アンナ・フロイトが序文を寄せた本は、もうそれだけで素晴らしい売り上げを記録し、彼女の名前はまるで本に与えられた貴族の称号だった。一九七一年にヴィーンでようやく世界会議を開催する計画が出たとき、人々はアンナ・フロイトに慇懃に、それがアンナにとって好ましいことかどうか尋ねた。ヴィーン大学も遅れをとるまいと、彼女に医学名誉博士号を授与する気になったのだが、あらかじめ慎重に、この栄誉を受け取ってもらえるかどうか、お伺いをたてた。アンナは喜んで称号を受け、しかも、これはただの名誉称号と断らずに博士号を名乗ることはしない、という特別な約束を交わした。アンナ・フロイトは外見も知性も控え目だったが、こうした賞賛をあおるために、何もしなかったわけではない。アメリカの精神科医たちは続々とヨーロッパ旅行の途中、ロンドンのアンナ・フロイトのもとに立ち寄った。そしていくつか質問をし、アンナがフロイトの死後そのまま保存していた彼の最後の仕事部屋を見学し、その書き物机に腰かけ、手書きの原稿をぱらぱらとめくったり、最初の治療用寝椅子に横たわったりした。その間、アンナ・フロイトと、ヴィーンからロンドンについてきた長年の使用人パウラ・フィヒトゥル（訳注 Fichtl, Paula. 一九〇二―。デトレフ・ベルテルセンによる聞き書き『フロイト家の日常生活』がある）は、にこやかにその脇に立っていた。カール・メニンガー（訳注 Menninger, Karl Augustus. 一八九三―一九九〇。アメリカの代表的精神分析医）は、アメリカ精神医学の最長老で、最も勢力の強いアメリカ精神科医グループのリーダーだったが、その彼がロンドンに来た時には、フロイトがロンドンに持ってくることのできたワイン貯蔵室から、一本のワインがもてなしのため供された。ワインがおいしかったかどうか、私にはわからない。だがそれは最高の栄誉だったのだ。

一九七一年、アメリカでアメリカ人精神分析医たちに「あなたの考えでは誰が最も優れた精神科医か」というアンケートが行われたとき、アメリカ人でも、そもそも精神科医でもなかったのに、アンナ・フロイトがすべてのリストで一位を占めた。ようやく第二位に、一位から大きく引き離されてカール・メニンガーが入った。アンナ・フロイトがドロシー・バーリンガムとマリー・ボナパルトを従えて、講演会場に入ってくると、場内の注意はいっせいにこの三人に注がれた。講演を行っている人はどもり始めるか、話をいったん中断せざるをえなかった。精神分析において、ある事実が正しいと認められるのは、まずアンナ・フロイトが、父フロイトの学説と一致していると確認してからのことだった。

人々はもちろん、第一には父親への敬意を示す意味で、高い尊敬の念をアンナ・フロイトに注いでいた。しかし問題はかなり複雑だった。まず確かにいえることは、アンナ自身がこの敬意を、ほとんど目立たないやり方で促しており、また彼女がそれを享受していたことだ。それは、ロンドンでクライン派たちから何にせよ被った冷遇を、帳消しにするために必要でもあった。だが、あれほど長期間、自分を中心に据え、自分が重要と考える一つの事柄を支え続けたことは、また一つの特別な業績であろう。広範な社会層の心を摑むどんな運動も、聖域が必要であり、またその宗主となる男性か女性、つまり教義の純粋性を完全無欠に体現する人物を必要とするものだ。アンナ・フロイトはこれを、間違いなく心からの確信をもって成し遂げた。精神分析の学説の正当性と重要性を、彼女は決して疑ったことはなかったろう。彼女は生涯、彼女に近づいたすべての人に、この学説の恵みを与えようと努力していたし、実際それにしばしば成功していた。私はあえてこう考える。もしアンナ・フロイトが代表したのでなかったら、精神分析はこの世界において、現在のような卓越した意味を獲得することはなかっただろう、と。私の考えが正しければ、そこには相互に依存した関係ができ上がっていたといえる。つまり、精神分析は、アンナ・フロイトがそれを代表したから大きくなった。そしてアンナ・フロイトの偉大さは、精神分析医たちからの尊敬によって支えられていたのである。

アンナ・フロイトのような繊細な人物は、ロンドンでの日々の仕事を苦労してこなすかたわら、国際的尊敬にも応えるという生活に十分な落ち着きを見つけることができなかった。ヴィルヘルム・ザルバーが名づけたように、親和力で結ばれた、アンナを取り巻く大家族については、すでに触れた。それは実際には、彼女がだんだん周囲に築き上げた女性国家の、何重もの同心円をなす防護壁だった。これはヴィーンでフロイトが癌を患った時から始まっていた。最も内側のサークルには、ドロシー・バーリンガムとその四人の子供、ジャンヌ・ランプル・ド・フロート、そしてもちろんマリー・ボナパルトとマリアンネ・クリースが含まれていた。亡命後、本来はニューヨークに住んでいたマリアンネ・クリースが、訪問中だったロンドンのアンナ・フロイト宅で亡くなったのも、おそらく偶然ではない。最も近しい人々のサークルは、ロンドンでもヴィーン風のままだった。二番目のサークルには、ヨゼフィーネ・シュトロースのような人が含まれていた。ヨゼフィーネは、ロンドンへ亡命する途中のフロイトに侍医としてつき添った小児科医の女性である。このグループには、さらに、しばらくメラニー・クラインとも共同研究していたイルゼ・ヘルマンや、あるいはまた、エーファ・ローゼンフェルトとその息子で、イギリスの『リーダーズ・ダイジェスト』の主任編集長となったヴィクトア・ロスなどが入る。このグループは、アンナ・フロイトにとってはともかく非常に重要な人たちで、アンナは彼らに、フロイトがロンドンに持ってきていた蔵書から貴重な本を取り出し、献辞を添えて贈った。これはもちろん、歴史的見地からすれば、冒瀆的に映る行為であった。

ようやく第三のグループに男性たちが入ってくる。その一人がたとえば、クルト・R・アイスラー（訳注 Eissler, Kurt Robert. 一九〇八―一九九九。ヴィーン生まれの精神分析家）である。彼は同じくヴィーン出身でニューヨーク在住の精神分析医であり、フロイトとはもう知り合いになることはできず、そしてあのジャネット・マルコムがかつてアメリカ精神分析の枢機卿と名づけた人物である。アイスラーはゲーテについて大作を著し、それでドイツでもやっと有名になった。ハインツ・コフートも少なくともしばらくの間は、この第三のグループに含まれていた。アンナ・フロイトは、コフートにお手製のアルバムを贈り、その中には、彼女の人生のさまざまな時期に撮った写真が収められていた。しかしここですべての名前を挙げるのは、行きすぎになるだろう。

アンナ・フロイトは、精神分析の勃興期の終結、そしてその後の停滞期と衰退期について、いち早く気づき、またそれに言及した一人である。ある男性に私的記録文書を読む許可を与えたことが、アンナの最晩年に暗い影を落とした。その男の目的は最初から、その文書をもとに、精神分析の衰退についてジャーナリスティックな記事を書くことだった。彼は自分の考えと、実際ならびに憶測上の発見によって一冊の本を仕上げ、これが新聞で精神分析のウォーターゲート事件として大きく予告された。事はそこまでには至らなかった。しかし、この事件から見ても精神分析の盛衰は、ジークムント・フロイトの描いた軌跡ではなく、娘アンナの軌跡にかなり正確に一致するといわなければならない。

これらすべてはわれわれドイツ人にとって何を意味しているのか？　われわれはドイツの失った偉大な精神を再び呼び戻す努力をすべきではないだろうか。あまりに多くのことが、ないがしろにされてきてしまった。アンナ・フロイトは生前、非常に苦労してフランクフルト大学の名誉博士号を受けた。だが彼女の体はすでに弱りきっており、自ら授与式に出席することはできなかった。一九八〇年は、アンナ・フロイトにドイツ出版平和賞を与えるよい機会だったろう。というのも、アンナがフランクフルトで病身の父親の代理として、ゲーテ賞を受け取ってから五十年目にあたる年であったからだ。ちなみにゲーテ賞は、フロイトが受賞した唯一の賞だった。しかし精力的な努力がなされたにもかかわらず、その機会も、他の多くの機会同様、やりすごされてしまった。一九八二年一二月八日、アンナ・フロイトは脳卒中の発作を起こしたことが原因で、ロンドンで八十七歳の生涯を閉じた。臨終の床でさえも、アンナは原稿に手を加えていた。

ドイツ人たちは外国への亡命者に関して、未だにまともな対応をしていない。ドイツには、亡命者たちを思い出させるものは、全くといっていいほど、何も残されていない。戦死したドイツ人兵士には、たとえそれが親衛隊の人間だったとしても、墓や記念碑がある。かつての強制収容所は、記念館に改築された。これに対して、文化、故郷、言語を失った亡命者たちの運命を思い起こさせるものは、何もないのである。彼らのために、記念碑や、できれば文書館や図書館が付属した博物館を作るべきではないか。なぜなら、思い出は、その手がかりとなる事物を必要とするからだ。ドイツ人たちへの好意として、たとえばメアーズフィールド・ガーデン二〇番地の家から、その石の一つ一つを取り外して、フランクフルトや、あるいは（マルタ・フロイトの家族が住んでいた）ハンブルク、またはヴィーンに再建することもできよう。精神分析博物館や、亡命者博物館を設立することもできるだろうし、少なくともマールバッハのドイツ文学館に、それなりの部門を作ることができるだろう。ロンドンの家を買い上げ、研究所や記念館に変えることも可能だ。しかし、これらの何一つ現実には行われていない。責任を負うべき人々は、この問題に関心がない。亡命はいまなお続いている。人々とその仕事が追放されたあと、亡命者の心は今日もなお、異郷へと追いやられているのである。

エーリヒ・フロム
（Erich Fromm, 1900-1980）

主著

『自由からの逃走』
（*Escape from Freedom*, 1941）
『人間における自由』
（*Man for Himself*, 1947）
『正気の社会』（*The Sane Society*, 1955）
『愛するということ』（*The Art of Loving*, 1956）
『革命的人間』（*The Dogma of Christ and Other Essays on Religion, Psychology, and Culture*, 1963）
『悪について』（*The Heart of Man*, 1964）
『希望の革命』（*The Revolution of Hope*, 1968）

邦訳

谷口隆之介・早坂泰次郎訳『人間における自由』（東京創元社，1955）
谷口隆之介訳『革命的人間』（東京創元社，1965）
岡部慶三訳『精神分析の危機』（東京創元社，1974）
樺俊雄訳『マルクスの人間観』（第三文明社，1977）
佐野哲郎訳『生きるということ』（紀伊國屋書店，1977）
谷口隆之介・早坂泰次郎訳『精神分析と宗教』（東京創元社，1978）
加藤正明・佐瀬隆夫訳「正気の社会」『世界の名著76　ユング・フロム』（中央公論社，1979）
佐野哲郎訳『フロイトを超えて』（紀伊國屋書店，1980）
阪本健二訳『疑惑と行動』（東京創元社，1983）
日高六郎訳『自由からの逃走』新版（東京創元社，1984）
外林大作訳『夢の精神分析』新版（東京創元社，1985）
作田啓一・佐野哲郎訳『希望の革命』改訂版（紀伊國屋書店，1987）
鈴木重吉訳『悪について』（紀伊國屋書店，1989）
鈴木晶訳『愛するということ』新訳版（紀伊國屋書店，1991）
飯坂良明訳『ユダヤ教の人間観』改訂版（河出書房新社，1996）
佐治守夫訳『フロイトの使命』（みすず書房，2000）
小此木啓吾訳『よりよく生きるということ』（第三文明社，2000）
作田啓一訳『破壊』復刊版（紀伊國屋書店，2001）　　ほか

ハンス・ユルゲン・シュルツ

エーリヒ・フロム

小川さくえ　訳

エーリヒ・ピンチャス・フロム（訳注　G・P・ナップの評伝によれば、フロムの正しいミドル・ネームはゼーリヒマンだという）は、ワイン販売業を営むユダヤ人、ナフタリ・フロム（訳注　Fromm, Naphtali. 一八六九―一九三三）とその妻ローザ・クラウゼ（訳注　Fromm-Krause, Rosa. 一八七七―一九五九）の息子として、一九〇〇年三月二三日にマイン河畔のフランクフルトで生まれた。両親は一人っ子だったエーリヒをおそるおそる大切に育てた。その結果彼は――本人の告白によれば――「やっかいなノイローゼ」にかかってしまい、「破損箇所を修理する」ために、多くの年月を費やさなければならなかった。中流のドイツ系ユダヤ人家庭に生まれたことが、生涯にわたって彼に影響を与え続けた。ラビだったフロムの先祖たちは、厳格な正統信仰を支持していた。この伝統の精神は――フロムがとっくに反シオニストとなり「信仰をもたないユダヤ人」となったあとも――人生のあらゆる段階に現れた。

少年時代のフロムは、旧約聖書の預言書に見られる普遍的な平和のビジョンに感激し、また「こんこんと泉のように湧き」続ける詩篇に魅了されて、それらの詩篇にいくつかの美しい解釈を施している。第一次世界大戦の勃発前後には、激しい不安に襲われ、嫌悪感でいっぱいになった。そのとき、十四歳だったフロムは、爾来彼の思想を定旋律のように死ぬまで貫くことになる一つの疑問を抱く。つまり、どうしてそんなことが起こりうるのか、明白な認識をもっていれば、誰一人そんなものに自分の生命を捧げたりはしないような不合理な目標や政治的な概念のために、どうして何百万もの人々が互いに殺し合い、終結を余儀なくされるまで、四年もの間残忍な殺戮を続ける必要があったのか。政治的、心理学的に、どういう動機が人間を戦争に駆り立てるのか、という疑問である。

同時にもう一つの経験が、フロムの心を揺さぶり、のちの人生に影響を与えることになる。フロム家の友人で芸術家だった若くて美しい女性が、年老いて見る影もなくなった父親の死後、自殺したのである。遺言によれば、父親と一緒に埋葬してほしいということだった。フロムはまたしても疑問に襲われる。どうしてそんなことが起こりうるのか。父親のいない人生よりも、死んだ父親と一緒にいる方を望むほど激しく娘が父親を愛するなどということが、どうして起こり得たのか。これらの観察と熟慮によってフロムは一つの方向へ導かれ、のちに精神分析においてその道を前進する。すなわち彼は、前面の壁《フォア・ヴェンデ》＝口実《フォアヴェンデ》を見抜き、人間の行動の表向きの動機ではなく、真の動機を探究し始めたのである。物事を根本的に明らかにするという徹底性は、幼い頃から彼の思考を最も強く促した動因の一つだった。

大学入学資格試験に合格したあと、フロムはハイデルベルク大学で、マックス・ヴェーバー、アルフレート・ヴェーバー（訳注　Weber, Alfred. 一八六八―一九五八。ドイツの社会学者）、カール・ヤスパース（訳注　Jaspers, Karl. 一八八三―一九六九。ドイツの実存哲学者）、ハインリヒ・リッケルト（訳注　Rickert, Heinrich. 一八六三―一九三六。ドイツの哲学者、新カント主義者）のもとで学ぶ。フランクフルトは二〇年代にドイツ系ユダヤ文化が頂点を極めた都市であるが、この地で彼は、フランツ・ローゼンツヴァイク（訳注　Rosenzweig, Franz. 一八八六―一九二九。ドイツの哲学者。コーエンの影響を受けたヘーゲル研究家。哲学と神学の協力を説いた）が校長を務める「自由ユダヤ人学校」の活動に参加する（ちなみにローゼンツヴァイクを校長に推したのはフロムである）。フロムがつき合っていた人々の名前をここで挙げておこう。ゲオルク・ザルツベルガー（訳注　Salzberger, Georg. 生没年未詳）、ゲルショム・ショーレム（訳注　Scholem, Gershom. 一八九七―一九八二。宗教歴史学者、哲学者）、エルンスト・ジーモン（訳注　Simon, Ernst. 一八九九―一九八八。教育学者）、ネヘミア・ノーベル（訳注　Nobel, Nehemia Anton. 一八七一―一九二二。ユダヤ教のラビ）、ジークフリート・クラカウアー（訳注　Kracauer, Siegfried〔本来はKrakauer〕. 一八八九―一九六六。ドイツのユダヤ系評論家）、シュムエル・ヨセフ・アグノン（訳注　Agnon, Shmuel Yosef. 一八八八―一九七〇。ガリツィア出身のイスラエルの作家、一九六六年にノーベル文学賞受賞）、そしてマルティン・ブーバー（訳注　本書「ブーバー」参照）。当時フロムは、とっくの昔にカール・マルクスの思想に感染していたにもかかわらず、多数のイスラエル開拓者を輩出したシオニズム学生組織「ユダヤ人組合連合」（ＫＩＶ）のメンバーだった。ＫＩＶの学生は、講義の最中に、辛辣なアフォリズムを書きつけた紙をひっきりなしに回覧させる習慣をもっていた。たとえば「エルンスト・ジーモンは偉大な雄弁家であるが、小心である」というアフォリズム（ただしジーモンと面識がある者なら、むしろ逆の印象を受ける)。仲間たちが知っていたように、フロムは五年間、毎日欠かさずラビのザルマン・バルフ・ラビンコフのもとでタルムードの授業を受け、自分もタルムードの教師になりたいと夢見ていた。成績はジーモンよりよかった。フロムは、「われをエーリヒ・フロムのようになさしめよ、天国に入らんがため」という祈禱文の回覧が証明するように、猛烈ながり勉と見なされていた。

フロムは、タルムード学者として名を馳せた大おじ、ダヤン・ルートヴィヒ・クラウゼを尊敬していた。この大おじに、将来ぼくはどうなると思いますか、ぜひ教えてくださいと尋ねたことがあった。大おじは、フロムが望んでいたようなうれしい返事をする代わりに、しばらく考えたあとで、次のように予言した。「年寄りのユダヤ人さ」。これは、野心や自惚れをくじくためのじつにユダヤ的な方法だった。フロムは面白がって笑ったが、同時に深い感銘を受け、その方法をいつまでも忘れなかった。

フロムの曾祖父も、同じように博識のタルムード学者だった。ラビではなく、バイエルンに小さな店を構える商人で、稼ぎがひどく悪かった。もちろん子だくさんだった。ときどき妻は、飲食代を工面できずに途方に暮れた。そのとき曾祖父に対し、行商人として少しばかり臨時収入を得てはどうかという申し出があった。妻は、このチャンスを逃さないでほしいと頼んだ。なにしろひと月にたった三日出かければよかったのだから。曾祖父は悲しそうに言った、「おまえは、わたしが人生のそんなに多くの時間を無駄にして、研究ができなくなってもいいのか」。「いいえ、とんでもありません」と妻は答え、無理な要求をすぐさま引っ込めた。こうして彼は、それからも自分の暗い店に座って、タルムードを読むことができた。客が入ってくると邪魔をされたと思い、気のない調子で、近くに他の店はないのですかと尋ねた。曾祖父のこうした生き方は、死ぬまで、フロム自身のものでもあった。フロムは自分のことを、前近代的な人間だと称した。そして大変世情に明るかったにもかかわらず、市民的・資本主義的社会のなかで、異邦人であり続けた。この経験が、社会に対する彼の批判の源泉なのである。

しかし彼は宗教的典礼としてのユダヤ教とは縁を切った。一九二六年のことである。彼は、豚肉のソーセージを買うことによって自分の決意を表明し、往来のまん中でソーセージを頬張った。それに先立って、仏教との出会いという、彼の人生に大転換をもたらしたきわめて重要な出来事があった。仏教との出会いによって、「神への信仰を意味しない限りで宗教的といえる態度」が可能になったのである。フロムは有神論とは縁を切ったが、無神論に身を捧げたわけではない。有神論との訣別は、彼にとって、一人前になるための行動だった。彼は（周囲の多くの人々とは対蹠的に）、ユダヤ教を否定することなく、ユダヤ教から自己を、より正確にいうと、ユダヤ教のなかで自己を解放したのである。こうして独自の個性的な道を歩む瞬間がやってきた。彼は一匹狼に、それどころか離教者になった。にもかかわらず、彼が生涯にわたって思考し行動したことはいずれも、ユダヤ教研究において学んだ内容を発展させたものに他ならない。

一九二〇年から三〇年までの十年間、フロムは、並はずれた集中力をもって生き、かつ研究に励んだ。カール・ランダウアー（訳注 Landauer, Karl. 一八八七—一九四五。ドイツのユダヤ系医師、精神分析家）、ハンス・ザックス（訳注 Sachs, Hanns. 一八八一—一九四七。オーストリア出身の精神分析家）、テオドール・ライク（訳注 Reik, Theodor. 一八八八—一九六一。オーストリア出身のユダヤ系精神分析家）、レオ・レーヴェンタール、フリーダ・ライヒマンなど、定着しつつあった精神分析の領域で高い評価を受けていた研究者の思想を、ことごとく摂取した。フリーダ・ライヒマンはフロムの最初の妻で、彼より十歳年上だったが——ショーレムの伝えるところでは——正統的ユダヤ人の間では、「病気治療《テラピー》」ではなく「トーラー治療《トラピー》」を行っているのではないかと疑われていた。フリーダはユダヤ教の律法トーラーとフロイトを結びつけようと考えていた。その結果不幸にも、エーリヒ・フロムという「最も傑出した分析対象」も含めて、彼女を訪れた時にはユダヤ人だった人々が、彼女のもとを去る時には非ユダヤ人になった。しかしながら、ユダヤ人でありながら非ユダヤ人になるということは、その逆の試みよりも、いっそう困難だったといってよい。ある高名な歴史家が、一九三三年の直前に、完璧なドイツ人になることを欲して、学生にこう宣言した、「わたしはユダヤ教から離れました！」。するとマックス・ブロート（訳注 Brod, Max. 一八八四—一九六八。作家）がやじった、「ユダヤ教の方はあなたから離れていない！」。

三十歳になるかならないかのとき、フロムは、マックス・ホルクハイマーが所長を務めるフランクフルト社会研究所の所員および講師になった。ヘルベルト・マルクーゼ、テオドール・ヴィーゼングルント・アドルノ、ヴァルター・ベンヤミンを初めとする若い学者たち（訳注 本書「ベンヤミン」「ホルクハイマー」参照）とともに、彼は精神分析の分野で、社会の全体構想の立案に貢献したのだが、その全体構想は、のちにフランクフルト学派の「批判的理論」として世界的名声を獲得することになる。しかし「学派」の性格が顕著になればなるほど、フロムはそれを敬遠した。彼は、一度も学派に所属したことがないし、学派を築いたこともない。弟子をもたないことが誇りだった。彼は代父《パーテ》ではなかった。むしろパートナーが欲しかった。こうして彼はフランクフルト学派から離脱したのだが、同じようにのちのニューヨークやメキシコシティの活動においても、ダイアローグがモノローグに変わりそうになった時にはいつも、つき合いをやめ、場所を変えた。

フロムが影響を受けたのは、最初のうちは詩篇、預言書、タルムードだったが、のちになってこれらのテクストに、マルクス、バハオーフェン（訳注 Bachofen, Johann Jakob. 一八一五—一八八七。スイスの人類学者、文化史家）、フロイト、仏陀という奇妙な仲間が加わった。彼らはフロムの成長過程における師となった。たとえこれらの名前の組合せが、一見したところどんなに奇異に感じられようとも、フロムの思想と人生において、それらは一つにまとめられる。彼は、諸宗混合に見えるものを一体化し、創造的な総合へと導いたのである。フロムが、自分はマルクス、バハオーフェン、フロイト、仏陀から出発したと告白するとき、同時にそれは、彼らのもとを立ち去ったこと、彼らを超え出たことを意味する。「前進」というのは、そのようにしてしか起こらない。フロムは、どんなに着想を与えてくれる相手であっても、その相手と自己を同一視することはない。自分の「師」に対して、信奉するが依存しないという超然たる態度で臨んだ。師の仕事に関する彼の知識は驚嘆すべきものだった。いい加減に研究したあとで勝手気ままに師から離れたというわけではなく、むしろ疑問視することによって彼らを尊敬し、のちの議論のなかで彼らに注意を払ったのである。「まだ過ぎ去っていないもの」を過去から引き出そうとするのであれば、「すでに過ぎ去ったもの」を過去に委ねなければならない。フロムは、他ならぬ「師」とのつき合いのなかで、彼が重視する「懐疑術」を身につけた。彼は疑う余地のないものに対しては、それが何であれ、全く関心を示さなかった。

フロムは敵にも味方にも、自分の「偶像」を作ることを許さなかった。どんな分類項目に入れられることも拒んだ。彼のなかにはつねに未完のものがあって、そのせいで彼を擁護する者も軽蔑する者も、彼を分類し尽くすことができなかったのだ。人生はつねに変化する。人生の本質はいつまでも生まれ続けることにある。フロムによれば、人生の目標は完全に生まれ出ることであり、人生の悲劇は、大部分の人々が生き始める前に死んでしまうことである。誕生が止まったとき、死が始まる。全くのところ、こう考えた人は、あらゆる機会に正統性より独創性を優先させたに違いない。フロムには、埃を払い、気分を一新させるものが身に備わっていた。何かに退屈し始めたら――たとえそれが精神分析における患者との対話であっても――彼は不信感を抱き、最初から出直した。精神と風――これはヘブライ語では一つの単語に他ならない。

もちろんマルクスとフロイトに対する彼の型破りの取り組み方は、人々にありとあらゆる驚きと誤解を与えずにはいなかった。フロムにとって、経済理論の魅力は二次的なものにすぎなかった。より正確にいえば、経済理論の人間学的な結論にしか魅力を感じなかった。そのため彼は――多くの硬直したマルクス主義者とは違って――特に若きカール・マルクスの人間主義的哲学のなかに、人間の自己実現という古い理念の世俗的形式を見てとった。これをごく簡単にハシディズム風に表現することができる。「息を引き取る前にラビのスシャはこう言った。来世で人々はわたしに、なぜお前はモーセのようではなかったのかと聞いたりはしないだろう。人々はこう尋ねるだろう、なぜお前はスシャではなかったのかと」。これこそユダヤ教である。マルクスであり、フロイトであり、さらにまたフロムである。そしてこれは、とかく人間たちに疑わしい自己放棄や自己蔑視や自己犠牲を求めがちなキリスト教とは異なる。フロムは、それまでほとんど知られていなかったマルクスの価値を、すなわち「存在」のために「所有」方法の諸形態の批判者となったマルクスの価値を一般に認めさせようとした。彼は、教養のあるカトリック神学者のグループで、著者の名を伏せて初期のマルクスの原稿をいくつか断片的に朗読するといういたずらをやって面白がった。人々は、原稿の著者はマイスター・エックハルト（訳注 Eckhart, Johannes〔通称 Meister〕. 一二六〇?—一三二七。ドイツの神秘主義思想家）だろうとか、トマス・アクィナス（訳注 Thomas Aquinas. 一二二五—一二七四。哲学者、神学者。スコラ哲学の完成者）だろうと推測した。同じ遊びを、高名な禅仏教の代表者で、友人の鈴木（訳注 鈴木大拙。一八七〇—一九六六。仏教思想家）にもやったところ、その友人は禅の原典に間違いないと断言した。フロムは、本をもう一冊書いて、エックハルトとマルクスを比較したいと思った。彼の後期の仕事のほとんどに、この計画の先触れが見られる。

フロムに困惑させられたのは、マルクス主義者たち——そこには彼の友人も多く含まれる——よりも、むしろフロイト学派の人たちだった。精神分析におけるフロムの発展は最初から主要な潮流からはずれており、この点で、彼が好んで緊密な共同研究を行ったカレン・ホーナイ（訳注 Horney, Karen. 一八八五—一九五二。ドイツ生まれの精神分析家）に似ている。ただし、カレンとものちに衝突して訣別した。フロムの試みは、精神分析を同時代の社会思想と統合しようとするもの、換言すれば、フロイトをマルクス抜きにでなく、またマルクスをフロイト抜きにでなく読もうとするものだったが、この試みは至るところで拒否されたばかりか、アメリカでは極端な憎悪の的となった。だが専門世界で孤立すればするほど、彼は先入観に囚われない多様な聴衆に受け入れられた。

私は、フロムが晩年の居住地ロカルノで七十五歳の誕生日を機に催されたシンポジウムのなかで行った講演を覚えているが、それは彼の特徴をよく表した見事な講演だった。ホールは世界中のありとあらゆる国々から集まった老若男女で溢れていた。フロムは、聴衆に講演が一時間かかることを予告し、途中でもし疲れたらサインを出してほしいと頼んだ。ところがほぼ二時間半たっても、彼自身も聴衆も、全員まだ元気いっぱいだった。フロムは、卓越した哲学的な社交性を感じさせる身ぶりで壇上を行ったり来たりしながら話をした。箇条書きのメモのところにはときどきしか戻らなかった。このメモを私は講演のあとでプレゼントしてもらったのだが、それは、精神分析の過去と現在と未来のあり方に関する彼の評価を、かなり時間を遡って詳細に論じてはいるが、一度も本筋からはずれることなく開陳したものの真髄、極限の濃縮だった。フロムはこの講演のなかで、「どんな理論にも社会的に条件づけられた欠陥があること」を証明したばかりではなく、その欠陥を歓迎し、フロイトを例にとって、彼が創始した無意識の学問を解釈するためには次の三点が必要であることを明らかにした。第一に発見の綿密な跡づけ、第二に、時代に依存した思考・表現方法に組み入れることによる断固たる制限、そして最後に今日の認識水準への創造的な拡大である。この講演においてフロムは、ジークムント・フロイトを相対化することによって、フロイトに現実性を与えたのだった。（ちなみに、私が彼の晩年の最も迫力に満ちた、かつ最も密度の濃い著書と見なしている『ジークムント・フロイトの精神分析――偉大さと限界』は、この講演をもとに執筆されたものである）。この時の講演は、「精神分析は再び批判理論とならなければならない！」という要求、いな、挑発において頂点に達した。その意味するところはこうである。精神分析の機能は単なる治療にとどまらない。もし精神分析が「症状の除去」方法、すなわち苦痛の解消方法に自らの任務を制限するならば、自分で自分を見放すことになる。精神分析が念頭に置くべきなのは、スムーズに機能する人間ではなく我に返る人間、つまり、より大きな成功を収める人間ではなく、より自由な人間であり、順応できる人間ではなく、独り立ちできる人間である。精神分析をこの方向で実践すれば、この学問が不可欠かつ非通俗的であることが実証される。なぜなら精神分析が向かおうとしているのは、人間に対応した社会であって、最大生産量と最大消費量に対応した社会ではないからだ。フロムは「健全な経済が病気の人間という犠牲によってのみ可能な」システムからの出口を探した。そして精神分析に対して、社会の発展に、ささやかながらも不可欠な貢献を行うことを望んだ。つまり人間は何を必要とするのかという問いが、人間は何を使用し何を消費するのかというもう一つの一般的な問いよりはるかに重要視されるような社会の発展に。ジークムント・フロイトが考えていたのは「いろいろな点で啓蒙主義の偉大な哲学者たちのそれと一致するような人間のモデルだった」。歴史のこのラインを、エーリヒ・フロムもまた、豊富なアイディアをもって現代にまで延ばしたのである。

私がフロムに初めて会ったのは一九六九年だった。ちょうどその頃彼はスイスに居を構えようとしていた。私たちは、のちにしばしばそうしたように、ツューリヒの「シュトルヒェン」で会った。彼は至るところに定宿をもっていた。彼が客を招待する側の役割を甘んじて放棄するなど、考えられないことだった。私たちは、彼が翌日当地のラジオ放送局で私たちのためにテープに吹き込むことになっていた一連の講演（「過剰と倦怠」）について話をした。彼は私の向かい側に座り、騒がしい周囲にけっして惑わされることなく、非常に明敏な注意深い表現を用いて、自らの抱く構想を明らかにした。説明が終わったとき、私はこれで話は終わりだと思った。ところがそうではなかった。今度は私の番だった。彼は反論してほしい、特に推測される聴衆についての情報を与えてほしいと言った。好奇心に富んだ執拗さと、ドイツ人の内的および外的性質についての驚嘆すべき正確な知識を窺わせる質問をもって、彼は聴衆のことを知ろうとした。甘言を弄すことなく、相手の言葉に耳を傾けよ、というのが彼のモットーだった。彼は綿密に準備していた。私を不安にさせるほど大量のメモと下書きの山を携えていた。そして対談の間、絶えず書き込みを続けた。しかし翌朝になると、手ぶらで現れた。私は、書類鞄はどうされたのですか、と尋ねた。彼は笑って首を横にふった。私たちは放送局に行った。彼はさっさとマイクの前に座り、原稿なしで、正確に二九分ずつ六回話をした。彼が出した唯一の条件は私が同席することだった。彼は向かい合った人を、つまり話しかけることのできる匿名の聴衆の代理を必要としたのである。私たちは、ラジオで、フリートークでありながら密度の濃い話を聞くことのできる幸運にはめったに恵まれない。もう一人オイゲン・ローゼンシュトック＝ヒュッシーからも、そういう話を聞くことができた。ただし彼もまた、向かい合った人間の助力を必要とした。そのためある日、本物の素朴なタクシー運転手をスタジオに引きずってきたのだが、外に置いてきたタクシーのメーターはまるまる二時間上がり続けた。ローゼンシュトックを知っている者なら、彼が膨大なタクシー料金の支払いを私に委ねて帰ってしまったと聞いてもあまり驚かないだろう。彼に対して、原稿なしに話すことを要求することは可能だったが、聞き手なしに話すことを要求することはできなかった。

　さてエーリヒ・フロムが自らのテーマについて語りながら、豊穣なソクラテス風の思想の散歩に私を連れ出している間に、私は、放送室のガラスの向こう側でちょっとした事件が起こっていることに気づいた。当時わが国ではフロムは無名の人だったにもかかわらず、ツューリヒのラジオ放送局では、ここで何かが聞けるらしいという噂が広がっていた。あらゆる部署の同僚たち――技術者や秘書や守衛はおろか、知ったかぶりの厚顔な編集局員たちまでもがやってきて、窮屈そうに肩を寄せ合って立ち、耳をそばだてていた。私は、ラジオには対話的な能力がほとんどないと思っている。ラジオを過大評価したり過剰に利用することをやめ、ラジオにふさわしい間接的な語りのスタイルを見つけなければならないと考えている。しかしフロムは、この規則に例外を設けた。彼は、器械の威圧感からいともたやすく逃れ、メディアの仕掛けた障害をあっさり無視してみせたのだった。どうしてそんなことができたのか。

　彼は会話体で思考したのである。パートナーを捏造したのではなく、パートナーとその反論を最初から思考の一部に組み込んでいた。彼は、自分が話している間も、相手に耳を傾けることができた。卓越した聞き手であったために、卓越した話し手になったのである。そうだ、ツューリヒのラジオ放送局にいたこの瞬間に、私は、エーリヒ・フロムの――アメリカで四十年前からベストセラー・リストに載っている――著書が私たちの国でも、まもなく隠れ家を離れて世間の前に出るという、全く稀有な「エジプト脱出」を果たすであろうということをはっきり感じとった。確かにわが国では六〇年代半ば以降、すでに十数冊の著書が公刊されてはいたが、出版社がばらばらで、翻訳も一部拙劣だった。私が思うに、それらの書物のいばら姫のような長い眠りを終わらせるためには、フロム本人がやって来なければならなかった。これは奇妙なことだが、著述家としてのフロムと人間としてのフロムが同一人物なのだといえば、ひょっとすると説明がつくかもしれない。一方が他方に注釈を加えるのである。彼の書き言葉は、話し言葉に非常に近い性質をもっていた。彼の声は彼の言葉の身体だった。彼を知っている者は、彼の本を読む時に、その声を聞いた。フロムは基本的な口述の伝統、まさにユダヤ的伝統のなかで成長したのだった。

　彼の著書は、ある意味で社会の時事的な話題への参加記録だといえる。したがって彼の仕事全体は一つのテーマの飽くことなきヴァリエーションであって、そこには模倣と反復、深化と先鋭化、いつも新たな助走と、理解を得ようとする努力が満ち満ちている。フロムにおけるほど大量の余剰は、他の学問的著述家にはほとんど見られない。余剰というのは、乳と蜂蜜が流れる国の豊かさに似た、言葉の最も良い意味での豊かさのことである。余剰の欠如はフロムにとっては貧困を意味したであろう。私は、彼の著書から、刺激や鼓舞や展望や解釈が、私たちに向かって滔々と流れてくることに、明白さそのものが流れてくることに、繰り返し驚嘆せずにはいられない。目からうろこが落ちる思いがする。

　ハシディズムの賛美者であったフロムは――問いに答えるために、あるいは思考の結び目をほどくために――よく小咄をした。たとえば、ハシディズムの大学者を訪れるために遠い道程をやってきた男が、あなたは先生の教義を知るためにそれほどの苦労をしたのですかという問いに対して、「いいえ、わたしはただ先生がどのように靴の紐を結ぶのかを見たかっただけなのです」と答えた咄。ときには一つの所作が修業以上の教えをもたらすことを伝えるだけではなく、さらにまた、いかに卓越した知恵であっても、その知恵を述べる人が正しい人間でなければ何の役にも立たないということを読みとらせる咄――この小咄を私はエーリヒ・フロムを訪問するたびに思い出した。人々は、彼を訪れた時とは違った状態で彼のもとを去った。気分がやや高揚し、頭脳は若干明晰さを増し、憂鬱で宿命論的な気分にさせていたさまざまな束縛から少しばかり解放された状態で。まさに彼の魅力は、博識であるばかりか、教えのなかに人生が浸透し、人生のなかに教えが浸透していたことだった。思考の最中に心にも共同発言権を認める才能を、人々はかつて「知恵」という名前で呼んだ。一九七四年一月五日の夕方、南ドイツ放送局がエーリヒ・フロムの自伝的対談を放送した。彼は、二時間以上じっくり腰を据えて、自分について多くを語ったが、その内容はこの収録がなければ全く記録されずに終わったであろう。この時レッシング（訳注 Lessing, Gotthold Ephraim. 一七二九―一七八一。ドイツ啓蒙期の代表的劇作家、文学理論家）の「賢者ナータン」のシュトウットガルト公演に参加していた一人の女優が放送を聞き、この夜、ぜひナーターンからナーターンへのコメントを伝えたいといって、私たちに電話をかけてきた。フロムは、魔術師でもなければ教師でもなく、一人のナーターンだったのである。

どうして彼の著書は彼が居合わせなければ売れず、また売れるのにそれほどの時間を要したのだろうか。一九三一年、労働者とホワイト・カラーの権威主義的性格について、フロムを初めとする人々が実施した調査結果は、政治のゆくえに関する不安な結論を引き出すことが可能なものだった。社会研究所の所長マックス・ホルクハイマーは不都合な成り行きを恐れ、主として戦術上の配慮から、調査結果の公表を差し控えた。それはよしとしよう。だがフロムは、なぜ一九六八年に、フランクフルトの前衛的なかつての同僚数名が将来有望な運動の主唱者となったとき、文筆上の参加をしなかったのか。いずれにせよ私は、もしフロムのような精神の持ち主も議論に参加することができたならば、私たちはひょっとしたら例の希望の崩壊を免れたのではなかろうかと、あえて問いたい。イーヴォ・フレンツェルは、ホルクハイマーを中心とするグループが離れればなれになった事情は、後々まで影響を及ぼしたと推測している。フレンツェルによれば、フロムは「どの程度出版社の政策が作品の受容史に影響を与えうるかを示す一つの例となった。フランクフルト学派の有力な代表者たちが何年も前からズーアカンプ社をドイツにおける出版の拠点としていたのに対して、フロムは、持続的に面倒を見てくれる特定の出版業者を見つけることができなかった……」。まあ、フレンツェルの説明が正しいかどうかは決められないとしても、この説明は少なくとも言及された出版社の商売上の勘の鋭さを過小評価している。しかもこの間に、模範的にフロムの面倒を見る出版社や編集者や翻訳者が現れている。ただ、ドイツの学校や大学で学生運動の火花が上がり始めたとき、エーリヒ・フロムの声が欠けていたことは確かである。もし私たちが彼の声を聞いていたならば、ひょっとするとそれほど早く静けさが戻ることはなかったかもしれない。

フロムはロカルノにいて、その状況をいらいらした緊張感をもって観察していた。彼は民衆の煽動者ではなかった。彼にはデマゴーグ的な才能はなかった。そこで彼は、ヘルベァト・マルクーゼへの論難書として、一本の論文を書いた。マルクーゼのいう大いなる拒絶とは結局「大人になることの拒絶、母親と故郷から完全に離れることの拒絶」にすぎない、彼の「革命的修辞学」は、「彼自身の立場の反革命的核心」を隠蔽するものだと。フロムは、マルクーゼがフロイトをひどく歪曲し、偽りの引用さえ行っていると指摘した。この攻撃（ついでにいうと、一九七〇年にこれを出版したのも結局ズーアカンプ社だった）は時機を逸したため、人々の注目を集めることはなかった。すでにあまりに多くの反逆の同調者が出現していて、彼らはこの論拠を軽蔑した。なぜなら彼らは、自ら失敗をひそかにプログラム化していたために、成功は彼らを失望させるか、少なくとも彼らの酔いをさましたであろうから。

フロムは新左翼に希望を託した。新左翼が――アメリカ合衆国から刺激を受け――最初に見せたその情熱や、ドイツの学生が彼らのいう「体制」に対して加えた攻撃に共感を覚えた。もちろんそこには、新しい政治的可能性の爆発的な体験においてほとんど避けようのない過ちや失敗や行きすぎもみられた。しかし、若い知識人たちが期待していたような、世界を一気に変革する大きな効果ではなかったとはいえ、確かに効果はあった。彼らが引き起こした騒乱は、軌道修正や改革へ、不十分ではあったものの推進力を与え、それまで人々が内々でしか話していなかったか、全く話していなかったような隠れた問題を暴き出したのである。新左翼にまつわるこれらすべてのことを見聞きしてフロムは喜んだ。しかし彼は何にでも賛成したわけではない。あちこちで主張されていた理想的な「新しい人間」は、多くの場合彼には、世界を反権威主義的な幼稚園と間違えている未熟なタイプの人間であるように思われた。現代という「永遠の乳児の時代」は、批判力のない、満足を知らぬ「消費人間」において、つまり百貨店という楽園の受動的な受益者において認められるだけではなく、革命オペラのエキストラにおいても同じように認められた。その革命オペラでは、何の手順も踏まずにあっという間に現在が放棄され、彼らが一方的に押しつけた未来が演じられるのである。

フロムはつねに時代の友《ツァイト・ゲノッセ》（＝同時代人《ツァイトゲノッセ》）だった。確かにアクチュアルな出来事に対して斜に構えることが多かったとはいえ、背を向けたことは一度もない。彼は自分を「極度に政治的関心をもった人間」と称した。『不服従について』や『人間について――外交の虚と実』のような著書がそれを裏づける。フロムは数年間アメリカ社会党の党員だったが、この政党が「あまりに右傾化し、いかなる楽観主義をもってしてももはや受け入れがたくなった」時に、離党した。利害関係者でなければ、それだけいっそう公明正大に賛否を決定できる、というのが彼の見解だった。私たちは政党の全能に対して、それに代わるべき別の方法を必要とする。フロムは無党派の人々による政治活動の新しい展開が緊急に必要だと考えた。政治家たちは、もっぱら低い水準で満足するようになってからというもの、可能性を発見し発展させる能力を忘れてしまった。勇気の欠如と発想の欠如を、彼らはリアリズムと称する。しかし実際のところ、現状維持への信仰ほど「ユートピア的」なものはない。現実というのは、単なる事実の集合を大きく超えるものだ。現実はつねに、そうありうるところのもの、そうあるべきところのものでもある。現実は、既存のものを追い越し、既存のものに対して過大な要求をすることによって呼び起こされる。明日の社会がいかなる様相を呈すべきかという提案を、フロムはけっして怠ったことがなかった――『希望の革命』を読みさえすればおわかりいただけよう。にもかかわらず、「政治的綱領の作成は知識人の主たる任務ではない」。知識人の仕事とは、「第一にも、第二にも、第三にも、能う限り真実を探求することである」。妥協のない真実探求は「自他の利益を無視」して初めて可能となる。もし知識人が、政党の利益――たとえそれらの利益がいかに説得力をもち、感嘆の念を起こさせるものだったとしても――のために働き、「全き真実を探求し発言するという自らの役目を制限したとしたら、彼らは、自分だけに与えられた任務に対して罪を犯し、最後には、彼らがもっている最も重要な政治的機能に対してさえも罪を犯すことになる。なぜなら政治的前進は、私たちがどれだけ真実を知っているか、いかに明白かつ大胆にそれを言い表すか、そして人々がどれだけそれによって感銘を受けるかにかかっているとわたしは確信するからだ」。フロムはこれらの文章を感情の高揚なしに語ったわけではない。彼は、自分が何を話しているかを知っていた。彼はつねに政治的に行動した。有力な平和運動を共同で開始したこともあるし、不正と抑圧に反対するキャンペーンに参加したこともある。またたとえば——私も偶然居合わせたのだが——ハインリヒ・ベル（訳注 Böll, Heinrich. 一九一七―一九八五。ドイツの作家）やエルンスト・ブロッホ（訳注 本書「ブロッホ」参照）を加えた数人とともに、チトー（訳注 Tito［本名 Josip Broz］. 一八九二―一九八〇。ユーゴスラビアの政治家、一九五三―八〇年大統領）に対し、ユーゴスラビアの活動グループのメンバーに自由な発言と自由な行動を認めるよう思慮深く訴えたことなどもある。

フロムはたんに最大の関心をもっていたばかりではなく、この上もなく情報に精通していた。彼は新聞の情熱的な読者だった。情報、それも無制限で偏らない情報のもつ高い価値を認めていた。情報は、参加型の（たんに代表派遣型ではない）民主主義の基礎を形成するものである。権力は必ず秘密を必要とする。情報公開を支持する人は、一つの権力を別の権力に引き継ぐのではなく、権力を解体するのである。そういう人は、公開性によって世論を創り出す。ここにもまた——残念ながら今は暗示するだけに留めておかなければならないが——フロムの啓蒙主義的な激しさが顔を出す。フロムが問題にしていたのは、公の利益であって、宣伝活動ではない。

にもかかわらず決定的なのは、フロムが小事にかまけて大局を見失うようなことがなかったことである。彼にとっては、これかあれかが問題なのではなく、生きること自体が問題だったのだ。私たちの存在の個々の部分領域ではなく、人間の生そのものが危機に陥っているのである。生きものとしての人間の能力は減少しているようにみえる。人間は世界を構築し続け、その世界に殺される。人間は自分のためになるものを知っていないか、あるいは知りたがっていないようにみえる。人間の敵は人間である。人間の発明の結果は、生命の脅威となって彼自身に戻ってくる。人間は余剰を生産しつつ、同時に基本的な事物においては貧しくなる。人間は合理的に計画する一方で、同時に、非理性的に破壊することができる。過度に発達した道具を手にして、人間は全く発育不全のままそこに立っている。私たちは、快適さのただなかで、野蛮化、原始化を至るところで確認する。人間はあらゆるものを自由に扱えるが、自分だけは意のままにできない。人間は小者であればあるほど、多くを持ちたがる。人間は力を使い果たしてしまい、そのことに対して埋め合わせをしなければならない。この状態から、フロムが辛辣に描写している、私たちの周囲で明白に見られるような生命を脅かす自殺的傾向が生じている。この傾向は容易ならぬものなので、どのように私たちがそれに対して抵抗できるのか、どのように私たちがこの傾向に抵抗する力を構想に組み込めるかが、私たちの未来を決定するほどである。人間には生きるチャンスが必要なのであって、生きのびるチャンスだけでは十分でない。人間が唯一生きのびるチャンスは、生きること、本当に生きることだからである。

本当に生きるとは、もはや律法を、倫理的あるいは宗教的な律法を守ることではない。これはエーリヒ・フロムの卓越した文章の一つだが、歴史のなかで初めて「人類の肉体的存続が心の根本的な変革にかかっている」のである。この心の変革が、急激な経済的、社会的改革――個々人を勇気づけ、その想像力を喚起し、一人ひとりが集団の一員であることを確認させるような改革――の度合いに応じてのみ可能であることを、彼は自覚していた。内的革命は外的革命と、外的革命は内的革命と協力しなければならない。状況の変革が、結果として人間の変革を引き起こす。人々が平和を諸制度や学問的認識や組織や交渉にまかせたいと思うような状況のなかで、フロムは、個人が人類の存続にとって最も重要な意味をもつと指摘している。

フロムは、懐疑的な素質をもっていたにもかかわらず、「人間が自分で作った一見宿命的な網から逃れる能力を理性的に信頼する」立場を支持した。この立場は「楽観主義者」のものでも「悲観主義者」のものでもなく、急進派の人々、そして人間が発達させうる最も美しく貴重な特質と知性とを結びつけることによって何物にも左右されない知性を生産的に投入できる人々の立場である。ビオフィリー、「生命愛」をもって――これがフロムのスローガンであり、ネクロフィリー（死体愛）は、彼の思考の単なる一つの反対概念であって、主要概念ではない。経済領域における「成長の限界」を否認するか、あるいは限界をどれほど広くとっても十分ではないとする人たちが、たびたび自信たっぷりに、いやまさに小心翼々として、あくまでも人間の成長には限界があると主張する。フロムはこういう人々には与しない。フロムにとって人生は過程、前進であり、たんにでき上がったもの、既知のものではなく、何より、まだ証明されていないもの、まだ研究されていないもの、まだ試みられていないものである。存在は生成であり、発展を必要とするし、発展が可能である。静止は錯覚にすぎない。人間は成長しなければ破滅する。希望の潜在能力は、促進されなければ、消滅の危機に陥る。人間は退化するのである。人間とは何かという静的な問いを、何でありうるのか、何であるべきなのか、何でなければならないのか、という動的な問いへと方向転換することが重要である。私たちが人間について知っていること、あるいは知っていると自称する事柄のみを前提として出発した場合、まさに人間の刺激的なところ、生き生きとしたところが抜け落ちてしまう。そんなことをすれば人間に対して、過ぎ去ったもの、死滅したものとしての烙印を押すことになる。

フロムは人間を「何かを約束することができる」という天賦の才能によって定義する。私たちは、人間を知りたいと思うならば、思いもよらぬ可能性、まだ吟味されていない可能性、あらゆる経験を超える可能性に賭けなければならないのである。このことは小さな領域であっても変わりはない。私は一人の人間を、彼を愛することによってのみ、すなわち今以上のものになるチャンスを彼に与えることによってのみ、知ることができる。私たちの国においてはしばしば、誰かと知り合いになったとたん、愛が終わる。ヘブライ語の場合は違っていて、知ることは愛することであり、愛することは知ることである。それにそもそも、人間が何たるかを知っている者などいない。私たちはただ、人類が人間から何を創り出したかを知るのみである。固定化をゆるめ諸条件を整えて、未完成の存在である人間が人間存在のための貯蔵庫を開き、それを自分のために役立てるべき時がやってきた。「人間は人生のどの時点においても、人間がなりうるところのもの、たぶんなるであろうものに、まだなりきってはいない」。神は、天地創造の仕事を終えたあと、万物の出来具合を調べた。それは非常に良い出来だった。ただ人間においてのみ、神は非常に良いという評価を下さなかった。神は人間をそれほど良い出来だとは思わなかったのだろうか。ハシディズムの信奉者たちは、もっと良い答えを知っている。人間は、開かれたシステムとして考えられた、つまりすでに仕上げられたものではなく、希望を託して構想されたものなのである。そのために神は判断を、事前の判断《フォア・ウアタイル》（＝偏見《フォアウアタイル》）を差し控えたのだった。

　エーリヒ・フロムのヒューマニズムに対抗して、愚かにも、人間は矯正不可能だという格言が繰り返し持ち出される。この格言に対応するのが、権力は不可欠だというドグマである。このドグマと格言を一度引っくり返して、あえて次のようなテーゼを立てさせていただきたい。権力の必要性が人間の矯正不可能性ゆえに案出されたのではなく、人間の矯正不可能性の方が、権力の必要性ゆえに捏造され主張されたというテーゼである。このように条件を引っくり返せば、多くのものが、違って見えたり、新しくなったりするかもしれないと私は思う。

　フロムは周囲の人々に多くを要求したが、それは彼らに大きな信頼を寄せていたからだ。あるタルムードの物語によれば、子供が生まれると、一人の天使が現れて、子供がもって生まれてきた、世界の知識のすべてを忘れるように、子供の額に触れる。ところがその知識はひそかに保たれ続ける。そうでなければ、私たちが人々の心を打ったり、感銘を与えたりすることはできないだろう。天使がやさしく忘却に導いた知識が、生きていく間に部分的、段階的に再び解き放たれ、新しく生まれるのである。エーリヒ・フロムは、あたかも私たちの内部のこの隠れたものの出現を待ち受けるかのように、私たちをじっと見つめることができた。その誕生を期待して、彼はたびたび助産術を行使したのである。

　フロムが夢に注意を向けたのも、人間的な好奇心のせいだった。夢を避けるのではなく、夢とつき合うこと――これが彼にとっては重要なことだった。なぜなら夢のなかで私たちは、誤解されたり隠匿されたりした真実について、自分自身の内部から、情報や信号、メッセージ、指摘、教示などを受け取るからだ。夢には証言が豊富に詰まっている。それらに注意することは、多くの人にとっては難しいが、それらの証言に聞き耳を立てることを、フロムは繰り返し勧めた。しばしば夢のなかの私たちは、昼間の知識をもっている時よりも豊かである。解釈されない夢は開封されない手紙のようなものだ――このタルムードのなかの言葉を彼は特に好んで引用した。

私はエーリヒ・フロムの人物描写の際に「偶像」を作らないように試みた。しかしフロムの分類が不可能だとしても、自分の書棚の混沌を不便だと思う愛書家ならば、彼をある程度適切な隣人のそばに置こうと決心せざるを得ない。では私の書庫の場合、フロムは誰の横にくるのか。ホルクハイマー、アドルノ、マルクーゼなどの横だろうか。死後の評価においては、彼らとの関連がつねに指摘されている。実際またそれは間違いではない。何といっても彼らには共通の出発点があるし、当時フランクフルト学派のなかで考え出され完成されたことは、比較を絶するのだから。しかし、それ以後生じた深い亀裂を埋めることはもう無理だった。私はよくフロムについてホルクハイマーと、またホルクハイマーについてフロムと話をしたし、同様にアドルノやティリヒ（訳注 Tillich, Paul. 一八八六—一九六五。ドイツ生まれのプロテスタント神学者、哲学者）たちとも話をした。いつも同じ少しとまどった反応、つまり尊敬とライバル意識が、人間的緊張と学問上の緊張が混じり合った反応が返ってきた。私は「精神のインターナショナル」の思想を復活させたいと考えていた。このプロジェクトは一枚岩を前提とするのではなく、反対に反論の結合《コンプレクシオ・オポジトルム》を、敵対関係にあってさえ連帯できる能力を前提とするものだった。私たちが必要とするのは、意見の提出ではなく、意見の交換である。たとえそれが論争であっても、対話のなかで世界の断片は互いを探し求める。しかしこの試みは挫折した。ホルクハイマーの伝記——ちなみに彼はこの伝記を全力を注いで強引に成立させた——には、フランクフルト社会研究所の同僚としてフロムの名前は出てこない。またあるとき、どちらかというと伏せておきたいような出来事が起こった。フロム自身は、事実を雄弁に物語っているという理由で、その出来事をむしろ愉快がっていた。本来ならば古いばかげた笑い話なのだが、それが現実に起こったのである。フロム夫妻は、一九七五年だったと思うが、鉄道でシュルス・タラスプに旅行した。コンパートメントの中で、夫妻の向かい側に一人の男が座っていた。風貌の美しい、日焼けした、頑丈なエンガディーンの農夫の典型といった男だった。二人の男たちは、繰り返し相手をじろじろ観察したあと、あわてて再び美しい風景に視線を戻した。目的地でフロムは昔の同僚に会い、彼にこう打ち明けた、「ねえきみ、列車の中でマルクーゼに会ったような気がしたんだが、彼はわたしに気づかなかったんだ」。すると同僚が答えた、「そうそう、彼も同じ話をしたよ」。

さて、フロムの書物は私の自宅では誰と並んで置かれているか。アルベァト・アインシュタイン（訳注 本書「アインシュタイン」参照）、アルベァト・シュヴァイツァー（訳注 Schweitzer, Albert. 一八七五―一九六五。アルザス生まれの医師、神学者、哲学者、音楽家）、バートランド・ラッセル（訳注 Russel, Bertrand Arthur William. 一八七二―一九七〇。イギリスの数学者、哲学者）の隣である。ということは博愛のコーナーか。そのとおり、しかしこの表現を「人間愛」というドイツ語に翻訳することが許される時のみである。彼ら三人はみな人間の友だった。けっして、ハリウッド映画に出てくるようなお人好しの聖人君子ではなかった。彼らは、解剖刀を操作するように言葉を用いた。フロムは（ちなみにフロイトも）シュヴァイツァーを、二十世紀の最も創造的な、生命を愛する思想家の一人として評価していた。たとえばエコロジーの問題のように、われわれが今日生命の危機にさらされている問題を、シュヴァイツァーは他の人々に先駆けて認識し、歯に衣きせずに言及していた。晩年、シュヴァイツァーはひたすら「原子力研究」（ギュンスバッハの小さな家に残された六十冊のすりきれた書物）に没頭していたが、それは道徳的な警告のためだけではなく、軍拡競争に対して、科学的論争から取った根拠に基づいて反論するためだった。シュヴァイツァーは、公的な批判を続けるうちに、原始林に暮らす温厚な医師の口から出たとはとうてい信じられないような言葉の使い方をした。たとえばエドワード・テラー（訳注 Teller, Edward. 一九〇八―二〇〇三。ハンガリー生まれのアメリカの物理学者）の特徴を「原子力の叙情詩人」と表現した。またジョン・F・ケネディ（訳注 Kennedy, John Fitzgerald. 一九一七―一九六三。アメリカ合衆国第三五代大統領）には、自筆の手紙で――引用すると――よりにもよってなぜ「全く好感のもてない国防大臣フランツ・ヨーゼフ・シュトラウス（訳注 Strauß, Franz Josef. 一九一五―一九八八。ドイツの政治家）」におとなしく核兵器の製造を促されるままになっているのかと質問した。「原子爆弾で遊んでいる痴呆化した国家元首たち」という言い方もした。彼は、人々が「理性的な人たち」の抗議を、彼らに「共産主義者」の烙印を押すことによってしか終わらせることができなくなる事態を予見したのである。私はアルベァト・シュヴァイツァー、この反政府主義者で、やじの飛ばし屋で、妨害者であるアルベアト・シュヴァイツァーをたびたび話題に取り上げてフロムと歓談した。これについては報告できることがたくさんある。シュヴァイツァー生誕百年記念に際し、フロムはパリで「進歩の矛盾」と銘打った講演を行ったが、この講演は二人の類似性を簡潔かつ明瞭に示している。

アインシュタインはシュヴァイツァーと同様に戦闘的な平和主義者だった。彼はこう書いている、「もし音楽に合わせて楽しく整然と行進できる人がいたら」、その人は質の悪い「群棲動物の申し子」であって、「何かの間違いで大きな脳をもらったにすぎない、なぜならその人には脊髄だけで十分だったであろうから」と。アインシュタインとシュヴァイツァーは平和を守るために共同して攻撃に身をさらした。二人のアンガージュマンの根底には新しい政治的人間学のようなものがあって、その人間学においては、彼らとフロムの見解は完全に一致していた。一九四六年の夏、フロムはプリンストンのアインシュタインを訪れた。そしてエルンスト・ジーモン（訳注 Simon, Ernst. 一八九九—一九八八。ベルリン生まれの教育学者。一九一八年以降シオニズム運動に加わる）と口を揃えて、イスラエルのテロリストの悪行に抗議する署名に名を連ねてくださいと頼んだ。この「テロリスト」（ほかならぬベン＝グリオン（訳注 Ben-Gurion, David. 一八八六—一九七三。イスラエルの政治家）がつけたあだ名）の名前はメナヘム・ベギン（訳注 Begin, Menahem. 一九一三—一九九二。イスラエルの政治家、一九七七—八三年首相）といった。ベギンは国家主義的な軍事組織「イルグン」の指導者の一人として、血なまぐさい襲撃と、多くの人命を失うことになったテロに対して、責任を負っていたのである。高齢になり、シオニズムに傾倒していたアインシュタインは——ついでにいうと彼には一九五二年にイスラエル大統領の職を与えたいという申し出があった——この頼みを聞いて躊躇した。イスラエルの評判を傷つけることは、どんなことでも彼を悲痛な気持ちにさせたからである。だが彼は気を取り直して署名した。「真実が優先する」というコメントをつけて。

フロムが『所有か存在か』のなかで、友愛に満ちた世界的人間社会の前提である謙虚さという新しい美徳について書いたことを、かつてアインシュタインも同じような言葉で繰り返し強調し、実践していた。二人は「信仰個条」に関しても互いに似ていたのであろう。彼らには、組織化された宗教や管理された形而上学は不必要あるいは危険に思われた。人的な神、人間の姿に合わせて作られた神の理念には関わり合わなかった。しかしスピノザは彼らを感動させた。アインシュタインは、ほんのの少しの意味や、現実における真実、理性的連関や構造、宇宙の秩序と調和の手がかりを発見し感嘆するたびに、じつに深い愛情を込めて、この「先人」について語ることができた。世界はあるがまま以上のものであると、経験的自然科学者アインシュタインは言った。人間はあるがまま以上のものであると、精神分析学者フロムは言った。

一九三三年に、アルベァト・アインシュタインとジークムント・フロイトは「なぜ戦争か」という簡潔な問いをめぐって書簡を交わし、それらの書簡を公表した。これは学問的な意見交換の傑作である。しかし結局のところ、異なった二つの世界の往復書簡にすぎないという点で期待はずれである。アインシュタインは日記にこう記している、「わたしはC・G・ユングのいうことは理解したが、価値がないと思った。はっきりした輪郭をもたないおしゃべりの山だ。同じ〈精神科医〉ならフロイトの方がましである。わたしは彼を信じないが、彼の簡にして要を得た文体と、確かに極端ではあるものの独創的な精神をことのほか愛する……」。フロイトは相手の不満を感じとっていた。彼は彼でこう記している、「アインシュタインがわたしの文体と表現力を賛美したとしても、それはただ彼がいかに善意の人であるかを示すだけである。彼はわたしを認めたがっているが、わたしの著作の内容を理解することができないので、少なくとも著作の形式を称賛するのである」。私が思うに――実はこれが言いたかったのだが――アインシュタインとフロムならば、論争はもっと実り多い結果に終わったであろう。問いは同じでもかまわないが、答えは違ったものに、もっと政治的なものになっていただろう。アインシュタインの相手をするには、フロイトは二十歳年をとりすぎていたし、フロムは二十歳若すぎた。

フロムは、ふだんどちらかというと条件つきで人間の判断をするのだが、バートランド・ラッセルに関しては賛歌口調になることができた。二人が知り合ったのは一九四三年である。もちろんフロムはラッセルの著作にこの上もなく精通していて、彼と共同で、人権擁護や、核兵器によるホロコーストの、ひそかな、あるいは公然たる準備に反対するため、幾度も政治的介入を試みた。両者はともに権力に対して、また特に「事実のもつ権力」に対して、はなはだしい不信感を抱いていた。そして、

「勇気をもって知れ」と「すべては疑うことができる」という格言に導かれていた点で基本的に考えが一致していた。二人は、思考と行動の独立性の権化として、何度も繰り返し、けっして手なずけることのできない挑発者となり、非追従主義の模範となった。「人間が考えることを妨げようとしてはならない。なぜならそれは必ず成功するであろうから」と言ったこのイギリスのヴォルテールのことを、フロムは愉快に思った。政治家たちはラッセルの軽蔑的な機知を恐れたし、裁判官たちは、ローブを着た自分たちを、裁判中にたちまち被告の役割に落としめる彼のもつ優越を恐れた。自らの名声もキャリアも市民的自由も顧みることなく、この哲学者にして教育者、数学者にして社会学者は、絶えず――尋ねられてもいないのに、しかし聞き逃すことはできない形で――具体的、政治的に立場を表明し、大胆不敵に有名人たちを笑いものにして、服従が権力の道具として濫用されるたびに、何のためらいもなく不服従の美徳のもとに集まれと呼ばわった。

　ラッセルは、敵アドルフ・ヒトラーの機先を制すべき軍事攻撃の可能性には大いに色目を使ったのだが、その彼が、水爆が出現したあとは、無条件の戦争反対者に、非核平和主義者になった。全面的兵役拒否の支持者・擁護者として、ラッセルは、アインシュタインとともにほとんど神話的な人物と化し、当時から現在に至るまで、世界中の人々の模範となっている。「わが国と同盟を結んでいる大国（アメリカ合衆国のこと）の軍隊を意図的、計画的に公然と中傷した」かどで、ラッセル伯爵は半年間投獄された。ほとんど百歳になってもなお、貴族にしてノーベル賞受賞者であるこのラッセル卿は、街頭に出て、デモを先導し、警察に引きずられていった。ラッセルという人間は人の心を惹きつける力とカリスマ性を併せもっていた。ラッセルは、どんな場合でも不可避的な必然性しか指摘できない人々の信仰（あるいは不信仰）を超然と否定し論駁した。フロムの断言するところによれば、ラッセルは「歴史的未来はすでに前もって決まっていると主張する決定論者」の敵対者だった。ラッセルはむしろ「選択可能性主義者《アルタナティヴィスト》」であって、旧約聖書の預言者たちと同じように、表向きは避けられないことになっている運命、およびその運命の執行者たちの進路を遮り、反対のモデルを採ることを要求した。フロムはこう書いている、「私たちの二者択一とは、軍拡競争の終結か、さもなければ破壊である。この預言者の声が、倦怠のあまり災いを告知するいくつもの声に抗して勝利を収めるかどうかは、私たちの世界、特に比較的若い世代がまだどれだけの生命力を有しているかにかかっているだろう。もし私たちが滅びたとしても、自分たちが警告を受けなかったと主張することはできない」。

　エーリヒ・フロム——人間の友。友情とは共に感じ、共に苦しむ能力である。これが稀有になってしまった。「わたしは人々の苦しみが以前より減ったとは思わない。しかし彼らは自己を疎外し、自らの苦しみの意識を抑圧している」。一度も幸福を体験したことのない人々は数多くいる。だが一度も苦しみを味わったことのない人はいない。フロムによれば苦しみとは、あらゆる人間に、いやそれどころかおそらく感情をもつあらゆる生きものに共通する唯一の情動である（この点で彼はショーペンハウアーにまで遡り、結局はまた晩年のホルクハイマーと密接に結びつくことになる）。だからこそ誰もがみな苦しみの経験を有することを認識すれば、あらゆる生きものの連帯という慰めが得られるのである。その慰めは人間的な同情において能動的になる。フロムは、内に深々と根を下したそのような思想を抱いて、多くの人間を援助した。

　最後に非常に個人的な思い出を述べたいと思う。エーリヒ・フロムは一九八〇年三月一八日、八十歳の誕生日の五日前に死去した。妻と数少ない友人たちが、テシンのベリンゾーナの墓地で永遠の別れを告げ、友人の一人イヴァン・イリイチ（訳注　Illich, Ivan. 一九二六―二〇〇二。ヴィーン生まれの思想家）が、慈悲としての正義に関する旧約聖書の章句を朗読した。フロムの誕生日に、私は早朝——素晴らしい晴天だったが、まだ日はほとんど上っていなかった——彼の墓を探した。墓はなかった。フロムは墓を、私たちが詣でることのできる場所、側に立つことのできる場所を望まなかったのだ。私は持っていった薔薇の花を見知らぬ墓石に供えた。私はひとり取り残されたような気がして、もし私たちの思想の生みの親が死んだら、いったい何が起きるのかという問題について、あれこれ思いわずらった。期せずしてマティアス・クラウディウスの詩、「この墓石のまわりに安らぎあれ」という詩行で始まる、父親の墓前における悲歌を思い出した。この時は、むなしく風に向かってつぶやくしかなかった詩の最後の言葉を、私はエーリヒ・フロムに関してよく口にするようになった。その言葉とは、「ああ、人々は善良な人を葬った――しかしわたしにとって彼はそれ以上の存在であった」。

アンナ・ゼーガース（Anna Seghers, 1900-1983）

主著

『グルーベチュ』（*Grubetsch,* 1927）
『聖バルバラの漁民一揆』（*Aufstand der Fischer von St. Barbara,* 1928）
『懸賞金』（*Der Kopflohn,* 1933）
『二月を通る道』（*Der Weg durch den Februar,* 1935）
『救出』（*Die Rettung,* 1937）
『第七の十字架』（*Das siebte Kreuz,* 1942）
『トランジット』（*Transit,* 1944）
『死んだ少女たちの遠足』（*Der Ausflug der toten Mädchen,* 1946）
『死者はいつまでも若い』（*Die Toten bleiben jung,* 1949）
『決断』（*Die Entscheidung,* 1959）
『信頼』（*Das Vertrauen,* 1968）

著作集

Romane und Erzählungen（Berlin: Aufbau, 1991）
Werkausgabe Band 1-20（Berlin: Aufbau, 2000ff. ）

邦訳

北通文ほか訳『死者はいつまでも若い』上・下（白水社，1953）
道家忠道・北通文・新村浩訳『決断』1-3（三一書房，1960）
伊東勉訳『トルストイとドストエフスキー』（未来社，1966）
山下肇・新村浩訳『第七の十字架』上・下（河出書房新社，1972）
新村浩ほか訳『奇妙な出会い』（明星大学出版部，1983）
新村浩ほか訳『ハイチの物語』（明星大学出版部，1984）
河野富士夫ほか訳『グルーベチュ』（同学社，1996）　ほか

ハンス＝アルベァト・ヴァルター

アンナ・ゼーガース

松永　美穂　訳

ドイツ連邦共和国の人々は何十年もの間、彼女の扱いに苦慮してきた。アンナ・ゼーガース。一九五二年から七八年まで東ドイツ作家同盟の理事を務め、共産主義者でユダヤ人、亡命経験者でもある。ほぼ一五年もの間、彼女の作品は西ドイツで印刷されることはなかったし、六〇年代に思いきってこの無言のボイコットに終止符を打った出版社は、さんざん罵詈雑言を浴びせられることになった。故郷の町でさえ、世界的に有名なこの女性を頑なに拒み続けてきた。彼女と同じく亡命者でユダヤ系のカール・ツックマイヤー（訳注　Zuckmayer, Carl. 一八九六―一九七七。ドイツの作家）は、この町で生まれたというわけでもないのに、早くも一九六二年にはマインツの名誉市民になっている。それに対してマインツ生まれのアンナ・ゼーガースに名誉市民の栄誉が与えられたのは、ようやく一九八一年になってからで、彼女が死ぬ二年前のことだった。

冷戦の最中でさえ、彼女の文学的重要性を否定することは不可能だった。その一方で、彼女に好意的な人々までもが、作家としての彼女と共産主義者としての彼女を分けて考えるようになっていった。ブレヒト以降の東の作家を扱う際によく知られたやり方である。批評の才に富んだある評論家などは、ゼーガースには政治的思考力がないのだと決めつけ、こうした推量をもとにいわば情状酌量の余地を引き出してみせた。ドイツ語圏における最重要の女性作家ともいえるゼーガースに、自らに課した禁を犯してまで接近するために、西側の多くの人々はそうした方法をとらざるを得なかったのだ。

しかしながら「あちら側」の東ドイツでは、正反対の反応が見られた。東西で評価がまっぷたつに分かれるのは、東西ドイツが分裂し、互いに緊張した関係にあった時代の特徴でもあった。長い間「こちら側」で否定されていたまさにその事柄、すなわちアンナ・ゼーガースがその生き方と作品において示したとされる共産党との一体性が、あちら側では強調された。彼女と党との関係は確固としたものであり、破綻も傷も、深刻な疑念や批判もなかった、あるとしてもせいぜい、些細なことについての意見の相違ぐらいだった、ということになっていた。ゼーガースはまるで生身の人間ではなく、一種の銅像のように見なされていたし、やっかいなことに、こうした記念碑的なゼーガースのあり方は、西側にいる冷戦論者たちがアンナ・ゼーガースについて描いたイメージともぴったり重なっていたのだった。もちろん、このために西側では東と正反対の否定的な評価を受けていたわけだ。このような状況のもとで、ゼーガースの政治的判断力を否定しつつ、彼女のその他の面を好意的に認めていた人々は、あたかも細部を厳密に区分できる観察者のように思われたのだった。

たいていの場合そうであるように、ゼーガースの場合も真実は東西の中間にあるのではなく、そうやって争っていた人々には原則として到達不可能な高みにある。ゼーガースの真実はけっして単純なものではないし、そもそも部分的には、まだわかってすらいない。人が目にするのは、一つの全体としてまとまろうとはしない断片ばかりである。いくつかの矛盾点は解決されるとしても、その他の問題点はさしあたり解明されないだろうし、ひょっとしたら長い間謎のまま残り続けるのかもしれない。

アンナ・ゼーガースが自分の存在を作品の背後に完全に引っ込めてしまったということも、彼女についての真実の追究や事実の発見を困難にしている。トーマス・マンは自らを時代の代表者と理解していたし、その役割を模範的に演じてみせた。若きブレヒトは天才としてふるまうことで観客をさんざん愚弄したあげく、意図したとおり人々の記憶に留まることになった。成熟した後の彼の慎ましさも、いわば一種の自己様式化だった。ヨハネス・R・ベッヒャー（訳注 Becher, Johannes Robert. 一八九一―一九五八。ドイツの作家）に至っては社会主義の桂冠詩人になって得意がっていたが、その様子は、芸術というありがたい煙幕の背後を覗いてみる者が、ショックを受けてしまうようなものだった。

アンナ・ゼーガースの場合、そうした演出は全く見られなかった。彼女は目立たないままに自己の道を突き進み、全く控え目に生きていた。たとえばゼーガースの作品『第七の十字架』がアメリカ合衆国でベストセラーになったのち、メキシコで亡命生活を送っていた彼女は裕福な暮らしができたはずだったし、この作品の映画化が決まって十万ドルを受け取った時には大金持ちだった。ところが相変わらず四人家族で三部屋しかないアパートに住み続けていた、と一九四三年に彼女をメキシコシティーに訪れたあるアメリカ人は驚きとともに記している。東ベルリンでもそうした慎ましさに変わりはなかった。体制に忠実な作家たちが支配階級になれる国で、大作家がどんな良い暮らしを享受できるか、これは万人の知るところである。しかしアンナ・ゼーガースはその点でも控え目だった。作家同盟の会長であり国家賞受賞者でもある彼女が、平凡な住宅街の小さな家に住み、表札にさえ彼女の存在は示されていなかった。表札にはそっけなく「シュミット」と書かれているだけだったのだ。

そうした匿名性に呼応するように、自伝的な記述もほとんど残されていない。彼女の人生を再構成しようと思ったら、苦労して事実を集めるほかはない。生まれたのは一九〇〇年一一月一九日で、ネッティ・ライリング(Netty Reiling) というのが本名だった。彼女の父親はマインツ以外でも名の知られた古美術商で、敬虔なユダヤ教徒、彼を知る人々の言葉を信じるなら、大変厳格な信仰者であったらしい。したがって彼女は正統なユダヤ教徒の家庭に育ったわけだが、マインツ大聖堂を仰ぎ見て暮らしていたのでもあり、ドイツでも最古の伝統をもつ文化的風土のなかにいたのでもあった。マインツはローマ文化に影響されただけでなく、神聖ローマ帝国選帝侯のお膝元にもあったし、フランス革命にも影響を受けた都市なのである。ネッティ・ライリングは大学入学資格を取得したのち、大学へ進み、最初はケルン、次にハイデルベルクで学んだ。文献学の他に歴史・美術史・中国学まで学んだことは、彼女がもともと父親の店の跡継ぎに決められていたことの現れであろう。父親の店は、東アジアの美術品を専門に扱っていたのだから。

しかしながら、レンブラント（訳注 Rembrandt. 一六〇六―一六六九。オランダの画家、版画家）についての論文で博士号を取得したのちのゼーガースは、全く違う道を歩むことになった。大学にいる間に彼女はドイツに亡命していた共産主義者たちと出会い、一九二五年にはそのなかの一人でハンガリー人の社会学者ラズロ・ラドヴァニと結婚した。彼はのちにヨーハン・ローレンツ・シュミット（訳注 Schmidt, Johann Lorenz〔旧名 Radványi, László〕。一九〇〇―一九七八）と名乗るようになった。彼女の父親にとっては、この結婚も、一人娘がますます政治にのめり込んでいく様子も、気に入らなかった。お前の気持ちはわからんよ、と父親は嘆いたそうだ。わしらの財産は何でもお前にやることになっているじゃないか。政治から身を引いてさえくれれば、家だって、店だって。ネッティ・ライリングはしかし、父親の希望とは正反対のことをした。裕福な暮らしを保証してくれるようにみえるブルジョアの生活には背を向け、一九二八年に共産党に入ったのである。それは、彼女の最初の本『聖バルバラの漁民一揆』が出版された年でもあった。

この薄い本はドイツで最も権威のある文学賞（訳注 クライスト賞）をその作者にもたらしただけでなく、キーペンホイヤーという、最適の出版社から世に送り出された。若き社主フリッツ・ランツホフは、この社標のもとにブレヒトからベン、ハインリヒ・マンやアルノルト・ツヴァイクに至るまでの文学的・政治的なアヴァンギャルドたちを集める術を心得ていたし、書き始めて日の浅いネッティ・ライリングが送ってきた原稿の質の高さを見抜いたのも彼女だった。『漁民一揆』を書いた彼女がキーペンホイヤー社お抱えの一流作家陣の一人となれたことは、非常に幸福なスタートだったといえるだろう。

「彼女」と私は書いたが、この本の著者が女性であることはなかなかわからなかった。表紙には著者名として「ゼーガース」という名字が出ていただけだった。文体や言葉遣いなどから誰もがこわもての男性を想像し、実際には繊細な若い女性がこの本を書いたのだとわかると世間はあっと驚いた。二冊目の本が出版される際に初めてゼーガースという名字の前にアンナという名前がつけられた。世界的名声をかちとることになるペンネームが、こうしてようやく生まれたのである。若い著者が、ほとんど忘れられてしまった十七世紀の芸術家の名前をペンネームに選んだことはそれほど重要ではない。彼女が本名よりもペンネームを選んだということの方が、それよりもずっと重要なのだ。このことはまず、彼女がきっぱり過去と訣別し、新しい、自分だけのアイデンティティを獲得しようと努めたことを示している。しかし他方でペンネームは、あらゆる個人的、私的なものを作品の背後に厳しく封じ込めてしまう姿勢を表してもいる。

彼女の本が注目を集めるべきであって、彼女個人の生活は重要ではなかった。確かに、作家の場合には作品そのものが活動の場であって、実生活の方はたいてい変化に乏しいというのが実状ではある。

ヒトラーの台頭さえなかったら、アンナ・ゼーガースもそうした平穏な生活を送っていたかもしれない。ともあれ、彼女の生涯の一時期が劇的なものになったのは、彼女のせいではなく、時代の状況のなせる業だった。ゼーガースの二冊目の短編集が出版された頃、世界恐慌が始まり、国民社会主義ドイツ労働者党（ＮＳＤＡＰ）が帝国議会で二番目の勢力をもつ政党となった。彼女の最初の長編小説はヴァイマール共和国最後の年に、その次の長編小説は亡命生活のなかで出版された。ゼーガースはかなり前からベルリンに住んでいたのだが、国会議事堂放火事件のあと逮捕されてしまった。すぐに釈放されたのは、結婚してハンガリー国籍をとっていたためだろう。一九三三年五月一〇日、ナチスが「国家の敵」と見なす人々の著作物を焚書にしたとき、ゼーガースはとっくにドイツを離れていた。彼女はまずスイスに逃げ、その後フランスに入っていた。パリ近郊に家族と共に住まいを定め、短期の旅行を除けば一九四〇年の初夏までずっとそこで暮らしていたのである。

この時代に彼女がどうしていたかはほとんど知られておらず、年代記者たちはゼーガースがいつ、どこの作家会議に出席したか、どんな演説をしたか、どんなアピールに署名したか、などについて語ることで情報の欠如を隠そうとしている。確かに彼女はそういうこともしたし、他にもたくさんの活動に携わった。しかしこれだけでは、約七年にもわたるフランスでの亡命生活について説明したことにはならない。せいぜい数日か数週間にすぎない公式行事への参加やそこでの活動よりも、他の亡命者たちの回想の方が多くを語ってくれるように思われる。パリの大通りを歩き回っている時に、突然、思いがけずアンナ・ゼーガースを見かけたという点で、彼らの証言は一致している。往来の喧噪のなかでカフェに座り、人々のざわめきのなかで、この世から取り残されたように小さなテーブルの上で原稿を書いている彼女を。確かに、絶えず仕事をし、ほとんど規則的なリズムで次々に本を出版していたことが、この時期のゼーガースの特徴である。ほとんど二年おきに新しい長編小説が出版された。一九三三年には『懸賞金』、一九三五年に『二月を通る道』、一九三七年に『救出』、そして一九三九年には世界的名声をもたらした『第七の十字架』が完成した。亡命生活の厳しさに、ゼーガースは粘り強い執筆でもって立ち向かっていったのだった。このようにして成立した作品の重要さに比べると、彼女のその他の活動は二次的な意味しかもたなくなってしまう。

この時期、彼女はどのように暮らしていたのだろう？私たちにはわからない。しかしながら、子供を育てなければならなかったことはもちろん、生計の負担までも彼女の肩にかかっていたと推測して間違いはあるまい。彼女の夫は、フランスの厳格な外国人法の適用により、働くことを許されなかった。共産党が多少の予算を彼らに回していたのかもしれないが、わからない。アンナ・ゼーガースの「発見者」であるフリッツ・ランツホフがアムステルダムで経営していた亡命出版社クヴェリドからの印税が、主な収入源だったろう。ドイツ以外でドイツ語の本が売れることはあまり期待できなかったし、ゼーガースの作品が翻訳されることも当時はまだ稀だったから、印税は大した額にはならなかった。

つましい生活ではあったが、その後一家を襲った状況に比べたら、まだ牧歌的なものだった。第二次世界大戦が始まると、フランスにいたドイツ人亡命者のなかでも男性は敵国人として収容所に入れられてしまった。亡命者がナチスであるはずもなかったのだが、スターリンとヒトラーの間に結ばれた独ソ不可侵条約が、ドイツ人亡命者の立場を疑わしいものにしていた。フランスの役人たちがどんなにいい加減だったかは、ラズロ・ラドヴァニが、ハンガリー人で本当は収容の対象ではなかったにもかかわらず、連行されてしまったことからもわかる。

彼は共産主義者であったために、最も厳しい懲罰収容所、ピレネー山麓のル・ヴェルネに収容されてしまった。アンナ・ゼーガースはこの時点で、まだパリ近郊の自由な生活を享受してはいたが、それはやっかいな外国人、そして政治犯の妻としての自由でしかなかった。一九四〇年六月、ドイツ国防軍がパリに迫ってくると、ゼーガースは子供たちを連れて南フランスに向かった。しかし、幾日も経たないうちに自動車に乗ったドイツ軍に追い越されてしまい、逃亡する意味がなくなったので、ハーケンクロイツ（訳注 鍵十字）の旗が翻るパリに戻ってくる。彼女は三ヵ月の間、パリで、絶えず住むところを変えながら不法滞在を続けたのち、ドイツ軍に占領されていなかった南フランスに逃げた。海外への亡命はいまや避けがたいものとなっていたが、南への脱出はその第一歩である。半年の間、ゼーガースは必要な書類を手に入れようと奔走した。夫を収容所から救い出すためにも書類は必要だった。この頃について、のちに彼女はこう語っている。「まるで一年間死んでいたような気がします」。

この言葉が何を意味するのかは、彼女がこうした不幸のさなかに書き始めた作品『トランジット』から読みとることができるだろう。フランスにいたドイツ人亡命者たちの運命でもあった、狂気に満ちた死との追いかけっこや、ヴィザや通行許可、滞在許可や出発許可を得るためのお役所との闘い、時代の悲劇のなかで失われていきそうな自らのアイデンティティを求める闘い、などがこの作品には描かれている。パリでの窮乏した亡命生活を仕事に打ち込むことで精神的に克服したのと全く同じように、彼女はマルセイユでの極限状況も仕事によって切り抜けようとした。これはじつにゼーガースらしいといわなければならない。しかし、粘り強く、生きるに巧みな彼女でさえ、一時的には仕事に打ち込む力が減退してしまったことから、その極限状況がいかなるものだったかがわかるのである。

一九四一年三月、ゼーガースはようやくフランスを離れることができたが、避難所を提供してくれた国メキシコに到着することができたのはやっとその三ヵ月後で、船はその間あちこちの港に停泊したのだった。メキシコの首都に、ゼーガースは約六年間暮らすことになる。彼女はここでも亡命者協会の役職を引き受けて、文化的・政治的な仕事に携わったし、何よりもまず、文学の仕事にいそしんだ。『トランジット』を書き上げ、彼女の作品のなかでも一番長い『死者はいつまでも若い』を書き始めた。短編のうちでも最も美しいいくつかの作品、『死んだ少女たちの遠足』などはメキシコで完成した。一九四三年六月、ゼーガースは交通事故に遭い、ほとんど死ぬところだった。車に撥ねられて頭部に重傷を負い、四日間意識不明だった。記憶を完全に取り戻すまでに数週間かかり、また元気になって仕事ができるまでには数ヵ月かかった。

一九四七年初頭にドイツに戻ったとき、彼女はメキシコのパスポートを持っていた。ブレヒトが伝えるところによると、ゼーガースはそのパスポートを手許に残そうと腐心していたそうだ。そうした行動から見て、彼女がベルリンに定住するつもりだったのかどうかは疑わしい。ともあれ結果的に彼女は留まったし、前述したようにドイツ民主共和国において文化政策上の高度な役割を引き受けることになった。西ドイツで敵視されたのと同じ程度に、もう一つのドイツ国家で彼女は敬われた。レーニン賞を初め、東ドイツの国家賞を何度も受賞し、名誉博士号も受け、まさに褒賞につぐ褒賞である。新興住宅地で目立たない暮らしをしていたとはいえ、栄誉を手にしていたには違いないのだった。

しかしながら、暮らしていたとか、仕事をしていたという言葉を使うのはためらわれる。というのも、それまでのゼーガースに特徴的だった、仕事最優先の生活は、東ドイツに移ったあとの二、三十年間にはもう見られなかったからだ。彼女は一九四九年には長編『死者はいつまでも若い』を完成させているし、他にも一握りの短編が移住後間もない時期に書かれはした。しかしその後長いこと彼女は沈黙していたのだ。その後十年も経ってから長編『決断』が書かれ、一九六八年の長編『信頼』が続くものの、どちらもきわめてつまらない作品である。東ドイツ国内でさえ、この二作がそれ以前の作品とはとても比べものにならないことは、今日人々の認めるところとなっている。文学にとっては明らかに荒廃の時代だったウルブリヒト（訳注 Ulbricht, Walter. 一八九三―一九七三。ドイツの政治家、一九六〇―七三年ドイツ民主共和国国家評議会議長）の統治期が過ぎてからようやく、彼女はまた取り上げるに足る作品を書き始めた。ただし、晩年の短編において彼女は、熟年期の作品よりは初期の作品の方につながりを見いだそうとしている。偉大な創作の時期はどう見ても亡命の時期であって、その後彼女の人生と作品がたどった経路は、西側だけではなく多くの人々にとって、不可解なものとなったのだった。

実際、ゼーガースのとった行動は謎めいている。表面的には、多くのことが迷いなき了解のもとに行われたようにみえはするのではあるが。たとえば一九六一年、ベルリンの壁が建設された当時、彼女はエルンスト・ブロッホと同じく西側の国に旅行中であった。ブロッホは西側に留まったが、彼女は帰国した。東ドイツから逃亡した人々は、政府に命じられてデモ行進する人々を見守っていたときの、お立ち台の上のゼーガースの輝く目を記憶している。それほど感激の面持ちで、信頼しきった様子で、彼女は強制されてデモをしている人々に手を振ったというのだ。「あなたにこの内幕がわかりさえすれば……」と、デモする人々は考えずにいられなかったという。本当にゼーガースは知らなかったのだろうか？　それとも知りたくなかったのだろうか？　スターリニズムとその犯罪について、ついぞ態度を明らかにしなかったことで、西でも東でも悪く受け取られることになった。彼女は事実口を閉ざしてはいた……しかし、表面では沈黙しつつも背後では、スターリン独裁の犠牲者たち、「収容所列島」の生き残りの人々が、晩年をシベリアではなく、東ドイツで過ごせるように尽力したのだった。スターリニズムについてと同様、作家同盟の理事であった彼女は東ドイツの文化政策についてもほとんど批判的な立場に立ったことはなかった。作家としてのゼーガースはその間に、『本当の青』や『旅の出会い』などの短編で、こうした文化政策に対して距離を置いてしまった。きっぱりと、ただし、文学という隠れ蓑を使って。

事実、彼女が公人としては頑固かつ巧みに回避していた態度表明は、彼女の作品のなかにだけは見いだすことができる。最初の亡命の時期についてグスタフ・レーグラー（訳注 Regler, Gustav. 一八九八―一九六三。ドイツの作家）は、アンナ・ゼーガースは状況に通じていたにもかかわらず共産党の誤ったスローガンに従ってしまった、と書いている。言葉どおり引用してみよう。「ゼーガースは、自らの少なからざる知性に背いて服従してしまった」。共産党を離反したレーグラーにはかつての友人たちを誹謗する傾向があるものの、ここでは彼の言うことが正しい。当時、パリの潜伏先で党幹部たちが広めた、共産主義はまもなくファシズムに勝利するだろうという楽観的なフレーズに対して、アンナ・ゼーガースが異を唱えることはなかった。一九三三年の悲劇について公然と語り、自己批判すべきである、と彼女が主張したこともなかった。しかし三〇年代に書いた長編小説のなかでは、ナチの政権奪取をなぜ阻止できなかったのかをその原因とともにテーマとして取り上げ、物語の上で解明してみせている。共産党がこのテーマをまだタブー視していた頃に着手したのであり、党がこの議論をすでに過去のものと見なしたときも、このテーマにこだわったのだった。

共産党に対する、アンナ・ゼーガースの声なき反抗とも呼ぶべきものは、一九三三年末に出版された小説『懸賞金』によって始まった。この本はドイツのある村における、一九三二年夏の政治的状況を描いている。アンナ・ゼーガースの立場を説明するためにはまず、その当時共産党がどのような状況判断を下していたかを説明しなければならない。ナチスはとっくに政権を握っていたのに、ドイツ共産党は相変わらず革命的高揚について語り、大衆の戦闘的動員や革命的状況の成熟を話題にしていた。こうした見解に基づいた小説というのがどんな内容でなくてはならないかはすでに明らかだった。共産主義に理解を示す農民たち、少なくともナチスに抵抗する農民たちが登場しなくてはならないはずだった。

ところがゼーガースの場合、そういった人物は全く登場しない。『懸賞金』の主人公は、失業中の若い共産主義者である。ライプツィヒでの物価値上げ反対デモの際、彼は一人の警察官を正当防衛で殺してしまう。事件後彼は逃亡し、ラインヘッセン地方の遠縁の親類のところに身を隠そうとする。近くの郡都には、お尋ね者として彼を捜す貼り紙が出されている。遅かれ早かれ、農民たちの一人がそれに気づくことになるだろう。貼り紙に公示された懸賞金――まさに「首の値段」ということだが――を誰が手にすることになるのかをめぐってこの物語は展開していく。ナチスへの抵抗がどのように組織されていくか、革命がどのように準備されていくかなどは問題になっていない。むしろ、対抗する力のないまま村が次第にナチ化されていく様子が描かれている。主人公と並んで登場する共産党員たちは、みな都会人である。彼らが村にやってくるのは選挙の時だけで、その様子は半年後、ファシスト支配のもとで迫害され、追われることになる共産党員の姿にすでに似通っている。興味深いのは、一九三二年七月にその村でどのような選挙結果が出たか、ということである。票の半分はナチ党に、四分の一は国民党に入る。社民党はたったの二票しか得られない。残りは白票。共産党は？　共産党は全く視野に入ってこないのである。当然の結末としてこの小説は、逃げていた共産党員が捕えられ、村の突撃隊員に殴られたあげく憲兵隊に引き渡されるところで終わっている。

今日の読者は、リアリティがあるということ以外にはさしたる特徴をこの物語に見いださないだろう。とりわけ、アンナ・ゼーガースがこの本でどれほど党の見解から遠ざかっているかを認識することは、ほとんどできないだろう。当時の共産党は決して自らが喫した敗北について語ることはなかった。彼らが口にしたのは自分たちが行った「作戦上の撤退」のみであり、しかもまるで好きこのんでなされた撤退だったかのような話しぶりだった。彼らは首尾一貫して、ナチ独裁政権の崩壊が直前に迫っていると予言していた。しかし結末の小さなエピソードによって、アンナ・ゼーガースはこの予言にも反駁している。「赤の奴ら」には関心をもたない男としてさりげなく紹介されているある農夫が、町で貼り紙を目にするのである。「懸賞金」の五百マルクが彼をさしあたり苦境から救ってくれたかもしれないのに、その農夫は逃亡中の共産党員を密告しない。その後彼は畑で働いているときに、ぶちのめされた男が憲兵隊に連行されるのを目撃する。「彼にはそれがヨハンだとわかった。彼はすべてを理解して驚愕した。（中略）彼は鍬を取り落とすと急いで帽子を脱いだ。まるで死人か洗礼を受けたばかりの赤ん坊がかたわらを過ぎていく時みたいに」。この最後の文を楽観的な宣伝文句として解釈することはほとんど不可能である。せいぜい、この農夫が、死ぬために引き立てられていく男の後継者となるかもしれないという、曖昧な希望の光が見えてくるだけである。ひょっとしたら。しかしそれはあくまで、ひょっとしたら、ということにすぎない。

「死人」あるいは「受洗者」。このような目立たないイメージのなかに、「寝ぼけないで」「目を覚まし、手探りで読み、求め続け」ることを人々に望むアンナ・ゼーガースが、どんな意味を込めたのか、読みとることができよう。そっけない正確さが彼女の語り口の基調をなしている。ゼーガースの言葉は簡潔で、用いられるイメージは単純だ。彼女は一人の男のことを、「考えに耽るあまり目が見えなくなっている」と書いたりする。あるいは母親に連れられた子供のことを、「腕という名の、意固地で意地悪な紐に引きずられている」と書く。これを読めば、その子がまだ家に帰りたくないのだということは説明されるまでもない。いま挙げた二つの例は、二〇年代の終わりごろ書かれた作品からの引用だが、一九四九年の作品『死者はいつまでも若い』でも、こうした描き方は変わっていない。ある脇役を特徴づけるのに、ゼーガースは、「その男は願望をもってはいたが夢をもたなかった」というたった一言のコメントで済ませているのである。日常的な小さな願望はたくさんもっていても、より良い人生のための大きな夢はもたない、ということだ。アンナ・ゼーガースの作品を読む際には、全巻に散りばめられたこうしたニュアンスに充分注意を払わなければならない。何気なく書かれたディテールや、登場人物たちの一見平凡な行動の数多くが、ゼーガースが芸術家として意図したことや、政治についての彼女の本音を表現しているのである。

ここで私たちはまた肝心な点に戻る。なぜなら『懸賞金』という作品においてようやく、共産党が抱く非現実的なドイツのイメージに対するゼーガースの抵抗が始まるのだから。ドイツを舞台にしたその次の作品『救出』では、労働者たちが題材になっており、共産主義活動の中心部が描かれている。ヴァイマール共和国末期の共産党の政治活動が、農村を舞台にしていた『懸賞金』以上に鋭く、視野の内に捉えられている。まず初めにゼーガースは、労働者階級が明確な政治的意識をもっているという、左翼的な思い込みをぶちこわしてみせる。『救出』に登場する炭鉱労働者たちには、こうした政治意識はわずかの例外を除いて全く欠けている。彼らにとっては政治は自分たちが取り組む問題ではなく、誰かの命令という形で彼らに下されるものであり、遠くて親しみのもてない存在であって、不可解なまま彼らの生活に介入してくるものなのである。彼らの頭にあるのは明晰な思考よりもむしろぼんやりとした感情であり、しかも人々は、自分たちの気持ちを適切な言葉にする術を知らない。これほど登場人物の多い本のなかで、これほどたくさんの無言の孤独が見いだされるのも珍しいことである。登場人物が苦労の末に獲得した自己理解さえ、しばしば行き詰まり、埋もれさせられてしまうのである。

こうした人々に平板な政治的アジテーションで近づくのがどんなに見込みのないことか、無駄な説明は一切抜きでゼーガースは明らかにしている。そこでは模索が必要であり、辛抱強く一人ひとりと関わっていかなければならない。そこでは注意深く、人々の抱えている問題を聞き出していかなければならない。しかし共産党幹部のアルベルトは、まさにこうしたことをやろうとはしないのである。この本のなかで党を代表する人物である彼は、型抜きしたような決まり文句を並べることしかできない。「正しい意識」をもっていると信じるあまり彼は尊大で短気になり、自分が獲得しようと思っている人々に対して盲目になってしまう。若い失業者で共産主義者の青年が、共産党の合い言葉の抽象性や無味乾燥に悩まされると同時に、ナチスのスローガンのわかりやすさに困惑している。ところが、教条主義者のアルベルトは次のように答えることしかできない。「君もどうやらナチスにかぶれちゃったんだね」。ナチスが選挙で勝利したあとになっても読者に希望を抱かせてくれるのは、そういうわけでこのアルベルトではなく、むしろ政治には無関心なベンチュという名前の坑夫である。これが歴史における悲劇でありこの本の悲劇でもあるわけだが、この「羨望される男《ゲベンチュテ》」(訳注 ベンチュという名前をもじってこのようなあだ名がつけられている)は共産党幹部の助けを借りるのではなく、彼の教条主義に足を引っ張られながら、ナチス政権への抵抗の道を歩んでいく。この本の主張をかいつまんでまとめれば、「党は人々を置き去りにした」ということになるだろう。

さて一九三五年には第七回国際共産主義世界大会が開かれ、党のそれ以前の政策の誤りが厳しく批判された。共産党指導部の見解によれば、こうして過ちを認めたことによってまたすべては正常に戻った、ということになるのだった。一九三五年の大会をもって共産党の自己批判の段階は終わったのだ、との訓令がまもなく出された。しかしアンナ・ゼーガースは『救出』をようやく三七年になって出版したのである。大会の二年後になってもまだ彼女が党の訓令に反発していたのだとしたら、党の自己批判は充分行き届いたものではなく、過ちも本当に解決されたわけではない、との意見であったに違いない。

彼女の考えが正しかったことは、この小説に対する反響によって示された。ヴァルター・ベンヤミンのような党に属さない批評家が『救出』を誉めてくれた。一方で共産主義者の批評家たちは、この本に評価すべき点をほとんど見いださなかった。党の指導的批評家であったジエルジ・ルカーチに近い立場にいたクラーラ・ブルーム(訳注 Blum, Klara. 生没年未詳)などは、この本に出てくる党幹部アルベルトは単なる付随現象にすぎない、との意見を述べた。共産主義の批評家たちにはそもそもこの小説全体が気に入らなかった。この作品は彼らから見るとあまりに暗すぎたし、憂鬱で悲観的だった。要するに、かのアルベルトがほとんど人間と関わろうとしなかったのと同様、共産主義の批評家たちも事実と向き合おうとはしなかったのだ。

　こうしたテーマが『第七の十字架』において再び取り上げられているのは、別に驚くべきことではない。七人の囚人がヴェストホーフェン収容所から脱走するが、外国に逃げおおせるのはゲオルク・ハイスラーたった一人だけ、という話の筋は周知の通りである。しかし彼はいったいどういう人間なのだろうか。ゲオルクは信じられないほど粘り強く、どんな厳しい拷問の際にも抵抗を諦めることはなかった。しかし同時に彼は一種の冒険家でもあって、ひとところに落ち着かない男、そしていずれにせよ、過去において党の方針とか何とかそういうことにはほとんど見向きもせず、どうやら将来もそんなことは意に介しそうもないタイプの男なのだ。それどころか、彼の抵抗力の源は、自由への欲望や、飼い慣らされていない野性にあるようにさえ見えるのだった。

　しかしいまここで、この小説を書いたのがXという作家だと仮定してみよう。このXにはヨハネス・R・ベッヒャーやヴィリ・ブレーデル（訳注 Bredel, Willi. 一九〇一―一九六四）からフランツ・カール・ヴァイスコップフ（訳注 Weiskopf, Franz Carl. 一九〇〇―一九五五）、フリードリヒ・ヴォルフ（訳注 Wolf, Friedrich. 一八八八―一九五三）ら、共産主義亡命作家のほとんど全員を当てはめることができる。もしこれらのXがこの小説を書いていたら、必ずやハイスラーではなく、折り紙つきの共産党員労働者エルンスト・ヴァラウを逃げのびさせていたことだろう。何十年も階級闘争の渦中に立ち続けてきた彼は、当然のことながらハイスラーにはないもの、すなわち政治的展望や、相手の裏をかくための経験を身につけている。しかしながらアンナ・ゼーガースは、あらゆる非合法な体験を積んでいるこの党幹部をゲシュタポの手に陥らせるのだ。確かにヴァラウの運命は恐ろしいものであり、彼は英雄的と呼んでいい死を死ぬのであって、その犠牲にはゼーガースという語り手が人間に付与しうる限りの輝きが供されている。こうした賛美はしかし、破滅するのが彼であってハイスラーではないという作品のなかの事実をなんら変えるものではない。こうした筋立てによってアンナ・ゼーガースは、一九三三年の出来事の共犯者である共産党に対して有罪判決を下すのである。希望の担い手は、業績や功労と同時に党の歴史における間違いや過ちまでもその肩に背負っている、古い幹部たちではない。希望の担い手は、党の政策がまだ頭に刷り込まれていない炭坑夫のベンチュや、歴史の重みにまだ屈していない若者ゲオルク・ハイスラーなのである。

一つの有罪判決ではあるが、槌音を大きく響かせる体の判決でもなく、情熱たっぷりの「わたしは告発する」という叫びでもない。むしろ、アンナ・ゼーガースが有力な理論家ジェルジ・ルカーチに対して、彼の文学コンセプトの破綻を証明してみせたときのように、具体的で、かつ落ち着いた調子である。かのおどろおどろしいリアリズム論争ののち、ゼーガースは当時モスクワのコミンテルンの権力を背景に君臨していたルカーチに、彼のドグマに従って行動し「リアリズムの方法を完全に身につけた」と信じ込んでいる作家たちのことを思い起こさせた。しかしそれがどんな結果をもたらしただろうか！　彼らのテクストには生命がなくなってしまい、彼らの本はただ紙ががさがさ音を立てるだけのつまらないものになってしまった。アンナ・ゼーガースの言葉によれば、「彼らはこの世界をすっかり魅力のないものにしてしまいました」ということなのだ。

彼女は作品の書き方についての教条的な指示に対して抗議しただけではない。実践においても彼女は超然とそうした指示を無視し続けた。頽廃的ということでルカーチからはタブー視された現代的な手法も、彼女は全く気にしないで用いた。『第七の十字架』は、あまり目立たないとはいえそうした手法が使われた好例である。中部ラインの土地と人々の、現実感豊かな描写、逃亡と追跡の緊張感あふれる筋書きの展開。それらがあまりにも容易に読者の注意のすべてを惹きつけてしまうので、この小説の美的な性格や特質は、意識して認識される以前に消費されてしまう。実際、題材があまりにも魅力的なので、いわゆる形式的な要素が見えてくるためには、二回か、ひょっとしたら三回くらいこの本を読まなければならないだろう。

しかし、そうして繰り返しこの本を読めば、創造神話のなかでも魔術においてもきわめて重要な意味をもつ数字「七」が、じつに見事に使われていることに気づくだろう。七人の囚人が強制収容所から脱走したこと、七つの見せしめの十字架が収容所の点呼場に立てられたこと……このことと数字との関わりは読者にもすぐにそれとわかる。さらに、物語は（聖書の万物創造の物語と同じく）七日間にわたっている。何年間も捕えられていたゲオルク・ハイスラーは、まさしく世界を再創造しなければならないのである。それだけではなく、さらに小説は七つの章に分けられている。きわめて念入りに厳しく構成された形式というわけだが、その形式のなかにどれほどの自由な動きがあることだろう！　ゼーガースが時間を扱う手法もまた名人芸であって、ほとんど気づかれないような方法で七日間の間に起きた出来事をそれぞれの登場人物の過去の出来事と絡み合わせている。それがあまりにスムーズなので、「フラッシュバック」などという文学上の技術用語を当てはめるのもためらわれるほどだ。ルカーチからは誹謗中傷された手法である、映画的な場面のカットや編集なども、ゼーガースは「フラッシュバック」に劣らず巧みに使いこなしている。注意深く読んでみると、きっちりと七つに分けられた小説も実は多数の小さな場面に分けられ、そうした場面の一つ一つが別々の場所、別々の人間を扱っている。考えようによっては不統一で、ほとんどパズルのようなのだが、切り離されたこれらの小場面がじつに巧緻に組み合わされているため、全体は調和的に一つにまとまっているという印象を与えるのである。

アンナ・ゼーガースはまた、必要とあらば世界文学や世界史の教養を用いることもためらわなかった。イメージやシンボルを表現するなかで彼女はしばしば、祝福を与える時の宗教的身ぶりなどの、キリスト教的・ユダヤ教的常套表現に立ち返っていった。しかしながら新しいコンテクストのなかでは、こうした伝統的な身ぶりも機能転換され、世俗化された。同じようにゼーガースがギリシアの古典にも通じていたことは、『アルテミスの伝説』『アルゴー船』などの作品からもわかる。しかし、神話との関わりがいま挙げた、タイトルからすぐにそれとわかるような作品に限られているのだと考えるならば、それは思い違いであろう。『第七の十字架』のなかでも神話を暗示する部分が確認できるし、『トランジット』では、神話と対になる人物や、神話と並行した筋書きが一つの意味の深層をなしているのである。もちろん、うまく隠された深層ではあるけれども。

一人のオデュッセウスが歩き回っている。しかしながら決してイタカへは帰ろうとしない。ピレモンとバウツィスが登場する。しかしながらオヴィディウス（訳注 Ovidius Publius. 紀元前四三—紀元後一七?。古代ローマの詩人）の作品において持続と安定性の徴として一つの場所に留まっていた彼らは、アンナ・ゼーガースの作品では住所不定の難民となって一隻の船に乗り込むのである。ディアナ（あるいはアルテミス）はギリシャ人にとっては狩りの女神であり、よるべのない異国人の守り神でもあったのだが、『トランジット』では彼女自身がよるべのない異国人として追われてしまう。シシュポスは神話では呪われて永遠に石を転がすべく定められ、悪業の罰として永久に生きていなくてはならなかったのだが、アンナ・ゼーガースでは彼に与えられる罰は、願いが適う直前に死ぬことなのである。神話をもとにした皮肉なゲーム、裏返しと変容とメタモルフォーゼの遊びといえるだろう。同じく『トランジット』のなかで彼女は一つの夢を描いているが、その夢の描き方は、彼女がフロイトにも非常によく通じていることを示している。

共産主義の教条主義的批評家たちがカットとモンタージュの手法をブルジョア的で非写実主義的なものとして拒否しようと、神話を反動的なものと見なそうと、フロイトをタブー視しようと、要するに彼らが何と言おうとも、アンナ・ゼーガースはそのような禁止事項を意に介することはなかった。書くこと、芸術的な仕事の問題に関しては、彼女はまさに冷厳であったし、最後までそうあり続けた。一九七二年に完成した短編『旅の出会い』では、彼女は三人の空想に富んだ、リアリストではない作家たち、すなわちE・T・A・ホフマン（訳注 Hoffmann, Ernst Theodor Amadeus. 一七七六—一八二二。ドイツの詩人、作曲家、画家、法律家）とニコライ・ゴーゴリ（訳注 Gogol, Nikolai Vasil'evich. 一八〇九—一八五二。ウクライナ出身のロシアの作家）、そしてフランツ・カフカ（訳注 本書「カフカ」参照）を登場させている。そう、東独はおろか東欧圏全体でも何十年にもわたって誹謗中傷されてきたカフカまで登場させているのだ。そしてよりにもよってこの三人が、書くこととリアリズムについて討論し、アンナ・ゼーガースの詩的遺言とも呼びうるものが彼らの、公的見解によればいかがわしいとされている口を借りて語られるのである。

つまりゼーガースは詩的・美的な領域においては何物にも依存していなかったというわけだ。さらにいえば、重要な政治的問題においても、ときには少なからぬ距離を保っていたということになる。当然ながら、基本的な事柄においては彼女はつねに党と一致していた。意見の相違は決して「何」、すなわち共産主義をめぐってではなく、しばしば「どのようにして」ということにあったのだった。目的に関しては迷いがなかったものの、目的に達する道筋については深く苦しい葛藤も稀ではなかったのだ、といえばアンナ・ゼーガースの党との関係は正しく特徴づけられたことになるだろうか？　長編『トランジット』さえなければ、これが全く有用な決まり文句ということになったのだろうが……。人間はその行いによって測られるべきである、行いにおいてのみ志向が完全に現れてくるのだから、と、彼女は時として作品の登場人物に言わせている。作家の行いは本であり、『トランジット』という作品はアンナ・ゼーガースが、政治的確信においては揺るぎないものの、共産党との決裂の一歩手前まで来ていることを示しているのである。

しかしながら、この本が一見カフカの作品に類似しているという理由でこのような主張をしているわけではない。そんなことを言う者は、どんなに小説の読みが浅いか、ということを露呈するにすぎない。『トランジット』は前述したように、ドイツに降伏した後のフランスにおける、亡命者と諸官庁との闘いを描いている。しかし、カフカが官僚制というものを把握し得ない不透明なものとして表現しているのに対して、アンナ・ゼーガースは役所のメカニズムを全く透明なものにして見せている。この小説の語り手はそれどころか役所を手玉にとり、どんどん嘘をつくことで楽に書類を手に入れる。『トランジット』は思い上がって何でも知っているふりをする役所を風刺する作品に他ならない。言い換えれば、カフカからはとても遠い作品なのである。

アンナ・ゼーガースの深いいらだちを感じさせ、彼女が党と決裂寸前であったと主張することを許すものは、別のところにある。この小説の言葉のなかには、「見捨てる」という単語がパスワード・合い言葉として出てくるのである。それは不忠実、裏切りを意味する。ヒトラーの軍隊に対して本気で戦わなかったという理由で、語り手であるドイツ人の亡命者は亡命先の国フランスに裏切りの罪を着せている。しかし、アンナ・ゼーガースが読者に求めている「探究」をしてみれば、語り手が味わった裏切りによるショックは、一九四〇年夏のフランスの降伏以前に遡ることがわかるだろう。この本の語りのなかで一九三九年夏の独ソ不可侵条約が話題になるのは、けっして偶然ではない。語り手はたびたびこの条約に言及する。ただし、それについてどう思っているかということについては頑固に沈黙を続けるのである。ただ、詳細な分析の結果、語り手の感じている裏切りのショックやアイデンティティの危機が、この条約に端を発するものであることだけは確実にいえると思う。

このことの説明はあらすじのなかではなく、小説の神話的深層において与えられている。この小説のなかでは党を代表する人物である共産党員のハインツに、神話的な部分において、ある人物像、「見捨てる」という行為を体現したともいえる人の姿が重ねられているのである。それは、ギリシア軍と一緒にトロヤに対して戦うよりは、神殿を略奪することによって富を得ることを優先した、例のフィロクテートという男なのだ。フィロクテートは、利己的で欲得ずくの気持ちから、ギリシア人たちを見捨てた。まさに同じことをソ連もやったのではないか、一九三九年に自己の利益のために、ヒトラーと戦っている他の国々を置き去りにしたのではないか、とアンナ・ゼーガースは暗号的な方法を使いながら非難しているのだ。他の多くの共産主義者同様、アンナ・ゼーガースも当時、ソ連に裏切られたと考え、自分自身の潔白と共産主義者としての政治的アイデンティティを護るために、ソ連とドイツ共産党にほとんど背を向けんばかりであった。しかし結局は思いとどまったのだ。じつに完璧な、熟達した巧妙さで彼女は自分の危機を隠した。意図的な暗号化は、この小説を完成した時にはすでに危機が過ぎ去っていたことを示すのである。

彼女はなぜ党との決裂を恐れたのだろうか？　彼女は自分が陥ったジレンマを文章に表現することによって危機を克服したのだ、といってみることも可能だろう。さらに、ヒトラーのソ連侵攻によって、心の葛藤が取り除かれ、再びはっきりとした反ファシズム共同戦線が作り出されたのだ、ということもできよう。しかし、こうした説明だけでは充分ではない。アンナ・ゼーガースが良心の葛藤を、最後には党との和解に持ち込むような形で文章化できたのは、ヒトラーのソ連攻撃以後だからである。事実、この小説はようやく一九四三年にメキシコで完成されている。彼女にアイデンティティの危機が訪れたのはしかし、一九三九年の秋から四一年の夏までであった。この一八ヵ月の間、彼女は瀬戸際に立たされていた。決着をつけてしかるべきだったのだが、それをしなかったのには、何か別の事情が影響したのに違いない。

より一般的な問いを立ててみよう。共産党との数知れぬ軋轢がどうして党内部の問題に留まり続けたのか、アンナ・ゼーガースは彼女の疑いようもなく人道的で共産主義的な信条を、どのようにして野蛮なスターリニズムと折り合わせることができたのか？　人生における多くの問題についてと同様、このことについても彼女は沈黙を守り続けた。それゆえに多くの推測の余地が残った、ともいえる。ゼーガースを共産党に導き、つねに行動を共にするようにしむけたのは夫だった、と主張する一派もいる。あまりにも単純で、おまけに証明不可能な主張だ。他の人々は、実家で敬虔な教育を受けたゼーガースが、後年はヤハヴェ（訳注 ユダヤ教の神）をマルクスに置き換えただけなのだ、と言った。神からの離脱ではなく、神の名が変わっただけであり、宗教の代わりに党が新しい信仰の故郷になっただけなのだ、と。このテーゼは、自分自身共産党員という過去をもち、その問題を他者の上にも投影しようとする解釈者たちによって主張されている。だからといってすぐその主張が間違いだと決めつけることはできない。アンナ・ゼーガースの描く共産主義者たちが、彼女の政治的確信と照らし合わせても合理的に理解できない、という点は、このテーゼに有利であるように思われる。ゼーガースの描写は、厳密に考えれば純粋に政治的とはいえないような、登場人物たちのさまざまな態度や筋書きを、書き換え、再現するに留まっている。しかし、共産党以外の主義主張をもつ人物も、彼女の作品のなかでは同じように描かれていることを考えれば、これはアンナ・ゼーガースの政治的合理性の不足を表徴するというよりも、アンナ・ゼーガースの語り口の特徴だといえよう。さらに、生家での教育によってその人の魂が形成されるということは否定できないものの、私たちはアンナ・ゼーガースの「幼年期の構図」についてはほとんど知らないのだ、ということを最後に指摘したい。それゆえ共産主義が宗教の代替物だったという説もまた、証明できないのである。しかしながらその説は全く真実からはずれているともいえず、簡単に却下はできない。

これは一つの仮説であって、アンナ・ゼーガースのユダヤ人としての出自に目を向けた場合、私にもそれ以上のものは提供できない。旧東ドイツでは、彼女の出自はあまり重要視されなかったし、東側の研究書のいくつかは、彼女がユダヤ人であったことに触れてさえいない。事実、共産党への入党は自分の育った世界に距離を置くことを意味していたし、マルクス同様彼女もそれを「ユダヤ人であることからの解放」と考えたであろう。正統主義のユダヤの信仰に固執したり、シオニズム・国家主義に傾いたり、あるいはブルジョアジーに同化していくといったようなユダヤ人の道からの解放ではなく、ユダヤ人であることそのものからの解放。しかし、非ユダヤ人からなる周囲の環境は、まさにそのことを彼女に許そうとしなかった。自分の出自に背を向けたと信じている「離反者」も、反ユダヤ主義者にとってはユダヤ人であり続けるのだ。「ぼくは〈ユダヤ人であることをやめた〉人間だけれど、実はユダヤ人であることをやめることなど全然できないのだとわかっている」と、クルト・トゥホルスキー（訳注　Tucholsky, Kurt. 一八九〇―一九三五。ドイツのユダヤ系作家）は一九三五年一二月、自殺する数日前に書いている。

アンナ・ゼーガースも、もちろん同じような体験をしたのだった。一九三〇年代の終わり頃から彼女の本のなかにユダヤ人問題が、たくさんの問題の一部としてではあるが、見逃し得ない形で現れてきているのは偶然ではない。『第七の十字架』では、物語のなかで描かれる幼いドーラ・カッツェンシュタインの迫害と追放とともに、中世のユダヤ人迫害も想起されている。秀作『死んだ少女たちの遠足』は幼なじみだったユダヤ人の少女たちに対する鎮魂歌でもあるし、『讃美される国への郵便』という短編では、ヨーロッパのユダヤ的伝統に対して、死者に捧げる祈りであるカディシュが唱えられている。伝説的な人物モーセですら、民族虐殺を免れ得ない『トランジット』はいうまでもない。一言でいってしまえば、ドイツにおける反ユダヤ主義が、自分はユダヤ人であることから決して逃れられないのだということをアンナ・ゼーガースに悟らせたのだった。同時に彼女は、西ヨーロッパ全体とはいわないまでも、少なくともドイツにおけるユダヤ人のブルジョア的同化は破綻したのだ、ということを理解していた。そして、シオニストにはどんな未来の展望が残されているのかを知るためには、新聞を読むだけでよかった。パレスティナでは、何年も前からユダヤ人とアラブ人の間で内戦が起こっていたのだ。

それに対してソヴィエト連邦の共産主義はどうだったろう？　ヒトラーのおかげで生じた「連帯の必要性」が国外の共産主義者たちの疑念を圧し殺したというだけではなかった。ユダヤ人の共産主義者にとっては、解放を約束してくれる共産主義は、世界中で巻き起こりつつあった反ユダヤ主義から身を守ってくれるたった一つの防波堤でもあった。この防護壁から身を離そうものなら、あらゆる点で人は難破したも同然だった。政治的アイデンティティを失い、民族からも宗教からも切り離され、全く自分一人の力に頼らざるを得ず、圧倒的な迫害の時代にたった一人で取り残されてしまうのだった。それゆえアンナ・ゼーガースは、多くの葛藤にもかかわらず最後の一歩を踏み出すことをしなかったのだろう。見殺しにされていると知りつつも、党に留まり続けたのはそのためだと推測される。

ゼーガースにとっての共産主義はユダヤ教の代替物であり、心の深層の不条理な欲求が彼女の政治的行動に影響を及ぼしていた、といえるのかもしれない。しかしこれによって他の事実が帳消しにされるわけではない。宗教的な要素も含めて自らの出自から逃れることができないゆえに、彼女は自分に残された唯一の故郷である共産主義を受容せざるを得なかった。それは避難所であり、溺れる者がつかむ藁であり、より良い未来に対する内気な希望でもあった。しかし彼女は共産主義を、あるがままの姿で受け容れることを強いられた。スターリン、恐怖政治、血と嘘にまみれた泥沼、そしてしまいにはあの悪魔のような独ソ不可侵条約。ゼーガースが党員としての道を歩み、完全に孤高の道を歩まなかったことを非難できるのは、自ら孤独な道を歩んで業績を上げた者だけだろう。

決着がついたわけではなかった。事態はますますのっぴきならない状態になっていた。『第七の十字架』のなかでは、ナチスの旗に対し、慰めと確信を与えてくれる他の多くの旗のことが語られている。それらの旗を洗っても、「ライン川の静かな灰青色の水は変わることがなかった」。ユダヤ人であり共産主義者であるゼーガースがどんなに脅かされていたとしても、ドイツ人としてのアイデンティティは揺らぐことがないようにみえた。しかしほんの二、三年のうちに事態は全く別の展開を見せる。「他の民族を根絶やしにしようとして襲いかかる民族は、それでもまだ私たちの民族といえるのだろうか?」一九四一年秋にこうゼーガースが問いかけた相手は誰だったのだろう? 彼女は本当に、あまりにも「非政治的な」ユダヤ人の亡命者に向かって、同化に失敗した者たちに向かって、最近まで身も焦がさんばかりに崇めていたものを、今ではその崇拝の度合いと同じくらい熱心に憎んでいる人々に向かって、語ったのだろうか? 「私たちの国が粗暴で野蛮なのではなくて、私たちの国にあるファシズムだけが粗暴で野蛮なのだ」と、ドイツを憎むことを戒めつつ、絶望的な切実さで断言したとき、自分自身に向かっても語っていたのではないだろうか? そしてとうとう、最後の大作『死者はいつまでも若い』が書かれた。この作品で何百ページにもわたって、説明不可能なことを説明する試みが繰り返されているように思えるのはなぜだろう?

ヨーロッパのユダヤ人に対する虐殺の歳月、アンナ・ゼーガースは反ユダヤ主義そのものがもつ殺人的弁証法に苦しめられていた。自分がユダヤ人であることからは逃げられないために、これまで確信をもって信じてきたドイツ人としてのアイデンティティまでが脅かされることになった。彼女の「国」と彼女の間には、「ユダヤ民族」の死体が累々と積み重なっていた。そうした死体の山が、ドイツ文化の価値を奪い、ゼーガースがそのなかでのみ生き、仕事をすることのできる最も濃密な現実を形づくる、ドイツ語の価値をも奪おうとしていた。これがゼーガースの体験した第二の危機だったが、彼女が共産主義にしがみついていたことを批判する西側の人々も、彼女がユダヤ人であったことを無視する東側の人々も、このことについては口を閉ざしている。こうした新たな危機が、彼女がスターリンや恐怖政治、独ソ間の協定等にもかかわらず下さねばならなかった決定を変更不可能なものにしたのである。

ゼーガースにとっては、いまや大量殺人者の国となってしまった国、自分の言葉が話されているその国へ戻ることは、党がある意味でドイツ人たちの保証人となっていたからこそ、可能だったように思われる。「最初彼女はドイツに帰りたがっていませんでした」と女友達の一人は言っている。「両親が命を落としたのです。そのことが彼女に大変ショックを与えました」。ゼーガースが当初メキシコのパスポートにこだわり続けていた理由もわかるというものだろう。しかし同時に、党のパレードを見た時の感激ぶり、党の言うことなら何でも信じるかのように目を輝かせていた、その理由も理解できる。感謝のあまり、彼女は自分を納得させてしまったのかもしれない。作品のなかではそれまで倦むことなく真実を追求してきたのに、いきなり目をつぶってしまったのかもしれない。そうして、信仰深い盲目の目を、開けるだけは開けていた。それ以外の選択肢はなかったのかもしれない。

メキシコに残るというのはどうだったろう？　しかし、どんな作家も、自分の言葉が話されない国での亡命生活に、ダメージなしに長時間耐えられるわけはなかった。ツューリヒ湖畔で暮らすというのは？　トーマス・マンには可能だったが、アンナ・ゼーガースに対してはスイス側からの許可はおそらく降りなかっただろう。というのも彼女は共産主義者であり続けただろうからだ、党に賛成であろうとなかろうと。共産主義者でおまけにユダヤ人でさえある彼女が、ハンス・グロプケ（訳注 Hans. Globke, 一八九八―一九七三。法律家、官僚。ナチ政権以前から戦後のアーデナウアー政権まで、一貫して内務官僚として力を振るった）が連邦首相府で重要な役職を務めるような国にいられただろうか？

ドイツ民主共和国への帰還に対して、ゼーガースが多大な代償を払ったことは疑いない。長期にわたる沈黙やドイツ民主共和国において書かれた本などが、その代償だった。それらの本のなかでは、かつては人を恐れることのないリアリストであったゼーガースが、願望を現実に置き換えてしまっている。それらの本のなかでは、偉大な言葉の芸術家であったはずの彼女が、もはや言葉さえ意のままに操れないでいるのである。そしてゼーガースが最後に、ドイツ民主共和国の文化政治を批判する代わりに、死んだ作家たちの旅の出会いの物語を創作せずにはいられなかったことも、この代償に含まれていた。

自明のことながら、ドイツ民主共和国への帰還を決めたのは、この国の政策に同意したからこそだった。基本的政策への同意。しかし、未来への期待もそこにはあった。期待の部分は、時間が経てば経つほど、大きくなっていった。帰還の決意に際して実のところ非合理的な動機もあったのだとすれば、なおのこと現実への失望とともに、未来への期待のみが膨らんでいたのだった。

　傷痕は残った。私たちにとっては未だに解決できない矛盾点も残っている。この矛盾はアンナ・ゼーガースの人生に、ほとんど悲劇的な様相を帯びさせた。しかし彼女の作品のいくつかは充分長く生き残るだろう。ライン川の水がさらにいくつかの旗を洗うことになっても、作品は読み継がれるだろう。そのことについては心配する必要はない。

訳注　一九九〇年に出版された本書では、ゼーガースの亡命中の生活についてはほとんどわからない、と書かれているが、東西ドイツ統一後、ゼーガースの知られざる部分を紹介する好著が何冊か出版されている。フランク・ヴァーグナーらの編集になる写真集（私蔵写真を多く含む）(1)や、アレクサンダー・シュテファンによる、亡命中のゼーガースに関する研究書(2)、ゼーガースの生涯を紹介する本（ローヴォルト社のモノグラフィー・シリーズ）(3)など。また、ベルリンにはアンナ・ゼーガースの名を冠した通りがあり、アンナ・ゼーガースの記念館もそこに設けられている。

(1) Frank Wagner, u.a. (Hgs), *Anna Seghers. Eine Biographie in Bildern.* Berlin: Aufbau-Verlag, 1994.

(2) Alexander Stephan, *Anna Seghers im Exil.* Bonn: Bouvier Verlag, 1993.

(3) Christiane Zehl Romero, *Anna Seghers.* Reinbek: Rowohlt Verlag (rororo monographien), 2000.

マネス・シュペルバー（Manès Sperber, 1905-1984）

主著

『大海の中の一滴の涙のごとく』（*Wie eine Träne im Ozean,* 1961）
『日々の世界史』（*Zur täglichen Weltgeschichte,* 1967）
『アルフレート・アードラー，あるいは心理学の貧困』（*Alfred Adler oder Das Elend der Psychologie,* 1970）
『現代の生活』（*Leben in dieser Zeit,* 1972）
『専制政治の分析』（*Zur Analyse der Tyrannis,* 1938/75）
『個人と共同社会』（*Individuum und Gemeinschaft,* 1978）
『フルバン，あるいは不可解な確信』（*Churban oder Die unfaßbare Gewißheit,* 1979）
『昨日と明日を結ぶただ一本の橋』（*Nur eine Brücke zwischen gestern und morgen,* 1980）
『すべて過ぎ去りしこと……』（*All das Vergangene* … , 1983）

邦訳

斎藤春雄訳『燃ゆる薔薇』正・続（生活社，1955）
鈴木隆雄訳『フルバンあるいは絶滅の記憶』（水声社，1998）
鈴木隆雄・藤井忠訳『すべて過ぎ去りしこと……』（水声社，1998）
鈴木隆雄訳『ヴォリナ』（水声社，2004）

ジークフリート・レンツ

マネス・シュペルバー

小川さくえ　訳

私には容易に忘れられない一つの光景がある。補足的な説明を必要としない、人生を説き明かすような光景である。幼い少年が、小石で武装し、納屋の屋根の上に立っている。距離を測り、石を次々に空に向かって投げていく。だが、自分の投擲弾が目標に全く届かないことに憤慨し、挑発的になり、最後には失望する。少年の期待とは裏腹に、神は跳ね上げ戸を開けなかった。上空から威嚇することもなければ、無礼な攻撃に憤慨することもなかった。神は挑発に乗らなかったのだ。少年は、自らの願望と世界苦を至高の存在にまで届けることができないまま、悄然として再び地上に降りる。胸中ではおそらく、次の機会にこの行動を繰り返そうと、否、次の機会だけではなく、必要とあれば一生涯繰り返そうと決心しつつ。

納屋の屋上に立てば天に大きく近づくこと、神に拝聴を賜るためには、危急の場合、神の機嫌を損ねなければならないことを大胆に計算したこの少年の名前は、マネス・シュペルバーといった。小石の助けを借りて実現しようとしたこの謁見について、ともかく若きマネスには深刻な理由があった。メシアを遣わすという約束を、いよいよ実行に移すよう神に思い出させることが、何より気にかかっていたのである。ありとあらゆる感受性に恵まれていた少年は、待ちに待った瞬間がやってきたと思った。彼の考えによれば、世界の情勢はその時期に達し、約束の実現を十分に正当化できるものになっていた。そこで彼は警告への勇気を奮い起こした。彼をこの一時的な行動へ駆り立てたのは、怒りでもなければ反抗でもなく、またはっきりした告発でもなく、むしろ憧憬、つまり変わらなければならない、このままではだめだという思いだった。東ガリツィア（訳注　ポーランド南東部からウクライナ北部にわたる地方）の「ユダヤ人町《シュテートル》」ザブロトフ——律法遵守と飢饉、救済への期待と醜悪さを特徴とするこの見捨てられた

「神の町」で、一人の少年が「物不足の支配」にもはや耐えきれず、行動を起こして難を逃れようとしたのだった。徐々に宗教上の掟に疑惑を感じていた少年は、華麗なハシディズムの知恵に全面的な慰めを見いだす「しじゅうお祈りをする人」とは違って、儀式的なタブーを無視した。幼くして理解したディアスポラの不幸に対して、彼は空想力豊かな行動をもって答えた。たとえほとんど達成不可能な目標であっても、定義できる目標のために行動すること、これが作家であり心理学者であるマネス・シュペルバーという人間を決定している。彼は、革命的行動のなかに自らの仕事を、そして状況を望ましい方向に変える適切な手段を見いだしたのである。

にもかかわらずマネス・シュペルバーは、幼年時代に受けた教育——ハシディズムの影響下にあった教育——が彼の自己理解を形成したことを認めている。彼は自らこう言っている、「わたしはユダヤ人である。なぜなら わたしは幼年時代に、すべてを包括し、かつ隅々にまで浸透するユダヤ人教育を受けたからだ。人々は、一切を神の掟のもとに認識し、理解し、解釈することを教えた。学校へ通うようになる前に、わたしは聖書を原典で読み、同時にドイツ語も、たとえばグリム童話やヴィーンから来る新聞なども読んだ。しかしわたしが最も強力に教え込まれたのは、聖書の倫理に従った生活規範についてであり、わたしは、なかでも一番命令的な規範、すなわち信仰と行動の一致、理論と実践の一致を達成してその意味で生きるという規範を、いつまでも変えることができなかった。どんな時にもこの掟を遵守したとあえて主張する気はないが、しかしわたしは、折々の自分の人生に意義があるか、あるいは人生を不合理に浪費する危機に陥っていないかを、それらの生活規範に即して検討することを怠ったことは一度もない」。この言葉からただちに、なぜ彼が晩年においてもあらゆる教育問題を重要視したかが明らかになる。

彼の行動の基礎となっているもの、その行動に必然性を与えているようにみえるのは、しばしば同一の経験と認識である。古典的要求として表現すれば、もっとパンを、もっと自由を、もっと正義を、ということになろう。もし私がシュペルバーを正しく理解したのであれば、彼の言う行動とは、主として代理としての行動である。すなわち飢えと屈辱とはてしない絶望の目撃者として他人の苦難に直面したとき、個々人が行動を決意するのは、むろん選ばれたわけでも、はっきり要請されたわけでもないが、代理人としての役割においてである。焦燥に圧倒されて革命的行動を決意する人は、ある対立関係に耐えることを学ばなければならない。自分が弁護し味方する人々は、ひょっとすると彼が来ることをひそかに願っていたかもしれないが、彼に全権を委託したわけではないのである。ここに革命家の伝統的な危険が潜んでいるし、革命家がのちに感じる憂鬱もここから生じる。

マネス・シュペルバーの人生について考えると、私には、行動に対する彼の性急な要求が避けられないものだったように思われる。彼が一九〇五年に生まれたユダヤ人町《シュテートル》ザブロトフでは、すでに無関心ではいられないほど多くの貧困や苦難や外部からの暴力が出現していた。だがラビや神学者を輩出した一族の末裔である彼自身は、ごく平和な時代ならば、それほど不自由することはなかったはずである。家と奉公人を有し、馬や馬車もあった。まず最初に彼の心に懐疑を呼び覚まし、のちに行動へ駆り立てたのは、他の人々の状況、彼らの貧困と絶望だった。

小さな町ザブロトフは、かつて隣接するいくつかの村の行政上の中心だった。住民の約半数がユダヤ人で、彼らの日常語はイディッシュ語だった。当局はイディッシュ語をドイツ語の変種と見なしていたため、ユダヤ人はドイツ語を常用する住民の一部に数えられていた。ポーランド人、ルテニア人（訳注　ガリツィア、ハンガリー、ブコヴィナなどの一部に住むウクライナ人の一種族）、ユダヤ人の住民グループ間の潜在的緊張のせいで、当時のガリツィアはドナウ王国（訳注　オーストリア＝ハンガリー帝国の別名）の問題地域になっていた。だがいずれの社会的階層も民族的階層も、同じように貧しかった。工場閉鎖とユダヤ人労働者締め出しのあとには食糧難が生じ、全般的な不景気が地方の反ユダヤ主義に拍車をかけた。

こうした絶望的な状況と荒涼とした風景に、マネス・シュペルバーはある種の一致を見いだした。その風景について彼はこう書いている、「わたしが幼い少年時代を過ごした土地では、最も長い季節が秋である。そこではまだ八月も終わらないうちに、大量の冷たい雨が降って猛烈に暑い夏を溺死させる。道はぬかるみ、沼のようになる。雨が視野を狭め、縮んで皺が寄った空の下で人々は、ほとんど世界から永遠に切り離されたのではないかと恐れなくてはならない」。自分の信仰心は、若いうちに穴だらけになったと彼は言う。メシアの期待に支えられた信仰世界に、「不信仰の飛び領地」が生じたのである――このことが良心の呵責となることも珍しくはなかった。

彼は第一次世界大戦の残酷さを、非常に注意深く見張り続けた。遠い将来に物語るために、すなわち公的に証言するために、その残酷さを記憶に留めておかなければならないことを自覚していた、あるいは将来の自分の行動をすでに予見していた――「ヨブよ、お前に報告するためにわたし一人だけが逃れてきた」。過去の現在性に関する非凡な記録である自伝のなかで、シュペルバーはこう記している、「陽気な時も打ちひしがれた時も、成功の光輝のなかにいる時も、幻滅の影のなかにいる時も――いつも、ほとんどいつも、何のために、なぜ生きているのかを知りたかった。どんな内実が人生に価値を与えるのか、わたしにだけではなく、またこの人あの人という個々人に通用するだけではない価値を与えるのか」。彼が自分の内に発見した「無関心ではいられない素質」のせいで、いずれにせよ最後にはたった一つのこと、行動という適切な真実しか残らなかった。そして行動する人が依頼を受けたのであろうとなかろうと、その真実はあらゆる人に関わるものであった。

ここでいう行動は厳格なモラルによって引き起こされているため、その対極にあるのは――当然ながら――瞑想ではなく、無関心、つまり回避、拒否、肩をすくめる冷淡さである。無関心な人は他人の不幸と折り合うのであって、一種の硬直によって自己を救済する――マネス・シュペルバーにとって、これは軽蔑すべき救済に他ならない。行動する人が再三再四、状況に責任を感じずに何もしない決心をした対岸の人を眺めやることは、当然だと思われる。一生涯、両者の対蹠的な態度は、比較され吟味される。両者の態度は、歴史の躁狂の発作に際して検証され、希望の瓦礫の上で分析される。そしてそのつど、どうにもならない諦念の瞬間においてさえ、行動する方が正しいという理由が示される。私には、『燃え尽きた茨の茂み』で公言された、「無関心はその結果と同じように恐ろしい、最も恐ろしい暴力と同じように殺人的である」という信条が、一つの結論のように思われる。マネス・シュペルバーは、殺人的な無関心がどんなものであるかを身をもって知っていた。

　物語の語り手となった人は、必ず私たちがあれこれ行動することになった動機や理由を問う。任意の経歴ではなく、まさに特定の経歴を選択した決定に、いかなる認識が、いかなる感動的な直観が、いかなる覚醒の行動が先行したかと問うのである。この点、マネス・シュペルバーには不確かなところがない。すなわち彼の動機は同情、行動を伴う同情であり、彼の明白な目標は、私たちは歴史を甘受するだけではなく、歴史を自ら創らなければならないというものである。彼の公言するところによれば、「私たちは運命に抵抗しなければならない。そして自分が自分の運命になるために、全力を尽くさなければならない。人は陶工の手の中の粘土である、と聖書はいう。なんということだ、私たちに盲目の陶工の手の中の粘土になれというのか」。

　こう問いかける人は、すでに信仰と縁を切っているのであり、背教者である。マネス・シュペルバーは十三歳でそれを自覚した。待ち時間は過ぎたという確信をもって、彼は社会主義者になり、マルクス主義者になり、革命家になった。のちに自らの決定を冷静に評価して、彼はこう書いている、「わたしを革命に促したのは、貧しい人々、幼年時代に見た水汲み人、『ジェルミナル』（訳注 炭坑労働者の悲惨な生活を描いたエミール・ゾラの一八八五年の小説。二十巻から成る連作長編小説『ルーゴン＝マッカール一族』の第十三巻目にあたる）に描かれた炭坑夫の惨状であって、金持ちの贅沢ではない。わたしはこれまで、階級的嫉妬は真の革命的心情の動機ではなく、所有欲と自己の階級からの逃走を促す偏狭な感情を育てるだけだと考えてきたし、今でもそう考えている」。しかし彼が革命家になったのはもっとあとのことで、家族が第一次世界大戦の三年目に――もう十分に不幸に見舞われていた上に最悪の不幸が間近に迫っていたユダヤ人町《シュテートル》から逃れて――移り住んだヴィーンにおいてだった。

　遠方からの賛美と熱望の対象ヴィーン、ザブロトフに住む少年の心を捉えて離さなかった芸術的センスに満ちた華麗な都市、この都市が当時の彼に用意していたのは失望だけだった。そこには、自分の家族が見舞われた貧困への転落だけではなく、毎日の散策の際に出くわす気の滅入るような出来事があった。彼は公的な避寒所や給食所で、戦争の進行状況を知った。傷病兵や孤児、飢えた人、途方に暮れた人に出会った。彼は人間たちの絶望した身ぶりや、哀れさや、鎮めることのできない怒りを見逃さなかった。同時にまた彼は、当局によって操作された熱狂的な戦争賛美や、前線で起こっているおぞましい出来事の崇高な神秘化を目撃する。そして故郷の町には存在しなかった特殊な敵意、ユダヤ人に対する敵意を知って愕然とする。経験に対して、私たちは主体として関わるだけではない。ある種の経験が私たちに対して何らかの働きかけをすることもある。それらの経験は、私たちをせっぱ詰まった状況に追い込み、選択の可能性を狭めて、私たちを否応なく行動させるのである――準備された回答としての行動。

ジャン＝ポール・サルトル（訳注 Sartre, Jean-Paul. 一九〇五―一九八〇。フランスの哲学者、作家）は、晩年の感動的な対話のなかで、なぜ彼にとって個人的自由が他の人々の自由にも依存するのかを説明している。同じようにマネス・シュペルバーは、自らの運命が、さまざまな状況によって著しい脅威にさらされている人々の運命に依存することを感じていた。私たちは、他の人々の人生と関わることなく、自分自身の人生を受け入れることはできない。個々人つまり「わたし」は、基本的な存在義務を発見し引き受ける。しかしそれだけではない。「わたし」は、変えなければならないものをひとりでは達成できないこと、「私たち」だけが、共同体、組織だけがそれを達成できることを認識する。

マネス・シュペルバーは、ユダヤ人の青年団ハショメル・ハツァイール（訳注 ヘブライ語で「若き見張り」を意味する。一九一三年にガリツィアで生まれ、ヨーロッパ全域に広がったシオニズム青年団体）に加入するが、そこでは物悲しい民謡ばかりではなく行進曲も歌われていたし、モールス信号や地図解読の訓練も行われていた。若者たちは、敢然と立ち向かい、対決から逃げない決意を固めていた。しかし彼らは何よりも討論をした。マネス・シュペルバーという卓越した論客――私は自分が何を言っているかを知っている、なぜならマネス・シュペルバーほど、討論の相手を手の込んだ徹底的な窮地に追い込む人物にほとんど出会ったことがないからだ――この卓越した論客は、ここに一時的な故郷を発見したのである。

ロシアの社会革命家のさまざまな思想について議論が交わされた。たとえばクロポトキン（訳注 Kropotkin, Pyotor Alekseevich. 一八四二―一九二一。モスクワの侯爵家出身の地理学者、革命家、アナーキスト）のアナーキズムとその

「相互扶助」（訳注　クロポトキンはハックスリーらに代表される生存競争説に反対して、進化の要因として相互扶助の方が重要であることを説き、それによって相互の合意と連帯による無政府社会の建設の可能性を基礎づけようとした）。当然パレスティナ問題も取り上げられた。ほとんど、あたかも彼が自分の目標に忠実であり続けるために必要な生身の、そして知的な経験が、そのつど彼を待ち受けているかのようにみえた。この意味で、貪欲な読者である彼を待っていたのは、ゴーリキィ、トルストイ、ハムスン（訳注　Hamsun, Knut〔本名 Knut Pedersen〕一八五九―一九五二。ノルウェイの作家）、なかでも特にドストエフスキィだったが、その同情の哲学が彼に深い影響を与えた。ドストエフスキィについて彼は自伝的エッセイのなかでこう記している、「ドストエフスキィの空間的には非常に遠い虚構の世界に属するものが、何であれことごとく密接に自分自身に関係するということを、わたしは確信した。あたかもいつのまにかその世界のなかに入り込み、戻ってくる道をもう二度と見つけられないかのようだった。……私たちは彼の作品と向かい合うのではなく、そのなかに巻き込まれ、引っぱり込まれるのである……」。彼が所属していた組織は、戦争の終わる頃、革命的青年運動に発展したが、彼は、一つの組織に所属することから生じるもろもろの葛藤を予見してはいなかった。彼は行動する共同体の一部となって、大きな「私たち＝体験」を発見していたのだが、しかし――ユダヤ人町《シュテートル》では無限の価値があった――家族的なまとまりが失われてしまう。挫折、訣別、犠牲、それらは革命家にはつきものの経験である。

作家というのは、どのようにして、どんな方法で行動するのか。作家はイデオロギーが黙して語らないことを暴露し、覆いを取り除くことで行動する。しかしまた現実を解釈する際に、誰にも自分には無関係だと感じさせないこと、私たちが自己を自己の可能性において経験するように導くことも、作家の行動たりうる。行動とは同時にここでは、なるほど歴史分析の助けや、暴露された現在の彼方を指し示す対抗的構想――過去はそうだった、現在はそうである、将来はそうでありうるという構想――の助けを借りてではあれ、明白な人生への提案を行うことを意味する。初めからシュペルバーはそのための努力を重ねていた。

もっとも作家マネス・シュペルバー、すなわち日付の決定が可能な彼の作家活動についてはきわめて特異な点があって、彼は何度も、自分は比較的遅く文学に行き着いたと説明し、最初の長編小説を出版したのは四十四歳の時だと念を押している。にもかかわらず彼は、すでにギムナージウム在学中にドストエフスキィ論とハムスン論を出版していたし、非常に若くして『革命家の心理学について』というエッセイで発言を求めてもいる。ではこの熟練した作家は、初期の活動を寛大に無視しようとでもしたのだろうか。

けっしてそうではない。マネス・シュペルバーは人生の予定表を独自に作ったにすぎない。その予定表によれば、彼は三十歳までは心理学者でありたいと考えていた。そのあとで作家に相応の権利を認めるつもりだった。彼は、このように厳格に自分の活動を区分することを望んでいた。しかしここで私は異議を申し立てたい。なぜなら心理学者でもあった若い作家を高く評価するからだ。すでにこの人物において、鋭い洞察力、善意、きわめて高い感受性、説得力のある分析術が、じつに驚嘆すべき表現となって結実している。したがって私たちが、自伝の作者自身が企てた区分に対して敬意をもって疑念を抱いたとしても、おそらく許されるであろう。

大部分の革命家は、良かれ悪しかれ情熱的な読書家であって、マネス・シュペルバーもその例に漏れない。彼は、ほとんど革命的な書物にだけ没頭していた時期に——彼の自己決定にとって——重大な出会いを経験した。個人心理学の創始者アルフレート・アードラーとの出会いである。「偉大な推測力の持ち主」アードラーは、まだうら若い弟子の最初のレポート——『革命家の心理学について』——に刺激的な賛辞を贈った。「あなたは自分がそうであることを知らぬまま、個人心理学者のように語っています」。この賛辞をもらったあと、弟子の心に個人心理学者になりたいという願望が生じたのは、何より当然であろう。特にその学説がそれなりに、いくつかの道の前で迷っていた若きマネスが達成すべきだと感じていた目標に役立つものだったのだから。人間は、外的暴力の犠牲となりうるように、内的暴力の餌食にもなりうる。マネス・シュペルバーはこう書いている、「どんな苦痛も、人間をその唯一の自明の確信において攻撃する。すなわち揺らぐことのない統一性を、分割不可能な全体を形成しているという意識を攻撃する。人間は自分のなかに、自分に属さないものがあることを発見する……。彼は自分を一つのまとまった大陸と見なしていたのだが、いまや自分が島の集まりにすぎないことを発見する。それまでは時間を支配していると思っていたのに、いまや自分が時間によって断片化されていることに気づく」。

マネス・シュペルバーは、心理学に熱中するあまり、すでに自覚していた文学への愛情を一時的に追い払う結果となる。彼は、若くしてアルフレート・アードラーによって神聖なサークルに引き入れられ、講座を委託された。師の最も独創的かつおそらく最も異分子的なこの信奉者は、個人心理学への手ほどきをし、青少年の複雑な症例を引き受ける。共同生活の教育と権力志向の解体、これが何より若き心理学者にとっては、アードラーの教えのなかでもきわめて重要に思われた。そこでアードラーに個別研究論文（『アルフレート・アードラー、人と学説』）を献げ、師と合意の上で——一九二七年に——ヴィーンからベルリンに赴き、この地で個人心理学の教師として働いた。

ただし、この時すでに存在したほとんど典型的といえる師弟間の問題が示す通り、シュペルバーの仕事は一生涯続く純粋な伝道活動ではあり得なかった。いつかはこの模範的関係に、乖離、訣別、学説の拡張と自主独立宣言への欲求が訪れる。いずれにせよ分別のある巨匠たちは、やがて弟子が身を起こし、影のなかから歩み出て、多少とも「忠実な異端者」として発言するようになることを、つねに覚悟しているだろう。心理学者マネス・シュペルバーは、新しい政治的経験に促され、マルクス主義的分析の十分な根拠を確信して、この分析が強く勧める任務に賛同し、特に革命的政党の活動的な一員として、さまざまな現実の挑戦に応えた。彼は政治的・マルクス主義的心理学の構想を抱いて世に出たが、その心理学においては、性格学を基盤にした社会的実践の可能性が開けるはずだった。彼自身は当時、自分の念頭に浮かんでいたことをこう定義している、「私たちの弁証法的・マルクス主義的心理学は閉じられたものではなく、前方に向かって完全に開いている。わたしは、私たちがそれに対して心を閉ざさざるを得ないような真実というものを想像できない。たとえすべての真実が革命的なわけではないとしても、真実ならば、いずれも反革命的ではあり得ないからだ」。

この考え方がマネス・シュペルバーの特徴であり、弁証法的プロセスを踏んで真実に接近しようとする彼の持続的な努力の特徴である。ここに表れているのは、トーラー（訳注 ユダヤ教の律法）の弟子の精神的な持参金に他ならない。師によって、天地創造の物語と救済の約束を絶えず新たに分析するよう促されていたため、懐疑の原理に最初から正当性が認められていたのである。論拠には必然的に反対の論拠が属している。最終的な確実性というものは存在しない。私たちはつねに途上にいる。つまり私たちは、自分にとって好ましくなった確信を放棄する心構えができていなくてはならない。トーラーの分析は実人生に適用されるので、獲得された認識はただその時その時にしか有効ではないし、将来も有効かどうかはわからない。

いずれにせよ異端者に対する共感の持ち主。なぜなら私たちは、一貫して彼に何を負うているかを知っているからだ。彼は、情熱に突き動かされたときであろうと、理性豊かな懐疑に刺激されたときであろうと、見逃された真実を明るみに出すために中傷と孤独を甘受したのである。マネス・シュペルバーは、純粋な学説の枠を広げることによる学説への違反が何を意味するかを知っていた。すでに彼はアードラー学派の信奉者たちから疑いの目で見られていた。ほどなくして師が彼を問い詰めた。服従か訣別か。再びシュペルバーの人生を如実に特徴づける二者択一が決定を迫った。しかし彼が、訣別と離反を伴う精神的不安より、片目をつぶった内的平和を選ぶであろうとは、誰も思わないだろう。かつて信仰が「穴だらけに」なり、やがて背教に至ったように、彼は認識に導かれて、師であり友人であり当時の「社会的天才」であった人物と訣別する。

カミュと同じように、人生は正当化されねばならないと確信する人は、つねに行動の必然性を否定できずにいる。しかしなんとも不思議なことに、いつかその人が、行動は不安定な価値であって、けっして持続的な正当性を認定されず、せいぜい一時的な、そのときどきの正当性しか認定されないことを発見する日がやってくる。換言すれば、私たちは単独で自分の行動と決定の質を確定するわけではないということになろう。その確定には他の要素が、つまり歴史的状況、時代の局面が関わるのである。私たちをかつて行動へと導いた理想と偶像の墓場が、十分にそれを証明している。

マネス・シュペルバーは、大恐慌が資本主義世界を揺るがせたときに、社会全般に広がる窮乏に対する回答を探し求めた何千というヨーロッパの知識人の一人にすぎなかった。彼らの夢は、力強く革命的に世界を整理し、「最後の戦闘」によって、一時的にではなく最終的に、世界から存在の不安と抑圧を――問題の解決のために必要な手段で――取り除くことだった。たとえばアーサー・ケストラー（訳注　Koestler, Arthur. 一九〇五―一九八三。ハンガリー系ユダヤ人のイギリスの作家。一九三一年に共産党に入党し、三八年に離脱。四八年にイギリスに帰化した）とイグナツィオ・シローネ（訳注　Silone, Ignazio〔本名 Secondo Tranquilli〕. 一九〇〇―一九七八。イタリアの作家、政治家。一九二一年にイタリア共産党結成とともに入党し、二九年に離脱）、そしてマネス・シュペルバーは、互いの交流はなかったものの、「絶対に何かが起きなければならない」、だが彼らが自ら事を起こさない限り何も始まらないだろう、つまり彼らの意志をまとめ、彼らに一つのメッカを提供し、救済を約束する共産党が必要だという一致した見解をもっていた。『深淵よりも深く』には、「正しいということは重要だ」が、「ひとりではないということがもっと重要だ」と記されている。このマネス・シュペルバーという、つねに「丘の向こうの丘」を展望した探求者、共に苦しむ放浪者は――よく使われる比喩だが――改めて一種の故郷を見つけたと思ったのである。……彼はこう言っている、「わたしはけっして職業政治家や――レーニンの言葉を借りれば――プロの革命家になろうと考えていたわけではなく、ただの闘士、革命的政党の活動的メンバーになるつもりだった」。

マネス・シュペルバーだけではなく、大勢の同種の人々が前提としたのは、歴史および人生には意味がある、そうでなければ意味を与えなければならないということだった。かといってどんな意味を与えればよいのか。現在の現実にはそのような意味は全く存在しないので、人々の意見は、将来の意義ある存在のために活動することで一致した。歴史や人生の意味がいわばユートピア的な大きさに膨れ上がったのである。彼らの見解によれば、人間が人間に依存して生きることをやめたあと、私たちは歴史的プロセスの最後の輝かしい目標に到達し、いくつもの苦悩に満ちた時代の果てにハッピーエンドを迎えることになっていた。彼らは「希望の名」において行動した。大変な教養と経験を有する男たちだったが、彼らは、自分たちがいつの日かケストラーの長編小説『日食』の主人公ルバチョフと同じ認識をもつことになろうとは、おそらく夢にも思っていなかったであろう——あらゆる犠牲と敗北のあとでルバチョフを待ち受けていたのは「際限のなさに肩をすくめること」だけだった。

少なからぬ場合、人生はある程度まで強制的なコースをたどるといいたくなる。つまり人生はあらかじめ与えられた軌跡、独自の徴《しるし》に従うのであって、危険と計算不能なことも必ず察知できると。したがって、マルクス主義者としても懐疑の原理を遵守するマネス・シュペルバーが党との矛盾に陥るのは、避けられなかったと思われる。この党は、いつでも正しいことになっており、無謬性を主張して、都合のよい真実しか指示しなかったのだから。だが彼が自らに自己の認識の主権を要求するまでには、長い時間を要した。というのは、彼はそれまでに過度の投資を行い、過度の責任を引き受けていたからだ——ベルリンでの保護拘束、ユーゴスラビアへの移住、亡命地パリでの貧困と辛苦。彼は、どのようにして政党が巨大な権力機構の道具にされたのかを見逃さなかった。他の大勢の人々と同じように、党の主要方針と称される合点のゆかない戦術に悩まされたが、さしあたり離党を決心できなかった。彼は、パリのファシズム研究所で働きながら、新聞記事やエッセイを執筆し、急使の仕事を引き受け、各国で講演を行った。その際、ヨーロッパに忍び寄るより大きな危険、つまり正体をあらわにしつつあるファシズムに対抗する必要があると確信していた。モスクワが、ようやく人民戦線の政策を支援することに同意したとき、マネス・シュペルバーと多くの友人たちは、苦悩に満ちた確執状態から解放された。彼らは、それまでは主要な敵と見なされていた社会主義のグループと組織を、ファシズムに対する共同闘争のために、味方に引き入れる仕事を始めることができたのだった。

にもかかわらず——そうした任務がいかに重要であっても——党との決裂は準備されつつあったし、この疑い深い信者が自らの判断の自由をあくまでも要求し続けたのだから、最後に決裂に至るのは必然だった。モスクワでいくつもの大きな見せしめのための公開裁判が始まり、無実の人々がこの上もなくばかげた論拠によって罪の告白を強制され、処刑されたとき、もはや選択の余地はなかった。これらの魔女裁判について真実を知っていた人は――実際多くの人がそれを知っていた――決心せざるを得なかった。ピャタコーフ（訳注 Pyatakov, Georgii Leonidovich. 一八九〇―一九三七。ソ連の政治家。トロツキーらに与し、共産党から除名された。のち復党したがフレームアップにより逮捕され、「合同本部」事件の主犯として処刑された）、カーメネフ（訳注 Kamenev, Lev Borisovich. 一八八三―一九三六。ソ連のユダヤ系革命家。ユダヤ人の技師の子に生まれる。「合同本部」事件の中心人物としてジノヴィエフとともに死刑を宣告された）、ルイコフ（訳注 Rykov, Aleksej Ivanovich. 一八八一―一九三八。ソ連の政治家。「右翼トロツキー派ブロック」の首謀者の一人とされて、ブハーリンらとともに銃殺刑に処せられた）とともに何千という人々が、スターリンの秘密警察が捏造した罪の償いをさせられた。理性を保っていたすべての人々にとって、悪夢のような挑戦だった。自己否定が限界に達した。「神ならぬ神」からの離反は、表面的に見ると、ほとんど私生活への撤退のように比較的静かに実行された。しかしながらマネス・シュペルバーの告白するところによれば、「希望中毒症」である彼が決意した撤退は、思いもよらぬ、部分的には危険な問題を引き起こした。確かに故郷喪失と孤独は、それ自体としてはすでに経験ずみだったが、そこに自分自身への敵意が加わったのである――わたしの誤りはいかなる結果をもたらすのか。わたしは結局のところ一緒に裏切ったのか。

たとえ選択に誤りの可能性が含まれているとしても、人は選択しなければならない。選択する人は、なるほど不確かな未来には違いないが、未来を念頭に置いている。選択には必ず勇気が必要である。この勇気こそ、その勇気を奮い起こす人に断崖を超えさせるものである。救済の橋が歩行者の足元に出現する。ある対話のなかでマネス・シュペルバーは、自分の人生の反映を見いだした橋の比喩について私に説明した。「つまり」と彼は言った、「わたしの目に浮かんでいるのは、あなたもご存じの光景、一人の人間が、まだ存在しない橋の上を歩くという危険にさらされている光景です。しかし彼が足を断崖に向かって踏み出す勇気を奮い起こしたとき、足元で橋が少しずつ延びていくのです。残念ながら、自ら革命家と称する人の大部分は、党員以外の何者でもありません。もちろん彼らは橋がそこにあると信じています。彼らのあとをついてゆけば安全に向こう岸に着くことができます。けれどもわたしは、非常に若くして、そのような岸はひょっとすると存在しないのではないかと疑い始めた革命家です。すぐにわたしは、橋が持ちこたえるとは限らないこと、深淵に墜落する可能性があることに気づきました。しかしわたしは、自分がこのようなリスクを冒すこと、自分が連続して同じ道を行ったり来たりしないことに、人生の意義を見いだしたのです。確信は、保証があるとわかっているから得られるのではありません！　ほとんどその逆です。あらゆるものは不確かであって、人は選択しなければならないのです。だからわたしは選択しますが、間違う可能性はあります。自分の後ろに人々がついてきた時には悲劇になります。橋は足元で延びてゆきません——私たちは断崖の底に墜落するし、他の人々に対する責任も負うのです。その時には罪の自認は大して役に立ちません。これはわたしの人生、およびわたしと同類の多くの人々の人生の悲劇の一部です」。

　シュペルバーにとっては、未知の地で新たに自己決定し、自分自身の同意の上で行動できる避難所を見つけることが問題であり、彼の場合、文学がそうした避難所となった。

　もちろん、「わたしを忘れるな」という言葉とともに何人かの同僚と別れを告げた一匹狼の著述家が、牧歌風の孤独を見いだすことなどあり得なかった。現代史がシュペルバーを至るところで嗅ぎ出し、彼に再三再四意見を求め、重要な決定を迫った。第二次世界大戦を義勇兵として体験することで、彼はまたしても困窮と没落の目撃者となる。不法生活の緊張も、夜の国境逃亡や収容所のさまざまな体験も、ほとんど免れることができなかった。こうした生活の輪郭が整うか整わないかのうちに、すでに強制的に期限が迫ってくる。現在が、絶えず価値を下げてゆく。現在は苦悩に満ちた通過段階であって、それ以上ではない。完全な勝利は存在しない、あるいはヘミングウェイ（訳注　Hemingway, Ernest. 一八九九—一九六一。アメリカの作家）の言葉を借りれば、「勝利者はむなしく引き揚げる」。戦争後、マネス・シュペルバーはこの認識を確認する。にもかかわらず諦念に導かれはしなかった。あたかも自分自身の過去にアピールされたかのように、彼は、人に委託されたものと、彼が自分自身に委託したものを引き受ける。重要な文化政策の使命を帯びて行動したのである。理性と真実が脅かされているのを目撃したところでは、どこでも証人の資格で行動したのだが、この「敗北のスペシャリスト」は、啓蒙者、必要な言葉の仲介者として、希望を失うことなく行動した。

書くことと自分の関係について彼自身はこう述べている、「わたしは書くことを人生や死の脅威と同じほど真剣に考えています。なぜならわたしは、あらゆる芸術的創造、なかでも特に詩人の創造が、人間のすべてを、つまり人柄や知識、意識や真心、さらにはまた彼の克服されていない弱点を試すことをつねに意識しているからです」。

シュペルバーのテーマとモチーフと葛藤。彼はそれらを苦労して選んだり、遠くから取り寄せる必要がなかった。それらを一種の押しつけられた所有物として身につけていたのである。さまざまな延命の経験は、ともかく世界の状態を描写するのに十分だった。こういうとひどく大雑把に聞こえるかもしれないが、この作家には、一つのテーマしか提出されなかった——見通しのきかない世界というテーマである。世界のルールを発見し、世界が何を禁じ何を許可しているかを示すためには、その時代の個々人の運命を世界に対置させれば十分である。いやそれどころか、おそらく一般的な状況を最も確実に表現するのは、試練にさらされた個人の運命であろう。結局のところ、他の人々の言葉に耳を傾けなければ、少なくとも彼らのことを考慮に入れなければ、自己について語ることはできない。一人ひとりの出発と希望と敗北は、知らないうちに個人的存在を超える方向を指し示すのである。

本人の言葉によれば、作家マネス・シュペルバーは「ただ追憶者」になりたかっただけだという。彼は「ただ」と言うが、それが少なからぬ意味をもつことを知っている。というのは追憶とは、生き返らせるだけではなく、忘却に対する反抗の行為でもあるからだ。私たちは、すべてを無視する歴史の無関心と妥協してはならないということなのである。しかし「保存すること」が限りなく重要視される民族に属するマネス・シュペルバーにとって、追憶とは——少なくとも私はそう思うのだが——別の何かでもあった。愛の特別な形、つまり不幸のあまり声を失った人々、むなしく犠牲を強いられた人々への愛である。彼の自伝——『神の水汲み人』、『むなしき警告』、『目の上に器のかけらが置かれるまで』の三巻——はそれを示す唯一の例である。作者は当時の影の帝国へ下りていくのだが、しかしすべてが過去に留まることに満足しようとはしない。彼は時代を混ぜ合わせ、次元を融合させる。たとえばガリツィアの悲しみはヴィーンに対応物を見いだし、ベルリンがもたせてくれ、そして挫折させた希望が、パリ時代の希望と比較される。ある探求的な対話においては、「すべて過ぎ去りしこと」がごく間近で観察されるため、過去がいかに現在の構成にとって重要な意味をもつかが明らかになる。

始終お祈りをする人と水汲み人、共犯者と指導者、誠実に迷う人と「羽の折れた天使」、こうした人々が、想像力によってわずかの間同時代人となり、私たちの人生に語りかける。シュペルバーが万事において示そうとした、または暗示しようとした比喩的なものが、状況に対する私たちの感受性を高めるのである。

彼の最も重要な叙事文学、長編小説三部作『大海の中の一滴の涙のごとく』でも、この作家の共感が誰に向けられていたか、彼が生涯にわたる連帯のなかで誰に結びつきを感じていたかが、端的に示されている。それは、確信して行動を選択したものの、抵抗が無駄であったことを知らなければならなかった仲間たちである。また、たとえ歴史に打ち負かされたとしても、彼らの立場で、嘘と暴力を目前にして行動することの正当性を守り続けた懐疑的な真実探求者たちである。『大海の中の一滴の涙のごとく』はヨーロッパの長編小説の特徴を如実に示す偉大な文学作品であり、政治的・哲学的作品であり、良心の研究であり、比類のない時代の肖像画である。ときどき私は、ここにはドストエフスキィの情熱と、フランスのモラリストの思想的な明快さがともに影響を与えていると思った。政治的行動の準備と都市の中心部、ときおりアフォリズム風にみえる哲学論議とやさしい愛の体験、マルロー（訳注 Malraux, André. 一九〇一—一九七六。フランスの作家、美術批評家）がそう名づけた「死をもたらす真実」と一地方の風景——この小説の多彩な出来事と大勢の登場人物を結びつけているのは、いつも一つの名人芸である。あるまえがきのなかでマネス・シュペルバーは、「彼以前の大勢の作家と同じように、著者は読者に、彼とともに孤独を分け合うという、ただ一つのことを申し出た」と書いている。この申し出は感謝して受け入れられ、ある種の結果を生んだ。コペンハーゲンの老ブランデス（訳注 Brandes, Georg Morris Cohen. 一八四二—一九二七。デンマークのユダヤ系文芸史家、文明評論家）も言うように、「価値があるのはわたしを変える書物」だからである。

彼の望みは追憶者になることだった。ところがこの追憶者は、本人の告白によれば「過去に取り憑かれた過去の相続人」になったのである。自分がユダヤ人であることを考慮しなければならないときには、いつも「不幸の相続人」になった。無関心になることもできず、かといって憎むこともできず、彼はユダヤ人の運命、すなわちユダヤ人の苦悩を推しはかる。反ユダヤ主義の歴史的原因を明らかにし、なぜ不信心者である彼が、つねにユダヤ人であり続けているかを理由づける。『フルバンあるいは不可解な確信』（訳注　邦訳は鈴木隆雄訳『フルバンあるいは絶滅の記憶』水声社、一九九八年）、このエッセイ集は、なぜザブロトフを記憶に留める必要があるのか、またなぜ独裁的権力によって犠牲に定められた先祖や仲間や同伴者たちを覚えておく必要があるのか、という問いに対して答えている。「わたしは」とマネス・シュペルバーは言う、「どんな時でも残存者であることを意識し、ユダヤ人であることが死に値する犯罪であった年月をけっして忘れないヨーロッパのユダヤ人である」。

「フルバン」——これはエッセイ集のなかでホロコーストの代わりに使われている第一神殿と第二神殿の破壊を意味する言葉である。破壊され根絶されたもの——それが子孫に特別なやり方で義務を負わせる。子孫は失われたものの故郷を彼の記憶のなかに用意しなければならない。

自分が「ユダヤ人であること」について、シュペルバーは告白的な発言を何度も繰り返している。あるとき、「わたしは不信心なユダヤ人だ」と言ったあとで、続けてこう説明している、「信者の日常と祝祭日を支配している無数の儀式のうち、今なおわたしにとって価値を有するものは何もない。にもかかわらず、自分がユダヤ人であることを否認したいとか、そこから逃れたいという気持ちを抱いたことは一度もない。宗教的な意味でのユダヤ人でもなければ、イスラエル人でもない——だとしたらわたしはどんなユダヤ人なのか。この問いは個人的な答えしか許さない。つまりそのつど個々人にしか当てはまらない、この場合わたしにしか当てはまらない答え」。自分は一生涯ユダヤ教の律法の本質に忠実だったというのが、その個人的答えである。彼は、自分の政治行動も作家活動も、万人に公平な正義を創り出すべきだという信念から着想を得ていた点に、その本質を見ていた。不正が存続することは、人間性と神性への挑戦であると考えていた。私が思うに、これこそが彼の個人的な社会主義であり、いつも正義だけに希望を託した人々との連帯であった。

不可知論者であり「忠実な異端者」であるシュペルバーが聖書をつねに最重要視していたことに驚くのは、ユダヤ人が言葉で何を認識しているかを見逃している人だけであろう。聖書、聖なる言葉は、故郷に他ならないのだ。聖書は避難所であり、支えであり、慰めであり、約束である。ほとんど感動に打ち震えながらシュペルバーはこう告白している、「くちびるが言葉を発音する。きみがそれらの言葉を捉えるなら、きみは、それらの言葉が何を言っているかを理解するだろう。きみがそれらの言葉をもっとよく捉えるならば、それらが他にどんな意味を伴っているかがわかる。ちょうど川が、水以外のありとあらゆるものを、数多く一緒に運んでいるように……。わたしは自分がいかに聖書の影響下でものを書いているかを正確に知っている」。

しかしシュペルバーの特徴を形成しているのは、特別な追憶の精神だけではない。私は彼のなかに同様に、「日々の世界史」の不当な要求に対する無制限の抵抗という明白な特徴を見いだす。マネス・シュペルバーの綱領宣言的なエッセイは、次のことを明らかにしている──ここに、鋭い洞察力と分析的な証明方法の手段を尽くして抵抗する人がいる。ここに、落ち着いて諸現象を存分に検討する人がいる。私たちを幻惑するものの仮面を剝ぎ、正当化できないものを疑い、責任をとることのできるものを確認することによって、自分の答えを出す人がいる。彼自身の見解では、このエッセイストに決定的なきっかけを与えたのは、「……自他の人生、あるいは重要だが矛盾に満ちた作品、さらに多義的な事件に表れる不快な曖昧さ、挑発的な疑わしさ」だった。エッセイのタイトルがすでに、彼がかつて構想した綱領が彼にとって拘束力をもち続けたこと──これを自分自身への忠誠と呼ぶこともできる──を明示している。それらのタイトルは、たとえば「専制政治の分析」、「アキレスのかかと」（ここには「警官の歴史観」、「憎悪について」が収められている）、「偽りの状況」、「誤った選択」、「ユートピアへの巡礼」、「政治における知識人の有能と無能」などである。

一生涯シュペルバーは挑戦を受けて立ち、イデオロギーが何を隠蔽しているか、イデオロギーがどんな罠を仕掛けているかを、私たちに意識させることをやめなかった。カッサンドラの声は最後までしわがれなかった。この老いた警告者は、彼の警告が無駄であることを十分すぎるほどたびたび経験していたにもかかわらず、断固として発言した。真実が苦境に立たされたところ、私たちが偽りの楽園に押し込められようとするところ、道徳律が無効にされて横暴な権力が個々人に禁治産者の宣告を下すところでは、一つ一つの生身の体験によって正当性を認められたマネス・シュペルバーが姿を現すことを、彼が抗議し抵抗することを計算に入れることができた。

一九八四年二月五日にマネス・シュペルバーは、人生の大部分をそこで活動し、著作を著し、希望を抱いた都市パリで死去した。自己の仕事を覚醒者の役割に見いだした勇敢な賢者――私はためらうことなく賢者と言う。彼自身の告白によれば、つねに読者と自分自身の目を覚まさせることが、彼にとっては何より重要だった。

彼がかつて友人のアロン（訳注 Aron, Raymond. 一九〇五―一九八三。フランスのジャーナリスト、社会学者）について言ったことが、彼自身にも見事に当ててはまる――「公正でないものは、何一つ彼の気に入らなかった」。

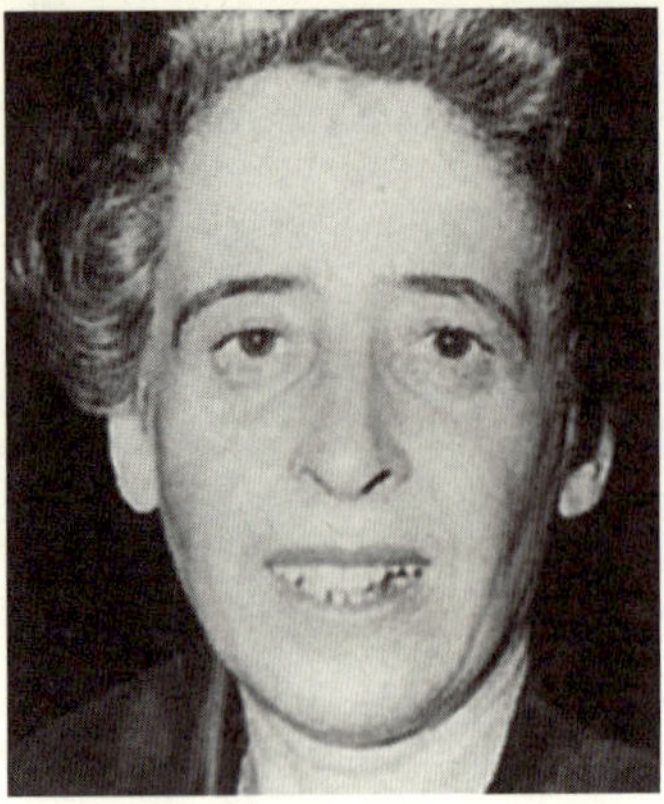

ハナ・アーレント（Hannah Arendt, 1906-1975）

主著

『全体主義の起源』（*The Origin of Totalitarianism,* 1951）
『人間の条件』（*The Human Condition,* 1958）
『革命について』（*On Revolution,* 1963）
『精神生活』（*Vom Leben des Geistes,* 1978）

著作集

Gesammelte Werke. Die verborgene Tradition Kassetten 1-6（Frankfurt am Main: Suhrkamp Taschenbuch, 1976）
Gesammelte Werke. Macht und Gewalt Kassetten 1-5（München: Piper, 1990）

邦訳

志水速雄訳『革命について』（合同出版，1968）
大久保和郎訳『イェルサレムのアイヒマン』（みすず書房，1969）
大久保和郎・大島通義・大島かおり訳『全体主義の起原』1-3（みすず書房，1972-74）
阿部斉訳『暗い時代の人々』（河出書房新社，1972）
志水速雄訳『人間の条件』（中央公論社，1973）
寺島俊穂訳『ラーヘル・ファルンハーゲン』（未来社，1985）
佐藤和夫訳『精神の生活』上・下（岩波書店，1994-95）
コーン編，斎藤純一・山田正行・矢野久美子訳『アーレント政治思想集成』1-2（みすず書房，2002）　ほか

リア・エンドレス

ハナ・アーレント

河合　節子　訳

哲学の歴史は、この世紀にはあまり多くの女性たちを知らない。考えることは男だけの仕事なのだ、ということの父権制的偏見は、何世紀もの間ずっと粘り強く持ちこたえてきた。二十世紀には、少なくとも三人の女性が、哲学という男の領域で、自己を主張している。すなわち、エーディト・シュタイン（訳注 Stein, Edith. 一八九一―一九四二。ドイツ系ユダヤ人の哲学者、宗教家。カルメル会修道女。アウシュヴィッツ強制収容所で死去。一九九八年列聖）、シモーヌ・ヴェイユ（訳注 Weil, Simone. 一九〇九―一九四三。フランス系ユダヤ人の哲学者、神秘主義者）およびハナ・アーレントである。

三人の女性はみな、ユダヤ人だった。エーディト・シュタインは、カトリックに改宗したが、のちに強制収容所で殺害された。シモーヌ・ヴェイユは、自己のユダヤ人としての根源を重要だと見なすことを拒絶し、自己の出自を否定した。二人の女性は、自己を「犠牲」にしたのである。すなわち、エーディト・シュタインは、カトリックの尼僧として、ユダヤ人の苦難を共にする同胞のために犠牲になった。シモーヌ・ヴェイユは、フランスと解放の政治に。ハナ・アーレントだけが、生贄の役割を引き受けなかった。彼女は、思想、哲学およびユダヤ人の出自とその伝統を、活発な政治的活動と結びつけることに成功した。ハナ・アーレントは、思考の開拓者的女性だった。一九七三年、亡くなる二年前に彼女は「私たちはものを考えることで、改めて幾度も、日常の生のなかでぶつかる問題解決のための備えを固めるのです」と述べている。

この証言は、とても賢明だが、じつに現実的なものの観方をはっきり示している。それにこの観方は、哲学が世間離れしていることとは一致していない。哲学はしかし、ハナ・アーレントに一生涯つき添ってきた。哲学は、彼女の初恋だった。彼女は一度も自分を哲学者と呼んだことはないが、哲学的認識は、彼女を最後まで魅了し続けた。そのきわめて活動的な生涯において、たとえ何に出会おうとも、それを自らの哲学によって分析し、歴史的問題に移し換えた。そしてそれらの問題はつねに、真実を追求するものであった。

ハナ・アーレントは、一九〇六年、ハノーファーの近くで生まれ、イマヌエル・カントの町ケーニヒスベルク（訳注 現在はロシアのカリーニングラード）で成長した。彼女の先祖は、この町で、すでに何代にもわたって暮らしていた。母方の祖父母も父方の祖父母も改革派ユダヤ人だった。啓蒙主義の精神は実を結んでいたのである。ケーニヒスベルクは暮らしやすい町だった。アーレント家の住まいは、裕福な人々が住みついていた一角にあった。母方の祖父は、お茶を商う大きな店を所有していた。ハナ・アーレントの父（訳注 Arendt, Paul. ?—一九一三）は、技術者かつ在野の学者だった。アーレント家は、町では信望があった。両親の友人たちは、上流市民階級の出身であった。しかし両親は、ドイツ社会民主党がまだ禁止されていた時すでに、社会主義運動に加わっていた。母マルタ・アーレント（訳注 Arendt, Martha（旧姓Cohn）. 生没年未詳）は、ローザ・ルクセンブルクを賞賛していた。ハナ・アーレントの両親はあまり信心深くなかったが、ハナはユダヤ教会に通わせられた。そして親類のラビ・フォーゲルシュタイン（訳注 Vogelstein, Hermann. 一八七〇—一九四二）が、ハナに宗教の授業をした。日常における反ユダヤ主義行為は、子供時代には、彼女を圧迫していなかった。

まだ幼い子供だった頃、両親の家で「ユダヤ人」という言葉は、一度も発せられたことがなかった、と後年ハナ・アーレントは報告している。初めてその言葉を耳にしたのは、通りにいた子供たちの口からだった。年嵩の子供になってから、自分が「ユダヤ人」のように見える、つまり他の子供たちとは異なって見えることを、彼女は自覚していた。しかし、何か劣等なものとしてではなく、ごく普通のこととしてであった。

マルタ・アーレントは自負心のある女性だった。マルタは自分がユダヤ人であることを、自明のことと感じていた。ハナ・アーレントは、次のように書いている。「私の母は、私に洗礼を授けるようなことは、絶対にしなかったでしょう。しかし、たとえば私が、ユダヤ人であることを否定して、母がそれを見抜くようなことがあったとしたら、母は私の両頬に平手打ちを食らわせただろうと思います」。とはいえハナも、他のユダヤ人の子供たちと同じように、反ユダヤ主義に遭遇した。しかしハナの母親は、「危険を避けて萎縮していてはいけない。自分で自分の身を守らなければならない」という見解をとっていた。教師の口から反ユダヤ主義的言辞が発せられたときは、ハナはすぐ教室を出て家に帰り、すべてを報告するよう促されていた。母親は、その報告に基づいて抗議の手紙を書いた。反ユダヤ主義の言葉が子供たちの口から出たときは、ハナは家でその話をしてはならず、その場で自ら自分の身を守らなければならなかった。

これらの規則は、ハナ・アーレント自身が述べたように、彼女に品位と保護を保証するものであった。要するに彼女の母親は、子供の安全と、子供が他人から傷つけられないように気を配っていた。彼女の生来の自負心が、娘にも臆病であることを許さなかったのである。

ハナ・アーレントは一人っ子だった。母親は、自分の「太陽のような子」の発育について熱心に記録した。五歳で、ハナ・アーレントは、すらすら読み書きができた。しかし父親が一九一三年に梅毒で死んだとき、ハナは体の具合が悪くなり始めた。彼女は七歳だった。突発的発熱、扁桃腺の炎症、ジフテリアさえも母親の記録に現れた。それでもハナは、ルイーゼ王妃女子高等学校の最も優秀な生徒の一人だった。マルタ・アーレントは、娘のあらゆる感情の動きを観察したが、娘の関心に制約を加えるようなことはしなかった。マルタは自分の子供を音楽家にしたかったのだが、その子の歌う歌は大声で調子はずれだった。彼女は同じ頃、娘の語学の才能を記録する。言語と創造性は一つなのだ。

父親が早く亡くなったために、ハナ・アーレントは生家で、「男性的秩序の代表」とでも呼べるはずの者と接していない。それには良い面もあれば好ましくない面もあった。一方では、父親というものの良さや、父親らしいふるまいを知ることができなかった。他方ではもちろん彼女は、男性権力と衝突する機会もなかったのである。父親が長期間病床に伏している間、ハナは祖父とたびたび散歩に出かけた。その祖父は、彼女にいろいろな物語を話して聞かせた。彼女は、いつもは信じられないほどの記憶力をもっていたのに、この二人の男たちは思い出のなかでは影が薄れてしまっている。父親と祖父が死んでしまったあとは、もう誰も物語を聞かせてくれなかった。ハナ・アーレントは本に飛びつき、読書にのめり込んだ。

ハナはいち早く哲学書を発見した。彼女は十四歳でカントの『実践理性批判』を読んだ。どうしてこのようなことが可能だったのだろうか。書物のなかの象徴的審級が阻害されずに、読書をする少女のリビドーと結び合うことができたのである。制約は全く加えられなかった。マルタ・アーレントは、教養を自明のことであると思っていた。マルタは、なぜ自分の娘にとって、読書がそのような魅力をもつのか、疑問視することはなかった。母親は、読書や思索が、娘の女性性の発展を妨げることになるなどとは、夢にも思わなかった。母親はただ、自分の子供が、その頭のなかに留めておくものすべてに驚嘆したのである。ハナ・アーレントの場合、考えることと感じることとは、スムーズに一緒に流れていた。哲学は、実際に「彼女の初恋」だったので、それは彼女のなかに、知識の蓄積を超えた早熟な情熱をかき立てたのである。現実の父はいなかったが、象徴的な父親たちを、彼女は書物のなかから取り出していた。「精神の父性」が生まれた。精神が、生物学的現象から切り離されたのである。


ハナ・アーレントにとって、思索することは喜びであったが、同時にまた、彼女の内面には、ある種の陰鬱、ある理解されない世界苦が広がった。この世界苦は確かに、哲学が浮世離れしていることとも関係があった。学校が煩わしくなっていた。ハナ・アーレントは、私的な場で学ぶ方を好んだ。彼女は、ギリシア語のテクストを読むサークルを作った。大学入学資格試験一年前には学校を去らねばならなくなった。なぜなら、ある教師の授業をボイコットするよう他の生徒たちに呼びかけたからである。ハナはベルリンに行き、ガルディーニ（訳注 Guardini, Romano. 一八八五―一九六八。イタリア出身のドイツの神学者、哲学者）の講義を聴き、神学を学ぶ決心をした。それからケーニヒスベルクに戻り、一九二四年、外部生として大学入学資格試験に合格した。元のクラスメートたちより一年早い合格だった。ハナ・アーレントは十八歳だった。

初期の著作の試みが行われたのもこの時期だった。『疲れ』（Müdigkeit）という詩のなかで彼女は、徐々にあるはっきりしない気分に捉えられていく。そこで語られているのは十七歳の少女のメランコリックな自我である。しかしハナ・アーレントがたとえどれほど無関心そうに自分自身について話す時でも、中心に立っていたのは彼女自身の存在である。それに彼女は、愛するものを捉えることはできなかったが、人生から屈伏させられたりはしていなかった。この時期の他の数編の詩のなかにも、あのとらえどころのない苦しみが見てとれる。それは、成就することのなかった数々の愛の物語において、充分すぎるほどおなじみのものである。アーレントのこれらの詩はませた感じで、あまりにも大人びていた。早熟な子供らしさとロマン主義が混ざり合っていた。

　このように情緒的に曖昧な状態にあったとき、ある非凡な哲学の講師に関するニュースが、ハナ・アーレントに届いた。彼の名はマルティン・ハイデガーだった。ハナ・アーレントは、マーブルクで、哲学、神学、ギリシア語を学び始めた。

　この新しくやって来た女子学生のことを、ハンス・ヨーナス（訳注 Jonas, Hans. 一九〇三―一九九三。ドイツのユダヤ系哲学者、宗教史家）は覚えていて、次のように語っている。「引っ込み思案な、考え込んでいる様子で、人目に立つ、美しい顔だちと寂しそうな眼差しで、彼女はすぐさま、〈並はずれた〉、〈比類のない〉人として、今でも何と言ってよいかわからない感じで目立っていた。……自己の傷つきやすさをものともせず、自分自身であることを貫き通す粘り強さを秘めて、自分自身であろうとする絶対的な決意が感じられた」。ハンス・ヨーナスの言う「絶対的な決意」が、ハナ・アーレントを一人の哲学者に近づけた。その哲学者は、形而上学を根本的に改革する計画に没頭していた。間違いなくアーレントは、ハイデガーのもとで学ぶ必要条件を身につけていた。すでに、哲学上の父親的存在と紙の上での情熱的な思索を交わすことに長けていたからである。いまや本を通して彼女に語りかけるのではない、生きた一人の哲学者を眼前にしていた。情熱的な思索と熱情が一つになった。ハナ・アーレントとマルティン・ハイデガーは互いに夢中になった。

　ハイデガーの実存主義哲学は、何らかの社会的使命に対する強制を認めたりしなかった。それは存在そのものを思索の中心においていた。この方法は、ハナ・アーレントには歓迎すべきものだった。彼女は一九二五年に、自伝的習作『影』を書いて、それをマルティン・ハイデガーに捧げた。彼女はそのなかで、自己の存在について、率直に、歯に衣を着せずに物語っている。彼女のケーニヒスベルク時代が、その考察の中心になっている。いくつかの詩のなかにあったロマン主義的気分は、根拠のない漠然としたものと見なされた。自分の状態をアーレントは、「魔法にかけられていた」と記述している。彼女の詩におけるように、この「魔法にかけられている状態」には、何かふわふわした、摑みどころのないものがある。それでもハナ・アーレントは、自分の感情を記すだけで終わってはいない。改めて、誇りが登場する。詩に現れている彼女の独自性は、固有の高踏的「排他性」と対応している。彼女が熟考しているのは、気分だけではなかった。このスケッチ風の短編のなかで、自分の「無力な見捨てられた青春、父親不在の青春」について、きわめて率直に描写している。

こうしてアーレントは、ほぼ二倍も年上の哲学者に夢中になり、この恋を回避することはほとんどできなかった。しかしそれは不幸な愛である。ハイデガーは結婚していた。会うことは秘密にされた。ハナ・アーレントはのちに、妻エルフリーデとハイデガーの結婚は「下層民とエリートの間の契」だと述べている。ハイデガーにとって、ハナ・アーレントは「生涯の恋」だった。彼は実存主義哲学において聖典視されることになる著書『存在と時間』を執筆中であった。彼は自分自身に夢中だった。第一次世界大戦後、ハイデガーは自分の時が来たことを悟っていた。科学は存在という基本問題に答えられないという確信のもとに、彼は思考と経験を同等に扱った。ただし、ハイデガーの実存的体験とは「死への助走」であり、体験の原動力は不安である。ハイデガーは、存在を存在者から浄化しようと努めた。つまり歴史的なものを、すべて置き去りにしようと努めたのである。このやり方は人心を惑わすものであったし、のちに明らかになったように危険でもあった。だがしばらくの間彼は、大学の現状に満足せず、空疎な大学の日常から抜け出そうとしていたインテリたちを身の周りに集めていた。ハイデガーはいわば高僧であり、自分の信者を自分の周囲に集めていたのだ。ゲオルク・ピヒト（訳注 Picht, Georg. 一九一三―一九八二。ドイツの教育学者、宗教哲学者）は、ハイデガーの講義を、見事に演出された、修辞学的に高度に様式化された舞台への登場と呼んでいる。人はかり知れないほど多くのものを学んだ。ハイデガーは、世界史の新紀元が今日ここで始まるのだ、という確信を学生たちに抱かせる演出を厳かに行った。ハイデガーのゼミナール様式は、権威主義的なものだった。疲れていると、彼は突然教師根性を丸出しにすることもあった。要求した答えが正確に返ってこないと、いらいらして怒った、とゲオルク・ピヒトは述べている。ハイデガーの教え方は、古いカトリックの伝統に刻印されており、「思想の訓育」を施すものであった。そしてピヒトは、それを精神科学においては例のないものと見なしている。ピヒトは、ハイデガーの学生たちの一部に独断論や教条主義が発生したことは、ハイデガーにも責任があるとしている。なぜならハイデガーは「学生たちに不安を呼び覚ました」からだ、というのである。しかし誤った依存性は、ハイデガーにとって耐えがたいものだった。ピヒトによれば、「ある女子学生が、彼の用いる決まり文句だらけのレポートを読み上げたとき、彼は二、三文で、『ここではハイデガーかぶれは許されない！　本題に移ろう』と言って、彼女を遮った」という。

　これらの思い出は、ハイデガーが学生たちに及ぼしたに違いない影響を明らかにしている。彼は、世界精神そのものが語っているのだ、という印象を呼びおこそうと努めた。他方、彼の人柄が田舎じみているという一面も見過ごすことはできない。すなわち、教師根性丸出しであること、細心の注意を払って行う秘法、彼の儀式に対する妨害あるいは推定上の妨害に対する、狭量な敏感さ、教えることや考えることの手段として不安を広めること。ハイデガーは、何度も言われたように、宗教をもたない神学者だった。ハイデガーが、ギュンター・シュテルン（訳注 Stern, Günter〔筆名 Günter Anders〕. 一九〇二―一九九二。ドイツのユダヤ系哲学者、評論家。ハナ・アーレントの最初の夫）、ベノ・フォン・ヴィーゼ（訳注 Wiese, Benno von. 一九〇三―一九一九。ドイツの文芸史家）、ハンス・ヨーナス、カール・レーヴィット（訳注 Löwith, Karl. 一八九七―一九七三。ドイツのユダヤ系哲学者）あるいはヘルベァト・マルクーゼ（訳注 Marcuse, Herbert. 一八九八―一九七九。ドイツのユダヤ系哲学者）のようなさまざまの若い知識人たちを魅了したことは確かである。これらの学生たちにとって、ハイデガーの哲学は新たな始まりであった。ヘルベァト・マルクーゼは、ハイデガーのドイツ・ファシズムとの呪うべき結びつきに失望を隠さなかった。そこでマルクーゼは、ハイデガーの理論にこの魅惑の理由を見つけだそうとした。

　学生たちは、存在、不安、心配、退屈という概念に取り組んだ、そしてこれらの概念を彼ら自身の存在において再認識したのである、とマルクーゼは言う。彼らは要するに、哲学的に彼ら自身の人生の諸問題と取り組んだのだ。それと並行して、ハイデガーのギリシア哲学とドイツ観念論の解釈を通じて、はるか以前から硬直していたテクストにおける新たな認識が提供されたのである。マルクーゼは、学生たちが、ハイデガー哲学の具象性がもつ仮象性になかなか気がつかなかったこと、そしてハイデガー哲学の諸概念が、抽象化の度合を増し続けるうちに失われたことを指摘している。

ヘルベァト・マルクーゼは、一九三三年にフライブルクを去った。マルクーゼによれば彼も彼の友人たちも、一九三三年以前に、ハイデガーのナチズムとの関係について何か知っていたとか、気がついたことはなかったという。のちになって初めて、彼らは、ハイデガーの哲学と政治的姿勢の間のつながりをはっきりさせようとした。マルクーゼは、次のように記している。「ヒトラー政権に対するハイデガーの信条告白を（ちょっと）足を踏みはずしたとか、誤りとして、あっさり片づけようとすることは、今日では、私には恥知らずのように思われる。なぜなら、哲学者というものは、自分自身の哲学、そして本来の哲学を否定せずに、そのような〈誤り〉を犯すことなどあり得ないからである」。

ハイデガーはますます強く、狂信的な「自我」原理と結びついた、彼自身の思考暗示に支配されるようになっていた。ハナ・アーレントは、天才を目の前にしている、と信じていた。十八歳という若さではまだ、天賦の才と比類のなさという夢を信じるよう誘い込まれることも当然あり得たのである。それに、本のなかの天才的な頭脳たちを、一人の生身の天才と置き換えることは、間違いなく魅惑的だった。たとえすぐあとで、彼女の価値観の重要さの判定基準が変化しても、全く比類のない出会いという夢に、ハナは忠実であり続けた。ハイデガーの写真は最後まで机の上にあった。ハナが、実存主義的存在論の思想の破壊的な迷路に、それほど迷い込んでいかなかったことはほとんど奇跡に近い。彼女はハイデガーより「理性的」だった。ハイデガーは、自らの精神という牢獄に完全に閉じ込められており、自らの男性的言語という菌類が作り出した形体のなかに没入していた。

ハナ・アーレントは、トトナウベルクの山小屋に通う巡礼にはならなかった。そこでは「思想」という呪物に忠誠が誓われていた。その山の上では、誇大妄想が誰はばかることなく、はびこることができたのである。ハナ・アーレントは、山の下の地上に留まっていた。歴史が彼女をリアリストにした――しかし事態はまだそこまでは進んでいなかった。ナチスによる破壊のプロセスは、まだ攻撃を開始していなかった。まだ、彼女は外の世界と隣合せに、マーブルクやフライブルクで、学生時代という庇護空間で生きることができたのである。なるほど彼女は、存在の真実を問題にしていたが、まだこの真実を、自分の現在を認識するためには用いなかった。思想の深遠にまで降りていく――なにゆえ？　ソクラテス以前の哲学者たちの言語を理解する――なにゆえ？　ハイデガーは存在（Sein）そのものを「唯一の要件」、「明るみ」（Lichtung）として言語化しようとした。しかしまだ歴史の迷路が存在していた。

ハナ・アーレントは、ハイデガーと熱心に議論している。『存在と時間』が生まれ、一九二七年に出版される。その二年前にハナ・アーレントは、失望してマーブルクを離れた。そしてフライブルクのエトムント・フサールのもとでの短い間奏の後、ハイデガーの推薦を受け、カール・ヤスパースのもとで博士論文を書くために、ハイデルベルクに向かった。

このようにマーブルクに距離を置くことによって、ロマンティックな気分も徐々に消えていった。『存在と時間』を、哲学的な啓示として認めるか否かは、本稿の論題からはずれている。ハイデガーはたびたび若者の誘惑者と呼ばれた。彼は今日まで一種の誘惑者であり続けているようだ。今日、『存在と時間』を読むと、ハイデガーの表現力の豊かさを感じるが、それは宗教的なものと直接隣り合っている。存在（Sein）に関する問いはつまり、あらゆる方面に向けて開かれている。彼は現存在（Dasein）の認識の前にある諸々の気分にも、いくつか短い考察を捧げている。ハイデガーが〈被投性〉（訳注 Geworfenheit. ハイデガーの基礎的存在論において、「投企」とともに、現存在の存在性格を形式的に表示する言葉。不安（根本的には最も自己的な存在可能としての死の不安）において表れる）と理解しているものに寄与するのが、この諸々の気分なのだ。愛もこれらの気分の一つである。ハイデガーはこの愛という気分を『存在と時間』の中で、二箇所の注でのみ取り上げている。注の一つはパスカル（訳注 Pascal, Blaise. 一六二三―一六六二。フランスの哲学者、数学者）から、もう一つはアウグスティヌス（訳注 Augustinus, Aurelius. 三五四—四三〇。ローマ・カトリック教会教父の代表的な一人）から取られている。ここで問題になるのは、アウグスティヌスからの注である。すなわち「人は真理に近づくことができない、愛を通じてより他には」（Non intratur in veritatem, nisi per charitatem）。それ以外にはハイデガーは、愛について沈黙を守り通している。愛には疑いようもなく、カトリック的な色合いを帯びた、非性愛的な、脱性化された「慈愛カリタス」以外にもさまざまな言い方、すなわち概念、有様、「気分」が存在するのだが。ハナ・アーレントはハイデガーとは異なったやり方をとった。彼女は、「アウグスティヌスにおける愛の概念」について博士論文を書いたのだ。

ハイデガーがなにゆえ愛というテーマに、これほどわずかしかページを割かなかったのか、思案することは無意味である。その代わりに『存在と時間』の中では、恐れ、不安、そして彼のお気に入りのテーマの死が、ますます頻繁に語られている。彼にとって死は、存在することの一つの方法（eine Weise）なのだ。そのように考えると、その提唱者本人が、存在方法としての自己の将来における死から、こっそり逃げだしたがっているのではないか、という疑念は自然なことのように思われる。まだ生きている間に、この小さな〈不滅性〉を、権力を表すしぐさに変えることができるとしたら、このことは特に意味をなすだろう。しかし愛が、二人の別人の引用文を用いて、一つの注にこじつけられるとしたら、ハイデガーの哲学に個人を探しても無駄なことは明白である。個人は、その「救いのない」機能のなかで、自らを止揚し、解消してしまう。これが、今日もなお、多くのフランスの思想家たちを魅惑している一つの事実なのだ。

ハナ・アーレントの博士論文は、彼女がハイデガーの思想に呑み込まれていないことを示している。『存在と時間』は、厳格で野心的だった。そしてのちにヤスパースが述べているように冷酷だった。愛がなかった。それはカトリックの教義のような絶対性の要求をもって書かれた本である。ハナ・アーレントは結局、このドグマ性に跳ねつけられたのである。徐々にハナ・アーレントはもう一人の哲学者、カール・ヤスパースに向かって移動していく。ヤスパースは彼女の生涯にわたって、父親のような友人になる。彼女にとって父親がいないということは、自分のために父親たちを探すことを意味した。ヤスパースは彼女の最後の父親だった。

博士論文において、ハナ・アーレントは、ハイデガーの死の作品についてこれ以上書く必要は全く感じなかった。アウグスティヌスの愛の概念についての研究は、厳密に内在的に進められている。基本的には、アウグスティヌスが述べたことが再現されている。引用文は互いに並列されることで、このキリスト教哲学者の広い思想空間が開かれる。アウグスティヌスは「神」とその被造物である人間の間で、たびたびその方向を変えた。この論文のなかで、ハナの抽象的思考の喜びが明らかになる。また矛盾を暴露する努力も明らかになる。ハイデガーとの方法論的関連は、しかしまだ明白である。すなわち、ハナはアウグスティヌスの歴史的位置づけには興味を示さない。諸々の概念そのものが興味を起こさせるからだ。この博士論文に明らかな、高度の昇華作業によって、ハナ・アーレントはハイデガーとの一風変わった恋物語を整理する。「アペティトゥス」(appetitus)（訳注 これに従って愛はそれがもっていないものを求める）という概念で、彼女は欲望や愛の損失を追求している。もちろん、アーレントののちの生活や思想にとっても「カリタス」(charitas)（訳注 愛徳、神の愛、つまり神を直接の目的として恩寵によって与えられる愛）、つまり隣人愛というアウグスティヌスの概念は生き続ける、それも社会的な現象として。アウグスティヌスの神学に彼女は身を捧げたわけではない、しかしそこに宗教的価値を認めていた。

アウグスティヌスとの取り組みにおける最も重要な分野は、この女性作家にとっては、「生まれるべき定め」(Natalität) の概念である。「誰が自分を創ったのか」という疑問が、晩年に至るまでハナ・アーレントの心に懸かっていた。一九六三年になってもまだ彼女は、自分の博士論文に関するメモをとっている。

「生まれるべき定め」は、アーレントにとって一つの決定的な事実を意味している。その事実が人間を意識のある、記憶する存在と定める。人間を一つの欲望する存在と定める事実の方は、彼女にとって死あるいは「死すべき運命」(Mortalität) である。欲望の根幹を彼女は死の恐怖のなかに、また不満足な生のなかにあると認識している。生まれるべき定めは、生命という贈物に対する感謝を意味している。そしてハナ・アーレントが述べているように、人は苦しみにおいても、その贈物を評価している。希望あるいは欲望ではなく、感謝と記憶が、最終的に死の恐怖をやわらげる。

ハイデガーの場合には、「死すべき運命」だけが存在した。ハナ・アーレントは自らの思考のなかに、この二つの極を取り入れている。そして年齢を重ねれば重ねるほど、彼女は出生の「奇跡」の方に傾斜していく。ノヴァーリスが言うように哲学が「郷愁、衝動、至るところに故郷を見いだすこと」であるとすれば、ハナ・アーレントは、ケーニヒスベルクにおいて独学で、またマールブルク、フライブルク、ハイデルベルクにおいて大学での勉学の間に、のちに、誰も彼女から取り上げることのできなかった「故郷」を創り上げたのである。しかし、彼女の内面が無傷であることは、特にカール・ヤスパースに負っている。

ヤスパースは、ハイデルベルクで、マールブルクのハイデガーと全く同様に有名だった。二人は「実存」(Existenz) の研究をしていた。そして七歳年上のヤスパースは、自分と同様、大学を改革しようとしていた年下の同僚に好奇心をもっていた。ヤスパースが一九二〇年にハイデルベルクで教授になったとき、哲学上の男同士の友情が生まれた。しかし一九三三年以後、彼らは二度と会わなかった。「改革」をどのように解釈すべきかに関して、彼らの見解はあまりにも相違していたからである。ヤスパースはハイデガーを刺激的な思想家と見なしていたが、『存在と時間』は、彼に不審の念を起こさせた。またハイデガーも、ヤスパースの著作にはあまり用がなかった。それらは、彼にとって平凡すぎたのである。

さてヤスパースのもとで研究を続けていたとき、ハナ・アーレントは、実存主義哲学を体現している、当のもう一方の男性のもとに来たことを、意識していなかったのは間違いない。一九五八年のドイツ出版平和賞の授与式のスピーチのなかで、彼女はカール・ヤスパースについてこう述べている。「ヤスパースが完全にひとりだった当時、彼が代表していたものは、ドイツではありませんでした。それは、ドイツのヒューマニズムの伝統だったのです」。マルティン・ハイデガーの八十歳の誕生日に、彼について述べた彼女の言葉は、それに反して予言的な色合いを帯びている。「私たちの後に来る者たちが、私たちの世紀を覚えていて、それに対して誠実であろうとするなら、荒れ狂う砂嵐を忘れないでほしい。それらの砂嵐は私たちみんなを、一人ひとりに対してそれぞれのやり方で、あちこちに吹き飛ばしたのですが、その砂嵐のなかにあっても、このような人物とその業績が可能だったのです」。

ハナ・アーレントは、ハイデガーに思索の「恐ろしいまでの深さ」があるのを認めている。ただし、この思索は彼にとっていつも、まず第一に自分自身の思索だった。この思索を、ハナ・アーレントは探査したり、より正確に言い表そうとはしなかった。彼女は「誠実であろうとしている」のだ。ハナ・アーレントは公開の席ではいつもハイデガーを大切に扱ったし、結局のところ彼を許した。しかし彼女は最後まで、彼の作品に対しては批判的に対決した。

ヤスパースも一九二八年から一九六五年の間に書き上げた『マルティン・ハイデガーに関する覚書』のなかで、彼がハイデガーと決着をつけることができなかったことを明らかにしている。生前彼は、この手記を決して出版しようとはしなかった。というのは、それらはハイデガーの仮借ない姿を描いているからである。彼は、ハイデガーの「思い上がった自己理解」を批判しているだけではない。ハイデガーが政治的に誤った道に迷い込んだのは、その哲学自体に問題があるのではないか、という疑問を幾度も繰り返して追及している。ハイデガーの「人間を考慮に入れない存在の考え方」が、いずれにせよ彼をその方向に向かわせた、というのである。ハイデガーは、ヤスパースにとって魔術師であるが、ヤスパースの言葉を用いれば、あまりに歴史に盲目なため、「本当は哲学者として総統を教育する」つもりだった。ハイデガーのナチズムは、ヤスパースにはわかっていた。特にハイデガーは、現実と関わりをもたず、いかなる責任感もなかったのであるから。要するに、ハイデガーの場合、哲学と真実がバラバラだからである。ヤスパースは繰り返し、ハイデガーがどんなにヒトラーの手に夢中になっていたか言及している。彼はハイデガーに「魔力」(**Zauber**) があるとしているが、その魔力はゲーテの言う意味ではなく、小鬼（訳注　地中の宝を守るという小人の姿をした地の精）のようなものである。ヤスパースは「ハイデガーにおける地の精的なもの」、「意図せぬ虚言」、「誤り」、「不誠実」が魔力のような効果を上げていることについて述べている。このことはハイデガーの創り出す哲学のなかにも見てとれるというのだ。ヤスパースは次のように書いている。それは「美しく誘惑するようで、贅沢に作られていて真実ではなく、約束しながら何物にもならない、現世的で腐りやすい、不安に満ち、絶えず追跡されていて、決して一つの愛のなかで安らうことなく、無愛想、かと思うと嘆き悲しみ、感動的で、同情を呼び覚まし、助けを乞い求めている。権力意識できりきり舞いしながら、虚脱状態でなすすべもなく、品位もない。いつも努力し、決して直截になることなく、抜け目のない、だが自分自身のことはわかろうとしない本能をもって」。

ハイデルベルクにやってきたとき、ハナ・アーレントにとって道徳的な見地から思索と科学を知ることは、全く新しいことだった。思春期以来カントを読んでいたが、いまや全く別の読み方を身につけたのである。ヤスパースは、カントを通して、改めて理性と結びついた自由の概念へ、彼女を導いたのである。カントの哲学において、道徳的審級として機能していたものは、理性そのものなのだ。カントは彼の『道徳形而上学基礎理論』のなかで、ある目的の手段として、人間を見ることを否定しているが、その姿勢によって、少なくとも人間の自由な共同生活という理想像が、目に見えるものとなる。ハナ・アーレントは、この理想像を生涯手放さなかった。この理想実現の前提は、人間が理性的に考え行動することと「のみ」である。しかし人間同士のこの道徳律が、どれほど実践されないものであるか、ハナ・アーレントは、まもなく思い知らされることになる。

もちろんヤスパースも、ある点では世情に疎かった。また当時の彼には、具体的な歴史的状況を見抜くことは重要ではなかった。「実存の解明」はしかし何といっても、哲学することを個人の生活において再検討するためのものであった。ハイデガーとは対照的に、ヤスパースは思想における改革に価値を置いていなかった、むしろ逆だった。彼は伝統的な概念内容を認識して、この基本知識によって人間の尊厳を身につけようとしていた。ヤスパースは、ハイデガーのように、自惚れでも野心的でもなかったので、哲学の殿堂に座を占めようと腐心したりもしなかった。彼のエネルギーは、現実の世界のために空けてあった。

アーレントの博士論文『アウグスティヌスにおける愛

の概念』は、一人の哲学者への抽象的理解を喚起しようとする努力に支えられていた。この哲学者（すなわちアウグスティヌス）は、概念のジャングルのなかで、多くの矛盾に巻き込まれたのだが、それによって特別生き生きとした存在となった。ハナ・アーレントにとって重要な問題は、精神的なものの現実性だった。アウグスティヌスの場合、この精神的なものは、誕生と死の中間にあり、その場は神の国の理想のなかにある。ハナ・アーレントは、「死に向かう存在」についてとても多くのことを聞いていたが、ヤスパースの影響で、より明るい世界に足を踏み入れており、いまや「誕生の価値」に深い感銘を与えられていた。しかし誕生は言うまでもなく、単なる精神的価値ではない。これは、さまざまな死の産物が作り出す、パラノイアに対抗するものなのだ。ハナ・アーレントは、ハイデガーの思想の闇から抜け出して、彼女自身の歴史世界のうちで生き埋めになった部分を、捜し始める時点に到達した。彼女が繰り返し、ピンダロス（訳注 Pindaros. 前五一八頃―前四三八頃。ギリシアの合唱抒情詩人）の文「あるがままの自分であれ」を引用したのは、理由のないことではない。

純粋に精神的なものの現実性は、したがって、アーレントにとっては十分ではあり得なかった、それで彼女は教授資格を取得しようともしなかった。大学で輝かしいキャリアを積むことは確実だったであろうが、それにもかかわらず。彼女は二十三歳でベルリンに行き、ギュンター・シュテルンと結婚した。彼は今日、ギュンター・アンデルスとして知られている。この大都会で、自立した空間としての哲学というアーレントの以前の考え方には、ハイデルベルクでよりもずっと多くの裂け目が生じた。彼女は、クルト・ブルーメンフェルト（訳注 Blumenfeld, Kurt Yehudah. 一八八四―一九六三。ドイツ系ユダヤ人。シオニズムの指導者）に再会する。ハイデルベルクでシオニズムに関する講演を聴いて、ブルーメンフェルトのことはよく知っていた。彼はアーレントにとって「政治問題における指導者」となった。彼もケーニヒスベルクの出身であった。彼らの子供時代へ橋が懸けられた。ブルーメンフェルトは、ユダヤ人の同化に対する厳しい批判者である。徐々に、いわゆるユダヤ人問題が、彼女の関心の中心となった。大都会では、歴史の現実は、地方都市より力強く、よりいっそう多様になだれ込んでくる。そして地方にいる哲学者ハイデガーが、徐々にファシズムの「暖かい潮流」を夢見始めていた時に、ハナ・アーレントはラーエル・ファルンハーゲン（訳注 Varnhagen von Ense, Rahel. 一七七一—一八三三。ベルリンのユダヤ系作家、サロン主宰者）に取り組んでいた。

プロイセン国立図書館において、彼女はファルンハーゲンの難解な手紙の解読をしている。しかし、アーレントは初期ロマン主義をめぐる旅に赴いただけでなく、ファルンハーゲンのユダヤ性についても、歴史的総体におけるその相反する二面性の研究をしている。ユダヤ人であることは、つまり恥であるとともに顕彰でもあった。彼女自身の目覚めつつある歴史的興味が、ラーエル・ファルンハーゲンの手紙のなかに見いだしたのは、ラーエルの個人的な不幸の一部を食い止めたであろうものではなかった。アーレントが発見したのは、ユダヤ的伝統に埋め込まれた生であった。だが十八世紀の女性として、ラーエル・ファルンハーゲンには、それでも不幸中の幸いがあった。彼女は賢明であり、一生涯自己洞察の能力を失わなかったからである。彼女は独学であったが、文通相手から、そしてまた文通相手とともに学び、その上終焉に向かいつつあるゲーテ時代の文化的生活に、影響を与え続けた。彼女は友情を結ぶ才能があった。十九歳のラーエルの小さな屋根裏部屋に、社会の各層から、きわめて多種多様な人々が集まった。ルイ・フェルディナント王子（訳注 Louis Ferdinand von Hohenzollern. 一七七二—一八〇六。プロイセンの王子、戦死）すら、愛人と一緒にやって来た。しかしこの小さな屋根裏部屋は、社会の領域という場に重なってはいなかった。この部屋からは、社会に道は通じていなかったのである。ラーエル・ファルンハーゲンは、女主人役を果たしてはいたが、例外的状況にあり、アウトサイダーであった。ラーエルはこの役割を、誇りをもって完璧に果たした。しかしまもなくそれに飽き足らなくなった。彼女は現実主義者だった。つまりロマン主義という言葉で片づけてしまえる人ではなかったのである。要するにファルンハーゲンは、人生に積極的に関与したかったのだ。そこで彼女は、自分の同化を推し進めた。身元を隠し、夫を得ようとしたが、間違った男たちに遭遇した。自分の「恥ずべき」生まれに彼女は気づいた。それだけではない。ただの女で、しかも「優雅さに欠け」ていた。要するに、考えられる限り本当に悪いカードを手にしていたのだ。それでもその後、アウグスト・ファルンハーゲン（訳注

Varnhagen von Ense, Karl August. 一七八五—一八五八。外交官、評論家）との結婚にようやく漕ぎつけたとき、彼女は四十三歳になっていた。もちろんそのためには、あらかじめラーエル・レヴィンからフレデリーケ・ローベルトに改名し、キリスト教の洗礼を受けた。しかしファルンハーゲン夫人としての彼女は、夫の妻として認められたにすぎない。内心彼女は、反乱を起こしていた。「結婚しなければ、私は無だった、無というのは大変な意味があるのだ」。最低限の社会的な承認を得るやいなや、それに対してラーエルはすぐ抗議の声を挙げた。彼女は次のように書いている。「人は本来の自分から離れることができるのだろうか。遠くへ、ずっと遠くへ。小さな弱々しい船が、はるか大海原を、風と嵐に吹き流されるように。真に私という人間にとって、まだ大切な唯一のもの、私の心のなかに深く沈んでいる唯一のもの、底に大理石のように重く黒々と横たわっている唯一のもの、私はそこに目をやることはしない、私はそれをそのままにしておく」。ハナ・アーレントは、ラーエル・ファルンハーゲンのこの行動を論評して、こう述べている。「もし人が、自分でそうありたいと望んでいないものに見せかけようとすれば、そういうことになる。ラーエル・レヴィンとはようやく手が切れた。しかしフレデリーケ・ファルンハーゲン、旧姓ローベルトにも、彼女はなりたくないのだ。前者は受け入れられなかった。後者は、自分を虚偽の人間と同一化する決心を、受け入れたくないのだ」。

ラーエル・ファルンハーゲンの伝記のなかで、ハナ・アーレントは賤民—成り上がり者という対概念を用いている。それによって彼女は、ラーエルの進んだ道をお手本としてたどることができる。ラーエルは十分賢明で、アウトサイダーの自由から逃亡した後、どのような「地獄の窮地」に自分が落ち込んだか、理解することができた。同時に彼女は、成り上がり者として、自分の誤りと名づけたもの、すなわち人間に対する尊敬を放棄しなければならなかった。ラーエルはそれを、いわゆる上昇のために蒙らなければならない損失であると見なした。しかしハナ・アーレントは、ラーエルが決して、自分の「誤り」と手を切らなかった、と言っている。アーレントによれば、ラーエルのいわゆる「誤り」が、本当の意味での成り上がり者になり、成り上がり者として幸せだ、と感じる邪魔をしたのではないかという。夫ファルンハーゲンとの関係は、結局のところ、感謝のみに基づいていたのだが、結婚生活が続くうちに、一種の避難所と化した。こうしてラーエルは、自分の賤民としての特質を、成り上がり者としての存在のうちに救い出すことに成功した。

ハナ・アーレントにとって、ラーエル・ファルンハーゲンの伝記研究は、ドイツ語圏ユダヤ人にとって、同化の意味するパラドックスの全体を再考する、またとない機会となる。それに、ファシズム前夜の風潮のため、彼女自身にとって、同化は問題外であることがますます明白になる。どうして自分の殺人者と同化できるはずがあろう?! ラーエルもすでに「私たちは人間社会からはじきだされている」と認識していた。しかし人生の終末に当たってなお、ラーエルは自分の「恥ずべき生まれ」を誇りをもって全うした。彼女は「人生の非常に長い間、私にとって最大の恥辱であり、最もつらい苦しみ、不幸であった、ユダヤ女に生まれたことを、今は決して失いたくない」と書いている。

このように、ラーエル・ファルンハーゲンによって自己発見したハナ・アーレントは、それまでとは異なる部分についてきわめて敏感になった。アーレントのロマン主義時代の姉ともいうべきラーエルの運命は、もし同じ時代を生きていれば、アーレント自身の運命だったかもしれない。しかしラーエルが反逆的な自意識をもって人生を閉じたその同じ場所から、ハナ・アーレントは出発した。アーレントにとって自分の生まれは決して疵ではない。それについてはすでに、彼女の母があらかじめ配慮していた。彼女はまた一度も、たんに自分が女であるという事実だけで貶められたように感じたことはない。さらに決定的なのは、アーレントにとって、目の前の社会における栄誉は、全くどうでもよかった、ということである。

ラーエル・ファルンハーゲンの伝記は、ハナ・アーレントの最も個人的な著作である。一九三三年に彼女がドイツを離れなければならなくなったとき、まだ二章が不足していた。一九三八年にやっとその本を完成することができた。ラーエルのユダヤ人としての運命は、ハナ・アーレントにとって、反ユダヤ主義の一つの実例となった。この反ユダヤ主義が、野蛮なファシズムに行き着いたのである。ヨーロッパのユダヤ人とヨーロッパの民族国家に関する認識は、主著『全体主義の起源』につながるものとなった。

ラーエル・ファルンハーゲンの書簡はそのため、アーレント自身のおかれた歴史的状況の考察や評価にとって、多くの哲学者の「精神」より重要だった。一つの伝記に直接取り組むことで、アーレントは自分の実際の生活に重要な意味を獲得した。特に一九三三年以後は、もはや歴史を解釈することではなく、歴史に対する自己の哲学上のナイーブさを克服することが重要であった。したがって、ラーエル・ファルンハーゲンの書簡と人生に沈潜することは、自分自身の歴史に沈潜することを意味した。ハナ・アーレントの結論は以下の通りである。賤民《パーリア》としての自意識は、ラーエル・ファルンハーゲンのような場合には、その逆説的状況から抜け出すために必要である。スポンジのように自己の内実を吸い取られてはならず、成り上がり者になってはならない。カール・ヤスパース宛の一九四六年の手紙で彼女は、自分のアウトサイダーとしての役割を描写している。自分は決して「尊敬に値する」者になったわけではない。なぜなら今日では以前よりもっと人間の生存は社会の周辺でしか可能にならない、と考えるようになっている。その場合人は、多かれ少なかれユーモアをもって、社会によって石打ちの刑に処せられたり、餓死の判決を下される危険を冒す。「私はここではかなり知られています」と彼女はアメリカ合衆国から書いている、「そして多くの人にとって、ある問題に関しては多少権威があります。つまり彼らは私を信頼しているのです。しかしそれは他に理由があるにせよ、私が信念からも〈才能〉からも栄誉を望んでいないと、彼らが知っていることから来ているのです」。

だが、このアウトサイダー気質はハナ・アーレントを世間から遠ざけるどころか、逆に政治活動に従事させることになった。

一九三〇年のベルリンでは、彼女はクルト・ブルーメンフェルトを囲むシオニストの交際圏と緊密に結びついていた。アーレントは自分の状況を、ヴェールがはがれたかのように正確に見通していた。多くの友人たちのように、政治的な出来事を軽くあしらうことはできなかった。たとえばヤスパースは長い間、国民社会主義者たちの活動をそれほど深刻には受けとめていなかった。すでに一九三二年以前に彼女は移住を考えていた。ハナ・アーレントは、シオニストたちの援助措置を支援し、アパートは政治的亡命者の隠れ家になった。彼女は第一八回シオニズム世界会議のための重要な資料として、反ユダヤ的論文の収集を国立図書館で行い、ゲシュタポに逮捕されたが、全くの偶然によって釈放された。国会議事堂放火事件より前に、彼女は「新」政策によるショックに悩んでいた。しかし母親の「人は自分で身を守らなければならない」という言葉は自明のものになっていた。政治的状況が彼女に具体的な行動を強制した。ユダヤ人女性としての抵抗が、彼女の新たな生活の基盤となった。彼女は政治的な人間になったのである。とりわけ恐ろしい思いをしながら、多くの知識人の「一元化」(訳注 ナチ用語。思想・言論などの画一化、統制)のありさまを追っていた。ユダヤ人にとって一九三三年のショックは、ヒトラーの権力獲得ではなかった、とアーレントは述べた。ナチスがユダヤ人の敵だということは、すでに前からわかっていたことだった。ユダヤ人たちは、ドイツ国民の大部分がナチスの背後にいたことも知っていた。大きなショックは「(ユダヤ人の)友人たちがナチに一元化した!」ことにあった。ハナ・アーレントはそれを個人的問題と名づけている。つまり敵ではなく、友人たちが行ったことが問題だったのだ。そしてこれは、彼女が言っているように、「かなり自発的に」起こったのであり、「いずれにせよまだ、テロの圧力が加えられる前に」起こったのだ。ハナ・アーレントは、「知識人たちの間では、一元化は規則だった」としている。「二度と再び! 私は二度と再び知識人の物語などには触れたりしない。私はこの社会と何一つ関わりをもちたくない」という思いに支配されて、ハナはドイツを去った。

このような時に、一人の女性思想家はどんな仕事に就くことができるのだろうか。思想だけではファシズムへの「同化」に対して何もできないことを、非常に手痛く思い知らされたわけだが。ハナ・アーレントは移住の時期には、この疑問を直接究明しようとしなかった。なぜなら政治上の実際的な仕事が、見捨てられ、無力であるという感情から逃れる、唯一の可能性だったからである。パリでは彼女は、ユーゲント・アーリア(Jugend-

Alija）という、あるシオニズム組織で仕事をした。この組織は、パレスティナへ出国する前の若いユダヤ人の世話をする機関であった。彼女は避難民のサークルに出入りして、二番目の夫ハインリヒ・ブリュヒャー（注訳 Blücher, Heinrich. 一八九九―一九七〇）と知り合いになった。彼を通じてマルクス主義理論を知り、ローザ・ルクセンブルクの著作を研究して、ブリュヒャーとともに、スターリン主義に反対の態度をとった。反ユダヤ主義についての経験はパリでも続き、時間があると全体主義に関する著作の準備を行い、ドレフュス事件を研究した。

ヒトラーとヴィシー政権との間の停戦協定によって、パリももはや安全ではなくなる。アーレントはハインリヒ・ブリュヒャーとリスボン経由でニューヨークに移った。

一九四五年以後、アーレントは自分が「地獄の騒ぎ」か「洪水」を後にしてきたかのように思われた。同化する必要もなく、アメリカで生活できるのが嬉しかった。非画一主義は、知識人として自明なことである。かれこれするうちに、彼女は著述家として十分に有名になっていたが、以前と同じく自分は社会をその周辺から見ている、それゆえに観察と分析のための特別鋭い視点をもった人間であると、意識的に理解していた。戦時中は、精神的活動に必要な平安がほとんど得られなかったが、それでも執筆する記事ではもっぱらユダヤ人政策問題を取り上げた。徐々に再び、かなり長い時間仕事机に戻るようになった。彼女は自分の母語に執着した。アーレントの著作は、英語およびドイツ語で発表された。一九五八年に彼女は、『全体主義の起源』をドイツ語に翻訳し直している。それ以来全体主義についての議論は、今日まで途切れることなく続いている。この規範的作品によって、彼女はそれまで男性の掌中にあった分野、すなわち、政治理論の分野に進出した。アーレントがこの政治理論のなかで研究したものは、その全体的非人間性において近代の歴史を暴くものであった。人がそれを後期資本主義、父権制あるいは全体主義支配と名づけようが、それは問題ではない。ハナ・アーレントはこの主著において、自分が実際歴史の上で体験した、全体主義の経験から出発している。この全体主義は、古いスタイルの専制政治以上のものだった。『全体主義の起源』は、反ユダヤ主義と帝国主義に関する歴史の書である。

第二巻は、十九世紀の後半の三分の一世紀に、政治的に理解された「世界観」として成立した、反ユダヤ主義を取り扱っている。ハナ・アーレントはそれを、それ以前の数世紀にわたるユダヤ人憎悪と同一視しない。反ユダヤ主義の歴史は、作者が述べているように、ユダヤ人の拡散という条件下における、ユダヤ人と非ユダヤ人の間の関係と結びついている。分析されているのは、中・西部ヨーロッパの宮廷ユダヤ人の時代からドレフュス事件（訳注 本書二三六頁参照）に至るユダヤ人の歴史である。

第三巻は、インドに対する英国支配の清算によって、その終末を迎えた、植民地帝国主義を取り扱っている。民族国家群の崩壊は、ハナ・アーレントが述べるところによれば、のちに全体主義運動と全体主義国家の出現を可能にした、あらゆる要素を含む。「政治的狭量さと近視眼的視野が、結局は全体主義体制という破局につながったのであり、その他に類例のない残虐行為が、先行する時代の災いに満ちた出来事およびそれに輪をかけた性情を目立たぬものにしてしまった」と彼女は述べている。

第四巻ではこれらの研究が、全体主義体制の原因と要素の分析につながっている。この体制はスターリンと同じくヒトラーのテロ政権にあてはまる。スターリンは戦後、いわゆる「ユダヤ人の世界支配陰謀」のイデオロギーを取り込もうとして、最後の「掃討作戦」を計画した。

『全体主義の起源』の結論は、次の通りである。何かを認識した者だけが、それを変えることができる。その背後には、有史以来の古い理想「人類の自由と自決」が隠されている。ハナ・アーレントは、その「洪水経験」にもかかわらず、決してペシミストにはならなかった。彼女をペシミズムから救うには、ただ、行動への覚悟や好奇心だけで充分だった。その他にアーレントは全く当然のこととして、真理への結びつきをもっていた。たとえそれによって、どの陣営からも受け入れられなくなろうとも。ドイツ連邦共和国は戦後も、アーレントには以前と同じようにみえた。アーデナウアー（訳注 Adenauer, Konrad. 一八七六—一九六七。ドイツの政治家。一九四九—六三年ドイツ連邦共和国初代首相）は、アーレントの言っているように「くだらない人間しか我慢」できない。またアーレントは、ドイツの抵抗運動の非神話化を不可欠だと見なした。

さらにアーレントには、別の非神話化が重要だった。つまりアイヒマン（訳注 Eichmann, Otto Adolf. 一九〇六―一九六二。ナチの幹部。ユダヤ人虐殺を指揮した。戦後逃亡したが、イスラエル当局に逮捕され、処刑）裁判の傍聴者かつ報告者として、彼女はアイヒマンの魔力を取り去り、彼を「悪の陳腐さ」の世界のなかで見ようと試みた。その他にユダヤ人評議会のナチ政府との協力というきわめて厄介な問題について論じた。それに対して大々的な中傷キャンペーンが行われた。そしてそれは、ハナ・アーレントにとって、なかなか耐えがたいことだった。しかし彼女は自分の真実に忠実であり続けた。

戦後のハナ・アーレントの出版物を概観すると、彼女が「精神の生活」を、彼女の「活動の生活」(vita activa) ときわめて緊密に結びつけたことに驚くしかない。一匹狼として、アーレントは世間の出来事に攻撃を加えたが、決して思想家としての仕事を中断しなかった。彼女は一度も、概念を類語反復的に、あちこちに向ける危険に屈しなかったし、自分の著作が詩のように受容されることにも何の価値もおかなかった。これはハイデガーの作品に関して、今日もなお起こっていることである。ひそやかな声で神秘的に語る哲学の目的のあれこれは、アーレントには全く関係がなかった。そこでも彼女は、彼女の「愛する教師」の道とは正反対の道を歩んだのである。

しかし、一七年の沈黙の後でハナ・アーレントは、ハイデガーとの接触を再開した。彼女はハイデガーにコンタクトをとるという大胆なことをあえてやってのけた。彼女の著作の自主性がそれを証明している。ハイデガーに『活動の生活』(vita activa) を一部送ったとき、ハイデガーはまさに怒りの反応を示した。ハナ・アーレントはヤスパースに次のように書いている。「私の名前が世間に現れること、私が本を書くこと等々は、（ハイデガーにとって）耐えがたいことを私は知っています。私は彼に対して一生涯いわばごまかしを続けてきました。何もありはしないかのように。私がいわば三まで数えることもできないかのように。ハイデガー自身の問題を解釈する場合は別ですが、その場合には、私が三までそして時には四まで数えることができるとわかると、ハイデガーはいつでもそれを非常に歓迎しました。ところがそのうち、このごまかしが私には突然あまりにも退屈になったのです。その返礼として、私は鼻に一発食らいました。私は一瞬ものすごく腹が立ちましたが、もう全く怒っていません。なんだかそうされて当たり前だったという気がします。むしろ、つまりペテンにかけていたことに対しても、突然そのゲームをやめてしまったことに対しても」。

要するに、ヤスパースがアーレントの著作に活発に関与し、二人の研究について継続して文通していたのに反して、ハイデガーはおそらく、彼の生涯の情熱について抱いていたイメージを攪乱されたように思ったのだろう。一人の愛人が同時に、独立した、国際的に著名な思想家であったことが、彼のミューズという女神のイメージにそぐわなかったのだ。しかし、ハナ・アーレントの方は、ハイデガーに同等の人間と認めてもらう必要はなかった。彼女にはそのための友人もおり、自分自身の評価もあったのだ。たとえ、多くの哲学上の父親たちに師事したとしても、アーレントはどの哲学流派にも組み入れられないことを彼女の著書が証明している。彼女は決して男性の思考のからくりの一部にならなかった。ただしそこから道具をいろいろ探し集めて、政治と歴史の分析に利用した。そうやってアーレントは、男たちを自分自身の武器で打ち負かしたのだ。しかし決して彼女は、自分の実存的経験を忘れなかった。この背景を踏まえて、彼女は抽象的思索と人間的洞察の比類のない結合に成功している。彼女は意味連関（Sinnzusammen-hange）の破産を体験した。しかしそれらすべてにもかかわらず、自由な人間、多面的な人格構造をもつ人間は存在する。そうであってのみ、人間はある一つの教義の奴隷でもなく、自分自身の奴隷になることもないのだ。

「柵のない思考」は、ハナ・アーレントの言うように、一人の人間にとって自明のことである。しかしそれは、内面のバランスが欠けている場合には危険である。

今日、「政治文化」がよく話題になっている。しかしそんなものは、どこにも存在しない。ハナ・アーレントは、政治文化を生きた。政治家たちの祭日用の言葉、すなわち「自由」「平和」「理性」「希望」等々を、ハナ・アーレントは真実から出発して考察しきった。彼女は、「政治における虚偽」を見抜いている。しかし人類が獲得してきた成果を放棄するつもりはない。それらの価値については、人類が生きのびるために必要となるだろう、とハナ・アーレントは確信している。

訳者あとがき

本書は Hans Jürgen Schultz (Hg.), *Es ist ein Weinen in der Welt. Hommage für deutsche Juden unseres Jahrhunderts*, Quell Verlag, Stuttgart, 1990. の全訳です。

ここには二十人のいわゆる「ドイツ系」ユダヤ人知識人の評伝が集められています。二十人の中には、比較的日本の読者には馴染みのない名前もありますが、しかし、その大多数は、どこかできっと目にされたり、耳にされたことがおありだと思います。読者はそれらの名前の持ち主を「ユダヤ人」として理解されていたでしょうか、それとも「ドイツ人」ないし「ドイツ系亡命者」と受け取っていらしたでしょうか。

本書を初めて読んだとき、「ユダヤ人を殺」してしまったドイツ人の背負わなければならない荷の大きさと重さが、自分の心と体にずしりと響くような思いを味わいました。と同時に、その過去に目を閉ざさず、歴史をわが身に引き受けて生きていこうとする（少なくとも一部の）ドイツ人の姿勢に、深く心を打たれもしました。

無論ドイツの社会にも、いろいろな考え方の人がいます。特に最近のパレスティナ情勢にからんで、自分は「反ユダヤ主義」ではないが現在のイスラエルのやり方は受け入れられないと明言する人が増え、「ナチ」時代のユダヤ人大量虐殺の歴史から、イスラエルに対して特殊な関係をもたざるを得ないドイツは、国内外で、政治的に難しい問題に直面することが増えているようです。

しかし、本書出版後十年以上経った現在も、ドイツの社会から、確かに恐ろしい過去ではあるけれど、それを否認せず、隠蔽することなく歴史の事実として背負っていこうとする意志は消滅していないように思います。

本書に採られている二十編の評伝は、編者シュルツが企画した南ドイツ放送のラジオ番組「二十世紀ドイツ・ユダヤ精神史の肖像」で放送されたものの一部だということです。「まえがき」にもありますが、誰を選ぶかの判断はかなり難しかったことでしょう。

一般向けのラジオ放送原稿が元なのだから、と比較的気楽に翻訳を始め、共訳者の方々にもお願いをしたのですが、内容、分量ともに実際はかなり手強く、仕事が非常に遅れてしまいました。共訳を引き受けてくださった方々に、おわび申し上げます。

翻訳の作業はそれぞれの訳者がまず担当の部分を訳し、それを交換してチェックし、担当者が仕上げるという形で行いました。訳文についての責任は、したがってそれぞれの担当者にあります。ただし、人名、地名の表記、訳注の内容および場所については、山下が全体を通して決めましたので、山下に責任があります。また、私の訳した部分が少し多く、訳文のチェックを共訳者以外の方にお願いしたものもあります。

お名前は上げませんが、お手伝いいただいた方々にお礼を申し上げます。

できれば若い方にも読んでいただければ、と願い、少し訳注を多めにつけました。読みにくくなっていなければよいのですが。原著刊行後の情報についても、訳注や著者紹介で補足しました。また、原著にはありませんが、各章冒頭に人物紹介と、巻末に人名索引を付けました。お役に立てばよいと思います。

できる限りの努力はいたしましたが、誤りや、不行き届きなところがあることと存じます。また、調べの行き届かなかったところもあります。読者の方々からのご指摘、ご助言をいただければさいわいです。

最後に、本書をテキストとして一緒に勉強した国際基督教大学の上級ドイツ語講読クラスの学生だった皆さんと、面倒な作業を一緒に担ってくださった共訳者の方々、そして丁寧に編集に当たってくださった新曜社の小田亜佐子さんに、心から、ありがとうございました。

二〇〇四年三月

山下　公子

訳者紹介

山下 公子（やました　きみこ）

【まえがき／ジークムント・フロイト／グスタフ・マーラー／エルゼ・ラスカー＝シューラー／マックス・ラインハルト／マルティン・ブーバー／リーゼ・マイトナー／アルベァト・アインシュタイン／フランツ・カフカ】

早稲田大学人間科学部教授

著書：『ミュンヒェンの白いばら』（筑摩書房，1988）；『ヒトラー暗殺計画と抵抗運動』（講談社，1997）；『ドイツ女性の歩み』（共編著，三修社，2001）ほか

訳書：アリス・ミラー『魂の殺人』（新曜社，1983）；『禁じられた知』（同，1985）；『新版　才能ある子のドラマ』（同，1996）；『真実をとく鍵』（同，2004）；『闇からの目覚め』（同，2004）；マリアンネ・クリュル『トーマス・マンと魔術師たち』（共訳，同，1997）ほか

彼ら抜きでいられるか

二十世紀ドイツ・ユダヤ精神史の肖像

初版第1刷発行　2004年8月31日©

編　者　ハンス・ユルゲン・シュルツ

訳　者　山下 公子ほか

発行者　堀江　洪

発行所　株式会社　新曜社

101-0051　東京都千代田区神田神保町2-10

電話　03-3264-4973（代表）FAX 03-3239-2958

E-mail:info@shin-yo-sha.co.jp URL:http://www.shin-yo-sha.co.jp/

印　刷　長野印刷商工　Printed in Japan

製　本　イマヰ製本

ISBN4-7885-0905-9　C1023

訳者紹介（翻訳順）

中込 啓子（なかごめ　けいこ）　【ヴァルター・ラーテナウ】
大東文化大学文学部教授
著書：『ジェンダーと文学』（鳥影社，1996）
訳書：クリスタ・ヴォルフ『カッサンドラ』（恒文社，1997）；『ギリシアへの旅』（恒文社，1998）；エルフリーデ・イェリネク『ピアニスト』（鳥影社，2002）；同『したい気分』（共訳，同，2004）

河合 節子（かわい　せつこ）　【ローザ・ルクセンブルク／ハナ・アーレント】
日本獣医畜産大学獣医学部教授
共編著：『ドイツ情報ハンドブック』（三修社，2001）；『ドイツ女性の歩み』（三修社，2001）
訳書：『おとぎ話にみる人間の運命』（共訳，新曜社，1995）

中島 裕昭（なかじま　ひろあき）
【グスタフ・ランダウアー／エルンスト・ブロッホ】
東京学芸大学教育学部助教授
著書・論文：『世界は劇場／人生は夢』（共著，水声社，2001）；「W．ヒルビヒの "Das Provisorium" について」（『日本独文学会研究叢書』007号，2002）
訳書：ユーディット・クッカルト『カーティアの選択』（三修社，1997）

松永 美穂（まつなが　みほ）
【アルノルト・シェーンベルク／アンナ・ゼーガース】
早稲田大学文学部教授
著書：『ドイツ北方紀行』（NTT出版，1997）
訳書：ベルンハルト・シュリンク『朗読者』（新潮社，2000）；同『逃げてゆく愛』（同，2002）；ジークフリート・レンツ『アルネの遺品』（同，2003）

三浦 國泰（みうら　くにやす）
【ヴァルター・ベンヤミン／マックス・ホルクハイマー】
成蹊大学文学部教授
共著書：「規範詩学と近代文芸批評精神」『ドイツ文学論集』（東洋出版，1984）；「ヴァルター・ベンヤミンの悲劇論―あるいは詩学の解体」『批評のヴィジョン』（現代批評のプラクティス５，研究社，2001）
共訳書：Ｐ・リクール，Ｅ・ユンゲル『隠喩論』（ヨルダン社，1987）；マリアンネ・クリュル『トーマス・マンと魔術師たち』（新曜社，1997）

広沢 絵里子（ひろさわ　えりこ）　【アンナ・フロイト】

明治大学商学部教授

論文： "Gedanken über die《Geschlechterdifferenz》. Lou Andreas-Salomé im Kontext der《gender》-Debatte." In: *Kritische Revisionen. Gender und Mythos im literarischen Diskurs.* München: iudicium, 1998；「ドイツにおける『ジェンダー・トラブル』―ジュディス・バトラー，ジェンダー理論，フェミニズム文学研究をめぐって」（『ドイツ文学』105号，日本独文学会編，2000）

小川 さくえ（おがわ　さくえ）　【エーリヒ・フロム／マネス・シュペルバー】

宮崎大学教育文化学部教授

論文："《Das ganze Buch sollte sein wie die erratischen Monologe in der Nacht...》. Ingeborg Bachmanns Schreibweise in *Malina*." In：*Undine geht nach Japan. Zu interkulturellen Problemen der Ingeborg Bachmann-Rezeption in Japan.* trafo, 2001;「ヒステリーの創造性―インゲボルク・バッハマンの『マーリナ』について」（『ドイツ文学』110号，日本独文学会編，2002）

訳書：ヴォルフガング・シヴェルブシュ『闇をひらく光』（法政大学出版局，1988）；同『光と影のドラマトゥルギー』（同，1997）；ヴォルフ・レペニース『十八世紀の文人科学者たち』（同，1992）；カール・フォン・リンネ『神罰』（同，1995）；ルネ・ケーニヒ『マキアヴェッリ』（共訳，同，2001）

編者紹介

ハンス・ユルゲン・シュルツ (Hans Jürgen Schultz, 1928-)

【まえがき／エーリヒ・フロム】

1928年ハンブルク生まれ。1955年よりシュトゥットガルト，現在はバーデン・バーデンに在住。出版社で編集者として勤務ののち，1957年より南ドイツ放送編集局に勤務。1963年より同局長。ドイツ連邦共和国ペンクラブ会員。ユネスコ職員，ドイツ福音教会会議幹部会員としての活動を経験。著書多数。

主著：『生きることを愛する者』(*Liebhaber des Lebens,* 1975)；『現世への転向』(*Konversion zur Welt,* 1980)；『人間性のためのパルティザンたち』(*Partisanen der Humanität,* 1984)

主要編著書：『老いの豊かさ』(*Dein Leben lang,* 1957＝1981, 古沢悠子訳，新教出版社)；『イエスの時』(*Die Zeit Jesu,* 1966)；『私がユダヤ人であること』(*Mein Judentum,* 1979)；『ジャーナリストが語るジャーナリスト』(*Journalisten über Journalisten,* 1980)；『女たちの肖像』(*Frauen,* 1981 ＝ 1985, 越智久美子編訳，泰流社)；フロム『人生と愛』(Fromm, *Über die Liebe zum Leben,* 1983＝1986, 佐野哲郎・佐野五郎訳，紀伊國屋書店)；『暴力抜きの政治？』(*Politik ohne Gewalt?,* 1984)；ブロッホほか『私にとって聖書とは』(Bloch et. al., *Sie werden lachen . die Bibel,* 1985＝1992, 田口義弘ほか訳，教文館)

著者紹介 (執筆順)

ヨハンネス・クレメーリウス (Johannes Cremerius, 1918-2002)

【ジークムント・フロイト】

1918年ラインラント地方メールス生まれ。2002年ブライスガウのフライブルク没。ギーセン，ライプツィヒ，ブライスガウのフライブルクおよびパヴィアで哲学，心理学，医学を学ぶ。精神科，神経科および内科専門医研修と同時に，精神分析家としての養成教育を受ける。1951年ミュンヒェンで通常の病院としては初の精神身体医学のカウンセリング部門を創設。アメリカ合衆国およびスイスでの研究ののち，ギーセン大学教授に就任。1972-86年，定年退職までブライスガウのフライブルク大学精神療法および精神身体医学担当正教授，同大学病院長。

主著：『精神療法における治療成果判定』(*Die Beurteilung des Behandlungserfolges in der Psychotherapie,* 1962)；『機能症候群の予後』(*Die Prognose funktioneller Syndrome,* 1968)；『精神身体医学の理論と実践』(*Zur Theorie und Praxis der psychosomatischen Medizin,* 1978)；『精神分析，超自我と社会的階層』(*Psychoanalyse, Über-Ich und soziale Schicht,* 1979)；『分析家の仕事から』(*Vom Handwerk des Analytikers,* 1984)

ハンス・マイヤー（Hans Mayer, 1907-2001）　【グスタフ・マーラー】

1907年ケルン生まれ。2001年テュービンゲン没。法学，歴史学，哲学をケルン，ボン，ベルリンで学ぶ。1931年博士号取得。ジュネーヴ，ニューヨークで社会科学研究所奨学金を受ける。ジュネーヴの国際研究高等研究所研究員。1948年ライプツィヒでドイツ文学史，世界文学史教授。1965-73年ハノーファー工科大学ドイツ文学，語学教授，1975年テュービンゲン大学非常勤教授。ドイツ文学史関係を中心に著書多数。ベルリン芸術アカデミー会員，ドイツ連邦共和国ペンクラブ会員。

訳書：『同時代人ベンヤミン』（岡部仁訳，法政大学出版局，1994）；『転換期』（宇京早苗訳，法政大学出版局，1994）；『アウトサイダー』（宇京早苗訳，講談社，1997）

エルンスト・シューリン（Ernst Schulin, 1929- ）【ヴァルター・ラーテナウ】

1929年カッセル生まれ。ゲッティンゲン，テュービンゲン，パリで歴史学を学ぶ。マインツのヨーロッパ歴史研究所で助手，その後ギーセン大学助手。1967-74年ベルリン工科大学教授，1974年以降ブライスガウのフライブルク大学で近代史教授。歴史学史，英国通商貿易史，フランス革命等に関する刊行物多数。ヴァルター・ラーテナウ全集の共編者。ハイデルベルク学術アカデミー会員。

ケーテ・ハンブルガー（Käte Hamburger, 1896-1992）
【エルゼ・ラスカー＝シューラー】

1896年ハンブルク生まれ。1992年シュトゥットガルト没。ベルリンとミュンヒェンで哲学，歴史，文学史を学ぶ。1922年ミュンヒェン大学でシラーの哲学的著作に関する研究により博士号取得。ハンブルク大学で研究ののち，著作の発表を始める。1929-32年ベルリンの哲学教授パウル・ホフマンの助手を勤める。1934年イェテボリに亡命，講師および評論活動を行う。1956年シュトゥットガルト工科大学で教授資格取得。1956-76年大学で教鞭を執る。

主著：『文学の論理』（*Die Logik der Dichtung*, 1956=1986，植和田光晴訳，松籟社）

ヴィリィ・ブラント（Willy Brandt, 1913-1992）
【ローザ・ルクセンブルク】

1913年リューベック生まれ。1930年SPD（ドイツ社会民主党）党員。1932年高校卒業資格試験合格。1933年ノルウェイ亡命，ジャーナリスト活動および歴史学専攻。ノルウェイ労働運動に協力かつドイツ国内の抵抗運動の支援活動。1937年カタルニャでスペイン内戦の報道。1938年国籍剝奪，スウェーデンへ亡命，ノルウェイ国籍。1945年オスロに戻り，ドイツ国内のスカンディナヴィア系新聞の通信員。1948年国籍回復。1949年第1回ドイツ連邦議会ベルリン選出国会議員，1950年ベルリン議会議員。1957年ベルリン市長，1960年首相候補，1964年SPD委員長。1966年連邦政府外務大臣，1969年連邦首相。1970年モスク

ワ，ワルシャワ条約調印，1971年ノーベル平和賞受賞。1974年連邦首相辞職。1976年社会主義インターナショナル委員長。1987年党首辞任，SPD名誉党首，1989年以降SPD-Ostの名誉党首も兼職。出版物多数。

最近の著書：『回想録』（*Erinnerungen*, 1989）

ハリー・プロス（Harry Pross, 1923-）　【グスタフ・ランダウアー】

1923年カールスルーエ生まれ。1944年第二次世界大戦で負傷。社会学を専攻，1949年ハイデルベルク大学で学位取得。ジャーナリストとして活動するほか，1963-68年ラジオ・ブレーメンの主任編集局員。『ノイエ・ルントシャウ』誌の共同編集者。ウルム造形学校講師，1968-83年ベルリン自由大学マス・コミュニケーション論教授。現代史，コミュニケーション理論などについての著書多数。1990年現在，信号《シグナル》経済論を執筆中。

主著：『アナーキー賞讃』（*Lob der Anarchie*, 2003）

マリアンネ・ケスティング（Marianne Kesting, 1933- ）

【マックス・ラインハルト】

1933年ボッフム生まれ。ブライスガウのフライブルクで音楽を学ぶ。ミュンヒェンでドイツ文芸学，音楽学，演劇学を学ぶ。1957年博士号取得。雑誌，放送，週刊紙『ディー・ツァイト』，日刊紙『フランクフルター・アルゲマイネ』に文学批評，評論を寄稿。1971年ケルン大学で教授資格取得。1972年ビーレフェルト大学教授，1975-95年ボッフム大学一般講座，比較文学講座教授。現代文学，演劇の問題に関する著書多数。国際ペンクラブ会員。

訳書：『ブレヒト』（内垣啓一・宮下啓三訳，理想社，1971）；『現代演劇の展望』（大島勉ほか訳，朝日出版社，1975）

ルドルフ・シュテファン（Rudolf Stephan, 1925- ）

【アルノルト・シェーンベルク】

1925年生まれ。ハイデルベルクとゲッティンゲンの大学で音楽を学んだあと，1950年博士号，1963年教授資格を取得，1967年ベルリン自由大学正教授。主な専攻分野は18-20世紀音楽。シェーンベルク全集とベルク全集の編集責任者。

主著：『音楽的思考について』（*Vom musikalischen Denken*, 1985）；『アルバン・ベルクのバイオリン協奏曲』（*Alban Berg Violinkonzert*, 1989）

編著書：グスタフ・マーラー『慰霊祭』全集および別巻１（*Gustav Mahler Totenfeier*, 1988）；『ウィーン学派』（*Wiener Schule*, 1989）

アルブレヒト・ゲース（Albrecht Goes, 1908-2000）【マルティン・ブーバー】

1908年ホーエンローエ地方ランゲンボイティンゲン生まれ。2000年シュトゥットガルト＝ローア没。テュービンゲンとベルリンで神学と哲学を学ぶ。1930-52年ヴュルテンベルク地方の地方教区教会牧師を勤め，その後シュトゥットガルトで著述活動に専念（1972年まで委託説教師としても活動）。著書多数。作品には

詩，短編小説，エッセイ，アマチュア劇団用戯曲がある。1953年フランクフルトのパウルス教会でマルティン・ブーバーに対する祝辞を述べ，その後ブーバーの死に至るまで，ブーバーとの対話および往復書簡を続けた。ブーバーの自伝的断章を編集（『出会い』*Begegnung*)。言語・文学アカデミー会員，ベルリン芸術アカデミー会員。マインツ大学名誉博士，1978年ブーバー＝ローゼンツヴァイク＝メダル受賞。

訳書：『不安の夜』(佐野利勝・岩橋保訳，みすず書房，1966)；『泉のほとりのハガル』(西村雅樹訳，日本基督教団出版局，1986)

アルミン・ヘルマン (Armin Hermann, 1933-)　【リーゼ・マイトナー】

1933年カナダ，ヴァーノン生まれ。ミュンヒェンで物理学を学ぶ。自然科学史で教授資格取得。1968年からシュトゥットガルト大学自然科学・技術史教授。ケプラー協会会長，ゲオルク・アグリコラ協会学術顧問会長。ヴォルフガング・パウリの学術書簡集，CERNの歴史，総合講座『技術と文化』共編者。

主著：『科学はいかにしてその純潔を失ったか』(*Wie die Wissenschaft ihre Unschld verlor,* 1982)；プランク，ハイゼンベルクの評伝:『物理の世界帝国』(*Weltreich der Physik,* 1991)；アインシュタインの評伝：『アインシュタイン』(*Einstein,* 2004)

訳書：『アインシュタインの時代』(杉元賢治・一口捷二訳，地人書館, 1993)；『ツァイス』(中野不二男訳，新潮社, 1995)

ローベルト・ユンク (Robert Jungk, 1913-1994)
【アルベァト・アインシュタイン】

1913年ベルリン生まれ。1994年ザルツブルク没。ベルリン，パリ，ツューリヒで学ぶ。1945年博士号取得。ジャーナリスト，スイスの新聞の海外特派員として，パリ，ロンドン，ワシントンに滞在。1968年ベルリン工科大学の未来学招待講師。1970年同大学非常勤教授。ベルリン未来研究所創設メンバー。国際未来研究学会提唱者。1961年リュティヒ国際平和賞，1978年ドイツ自然保護賞受賞。オーストリア・ペンクラブ会員，ドイツ連邦共和国ペンクラブ会員。

主著：『未来は既に始まった』(*Die Zukunft hat schon begonnen,* 1952＝1954，菊盛英夫訳，文藝春秋新社)；『千の太陽よりも明るく』(*Heller als tausend Sonnen,* 1956＝1958，菊盛英夫訳，文藝春秋新社)；『未来への挑戦』(*Menschen im Jahr 2000,* 1969＝1972，谷川浩一ほか訳，三修社)；『新しい未来への志向』(*Der Jahrtausendmensch,* 1973＝1976，平井正ほか訳，佑学社)；『原子力帝国』(*Der Atomstaat,* 1978＝1979，山口祐弘訳，アンヴィエル)；『人震─耐え難いことに対する蜂起』(*Menschenbeben. Der Aufstand gegen das Unerträgliche,* 1983)

ヴァルター・イェンス (Walter Jens, 1923-)　【フランツ・カフカ】

1923年ハンブルク生まれ。ハンブルク，ブライスガウのフライブルクで学ぶ。

1944年博士号取得。1949年テュービンゲンで教授資格取得。1967年テュービンゲン大学古典文献学・修辞学正教授，一般修辞学研究科長（-88年）。文学，文学研究，放送劇，エッセイ，翻訳など著書多数。ベルリン芸術アカデミー会員（1989-97年会長），ドイツ言語文学アカデミー会員，ドイツ連邦共和国ペンクラブ会員（1976-82年会長，1988年より名誉会長），ドイツ民主共和国芸術アカデミー会員（1986年会長）。
訳書：『現代文学』（高本研一ほか訳，紀伊國屋書店，1961）

ユルゲン・モルトマン（Jürgen Moltmann, 1926- ）【エルンスト・ブロッホ】
1926年ハンブルク生まれ。第二次世界大戦中，イギリスで戦争捕虜中に神学の研究を始める。その後ゲッティンゲン大学で神学を専攻。1952年学位取得。1952-58年ブレーメンで牧師として活動。1957年ゲッティンゲンで教授資格取得，1958年ヴッパタール神学大学で神学史教授，1963年ボンで組織神学，社会倫理学の教授。1967年からテュービンゲンで組織神学教授。
主著：『希望の神学』（*Theologie der Hoffnung,* 1964＝1968，高尾利数訳，新教出版社）；『神学の展望』（*Perspektiven der Theologie,* 1968＝1971，喜田川信・蓮見和男訳，同）；『人間』（*Der Mensch*, 1970＝1973，蓮見和男訳，同）；『十字架につけられた神』（*Der gekreuzigte Gott,* 1972＝1976，喜田川信ほか訳，同）；『希望という実験』（*Das Experiment Hoffnung*, 1974）；『聖霊の力における教会』（*Kirche in der Kraft des Geistes,* 1975＝1981，喜田川信ほか訳，同）；『新しいライフスタイル』（*Neuer Lebensstil,* 1976＝1996，蓮見幸恵訳，同）；『三位一体と神の国』（*Trinität und Reich Gottes,* 1980＝1990，土屋清訳〔J. モルトマン組織神学論叢1〕同）；『創造における神』（*Gott in der Schöpfung,* 1985＝1991，沖野政弘訳〔J. モルトマン組織神学論叢2〕同）；『イエス・キリストの道』（*Der Weg Jesu Christi,* 1989＝1992，蓮見和男訳〔J. モルトマン組織神学論叢3〕同）；ほかに『J. モルトマン組織神学論叢』4-6，同，1994-2001など。

イーリング・フェッチャー（Iring Fetscher, 1922- ）
【ヴァルター・ベンヤミン】
1922年マールバッハ・アム・ネッカーに生まれ，ドレスデンで育つ。軍務ののち，テュービンゲン，パリで哲学を学ぶ。『ヘーゲルの人間に関する学説』で博士号，1960年『ルソーの政治哲学』で教授資格取得。1963年からフランクフルト大学政治学，社会哲学教授。
主著：『だれが，いばら姫を起こしたのか』（*Wer hat Dornröschen wachgeküßt? Das Märchen-Verwirr-Buch,* 1975＝1984，丘沢静也訳，筑摩書房）；『福祉国家から新たな生活の質へ』（*Vom Wohlfahrtsstaat zur neuen Lebensqualität,* 1983）；『マルクス主義―記録文書におけるその歴史』（*Der Marxismus. Seine Geschichte in Dokumenten,* 1985）；『夢の効力』（*Die Wirksamkeit der Träume,* 1987）

アルフレート・シュミット（Alfred Schmidt, 1931- ）

【マックス・ホルクハイマー】

1931年生まれ。歴史学，英語学，古典文献学，哲学，社会学を学ぶ。マックス・ホルクハイマーとテオドール・W・アドルノの門下。1960年博士号取得。1965年大学非常勤講師。1972年からフランクフルト大学社会哲学教授。マックス・ホルクハイマー選集共編者（グンツェリン・シュミート・ネル共編）。

主著：『マルクスの自然概念』（*Der Begriff der Natur in der Lehre von Marx,* 1962＝1972，元浜清海訳，法政大学出版局），『歴史と構造―マルクス主義的歴史認識論の諸問題』（*Geschichte und Struktur. Fragen einer marxistischen Historik,* 1971＝1977，花崎皋平訳，法政大学出版局）；『批判理論の理念について』（*Zur Idee der Kritischen Theorie,* 1974）；『歴史哲学としての批判理論』（*Die Kritische Theorie als Geschichtsphilosophie,* 1976）；『唯物論に関する３つの研究』（*Drei Studien über Materialismus,* 1977）；『壮麗に輝くゲーテの自然』（*Goethes herrlich leuchtende Natur,* 1984）；『虚偽という衣装の真理―ショーペンハウアーの宗教哲学』（*Die Wahrheit im Gewande der Lüge. Schopenhauers Religionsphilosophie,* 1986）；『理念と世界意志―ヘーゲルの批判者としてのショーペンハウアー』（*Idee und Weltwille. Schopenhauer als Kritiker Hegels,* 1988＝1995，峠尚武訳，行路社）

ウーヴェ・ヘンリク・ペータース（Uwe Henrik Peters, 1930- ）

【アンナ・フロイト】

1930年キール生まれ。ブライスガウのフライブルク，ハイデルベルク，キールで医学および心理学を学ぶ。1963-69年キール大学病院神経科医長，1969-79年マインツ大学病院精神科長を歴任。1979年からケルン大学病院神経科長，神経・精神医学担当教授。

主著：『精神医学・医療心理学辞典』（*Wörterbuch der Psychiatrie und medizinischen Psychologie,* 3. Aufl.,1984）；『アンナ・フロイト―子供に捧げた人生』（*Anna Freud. Ein Leben für das Kind,* 2. Aufl., 1980）；『ヘルダリン―彼はほんとうに高貴な仮病使いだったのか』（*Hölderlin. Wider die These vom edlen Simulanten,* 1982）

ハンス＝アルベァト・ヴァルター（Hans-Albert Walter, 1935- ）

【アンナ・ゼーガース】

1935年生まれ。ホーフハイム・アム・タウヌス在住。作家。1960年代初頭以降，1933年以後のドイツ亡命文学を研究。1976-81年ハンブルク大学ドイツ亡命文学講座主任教授。1988年ケルン大学名誉博士号。

主著：『ドイツ亡命文学 1933-1950年』（全７巻）（*Deutsche Exilliteratur 1933-1950,* 1972ff.）；『亡命文学図書館』編集（アンナ・ゼーガース，アルノルト・ツヴァイク，エゴン・エルヴィン・キッシュ，リオン・フォイヒトヴァンガー，アレクサンダー・モーリッツ・フライらの作品に解説を付して1984年

より刊行中)。

ジークフリート・レンツ (Siegfried Lenz, 1926-) 【マネス・シュペルバー】

1926年東プロイセン，リュク生まれ。第二次世界大戦最後の年に海軍入隊。戦後ハンブルクの大学で哲学，英文学，文芸学を学ぶ。1948-51年『ディー・ヴェルト』紙文芸欄編集者。1951年から作家。

訳書：『嘲笑の猟師』(加藤泰義訳，芸立出版，1976)；『アルネの遺品』(松永美穂訳，新潮社，2003)

リア・エンドレス (Ria Endres, 1946-) 【ハナ・アーレント】

1946年ブーフロエ生まれ。1969年よりフランクフルト在住。ヴェッテンハウゼンの芸術高校卒業，ドイツ文学，哲学，歴史学専攻。1979年学位取得。1980年より作家。

主著：『最後に来た』(*Am Ende angekommen*, 1980)；書簡集『ミレーナの答え』(*Milena antwortet*, 1982)；『初めにその声ありき—サミュエル・ベケットの作品に寄せて』(*Am Anfang war die Stimme. Zu Sammuel Becketts Werk*, 1986)；脚本『会議』(*Der Kongress*, 1985)；『ドイツの暗闇から』(*Aus deutschen Dunkel*, 1988)

人名索引

ア行

アイスナー，クルト（Eisner, Kurt）148
アイスラー，クルト（Eissler, Kurt Robert）405
アイヒホルン，アウグスト（Aichhorn, August）394,398
アイヒマン，オットー・アドルフ（Eichmann, Otto Adolf）503
アインシュタイン，アルベァト（Einstein, Albert）73f,130,236f,242f,245ff,249,253f,258, 262-282,428-431
アインシュタイン，パウリーネ（Einstein, Pauline）264
アインシュタイン，ヘルマン（Einstein, Hermann）264
アインシュタイン，ミレヴァ（Einstein, Milva）272
アウアー，イグナツ（Auer, Ignaz）109
アヴェナーリウス，リヒャルト（Avenarius, Richard）366
アウグスティヌス，アウレリウス（Augustinus, Aurelius）490f,494f
アグノン，シュムエル・ヨセフ（Agnon, Shmuel Yosef）410
アッピア，アドルフ（Appia, Adolphe）177
アーデナウアー，コンラート（Adenauer, Konrad）502
アードラー，アルフレート（Adler, Alfred）183, 468ff
アードラー，ヴィクトル（Adler, Victor）107, 121
アードラー，オスカー（Adler, Oscar）185
アードラー，グィド（Adler, Guido）32
アードラー，グスティ（Adler, Gusti）159
アドルノ，テオドール・ヴィーゼングルント（Adorno, Theodor Wiesengrund）46,350f, 354,376,384,413,427
アブラハム（Abraham）303
アベル（Abel）87
アラース，ルドルフ（Allers, Rudolph）18
アルテンベルク，ペーター（Altenberg, Peter）286
アーレント，パウル（Arendt, Paul）482f
アーレント，ハナ（Arendt, Hannah）387,480-504
アーレント，マルタ（Arendt, Martha）482ff
アーロン（Aaron）183,189,195ff,199f
アロン，レイモン（Aron, Raymond）479
アンドレーアス＝ザロメ，ルー（Andreas-Salomé, Lou）387,390ff,

イエス（Jesus）67,69f,86,98,231f,302f, 310
イェスナー，レーオポルト（Jessner, Leopold）168
イェセンスカ，ミレナ（Jesensk, Milena）293f, 298,303f,306
イェーリング，ヘルベルト（Ihering, Herbert）102
イサク（Isaak）87
イザヤ（Jesaja）213
イスマエル（Ismael）87
イプセン，ヘンリク（Ibsen, Henrik）129f,136, 138,138,156,160,177
イブン・エスラ，モーゼ（ibn Esra, Mose ben Jakob）286
イリイチ，イヴァン（Illich, Ivan）432

ヴァイスコップフ，フランツ・カール（Weiskopf, Franz Carl）448
ヴァイスコップフ，ヴィクトル（Weisskopf, Victor Friedrich）269
ヴァイツェッカー，ヴィクトル・フォン（Weizsäcker, Viktor von）15
ヴァイツェッカー，カール・フリードリヒ（Weizsäcker, Carl Friedrich Freiherr von）269
ヴァイツマン，カイム（Weizmann, Chaim）211
ヴァイル，フェーリクス（Weil, Lucio Felix Jos）371f
ヴァイル，クルト（Weill, Kurt）157
ヴァインガルトナー，フェーリクス（Weingartner, Felix Paul von）157
ヴァーグナー，リヒャルト（Wagner, Wilhelm Richard）33f,36-39,129,156, 167,194
ヴァーグナー，コジマ（Wagner, Cosima）34,39
ヴァーゲンバッハ，クラウス（Wagenbach, Klaus）288,295
ヴァルター，ブルーノ（Walter, Bruno）40,46
ヴァルダウ，グスタフ（Waldau, Gustav）158
ヴァルデン，ヘルヴァルト（Walden, Herwarth）82
ヴァーレンドンク，ジュリアン（Varendonck,

Julien) 393
ヴィーゼ，ベノ・フォン（Wiese, Benno von） 487
ヴィッテ，ベルント（Witte, Bernd） 342
ヴィットフォーゲル，カール（Wittfogel, Karl August） 371,373
ヴィネケン，グスタフ（Wyneken, Gustav） 336ff
ヴィルシュテッター，リヒャルト（Willstätter, Richard） 251
ウィルソン，トーマス・ウッドロウ（Wilson, Thomas Woodrow） 6
ヴィルヘルム，クルト（Wilhelm, Kurt） 89
ヴィルヘルム二世（Wilhelm der Zweite） 55, 106,168,243f,256,313,365
ヴィンターシュタイン，エドゥアルト・フォン（Winterstein, Eduard von） 158,177
ヴィンテラー，ヨースト（Winteler, Jost） 266f
ヴェアトハイマー，マックス（Wertheimer, Max） 365
ヴェイユ，シモーヌ（Weil, Simone） 481
ヴェーゲナー，パウル（Wegener, Paul） 158
ヴェーデキント，フランク（Wedekind, Frank） 141,156,161
ヴェーバー，アルフレート（Weber, Alfred） 410
ヴェーバー，カール・マリア・フォン（Weber, Carl Maria Friedrich Ernst von） 46
ヴェーバー，ハインリヒ・フリードリヒ（Weber, Heinrich Friedrich） 267f
ヴェーバー，マックス（Weber, Max） 313,378, 410
ヴェーベルン，アントン（Webern, Anton von） 191
ヴェルチュ，フェーリクス（Weltsch, Felix） 301
ヴェルフェル，フランツ（Werfel, Franz） 41, 85,156,169,172,174,286,293
ヴォルツォーゲン，エルンスト・フォン（Wolzogen, Ernst von） 161
ヴォルテール，フランソワ＝マリー（Voltaire, François-Marie） 235
ヴォルフ，ヒューゴー（Wolf, Hugo Philipp Jakob） 32f
ヴォルフ，フリードリヒ（Wolf, Friedrich） 448
ウルブリヒト，ヴァルター（Ulbricht, Walter） 442
ウンルー，フリッツ・フォン（Unruh, Friedrich Fritz von） 156
エギディ，モーリッツ・フォン（Egidy, Christoph Moritz von） 132,136
エサウ（Esau） 87
エックハルト，ヨハンネス（Eckhart, Johannes） 137,149,312,415
エッゲブレヒト，ハンス・ハインリヒ（Eggebrecht, Hans Heinrich） 42
エディントン，アーサー（Eddington, Sir Authur） 276
エプシュタイン，ユーリウス（Epstein, Julius） 32
エーベルト，フリードリヒ（Ebert, Friedrich） 111
エルケル，フェレンツ（Erkel, Ferenz） 37
エルメンドルフ，カール（Elmendorff, Karl Eduard Maria） 40
エーレンシュタイン，アルベァト（Ehrenstein, Albert） 286
エーレンバウム＝デーゲルレ，ハンス（Ehrenbaum-Degerle, Hans） 93
エーレンフェスト，パウル（Ehrenfest, Paul） 247
エンゲル，エーリヒ（Engel, Erich） 158
エンゲルス，フリードリヒ（Engels, Friedrich） 118,132f,368,383

オヴィディウス（Ovidius Publius） 451
オシエツキー，カール・フォン（Ossietzky, Karl von） 249
オッフェンバック，ジャック（Offenbach, Jacques） 157,170
オッペンハイマー，ヨーゼフ（Oppenheimer, Josef Süß） 75
オルリク，エーミール（Orlik, Emil） 157
カ行
カイザー，ゲオルク（Kaiser, Georg） 156
カイスラー，フリードリヒ（Kayssler, Friedrich） 158
カイン（Kain） 87
カインツ，ヨーゼフ（Kainz, Josef） 160
カウツキー，カール（Kautsky, Karl） 118,374
カウト，ヨーゼフ（Kaut, Josef） 173
カフカ，フランツ（Kafka, Franz） 30,284-306, 451f
カフカ，ヘルマン（Kafka, Hermann） 289f, 294f,297
カフカ，ユーリエ（Kafka, Julie） 290
カミュ，アルベール（Camus, Albert） 227,470
カーメネフ，レフ（Kamenev, Lev Borisovich）

473
カーラー，エーリヒ（Kahler, Erich Gabriel von）281
ガルディーニ，ロマノ（Guardini, Romano）484
カルデロン，ペドロ（Calderón de la Barca, Pedro）175f
カンディンスキィ，ワシリィ（Kandinskii, Vassilii）98,188,192,195
カント，イマヌエル（Kant, Immanuel）133f, 310,339,360,362,367,384,482,494

キッシンジャー，ヘンリー（Kissinger, Henry Alfred）75
キプリング，ジョゼフ・ラドヤード（Kipling, Joseph Rudyard）124
キュリー，ピエール（Curie, Pierre）239
キュリー，マリー（Curie, Marie）239,255
キルケゴール，セーレン（Kierkegaard, Sören Aabye）303,384
キントラー，ヘルムート（Kindler, Helmut）396

グァルディーニ，ロマーノ（Guardini, Romano）219
グートハイル=ショーダー，マリー（Gutheil-Schoder, Marie）40
クノーベルスドルフ，ゲオルク（Knobelsdorff, Georg Wenzeslaus von）164
グムニオール，ヘルムート（Gumnior, Helmut）383
クライスト，ハインリヒ（Kleist, Heinrich von）157
クライバー，エーリヒ（Kleiber, Erich）40
クライン，メラニー（Klein, Melanie）399,402
クラウス，カール（Kraus, Karl）32,80,85,98, 140,142,195,286,305,361
クラウゼ，ダヤン・ルートヴィヒ（Krause, Dajan Ludwig）411
クラウゼヴィッツ，カール（Clausewitz, Carl Philipp Gottfried）133
クラウディウス，マティアス（Claudius, Matthias）100,432
クラカウアー，ジークフリート（Kracauer, Siegfried）344,410
クラフト，ヴェルナー（Kraft, Werner）89
クラブント（Klabund）156
クリース，マリアンネ（Kris, Marianne）405
グリューンベルク，カール（Grünberg, Carl）372ff,379
クリンガー，フリードリヒ（Klinger, Friedrich Maximilian）157
クレー，パウル（Klee, Paul）353
クレイグ，ゴードン（Craig, Edward Gordon）166
グレーツ，ハインリヒ（Graetz, Heinrich）302
クレム，ヴィルヘルム（Klemm, Wilhelm）91, 97
クレン，フランツ（Krenn, Franz）32
クレンペラー，オットー（Klemperer, Otto）40, 157
グロス，ゲオルゲ（Grosz, George）157
グロスマン，ヘンリク（Grossmann, Henryk）373
グロスマン，マルセル（Grossmann, Marcel）269,272
クローデル，ポール（Claudel, Paul）156
グローピウス，ヴァルター（Gropius, Walter）41
グロプケ，ハンス（Globke, Hans）458
クロポトキン，ピョートル（Kropotkin, Pyotor Alekseevich）135f,466
クロムリン，アンドルー（Crommelin, Andrew）276
グンドルフ，フリードリヒ（Gundolf, Friedrich）340

ゲオルゲ，シュテファン（George, Stefan）97f, 175,187
ケストラー，アーサー（Koestler, Arthur）471
ケスラー，ハリー（Kessler, Harry Graf von）70
ゲッベルス，ヨーゼフ（Goebbels, Josepf）103, 169,221
ゲーテ，ヨーハン・ヴォルフガング（Goethe, Johann Wolfgang von）46,80f,100,103,123, 157,226,228,231,240, 264, 278, 340ff, 396, 401, 405,493
ケネディ，ジョン・F（Kennedy, John Fitzgerald）428
ケーラー，ヴォルフガング（Köhler, Wolfgang）365
ケラーマン，ベルンハルト（Kellermann, Bernhard）123
ゲーリング，ヘルマン（Göring, Hermann）103
ゲーリング，ラインハルト（Goering, Reinhard）156
ケル，アルフレート（Kerr, Alfred）60-63

ケルナー，ヘルミーネ（Körner, Hermine）158
ゲルプ，アデマール（Gelb, Adhemar）365
ゲルラッハ，クルト（Gerlach, Kurt Albert）371,379
ゲルラッハ，ヘルムート・フォン（Gerlach, Hellmut Georg von）72
ケルンシュトック，オトカー（Kernstock, Ottokar）193

コーエン，ヘルマン（Cohen, Hermann）137
ゴーゴリ，ニコライ（Gogol, Nikolai Vasil'evich）451
コースター，ディルク（Coster, Dirk）251
ゴビノー，ジョゼフ（Gobineau, Joseph Arthur Comte de）60
コフート，ハインツ（Kohut, Heinz）398,406
コペルニクス，ニコラウス（Copernikus, Nicolaus）270
ゴーリキィ，マキシム（Gor'kii, Maksim）156,161,467
コリント，ロヴィス（Corinth, Lovis）157
コルシュ，カール（Korsch, Karl）371,374
ゴルドーニ，カルロ（Goldoni, Carlo）157,178
コルトナー，フリッツ（Kortner, Fritz）158
ゴルトマルク，カール（Goldmark, Karl）35
コルネーリウス，ハンス（Cornelius, Hans）365ff
コルンフェルト，パウル（Kornfeld, Paul）147
コーン，ハンス（Kohn, Hans）149
コント，オーギュスト（Comte, Auguste）378
サ行
サウル（Saul）87
ザックス，ネリー（Sachs, Nelly）79
ザックス，ハンス（Sachs, Hanns）412
サラ（Sarah）303
ザルツベルガー，ゲオルク（Salzberger, Georg）410
サルトル，ジャン＝ポール（Sartre, Jean-Paul）466
ザルバー，ヴィルヘルム（Salber, Wilhelm）388
ザントロック，アデーレ（Sandrock, Adele）158

シェイクスピア，ウィリアム（Shakespeare, William）145ff, 151,157
シェーラー，マックス（Scheler, Max Ferdinand）378
シェリング，フリードリヒ・ヴィルヘルム（Schelling, Friedrich Wilhelm Joseph von）317
シェーンベルク，アルノルト（Schönberg, Arnold）34,42,44f,182-205
ジークバーン，マンネ（Siegbahn, Karl Manne）250,252
ジーモン，エルンスト（Simon, Ernst）226,410,429
シャイデマン，フィリップ（Scheidemann, Philipp）111
シャガール，マルク（Chagall, Marc）293
シャルク，フランツ（Schalk, Franz）40
シュヴァイツァー，アルベァト（Schweitzer, Albert）428f
シュヴァーナー，ヴィルヘルム（Schwaner, Wilhelm）63f
シュタイン，エーディト（Stein, Edith）481
シュタインリュック，アルベァト（Steinrück, Albert）158
シュティルナー，マックス（Stirner, Max）138
シュテルン，エルンスト（Stern, Ernst）157,177
シュテルン，オットー（Stern, Otto）258
シュテルン，ギュンター（Stern, Günter）487,495
シュテルンハイム，カール（Sternheim, Carl）60,156
シュトラウス，フランツ・ヨーゼフ（Strauß, Franz Josef）428
シュトラウス，リヒャルト（Strauss, Richard）33f,39,157,161,173,186
シュトラウス，ルートヴィヒ（Strauß, Ludwig）338
シュトラスマン，フリッツ（Strassmann, Friedrich Wilhelm）253,259f
シュトラム，アウグスト（Stramm, August）91,97,156
シュトロース，ヨゼフィーネ（Stroß, Josephine）405
シュナイダー，ランベァト（Schneider, Lambert）215,219
シュニッツラー，アルトゥール（Schnitzler, Arthur）156,286
シュピールライン，ザビーナ（Spielrein, Sabina）23
シュペルバー，マネス（Sperber, Manès）31,460-479
シューマン，フリードリヒ（Schumann, Friedrich）365,367

シューマン，ローベルト（Schumann, Robert） 392
シュミット，ヨーハン・ローレンツ（Schmidt, Johann Lorenz）437,440f
シューラー，アーローン（Schüler, Aron）80,82
シューラー，パウル（Schüler, Paul）81
シューラー，モーゼス（Schüler, Moses）82
シュレーカー，フランツ（Schreker, Franz）34
ショウ，ジョージ・バーナード（Shaw, George Bernard）156
ショーペンハウアー，アルトゥール（Schopenhauer, Arthur）130,235,360f,363f, 370,374,376,383,432
ジョレス，ジャン（Jaurès, Auguste Marie Joseph Jean）51,119
ショーレム，ゲルショム（Scholem, Gershom） 226f,312,330f,410
ジョーンズ，アーネスト（Jones, Ernest）24, 399f,402。
シラー，フリードリヒ（Schiller, Johann Christoph Friedrich von）153,157,264,282
シーラハ，バルドゥア（Schirach, Baldur von） 103
シルトクラウト，ルードルフ（Schildkraut, Rudolf）158
シレージウス，アンゲールス（Silesius, Angelus）210
シローネ，イグナツィオ（Silone, Ignazio）471
ジンメル，エルンスト（Simmel, Ernst）395
ジンメル，ゲオルク（Simmel, Georg）313

鈴木大拙　415
スターリン，ヨシフ（Stalin, Iosif Vissarionovich）114,119,209,315,355,440,443, 456f,502
ストゥルナド，オスカー（Strnad, Oskar）157
ストリンドベリ，アウグスト（Strindberg, Johan August）156,189
スピノザ，ベネディクトゥス（Spinoza, Benedictus de）69f,130,362
スレザク，レオ（Slezak, Leo）40
スレフォークト，マックス（Slevogt, Max）157

ゼーガース，アンナ（Seghers, Anna）434-459
セル，ジョージ（Szell, George）40

ゾラ，エミール（Zola, Emile）136,160
ゾルガー，カール・ヴィルヘルム・フェルディナント（Solger, Karl Wilhelm Ferdinand）341
ゾルゲ，ラインハルト（Sorge, Reinhard）156
ゾルマ，アグネス（Sorma, Agnes）158,160
ソレル，ジョルジュ（Sorel, Georges）342
ゾンマーフェルト，アルノルト（Sommerfeld, Arnold）281f

タ行

ダヴィデ（David）87,299
ダーウィン，チャールズ（Darwin, Charles Robert）25
ダヤン，ヤエル（Dayan, Yaeel）219f
ダルバート，オイゲン（d'Albert, Eugen）157

チェンバレン，ヒューストン・ステュワート（Chamberlain, Houston Stewart）60f
チトー（Tito）423
チャイコフスキィ，ピョートル（Chaikovskii, Pyotr Ilich）38
チャーチル，ウィンストン（Churchill, Winston Leonard Spencer）209
チャップリン，チャーリー（Chaplin, Charlie） 349
チャドウィック，ジェイムズ（Chadwick, James）246

ツヴァイク，アルノルト（Zweig, Arnold） 14,438
ツヴァイク，シュテファン（Zweig, Stefan） 60,146
ツェトキン，クラーラ（Zetkin, Clara）123
ツェムリンスキー，アレクサンダー（Zemlinsky, Alexander von）45,185,194
ツックマイヤー，カール（Zuckmayer, Carl） 435

ディアギレフ，セルゲイ（Diagilev, Sergei Pavlovich）156
ディアマント，ドーラ（Diamant, Dora）301, 306
ディズレーリ，ベンジャミン（Disraeli, Benjamin）73
ディートリヒ，マルレーネ（Dietrich, Marlene）158
ティファニー，ルイス・コンフォート（Tiffany, Louis Comfort）396
ティミヒ，ヘレーネ（Thimig, Helene）158, 170,174
ティミヒ一家（Thimig）158
ディラック，ポール（Dirac, Paul Adrian Maurice）247

ティリヒ，パウル（Tillich, Paul）373,427
ディルタイ，ヴィルヘルム（Dilthey, Wilhelm）210,360
デカルト，ルネ（Descartes, René）267
デーメツ，ペーター（Demetz, Peter）289
デーメル，リヒャルト（Dehmel, Richard）95f, 186,189
デューラー（Dürer, Albrecht）229
テラー，エドワード（Teller, Edward）428
デルブリュック，マックス（Delbrück, Max Ludwig Henning）247

ドイチュ，エルンスト（Deutsch, Ernst）158
ドイチュ，ヘレーネ（Deutsch, Helene）10
ドゥーゼ，エレオノーラ（Duse, Eleonora）159
ドゥチュケ，ルディ（Dutschke, Rudolph）309
トゥホルスキー，クルト（Tucholsky, Kurt）148,455
トスカニーニ，アルトゥーロ（Toscanini, Arturo）157
ドストエフスキィ，フョードル（Dostoevskii, Fyodor Mikhailovich）6,136,467f,476
トマス・アクィナス（Thomas Aquinas）415
ドュリュー，ティラ（Durieux, Tilla）158
トラー，エルンスト（Toller, Ernst）95,148,156
トラークル，ゲオルク（Trakl, Georg）91, 95f,99
トルストイ，レフ（Tolstoi, Lev Nikolaevich）136,145,156,467
トルーマン，ハリィ（Truman, Harry S.）209
ドレフュス，アルフレード（Dreyfus, Alfred）56,136,501f
トロツキィ，レフ（Trotskii, Lev Davidovich）115
ドンブロフスキィ，エーリヒ（Dombrowski, Erich）134

ナ行

ナッハマン，モーゼス・ベン（Nachman, Moses Ben）54
ナートルプ，パウル（Natorp, Paul）225
ナポレオン一世（Napoléon Bonaparte）65,163

ニキシュ，アルトゥール（Nikisch, Arthur）35f
ニーキシュ，エルンスト（Niekisch, Ernst）149
ニーチェ，フリードリヒ（Nietzsche, Friedrich）130,210,360
ニュートン，アイザック（Newton, Isaac）256, 267,270,277

ネストロイ，ヨーハン・ネポムク（Nestroy, Johann Nepomuk）180
ネットラウ，マックス（Nettlau, Max）141
ネーヤー，カスパー（Neher, Caspar）157
ネルンスト，ヴァルター（Nernst, Walther Hermann）271

ノア（Noah）347
ノヴァーリス（Novalis）401
ノーベル，ネヘミア（Nobel, Nehemia Anton）410

ハ行

バアル・シェム・トーヴ（Ba'al Schem Tow, Israel ben Elieser）212,287,304
パイス，アブラハム（Pais, Abraham）281
ハイゼンベルク，ヴェルナー（Heisenberg, Werner Karl）238,247ff,256,269
ハイデガー，エルフリーデ（Heidegger, Elfriede）486
ハイデガー，マルティン（Heidegger, Martin）137,366,485-495,503f
ハイドルン，ハインツ・ヨアヒム（Heydorn, Heinz-Joachim）138
ハイネ，ハインリヒ（Heine, Heinrich）13,392
ハイム，ゲオルク（Heym, Georg）91
ハインペル，ヘルマン（Heimpel, Hermann）258
バウアー，フェリーチェ（Bauer, Felice）303
ハウシュナー，アウグステ（Hauschner, Auguste）127,145
ハウプトマン，ゲルハルト（Hauptmann, Gerhart）68,102,124,144,147,156,160
パウリ，ヴォルフガング（Pauli, Wolfgang）247,269
パウロ（Paulus）67,69
ハガル（Hagar）87
パスカル，ブレーズ（Pascal, Blaise）489
ハーゼンクレーヴァー，ヴァルター（Hasenclever, Walter）147
バッサーマン，アルベァト（Bassermann, Albert）158
バッハ，ダーヴィト・ヨーゼフ（Bach, David Josef）185
バッハ，ヨーハン・ゼバスティアン（Bach, Johann Sebastian）37,204,210
バーデルレ，トゥルーデ（Baderle, Trude）389-392,394
ハーバー，フリッツ（Haber, Fritz）129f,282
バハオーフェン，ヨーハン・ヤーコプ

(Bachofen, Johann Jakob) 413
バーブ，ユーリウス (Bab, Julius) 141
パーブスト，エーリヒ (Pabst, Erich) 158
バーベル，イザーク (Babel, Isaak Emmanuilowitsch) 293
ハマーショルド，ダグ (Hammarskjöld, Dag) 225
ハムスン，クヌート (Hamsun, Knut) 467f
バーリンガム，ドロシー (Burlingham, Dorothy) 387f,396f,404f
バール，ヘルマン (Bahr, Hermann) 33,142, 154,176,186
バール＝ミルデンブルク，アンナ・フォン (Bahr-Mildenburg, Anna von) 33,40
バルザック，オノレ (Balzac, Honoré de) 190
ハルデン，マクシミリアン (Harden, Maximilian) 59,140,278
ハルト，ハインリッヒ (Hart, Heinrich) 134
ハルト，ユーリウス (Hart, Julius) 134
ハルトマン，ハインツ (Hartmann, Heinz) 400
ハルトマン，パウル (Hartmann, Paul) 158
ハルナック，アドルフ・フォン (Harnack, Karl Gustav Adolf von) 243
ハルバーシュタット，エルンストゥル (Halberstadt, Ernst) 390
ハルバーシュタット，ハイネレ (Halberstadt, Heinz Rudolf) 390
ハレヴィ，ユダ (Halewi, Jehuda ben Samuel) 287
パレンベルク，マックス (Pallenberg, Max) 158
ハーン，オットー (Hahn, Otto) 238,240ff, 244ff,247-253,256-260,281

ピカソ，パブロ (Picasso, Pablo Ruiz y) 349
ピスカートア，エルヴィン (Piscator, Erwin) 168
ビスマルク，オットー (Bismarck, Otto Eduard Leopold, Fürst von) 128
ヒトラー，アドルフ (Hitler, Adolf) 102f,169, 221f,247f,273,282,306,315,355,360,388,395, 397,431,439f,452ff,456,493,500ff
ピネス，ミカエル (Pines, Yehiel Michael) 302
ピヒト，ゲオルク (Picht, Georg) 486f
ピャタコーフ，ゲオルギィ (Pyatakov, Georgii Leonidovich) 473
ビュヒナー，ゲオルク (Büchner, Georg) 157
ビューロー，ハンス・フォン (Bülow, Hans Guido Freiherr von) 38,46
ビューロー，ベルンハルト・フォン (Bülow, Bernhard von) 59,70
ビョルンソン，ビョルンスチャーネ (Björnson, Björnstjerne) 160
ピランデルロ，ルイジ (Pirandello, Luigi) 174
ヒルパート，ハインツ (Hilpert, Heinz) 158
ヒルベルト，ダーヴィド (Hilbert, David) 275
ヒレ，ペーター (Hille, Peter) 79,85
ピンダロス (Pindaros) 495
ヒンデミット，パウル (Hindemith, Paul) 34

ファルンハーゲン，アウグスト (Varnhagen, August) 496,498
ファルンハーゲン，ラーエル (Varnhagen von Ense, Rahel) 387,496-499
ファレンティン，カール (Valentin, Karl) 228
ファンデルヴェルデ，エーミール (Vandervelde, Emile) 119
フィアテル，ベルトルト (Viertel, Berthold) 158
フィッシャー，エーミール (Fischer, Emil Herrmann) 240f,244
フィッシャー，ハインリヒ (Fischer, Heinrich) 79
フィッシャー，フランツ (Fischer, Franz Josef Emil) 242
フィッシャルト (Fischart, Johannes) →ドンブロフスキィ
フィヒテ，ヨーハン・ゴットリープ (Fichte, Johann Gottlieb) 340
フィヒトゥル，パウラ (Fichtl, Paula) 403
フィロ (Philo) 287
フェーデルン，パウル (Federn, Paul) 17
フェートマー，ヘレーネ (Fehdmer, Helene) 158
フェーニヒェル，オットー (Fenichel, Otto) 10
フェレンツィ，サンドル (Ferenczi, Sandor) 402
フォイアーバッハ，ルートヴィヒ (Feuerbach, Ludwig) 12,139,312
フォイヒトヴァンガー，リオン (Feuchtwanger, Lion) 170
フォーゲルシュタイン，ヘルマン (Vogelstein, Hermann) 482
フォルマー，ゲオルク・フォン (Vollmar, Georg von) 120
フォルメラー，カール (Vollmöller, Karl Gustav) 172,174
フォンターネ，テオドール (Fontane,

Theodor）229
フサール，エトムント（Husserl, Edmund）137,366,489
ブゾーニ，フェルッチョ（Busoni, Ferruccio Benvenuto）157
フックス，エドゥアルト（Fuchs, Eduard）351
仏陀　413
ブーバー，ザロモン（Buber, Salomon）210
ブーバー，マルティン（Buber, Martin）134f, 149,206-232,304,338,410
ブーバー＝ヴィンクラー，パウラ（Buber-Winkler, Paula）211f,220,228
プフィスター，オスカー（Pfister, Oskar）12
プフィツナー，ハンス（Pfitzner, Hans Erich）34,157
プフェムフェアト，フランツ（Pfemfert, Franz）361
ブムケ，オズヴァルト（Bumke, Oswald）18
ブラーム，オットー（Brahm, Otto）160f
ブラームス，ヨハネス（Brahms, Johannes）32,34f,37ff,185,194,204,247
プラトン（Platon）20
フラバヌス・マウルス（Hrabanus Maurus）46
ブラン，マリー（Blanc, Marie）397
フランク，ジェイムズ（Franck, James）257f
フランク，ルートヴィヒ（Frank, Ludwig）121
プランク，マックス（Planck, Max Karl Ernst Ludwig）235, 239f, 242f, 245, 247-250, 256ff, 271,281
フランツ・ヨーゼフ（Franz Joseph）388
ブランデス，ゲオルク（Brandes, Georg Morris Cohen）476
フーリエ，シャルル（Fourier, Charles）353
フリック，ヴィルヘルム（Frick, Wilhelm）251
フリッシュ，エフライム（Frisch, Efraim）147
フリッシュ，オットー・ローベルト（Frisch, Otto Robert）247,253f,259
ブリット，ウィリアム（Bullit, William Christian）6
フリート，エーリヒ（Fried, Erich）79
フリードマン，モーリス（Friedman, Maurice）226
フリードリヒ大王（Friedrich der Große）162
フリートレンダー，ベネディクト（Friedländer, Benedikt）132
ブリュヒャー，ハインリヒ（Blücher, Heinrich）501
プリングスハイム，アルフレート（Pringsheim, Alfred）47
プリングスハイム，クラウス（Pringsheim, Klaus）47
プリングスハイム，ヘートヴィヒ（Pringsheim, Gertrude Hedwig Anna）47
ブルクハルト，ヤーコプ（Burckhardt, Carl Jacob）27,134
プルースト，マルセル（Proust, Marcel）299, 345
ブルックナー，アントン（Bruckner, Anton）33, 36
プルードン（Proudhon, Pierre Joseph）131, 135
ブルーム，クラーラ（Blum, Klara）447
ブルーメンフェルト，クルト（Blumenfeld, Kurt Yehudah）52,73ff, 280,495,499
ブルンナー，コンスタンティン（Brunner, Constantin）70
ブーレーズ，ピエール（Boulez, Pierre）46f
ブレーデル，ヴィリ（Bredel, Willi）448
ブレヒ，レオ（Blech, Leo）157
ブレヒト，ベルトルト（Brecht, Bertolt）161, 168ff,315,354,435f,442
フレンツェル，イーヴォ（Frenzel, Ivo）420
フロイト，アンナ（Freud, Anna）16f,386-407
フロイト，ジークムント（Freud, Sigmund）4-27,30,32,45,130,183,270,286,360,388-407,412-416,430
フロイト，ゾフィー（Halberstadt-Freud, Sophie）390f,400
フロイト，マルタ（Freud, Martha）390,407
フロイト，ヤーコプ（Freud, Jakob）30
ブロッホ，エルンスト（Bloch, Ernst）308-332, 423,442
ブロッホ，カローラ（Bloch, Karola）315
ブロッホ，ヘルマン（Broch, Hermann）286
ブロッホ＝フォン・ストリツキー，エルゼ（Bloch-von Stritzky, Else）313ff
フロート，ジャンヌ・ド（Groot, Jeanne de）394,405
ブロート，マックス（Brod, Max）286,291,297f, 302,304,306,412
フローマー，ヤーコプ（Fromer, Jakob）302
フロム，エーリヒ・ピンチャス（Fromm, Erich Pinchas）376,408-433
フロム，ナフタリ（Fromm, Naphtali）409
フロム＝クラウゼ，ローザ（Fromm-Krause, Rosa）409
フンパーディンク，エンゲルベァト（Humperdinck, Engelbert）157

フンボルト，ヴィルヘルム・フォン（Humboldt, Wilhelm von）139

ベア，ドウ（Bär, Dow）287
ベーア＝ホーフマン，リヒャルト（Beer-Hofmann, Richard）141,286
ベギン，メナヘム（Begin, Menahem）429
ベクレル，アンリ（Becquerel, Antoine Henri）238
ヘーゲル，フリードリヒ（Hegel, Georg Wilhelm Friedrich）317,328,359f,367ff,373ff
ベーコン，フランシス（Bacon, Francis）139
ヘス，モーゼス（Hess, Moses）320ff
ヘスリン，フランツ・フォン（Hösslin, Franz von）40
ヘッカー，フリードリヒ（Hecker, Friedrich）128
ヘッセル，フランツ（Hessel, Franz）345
ベッソ，ミケーレ・アンジェロ（Besso, Michele Angelo）272
ベッヒャー，ヨハネス（Becher, Johannes Robert）436,448
ヘッベル，フリードリヒ（Hebbel, Christian Friedrich）123,157
ベートーヴェン，ルートヴィヒ（Beethoven, Ludwig van）29,34,204, 319
ベートマン・ホルヴェーク，テーオバルト（Bethmann Hollweg, Theobald von）59
ペヒシュタイン，マックス（Pechstein, Max）157
ヘーフリヒ，ルーシー（Höflich, Lucie）158
ベーベル，アウグスト（Bebel, August）107f, 119-122,132
ヘミングウェイ，アーネスト（Hemingway, Ernest）474
ベーメ，ヤーコプ（Böhme, Jacob）210
ベル，ハインリヒ（Böll, Heinrich）423
ベルクナー，エリーザベト（Bergner, Elisabeth）158,170
ベルクマン，ヒューゴー（Bergmann, Hugo）306
ヘルダリン，フリードリヒ（Hölderlin, Friedrich）317
ヘルツ，ハインリヒ（Hertz, Heinrich Rudolph）129f
ベルツァー（Belzer）302, 306
ペルツィヒ，ハンス（Pölzig, Hans）162
ヘルツォーク，アルビン（Herzog, Albin）266
ヘルツル，テオドール（Herzl, Theodor）53, 149,195,211,320ff
ペルティーニ，サンドロ（Pertini, Sandro）51
ベルナウアー，ルードルフ（Bernauer, Rudolf）158
ベルナール，サラ（Bernard, Sarah）159
ペルネ，ヨーハン（Pernet, Johann）267f
ヘルファンド，アレクサンダー（Helphand, Alexander）119
ヘルマン，イルゼ（Hellmann, Ilse）405
ヘルメスベルガー，ヨーゼフ（Hellmesberger, Joseph）35
ベルンシュタイン，エドゥアルト（Bernstein, Eduard）117f
ベルンドル，ルートヴィヒ（Berndl, Ludwig）147
ベルンフェルト，ジークフリート（Bernfeld, Siegfried）10
ベン，ゴットフリート（Benn, Gottfried）80, 83ff,91,94f,97
ベン＝グリオン，ダヴィド（Ben-Gurion, David）429
ヘンデル，フリードリヒ（Händel, Georg Friedrich）37
ベンヤミン，ヴァルター（Benjamin, Walter）32,315,334-356,376,413,447
ベンヤミン，シュテファン（Benjamin, Stefan）345

ボーア，ニールス（Bohr, Niels Hendrik David）247,254,269,279
ボアズ（Boas）88
ホイス，テオドール（Heuss, Theodor）258
ホェイスマンス，カミーユ（Huysmans, Camille）119
ボッシュ，カール（Bosch, Carl）250
ホディス，ヤーコプ・フォン（Hoddis, Jakob von）91
ボードレール，シャルル（Baudelaire, Charles）376
ホーナイ，カーレン（Horney, Karen）415
ボナパルト，マリー（Bonaparte, Marie）14, 397,404f
ボナパルト，ルシアン（Bonaparte, Lucien）397
ホフマン，エルンスト（Hoffmann, Ernst Theodor Amadeus）451
ホーフマンスタール，ヒューゴー・フォン（Hofmannsthal, Hugo von）27,97f,141,147, 156,161ff,165,172-175,178f,228,286,292

ホメロス（Homer）124
ポラック，ドーラ（Pollak, Dora）342
ホルクハイマー，マイドン（Horkheimer, Maidon）384
ホルクハイマー，マックス（Horkheimer, Max）351,354,358-384,412,420,427, 432
ホルクハイマー，モーリッツ（Horkheimer, Moritz）360
ホルクハイマー＝リーカー，ローゼ（Horkheimer-Riehker, Rose）364-367
ホルツ，アルノ（Holz, Arno）160
ボルツマン，ルートヴィヒ（Boltzmann, Ludwig）238f
ボルン，ヘーディー（Born, Hedi）282
ボルン，マックス（Born, Max）257,282
ポロック，フリードリヒ（Pollock, Friedrich）361f,365,368,371,373,384
ホワイトヘッド，アルフレッド（Whitehead, Alfred North）276

マ行

マイトナー，リーゼ（Meitner, Lise）234-260
マイモニデス（Maimonides, ben Maimon）286
マイヤー，コンラート・フェルディナント（Meyer, Conrad Ferdinand）123
マイヤー，リヒャルト（Mayr, Richard）40
マイリンク，グスタフ（Meyrink, Gustav）286, 293
マウトナー，フリッツ（Mauthner, Fritz）60, 137,139,141
マタイ（Matthäus）209,309
マッハ，エルンスト（Mach, Ernst）366
マテオッティ，ジャコモ（Matteotti, Giacomo）51
マーラー，アンナ・ユスティーネ（Mahler, Anna Justine）31
マーラー，グスタフ（Mahler, Gustav）28-48, 194
マーラー，ベルンハルト（Mahler, Bernhard）30f,35
マーラー，ユスティーネ（Mahler, Justine）31
マーラー＝シンドラー，アルマ（Mahler-Schindler, Alma Maria Margarethe）31ff,41
マリネッティ，エミリオ（Marinetti, Emilio Filippo Tommaso）350
マルク，フランツ（Marc, Franz）84f,95,98
マルクス，カール（Marx, Karl Heinrich）12, 25, 70, 117, 139, 270, 312f, 318, 320, 322, 325, 328ff, 356, 360, 368, 372ff, 378f, 382f, 410, 413ff, 454f
マルクーゼ，ヘルベァト（Marcuse, Herbert）376,413,421,427,487f
マルコム，ジャネット（Malcolm, Janet）405
マルセル，ガブリエル（Marcel, Gabriel）328
マルツァーン，ハンス・アーダルベルト・フォン（Maltzahn, Hans Adalbert von）94
マルティン，カールハインツ（Martin, Karlheinz）158
マルロー（Malraux, André）476
マン，カーティア（Mann, Katia）47
マン，トーマス（Mann, Thomas）41,47f,141, 165,171,294,396,436,458
マン，ハインリヒ（Mann, Heinrich）141,438
マンハイム，カール（Mannheim, Karl）374

ミケランジェロ（Michelangelo）20
ミューザーム，エーリヒ（Mühsam, Erich）141,391
ミューテル，ローター（Müthel, Lothar）158
ミュラー，ハンス（Müller, Hans）132
ミュンツァー，トーマス（Müntzer, Thomas）313,318,323
ミラボー，オノレ（Mirabeau, Honoré Gabriel Victor Riqueti comte de）146
ミンコフスキィ，ヘルマン（Minkowski, Hermann）270

ムシール，ローベルト（Musil, Robert Edler von）52,178
ムンク，エドヴァルト（Munch, Edvard）157, 177

メイヤー，ルイス・B（Mayer, Louis B.）172
メーテルリンク，モーリス（Maeterlinck, Maurice）186
メニンガー，カール（Menninger, Karl）403f
メーリンク，フランツ（Mehring, Franz）123
メンゲルベルク，ウィレム（Mengelberg, Josef Willem）45
メンツェル，アドルフ（Menzel, Adolf von）157
メンデルスゾーン，モーゼス（Mendelssohn, Moses）1,286,306
メンデルスゾーン＝バルトルディ，フェーリクス（Mendelssohn-Bartholdy, Jakob Ludwig Felix）37,39

モースハイム，グレーテ（Mosheim, Grete）158
モーセ（Moses）8,69f,183,189,195ff,199ff,232,

272,303,311,414,455
モーツァルト，ヴォルフガング・アマデウス（Mozart, Wolfgang Amadeus）38,204,229
モトゥル，フェーリクス（Mottl, Felix Josef）40
モムゼン，テオドール（Mommsen, Theodor）146
モュシ，アレクサンダー（Moissi, Alexander）158
モリエール（Molière）157
モル，カール（Moll, Carl）33
モルゲンシュテルン，クリスティアン（Morgenstern, Christian）161
モンベルト，アルフレート（Mombert, Alfred）142
ヤ行
ヤコブ（Jakob）84,87,188ff,192,196f, 199f
ヤーコプセン，イェンス・ペーター（Jacobsen, Jens Peter）186
ヤコプソン，エーディト（Jakobson, Edith）10
ヤーコプゾーン，ジークフリート（Jacobsohn, Siegfried）154
ヤスパース，カール（Jaspers, Karl）137,410, 489-494,499f,503f
ヤニングス，エーミール（Jannings, Emil）158
ヤノゥフ，グスタフ（Janouch, Gustav）288, 299,302

ユスフ（Jussuf）84
ユダ（Judas）68
ユング，カール・グスタフ（Jung, Carl Gustav）6,23f,430

ヨアキム（フィオーレの）（Joachim de Floris）323
ヨーナス，ハンス（Jonas, Hans）485,487
ヨギヘス，レオ（Jogiches, Leo）112f,117
ヨセフ（Joseph）68,84,88
ヨハネ（Johannes）67,231,318
ヨブ（Job）227,310,464
ラ行
ライク，テオドール（Reik, Theodor）412
ライヒ，ヴィルヘルム（Reich, Wilhelm）10
ライヒマン，フリーダ（Reichmann, Frieda）412
ライフェンベルク，ベンノー（Reifenberg, Benno）258
ライリング，ネッティ（Reiling, Netty）→ゼーガース，アンナ
ライン，ゲアハルト（Rein, Gerhard）383
ラインハルト，エトムント（Reinhardt, Edmund）159,167,171
ラインハルト，ゴットフリート（Reinhardt,Gottfried）154f,163,165, 172
ラインハルト，マックス（Reinhardt, Max）47, 152-180
ラウエ，マックス・フォン・デァ（Laue, Max von der）245,247,249,252,256, 258,282
ラガーツ，レオンハルト（Ragaz, Leonhard）214
ラケル（Rahel）84,87
ラサール，フェルディナント（Lassalle, Ferdinand）320, 325
ラシ（RaSCHI/Salomo ben Isaak）287
ラスカー，ベルトルト（Lasker, Berthold）82
ラスカー＝シューラー，エルゼ（Lasker-Schüler, Else）3,78-103,156
ラスカー＝シューラー，パウル（Lasker-Schüler, Paul）92
ラツィス，アーシャ（Lascis, Asja）343f,346f
ラッセル，バートランド（Russel, Bertrand Arthur William）428,430f
ラディク，カール（Radek, Karl Berngardvich）113
ラーテナウ，ヴァルター（Rathenau, Walther）50-76,278
ラーテナウ，エーミール（Rathenau, Emil）130
ラドヴァニ，ラズロ（Radvanyi, Laszlo）→シュミット，ヨーハン・ローレンツ
ラバン（Laban）87
ラビンコフ，ザルマン・バルッフ（Rabinkow, Salman Baruch）411
ランガー，ゲオルク（Langer, Jiri Mordechai）302,306
ラング，フローレンス・クリスティアン（Rang, Florens Christian）343
ランダウアー，カール（Landauer, Karl）412
ランダウアー，グスタフ（Landauer, Gustav）126-151,214,220
ランダウアー，ヒューゴー（Landauer, Hugo）132
ランダウアー＝ラッハマン，ヘートヴィヒ（Lachmann, Hedwig）135,137,145, 148
ランツホフ，フリッツ（Landshoff, Fritz）438, 440
ランプル，ハンス（Lampl, Hans）394

リーゲル，フランツ（Riegel, Franz）244
リッケルト，ハインリヒ（Rickert, Heinrich）410
リーバーマン家（Liebermann）54
リープクネヒト，カール（Liebknecht, Karl）113,123f
リベカ（Rebekka）87
リュッケァト，フリードリヒ（Rückert, Johann Michael Friedrich）42f
リルケ，ライナー・マリア（Rilke, Rainer Maria）3,82,97f,197,200,286,293

ルイコフ，アレクセィ（Rykov, Aleksej Ivanovich）473
ルイ・フェルディナント（Louis Ferdinand von Hohenzollern）496
ルエーガー，カール（Lueger, Karl）35,388
ルカーチ，ジェルジ（Lukács, György）315, 344,371,373,447,449f
ルクセンブルク，ローザ（Luxemburg, Rosa）104-125,482,501
ルーズヴェルト，エリノア（Roosevelt, Eleanor）255
ルーズヴェルト，フランクリン（Roosevelt, Franklin Delano）254
ルター，マルティン（Luther, Martin）218,298
ルツ（Ruth）88
ルーデンドルフ，エーリヒ（Ludendorff, Erich）67,69
ルートヴィヒ，エーミール（Ludwig, Emil）52
ルナチャルスキィ，アナトリィ（Lunatscharskij, Anatolij Wassiljewitsch）365
ルーベン（Ruben）84
ルーベンス，ハインリヒ（Rubens, Heinrich）240

レア（Lea）84
レヴィ，イツァーク（Löwy, Jizchak）297,305
レヴィ，ジークフリート（Löwy, Siegfried）290
レヴィ，パウル（Levi, Paul）116,124
レヴィ，ヘルマン（Levy, Hermann）39
レーヴィット，カール（Löwith, Karl）137,487
レーヴェンタール，レオ（Löwenthal, Leo）376,412
レオナルド・ダ・ヴィンチ（Leonardo da Vinci）20
レーグラー，グスタフ（Regler, Gustav）443
レッシング，ゴットホルト・エフライム（Lessing, Gotthold Ephraim）1,157,286, 419
レーナルト，フィリップ（Lenard, Philipp Eduard Anton）279
レーニン，ウラディミール（Lenin, Vladimir Il'ich）110,113ff,119
レーマン，エルゼ（Lehmann, Else）160
レンツ，ヤーコプ（Lenz, Jakob Michael Reinhold）157
レンブラント（Rembrandt）437

ロイシュナー，グレーテ（Leuschner, Grete）131,135
ロス，ヴィクトア（Ross, Viktor）405
ローゼンシュトック＝ヒュッシー，オイゲン（Rosenstock-Huessy, Eugen）2,417
ローゼンツヴァイク，フランツ（Rosenzweig, Franz）2,215ff,410
ローゼンフェルト，エーファ（Rosenfeld, Eva）405
ロラー，アルフレート（Roller, Alfred）157
ロラン，ロマン（Rolland, Romain）144
ローレンツ，ヘンドリク（Lorentz, Hendrik Antoon）275

ワ行

ワイルダー，ソーントン（Wilder, Thornton）175,180
ワイルド，オスカー（Wilde, Oscar）135,156